当代中国人文大系

丁四新　著

郭店楚竹书
哲学思想研究

中国人民大学出版社
·北京·

出版说明

　　为展现改革开放以来我国学术界的发展盛景，从本世纪初开始，我们对已出版的当代人文社会科学学术著作进行披沙拣金，再版了一批极有价值的学术经典，集为"当代中国人文大系"，让几代学者凝聚心血的研究成果得以再现。十余年来，这项工作获得了学界的广泛支持，本丛书也成为国内哲学、史学、文学界普遍认可的学术品牌。

　　"当代中国人文大系"收入著作所达到的学术高度和学术成就，为更全面、更深入、更系统的学术研究，奠定了坚实的基础，也启发了新的问题意识。近几年，我国学术研究有了长足的进步，涌现出一大批优秀的原创学术成果。这些成果或基于全新的材料，或运用全新的方法，或选取全新的视角，或具有独到的见解，闪烁着智慧的光芒，有很高的出版价值。

　　因此，在保留"当代中国人文大系"学术经典系列的同时，我们又新增了优秀原创系列，辅以精当的编校和精美的装帧，期待将这些优秀的原创成果，以最好的形态呈现在读者面前。"当代中国人文大系"优秀原创系列，依然是一套开放性的丛书，殷切期望不断有新的佳作加入。

　　弘扬学术是一项崇高而艰辛的事业。中国人民大学出版社在学术出版园地上辛勤耕耘，收获颇丰，不仅得到读者的认可和褒扬，也得到作者的肯定和信任。我们将坚守自己的学术理想和出版使命，继续为中国的学术进展和文明传承做出贡献。

中国人民大学出版社

目 录 | contents

绪章：郭店楚竹书新论

郭店楚墓竹简出土至今，已近 30 年。自 1998 年 5 月出版、公布，学者旋即对郭店简展开了大规模研究，迄今连绵不绝。在过去的 25 年里，应该说人们对郭店简的研究已取得了巨大成绩，无论是从竹书整理、释文、释读还是从文献、考据和思想研究来看都是如此。不过，在笔者看来，既往人们对郭店简的研究及看法似乎存在重大不足和失误。正因为如此，除了梳理和总结相关研究成果外，我们今天还需要对郭店简的文本、文献和思想做出新的探讨和论述。

第一节 概　说

自有宋以来，疑古思潮渐开，但是直到 20 世纪上半叶的所谓"古史辨"时期，疑古思潮才凭借多种因素及"时代精神"的综合作用而达到了其顶峰状态，经、史、子等众多古籍，甚至中国文化的内在精神都被卷入怀疑和否定之中。然而，随着考古材料的日积月累，以及先知先觉的学者对疑古思潮的全面反思及不断的建设性努力，当代中国学界在学术和思想观念上已呈现出摆脱否定传统而进入"一阳来复""柳暗花明又一村"境地的新气象。

20世纪最后二三十年，有关先秦古籍的重要发现，有山东临沂银雀山汉简、河北定县（今定州市）八角廊汉简、安徽阜阳双古堆汉简、湖南长沙马王堆汉墓帛书，以及湖北地区发现的多种楚简、秦简和汉简。它们对于今人走出疑古时代，对于还原先秦学术思想，对于重新肯定中国文化的内在精神与价值，对于唤起国人的文化良知和精神自觉，都有很大帮助。1993年出土、1998年刊布释文的郭店楚墓竹简，给中国学术界和国际汉学界带来了极大震撼，人们随即在较大程度上改变了由古史辨派构筑起来的疑古心态及古史、古籍观。继郭店简之后，新发现的重要简牍有上海博物馆藏战国竹简、清华大学藏战国竹简、安徽大学藏战国竹简、湖南大学岳麓书院藏秦简、北京大学藏秦汉竹简、南昌海昏侯刘贺墓西汉竹简及荆州王家嘴战国竹简等，已经或即将产生更大作用和更大影响。实际上，从已公布释文的大量战国、秦汉简牍和马王堆帛书来看，古史辨派构筑起来的学术观和文化观已经在很大程度上受到涤荡，代之而起的是主体性的文化观和古典主义的学术风气，学者的研究更客观、更平情、更多元、更全面、更内在，人们不再追求研究的当代性效果，不再像古史辨派那样追求所谓文化批判和思想启蒙的社会性效应，而是努力追求客观呈现、反映和还原两千多年前的古代思想世界和文化世界。

1993年10月，郭店楚墓竹简出土；1998年5月，郭店楚墓竹简及其释文出版、公布。郭店简的出土及整理、出版，是当代中国学术界和国际汉学界的一件大事和盛事。

　　郭店楚墓竹简出土于湖北省荆门市郭店一号楚墓。据荆门市博物馆发表的发掘报告《荆门郭店一号楚墓》（《文物》1997 年第 7 期），发掘者从墓葬形制和器物特征两个方面推断，此墓具有战国中期偏晚的特点。发掘者认为，郭店一号楚墓的墓葬年代应当在公元前 4 世纪中期至公元前 3 世纪初期。李学勤、裘锡圭、李伯谦、彭浩和刘祖信认为，郭店一号楚墓的下葬时间约在公元前 4 世纪末期。① 此墓出土一件漆耳杯，底部刻有"东宫之不"的铭文。"不"字，李学勤释作"帀"，读为"师"字。② 从字形及物勒工名的制度来看，笔者认为，此字似应以释作"不"字、读为"杯"字更恰当。"东宫之不"即"东宫之杯"，荆门市博物馆的发掘报告就是如此认为的。此杯铭若释作"东宫之帀（师）"，则不太合理。又，诚如李零所说，无论杯底铭文是读为"东宫之杯"还是"东宫之师"，都无法据此准确地推断出墓主的身份。③ 当然，墓主生前与东宫有某种联系，这是可以肯定的。进一步，根据墓中所葬竹书的性质和数量，我们可以推断，这批竹书大有讲究，是经过精心选择的结果，同时墓主生前很可能是一位

---

　　① 王博：《美国达慕思大学郭店〈老子〉国际学术研讨会纪要》，载陈鼓应主编：《道家文化研究》，第 17 辑，北京：生活·读书·新知三联书店，1999，第 2 页。徐少华、张昌平认为郭店一号楚墓或下葬于战国晚期偏早，但不会晚于白起拔郢，换言之，即在白起拔郢之前。徐少华：《郭店一号楚墓年代析论》，《江汉考古》2005 年第 1 期；张昌平：《也论郭店 M1 年代问题》，《江汉考古》2012 年第 1 期。

　　② 王博：《美国达慕思大学郭店〈老子〉国际学术研讨会纪要》，载陈鼓应主编：《道家文化研究》，第 17 辑，第 3 页；李学勤：《荆门郭店楚简中的〈子思子〉》，载姜广辉主编：《中国哲学》，第 20 辑，沈阳：辽宁教育出版社，1999，第 79 页。罗运环支持此种观点，见罗运环：《论郭店一号楚墓所出漆耳杯文及墓主和竹简的年代》，《考古》2000 年第 1 期。

　　③ 李零：《郭店楚简研究中的两个问题：美国达慕思学院郭店楚简〈老子〉国际学术讨论会感想》，载武汉大学中国文化研究院编：《郭店楚简国际学术研讨会论文集》，武汉：湖北人民出版社，2000，第 47-49 页。

儒道兼习的学者，学问很高，其所学知识和理论已很专门、系统，不可小觑。

顺便指出，王葆玹认为"郭店一号楚墓的下葬年代较晚"，在战国晚期，并认为："墓中的简书多数撰于战国中期或更早，但也包括白起拔郢之后的儒家作品在内。"① 但王氏的这一观点是不对的，考古学家刘彬徽先生曾对其观点做了专门批评。② 现在，上博简、清华简、安大简的相继发现和荆州王家嘴简的出土完全证明了王葆玹先生确实过虑了，他的观点是不正确的。上列几批竹简大概都出自湖北地区，楚郢都一带及其周围，是战国中期偏晚或战国中期偏早的抄本。

郭店一号楚墓所出竹简共 804 枚，其中有字简 730 枚。根据整理者的编联、整理和划分，全部竹书共计 16 篇种，它们主要属于儒家和道家典籍。其中，道家著作有两种，它们是《老子》三组和《太一生水》。《老子》甲组简共 39 支，分上下篇，简长 32.3 厘米，编绳两道，两端梯形；《老子》乙组简共 18 支，简长 30.6 厘米，编绳两道，两端平齐；《老子》丙组简共 14 支，简长 26.5 厘米，编绳两道，两端平齐。《太一生水》简共 14 支，与《老子》丙组同简制，它们应当同卷。另外，《太一生水》似应分为两组，第 1—8 号简叙述了"太一生水"的宇宙生成论系统，第 9—14 号简则解释了天地不均齐

---

① 王葆玹：《试论郭店楚简的抄写时间与庄子的撰作时代：兼论郭店与包山楚墓的时代问题》，《哲学研究》1999 年第 4 期；《试论郭店楚简各篇的撰作时代及其背景——兼论郭店及包山楚墓的时代问题》，载姜广辉主编：《中国哲学》，第 20 辑，第 366 - 367 页。

② 刘彬徽：《关于郭店楚简年代及相关问题的讨论》，载李学勤、谢桂华主编：《简帛研究二〇〇一》，上册，桂林：广西师范大学出版社，2001，第 47 - 54 页。此文又收入刘彬徽：《早期文明与楚文化研究》，长沙：岳麓书社，2001，第 232 - 238 页。

的原因。后一组竹简带有明显的道家色彩，无疑是道家作品；但前一组竹简是否属于道家著作，这值得怀疑。笔者认为，前一组竹简仍可命名为《太一生水》，但后一组竹简应当命名为《天地名字》。

郭店儒家竹书有 13 篇，它们是《缁衣》《五行》《鲁穆公问子思》《穷达以时》《性自命出》《成之闻之》《尊德义》《六德》《唐虞之道》《忠信之道》和《语丛一》《语丛二》《语丛三》。其中，《成之闻之》的篇题命名是错误的；根据其主题，此篇竹书应当重新命名为《求己》。《性自命出》又见于上博楚竹书，整理者题名为《性情论》。① 笔者认为，"性情论"的篇题命名是不准确的，郭店简整理者将此篇竹书命名为"性自命出"，这是恰当的，符合古书命名的惯例。另外，通过比较，作为抄本，《性情论》应当早于《性自命出》。《六德》的篇题命名可行，不过此篇竹书也可以命名为《六位》。对于郭店简诸篇，李零做了新命名和分类，他将《性自命出》命名为《性》，将《成之闻之》命名为《教》，将《六德》命名为《六位》，将《语丛三》命名为《父无恶》，将《语丛一》命名为《物由望生》，将《语丛二》命名为《名数》，将《语丛四》命名为《说之道》，并与《老子》《太一生水》划归同类。② 其说可供参考。郭店简原皆无篇题，本书凡征引郭店简文字，均依原整理者所拟定的篇题。

《缁衣》简共 47 支，《五行》简共 50 支，这两篇竹书同简

---

① 马承源主编：《上海博物馆藏战国楚竹书（一）》，上海：上海古籍出版社，2001。

② 李零：《郭店楚简校读记（增订本）》，北京：北京大学出版社，2002，"凡例"第 3-5 页。

制，简长 32.5 厘米，编绳两道（间距约 13 厘米），两端梯形。《鲁穆公问子思》简共 8 支，《穷达以时》简共 15 支，这两篇竹书同简制，简长 26.4 厘米，编绳两道（间距约 9.6 厘米），两端梯形。《性自命出》简共 67 支，分为上下篇，《成之闻之》简共 40 支，《尊德义》简共 39 支，《六德》简共 49 支①，这四篇竹书同简制，简长 32.5 厘米，编绳两道（间距 17.5 厘米），两端梯形。如上同简制的竹书各自应当同卷，或者同书。《唐虞之道》简共 29 支，简长约 28.3 厘米，编绳两道（间距约 14.3 厘米），两端平齐。《忠信之道》简共 9 支，简长约 28.3 厘米，编绳两道（间距约 13.5 厘米），两端平齐。从内容看，《语丛四》不属于儒家，它所摘抄的是一些权谋、游说的言论。《语丛》四种竹简都较短，其简制皆不同。这四篇竹书都属于语丛体，应当是对此前文章中比较重要文句的摘抄，并做了分类和集合。

"儒家"和"道家"是比较粗犷的概念。对于每一篇竹书更细致、更具体的学派归属及作者问题，学者或持不同意见。竹书的具体学派归属及作者，是本书将要着重讨论的问题之一。学派的归属，往往与每篇竹书的作者及原始写作时间密切相关。每篇竹书是何时写作的？又出自何人之手？或属于《汉书·艺文志》所列古籍的哪一类？这些问题都是本书所关心的对象。在此基础上，郭店竹书有何思想主题，其思想内涵是什么？如何解释这些竹书的内容，并进行思想史的定位？这些问题，更是本书的论述重点。

---

① 郭店简《六德》篇第 49 号简不当归入此篇，应归入《尊德义》篇。故《六德》篇简共 48 支，《尊德义》篇简共 40 支。

面对以上诸种问题，本书将不满足于浅尝辄止的读后印象，或者浑阔粗放的猜测、勾勒和描述。本书力图深入郭店简的文本中，力图在深入的研究和细致的论述中再现这些竹书丰富而深刻的思想内涵，显发其灵光，以及准确地刻画其本来面貌。本书内容涉及对郭店竹书在先秦思想、文化进程中的定位，竹书的著作时代及作者为谁的问题，包括对各篇竹书思想内涵及价值的梳理、发掘和研究。后者当然是郭店竹书研究的首要任务，因为此项学术工作对于春秋晚期至战国早中期（从孔子、老子到孟子、庄子一段时期）之思想的刻画和重构，具有极大意义。

本书初稿的写作，正处于《郭店楚墓竹简》（文物出版社1998年版）一书出版后所带来的研究热潮中。作为作者博士学位论文的选题，本书当初是在导师郭齐勇教授的指导下拟题和立意的，笔者约花费九个月时间完成了对郭店简及相关资料的研读和本书初稿的写作与修改。大约说来，本书的完成可分为四个阶段：第一阶段是初稿，涉及本书第一章至第九章，时间为1998年10月至1999年2月。第二阶段是修改稿，主要涉及本书第一章至第五章，时间为1999年3月至4月。第三阶段是再修改稿，涉及本书第一章至第九章，时间大约在1999年11月至12月。第四阶段是对《郭店楚墓竹简思想研究》（东方出版社2000年版）出版物的再修改和补充，这涉及本书第一章至第九章及新增的"绪章"，时间为2021年2月至5月，以及2022年7月至8月。其中，第四阶段的修改较大。需要指出，经导师提议，笔者当初学位论文提交答辩的主要内容仅为本书第一章至第五章。

本书第一章至第五章涉及《郭店楚墓竹简》中很重要的

几种竹书，道家两种皆列入其中，包括《老子》三组和《太一生水》，儒家则列入了涉及心性论的重要篇目，包括《五行》《性自命出》《语丛》。《老子》是道家的基本经典，其重要性完全不容忽视；《太一生水》的发现亦有重要意义，从宇宙生成论来看，其价值巨大。

《五行》以心之"忧""思"为成德的本源，以五行如何形于内而成为德之行，以及为善为德的工夫和境界为基本问题；《性自命出》和《语丛二》两篇包含着儒家心性论的重要内容和命题，对于呈现春秋末期至战国早期的心性论或性命论具有重大意义。笔者认为，性命论及心性论是对上古宗教、礼乐文化的突破，是重建中国文化的新基础和新支柱，其形成的具体时间约在老子和孔子同时，即春秋晚期，战国时期它又经历了一个不断发展的过程。先秦性命论或心性论主要包括儒道两家，但儒家是主要的。《性自命出》《语丛二》属于性命论或心性论的专文，其著作时代当在战国早期，甚至更早，其学派性质属于儒家，它们反映了孔子本人及其弟子的相关思想，意义重大。

本书第六、七、八三章，通论郭店竹书的儒道思想。本书力图从中国哲学与文化固有的问题和线索出发，对这批竹书所包含的天命与天道、人性与人心、治道与伦理思想进行系统的梳理、发掘和阐述。《鲁穆公问子思》《穷达以时》《成之闻之》《尊德义》《六德》《忠信之道》《唐虞之道》等篇均在此三章中有所论述，本书对有些篇目的论述还着墨较多。

本书的"绪章"，是笔者今次特意新增的一章。添加的基本理由是为了更好、更客观、更深入地反映和阐明郭店竹书的思想内容及文献价值，以及推进今人对郭店简的学术理解。

笔者认为，学界目前对郭店竹书的论述和研究是不够的，有较大缺陷甚至重大失误。

第二节 郭店儒家竹书的文献问题

文献问题是理解有关文本及其思想的前提和基础。在郭店简研究的初期阶段，学者发表了众多看法，提出了许多问题。其中，有些问题已经解决，人们达成了一致意见；有些问题则至今未能解决，未形成一致意见。笔者认为，郭店儒家竹书的文献问题是值得高度关注和重新讨论的。

一、学派性质与作者归属

郭店儒家简一共包括 13 篇种，它们是《尊德义》《六德》《成之闻之》《性自命出》《五行》《缁衣》《鲁穆公问子思》《穷达以时》《唐虞之道》《忠信之道》《语丛一》《语丛二》《语丛三》。关于《语丛》四篇，郭店简的整理者只做了一个比较笼统的判断，云："《语丛》……其体例与《说苑·谈丛》《淮南子·说林》相似。"[1] 现在看来，《语丛》前三篇无疑属于儒家性质，它们都由格言式的文句组成，应当出自此前比较重要的儒家典籍。《语丛四》由多段文字组成，与《语丛》前三篇不太类似。从总体上看，笔者曾认为它属于"权谋游说之士的作品或其言论的集结"（见本书第五章第五节），李

---

① 荆门市博物馆编：《郭店楚墓竹简》，北京：文物出版社，1998，"前言"第 2 页。

零题名为《说之道》，并认为属于道家阴谋派的著作。[①] 李零的看法，与笔者意见相近。可以肯定，《语丛四》不属于儒家著作。

另外，关于《唐虞之道》的思想性质，比利时汉学家戴卡琳（Carine Defoort）教授曾有一个很巧妙的说法，云："墨子和杨朱的血液在儒家的筋肉里。"[②] 这表明，戴教授一方面承认竹书《唐虞之道》属于儒家性质，另一方面认为它掺杂了很浓重的杨墨成分。戴教授之所以得出此一看法，似乎受到了顾颉刚相关说法的影响。[③] 不过，从汉语学界来看，她的这一意见似乎没有受到人们的重视。笔者认为，构成早期儒家思想的成分可能比较复杂，人们很容易受到简单化的"儒家"标准如孔子、孟子、荀子，以及后起之"家"（学派）概念的影响，于是在阅读、理解和解释一份文本时即很容易按照既有标准来做出思想分析和学派判断。这种分析和判断有可能符合实际，是正确的，也有可能是被误导的，未必正确。笔者认为，《唐虞之道》确实应当判断为儒家著作，但它里面是否流动着杨墨的血液，这是值得怀疑的。

与此相应，李学勤先生一度怀疑《唐虞之道》《忠信之道》两篇的学派性质。他说："此外还有《唐虞之道》《忠信之道》两篇，虽有近于儒学的语句，但过分强调禅让，疑与苏代、厝毛寿之流游说燕王哙禅位其相子之（公元前 316 年）

---

① 李零：《郭店楚简校读记（增订本）》，第 44 页。

② （比）戴卡琳："'墨子和杨朱的血液在儒家的筋肉里'——〈唐虞之道〉的'中道观'"，《中华文史论丛》，总第 84 辑，上海：上海古籍出版社，2006，第 315 页。

③ 顾颉刚：《禅让传说起于墨家考》，载吕思勉、童书业编著：《古史辨》，第 7 册下编，上海：上海古籍出版社，1982，第 30 页。

一事有关，或许应划归纵横家，容当别论。"① 其实，李先生的推测未必正确。"忠信"是孔子及先秦儒家共同推崇的美德，这可以参见《论语》《孟子》《荀子》《礼记》等书的相关部分。"禅让"是孔子、孟子都讲论的儒学大义，这可以参见《论语·尧曰》《孟子·万章上》两篇。另外，上博《子羔》《容成氏》《举治王天下》这些儒家竹书也都论述了禅让之义。实际上，李先生本人很快放弃了上述观点，他随后认为郭店儒家竹书都属于《子思子》。

在郭店竹书的文献问题上，庞朴和李学勤的意见影响巨大，值得高度注意。庞朴先生曾给郭店儒家竹书定位，认为它们是孔孟之间的著作，其出土，"补足了孔孟之间思想链条上所曾经缺失的一环"②。而所谓"孔孟之间"，据庞先生之意见，不包括孔子和孟子两人在内。庞先生认为，郭店儒家竹书介于孔子和孟子之间，但它们既不是孔子也不是孟子的著作，而是联系孔孟的一个重要环节。庞先生的这个判断在当时似乎代表了绝大多数学者的看法，大家予以默认。从当时的学术风气和学术观念来看，庞先生的意见似乎很合理且最得人心，人们很难设想郭店简中会存在孔子本人的著作。现在看来，郭店简的发现和整理出版本身便是现当代中国学术风气和学术观念变化的一个重要环节：在此之前，疑古主义占据学界统治地位；在此之后，疑古主义在持续的学术反思和批判中迅速式微，并在 21 世纪初大抵瓦解，遭到大多数学

---

① 李学勤：《先秦儒家著作的重大发现》，载姜广辉主编：《中国哲学》，第 20 辑，第 14 页。

② 庞朴：《孔孟之间——郭店楚简的思想史地位》，《中国社会科学》1998 年第 5 期。另外，参见庞朴：《孔孟之间——郭店楚简中的儒家心性说》，载姜广辉主编：《中国哲学》，第 20 辑，第 24 页。

者的抛弃。①

　　笔者当初和绝大多数学者一样，认可庞朴所谓"孔孟之间"的判断，实际上连倡导"走出疑古时代"的李学勤先生也暗中认可此一看法。从当时的情况来看，庞先生的此一意见显得如此合情合理，以至于很少有学者意识到其意见实际上未必正确，或未必准确。现在看来，郭店儒家竹书是否存在孔子本人或者春秋晚期的著作，这是一个严肃的学术问题，有待再做探讨和回答。

　　与庞朴先生同时，李学勤先生也提出了一个影响颇大的观点，他认为全部郭店儒家简都属于《子思子》的一部分。他先认为："简中的一部分是《子思子》，即孔子之孙孔伋一系的作品……《缁衣》《五行》《鲁穆公》和别的子思一系的作品，称为《子思子》是恰当的。"② 随后他认为："这些儒书都与子思有或多或少的关联，可说是代表了由子思到孟子之间儒学发展的链环。"③ 其所说"这些儒书"，具体指《缁衣》《五行》《六德》《成之闻之》《性自命出》《尊德义》诸篇。进而他认为："郭店简的出现，对学术史研究的影响是多方面的。简的主要内容，属于道家的是《老子》，属于儒家的我认

---

　　① 1992年，李学勤先生作为先知先觉者率先发表了《走出"疑古时代"》（《中国文化》1992年第2期）一文，不过在此后数年李先生的意见却一直缺乏响应者和拥护者。情况的改变发生在郭店楚墓竹简出版后，2000年前后反思和批评"疑古主义"的学术风气开始形成。这一点，完全可以通过"知网"检索（关键词如"走出疑古时代""疑古"）相关文献予以证实。

　　② 李学勤：《荆门郭店楚简中的〈子思子〉》，载姜广辉主编：《中国哲学》，第20辑，第75、79页。此文原载《文物天地》1998年第2期。

　　③ 李学勤：《先秦儒家著作的重大发现》，载姜广辉主编：《中国哲学》，第20辑，第16页。此文原载《人民政协报》1998年6月8日。

为是《子思子》。"① 在上述李先生第一说的基础上，姜广辉先生做了推广，他认为："综上文所论，《郭店楚墓竹简》中《唐虞之道》、《缁衣》、《五行》、《性自命出》、《穷达以时》、《求己》（原题《成之闻之》前半部）、《鲁穆公问子思》、《六德》诸篇为子思所作。"②

《缁衣》《五行》属于孔子之孙子思子的著作，这已成为学界共识。《缁衣》属于《子思子》之一篇，沈约曾有说，参见《隋书·音乐志上》。此篇竹书亦见于上海博物馆藏战国楚竹书。《五行》属于子思子的著作，可以《荀子·非十二子》篇为依据。从思想的关联性来看，《五行》是孟子思想的重要来源，孟子在吸收《五行》思想，特别是其四行说的基础上又主张人性善。另外，《五行》亦见于长沙马王堆帛书，只不过帛书《五行》包括经说两个部分。《鲁穆公问子思》《穷达以时》也可能属于《子思子》著作。前者直接以子思子为叙述中心，推断其属于子思子后学著作而被收入《子思子》一书中，这是比较合理的。《穷达以时》篇与《鲁穆公问子思》同简制，书迹出于同一手。从内容看，它完全符合子思子的价值观和思想性格，故此篇竹书收入《子思子》，也是可能的。不过，正如廖名春所说，《穷达以时》也可能属于孔子本人的著作。至于其他郭店儒家竹书，是否必定属于《子思子》或子思子著作，这是一个值得审慎对待和讨论的问题。

近年来，藏在笔者心中的一个看法日渐明朗起来，即郭

---

① 李学勤：《郭店楚简与儒家经籍》，载姜广辉主编：《中国哲学》，第 20 辑，第 18 页。

② 姜广辉：《郭店楚简与〈子思子〉——兼谈郭店楚简的思想史意义》，载姜广辉主编：《中国哲学》，第 20 辑，第 88 页。

店简《尊德义》《六德》《成之闻之》三篇很可能是孔子本人的著作，《性自命出》如果不是孔子本人的著作，那么也是其弟子的著作。而即使是其弟子的著作，《性自命出》在理论上最基础的部分也应当出自孔子本人，反映了孔子本人的思想。进一步，如果上述推论可以成立，那么我们对于这批儒家竹书将获得崭新认识，即郭店儒家竹书主要是由孔子及其孙子思子的著作组成的，既属于孔氏家学，又属于整个儒学的基础。由此，我们对于孔子本人思想的认识将获得重大突破，甚至可以依据郭店儒家竹书还原、重构和改写孔子的思想。郭店简当初引起国内学界及国际汉学界的广泛关注，并形成爆点，首先凭借的是《老子》简。可以设想，如果当初人们知道其中存在孔子本人的著作，那么郭店简引发的关注将会更为广泛，人们将会感到更为兴奋。一方面，庞朴先生的"孔孟之间"说和李学勤先生的"《子思子》"说，在当时的状态下无疑是有积极意义的；但是另一方面，现在看来，庞、李二氏的看法又实际上严重低估了郭店简的价值和学术意义，并妨碍了更激进但也许更正确观点的提出和传播。

《尊德义》《六德》《成之闻之》是孔子本人的著作，其支持证据相当丰富和坚实。而《性自命出》不论是否属于孔子本人的著作，其理论架构上最富创造性的部分其实都来自孔子，是对孔子思想的反映。《五行》《缁衣》《鲁穆公问子思》或者是子思子本人的著作，或者是其弟子的著作，它们都主要反映了子思子的思想。《语丛》前三篇是格言式语句的抄录和汇集，它们很可能主要来自春秋末期至战国早期的儒家典籍，其中不乏孔子和子思子的书篇。由此看来，《语丛》前三篇也在一定程度上反映了孔子和子思子两人的思想。

当然，笔者意识到，《尊德义》《六德》《成之闻之》三篇
是孔子本人的著作、《性自命出》是孔子或其弟子的著作的推
论，在当前学界的认知状态下无疑会令部分学者感到相当不
适和震惊。学有疑问或困惑，这本是再正常不过的事情。学
术的重要性一在于先觉觉后觉，二在于给出充分的证据和论
证，三在于进行恰当的分析和解释。就笔者观点，下文将展
开详细的论述和论证。

二、《尊德义》《六德》《成之闻之》是孔子本人的著作

廖名春认为，郭店儒家竹书可分为三类："第一类是孔子
之作，它们是《穷达以时》《唐虞之道》《尊德义》。第二类是
孔子弟子之作，它们是《忠信之道》《成之闻之》《六德》《性
自命出》。其中《忠信之道》是子张之作，《性自命出》是子
游之作，《成之闻之》《六德》可能是县成之作。第三类是
《子思子》，为子思及其弟子所作，它们是《缁衣》篇、《五
行》篇、《鲁穆公问子思》。"①

廖名春大概是第一位正式提出郭店简存在孔子本人著作
的学者。他认为《穷达以时》《尊德义》是孔子的著作，在笔
者看来，这个意见很可能是正确的。《唐虞之道》的一个基本
思想与《穷达以时》相同，故《唐虞之道》也可能为孔子本
人的著作。廖名春认为《成之闻之》《六德》是孔子弟子县
之作，这是不对的，这是因为此一判断是建立在整理者所犯
的一个错误上，即郭店竹书的整理者以"成之闻之"名篇。
其实，就此篇竹书来看，"成之"与"闻之"不在同一句，且

---

① 廖名春：《郭店楚简儒家著作考》，《孔子研究》1998 年第 3 期。

"成"字当读为"诚",竹书原文当作"是以君子贵成（诚）之"和"闻之曰"两句。由此可见，"成之"既非人名，也非"闻之"的主语，因此"成之"无缘指孔子的弟子县成。① 《忠信之道》是否确为子张之作，这也很难说，因为"忠信"不只是子张肯定的美德。《性自命出》是否为子游之作，现在看来，也很成问题。

（一）《尊德义》是孔子本人的著作

大约与廖名春同时，陈来先生也认为郭店儒家竹书可能存在孔子本人的著作。他先是怀疑这批竹简中应当有孔子的东西或者孔子本人的著作。② 后来，他具体指明："《尊德义》与孔子有密切的关系，甚至可能就是孔子本人的论述，而由弟子传述下来。"③ 再后来，他更加明确地指出："郭店竹简的简文发布后，学者多注目于'孔孟之间'，这是合理的，也是自然的。但我也想指出，竹简带给我们的课题和可能性，虽以孔孟之间为主，但也包括对孔子本人的新的理解的可能性，这一点也不应忽视。"④ 又说："竹简儒书中的上述话，在今传典籍中作孔子曰或子曰，但在竹简中除《缁衣》外，都并未说明是引自孔子。这是很值得注意的。特别是《尊德义》，短

---

① 廖名春：《郭店楚简儒家著作考》，《孔子研究》1998 年第 3 期。

② 陈来：《荆门竹简之〈性自命出〉篇初探》，载姜广辉主编：《中国哲学》，第 20 辑，第 309—310 页；《郭店竹简〈性自命出〉篇初探》，载陈来：《竹帛〈五行〉与简帛研究》，北京：生活·读书·新知三联书店，2009，第 35—36 页。

③ 陈来：《郭店楚简儒家记说续探》，载姜广辉主编：《中国哲学》，第 21 辑，沈阳：辽宁教育出版社，2000，第 84 页；又载陈来：《竹帛〈五行〉与简帛研究》，第 63 页。

④ 陈来：《儒家系谱之重建与史料困境之突破——郭店楚简儒书与先秦儒学研究》，载武汉大学中国文化研究院编：《郭店楚简国际学术研讨会论文集》，第 568 页；《史料困境的突破与儒家系谱的重建——郭店楚简与先秦儒学研究》，载陈来：《竹帛〈五行〉与简帛研究》，第 15 页。

短一篇竟有三处见于《论语》《缁衣》《孟子》中的孔子语，实在令人玩味。如果能确定竹简中的个别篇是作为孔子本人的思想传述的，那么有关孔子研究的思想资料就扩大了。"①从这两段引文来看，陈来虽然未能摆脱庞朴所谓郭店儒家竹书介于"孔孟之间"的说法，但是对其有所批评和纠正。他认为郭店简在一定程度上可以反映孔子思想，同时认为郭店简个别篇目（如《尊德义》）可能是孔子本人的著作，这个意见是颇富建设性的。

笔者同样认为《尊德义》篇可能是孔子本人的著作②，并于近年发表了《郭店简〈尊德义〉篇是孔子本人著作》（《孔子研究》2020 年第 5 期）一文，提供了大量证据，做了非常全面而深入的论证。应当说，《尊德义》是孔子本人的著作，这一点已变得确凿无疑。在上述基础上，笔者进一步认为《六德》《成之闻之》两篇也很可能是孔子本人的著作。而与此三篇佚书同简制的《性自命出》篇，或许是孔子本人的著作，也或许是其弟子的著作。

笔者关于《尊德义》篇是孔子本人的著作的论证现摘要如下：

> 竹书《尊德义》篇是孔子本人的著作，本文为此做出了文献的直接证明、文献的间接证明和思想一致性的证明。其中，第一种证明最为关键。本文收集了十条与

① 陈来：《儒家系谱之重建与史料困境之突破——郭店楚简儒书与先秦儒学研究》，载武汉大学中国文化研究院编：《郭店楚简国际学术研讨会论文集》，第 568 - 569 页；《史料困境的突破与儒家系谱的重建——郭店楚简与先秦儒学研究》，载陈来：《竹帛〈五行〉与简帛研究》，第 17 页。

② 丁四新：《郭店楚墓竹简思想研究》，北京：东方出版社，2000，第 314 页。

《尊德义》文字相应且表明了"子曰""孔子曰"的文献证据，这些证据的效力从总体上看是充足的，可以支撑和证成本文的观点。第二种证明阐明了《尊德义》的写作不会晚于战国早期，且比较可能早至春秋末期。第三种证明显示《尊德义》的思想与《论语》中孔子的思想是一致的，不存在彼此矛盾或互绌的情况。《尊德义》是目前第一篇可以被确证为孔子本人著作的竹书，意义重大；它与同简制、同书迹且思想相互关联的另外三篇郭店竹书一起，将直接影响孔子本人著作的构成及今人对其思想的重构。①

上述引文所说"文献的直接证明"十条证据，因其证明效力很高，材料过硬，故笔者在此不妨引述如下：

(1)《尊德义》第21—22号简曰："民可使道之，而不可使知之。"这一条简文见于《论语·泰伯》所载"子曰"："民可使由之，不可使知之。"

(2)《尊德义》第28号简曰："德之流，速乎置邮而传命。"这一条简文见于《孟子·公孙丑上》引"孔子曰"："德之流行，速于置邮而传命。"又见于《吕氏春秋·上德》篇载"孔子闻之，曰"："德之速，疾乎以邮传命。"

(3)《尊德义》第36—37号简曰："下之事上也，不从其所命，而从其所行。上好是物也，下必有甚焉者。"这一条简文见于《礼记·缁衣》载"子曰"："下之事上也，不从其所令，从其所行。上好是物，下必有甚者矣。"郭店简、上博简《缁衣》同。又见于《孟子·滕文公上》引"孔子曰"："上有

<hr>

① 丁四新：《郭店简〈尊德义〉篇是孔子本人著作》，《孔子研究》2020年第5期。

好者，下必有甚焉者矣。"又见于清华简《治政之道》第 3 号简："上风，下草。上之所好，下亦好之；上之所恶，下亦恶之。"这是化用了孔子的话。此外，《成之闻之》第 7 号简也有相近的语句。

（4）《尊德义》第 1 号简曰："尊德义，明乎民伦，可以为君。"这一条简文见于《孝经·圣治》引"子曰"："德义可尊，作事可法。"又《孟子·尽心上》曰"尊德乐义"，《孟子·滕文公上》曰"皆所以明人伦也"，《孟子·离娄下》曰"察于人伦"，显然孟子继承了《尊德义》"尊德义，明乎民伦"这两句话。

（5）《尊德义》第 6—7 号简曰："圣人之治民，民之道也……造父之御马，马﹛也﹜之道也。"这一条简文见于《孔子家语·王言解》"子曰"："虽有国之良马，不以其道服乘之，不可以道里。虽有博地众民，不以其道治之，不可以致霸王。"

（6）《尊德义》第 23—24 号简曰："君民者治民复礼，民除害智。"这一条简文见于《论语·颜渊》"子曰"："克己复礼为仁。一日克己复礼，天下归仁焉。"又见于《左传·昭公十二年》引"仲尼曰"："古也有《志》：'克己复礼，仁也。'"

（7）《尊德义》第 24 号简曰："为邦而不以礼，犹御之无策也。"这一条简文见于《礼记·礼运》"孔子曰"："故治国不以礼，犹无耜而耕也。"《孔子家语·礼运》所载"孔子曰"相同。

（8）《尊德义》第 29 号简曰："其载也无厚焉，交矣而弗知也。"这一条简文见于上博简《孔子诗论》第 20 号简"孔子曰"："其言有所载而后纳，或前之而后交，人不可捍也。"

(9)《尊德义》第32—34号简曰:"不爱则不亲……不忠则不信……恭则民不怨。"这一条简文见于《礼记·缁衣》引"子曰":"故君民者,子(慈)以爱之,则民亲之;信以结之,则民不倍;恭以莅之,则民有孙(逊)心。"此数句亦见两种楚简《缁衣》。

(10)《尊德义》第7—8号简曰:"莫不有道焉,人道为近。是以君子人道之取先。"这一条简文见于《礼记·中庸》引"子曰":"道不远人,人之为道而远人,不可以为道。"①

以上十条证据,有过半具有很强的证明效力。据此,我们完全可以断定《尊德义》的作者即孔子本人。反观此篇竹书,通篇没有出现一次"子曰"或"孔子曰",与上述所引诸证据出自"子曰"或"孔子曰"的情况形成了鲜明对照,这说明此篇竹书很可能或只可能是孔子本人的著作。

(二)《六德》《成之闻之》是孔子本人的著作

除了同简制、同书迹这两重因素外,笔者之所以推断《六德》《成之闻之》两篇同样都属于孔子本人的著作,是因为这两篇竹书与《尊德义》具有文本及思想上的紧密关系。②

先看《六德》《尊德义》《成之闻之》三个文本的关系。通过比较,可知这三篇竹书的写作时间有先后之别。具体说来,《六德》篇当早于《尊德义》《成之闻之》两篇,而《尊德义》又当早于《成之闻之》篇。(1)《尊德义》1号简曰:"尊德义,明乎民伦,可以为君。""尊德明伦"是竹书《尊德

---

① 丁四新:《郭店简〈尊德义〉篇是孔子本人著作》,《孔子研究》2020年第5期。
② 需要说明,笔者下文凡引郭店简文字及做证明,引用相关资料,均参考了武汉大学简帛研究中心、荆门市博物馆编著《楚地出土战国简册合集(一)·郭店楚墓竹书》(文物出版社2011年版)的释文及其所集释的学者意见。下文凡有引用,本书一般不再出注。

义》的基本命题，而"明乎民伦"之义即具体见于《六德》篇。"民伦"，或称"人伦"（《成之闻之》第31号简）。"民伦"的具体内容是什么？对于这个问题，《尊德义》并没有具体作答或予以具体指明。从逻辑上来看，尽管"尊德明伦"具有更高的统摄性，但是它必须以《六德》篇为基础，因为此篇竹书指明了"民伦"的具体内容，具体阐明了所谓"明乎民伦"命题。据《六德》篇，"民伦"指六位或三大法。所谓六位，指夫、妇、父、子、君、臣六者（《六德》第8号简）；所谓三大法，指"男女别""父子亲""君臣义"。据笔者的论证，六位说、三大法说的实际内容至春秋时期已经为人们所习知，而孔子很可能是六位说或三大法说理论的总结者和提高者。据《论语·颜渊》"齐景公问政"章及《史记·孔子世家》篇，孔子可能在三十五六岁时已经对六位或三大法做了深入而系统的思考，故《六德》篇可能是孔子早年的著作。① 简言之，竹书《六德》篇的写作当早于《尊德义》篇。(2)《成之闻之》第31—32号简曰："天降大常，以理人伦。制为君臣之义，著为父子之亲，分为夫妇之别。"这段简文认为，三大法是人伦的具体化，人伦来自大常，而大常降自天；天是大常、人伦、三大法的终极根源。很显然，简文"制为君臣之义，著为父子之亲，分为夫妇之别"即出自《六德》篇。《六德》第33—34号简曰："男女别生焉，父子亲生焉，君臣义生焉。"又，《成之闻之》第37—40号简曰："昔者君子有言曰：'圣人天德。'盖言慎求之于己，而可以至顺天常矣。《康诰》曰：'不还大戛，文王作罚，刑兹亡（无）赦。'盖此言也，

----

① 丁四新：《三纲说的来源、形成与异化》，《衡水学院学报》2021年第3期。

言不奉大常者，文王之刑莫重焉。是故君子慎六位以巳天常。""巳"当读为"嗣"或"翼"。①"嗣"，续也，见《尔雅·释诂上》。"翼"，敬也，见《尔雅·释诂下》。这一段《成之闻之》引文与同篇第 31—32 号简的一段文字相呼应，很显然，其中的"六位"即《六德》篇所说的六位。由此可知，《成之闻之》的相关论述是建立在《六德》篇基础上的。换言之，《成之闻之》的写作只可能晚于《六德》篇。(3)《尊德义》第 8—9 号简曰："察者出，所以知己。知己所以知人，知人所以知命，知命而后知道，知道而后知行。"《成之闻之》第 19—20 号简曰："故君子所复之不多，所求之不远，察反诸己而可以知人。是故欲人之爱己也，则必先爱人；欲人之敬己也，则必先敬人。"比较这两段文字，《成之闻之》"察反诸己而可以知人"一句其实是对《尊德义》"察者出"下五句的省约表达，是为论证"是故欲人之爱己也，则必先爱人；欲人之敬己也，则必先敬人"四句服务的。又，《尊德义》第 21—22 号简曰："民可使道之，而不可使知之。民可道（导）也，而不可强也。"《成之闻之》第 15—16 号简曰："上不以其道，民之从之也难。是以民可敬道（导）也，而不可掩也；可御也，而不可牵也。"比较这两段文字的意思，它们很相近，据此估计这两篇竹书的写作相隔不远。而联系上一则证据来看，《尊德义》篇似乎早于《成之闻之》篇的写作。综合看来，《六德》篇的写作早于《尊德义》篇，而《尊德义》篇的写作又早于《成之闻之》篇。这三篇竹书在文本上彼此关

---

① 丁四新：《三纲说的来源、形成与异化》，《衡水学院学报》2021 年第 3 期；颜世铉：《郭店楚简散论（一）》，载武汉大学中国文化研究院编：《郭店楚简国际学术研讨会论文集》，第 104 页。

联，且在思想上紧密联系，构成一个系统。

再看《六德》篇与孔子的关系。竹书《六德》篇是孔子本人的著作，这一点不但可以从《六德》篇的写作早于《成之闻之》篇和《尊德义》篇推论出来，而且可以通过其他证据来做这样的推论。(1)《六德》第23—24号简曰："故夫夫、妇妇、父父、子子、君君、臣臣，六者各行其职，而狱讼无由作也。"《六德》第35—38号简曰："故夫夫、妇妇、父父、子子、君君、臣臣，此六者各行其职，而狱讼蔑由亡〈作〉也。君子言信焉尔，言诚焉尔，故外内皆得也。其反，夫不夫，妇不妇，父不父，子不子，君不君，臣不臣，昏所由作也。"《六德》简所说的思想，即直接见于《论语·颜渊》"齐景公问政"章，是章曰："齐景公问政于孔子。孔子对曰：'君君，臣臣，父父，子子。'公曰：'善哉！信如君不君，臣不臣，父不父，子不子，虽有粟，吾得而食诸?'"从理论形态来看，《六德》篇的伦理学属于位分伦理学，这篇竹书对于位分伦理学做了系统的理论概括、总结和提高。结合多种证据和因素，笔者推断，孔子应当是位分伦理学在理论上的总结者和提高者；进一步，《六德》篇应当是孔子本人的著作。①
(2)《六德》第24—25号简曰："观诸《诗》《书》，则亦在矣。观诸《礼》《乐》，则亦在矣。观诸《易》《春秋》，则亦在矣。"《诗》《书》《礼》《乐》《易》《春秋》六者连言，又见于郭店简《语丛一》第36—44号简。《语丛》诸篇是对前代重要文献的语摘，由此可知《六德》篇必作于《语丛一》之前。而将《诗》《书》《礼》《乐》《易》《春秋》六者关联在一起，

---

① 丁四新：《三纲说的来源、形成与异化》，《衡水学院学报》2021年第3期。

以之作为教学用的基本典籍，这是孔子之所为。《庄子·天运》篇即载孔子谓老聃曰："丘治《诗》《书》《礼》《乐》《易》《春秋》六经，自以为久矣。"《礼记·经解》即引"孔子曰"："入其国，其教可知也。其为人也，温柔敦厚，《诗》教也；疏通知远，《书》教也；广博易良，《乐》教也；洁静精微，《易》教也；恭俭庄敬，《礼》教也；属辞比事，《春秋》教也。"皆可以为证。(3)《六德》第30—31号简曰："门内之治，恩掩义；门外之治，义斩恩。"这条简文见于《性自命出》第58—59号简，曰："门内之治，欲其掩也；门外之治，欲其折也。"这两段简文的文本及其文义高度近似。衡量简文，《性自命出》"欲其掩""欲其折"的语义有所省略，当据竹书《六德》和《礼记·丧服四制》补足。据此推断，竹书《性自命出》的写作只可能晚于《六德》篇。此前，学界一般认为《性自命出》是孔子弟子所作。(4)《六德》第31—33号简曰："仁类柔而属，义类刚而绝。仁柔而匿，义刚而简。匿之为言也，犹匿匿（慝）也，小而轸多〈者〉也。"这一条简文见于《五行》第37—42号简，曰："不柬（简），不行；不匿，不辩（辨）于道。有大罪而大诛之，柬（简）也。有小罪而赦之，匿也。有大罪而弗大诛也，不行也。有小罪而弗赦也，不辩（辨）于道也。柬（简）之为言犹练（选）也，大而罕者也。匿之为言也犹匿匿（慝）也，小而轸者也。柬（简），义之方也。匿，仁之方也。刚，义之方。柔，仁之方也。'不竞不絿，不刚不柔'，此之谓也。"两相比较，竹书《五行》带有明显的解释性质，是对《六德》相关文句的解说，因此《六德》篇的写作应当早于竹书《五行》。将这些证据综合起来看，我们完全可以得出竹书《六德》篇是孔子本人著作的结论。

再看《成之闻之》篇与孔子的关系。竹书《成之闻之》篇同样是孔子本人的著作，这可以得到众多证据的支持。(1)《成之闻之》第6—7号简曰："是故上苟身服之，则民必有甚焉者。"这条简文与《尊德义》"下之事上也，不从其所命，而从其所行。上好是物也，下必有甚焉者"四句很相近，且后者被《礼记·缁衣》记为"子曰"，被《孟子·滕文公上》记为"孔子曰"。《礼记·缁衣》引"子曰"："下之事上也，不从其所令，从其所行。上好是物，下必有甚者矣。"《孟子·滕文公上》载"孔子曰"："上有好者，下必有甚焉者矣。"(2)《成之闻之》第17—19号简曰："富而分贱，则民欲其富之大也；贵而能让，则民欲其贵之上也。反此道也，民必因此重也以复之，可不慎乎?"《说苑·杂言》载"孔子曰"："夫富而能富人者，欲贫而不可得也；贵而能贵人者，欲贱而不可得也；达而能达人者，欲穷而不可得也。"很明显，两段引文的意思相近。(3)《成之闻之》第20号简曰："是故欲人之爱己也，则必先爱人；欲人之敬己也，则必先敬人。"《说苑·政理》载"孔子曰"："爱人者则人爱之；恶人者则人恶之。"这段话又见于《孔子家语·贤君》载"孔子曰"。所引《说苑》《孔子家语》文字与《成之闻之》简文前两句的意思相近。(4)《成之闻之》第33—34号简曰："是故君子簟席之上，让而援幼；朝廷之位，让而处贱，所宅（度）不远矣。"与这段简文相近的文句即见于《礼记·坊记》所载"子云"："衽席之上，让而坐下，民犹犯贵。朝廷之位，让而就贱，民犹犯君。"(5)《成之闻之》第24号简曰："形于中，发于色，其诚也固矣，民孰弗信?"这段简文与《六德》第36—37号简曰"君子言信焉尔，言诚焉尔，故外内皆得也"的意思很相近。同时，我们看到，《成之闻之》所谓"形于中，发于色"的诚信工夫，在竹书《五行》和《孟子》中得到推阐。(6)《成之闻之》第 26—28 号简曰："圣人之眚（性）与中人之眚（性），其生而未有非（分）之，节（即）于而〈天〉也，则犹是也。虽其于善道也，亦非有译（择）娄（数）以多也；及其博长而厚大也，则圣人不可由与埻（效）之。此以民皆有眚（性），而圣人不可莫（慕）也。"这段话与《论语·阳货》载孔子曰"性相近也，习相远也"、《性自命出》所谓"四海之内其眚（性）一也，其用心各异，教使然也"及《孟子·离娄下》《孟子·尽心上》的"几希"说相近。① 综合如上证据，我们可以推断，竹书《成之闻之》篇是孔子本人的著作。

三、《性自命出》与孔子的关系

《性自命出》是一篇十分重要的儒家楚简佚籍，甫一出版，立即引起了学界的极大关注。这篇竹书围绕天、命、性、心、情、道、教等基本概念及相关命题展开，涉及儒家思想的最基本层面，故引起了学者的极大关注，研究成果甚众。不过，关于这篇竹书的作者，学界存在多种说法。廖名春等人认为《性自命出》是子游之作。② 陈来先认为《性自命出》可能与子游、公孙尼子、子思子有关，并说"我更多地倾向

① 《孟子·离娄下》孟子曰："人之所以异于禽兽者几希，庶民去之，君子存之。舜明于庶物，察于人伦，由仁义行，非行仁义也。"《孟子·尽心上》孟子曰："舜之居深山之中，与木石居，与鹿豕游，其所以异于深山之野人者几希。及其闻一善言，见一善行，若决江河，沛然莫之能御也。"
② 廖名春：《郭店楚简儒家著作考》，《孔子研究》1998 年第 3 期。

于认为《性自命出》这一篇是属于《公孙尼子》"[1]；后来，他改变了这一看法，认为它更可能"属于子游氏之儒的作品"[2]。总之，认为《性自命出》的作者是子游，这是学界的主流意见，而其根据是《性自命出》有一段文字出现在《礼记·檀弓下》中，并标明为"子游曰"。现在看来，《性自命出》是否为子游氏之儒的著作，以及与孔子的关系如何，这是两个值得讨论的问题。

《性自命出》又出现在上海博物馆藏的一批战国竹简中，整理者命名为《性情论》。比较这两个抄本，它们存在一些重大不同。《性自命出》更完善、更系统，且分上下篇；而《性情论》则缺少《性自命出》"凡心有志"一段、"喜斯愠"一段及末句"君子身以为主心"。笔者认为，《性情论》（或其所依据的母本）应当是一个更原始或更早的抄本，而《性自命出》则是一个晚出或改进的抄本。相对于《性情论》来说，《性自命出》的文字有推衍，下篇的章序有较大变化。《性自命出》分为上下篇，这是由其更繁复的内容决定的。除此之外，笔者再补充几点证据。证据一，郭店简中的"性"字一律写作"眚"，与"生"字完全区别开来；但是，上博简《性情论》却有一字例外，其统一性显然不及《性自命出》。《性自命出》第1号简曰"凡人虽有性"，"性"字写作"眚"，而

① 陈来：《荆门竹简之〈性自命出〉篇初探》，载姜广辉主编：《中国哲学》第20辑，第309页；《郭店竹简〈性自命出〉篇初探》，载陈来：《竹帛〈五行〉与简帛研究》，第35页。

② 陈来：《儒家系谱之重建与史料困境之突破——郭店楚简儒书与先秦儒学研究》，载武汉大学中国文化研究院编：《郭店楚简国际学术研讨会论文集》，第566页；《史料困境的突破与儒家系谱的重建——郭店楚简与先秦儒学研究》，载陈来：《竹帛〈五行〉与简帛研究》，第11页。

上博简《性情论》却写作"生"，出现了假借字用例不一致的情况。证据二，《性自命出》在"凡忧患之事欲任"一章有"欲皆文而毋伪"一句，是总括之语，但是《性情论》却无此句。同样，《性自命出》在文末有"君子身以为主心"，带有总结和提高性质，但《性情论》并无此句。证据三，《性情论》"用心欲直而毋伪，虑欲渊而毋暴"两句，《性自命出》作"虑欲渊而毋伪"一句，两相比较，后者显系概括前者而来，当为晚出。证据四，《性自命出》多误字，可据《性情论》校正。《性情论》"或寋（实）之"，"寋"字《性自命出》误作"𡥃"字。《性情论》"笑，惪（喜）之浅泽也；乐，惪（喜）之【深泽也】"，两"惪"字《性自命出》误作"體（禮）"字。《性情论》"凡学者求其〖心为难〗"，"求"字《性自命出》误作"逮"字。《性情论》"弗敹（养）不可"，"敹"字《性自命出》误作"牧"字。《性情论》"慎，虑之方也"，"虑"字《性自命出》误作"悬（仁）"字。种种迹象表明，《性情论》是一个比《性自命出》更早的抄本，而《性自命出》则是一个更晚的抄本，且多有推衍和改造之迹。

尤其值得注意的是，上博简《性情论》无"喜斯陶"（喜斯慆）一段文字。从《性情论》原文来看，我们看不出这是由于抄手漏抄所致。相反，《性自命出》有"喜斯慆"一段，这似乎是由其传抄者有意添加进来的。不但如此，情况还可能更复杂。《性自命出》第34—35号简曰："喜斯慆，慆斯奋，奋斯咏，咏斯摇，摇斯舞。舞，喜之终也。愠斯忧，忧斯戚，戚斯叹，叹斯擗，擗斯踊。踊，愠之终也。"《礼记·檀弓下》载子游答有子之问曰："礼有微情者，有以故兴物者。有直情而径行者，戎狄之道也。礼道则不然。人喜则斯陶，陶斯咏，咏斯犹，犹斯舞，舞斯愠，愠斯戚，戚斯叹，叹斯辟，辟斯踊矣。品节斯，斯谓之礼。人死，斯恶之矣，无能也，斯倍之矣。是故制绞、衾，设蒌、翣，为使人勿恶也。始死，脯醢之奠；将行，遣而行之；既葬而食之，未有见其飨之者也。自上世以来，未之有舍也，为使人勿倍也。故子之所刺于礼者，亦非礼之訾也。"其中"人喜则斯陶，陶斯咏，咏斯犹，犹斯舞，舞斯愠，愠斯戚，戚斯叹，叹斯辟，辟斯踊矣"三十字，正如许多学者所认为的那样，其文字和文义有不合理之处，其文本质量不及《性自命出》"喜斯慆"一段简文。而且，从《礼记》原文来看，我们无法完全断定"人喜则斯陶"三十字是由子游首先讲出来的，相反子游引用此段文字的可能性是存在的。简言之，以《礼记·檀弓下》"子游曰"一段文字为依据来推断《性自命出》篇为子游所作，这个观点目前看来是难以成立的。

《性自命出》与《六德》《成之闻之》两篇存在文本上的直接关联。（1）《性自命出》第58—59号简曰："门内之治，欲其掩也；门外之治，欲其折也。"《六德》第30—31号简曰："门内之治，恩掩义；门外之治，义斩恩。"这两段简文高度相似。权衡二者，《性自命出》"欲其掩""欲其折"两句有所省略，其意应当据《六德》篇补足之。由此可知，竹书《性自命出》的写作当晚于《六德》篇。这一点笔者在上文已指出。需要注意的是，据《孔子家语·本命解》篇，"门内之治，恩掩义；门外之治，义掩恩"两句为"孔子曰"，这似乎表明孔子可能是此篇竹书的作者。（2）《性自命出》第9号简曰："四海之内其眚（性）一也，其用心各异，教使然也。"《成之闻之》第26—28号简曰："圣人之眚（性）与中人之眚

(性），其生而未有非（分）之，节（即）于而〈天〉也，则犹是也。虽其于善道也，亦非有译（择）娄（数）以多也；及其博长而厚大也，则圣人不可由与埻（效）之。此以民皆有眚（性），而圣人不可莫（慕）也。"据学者意见，"非"当读为"分"①，"译娄"当读为"择数"②。"择数"即《礼记·表记》的"取数"，陈伟、刘钊并据《表记》相关文字做了解释。③《礼记·表记》载"子曰"："仁之为器重，其为道远，举者莫能胜也，行者莫能致也。取数多者，仁也。"郑玄注："取数多，言计天下之道，仁居其多。"④ 据目前资料推断，"择数"或"取数"当是孔家秘传的术语，我们只有根据《表记》这段文字才能得到正解。这一点可以作为《成之闻之》是孔子本人著作的证据。除此之外，比较上引两段简文，《性自命出》与《成之闻之》的观点相同，文本相近，都持普遍主义的人性论观点，且认为人后天的差别是教化和习养所致。

证明《性自命出》篇早出的证据较多，如有些简文被竹简《语丛》引用。（1）《性自命出》第 3 号简曰："道始于情，情生于眚（性）。"《语丛二》第 1 号简曰："情生于眚（性），礼生于情。"在先秦时期，"道"通常以"礼"言之。（2）《性自命出》第 2 号简曰："喜怒哀悲之气，眚（性）也。"这在《语丛二》中有所反映。（3）《性自命出》第 4 号简曰："好恶，

---

① 周凤五：《郭店楚简识字札记》，载张以仁先生七秩寿庆论文集编辑委员会编：《张以仁先生七秩寿庆论文集》，台北：台湾学生书局，1999，第 358 页。

② 李学勤：《试说郭店简〈成之闻之〉两章》，《烟台大学学报》2000 年第 4 期。

③ 陈伟：《郭店楚简〈六德〉诸篇零释》，《武汉大学学报（哲学社会科学版）》1999 年第 5 期；刘钊：《郭店楚简校释》，福州：福建人民出版社，2005，第 145 页。

④ ［清］阮元校刻：《十三经注疏·礼记正义》，卷 54，北京：中华书局，1980，第 1640 页。

眚（性）也。"这一句在《语丛二》和《语丛一》中都有反映。(4)《性自命出》第 8 号简曰："刚之祝也，刚取之也。"这两句话被《语丛三》第 46 号简抄录。郭店简《语丛》诸篇属于笔记体，很可能是对此前重要文献的摘抄。而由此可知，《性自命出》的写作应远在竹简《语丛》诸篇之前。

现有证据表明，《性自命出》篇与孔子有关。(1)《性自命出》第 9 号简曰："四海之内其眚（性）一也，其用心各异，教使然也。"第 1—2 号简曰："凡人虽有眚（性）……待悦而后行，待习而后定。"第 11—14 号简曰："养眚（性）者，习也……习也者，有以习其眚（性）也。"综合这三条引文可知，竹书的观点与《论语·阳货》所记孔子的观点很相近。《阳货》篇载"子曰"："性相近也，习相远也。"孔子言"性"，兼本体和经验而言，是在经验中来谈所谓人性本体的。经验中的人性具有初生时的幽微差异，但是剥离经验后的纯粹本体自身却是普遍的，人人皆具而皆同的。与此相对，人生的差别则是"习相远"的结果。(2)《性自命出》第 41 号简曰："恶类三，唯恶不仁为近义。"《论语·里仁》和《礼记·表记》各有一段意思相近的"子曰"。前者为："我未见好仁者，恶不仁者。好仁者，无以尚之。恶不仁者，其为仁矣，不使不仁者加乎其身。"后者为："无欲而好仁者，无畏而恶不仁者，天下一人而已矣。"《表记》是《子思子》的一篇。(3)《性自命出》第 18—20 号简曰："礼作于情，或兴之也，当事因方而制之。其先后之叙则义道也。或叙为之节，则文也。致容貌，所以文节也。"这是繁说。《语丛一》第 31、97 号简曰："礼因人之情而为之节文者也。"这是简说。很明显，后者是对于前者的概括。不过，我们看到，所引《语丛一》文字其实直接出自《礼记·坊记》。《礼记·坊记》载"子云":"礼者,因人之情而为之节文。"《坊记》是《子思子》的一篇。据此可以推断,《性自命出》大概是孔子的著作。(4)《性自命出》第2—3号简曰:"眚(性)自命出,命自天降。"现在看来,这两句话应当是《礼记·中庸》"天命之谓性"的直接来源。以前,人们往往按照宋儒的说法来做解释,认为天命之性即所谓理性,而生之谓性则是所谓气质之性。从道理上来讲,这种构思和理论划分固然很有意义,但是从先秦思想史来看,《中庸》"天命之谓性"一句应当判定为对《性自命出》"性自命出,命自天降"两句的简化和压缩。如果这一点是对的,那么《性自命出》的写作应当早于《中庸》。(5)《性自命出》第2号简曰:"喜怒哀悲之气,眚(性)也。及其见于外,则物取之也。"这种情感未发和已发的结构,见于《礼记·中庸》《逸周书·官人解》等篇。《中庸》曰:"喜怒哀乐之未发,谓之中;发而皆中节,谓之和。"《逸周书·官人解》曰:"四曰民有五气,喜、怒、欲、惧、忧。喜气内蓄,虽欲隐之,阳喜必见;怒气内蓄,虽欲隐之,阳怒必见;欲气、惧气、忧悲之气,皆隐之,阳气必见。五气诚于中,发形于外,民情不可隐也。"所引《逸周书》这段话亦见于《大戴礼记·文王官人》。另外,《官人解》中的"五气诚于中,发形于外",与竹书《成之闻之》第24号简云"形于中,发于色,其诚也固矣"的意思相近。(6)《性自命出》第52—53号简曰:"未赏而民劝,含福者也。未刑而民畏,有心惎(威)者也。"《礼记·中庸》曰:"君子不赏而民劝,不怒而民威于斧钺。"两者意思相近。(7)《性自命出》第56—57号简曰:"闻道反己,攸(修)身者也。上交近事君,下交得众

近从政，攸（修）身近至仁。"《礼记·中庸》曰："修身以
道，修道以仁。"两者意思相近。《中庸》是《子思子》的一
篇，太史公曰："子思作《中庸》。"（《史记·孔子世家》）从
上述第（4）条至第（7）条证据来看，竹书《性自命出》篇
很可能与孔子有关，其著作时间当在子思子的《中庸》《表
记》《坊记》之前，因此，此篇佚书属于孔子本人的著作，这
是比较可能的。

　　总之，郭店简《性自命出》和上博简《性情论》是同一
篇佚书的两个不同抄本或传本。其中，《性情论》（或其母本）
的抄写更早，而《性自命出》可能是由子游后学抄写的，故
于第34—35号简添加了"喜斯慆"一段文字。《性情论》则无
"喜斯慆"数句。目前我们没有可靠证据表明《性自命出》是
子游的著作，而据上文的考证，孔子比较可能是《性自命出》
的作者。《性自命出》大概是孔子晚年的著作。而即使此篇竹
书是孔子弟子的著作，笔者认为，篇中的一些基础性概念和
命题，如"凡人皆有性""性自命出，命自天降""道始于情，
情出于性""喜怒哀悲之气，性也""好恶，性也""善不善，
性也""凡学者求其心为难"等，也都应当出自孔子本人。特
别是"性自命出，命自天降"两句，将人性与天命直接贯通
起来，建立了一套超越而内在的新学问和大学问，奠定了中
国思想的新基石，而这种思想贡献，衡之于孔子及其弟子以
及时贤，非孔子莫足以当之。换言之，《性自命出》的重要概
念、基本命题及最宏观、一般的思想框架，都应当出自孔子
本人，而不是相反出自其弟子。

　　此外，《穷达以时》《唐虞之道》两篇可能像廖名春所说，
是孔子本人的著作。其证据是，竹书《穷达以时》与《荀

子·宥坐》《说苑·杂言》《韩诗外传·卷七》有些文句相同或很相近，且这三种传世文献都标记为"孔子曰"。①《唐虞之道》与《穷达以时》具有比较紧密的思想关系，《穷达以时》所主张的人生价值观正是《唐虞之道》禅让说所依赖的一个理论前提。《穷达以时》云"有其人，无其世，虽贤弗行矣"，又云"动非为达也，故穷而不【怨。隐非】为名也，故莫之知而不吝"，又云"穷达以时，德行一也"，这些说法所包含的思想都在《唐虞之道》之中有所反映。从上博简《子羔》《容成氏》《举治王天下》来看，尧舜禅让的故事早已成为儒门佳话。又，《中庸》云"仲尼祖述尧舜"，在《论语》中仲尼以尧舜为圣王，孔子无疑是春秋晚期尧舜传说的重要推动者及其理论的重要构造者，大概《唐虞之道》反映了孔子这方面的思想。《忠信之道》第5号简曰："口惠而实弗从，君子弗言尔。"这两句话见于《礼记·表记》载"子曰"："口惠而实不至，怨菑及其身。"《忠信之道》第5—6号简曰："心【疏而】貌亲，君子弗申尔。"这两句话见于《礼记·表记》载

---

① 《荀子·宥坐》："孔子南适楚，厄于陈蔡之间，七日不火食，藜羹不糂，弟子皆有饥色。子路进问之曰：'由闻之：为善者天报之以福，为不善者天报之以祸。今夫子累德、积义、怀美，行之日久矣，奚居之隐也？'孔子曰：'由不识，吾语女。女以知者为必用邪？王子比干不见剖心乎！女以忠者为必用邪？关龙逄不见刑乎！女以谏者为必用邪？吴子胥不磔姑苏东门外乎！夫遇不遇者，时也；贤不肖者，材也。君子博学深谋不遇时者多矣。由是观之，不遇世者众矣，何独丘哉！且夫芷兰生于深林，非以无人而不芳。君子之学，非为通也；为穷而不困，忧而意不衰也，知祸福终始而心不惑也。夫贤不肖者，材也；为不为者，人也；遇不遇者，时也；死生者，命也。今有其人不遇其时，虽贤，其能行乎？苟遇其时，何难之有？故君子博学、深谋、修身、端行以俟其时。'孔子曰：'由！居！吾语女。昔晋公子重耳霸心生于曹，越王勾践霸心生于会稽，齐桓公小白霸心生于莒。故居不隐者思不远，身不佚者志不广。女庸安知吾不得之桑落之下！'"此章文义不但与《穷达以时》相同，而且它有多段文字与竹简高度近似。

"子曰"："情疏而貌亲，在小人则穿窬之盗也与？"① 这两条材料很坚实、很直接，可以证明《忠信之道》是孔子本人的著作。

综上所论，郭店16篇竹书均当为郭店一号楚墓墓主生前的收藏物，没有一篇是他本人的著作。《语丛》四篇属于语摘体，且各篇经过了一定分类，其抄录时间应当在墓主生前，因此这四篇比较可能是由墓主本人所抄录并做分类的。《语丛》四篇的主要资料来源应当是春秋晚期至战国早期的文献。其他各篇儒家竹书也很可能写于春秋晚期至战国早期。《六德》《尊德义》《成之闻之》《性自命出》四篇无论在文本还是在思想上都高度关联，前三篇很可能是孔子本人的著作，后一篇及《忠信之道》《穷达以时》也比较可能是孔子本人的著作。《唐虞之道》可能属于孔子本人的著作。如此一来，这七篇佚书应当作于春秋晚期。《缁衣》《五行》《鲁穆公问子思》三篇都作于战国早期，前两篇是子思子的著作，后一篇是子思子弟子的著作。概括起来看，郭店儒家竹书大体上属于孔子和子思子的著作集。由此，郭店简的文献价值和意义就变得极其重要和重大了。与笔者的看法相对，此前学界或将郭店儒家竹书判定为"孔孟之间"的著作，或将其整体上推测为《子思子》的一部分，这两种流行看法无疑大大低估了郭店简的文献价值和意义。简言之，如果孔子本人的著作能够得到发现和证实，那么无论如何，这都是一件石破天惊的大

---

① 顺便指出，清华大学艺术博物馆藏西汉早中期八龙草叶纹镜"必忠必信"铭有一段文字曰："必忠必信，久而必亲。不信不忠，久而自穷。"这四句铭文与《忠信之道》第1—2号简的文字很相近，简文曰："忠积则可亲也，信积则可信也。忠信积而民弗亲信者，未之有也。"

事，而因此我们不得不重新理解和书写孔子本人的思想和哲学。

第三节　郭店竹书所反映的孔子思想

既然郭店儒家竹书大体上为孔子和子思子著作，那么相应地，孔子本人和子思子的思想即可由此得到更直接、更具体的揭示和阐明。归纳这些竹书的思想，可知：孔子一者提出了"尊德明伦"的政治-伦理主张；二者提出了六位说和三大法说，系统地总结和建构了位分伦理学说；三者提出了求己反本的修身哲学，并将天常与六位贯通起来；四者贯通性、命两者（"性自命出，命自天降"），构建了性命学说；五者对时命与德行做了分判，高度肯定了德行生命的人生价值和意义；六者提出了"禅而不传""利天下而弗利"的尧舜王道理想。在郭店竹书中，子思子最突出的思想贡献无疑是所谓新五行说，他大力推进和大幅深化了儒家的修身成德哲学，这包括工夫论和境界论两个方面。

一、"尊德明伦"：德政与德教的政治哲学

孔子的"尊德明伦"的政治思想，主要见于《尊德义》篇。《尊德义》第1号简曰："尊德义，明乎民伦，可以为君。""尊德义，明乎民伦"这两句话是对此篇竹书思想的集中概括。同时，从一定意义上说，这两句话也是《尊德义》《六德》《成之闻之》三篇竹书的共同主题。"德义"是流行于春秋时期的一个成词，其义为德行、仁义。"尊德义"即尊崇德行、仁义。"明乎民伦"即明察乎民伦。"民伦"或作"人伦"。"尊德明伦"的主语是人君，故此篇竹书所说"民伦"，是就君对民而言的。结合《六德》《成之闻之》两篇竹书来看，所谓"民伦"，主要指夫、妇、父、子、君、臣的位分伦理。竹书所说"尊德明伦"的思想得到了孟子的继承。①

在《尊德义》篇中，孔子主张，人君应当实行德政（有德行的政治）和德教（有德行的教化）。或者说，政治和教化都应当符合道德理想和道德原则。教化是当时的政治内容之一，儒家尤然，孔子即在此篇竹书中特别强调了教化的政治作用，并对其做了着重论述。

在德政说上，孔子提出了"以德率民"和"先之以德"的观点。《尊德义》第 28—29 号简曰："为古率民向方者，唯德可。德之流，速乎置邮而传命。"第 16 号简曰："先之以德，则民进善安生。"② "以德率民"和"以德先民"，这是孔子为政思想的两个重要说法，在《论语》中也得到了反映。相应地，在治理手段上，孔子即重视德礼而轻视赏刑。至于如何"以德率民"和"先之以德"，这其实属于人君的修身问题。"德"是君子人格的精神内核，但其获得及其生发于外，则是通过德行化的修身活动来进行的。

在德教说上，孔子提出了"人道之取先"和"教导之取先"两个观点。《尊德义》第 6—8 号简曰："圣人之治民，民之道也……莫不有道焉，人道为近。是以君子人道之取先。"

---

① 《孟子·滕文公上》："使契为司徒，教以人伦，父子有亲，君臣有义，夫妇有别，长幼有叙，朋友有信。"《孟子·滕文公上》："皆所以明人伦也。"《孟子·离娄下》："察于人伦。"

② 按："生"字，属于《六德》篇第 49 号简的首字。《六德》第 49 号简应属于《尊德义》篇，与《尊德义》第 16 号简相接。

第 12—13 号简曰："是以为政者教导之取先。""人道之取先"与"教导之取先"两个主张是有区别的,从逻辑上来看,前者先于后者,是后者的前提条件。

在《尊德义》中,孔子还认为,人君应当通过教化让民"养心于慈良"和"民除害智"。这两点是对其德教说的深化,因为民众作为被治理和被统治的对象也有其主体性,而且从更高的目的,特别是从世界和谐来看,道德的善不仅对于人君或贵族来说是必要的,对于普通民众来说也是很重要的。

总之,《尊德义》篇提出了"尊德明伦"的政治主张,较为充分地展现了孔子道德主义的政治哲学内涵。①

二、六位说与三大法说:位分伦理学的系统总结和理论提升

中国古代伦理学可分为两大类,一类为德行伦理学(或称美德伦理学),一类为位分伦理学。长期以来,德行伦理学是学者关注的重点,而位分伦理学则长期受到忽视,甚至透过纲常伦理学而受到严重贬抑、斥责和批判。实则,尽管位分伦理学有其历史的局限性,但是它对于人类的现实生活来说具有重大意义。位分伦理学以人在不同伦理环境或条件中的身份属性为基点,是一门以人的位分或名分问题为研究中心的学问。竹书《六德》是一篇关于位分伦理学的专论,其理论意义无疑十分重大。

竹书《六德》以六位、六职和六德为基本结构或伦理框架。其中"六位"最基础,而"六职""六德"则建立于其

---

① 丁四新:《德政与德教——论郭店竹简〈尊德义〉篇的政治哲学》,《社会科学战线》2020 年第 2 期。

上。所谓"六位"，具体指夫、妇、父、子、君、臣六种伦理位次。所谓"六职"，具体指夫率妇从、君使臣事和父教子学六种伦理职分。所谓"六德"，具体指父圣、夫智、子仁、君义、臣忠、妇信六种德行或美德。不同的位次有不同的职分，而不同的位次及其相应的职分即有不同的德行或美德规范。在六位说的基础上，《六德》篇又提出了所谓"三大法"说。所谓"三大法"，具体指对于上述三对基本伦理关系（夫妇、父子、君臣）所做出的德行要求，即"男女别""父子亲""君臣义"。"别"或读作"辨"，二字音义皆通。而如果全社会做到了男女辨、父子亲、君臣义，进而做到了父圣子仁、夫智妇信、君义臣忠，那么即意味着全社会都做到了各安其分，或都做到了所谓夫夫、妇妇、父父、子子、君君、臣臣。这样，天下就太平了。《六德》第35—36号简即曰："此六者各行其职，而狱讼蔑由作也。""蔑"，无也。需要指出，孔子在竹书中特别强调了"三大法"的重要性和基础性，《六德》第44—46号简曰："凡君子所以立身大法三，其绎之也六，其衍十又二。三者通，言行皆通；三者不通，非言行也。三者皆通，然后是也。三者，君子所生与之立，死与之敝也。"可以看出，"三大法"是六位说的基础，是君子之所以为君子的基础，"君子所生与之立，死与之敝也"。

不仅如此，在竹书中，孔子还从实践层面指出了两点。第一点是"信""诚"是实践位分伦理的关键德行。《六德》曰："君子言信焉尔，言诚焉尔，故外内皆得也。"（第36—37号简）所谓"外内皆得"，指人在实践中使君、臣、妇的外位和父、子、夫的内位各安其分和各得其分。第二点是"孝悌"是施行王教的入手处。《六德》曰："是故先王之教民也，始

于孝悌。"（第 39—40 号简）

《六德》篇的意义重大，它是中国古代位分伦理学的奠基作和代表作。据《六德》等资料可知：一者，孔子是中国古代位分伦理学的总结者及其理论提高者；二者，六位说和三大法说是三纲说的源头，是其第一阶段，而三纲说则是对六位说和三大法说的继承和强化。孟子称三大法为三大伦，并在此基础上提出了所谓五伦说。① 汉儒有两种三纲说：一种是君臣、父子、夫妇相对相合的三纲说，这是汉儒三纲说的正统；另一种则是《礼纬含文嘉》"君为臣纲，父为子纲，夫为妻纲"的三纲说，笔者认为，这是三纲说的异化。② 异化的三纲说不符合现代价值观，应当遭到批评和抛弃。三者，《六德》与《春秋》互为表里关系，前者是后者的经义原理和王道之基，而后者则是对前者所说位分伦理学的历史推演和外化。《庄子·天下》曰："《春秋》以道名分。""名"即名位，"名分"即位分。孟子曰："世衰道微，邪说暴行有作，臣弑其君者有之，子弑其父者有之。孔子惧，作《春秋》。《春秋》，天子之事也。是故孔子曰：'知我者其惟《春秋》乎！罪我者其惟《春秋》乎！'"孔子改作《春秋》，其问题意识正在于正名分和审查名分，正在于恢复和重建以名分为基础的王道世界。

---

① 《孟子·公孙丑下》："（景子曰）内则父子，外则君臣，人之大伦也。父子主恩，君臣主敬。"《孟子·万章上》："（孟子曰）告则不得娶。男女居室，人之大伦也。如告，则废人之大伦，以怼父母，是以不告也。"《孟子·滕文公上》："（孟子曰）圣人有忧之，使契为司徒，教以人伦：父子有亲，君臣有义，复夫妇有别，长幼有叙，朋友有信。"

② 以上两点，参见丁四新：《三纲说的来源、形成与异化》，《衡水学院学报》2021 年第 3 期。

三、"求己""反本""反己"与"君子慎六位以翼天常"的修身哲学

"修身"是《成之闻之》《六德》《尊德义》《性自命出》的共同主题之一，孔子将"修身"上升为政治活动的本源和儒学的通义，后者即上升为成就君子人格的必要步骤。君子之"身"是政治实践的主体，同时又是教化的本源，它具有极强的示范性。

修身是政治的本源，是儒学的通义和基本教义之一。据《成之闻之》篇，孔子从"君子之于教也"（第4号简）出发，认为修身是本源，而具体治理措施和手段（如礼乐刑政）则是末流。《成之闻之》第10—12号简曰："是故君子之求诸己也深。不求诸其本而攻诸其末，弗得矣。是〖故〗君子之于言也，非从末流者之贵，穷源反本者之贵。苟不从其由，不反其本，未有可得也者。""求己"是为了修身，它强调了自我作为实践主体的重要性。引文中的"本"既指"己"又指修身。修己或修身，是儒学的通义。

不但如此，在《成之闻之》篇中，孔子认为六位的伦理实践即所谓"修身"。这一点在一定程度上打破了人们关于孔子学问的认识。《成之闻之》第31—33号简曰："天降大常，以理人伦。制为君臣之义，著为父子之亲，分为夫妇之别。是故小人乱天常以逆大道，君子治人伦以顺天德。"第37—40号简曰："唯君子道可近求，而可远措也。昔者君子有言曰：'圣人天德。'盖言慎求之于己，而可以至川（顺）天常矣。《康诰》曰：'不还大戛，文王作罚，刑兹无赦。'盖此言也，言不奉大常者，文王之刑莫重焉。是故君子慎六位以已

（翼）天常。""巳"，读为"翼"，敬也。在此，天—大常—人伦—君子、父子、夫妇构成了一个颇富深度的位分伦理学思想体系，而君子"求之于己"的位分实践则是沟通天人的关键。

同时，在《成之闻之》中，孔子以"信""诚"作为修身实践的德行原则。修身应当是真实的、无伪的，心理、言辞和行为都应当诚实可信。《成之闻之》曰："是以君子贵诚之。闻之曰：'古之用民者，求之于己为亙〈亟—极〉。'行不信，则命不从；信不著，则言不乐。民不从上之命，不信其言，而能含德者，未之有也。故君子之莅民也，身服善以先之，敬慎以守之，其所存者内矣，民孰弗从？形于中，发于色，其诚也固矣，民孰弗信？是以上之亙〈亟—极〉务在信于众。《旅命》曰：'允师济德。'〖盖〗此言也，言信于众之可以济德也。"（第 30 号、第 1—3 号、第 24—25 号简）这段话强调了君子以诚信修身的重要性，言行是否诚信，关乎民众是否顺从居上者的命令，以及君子为政的效果。需要注意的是，根据这段引文，孔子认为诚信的修身存在一个从内从中（内、中，均指心）到外色的过程，其关键在于"形于中"和"其所存者内矣"一环。而这一环，后来为子思子和孟子所继承、阐发和发扬光大。

四、性命论的系统建构及推展

《性自命出》是孔子本人或其弟子之作。正如上文所说，即使此篇竹书是孔子弟子的著作，其基本思想框架及其中的一些基本观念仍应当出自孔子手笔。很难想象，这样一篇极富思想创新性且能反映儒家性命、心性思想之基本框架的著作会出自孔子某位弟子之手笔，而与孔子本人全然无关。最合理的设想是，如果此篇竹书是孔子弟子的著作，那么这篇竹书的基本思想框架及最基础、最富思想创新性的命题也应当出自孔子本人，是孔子某位弟子继承师说的结果。因此，不论是哪种情况，《性自命出》都能在很大程度上反映孔子本人的思想。

在《性自命出》篇中，孔子建构了一套性命论的思想系统，包括天、命、性、情、道、教、心、物、势和礼、乐、仁、义等概念，并在此基础上提出了"性自命出，命自天降"等重大命题。应当说，此一理论系统的构造，是儒学史上的一件大事和盛事。据笔者陋见，孔子在此最具魄力和最具突破性的思想创造是将"性""命"上下贯通和直接关联起来，将天命看作人性的直接来源，而将人性看作天命的降落和转化。与此相对，在此之前，"性""命"两者本是断裂的和不连贯的。"性"本是基于对生命现象或生命体（"生"）的反思而追问其在己的潜在本源而提出来的一个概念。从古文字来看，"性"及其假借字"眚"等，是从"生"字孳乳出来的。需要指出，"性"概念在孔子之前已经产生，并在孔子同时已颇为流行。从古文字来看，"命""令"本同字，前者是后者的分别字。据甲骨文帝能令风令雨等说法，"命"字本身即带有很强的宗教性。"命"又可以作为名词来使用，表示上帝或上天的命令。面对世间与天命的断裂，或面对人性人生与天命的断裂，孔子忧而思虑之。他突破性地将"性-生"的生命结构转变为"性-命"的生命结构，实现了天人的新统一和新合一。《性自命出》第2—3号简曰："眚（性）自命出，命自天降。"这两句话表明，孔子将"性""命"两者直接贯通和关联了起来。孔子贯通"性""命"的意义是重大的，不但为人的生命存在找到了终极的根据和本原，而且将天命论和宇宙生成论两大思想系统贯通了起来。孔子的这一大创造同时是中国思想和文化的大构造，奠定了中国思想和文化的新基础，而中国思想和文化从此正式迈入了以性命论或心性论为中心的理论推演阶段。①

在贯通性命的基础上，孔子还提出了一系列重要命题和观点，它们以修身为关键。如《性自命出》曰："凡性为主，物取之也……【人】虽有性，心弗取不出。"（第5—6号简）这是说"性"是被动的，而外物和心是主动的；外物和心可以作用于"性"。《性自命出》又曰："四海之内其性一也，其用心各异，教使然也。"（第9号简）这是说人所禀之性没有什么差别，人生的差别是由用心不同所导致的。《性自命出》又曰："凡道，心术为主。"（第14号简）又曰："礼作于情。"（第18号简）又曰："教，所以生德于中者也。"（第18号简）在孔子看来，"教"是人生德于心中的方法和来源，而"道"是"教"的基础。无"道"则无"教"。"道"一方面发端于人情，另一方面成就于道德规范。"道"有"四术"，"四术"即四种方法，一曰心术，二曰诗术，三曰书术，四曰礼乐术。在此四术之中，"心术"无疑是主要的和最基本的。所以《性自命出》又曰："凡学者隶〈求〉其心为难。"（第36号简）相对于其他三术而言，"求心"是修身实践中最难和最重要的工夫。不但如此，在竹书中，孔子还主张以情信求心和修身，反对以隐伪修身及与人交往。

---

① 丁四新：《作为中国哲学关键词的"性"概念的生成及其早期论域的开展》，《中央民族大学学报（哲学社会科学版）》2021年第3期。

此外，《性自命出》篇还包含着性情论等论域，还隐含着人性善恶等问题。总之，《性自命出》出土的意义很重大，孔子和原始儒家的一个基础理论在此篇竹书中得到了全面、深入而系统的陈述和阐发。

五、时命与德行的分判：德行生命的肯定与彰显

在《穷达以时》篇中，孔子主要思考了人的现实生命与其理想生命的关系问题，或者说，主要思考了人的现实际遇与其德行生命（道德生命）的关系问题。孔子认为，一个人的命运是否通达，取决于"天""人"两重因素，或者"贤""世"两重因素。"世"是"天"的落实，具体指历史时代和历史条件。"贤"是"人"的落实，包括德行和才能两个方面。人生命运的展开及其通达与否，是"天""人"，即"世""贤"共同作用的结果，故《穷达以时》曰："有其人，无其世，虽贤弗行矣。"（第1—2号简）"行"即通达之义。在此哲学观的基础上，孔子基于道德主义的立场提出了自己的主张。《穷达以时》曰："穷达以时，德行一也。"（第14号简）这是说虽然一个人的穷困与通达是由时世或时命决定的，但是一个立志于做君子的人应当坚定其信心，坚持自身的道德修养和操守，并尽力做到德行恒一。或者说，遇世与不遇世，这是由天决定的（第11号简曰："遇不遇，天也"），而人所能决定的是其自身的德行修养和道德人格的成就。

进一步，在孔子看来，一个人的生命价值正在于其道德的操守和德行的成就。《穷达以时》第11—13号简曰："动非为达也，故穷而不【怨。隐非】为名也，故莫之知而不吝。

芷【兰生于深林，非以无人】嗅而不芳。""㤅"①，《说文·心部》云"恨惜也"，即悔恨、遗憾之义。这段话即将儒者的价值追求和生命追求充分展现了出来。在孔子看来，人生的动隐穷达或者功名富贵都是第二义的，人在世的真正意义就是其德行生命的成就和提高，而德行生命的成就本身就是人生努力的基本目的。在此基础上，孔子叫人敦于反己和勤于修身，不要浪费光阴。《穷达以时》曰："穷达以时，幽明不再，故君子惇于反己。"（第 15 号简）"惇"同"敦"字。"君子惇于反己"即本篇竹书的主旨，它也是孔子的一贯主张。

竹书《穷达以时》的意义比较重要，它思考和回答了人生命运的一个难题，即道德高尚和时命舛违的张力问题。在此难题下，孔子认为，一个向往成为君子的人应当将两者区别开来，个人德行生命成就的意义远远高于其穷达的人生命运。并且，从哲学上看，孔子认为，人生穷达是时命的问题，是遇不遇世的问题，与个人德行生命及相应人格的培养和成就没有必然联系。而培养和成就君子人格的基础正在于个人德行生命的成就，因此孔子认为，人们应当将穷达归于时命，而将君子人格的成就归于个人的德行实践。孔子有三千弟子，在追随孔子艰难游历列国的过程中，部分弟子难免会碰到人生命运的穷困问题，他们难免会苦恼，甚至思想发生动摇，故孔子以《穷达以时》篇教之，提升其人生境界和人生在世的意义，盖有然也。

---

① 此字竹简原作"㤅"，或读为"闵"，训为忧悯。武汉大学简帛研究中心、荆门市博物馆编著：《楚地出土战国简册合集（一）·郭店楚墓竹书》，北京：文物出版社，2011，第 46 页。

六、"禅而不传""利天下而弗利"的尧舜王道与爱亲尊贤的统一

天子权位或国家最高权位的授受，是中国古代政治哲学的一个重要问题，不同时代有不同的答案。是禅让还是世传，是公天下还是家天下，这是春秋晚期至战国时期诸子颇为关心而又颇有争论的两个重要问题，儒家亦不能例外。民国时期，顾颉刚等人认为，尧舜禅让传说出于战国学者的想象。①现在看来，尧舜禅让传说确实出自古人的想象，但是其起源应当推至春秋中期甚至早期，是出于对家天下和最高权位世袭制的反思和反动。又，齐桓晋文二霸的史事，在春秋晚期至战国时期协同促进了诸子对于尧舜王道内涵的思考。近期关于尧舜传说的出土文献，除郭店简《唐虞之道》外，还有上博简《子羔》《容成氏》《举治王天下》和清华简《保训》等。②其中，《举治王天下》又包括《古公见太公望》《文王访之于尚父举治》《尧王天下》《舜王天下》《禹王天下》五个小篇。这些出土竹书大体上都属于儒家性质，是继承和推演孔子相关学说的结果。在《论语》中，孔子以赞赏和推崇的语气多次提及尧舜，参见《雍也》《泰伯》《宪问》《尧曰》诸

① 顾颉刚：《禅让传说起于墨家考》，载吕思勉、童书业编著：《古史辨》，第7册下编。
② 竹书《子羔》《容成氏》，载马承源主编：《上海博物馆藏战国楚竹书（二）》，上海：上海古籍出版社，2002；竹书《举治王天下》，载马承源主编：《上海博物馆藏战国楚竹书（九）》，上海：上海古籍出版社，2012；竹书《保训》，载清华大学出土文献研究与保护中心编：《清华大学藏战国竹简（壹）》，上海：中西书局，2010。另外，上博简《曹沫之陈》第2—3号简载曹沫之言曰："昔尧之飨舜也，饭于土轺（簋），欲〈歠〉于土铏，而抚有天下。"曹沫与鲁庄公并时。这段话是目前可见最早叙述尧舜传说的文字。竹书《曹沫之陈》，载马承源主编：《上海博物馆藏战国楚竹书（四）》，上海：上海古籍出版社，2004。

篇。而且，孔子之孙子思子在《中庸》中也说"仲尼祖述尧舜"，故孔子生前推崇尧舜，且其时尧舜传说已相当流行，这是可以肯定的。推寻《论语》相关章段，可知孔子之时尧舜的儒学人格内涵已很丰富，其禅让理论的构造已很深刻和系统。郭店简出版之初，许多学者受到燕王哙禅让故事等的掣肘和影响，故推断竹书《唐虞之道》是战国中期偏晚而靠近燕王哙禅让时期的一篇著作。现在看来，这一推断未必正确。笔者认为，尧舜传说特别是禅让故事的流传及相关理论的塑造，主要发生在春秋晚期至战国中期一段时间。而且，由于孔子的参与，其理论水准在春秋晚期即达到了很高的程度。这样，我们可以将《唐虞之道》的写作时代还原至战国早期或春秋晚期，此篇竹书反映了孔子关于尧舜王道的思想。

首先，孔子以"王道"界定了尧舜事业，并阐明了其大旨。《唐虞之道》曰："唐虞之道，禅而不传；尧舜之王，利天下而弗利也。"（第1号简）孔子并由此认为"禅而不传"和"利天下而弗利"的功业从德行看，是尧舜二圣修养仁圣二德而达到至盛状态的结果。《唐虞之道》曰："禅而不传，圣之盛也；利天下而弗利也，仁之至也。"（第1—2号简）至于什么是"禅"，《唐虞之道》曰："禅也者，尚德授贤之谓也。"（第20号简）孔子认为"德贤"是权力授受的根本依据，"尚德授贤"即所谓禅，不尚德不授贤则非禅。从制度层面来看，禅法与三代世传之法大异。需要注意，竹书《唐虞之道》没有涉及"让"的问题，这与上博简《容成氏》有所不同。相对来说，《容成氏》更强调"让"的观念。

其次，孔子认为，尧之所以能禅而舜之所以可以受禅，这与其能爱亲尊贤（第6—9号简）、能行孝道（第22—25号

简）、能正确认识权力，以及能正确认识个体生命的价值颇有
关系。一方面唐虞二圣将权力全然看作公共的，即竹书所谓
"利天下而弗利"是也，另一方面他们又将个人德行生命的价
值及成就看得高于一切，高于天子权位的获得和拥有（第
15—20 号简），故他们能以禅的方式轻松地进行天子权位的授
受。《唐虞之道》曰："知【性命】之正者，能以天下禅矣。"
（第 11 号、22 号简）在当时人们的生命被世俗权力高度异化
的历史背景下，孔子能有此种认识，这不仅是极其难得的，
也是孔子圣性的表现之一。也正是基于此一认识，天子或人
君之自然生命流程及当下的健康状况遂成为其禅位的一大理
由。《唐虞之道》曰："七十而致政。"又曰："四肢倦惰，耳
目聪明衰，禅天下而授贤，退而养其生，此以知其弗利也。"
（第 26—27 号简）所引简文便是此意。

最后，孔子认为，一个人能否成为天子，与时命有关；
而能否知命这一点即变得颇为重要，这是衡量一个人是否具
备圣性的一大表现。《唐虞之道》说，尧生于天子之家，"圣
以遇命，仁以逢时"，故其成为天子，即显得颇为自然；而一
个人如果不遇时命，纵使其"仁圣可举"，那么他也是无法登
上天子之位的（第 14—15 号简）。舜的故事直接显示了时命
的重要性，也显示了"知命"的重要性，而只有在"知命"
的意识中个体生命的价值才能得到安立和安定。后一点正是
孔子思想的精义之一。《唐虞之道》云舜："居于草茅之中而
不忧，登为天子而不骄。"（第 15—16 号简）又曰："方在下
位，不以匹夫为轻，及其有天下也，不以天下为重。有天下
弗能益，无天下弗能损，极仁之至，利天下而弗利也。"（第
18—20 号简）舜的精神即孔子"知命"的精神，个人德行生

命的成就不可能被世俗权力，哪怕是被最高的世俗权位（君主或天子）异化。《论语》所载孔子"知命"说，可以做多方面的解释，而竹书《唐虞之道》所言大舜知命之说，对于我们理解孔子的知命说具有积极意义。

又，比较《唐虞之道》与《穷达以时》两篇，我们不难发现，这两篇竹书在思想上有共同之处：一是知命之说，强调个人德行生命的重要性和优先性；二是对于时世或时命的醒悟，认识到个人的穷达或能否受禅，这受到时命的严重影响。当然，这两篇的主题是不同的，《穷达以时》着重思考了穷达、时命和人生意义这三者的关系问题，而《唐虞之道》则着重阐发了尧舜王道的内涵及其所蕴含的儒学精神。不过，从逻辑上来看，《穷达以时》是《唐虞之道》的基础，前者为后者提供了人生哲学的论证。《唐虞之道》的写作当晚于《穷达以时》。

此外，《忠信之道》也比较可能是孔子的著作。关于此篇的思想，笔者在《洪范大义与忠恕之道》（商务印书馆 2022年）第八章第一节中已做详细论述，读者可以参看，本书不再赘言。

第四节　郭店竹书所反映的子思子思想

子思子是先秦儒学的重镇，是先秦儒家的五岳（孔子、子思子、曾子、孟子、荀子）之一。据司马迁、沈约说及笔者在上文的考证，可知《礼记》中《坊记》《中庸》《表记》《缁衣》及出土竹书《五行》《缁衣》是子思子的著作。《鲁穆公问子思》是子思子弟子的著作，不过它主要反映了子思子的思想。在如上篇目中，《五行》和《中庸》两篇的思想极其重要，它们是先秦儒学的经典名篇，同时也是先秦儒家典籍中最难阅读和理解的篇目。

一、形于内的成德之学

据安徽大学藏战国简《仲尼曰》，儒家五行说可能发源于孔子，而传之于子思子及曾子等人。子思子所谓"此真先君子之言也"（《荀子·非十二子》）的新五行说，并非妄言、毫无根据。安大简的年代是战国中期偏早。① 《仲尼曰》第3—4号简曰："仲尼曰：'君子所慎，必在人之所闻，与人之所不见。'"第5—6号简曰："仲尼曰：'弟子如出也，十手指汝，十目视汝，汝乌敢不善乎！盖君子慎其独也。'"② "仲尼"，竹简原皆写作"中尼"，"中"读为"仲"。仲尼是孔子的字。上引第一条简文见于《礼记·中庸》篇。《中庸》首章曰："是故君子戒慎乎其所不睹，恐惧乎其所不闻。莫见乎隐，莫显乎微，故君子慎其独也。"很容易看出《中庸》这段文字与简文的关联。第二条简文见于《礼记·大学》篇。《大学》"诚意"章曰："所谓诚其意者，毋自欺也。如恶恶臭，如好好色，此之谓自谦。故君子必慎其独也。小人闲居为不善，无所不至，见君子而后厌然，掩其不善而著其善。人之视己，如见其肺肝然，则何益矣？此谓诚于中，形于外，故君子必

---

① 黄德宽：《安徽大学藏战国竹简概述》，《文物》2017年第9期；安徽大学汉字发展与应用研究中心编：《安徽大学藏战国竹简（一）》，上海：中西书局，2021，"前言"。

② 上引两条简文，均见安徽大学汉字发展与应用研究中心编：《安徽大学藏战国竹简（二）》，上海：中西书局，2022，第43-44页。

慎其独也。曾子曰：'十目所视，十手所指，其严乎！'富润屋，德润身，心广体胖，故君子必诚其意。"《大学》此章与简文的关联也是很明显的。不但如此，曾子所谓"十目所视，十手所指，其严乎"三句其实出自孔子，是曾子的转述。综合这两条材料，可知"慎独"之说当出自孔子，并为子思子和曾子等人所传述。而孔子的"慎独"之义，又必须依据简帛《五行》文本才能得解。在简帛《五行》中，"慎独"是德之行的五行和谐为一的工夫。"慎独"即慎其心，使之达到独而无对、摆脱耳目鼻口手足制约的境界。据此，笔者推断，子思子的五行说比较可能源出于孔子。

顺便指出，后人对于"慎独"的训释是不正确的。《中庸》郑玄注："慎独者，慎其闲居之所为。"① 郑玄以"闲居"为训，这是受到《大学》相关文本影响的结果。朱子《大学章句》："独者，人所不知而己所独知之地也……此君子所以重以为戒，而必谨其独也。"② 朱子《中庸章句》："独者，人所不知而己所独知之地也。言幽暗之中，细微之事，迹虽未形而几则已动，人虽不知而己独知之，则是天下之事无有著见明显而过于此者。是以君子既常戒惧，而于此尤加谨焉。"③ 相较而言，朱子的训释略优于郑注，但仍然不切"慎独"真义和本义。"慎独"的真义、本义，现在看来，应当求之于简帛《五行》篇。

子思子《五行》的基本问题是如何成德，这包括何谓五行形于内及如何形于内的成德工夫，以及德之行五和的"为

---

① [清] 阮元校刻：《十三经注疏》，第 1625 页。
② [宋] 朱熹：《四书章句集注》，北京：中华书局，1983，第 7 页。
③ [宋] 朱熹：《四书章句集注》，第 18 页。

德"和四行和的"为善"两重境界及"为一""慎独"的工夫等。竹书《五行》篇的思想要点，可以概括如下：

第一，对"五行"做了形于内与不形于内的区分。形于内者谓之德之行，不形于内者谓之行。所谓"德之行"，即已成德之行，这是"成德"的基础义。竹书的"五行"，具体指仁、义、礼、智、圣五者。所谓"形于内"，"形"兼含生发、形成两义，"内"指内心，"形于内"指仁、义、礼、智、圣五种德行生发于心，且形成于心。需要指出，既然是"形成"，那么子思子所谓"形于内"的工夫必然会有具体心理形迹及气质上的变化。子思子提出"德之行"的概念，一方面区别于外在的道德律令，另一方面指明了道德实践的入手处及其真实本源。在他看来，具有生命形态的德行应当从心上生、心上成和从心上推廓。"心"是成德的本地和成德的本源。

第二，区分了"善"和"德"两重道德境界。《五行》曰："德之行五和谓之德，四行和谓之善。善，人道也；德，天道也。"（第4—5号简）其中，"四行和"的"四行"仍当指德之行，具体指形于内的仁、义、礼、智四行。"德之行五和谓之德"的两"德"字义不同，前者就形于内而言，后者则指人所成就的一种道德境界。"善"是道德境界意义上的善，即德之行的"四行和"所达到的道德境界。相对于"德"来说，"善"的境界仍有未足，需要人为地继续努力，故曰："善，人道也。"而与"善"相对，"德"的境界已是圆满具足（"德之行五和"），故曰："德，天道也。"竹书所谓"人道"和"天道"，均为境界义，而非客观实在义。

第三，成就的理想人格是"君子"，其内涵与"德"的境界或"五行皆形于内而时行之"的境界相对应。《五行》曰："五行皆形于内而时行之,谓之君【子】。士有志于君子道,谓之志士。善弗为无近,德弗之(志)不成,智弗思不得。"(第6—8号简)"君子"在《五行》篇中出现了多次,是道德成就的人格化和具象化。从实践看,《五行》成为人(Become human being)的人格义即指向君子。在此,《五行》有两点需要注意:一是它明确地将君子人格的形成放在德之行的五行上,而不是放在四行的基础上;二是"智弗思不得"的"智"指心智,一种"心之官则思"的智,与第5号简所云"君子无中心之忧则无中心之智"的"智"相同,而与作为德行之一的智行不同。

第四,对五行如何形于内的成德工夫及其过程做了细致论述。其总体工夫起于心之"忧"和心之"思"。这一点一见于第5—6号简:"君子无中心之忧则无中心之智,无中心之智则无中心【之悦】,无中心【之悦则不】安,不安则不乐,不乐则无德。"二见于第8—9号简:"思不精不察,思不长【不得,思不轻】不形。不形不安,不安不乐,不乐无德。"需要指出,第二段引文上接"智弗思不得"一句,是对第一段引文中"智"的论述,故此"智"有二本,即"忧"和"思"。"忧"即忧虑、关切(care),"思"即思虑、思求,心之忧虑和心之思求兼具,是成德的两个本源。子思子将"中心之忧"和"心之思"作为五行形于内的成德本源,这体现了儒家修身哲学的重大进步。进一步,子思子将"智弗思不得"的工夫具体推展为所谓"三思三形"。《五行》第12—16号简曰:"仁之思也精,精则察,察则安,安则温,温则悦,悦则戚,戚则亲,亲则爱,爱则玉色,玉色则形,形则仁。

智之思也长，长则得，得则不忘，不忘则明，明则见贤人，见贤人则玉色，玉色则形，形则智。圣之思也轻，轻则形，形则不忘，不忘则聪，聪则闻君子道，闻君子道则玉音，玉音则形，形则圣。"通过此所谓"三思三形"的工夫，仁行、智行和圣行就成了德之行的仁行、智行和圣行。

第五，竹书提出了成就"善""德"两重境界的工夫，即"为一"和"慎独"的工夫，而且后者是建立在前者的基础上的。《五行》第16号简曰："'淑人君子，其仪一也。'能为一，然后能为君子。【君子】慎其独也。"据此可知，"为一"是德之行的五行和或四行和的工夫来源，而"慎独"又是所以"为一"的工夫。所谓"为一"，据帛书《五行》，指德之行的仁、义、礼、智、圣五者为一。"一"即统一，莫不和顺而无有违逆。所谓"慎独"，据帛书《五行》，"独"指心，相对于耳、目、鼻、口、手、足六者而言，心可以而且必须达到独而无对的境界。"慎独"即敬慎、谨慎其心。"慎独"是工夫，以心对于体的超越和主宰为义。同时，"慎独"相对于"为善""为德"的境界而言，在"为善""为德"的过程中开显其"慎独"之功。《五行》第18—19号简曰："【君】子之为善也，有与始，有与终也。君子之为德也，【有与】始，无【与】终也。① 金声而玉振之，有德者也。"据帛书《五行》，"为善"的"有与始""有与终"，是指在"慎独""为一"的过程中，此心与其体始、与其体终。"有与终"说明此心最终没有超越耳、目、鼻、口、手、足的制约而完全主宰于其上，故其为"为善"之功。"为德"的"有与始""无与终"，是指

① "【有与】始无"四字见于郭店第21号残简，其实应当属于《五行》第19号简。

在慎独、为一过程中，此心与其体始、无与其体终。"无与终"说明此心最终超越了耳、目、鼻、口、手、足的制约而完全主宰于其上，故其为"为德"之功。

总之，竹书《五行》大大深化和提高了儒家的工夫论，即使就整个先秦儒家文献来看，《五行》的工夫论也是首屈一指的，其精致、系统、深刻，其他先秦文献似乎无有出其右者。

二、《诗》《书》王道论下圣君人格的建构与肯定

《礼记》中《坊记》《表记》《缁衣》三篇的书写体例相近，均先以"子曰"或"子云"方式辑录孔子言论，后抄录《诗》《书》以证之。这种书写体例，一方面直接展示了孔子的思想；另一方面间接地表达了子思子的思想，包括子思子对孔子思想的肯定、继承和理解，以及他试图通过经典证明的方式对孔子思想做的所谓王道论的诠释。从一定意义上来说，《缁衣》也可以看作是子思子对自己思想的表达。在他看来，《缁衣》所抄录的孔子言论和观点可能与《诗》《书》所表达的王道思想相一致。

郭店简《缁衣》共二十三章。依据其文本脉络及内容，它可以划分为五个部分。第一章至第五章为第一部分，论人君应当章好章恶，有常仪而为民表民则，并以君心民体来理解君民两者的关系。第六章至第十一章为第二部分，论人君具体之所好所恶，如好仁、亲贤和亲近大臣，并认为其所好应当有常，且其所好所恶不可不慎。这两部分文本又可以合为一大部分。第十二章至第十三章为第三部分，论人君教民的原则及其重要性。第十四章至第十九章为第四部分，论人

君的言行原则。第二十章至第二十三章为第五部分，论君子的德行。

归纳起来，子思子辑录孔子的言论及引用《诗》《书》作为经典依据，都表明了他的一个基本观念，即居于政治活动中心的人君应当是德行化的圣王典范，且只有成为德行化的圣王典范，人君才能承担起王道规范和王道意识下的君王责任。另外，《缁衣》的文本结构及叙述方式同时表明，孔子的政治思想即《诗》《书》所云的王道思想。需要指出，子思子的这一层用意，由于其文本书法独特，长期郁而不发，暗昧不明，学界缺乏相应的揭示和阐发。其实，子思子此意至孟子方才大明，推明王道是孟子政治思想的一个重点。

又，子思子和孟子均以《诗》《书》为其思想的经典背景和来源，均以二书为载述王道的经典。孟子系子思子弟了的学生，推明《诗》《书》的王道思想是其学术责任所在。

三、"亟称其君之恶"的忠臣观

何谓忠臣？这是《鲁穆公问子思》篇所要回答的中心问题。子思子以"亟称其君之恶者，可谓忠臣矣"回答了鲁穆公"何如而可谓忠臣"的提问，但是对于子思子的这般回答鲁穆公是不满意的，感到不悦的。后来，成孙弋代替子思子向鲁穆公做了解释。在他看来，子思子"亟称其君之恶"，这恰恰是忠臣的表现，因为他屡次指出其君主的恶行，不是出于交换禄爵的目的，而是基于道义而不得不为之。"亟"，屡次也。因此，子思子是真正的忠臣。

《鲁穆公问子思》通过成孙弋之口阐明了子思子的忠臣观：一个真正的忠臣，应当恪守君臣的道义，应当在义利之辨的基础上"为义而远禄爵",忠于国家和忠于人君,并勇于指出和讽谏君主的过错和恶行。需要指出,子思子的此种忠臣观,与传世古籍所述子思子的思想性格非常符合,这表明子思子在"义"的基础上已形成了刚正不阿的独立人格。此外,子思子以"义"作为人格建构的基石及严义利之辨,这两点都得到了孟子的大力发扬。常言"孔仁孟义",其实孟子的"义"既来源于孔子,又来源于子思子。孟子的人格即子思子的人格。

四、孟子哲学与子思子哲学的关系

子思子思想是孟子思想的重要来源。笔者认为,子思子思想打动孟子的地方主要有五点:第一,《五行》形于内的五行成德说及为善成德的境界说;第二,《中庸》的诚身说;第三,尧舜之道与《诗》《书》意识下的王道说;第四,以"义"为基础建构了士大夫的独立人格;第五,推崇孔子,常称引"子曰"或"孔子曰",以标立其宗旨。其中,前三点极具哲学性。第一点是孟子提出性善论之新四行说的前提和来源,第二点被孟子全盘吸收,第三点是孟子王道论思想的重要来源。

竹书《五行》篇最重要的学术价值是系统地提出了一套形于内的成德学说,思想细密而深入,这包括成德的入手处、具体工夫、境界和人格。孟子的性善论以子思子的四行说为基础,是对其理论的反省、深化和发展。《五行》包括五行成德说和四行成德说,但其论述重心无疑在前者上。关于孟子哲学与子思子哲学的关系,本书下文将指出六点。

其一,子思子五行成德说或四行成德说存在一个重要的理论缺陷，即对于心之"忧""思"以使五行形于内的人性善恶本源问题缺乏更进一步的思考和认定。孟子由此反省，提出人性善的观点，深化了子思子的思想，即为其五行成德说或四行成德说提供了内在之"善"的来源和推论的逻辑前提。对于子思子的成德说，我们会持如下疑问：为何心之"忧""思"一定是善的，而"忧""思"之善的终极来源是什么？难道善来源于我们当下的"忧""思"活动吗？如果是这样，那么"善"就是后天获得的。孟子的回答不然，他认为"善"不仅来源于成德之心，而且来源于善的人性和超越的天；否则，心理活动或心理经验之善即"外之"的结果。可以看出，孟子在此将子思子的工夫论问题转化为本体论问题，并在肯定人性善的基础上对此一命题做了深入而系统的论证。无疑，孟子的性善论给子思子的成德说安了一个可靠的本源和根据，因此孟子提出性善论，弥补了子思子思想上的不足。

其二，孟子为什么选择四行而不选择五行作为其论说人性善的基础？而由此，孟子又是否放弃了子思子的五行说呢？子思子五行说的另一个缺陷是，在人格及修身工夫上，《五行》大抵上没有做"君子"和"圣人"的区分，子思子一律以五行形于内且五和之来界定所谓"君子"人格的修养和成就，应当说，这种定位太高，有点不切实际。故孟子予以拆解，认为"君子"人格的形成以四行形于内为基础，且四行中又以仁、义两行或仁一行为统帅。大概在他看来，在人道的现实层面，仁、义、礼、智四行具有普遍性，而五行之圣行并不具有普遍性；四行成就的是君子人格，而五行成就的是圣人人格。圣人必具圣行，而从现实和实践来看，常人却难以企及圣行，它太高，因此不具有普遍性。综合《孟子》一书来看，孟子所设定的理想人格大体上可分为君子、圣人（圣之任、圣之清、圣之和和圣之时）和圣王（尧、舜、禹、汤、文、武），这三种划分在《孟子》中是比较分明的。一般，孟子以"君子"人格期许众人。孟子一方面说"人皆可以为尧、舜"（《孟子·告子下》），另一方面又认为庶民难以成为圣人、圣王，前者纯粹是从人性善的推理逻辑上来说的，而后者则是从实践上来说的。《孟子·离娄下》曰："人之所以异于禽兽者几希，庶民去之，君子存之。舜明于庶物，察于人伦，由仁义行，非行仁义也。"在《孟子》一书中，舜是作为圣人、圣王的典型来界定的，有别于通常所言的君子。《孟子·尽心上》曰："舜之居深山之中，与木石居，与鹿豕游，其所以异于深山之野人者几希。及其闻一善言，见一善行，若决江河，沛然莫之能御也。"舜与野人为人格对立的两极。这段话包含着圣行只有圣人（或圣王）才能做到的意思。而孟子的此一思想其实来源于孔子，《成之闻之》第26—28号简曰："圣人之眚（性）与中人之眚（性），其生而未有非（分）之，节（即）于而〈天〉也，则犹是也。虽其于善道也，亦非有译（择）娄（数）以多也；及其博长而厚大也，则圣人不可由与埻（效）之。此以民皆有眚（性），而圣人不可莫（慕）也。"① 无疑，这段简文强调了凡民与圣人在后天实践和人格成就上的差别。同时，我们注意到，在《孟子》一书中，孟子不直接谈论圣行，却反复谈论圣人。

---

① 竹简释读，参考了多位学者的意见，参见武汉大学简帛研究中心、荆门市博物馆编著：《楚地出土战国简册合集（一）·郭店楚墓竹书》，第75、83-84页。

　　在此，笔者顺便辨析一段学界颇有争议的《孟子》文本。《孟子·尽心下》载孟子曰："仁之于父子也，义之于君臣也，礼之于宾主也，知之于贤者也，圣人之于天道也，命也，有性焉，君子不谓命也。"① 对于这段文字，庞朴曾怀疑"圣人之于天道也"一句有误，认为"人"字为衍文，应作"圣之于天道也"。② 其实，此一意见未必正确。因为按照"仁之于父子也"云云的句型，此句应当作"圣之于圣人也"。但是这样一来，就与原句"圣人之于天道也"相差太大，而难以令人置信。"圣人之于天道也"一句或系衍文，或者无误。不管"圣人之于天道也"是否为衍文，它都是符合子思子五行说的。在思孟五行说中，"天道"是境界义。比较可能的是，孟子在《尽心下》篇此章中拆解了五行，将仁、义、礼、智四行和圣行拆卅，前四行是人人可以实践的美德，而后一行（圣行）是只有圣人才能实践和实现的美德。这个区分很重要，它对应于孟子所做的"君子"和"圣人"的区分。

　　其三，子思子和孟子的工夫论不尽相同，孟子改造了子思子的工夫论。孟子的工夫论是根据性善论推演出来的，以

---

　　① 这段话，杨伯峻的今译是："仁在父子之间，义在君臣之间，礼在宾主之间，智慧的对于贤者，圣人的对于天道，能够实现与否，属于命运，但也是天性的必然，所以君子不把它们认为是该属于命运的，〔因而努力去顺从天性，求其实现。〕"杨逢彬的今译是："仁对于父子，义对于君臣，礼对于宾主，智慧对于贤者，圣人对于天道，能够实现与否，属于命运，但也是天性使然，所以君子不会以命运为借口而不去顺从天性。"今按，杨逢彬的翻译通顺一些。杨伯峻：《孟子译注》，北京：中华书局，1960，第334页；杨逢彬：《孟子新注新译》，北京：北京大学出版社，2017，第406页。

　　② 庞朴说："现在有了马王堆帛书，我们可以而且应该理直气壮地宣布：'圣人之于天道也'一句中的'人'字，是衍文，应予削去；原句本为'圣之于天道也'。"（庞朴：《帛书五行篇研究》，济南：齐鲁书社，1980，第20页。）其实庞说，朱子《孟子集注》引"或曰"已发其端。朱子《孟子集注》："或曰'者'当作否，'人'衍字，更详之。"〔宋〕朱熹：《四书章句集注》，卷14，第370页。

"尽心知性知天"或"存心养性事天"(《孟子·尽心上》)为基本线索，包括操存、扩充、求放心、养气和寡欲等方法。子思子五行说的工夫论与孟子的不同，它是从此心之成德来说的，未涉及作为其前提的人性本体之善恶的问题。五行说的工夫论包括两层，一层是形于内的工夫，一层是为善为德的工夫。形于内工夫的关键在于此心之忧、思，进而通过"三思三形"的工夫将仁行、智行、圣行形之于内而成为德之行。为善为德的工夫包括"为一"和"慎独"，其逻辑顺序是：慎独→为一→德之行五和/德之行四和。德之行五和即"德"的境界，德之行四和即"善"的境界。在为善为德的工夫中，无疑以"慎独"为关键。两相比较，孟子放弃了子思子形于内之说而转变为所谓尽心的工夫。所谓尽心工夫，指扩充和存养，它强调了心的思求作用，但是心之忧则几乎没有被提及。在境界成就的工夫论上，孟子也似乎抛弃了"为一""慎独"之说。而在四行中，孟子以仁统率四行的意味比较浓厚，从仁心到仁政，从仁政到王道王政，这是孟子政治哲学横列的思想逻辑。

其四，《五行》，特别是帛书《五行》与孟子的关系及其写作时间的问题。《荀子·非十二子》篇中说子思子"案往旧造说，谓之五行"，并说"子思唱之，孟轲和之"。子思子"案往旧造说，谓之五行"，这已见于竹书《五行》篇。一般认为，竹书《五行》是子思子之作。按照上文的说法，既然孟子实际上解构了子思子的五行说，而更多地立足于其四行说，并提出了他的新四行说，那么孟子和《五行》，特别是与帛书《五行》是什么关系，这是一个值得谨慎思考和回答的问题。通读《孟子》可知，性善论是孟子的独创，而不是唱和他人主张、拾人牙慧的结果。我们看到，帛书《五行》受到了孟子性善论的明显影响，如第 328—335 行曰："'目（侔）而知之，谓之进之。'弗目（侔）也，目（侔）则知之矣，知之则进耳。目（侔）之也者，比之也。'天监【在】下，有命既集'者也，天之监下也，集命焉耳。循草木之性则有生焉，而无【好恶焉。循】禽兽之性则有好恶焉，而无礼义焉。循人之性则巍然【知其好】仁义也。不循其所以受命也，循之则得之矣。是目（侔）之已。故目（侔）万物之性而【知人】独有仁义也，进耳。'文王在上，於昭于天，此之谓也。'文王原耳目之性而知其【好】声色也，原鼻口之性而知其好臭味也，原手足之性而知其好逸豫也，原【心】之性则巍然知其好仁义也。故执之而弗失，亲之而弗离，故卓然见于天，著于天下，无它焉，侔也。故目（侔）人体而知其莫贵于仁义也，进耳。"① "目"一般读为"侔"；"侔"，比也。"侔"是一种探寻物性之有无，进而比较不同物体之特性的方法。四十岁是孟子人生旅程的一个重要节点，在修养上他达到了"不动心"（《孟子·公孙丑上》）的状态，此后他不断游说诸侯，宣扬其理想，《孟子·滕文公上》曰："孟子道性善，言必称尧、舜。"由此可知，至四十岁时孟子的思想已经成熟；与此相对，三十岁至四十岁大概是孟子思想的形成期。可以设想，孟子研读子思子《五行》篇可能有多次，他年轻时读了，并不意味着他中年、老年时不会再读它。《五行》是一篇言辞简奥、思想深刻的作品。面对《五行》，孟子可能同时是

---

① 湖南省博物馆、复旦大学出土文献与古文字研究中心编纂：《长沙马王堆汉墓简帛集成（四）》，北京：中华书局，2014，第 92 页。

一个读者、注释者甚至作者。孟子以作者的身份面对《五行》，提出了性善论和所谓新四行说。作为注释者和作为作者的学术意识是不同的，尽管孟子在思想上超越了子思子的五行说，但是从经典文本的传承和发展来看，他又可以返本开新，可以作为《五行》的注释者和解说者，这样即与荀子所批评的"孟轲和之"相应。如果不是这样，那么帛书《五行》就是孟子弟子的作品。总之，帛书《五行》的作者或者是孟子，或者是其弟子，其中后者的可能性更大。从孟子个人的思想来看，孟子对子思子的五行说做了批判和改造，甚至在较大程度上放弃了所谓五行说。

其五，对于《中庸》，孟子主要吸收了其诚身说。《中庸》由三个大部分组成，第一部分为性教说、慎独说和中和说，第二部分为中庸说，第三部分为诚身说。（1）《中庸》第一部分的性教说，已见于郭店简《性自命出》篇。《中庸》的慎独说应当与竹书《五行》的慎独说相同，郑玄和朱子的注解未必正确或恰当。中和说应当是子思子的发展，《性自命出》曾言及"喜怒哀悲之气"，并包含未发、已发的二分结构。中和说主要处理人的情感问题。但是，我们看到，孟子没有继承《中庸》的慎独说和中和说。孟子放弃慎独说的原因，上文已指出，与他拆解五行说，深化和改造四行说，进而提出基于性善论的新四行说有关。需要指出，由于《中庸》中和说的情感性质与孟子所说"恻隐之心"云云的情感性质不同，故孟子直接放弃了《中庸》的中和说。另外，《中庸》的中和说具有强烈的宇宙论色彩，这大概也是孟子难以认同的。（2）"中庸"是孔子所提出的一个重要概念，《中庸》的中庸说即由"仲尼曰""子曰"文本构成，子思子做了专门汇集，孟子做了继承。这篇重要文献之所以以"中庸"名篇，即因为此部分文本出自孔子，且出于尊崇孔子之故。（3）对于《中庸》的诚身说，孟子做了继承和运用，但没有发展或推阐。孟子对于《中庸》诚身说的继承，赫然见于《孟子·离娄上》"居下位而不获于上"章和《孟子·尽心上》"万物皆备于我矣"章。诚身说发源于孔子，子思子将其推至高峰。孟子高度重视"诚"的美德，重视诚身问题，这是因为道德实践必须力求真实而不能虚伪，它是生命的学问，实践者应当使自己的生命由此变得真实，并尽力达到至诚的境界。《中庸》曰"不诚无物"，盖由此也。

其六，子思子思想已包含了一定的王道论和道统论意味，孟子则对之做了系统的构造和推明。王道论属于政治哲学范畴，道统论本属于理学范畴。在春秋晚期至战国中期，王道论和道统论的关系密切，道统论的"道"偏重于指"王道"。《中庸》曰："仲尼祖述尧舜，宪章文武。"在《缁衣》中，子思子先引"子曰"，后引《诗》《书》以证之，这是间接肯定了孔子与禹、汤、文、武一贯，其政治思想即属于所谓王道思想。在三王的基础上，孔子、子思子又推尊尧舜，从天下为家到天下为公，思想境界进一步提升，而构成了所谓二帝三王的统系。应当说，子思子所谓"仲尼祖述尧舜，宪章文武"的说法，正是道统论的萌芽。孟子不但在"先王有不忍人之心，斯有不忍人之政矣"（《孟子·公孙丑上》）的基础上大力构造和发展了儒家的王道论思想，而且推尊尧舜、推尊三王、推尊孔子，同样持尧舜、三王、孔子一贯论，并自述其志"乃所愿，则学孔子"（《孟子·公孙丑上》）。孟子关于圣君贤相至于孔子相传的道统论，其最著者见于《孟子》

一书之卒章。①

第五节　郭店竹书《老子》《太一生水》的文本与思想

一、楚简《老子》的文本与思想

近 20 年来，笔者就早期《老子》文本问题发表了多篇论文。据笔者和其他学者的研究，早期《老子》文本经历了一个不断变化及成型与定型的过程，或者说，进入汉代以后它经历了一个不断经典化的过程。马王堆帛书甲本是《老子》的成型本，北京大学藏西汉竹书本（简称汉简本）和刘向定著本（通行本的母本）是《老子》的定型本。据帛书乙本，帛书本有篇题，上下篇分别题名"德""道"，且上下两篇在篇幅和章序上与通行本很接近。汉简本是景帝立经本的复抄本。严遵本和通行本的分章均以汉简本为基础。早期《老子》文本的定型都受到了汉代宇宙观的影响，其分章以天道观的数理为依据。汉简本称"经"（《德》篇称《老子上经》，《道》篇称《老子下经》），其总章数及上下经的章数分别为 77、44 和 33，它是以盖天说"圆出于方"的数理（"地四天三"）为

① 《孟子·尽心下》载孟子曰："由尧、舜至于汤，五百有余岁。若禹、皋陶，则见而知之；若汤，则闻而知之。由汤至于文王，五百有余岁。若伊尹、莱朱，则见而知之；若文王，则闻而知之。由文王至于孔子，五百有余岁。若太公望、散宜生，则见而知之；若孔子，则闻而知之。由孔子而来至于今，百有余岁，去圣人之世，若此其未远也，近圣人之居，若此其甚也，然而无有乎尔，则亦无有乎尔。"赵岐、朱子均以"见而知之""闻而知之"为见知圣人之道和闻知圣人之道。这一点，得到了简帛《五行》的印证，"之"代指"君子道"。赵、朱二注，参见〔汉〕赵岐注，〔宋〕孙奭疏，〔清〕阮元校刻：《十三经注疏·孟子注疏》，卷 14 下，第 2780 页；〔宋〕朱熹：《四书章句集注》，卷 14，第 376 - 377 页。

根据的。汉武帝时期，浑天说取代了盖天说。刘向定著《老子》，全书总分为 81 章，上篇（《道》）分为 37 章，下篇（《德》）分为 44 章。"81"是根据太初历或三统历的日法数——黄钟一龠之数设定的，"37"和"44"是根据中数 5、6 之比（5∶6）设定的。据《汉书·律历志》，81 和中数 5、6，是刘歆三统历的两个基本数字。而三统历的历法观念即来源于其父刘向。①

从郭店本和韩非所据本（以《韩非子·解老》《韩非子·喻老》为据）来看，战国中晚期的《老子》也很可能经历了一个不断分合和变化的过程。两相比较，韩非所据本更接近于帛书《老子》甲本，而郭店本的文本存在形态则与西汉诸本及通行本大异。

关于郭店《老子》文本，笔者在此需要强调三点看法。其一，郭店《老子》是先秦《老子》文本流传的一个中介，三组竹简很可能是按照主题摘抄和汇集的。这一方面说明，在战国中期，《老子》存在郭店本以外的文本；另一方面说明《老子》存在更早的文本。但是，更早的《老子》文本是什么状态，这是目前难以准确回答的问题。其二，郭店《老子》属于原子分章的文本。所谓原子分章，指某一文本单位与其思想单位一一对应且不可再分的章段。从整体上来看，通行本《老子》不属于所谓原子分章；从个别章段来看，通行本

---

① 丁四新：《早期〈老子〉文本的演变、成型与定型——以出土简帛本为依据》，《中州学刊》2014 年第 10 期；丁四新：《论刘向本（通行本）〈老子〉篇章数的裁划依据》，《哲学研究》2014 年第 12 期；丁四新：《汉简本〈老子〉总章数及上下经章数的组织原理和数理法则——一种可能性的研究》，载陈鼓应主编：《道家文化研究》，第 30 辑，北京：中华书局，2016。"成型""定型"的概念，是李若晖首先使用的。李若晖：《郭店竹书老子论考》，济南：齐鲁书社，2004。

《老子》既有部分章段属于原子分章，又有部分章段不属于原子分章。除个别章段可以再做讨论外，郭店《老子》三组从整体上来看属于原子分章性质。① 在《郭店楚竹书〈老子〉校注》一书中，笔者根据分章符号等因素曾将郭店《老子》三组分为 32 章，即甲组分为 21 章，乙组分为 8 章，丙组分为 4 章。② 这些章段基本上都属于原子分章。"原子分章"概念的提出，对于我们研究老子思想及引用《老子》文本具有重要意义，研究老子思想及引用《老子》文本都应当以原子分章为基础。其三，郭店简的章序与通行本大异，基本不同，这说明郭店简《老子》的文本尚处于比较原始的状态，这决定了其章段具有"活页文本"的性质，可以重新移动和分合。可以看到，在郭店本之后，战国晚期至整个西汉时期的《老子》文本即发生了这种奇妙的、不得不然的变化。

关于郭店《老子》的思想，笔者在此略谈四点看法：

其一，五千余言的《老子》有大量章段不在郭店本中，而如何看待这些章段及其所反映的思想与《老子》或老子的关系，这是一个问题。综合多重因素，笔者推断，郭店《老子》的文本是不完全的，不是当时《老子》文本的全部，故其所反映的老子思想也是不完全的。比较郭店《老子》所抄录及未抄录的文本和内容，有助于我们理解郭店《老子》本身及其与《老子》文本、思想的关系。

---

① 丁四新：《〈老子〉的分章观念及其检讨》，《学术月刊》2016 年第 9 期；丁四新、王琼燕：《早期〈老子〉文本及其文义、思想变化》，《东岳论丛》2021 年第 9 期；丁四新：《老子思想研究的文本依据：观念及其原则》，《社会科学战线》2022 年第 6 期。

② 丁四新：《郭店楚竹书〈老子〉校注》，武汉：武汉大学出版社，2010，"目录"。

其二，对于《老子》思想的理解应当基于原子分章，郭店简便是如此。郭店《老子》的章段一般是上下、前后连抄的，但这不是理解一个单独的原子分章之文义及思想的基础。原子分章就应当按照原子分章来做理解，而与其连抄的上一章或下一章没有必然联系。既然通行本之一章未必是原子分章，那么引用和理解它们即应当建立在新裁划的原子分章上：通行本之一章，也许应当裁划为两个或三个原子章段。而以往的注解，如河上公注和王弼注，是建立在通行本分章的基础上的。这样一来，河上公注与王弼注是否合理和是否正确，也应当得到反思。

其三，郭店《老子》三组在文本上有主题聚合，但没有明显的"道"篇或"德"篇意识。甲组由39支竹简组成，上篇的主题为"道恒无为"，属于政治哲学；下篇的主题为"修身"，同时包括少量道论和德论的文字。乙组由18支竹简组成，基本上属于德论，主题大抵为积德修身。丙组由14支竹简组成，共四章，一章论道用，两章论无为，一章论谦退恬淡。综合起来看，郭店《老子》的主要内容为政治思想，"道"的基本内涵为"无为"，而论"德"的章段在乙组中做了一定程度的汇集。不过，《老子》中有许多论"道"、论"德"的关键文本不见于郭店简，这可能表明，在战国中期传老者对"道""德"两个概念的反省意识还不足，还不够浓厚。同时，这也说明了《老子》的篇题最初不可能叫作"道、德"或"德、道"。据《韩非子·解老》《韩非子·喻老》可知，韩非子大大强化了《老子》的"德""道"意识。这样，我们即在帛书本中看到了相应段落的大量汇集及"德""道"两个篇题的出现。随后，司马谈《论六家要旨》称此派为

"道德"或"道家"。

其四，虽然郭店《老子》不主张"绝仁弃义"，但是它对"仁义"观念仍持温和的批评态度。丙组第2—3号简曰："故大道废，焉有仁义；六亲不和，焉有孝慈；邦家昏乱，焉有正臣。""大道"高于"仁义"，"仁义"次于"大道"，这是老子的一贯思想，正体现了老子思维的特征。曾经有一段时间，部分学者认为老子不但不绝弃仁义，反而是亲和仁义的。但是，这种看法经不起检验，其实是不恰当的。

二、《太一生水》的文本与思想

《太一生水》共14支竹简，与郭店《老子》丙组同简制。一开始，个别学者认为《太一生水》属于古本《老子》，但极少有人同意此一看法。绝大部分学者将《太一生水》与楚简《老子》丙组分开，认为它不是原始《老子》文本的一部分。无论从文本脉络还是从内容来看，《太一生水》都确实为独立的一篇，与《老子》文本没有太大关系。

从内容上看，笔者进而认为，《太一生水》14支简应当分为两大部分或两篇。前8支简（从"太一生水"至"君子知此之谓【圣】"）为一篇，篇名仍叫"太一生水"。后6支简（从"天道贵弱"至"有余于上"）为另一篇，篇名叫"天地名字"或"天道贵弱"。

由前8支简组成的《太一生水》篇很可能是以楚国天文数术思想为背景的，其宇宙生成论有别于彼时中原至齐鲁一带的宇宙生成论。《太一生水》的"太一"可能具有神性，是神性的宇宙生成的终极本原和终极实体。"水"在《太一生水》的宇宙生成论中占有重要地位，其所谓"反辅""相辅"

的作用模式，"神明"后于"天地"、先于"阴阳"的特殊位次，以及最后指向"成岁而止"的目的，这些情况都表明《太一生水》是一篇思想内容十分独特的文献，似乎带有较强的地域性思想特征，是一种新型宇宙观和宇宙生成论的表达。而据此推测，作者可能是楚国人。从学派性质来看，据上述因素，《太一生水》篇似乎不应划归道家，而应当断定为阴阳家著作。

由后 6 支简组成的《天地名字》篇，很可能是一个单独的文本整体。首先，《天地名字》篇无疑属于道家性质。"天道贵弱""故事成而身长""故功成而身不伤"等语句，都带有典型的道家色彩，特别是具有老子的色彩。《天地名字》篇应当受到了《老子》的直接影响。"天道"一词与《老子》同义，都指人不可违逆的应然法则。其次，对于"道亦其字也，青昏其名"两句应当如何理解，学者们一直争论不休。"青昏"，整理者读为"请问"①，"青昏其名"即被当作一个反问句来理解。但这种理解似乎不正确，因为此种读法使"青（请）昏（问）其名"一句丧失了与下文的联系。下文云："以道从事者，必托其名。"（第 10—11 号简）这两句话即肯定了"其名"是实有的，因此"青昏其名"如读为"请问其名"，则使"其名"丧失了依据。笔者认为"青昏"应当如字读，而因此《天地名字》的宇宙论也具有一定的特殊性。《天地名字》曰："下，土也，而谓之地；上，气也，而谓之天。道亦其字也，青昏其名。"（第 10 号简）从上文看，竹书似乎是说"道"是"天地"的字，"青昏"是"天地"的名。下文

---

① 荆门市博物馆编：《郭店楚墓竹简》，第 125 页。

即曰"天地名字并立"（第 12 号简），可以为证。而即使"道亦其字也，青昏其名"的两个"其"字为特指代词，指代所谓终极本原（部分学者即认为指代"太一"），"青昏"也应当是实有其名，而不能读为"请问"。"青昏"大概指天地未分的混沌状态。从字面上看，"青昏"与"道"对立，二者的存在状态不同。再次，"天地名字并立，故过其方"两句令人费解。名先字后，"天地名字并立"这当然是不合理的，但什么叫"天地名字并立"呢？从下文来看，竹书显然将"天地名字并立"看作天地不均齐（西北高、东南低）的原因。笔者认为，"青昏"在此似乎代表混沌原则，而"道"似乎代表秩序原则。混沌与秩序的相并作用，导致天地"故过其方"，从所谓平齐状态改变为不平齐状态。最后，需要指出，《天地名字》篇所持的宇宙学说是盖天说，竹书认为宇宙的中心区域是华夏，并将华夏及其周围地区天形地势的特点——"天不足于西北""地不足于东南"（第 12—13 号简）——叙述了出来。进一步，综合如上四点，我们可以推断，《天地名字》篇似乎是从北方传来的道家著作，而不是南方楚人的原创作品。[①]

第六节　略论郭店竹书的价值和意义

郭店楚墓竹简一经发现，即受到国内相关学界和国际汉

---

① 以上所论，参见丁四新：《楚简〈太一生水〉研究——兼对当前〈太一生水〉研究的总体批评》，载丁四新主编：《楚地出土简帛文献思想研究（一）》，武汉：湖北教育出版社，2002，第 183－249 页。

学界的高度重视，掀起了研究热潮。众多欧美日韩及其他外籍学者参与了郭店竹书的研究，发表了大量相关论文，甚至出版专著。如艾兰（Sarah Allan）、安乐哲（Roger T. Ames）、鲍则岳（William G. Boltz）、陈慧（Shirley Chan）、戴卡琳、方岚生（Franklin Perkins）、顾史考（Scott Cook）、韩禄伯（Robert G. Henricks）、郝乐为（Kenneth W. Holloway）、金鹏程（Paul R. Goldin）、柯鹤立（Constance Cook）、柯马丁（Martin Kern）、罗浩（Harold Roth）、马克（Marc Kalinowski）、麦笛（Dirk Meyer）、普鸣（Michael Putt）、谭朴森（Paul M. Thompson）、瓦格纳（Rudolf Wagner）、王安国（Jeffrey Riegel）、魏克彬（Crispin Williams）、夏德安（Donald Harper）、夏含夷（Edward L. Shaughnessy）、叶山（Robin D. S. Yates）和池田知久、大西克也、福田一也、工藤元男、谷中信一、李承律、末永高康、浅野裕一、汤浅邦弘、西山尚志、竹田健二、佐藤将之，以及杜维明、成中英、刘笑敢先生等，都深度介入了郭店简的研究。当然，重要的是，郭店简的学术价值巨大，不但给先秦学术思想的研究带来了重要资料，在一定程度上改写了先秦学术思想史，而且对当代中国的学术文化观念和心态都产生了一定的积极影响。有学者曾认为，郭店简的出土与公布，将有助于中国文化在 21 世纪的复兴和发展。还有学者认为，郭店简代表了当时时代精神的精华。笔者认为，郭店简的价值和意义可以具体概括为如下七点：

其一，郭店简极大地改变了研究孔子和子思子思想的材料基础，同时在较大程度上改变了今人的孔子著作观。据上文的考证，郭店儒家竹书大体上属于孔子和子思子的著作，如果这一点无误的话，那么我们对孔子、子思子思想的研究和理解必将发生巨变，并对孟子与孔子、子思子的思想关系做出更具体、更深入的新梳理。从材料基础来看，学界那种长期以《论语》作为研究孔子思想之主要甚至唯一资料来源的做法也必将同时被打破。现在，不但可以直接以郭店简、上博简、安大简、荆州王家嘴简等作为研究孔子之思想和事迹的材料，而且大量传世先秦儒学文献中的"子曰""孔子曰""仲尼曰"或"夫子曰"必将重新受到检视，其中部分文献可以纳入研究孔子的资料范围。而那种认为孔子生前没有自己的著作，而只有所谓传述作品的陈词滥调，也必将变得更加腐烂不堪。

其二，郭店简对于揭示孔子、子思子及原始儒学的思想主题、内容及特点，极具价值和意义。通过郭店简，我们对于以孔子、子思子为代表的原始儒学之性命论、心性论或性情论，位分伦理学、德行伦理学和修身成德说，以及政治哲学、社会思想和教化观念，获得了更直接、更深入和更内在的认识，从结构上和关键点上补充和修正了我们以往关于先秦儒学思想的观点和看法。郭店简对于复原孔子的思想及弄清孔子、子思子和孟子思想的发展线索与轨迹极具价值和意义。现在，受到庞朴及李学勤先生观点的影响，多数学者采取一种保守做法，将郭店儒家竹书单列开来做研究，以避免与孔子本人发生直接关联。但在笔者看来，这种做法看似谨慎、无害，实则过莫大焉，因为如果《尊德义》等篇确实为孔子所著的话，那么这种做法无疑掩盖了孔子思想再次表达和表现其自身的极好历史机遇，从而大大贬低了郭店简的思想史价值和意义。

其三，郭店简极大地促进了人们对《老子》文本的认识及对老子思想的研究。老子其人其书及其思想是 20 世纪古史辨派致力怀疑和否定的一个重要案例，也是中国现当代学术界反复讨论的一个重点对象。郭店《老子》三组竹简的发现，一是在很大程度上直接否定了古史辨派的相关观点；二是直接展示了早期《老子》文本的存在状态及其复杂性，这对于今人理解早期《老子》文本变化的观念具有重要意义；三是对于今人应如何理解《老子》文本与老子思想的关系，以及对于今人反思《老子》注疏的是非然否也具有较大意义。另外，《太一生水》的宇宙生成论很系统、很独特，无疑丰富和提升了中国古代的宇宙生成论思想。同时，这篇竹书对于中国天形地势成因的解释也很独特，从一个侧面增加了中国古人相关思想的复杂性。

其四，郭店简对于人们反思疑古思潮起到了重要作用，其释文的出版和公布，标志着"走出疑古时代"的正式到来。20 世纪二三十年代，在自我否定和批判的启蒙思潮背景下，古史辨派借着"辨古"的名义疑古，力图否定古人所建立和传承的古史观和古籍古书观。在当时，学者已因其文化态度及是否相信进化论而大抵分为"信古""疑古""释古"三派。一直到 20 世纪 80 年代，"疑古"代表了这股思潮的基本倾向，并且不断弥漫和扩展开来。1992 年，李学勤先生发表了《走出"疑古时代"》[①] 这篇重要文章，在当时不但无人唱和，而且一度遭到部分学者的批驳和围攻。但是，随着郭店楚墓竹简的公布和出版，这股反抗势力很快偃旗息鼓，批判之风很

---

① 李学勤：《走出"疑古时代"》，《中国文化》1992 年第 2 期。

快烟消云散，学界由此正式走出"疑古时代"，而走进"证古时代"或"释古时代"。所谓"释古"，既不是"信古"，也不是"疑古"，而是予以客观地平情证明，信则信之，疑则疑之。而且，除了纷纷打起王国维所谓"二重证据法"的旗号外①，学者对待中国文化的态度变得更为积极、自信，甚至很张扬。

其五，郭店简标志着出土文献的研究从帛书时代转入了楚简时代，它的发现和整理出版无疑是中国古典文献研究特别是出土文献研究的一个重要的转折点；同时，郭店简给中国古文字学、古文献学、古典学及先秦儒学、先秦哲学研究都带来了重要影响。在郭店简之后，人们又相继发现或出土了上博简、清华简、北大简、安大简、岳麓简和王家嘴简等，它们极大地丰富了先秦秦汉时期的经书类、子书类、史书类、文学类和政法类著作，为中国古代思想和文化的研究及新视域的拓展提供了巨大资源和动力。

其六，郭店简极大地改变了人们对于战国时期华夏文化的交流、传播特别是对于楚文化构成的理解。长期以来，学界比较强调先秦时期中国文化的地域性，而忽视诸侯列国的文化共性。就楚文化来说，人们过去很强调其地域特色及其传统的特殊性，其做法通常是以《史记·楚世家》《国语·楚语》《楚辞》为基础，通过有意的选择，再加上自己的想象来如此这般地塑造一番。长期以来，许多学者甚至将诞生和流行于中原地带的道家人物及其思想当作楚文化的特质来处理

① 王国维：《古史新证——王国维最后的讲义》，北京：清华大学出版社，1994，第2页。

和对待。应当说，人们对楚文化特质的理解充斥了一些不真实的想象，带有强烈的虚拟色彩。现在看来，楚文化虽然存在一些特别的东西，也存在一些专属于自己的传统，但是对此我们不应也不宜夸大。在本质上，楚文化是华夏文化的一个分支，它与主体文化的联系是紧密的和畅通的。郭店楚墓竹简的出土即从根本上打破了人们对于所谓楚文化特质的一些虚假想象，大部分郭店儒道竹书其实是从当时华夏文化的一个核心地带（邹鲁至陈宋）传输进来的。由此可知，很可能楚国贵族一直在主动接受东周至邹鲁文化的影响，至迟在战国中期，楚国的精英文化与邹鲁至陈宋一带的先进文化其实没有本质的区别。而这一点还可以得到上博简、清华简、安大简和王家嘴简的证明。春秋末期至战国中期，邹鲁至陈宋是当时先进文化最重要的发源地和孵化地，孔子、子思子、孟子、墨子和老子、庄子是圣贤一级的大人物，是中国历史上超一流的大思想家。战国中期偏晚，齐国的稷下学宫又一跃而成为另外一个重要的精英文化和主流思想的制造、交流与传播场所。

其七，郭店简是中国相关学界和国际汉学界研究旅程中的一座丰碑，自此以后国内学界在简帛研究、中国古代研究领域迅速赶超欧美，与日韩同行。1949 年以后，由于思想"左"倾、学术研究的意识形态化及遭遇十年"文化大革命"，中国的学术研究曾长期处于停滞不前甚至倒退的状态。而在改革开放后的约 20 年间，中国传统学术的研究大抵处于恢复期和转型期，仍落后于海外汉学界，其中简帛研究亦不例外。但是，郭店简的公布和出版彻底改变了这一状态。可以看到，中国学者对于郭店简的文字、文献、文本和思想研究都大幅超越了海外同行，处于领先和领导地位。而这种优势，随后得到进一步扩大，这可以参看中国学者对于上博简、清华简、北大简、岳麓简等的整理和研究。

总之，郭店简开辟了出土文献的新纪元，其价值和意义十分重大。

第一章　楚简《老子》考及其与帛书本、通行本的比较

第一节　由竹简形制看楚简《老子》

荆门郭店一号楚墓经过盗扰，后于 1993 年 10 月发掘出土。此墓出土了 730 枚有字竹简，其中包括竹简《老子》三组在内。根据竹简形制的不同，这批《老子》简被整理者称为甲、乙、丙三组。甲组共计 39 支，竹简两端被削成梯形，简长 32.3 厘米，编绳两道，编绳间距为 13 厘米。乙组共计 18 支，竹简两端平齐，简长 30.6 厘米，编绳两道，编绳间距为 13 厘米。丙组共计 14 支，竹简两端平齐，简长 26.5 厘米，编绳两道，编绳间距为 10.8 厘米。① 这些情况表明，这三组竹简确实互相区别，从竹简形制来说它们不可谓之同书。但由此，我们是否可以推断：甲、乙、丙三组竹简在内容上不可以拼合，而构成一部相互关联的《老子》书呢？这个疑问包含着一个重要判断，我们似不宜匆忙得出某种结论。

---

① 荆门市博物馆编：《郭店楚墓竹简》，《老子》释文前"说明"。

一、楚简《老子》丙组与《太一生水》的关系

根据竹简形制，我们可以推断，竹简《老子》丙组当初与《太一生水》很可能是编连在一起的。但其之所以被甄别出来，而与《太一生水》篇分开，自然是因为整理者参照了传世本或帛书本《老子》。因此，如下问题必然会被提出和追问：丙组竹简《老子》是否原属于《老子》文本，或其是否与《太一生水》篇在文义或内容上同书呢？由此，我们心中还会产生关于《老子》原本的最初状况如何，帛书本、传世本《老子》的来源及形成过程是怎样的，以及《老子》一书的作者是谁等问题。这些问题的答案关系甚大，故我们不宜轻易作答，而应当加以小心研究和探讨。丙组《老子》无论是其竹简形制、长度，还是其编绳状况，皆与另一同墓出土的竹书《太一生水》篇相同，它们的编绳间距皆为10.8厘米，因此两者无疑可设想为原本是编连在一起的，可以在"同册"的意义上被称为"同书"。但由此是否可以在现代意义上，尤其是在"专论"而非"文集"的意义上被称为"同书"呢？这个问题需要具体考察、分辨和回答。《太一生水》篇的结构与语义比较完整，全篇以"太一"为宇宙生成的总根，它具体而系统地叙述了一种上古的宇宙生成论，并带有较强的宇宙图式性质。其中，只有第9号简略显孤悬，似与上下文难以连缀。不过，这支竹简与此篇第12号简至第14号简在文义上仍可以贯通。又，第8号、9号简下半截皆有残断，加重了第9号简是否属于此篇竹书的判断难度。简单说来，《太一生水》无论就其篇章结构还是就其文气文义来说，都表明是一篇相当完整而独立的文章，而不宜与竹简《老子》丙组混淆

起来。

丙组竹简《老子》与竹书《太一生水》甄别开来，这是合理的吗？这个问题还可以从其他几个方面来作答。第一，见于竹书丙组的《老子》与通行本《老子》在文本上皆有对应；就帛书本来看，其中一段文字即见于《德》篇，另四段文字则皆见于《道》篇。① 可以说，自秦汉以来各本《老子》都把郭店丙组《老子》各段文字抄入其上下篇之中了。而如此做法，又不独秦汉人或后人所为，权衡而逆推之，至迟在战国晚期很可能已经如此了。《鹖冠子·备知》和《文子·上仁》《文子·符言》《文子·道德》《文子·道原》《文子·微明》以及《韩非子·难三》《韩非子·喻老》，皆有同于郭店丙组《老子》的文字。需要说明的是，据《韩非子·解老》《韩非子·喻老》的作文体例，我们可以推知，《韩非子》所据本很可能是一个完整的《老子》文本。这一点可以从韩非子引用《老子》时一再称其为"书"看出来。如《韩非子·解老》释"治人事天莫如啬"句云："书之所谓'治人'者，适动静之节，省思虑之费也。"释"行于大道"云："书之所谓'大道'也者，端道也。"释"深其根，固其柢，长生久视之道"云："直根者，书之所谓'柢'也。"毫无疑问，引文中的"书"指《老子》一书。这一点还可以从《韩非子·解老》《韩非子·喻老》的篇名反悟出来，同时与《史记·老子韩非列传》所谓"著书上下篇"的说法相印证。所以詹剑峰在其大作《老子其人其书及其道论》中说："准此，从韩非

---

① 按，长沙马王堆汉墓帛书《老子》乙本两篇篇末皆有篇题，分别作《德》和《道》，并计有字数。帛书甲本无篇题。

《解老篇》的本文更充分证实了《老子》书存在于韩非之前。"① 笔者认为，韩非所据《老子》本可能来自荀子或者三晋贵族，而荀子亦有可能是在游学稷下时所得。战国中后期，稷下学宫是黄老学的大本营。以此论之，韩非所据本应当出自公元前 300 年左右的某一抄本，而与郭店楚简本《老子》正相递接。② 第二，《韩非子·喻老》《韩非子·难三》等书篇已引用见于郭店丙组《老子》的文句，且已指明其出处，云"书之所谓"，这说明楚简本《老子》丙组已被抄入其所据《老子》本之中，成为其中一个有机的不可分裂出来的组成部分了。《鹖冠子》《文子》等书的引文也可以证明这一点。因此，在公元前 300 年左右或稍早，郭店楚简本《老子》三组虽然分抄在不同形制的竹简上，但其时它们很可能已经组合在一起了。第三，《老子》通行本第六十四章的一段文字，既见于竹简《老子》丙组，又见于竹简《老子》甲组，不过它们在文字上略有出入而已。而这一文本复出现象似乎很难说明郭店《老子》丙组应与甲组、乙组分开而与竹简《太一生水》同书，反倒容易说明古时同册未必同书的现象理应存在。总之，笔者不赞成把郭店楚简本《老子》丙组与其甲、乙两组

---

① 詹剑峰：《老子其人其书及其道论》，武汉：湖北人民出版社，1982，第 90 页。

② 荀子见过《老子》，而且所见文本可能不止一个。荀子赵人，五十岁时始游学于稷下。在稷下学宫的元老们死后，荀子即"最为老师""三为祭酒"。作为学宫领袖，他从学宫获得《老子》抄本，这是理所当然的。又因稷下先生推崇《老子》者非一人，故稷下学宫有多个《老子》文本并存，这也是很可能的。后有人谗荀子，荀子乃适楚，春申君任命其为兰陵令。这一年，据《史记·春申君列传》，是公元前 256 年。春申君的学问也很渊博，曾为楚太子完的老师。太子完立为王（即考烈王）之后，春申君相楚长达 25 年，门客众多。据此，荀子适楚后又可能从楚国获睹新的《老子》抄本。韩非子曾为荀子的学生，他很可能获观荀子所藏《老子》书。笔者还认为，《解老》和《喻老》两篇可能是韩非子早年学习《老子》之作，其后才有《孤愤》《五蠹》《内外储》《说林》《说难》诸篇。如果这一猜想是对的话，那么这一点可以强化正文中的说法。

分别开来，而与《太一生水》篇拼合为一书的看法；更不同意由此轻易得出《老子》在战国中期偏晚之时还是分散、无定型或不完全抄本的所谓推测，以及由此否定老聃对《老子》之著作权的观点。

二、楚简《老子》章段的复出及其相关问题

郭店楚简本《老子》三组很可能原来即同属于《老子》一书，是其中的部分文字；而如果不是这样，那么它们至迟在战国中期应该已被组合进《老子》书中了。现在需要追问的是，为什么竹简《老子》丙组与甲组都包含了一段文字基本相同的文句呢？如果甲、乙、丙三组竹简原本同书，那么抄写者或编辑者在同一部书中会容忍同一段文字的重复出现吗？如果我们坚持认为它们同书，那么二者只能被推断是摘抄关系。而如果它们是分头流行，则足以否定它们同书的看法。这两种意见到底哪一种是正确的呢？对此，我们似乎难以做出抉择。此一问题还连带着另外一个问题：为什么郭店楚墓出土的竹简《老子》要分为甲、乙、丙三组抄写呢？除了根据竹简形制这样一些硬性特征来做说明外，其分组是否还存在更隐晦更深沉的原因呢？

首先，需要强调的是，根据竹简形制把郭店《老子》区分为甲、乙、丙三组，这是竹简整理者依据书写材料的物理特征来划分的，但此点只有可能性或暗示性，而无绝对性和自明性，不能直接而有力地表明整理者所区分的甲、乙、丙三组即表示《老子》原本在当时确实已经被区分为三组，或者说，竹简形制的不同并不就真实地意味着其所附载、传抄的文字内容在当时即已离析和分解为三书。而因此，我们也必须允许对郭店简《老子》文本的现状做出多维猜测，甚至指向一种否定性的推论，即郭店简《老子》原无所谓甲、乙、丙三组之分，丙组与《太一生水》亦无内容或篇章结构上的关联。

其次，尽管我们根据或不根据竹简形制对郭店简《老子》区分为甲、乙、丙三组的原因和根据做出探讨，但不论哪一种解释都局限在其自身的前提或假设中，情况甚至可能会像有些学者所声明的那样："楚简中有三篇形制不等的《老子》，内容分别见于今本，但总和不及今本五分之二。目前尚无力断定原始《老子》是否这样，也猜不出为什么竟会抄成三篇，抑或只是出于偶然。要回答这些问题，有待于进一步研究；如果有意外发现，肯定成为学术界的头号新闻。"① 意外的发现需要耐心等待。不过，学者当前也需要得出一定的观点和结论，关键通常在于其所持观点和结论是否能够自圆其说。

第二节　楚简《老子》的抄写时间及分组原因

郭店简《老子》甲、乙、丙三组虽然在内容上根据帛书本或通行本可以判定为同属《老子》一书，但从竹简形制来看，它们应当分属三书。这两种意义上的同书或分书应当分别看待。其实竹简形制上的不同是否可能暗示着《老子》一书原本是分散流行，后来才集结成一部五千余言的文本的呢？甲、乙、丙三组竹简的文本来源是否不同？而文本的主题或

---

① 庞朴：《古墓新知——漫读郭店楚简》，《读书》1998 年第 9 期。

内容是否有所区别、侧重呢？第一个和第三个问题，不是本
节所要着重讨论的对象；对于第二个问题，笔者将侧重从文
本历时性差异的角度论述这三组竹简的文本来源及分组的可
能原因。

一、三组竹简的区别及抄写时间

郭店楚简本《老子》的分组，是竹简整理者根据甲、乙、
丙三组简的形制不同而把它们分成三组的。现在，笔者有必
要追问，这三组竹简的不同是不是仅仅体现在其形制的不同
上呢？或者说，抛开竹简形制不谈，这三组简文是不是各有
什么特点而可以将它们彼此区别开来呢？无疑，这三组《老
子》竹简的书法水准是不一样的。其中，丙组字迹的书法艺
术性最强，用笔持审，笔法含敛，形体雅致、秀丽。甲、乙
两组皆次之，甲组的书法水平较乙组更次下，运笔较为随意，
不够严谨，略显粗糙。这说明，甲、乙、丙三组竹简的文字
是由书法水平不同的三位抄手所抄写的。但是，这一信息似
乎不能完全决定这三组竹简分组抄写的原因，因为同一种文
本可以被不同书法水平的人在同一时间抄写下来。竹简形制
与书法水平的不同都是外在于文本本身的分辨标准，因此我
们还必须走向文本的内部，根据其内在因素来加以判断和
分别。

这样，我们有必要更真切地走向竹简文本，从其自身探
明竹简《老子》分为甲、乙、丙三组抄写的原因。笔者认为，
我们可以从语言变化的角度把这三组竹简甄别开来，进而推
断这三组竹简的抄写时间。如此，所谓甲、乙、丙三组《老
子》文本所依附的竹简形制的不同，则是由历时性的原因造

成的，是一个自然发生的过程。

甲组和乙组竹简共有一些很相近而微异的句子，已有人指出来了。[①] 甲组第 27 号简云："閟〈闭〉其逸（兑），赛（塞）其门。"乙组第 13 号简云："閔（闭）其门，赛（塞）其逸（兑）。""閟"当是"闭"字之误，"閔"当读为"闭"。甲、乙两组《老子》的词语搭配有异，甲组作"闭兑""塞门"，而乙组作"闭门""塞兑"。而竹简乙组之所以与甲组有异文，很可能是因为它们所依据的底本不同，这可以证之于帛书《老子》甲本和乙本。[②] 帛书甲本沿袭了竹简《老子》甲组的用字，而帛书乙本则沿袭了竹简《老子》乙组的用字。这就是说，这两种抄本虽然流传了很久，但一直到西汉初期仍相区别，而没有混同起来。由此看来，郭店楚简本《老子》甲组和乙组很可能是两种不同的文本，其渊源有异。另外，楚简本《老子》甲组的错字较多，这可能只反映了抄手水平的低劣；但甲组的假借字、异体字很多，有些字的构形出人意料，这可能反映了甲组《老子》文本是更古、更原始的抄本，与乙组比较起来，其写作时间当在前。

郭店《老子》甲组与丙组的时间性亦可以做区别。在同于通行本第六十四章的下半段，竹简甲组和丙组都有一处文

---

① 王博：《郭店〈老子〉为什么有三组》，"郭店老子国际学术研讨会"论文，美国达慕思大学（Dartmouth College），1998 年 5 月。这篇文章还指出，楚简本甲、丙两组也存在类似的文本现象。

② 李零认为："'闭'，原从门从戈，简文'闭'多从门从必，从戈乃从必之误。"李零：《郭店楚简校读记》，载陈鼓应主编：《道家文化研究》，第 17 辑，北京：生活·读书·新知三联书店，1999，第 470 页。魏启鹏认为："閟乃'闭'字之异构。"魏启鹏：《楚简〈老子〉柬释》，载陈鼓应主编：《道家文化研究》，第 17 辑，第 227 页。刘信芳给笔者来信说："'閟其逸''赛其门'乃数术用语，原简不误。请参拙文《荆门郭店竹简老子解诂》。"刘信芳：《荆门郭店竹简老子解诂》，台北：艺文印书馆，1999，第 60－61 页。

意大同小异的文字，它们暗含着丰富的信息。① 比较这两段竹简文字，笔者认为，它们应当源自两个不同的《老子》文本，而不应当是同一个《老子》文本的两个抄本。其中，最明显的证据是竹简甲组有"临事之纪"一句，而丙组无；竹简丙组有"人之败也，亘于其虞（且）成也败之"一句，而甲组无，但帛书本、通行本都有与竹简丙组大体相同的句子。又如，竹简甲组有"执之者远〈失〉之"一句，丙组则作"执之者遊（失）之"；竹简甲组有"爻（教）不爻（教）"一句，丙组则作"学不学"；竹简甲组有"是故圣人能尃（辅）万勿（物）之自肰（然），而弗能为"一句，丙组则作"是以能捕（辅）璊（万）勿（物）之自肰（然），而弗敢为"。此章两组竹简的异文异字比例很高，足证甲组和丙组是两个不同的抄本。从用字用词上来看，这两组竹简《老子》虽然互有借字，但从总体上看，甲组的用字似乎更古、更原始，而丙组的用字似乎比较靠后，与帛书本更接近。从文本句式与结构看，竹简甲组的文本比较古朴简练，而丙组则相对流畅舒缓。如甲组云："是以圣人亡（无）为古（故）亡（无）败，亡（无）执古（故）亡（无）遊（失）。"丙组则云："圣人无为，古（故）无败也；无执，古（故）□□□。"又如甲组云："临事之纪，誓（慎）冬（终）女（如）忖（始），此亡（无）败事矣。"丙组则云："斳（慎）终若訆（始），则无败事喜（矣）。人之败也，亘于其虞（且）成也败之。"所引丙组两段文字皆多虚词"也"字，而"也"字在文中起缓和语气及断

---

① 美国布朗大学（Brown University）罗浩先生亦曾指出此点。罗浩：《郭店老子对文研究中一些方法论问题》，"郭店老子国际学术研讨会"论文，美国达慕思大学，1998 年 5 月。

句的作用。而这一点正是帛书《老子》的重要特点之一。由此，我们似乎可以推断，竹简丙组《老子》与帛书《老子》抄写的时代可能更接近。[①] 比较甲、丙两组竹书，衡之以竹简丙组到帛书甲本的时间距离，可以推断，竹简甲组应当是公元前 4 世纪上半叶流行的文本。在此，笔者需要指出，郭店楚简本《老子》甲、乙、丙三组都不是最原始的文本，这可以从它们各自都存在着大量脱文、衍文等现象推断出来，真正的原始本应当向公元前 5 世纪去寻找。

再从假借字、古今字的不同，我们来具体剖析竹书《老子》甲、乙、丙三组文本的区别，并以此为据推论其时间差异。比如，可以区别竹简甲组和乙组为两个抄本的文字有"绝"字，甲组作丝，乙组作絲；有"形"字，甲组作型，乙组作垫；有"费"字，甲组作費，乙组作孛；等等。可以区别竹简甲组与丙组为两个抄本的文字有"支"字，甲组借作辩，丙组借作偏；有"慈"字，甲组借子为慈，借慈为滋，丙组则借挙为慈；有"功"字，甲组借攻为之，丙组借江为之；等等。可以区别竹简乙组与丙组为两个抄本的文字有"畏"字，乙组作褋，丙组作愄；有"圣"字，乙组借作声，丙组借作听；有"闻"字，乙组作昏，丙组作脂；等等。最显著的例子是"美"字，甲组作散 或散，乙组作凱，丙组作娓 或散（讹字）。一个"美"字可以把抄本竹简甲组、乙组、丙组区别开来。但这些情况是不是主要反映了抄手抄书水平的不同呢？笔者认为，抄手抄书水平的不同应当只反映在诸如讹字、衍

---

① 王博说："本文认为，甲、乙、丙三篇《老子》应该被看作当时存在的三个不同的《老子》传本，而且甲本所依据的底本年代可能稍早于乙本和丙本。从文字上看，乙本特别是丙本与帛书本及通行本的差别极小。"王博：《关于郭店楚墓竹简〈老子〉的结构与性质》，广东罗浮山道家会议论文提要，1998 年 12 月。

文、脱文上面①，而不应当反映在假字、古今字的时代差异以及抄手用字习惯的不同上。甲组、乙组、丙组这三组《老子》竹简的异文现象很多，应与语言的历时性变化及个体用字的主观特征相关。前者应当是一个主要因素，因为语言（包括文字）具有社会性，需要在不同个体和不同群体之间传达与交流，语言和文字根本不可能脱离人际沟通作用，不受社会性的制约而独立存在，所以甲、乙、丙三组竹简《老子》的同读异文现象当是"时代"作用并加以制约的结果：从甲组到乙组，从乙组到丙组，竹简《老子》似乎体现了一个历时性变化的过程。总之，笔者认为，我们可以根据假字异文的不同，把郭店《老子》甲、乙、丙三组区别为三种不同抄本，进而推断它们出自三个不同时期。

如果说甲、乙、丙三组竹简是三个不同时期的《老子》抄本的说法可以成立，那么具体说来它们孰先孰后呢？"绝"，甲组作𢇘，乙组作𢇶；"静"，甲组作束或青，乙组作清；"道"，甲组作𩗩，乙组、丙组作道；"若"或"如"，甲组有作奴的，乙组则作若或女；"盈"，甲组作呈或涅，乙组与《太

---

① 依整理者隶定，楚简本甲组的讹字有：季〈孝〉，须〈寡〉，天〈夫〉，天〈而〉，蟲〈蚰〉，連〈遠〉，簹〈籥〉，闵〈闭〉，槑〈棠（常）〉。乙组的讹字有：疢〈巫〉。丙组的讹字有：既〈即〉，攷〈美〉。郭店楚简本《老子》的脱文较多，如甲组第9号简"涣乎其若释"句"若"字下似脱"凌"字，第14号简"知以静"句"知"下脱"足"字，"大少之多易必多难"句似脱文较多，第17号简"成而弗居"的"成"字上疑脱"功"字，第30号简"夫天多忌讳"的"天"字下似脱"下"字，第37号简"返也者，道动也"的"道"字下脱"之"字，"天下之物生于有，生于亡"的"有"字下似脱重文符号，第38号简"不不若已"的"若"字下似脱"其"字，"贵福骄"的"福"字下似脱"而"字。乙组第1号简"是以早"的"早"字下脱"服"字，第3号简"学者日益"的"学"字上疑脱"为"字；第5—6号简"何为宠辱"的"辱"字下脱"若惊"二字，第6号简"是谓宠辱惊"的"辱"字下脱"若"字，第17号简"修之天下□□□□□□家"一句较特殊，联系下文来看，其中当有脱文，疑脱"以身观身"四字。丙组第4号简"故道□□□"句，如依据文义及帛书本来看，当有脱文。此外郭店竹简《老子》还有较多衍文，本注释从略，不做列举。

一生水》都只作涅；"治"，甲组作絧或之，乙组作紿；"闭"，甲组作閟，乙组作閔。"慈"，甲组作子，丙组作孳；"过"，甲组作化或迲，丙组与《太一生水》都作怵或迆；"终"，甲组作冬，丙组作终；"辅"，甲组作尃，丙组与《太一生水》同样作榑；"字"，甲组作学，《太一生水》作态。通过甲组与乙组、丙组的借字比较，可以看出，甲组用字一般比较原始、粗朴，乙组、丙组则多添形旁，与所谓本字相近。所以乙、丙两组竹简的借字应当抄写在后，而甲组的用字则应当抄写在前。既然甲组竹简比乙、丙两组竹简都早，那么乙组与丙组竹简孰先孰后呢？笔者下文仍举例以证明之。"餘"，乙组作舍，《太一生水》作余；"美"，乙组作岂，丙组作媺或敱；"闻"，乙组作昏，丙组作䎀；"缺"，乙组作夬，《太一生水》作块；"燥"，乙组作枭，《太一生水》作澡。《太一生水》与竹简《老子》丙组出自同一抄手，具有同等效力。比较乙、丙两组竹简，丙组多添形旁或字形上更接近其本字，而乙组较古朴，因此乙组竹简的抄写时间可能比丙组竹简更早。

综上所述，笔者认为，郭店楚简本《老子》甲、乙、丙三组是在三个不同时期产生的三种不同抄本。具体说来，竹书甲组比乙组早，乙组又比丙组早，这可以从语言的变迁或者文本、文字的比较上得到证明。虽然它们是三个不同时期的抄本，但不排斥后出者对前出者的因袭或者偶然的扰乱现象。笔者不同意把甲、乙、丙三组竹简作为《老子》的一种抄本来处理的观点，因为如此处理，从文本的内在关联来看，将会不可避免地产生大量无法克服的矛盾，例如竹简形制的不同，书法的差异，甲组和丙组同有一章文义基本相同的文字，甲、乙、丙三组的语言存在历时性变化的现象，以及作为一个儒道兼通的学者，郭店一号楚墓的墓主生前有没有必要把仅 1 741 字的《老子》文分解成三部分①，抄写在三种不同形制的竹简上，其中丙组竹简还与《太一生水》篇同卷，而作为其死后的陪葬品？所以我们必须把郭店《老子》甲、乙、丙三组竹简看作三个不同时期的三种抄本，且很可能带有一定程度的"珍本"性质，故死者才会如此看重它们。如此，我们才可以理解甲、乙、丙三组竹简为什么会有如此众多的相异之处。根据甲、乙、丙三组竹简语言上的变化，我们似乎可以推断楚简本《老子》甲组的抄写时间很早。

二、三组竹简分别抄写的原因

在上文，笔者认为，竹简《老子》甲、乙、丙三组分组抄写，是由历时性原因造成的，是一个自然发生的过程，因而笔者不主张以主题的不同作为竹简《老子》分组的历史原因。②

---

① 裘锡圭说，楚简本《老子》现存字数应为 1 741 字。减去甲、丙两组复出的 75 字，总计 1 666 字。整理者则说郭店简《老子》三组合计 2 046 字，"约为今本的五分之二"。整理者的说法，其实是将竹书《太一生水》篇的字数计算在内了。参见裘锡圭：《郭店〈老子〉简初探》，载陈鼓应主编：《道家文化研究》，第 17 辑，第 26 页；荆门市博物馆编：《郭店楚墓竹简》，全书"前言"及《老子》释文前"说明"。

② 王博在达慕思会议上认为，楚简《老子》乙组与丙组各有自己的主题，乙组的主题是修身，丙组的主题是治国，并认为："甲组也可以区分出两个主题有别的部分，第一部分包括 1:1 到 1:10，以及 1:14 到 1:16，其主题与丙组类似，主要讨论治国方法。第二部分包括 1:11 到 1:13，1:17 到 1:20，其主题是关于道、天道与修身的。"（王博：《郭店〈老子〉为什么有三组》，"郭店老子国际学术研讨会"论文，美国达慕思大学，1998 年 5 月。）对楚简《老子》做主题概括，这不是错误，但是以此作为郭店《老子》分组的实际原因却值得怀疑。郭沂顺着王博的思路，论述更加激进："我以为简本的甲、乙、丙三组，就是上、中、下三篇。其一，这三组竹简形制各不相同，这当然是竹简作者有意进行区别的。其二，也是更重要的一点，这三篇主题有所不同。简本《老子》的核心思想是守道归朴。具体言之，上篇大致讨论守道归朴及其根据、效果。中篇大致讨论守道归朴的途径。下篇只有四章，似为杂列。尤其是相当于今本 64 章下段的末章，显然是附录。它已在上篇出现一次，只是由于其文字有出入才附列卷末。此《老子》三篇，或许我们可以仿效《庄子》体例分别称为内篇、外篇、杂篇。"（郭沂：《从郭店楚简〈老子〉看老子其人其书》，《哲学研究》1998 年第 7 期。）

而按主题的不同把竹简《老子》分抄成甲、乙、丙三组，这即已意味着分组抄写本身必定是一种同时的有意识的和有选择的抄录行为。首先，这已经假定了有一个近似于完整的《老子》文本，或不少于现存全部竹简《老子》三组总和的所谓《老子》文本库预先存在着，然后才由编抄者根据其主题的不同而选择和抄写，并分编成至少三组《老子》竹简。其次，这种假设抹杀了三组竹简《老子》文本所呈现出来的语言学上的差异，尤其是抹杀了这三组竹简《老子》在历时性语言变化上的差异。再次，从反思的角度来看，按主题对竹简《老子》进行内容概括和分组的结果很难令人满意，不同的学者所据以概括的标准及概括出来的结果并不一致，甚至出现了对甲组、乙组和丙组竹简的多主题概括。因此，如果彻底贯彻按主题分组的原则，那么荆门市博物馆现藏全部《老子》竹简至少要被分解成四组竹简来抄写。但这显然与事实相抵触。有学者干脆以丙组最后几简的文字为"附录"，这也是从主题角度探讨竹简《老子》分组原因所导致的无奈做法。最后，在甲、丙两组《老子》竹简中皆有一段与通行本第六十四章相同的文字，为什么它既被抄写在甲组中，又被抄写在丙组中呢？是因为这段文字具有两个主题吗？这显然是不可能的。因此，笔者认为，不必以三组简文主题的不同来看待竹简《老子》分组的历史原因。

虽然笔者认为不必以三组简文主题的不同来看待竹简《老子》分组的历史原因，但是这并不意味着笔者不主张对三组《老子》竹简分别进行主题的概括，更不意味着反对对它们做总体的思想概括：承认郭店《老子》被整理者根据其竹简形制的不同而分成三组竹简，然后在此基础上进行三组竹简的主题概括，这是一回事；而有些学者根据所谓主题的不同即对竹简《老子》进行思想概括，然后依此认为这就是竹简《老子》分组的历史原因或实际原因，这是另外一回事。后者倒果为因，这种考证法恐怕难以成立。李学勤先生指出："郭店甲、乙、丙三组是否系有意编成，尚须斟酌。"① 此种看法可能有些保守，但在目前的情况下，持如此审慎的研究态度是必要的。

虽然郭店简《老子》甲、乙、丙三组的抄写时间有差异，但三者各自所据的底本原是在同一时间写作的还是在不同时代写作的？又，三者原是共有一个底本而被分别抄录的，还是分头流行之后，再被纂抄在一起的？这些问题更难以回答。回答它们需要更多、更扎实的证据。

第三节　由传世文献考论楚简《老子》其书及其作者

郭店简《老子》甲、乙、丙三组从竹简形制看不同书，从文本来源看亦难断定其是否同书，但在思想内容上，根据传世文献所云以及秦汉以来就有五千言的《老子》传本，我们可以推断，它们理应被判定为同属一部在内容上互相关联的著作，甚至它们有共同的文本来源。然而，需要追问，郭店《老子》甲、乙、丙三组的总和在战国中期偏晚时是不是当时《老子》一书的全部呢？此外，老子其人与《老子》其书的关系问题，亦值得重新讨论。实际上，这两个问题是紧

---

① 邢文、李缙云：《郭店〈老子〉国际研讨会综述》，《文物》1998 年第 9 期。

密联系在一起的。

一、老子其人与其书的关系

先回顾和讨论老子其人与《老子》其书的关系问题。楚简本《老子》既未表明其书名或篇名，又未指名其作者为谁，因此对所谓《老子》或楚简本《老子》作者的追问，我们就只能而且必须依赖于传世文献的相关记述，并据此厘清所谓老子其人其书的问题。这一点，大概也是其他学者在探讨老子或《老子》文本时难以避免的。"老子"一名的具体所指，已被民国时期的学者搅乱，故论述老子其人或其书的问题，我们还是应当从基本史料及对基本史料的理解开始。老子其人是否乌有？是否实指老聃——姓李名耳者？他所处的时代是否略早于孔子？这些问题都是需要讨论的。《史记·老子韩非列传》说："老子者，楚苦县厉乡曲仁里人也，姓李氏，名耳，字聃，周守藏室之史也。"又在传末说："李耳无为自化，清静自正。"这两段文字一前一后，首尾呼应，反复肯定了"老子"，姓李，名耳，字聃。司马迁的叙述很明确、很肯定。在《史记·老子韩非列传》中，司马迁又指出："孔子适周，将问礼于老子。"《史记·孔子世家》说："鲁南宫敬叔言鲁君曰：'请与孔子适周。'鲁君与之一乘车、两马、一竖子俱，适周问礼，盖见老子。云辞去，而老子送之曰……孔子自周反于鲁，弟子稍益进焉。"《史记·仲尼弟子列传》曰："孔子之所严事，于周则老子，于卫蘧伯玉，于齐晏平仲，于楚老莱子，于郑子产，于鲁孟公绰。数称臧文仲、柳下惠、铜鞮伯华、介山子然，孔子皆后之，不并世。"据此，孔子曾师事老子之事应当不容置疑。但是，韩愈、崔述、梁启超等人带

着尊儒抑道和尊孔抑老的偏见，硬说孔子师事老子之事几近
子虚乌有。① 20 世纪前半叶的疑古派更把这一偏见扩展为对
整个《史记·老子韩非列传》的怀疑和否定：老子其人被大
大置后，并与姓李名耳字聃者分离，老子其人与其书脱离关
系，并让《史记·老子韩非列传》所附叙的老莱子、太史儋
与姓李名耳字聃的老子搅合起来，于是在老莱子、太史儋、
老子与《老子》其书四者之间构造了多种奇妙的组合。② 不管
怎样，疑古派学者就是不肯回到《史记·老子韩非列传》的
正常叙述中，亦不肯细致审读司马迁在其记述中的微妙之音
及理解其在炉火纯青的叙述中所流露出的是此非彼的判断。
《史记·老子韩非列传》记：

> （1）或曰：老莱子亦楚人也，著书十五篇，言道家
> 之用，与孔子同时云。盖老子百有六十余岁，或言二百
> 余岁，以其修道而养寿也。

> （2）自孔子死之后百二十九年，而史记周太史儋见
> 秦献公曰："始秦与周合，合五百岁而离，离七十岁而霸
> 王者出焉。"或曰儋即老子，或曰非也，世莫知其然否。
> 老子，隐君子也。

面对如上史料，近人在浓厚的"疑古"意识下既感到茫
然失措，又感到十分兴奋，同时受到自身学派偏见的影响，
很容易把姓李名耳字聃的老子与《史记》附叙的老莱子、太
史儋二人搅混起来，而且在司马迁之时或此前，古人似乎已

---

① 罗根泽：《历代学者考证老子年代的总成绩》，载罗根泽著：《诸子考索》，北
京：人民出版社，1958，第 257 页。
② 对于这种现象，罗根泽曾列了一个简表做了直接的表现。罗根泽著：《诸子
考索》，第 277 - 279 页。

经是真假老子莫辨了。但是，史家的严谨与博学及求真的使命感，使司马迁对三者做了甄别。上引第一条"或曰"句似乎隐含着老莱子即老子的误判倾向，但"或曰"句本身所包含的具体内容即已把老莱子的身份特征与姓李名耳字聃的老子区别开来，《史记·老子韩非列传》曰"老莱子亦楚人也"。《史记·仲尼弟子列传》的分辨则更为清晰，云："于周则老子……于楚老莱子。"老子陈人，出仕于周，故孔子趋周而师事之；老莱子楚人，居楚，故孔子趋楚而师事之。故本传所说的老子，与其附叙的老莱子是不容混淆的，尽管在历史长河中，可能也有人曾把老莱子称作"老子"，或误指为老子。老莱子"著书十五篇，言道家之用"，则与《史记》记述真老子时云"于是老子乃著书上下篇，言道德之意五千余言"，可以完全分别开来。老莱子著书十五篇，老子则著书上下篇，至班固作《汉书·艺文志》，均未将二者混淆。① 老莱子"言道家之用"，老子则"言道德之意"，一用一体，表里精粗，甚是明白，何可将二人相混？老莱子"与孔子同时"，老子则长于孔子，在年份上亦不当将二者混淆起来。但人们之所以容易将老莱子混作老子，确实有多种原因：或者是二人所处时代相同，年岁相接，又被司马迁列入《史记·老子韩非列传》中附叙；或者是皆为道家者流，都曾为孔子所师事。由于这些因素的综合作用，人们容易把老莱子误认作老子。但从读者角度来看，司马迁的叙述很清楚，辨之凿凿，何可将老子与老莱子二人混淆起来？

---

① 《汉书·艺文志》："《老子邻氏经传》四篇，《老子傅氏经说》三十七篇，《老子徐氏经说》六篇，刘向《说老子》四篇……《老莱子》十六篇。"

　　第二条引文的记述容或有些失误①，但司马迁把太史儋与老子区别开来的大意是不容扭曲的。而要弄清太史儋与老子的关系，我们必须先把太史儋这个人物搞清楚。《史记·周本纪》云："烈王二年，周太史儋见秦献公曰：'始周与秦国合而别，别五百载复合，合十七岁而霸王者出焉。'"《史记·秦本纪》云："（秦献公）十一年，周太史儋见献公曰：'周故与秦国合而别，别五百岁复合，合七十七岁而霸王出。'十六年，桃冬花。十八年，雨金栎阳。"《史记·封禅书》云："其后百余年，秦灵公作吴阳上畤，祭黄帝；作下畤，祭炎帝。后四十八年，周太史儋见秦献公曰：'秦始与周合，合而离，五百岁当复合，合十七年而霸王出焉。'栎阳雨金。秦献公自以为得金瑞，故作畦畤栎阳而祀白帝。其后二十岁而秦灭周。"《史记·周本纪》云周太史儋见秦献公在周烈王二年，即秦献公十一年，公元前 374 年。《史记·秦本纪》所记年代同于《史记·周本纪》，但太史儋所说"合十七岁"作"合七十七岁"，二者必有一误。《史记·封禅书》以大事纪年，虽然没有明言其具体时间，但是太史儋所言一段文字有"合十七年而霸王出焉"的文句，与《史记·秦本纪》所载相同。《史记·老子韩非列传》则言"孔子死之后百二十九年"，其时当秦孝公十二年，即公元前 350 年。裴骃集解引徐广曰"实百一十九年"②，但是孔子死后百一十九年，其时仍在孝公之世，故笔者疑《史记·老子韩非列传》及徐广所记之年皆

---

　　①　金德建《老聃学说出于史官考》一文认为，史书所记"献公十一年"应作"孝公十一年"，此说为今人所袭用。又说如"献公十一年"不误，则应是孔子卒后的一百零六年。金德建：《先秦诸子杂考》，郑州：中州书画社，1982，第 49 页。
　　②　［汉］司马迁撰，［南朝宋］裴骃集解，［唐］司马贞索隐，［唐］张守节正义：《史记》，卷 63，北京：中华书局，1959，第 2142 页。

误。不过，两纪一书一传皆说周太史儋见秦献公云云，则作献公不误，不当如今人所说献公应作孝公。① 又《史记·老子韩非列传》太史儋见献公所言之"离七十岁而霸王者出焉"一句，异于他处文字，不过故书所谓"合十七岁""合七十七岁""合十七年""离七十岁"四者，当是辗转相抄致误，不一定是司马迁本人原来的记述错了。《史记·周本纪》与《史记·秦本纪》所记事件发生的年代一致，而《史记·封禅书》与《史记·老子韩非列传》所记时间一者不确，一者讹误。从考据看，其中的疑问还在于：太史儋谒见秦献公并陈述此种内容是否只有一次，且司马迁所述是否为同一事件？或许是，或许不是，有两种可能。笔者倾向于认为司马迁所记述的是对同一事件的看法。不管怎样，太史儋与秦献公同时，而与老子相隔久远，故不能因为《庄子·寓言》篇说"老聃西游于秦"或《史记·老子韩非列传》说"老子至关"，就把这三人贯通起来，构成所谓老子或老聃即太史儋的说法。② 其实，在《史记·老子韩非列传》中，司马迁把老子与太史儋做了比较清楚的区分，虽然同是周史官，可是一者为守藏室之史，一者为太史，太史的地位和身份较守藏室之史为高，其管辖的范围也宽广得多。司马贞索隐："按：藏室史，周藏书室之史也。又《张苍传》'老子为柱下史'，盖即藏室之柱下，因以为官名。"③ 异名同谓，藏室史是正名，柱下史乃别

---

① 吴光习用金德建之一说而执持之，以献公为孝公之误。吴光：《黄老之学通论》，杭州：浙江人民出版社，1985，第37页。

② 毕沅、汪中、牟廷相、谭戒甫、罗根泽等人力主相同或相近之说。罗根泽编著：《古史辨》，第4册，上海：上海古籍出版社，1982，第324－325、449页。

③ ［汉］司马迁撰，［南朝宋］裴骃集解，［唐］司马贞索隐，［唐］张守节正义：《史记》，卷63，第2140页。

名，总之是主职图书等贵重物品的官吏而已。《庄子·天道》曰："周之征藏史有老聃者。"成玄英疏："征藏史，犹今之秘书官，职典坟籍。"藏史者虽有征守之别，然其职责皆不离于"职典坟籍"。太史则不但要管理关于典籍等的事情，而且要记言记事，参与朝政，此外还需要精通天文、地理、历算之学。太史者，群史之长也。故"征藏史"（"守藏室之史"）与"太史"不容混淆。又据《史记》所述，太史儋不过是一个喜谈方怪、热衷于预言王朝盛衰离合的前识者，与裨灶、梓慎、苌弘之流为一类，与兴起于战国中期的阴阳家相应和，与正统的太史区别较大。① 鉴于有人将太史儋与老子混为一人，所以司马迁特地在《史记·老子韩非列传》中做了辟正："或曰儋即老子，或曰非也，世莫知其然否。老子，隐君子也。""老子，隐君子也"，这句话再清晰不过地表明了司马迁的判断：作为隐君子的老子，和常与世主周旋的太史儋是两人！那种不顾司马迁的叙述原文及其旨意，徒以聃与儋音通，或以二人同为史官，以及到过秦国等相似信息，而把时代远不相及的两人混为一谈的做法，是非常不妥的。其实，司马迁何尝不知老聃与太史儋容易被人混淆，故他特地在老子本传中用了短短几句话将二人的性格特征及学术思想点明，予以区别。

　　"老子"之"老"，依《史记·老子韩非列传》，很可能是对年高特寿或德行特高之人的敬称，与姓老之"老"本不相干。后因道德之学宏盛，世主权重，亦因李耳高尚之德行和智慧流披甚广，故"老子"一号被专称其人，其书在后世亦

---

① 詹剑峰：《老子其人其书及其道论》，第 42-43 页。

被尊称为《老子》。老子，古书亦尊称为老聃，先秦古书两名皆重。老子，名耳，字聃，耳与聃相关。司马贞索隐："许慎云'聃，耳曼也'，故名耳，字聃。"[①] "聃"字，《说文·耳部》本作"耼"，"聃"为"耼"之隶变。"聃"或写作"耽"，《说文·耳部》云："耽，耳大垂也。""耽"与"聃"音同义近。《吕氏春秋·贵公》《吕氏春秋·当染》两篇皆作"老聃"，《吕氏春秋·不二》《吕氏春秋·重言》作"老耽"，又《吕氏春秋·不二》篇作"老耽"，《困学纪闻》卷十引作"老聃"。《列子·杨朱》篇两云"耼于色也""耼于嗜欲"，"耼"即"耽"字。因此诸书引作"老聃""老耼""老耽"，其实指一人，不可分拆。又因诸"聃"字皆与耳相关，故司马迁说老子名耳字聃，不为无据。又《史记·老子韩非列传》叙述老子后裔，世系清晰，传统分明，因此老子姓李名耳字聃的记述应当确凿可据。[②] 我们怎么可以把《史记·老子韩非列传》"姓李氏、名耳、字聃"的七字割裂分散，任意驱使，完全服从一己的学术私见和学派偏见呢？[③]

老子姓李名耳，这一点传世先秦古籍并无记载，但这是否即意味着今人可以任意否定司马迁的记述呢？据上文的考

---

① ［汉］司马迁撰，［南朝宋］裴骃集解，［唐］司马贞索隐，［唐］张守节正义：《史记》，卷63，第2140页。

② 梁启超在《论〈老子〉书作于战国之末》一文中认为："前辈的老子八代孙，和后辈孔子的十三代孙同时，未免不合情理。"（罗根泽编著：《古史辨》，第4册，第306页。）此后是论成为疑老派的一大"铁证"。詹剑峰已力驳之，詹说有理。（詹剑峰：《老子其人其书及其道论》，第33－37页。）

③ 疑老派大约是在老子、老聃、李耳、老莱子、太史儋等名号之间做了搅混和重组，其核心指向是把老子、李耳、老聃三者异名同实的关系彻底打散，以期与太史儋、老莱子等人实现重新组合，一来让老子其人其书后延，如顾颉刚说《老子》书出于秦汉之间，二来让老子与孔子脱离任何干系，以洗儒者受教于异端之耻。惑矣！这些学者已沦入儒道互黜的泥淖中。

辨，目前看来，司马迁的记述是无法否定的，对此问题我们最多可以存疑。至于"老子"与"老聃"二称的关系，传世先秦古籍多有反映，间接的证据是古书多见"老聃曰"或"老子曰"的文例，而这些所谓"老聃曰"或"老子曰"文字多见于帛书或传世本《老子》中。假如我们把《老子》一书大致看作一人之作，或充分相信前人记述的忠实性，那么推出老聃即老子，这是很容易的事情。但其中的困难在于，前人不但将老子其人"一气化三清"或"一气化四清"①，而且将《老子》其书分解为多人异时之作。有鉴于此，即使先秦古书"老聃曰""老子曰"见于《老子》一书的言论很多，我们仍然不能过分依赖此一途径来做证明。又，《史记·老子韩非列传》云老子"著书上下篇，言道德之意五千余言"，据此似乎《老子》一书原未以"老子"为名。帛书《老子》乙本上下篇的末尾分别有"德""道"的篇题，这可以证实《史记》所谓"著书上下篇"的说法，但无法证明其书题为"老子"。其实，坚实的证据即见于《韩非子》，《韩非子》有《解老》和《喻老》两篇，篇名中的"老"字即指《老子》一书，这样看来，我们完全可以推断在韩非子同时或此前，以"老子"称呼《老子》的书名就已经出现了。先秦子书的命名有一个通例，即其书的命名一般据其作者之名来拟定。由此来看，至迟在战国晚期，人们已经认定《老子》一书的作者是老子了。

从学术史论著来看，老子与老聃的思想主旨是相通的。

---

① 詹剑峰：《老子其人其书及其道论》，武汉：华中师范大学出版社，2006，第28页。

《庄子·天下》曰："以本为精，以物为粗，以有积为不足，淡然独与神明居。古之道术有在于是者，关尹、老聃闻其风而说之。建之以常（恒）无有，主之以太一，以濡（柔）弱谦下为表，以空虚不毁万物为实……老聃曰：'知其雄，守其雌，为天下谿。知其白，守其辱，为天下谷。'人皆取先，己独取后，曰受天下之垢。人皆取实，己独取虚，无藏也故有余，岿然而有余。其行身也，徐而不费，无为也而笑巧。人皆求福，己独曲全，曰苟免于咎。以深为根，以约为纪，曰：'坚则毁矣，锐则挫矣。'常宽容于物，不削于人，可谓至极。关尹、老聃乎，古之博大真人哉！"这段文字对老聃的学术思想做了高度概括，参照《老子》一书，可谓若合符契。①《荀子·天论》曰："老子有见于诎（屈），无见于信（申）。"《吕氏春秋·不二》曰："老耽贵柔。""见诎（屈）""贵柔"，各自揭示了老聃思想的一面，它们统包于《天下》篇的相关概括中。《庄子·天下》作"老聃"，《荀子·天论》作"老子"，《吕氏春秋·不二》作"老耽"，据此可证老子即老聃。

从单部古书来看，老子与老聃在先秦古籍中确实为一人。《吕氏春秋》中《孟春纪·贵公》《仲夏纪·大乐》《季夏纪·制乐》《先识览·乐成》《审分览·君守》《似顺论·别类》引《老子》之言凡七，但皆未直接指明它们出自《老子》，亦未指出它们出自老子或老聃。此不足论。又，《孟春纪·贵公》篇一云"老聃闻之曰"，一云"老聃则至公矣"，《仲春纪·当染》篇云"孔子学于老聃"，《有始览·去尤》篇云"老聃则

---

① 王蘧常在《庄子·天下》的注释中已把《天下》老聃思想与《老子》一书略加疏证。王蘧常：《诸子学派要诠》，上海：中华书局、上海书店，1987，第33-38页。

得之矣"，《审分览·不二》篇云"老聃贵柔"，《审应览·重言》云"詹何、田子方、老耽是也"，所引诸篇皆只称"老聃"或"老耽"，而不称"老子"，它们亦似不足以证明老聃即老子。不过，其风骨和旨趣与《老子》或其他古书所引《老子》之言并无抵牾，所以人们也无法据此断然否认老子即老聃的可能性，或否定《老子》一书的存在。

韩非子为老学专家，其书《韩非子》早于《吕氏春秋》的撰作。《韩非子·解老》和《韩非子·喻老》是两篇经典解释专文，其篇名中的"老"字当指《老子》其书，因为篇中引《老子》文句而屡称"书曰"。而由《老子》的书名，当可推知其作者为老子其人。不过，此老子即指先秦经典常言的老聃吗？答案是肯定的。《韩非子·难三》篇引用同一通行本《老子》的文字，一者未指明谁人所言，一者指明为"老子曰"。《韩非子·内储说·六微》和《韩非子·六反》篇引用同一通行本《老子》文字，一者冠之以"其说在老聃之言"，一者冠之以"老聃有言曰"。综合以上信息，从总体上，我们可以断定老聃即老子，他是《老子》一书的作者。进一步，《韩非子·解老》篇屡称其所解书的作者为圣人，虽然没有明言圣人为谁，但是他的地位在韩非子心目中是极其崇高的。而这个人只可能是篇名中所说的老子。通行本《老子》第三十六章"鱼不可脱于渊，国之利器不可以示人"两句，《韩非子·喻老》《韩非子·六微》两篇皆做了解释和称引，《六微》篇更直接点明其作者，云："其说在老聃之言失鱼也。"至此，我们完全可以推断，老聃为《老子》一书的作者，而老聃即老子！

《庄子》是一部非常重要的先秦典籍，其内、外、杂三篇的撰写时间大体在战国中期偏晚至战国晚期偏早。《庄子》一书引用《老子》文字众多，它们见于《大宗师》《应帝王》《知北游》《达生》《天地》《在宥》《让王》《胠箧》《寓言》《庚桑楚》《天下》等篇。《寓言》篇云："阳子居南之沛，老聃西游于秦。邀于郊，至于梁而遇老子。老子中道仰天而叹曰：'始以汝为可教，今不可也。'阳子居不答。至舍，进盥漱巾栉，脱屦户外，膝行而前，曰：'向者弟子欲请夫子，夫子行不闲，是以不敢。今闲矣，请问其过。'老子曰：'而睢睢盱盱，而谁与居？大白若辱，盛德若不足。'阳子居蹴然变容曰：'敬闻命矣！'""大白若辱，盛德若不足"两句，即见于通行本《老子》第四十一章，郭店楚简本则见于乙组。《庚桑楚》篇"老子""老聃"二名常换言，其引用《老子》冠以"老子曰"三字。《天下》篇引"老聃曰"，其所引"知其雄"两句即见于通行本《老子》第二十八章。此三例联合，足证在庄子之时或此前古人已经认定老聃即老子，老聃就是《老子》一书的作者。又，韩非子与庄子弟子辈相接，《庄子·胠箧》与《韩非子·喻老》《韩非子·六微》俱引通行本《老子》第三十六章"鱼不可脱于渊，国之利器不可以示人"两句，据此可推知，在庄子之时人们已经认为老子、老聃及《老子》一书的作者属于同一关系。《庄子》他处言及"老子""老聃"者多矣，铁证如《天运》篇以"老子""老聃"交互言之，多次、多处将他们视为同一人，此足证老聃即老子，我们怎么可以将二者分拆开来呢？郭店楚简本《老子》的出土，已完全证明了公元前 4 世纪或此前已有成篇的《老子》存在。至于这三组竹简当时叫什么，今天虽然难以坐实，但考虑到庄子的时代已经与郭店简的墓葬年代相接，同时考虑到古人命书的习惯，故称此三组竹简为《老子》，应当是很恰当的。

二、足本《老子》的出现与楚简本的关系：以《庄子》为依据

随着楚简《老子》的出土，人们关心的一个问题是：这批《老子》竹简的总和是否就是当时或更早一些时候《老子》一书的完足本或其原始本呢？如果不是，那么它们是对某个或某些更古老文本的节抄呢，还是有待于此后大幅增加而形成所谓五千余言的完足本呢？而且，真正的原始本及五千余言的完整本又是在何时形成的呢？由此，这些问题又必然涉及《老子》一书的作者问题。在上文，笔者从郭店《老子》三组竹简的差异性推断其抄写有先有后，皆非所谓原始抄本，它们很可能各有其母本或祖本。进一步，穷本溯源，它们是否有一个共同的原初的底本或祖本呢？目前看来，这个问题难以回答。

《鹖冠子》《吕氏春秋》《韩非子》三书都有一些引用《老子》文句或解释《老子》的文字，尤其是《韩非子》一书引用《老子》章段多达 30 条，更有两篇直接解释《老子》的专文。① 据此，五千余言的完足本《老子》应当在《韩非子》之前已经存在；并可由此推断，它应当与郭店简的墓葬时代相

---

① 《吕氏春秋》引用《老子》约有七条，其中四条不见于竹书《老子》。又《审分览·不二》："老耽贵柔。"《审应览·重言》云老耽"听于无声，视于无形"，《有始览·去尤》云老聃"立乎独""不合于俗"。与此相关的《老子》章句，当时或此前亦当已存在。《韩非子》引用《老子》约有三十条，其中十八条不见于竹书本。韩非子在《解老》《喻老》两篇中屡称《老子》为"书"，因此《老子》在此前已经成书，且其书名当为"老子"。

接。这样，只需考察战国中期或稍后的作品，我们就有可能推明郭店《老子》所处时代的《老子》存在状况了。

《庄子》是一部非常重要的经典文献，现将其引《老子》文字的情况列出：

(1)《大宗师》："夫道……自本自根，未有天地，自古以固存，神鬼神帝，生天生地。"此属于暗引《老子》文句，见于通行本第二十五章，云："有物混成，先天地生。"楚简本见于甲组。

(2)《应帝王》："老聃曰：明王之治，功盖天下而似不自己，化贷万物而民弗恃。"此属于暗引《老子》文句，见于通行本第七十七章，云："圣人为而不恃，功成而不处，其不欲见贤。"楚简本无。①

(3)《胠箧》："故曰：'鱼不可脱于渊，国之利器不可以示人。'彼圣人者，天下之利器也，非所以明天下也。"所引《老子》文句，见于通行本第三十六章，楚简本无。

(4)《胠箧》云："故曰：大巧若拙。"所引《老子》文句，见于通行本第四十五章，楚简本则见于乙组。

(5)《胠箧》："当是时也，民结绳而用之，甘其食，美其服，乐其俗，安其居，邻国相望，鸡狗之音相闻，民至老死而不相往来。若此之时，则至治已。"所引《老子》文句，见于通行本第八十章，楚简本无。

(6)《在宥》："故贵以身于为天下，则可以托天下，爱以

① 关于第一、二条，詹剑峰认为间接引用了《老子》之文（詹剑峰：《老子其人其书及其道论》，第77页）。第二条无疑间接引用了《老子》，但是第一条尚在疑似之列，这里暂作引用《老子》的例证来看待。严灵峰先生也认为第一条引文乃庄子解《老》之作，与詹剑峰的看法相呼应。严灵峰：《无求备斋学术新著》，台北：商务印书馆，1987，第1页。

身于为天下，则可以寄天下。"所引《老子》文句，见于通行本第十三章，楚简本见于乙组。

（7）《在宥》："故曰：绝圣弃知，而天下大治。"所引《老子》文句，见于通行本第十九章，楚简本见于甲组，作："绝智弃卞，民利百倍。"

（8）《天地》："且夫失性有五：一曰五色乱目，使目不明；二曰五声乱耳，使耳不聪；三曰五臭薰鼻，困惾中颡；四曰五味浊口，使口厉爽；五曰趣舍滑心，使性飞扬。此五者，皆生之害也。"所引《老子》文句，见于通行本第十二章，楚简本无。

（9）《达生》："是谓为而不恃，长而不宰。"所引《老子》文句，见于通行本第十章，楚简本无。

（10）《知北游》："黄帝曰：彼无为谓真是也，狂屈似之，我与汝终不近也。夫知者不言，言者不知，故圣人行不言之教。"所引《老子》文句，见于通行本第五十六章和第二章，楚简本见于甲组。

（11）《知北游》："故曰：'为道者日损，损之又损之，以至于无为，无为而无不为也。'"所引《老子》文句，见于通行本第四十八章，楚简本见于乙组。

（12）《知北游》："故曰：'失道而后德，失德而后仁，失仁而后义，失义而后礼。礼者，道之华而乱之首也。'"其中引用《老子》文句，见于通行本第三十八章，楚简本无。

（13）《寓言》："老子曰：'而睢睢盱盱，而谁与居？大白若辱，盛德若不足。'阳子居蹴然变容。"所引《老子》文句，见于通行本第四十一章，楚简本见于乙组，作："上德如谷，大白如辱，广德如不足，建德如□……"

(14)《让王》:"夫天下至重也,而不以害其生,又况他物乎?唯无以天下为者,可以托天下也。"所引《老子》文句,见于通行本第十三章,楚简本见于乙组。

(15)《天下》:"以本为精,以物为粗……关尹、老聃乎,古之博大真人哉!"《天下》篇此段明引和暗引《老子》文句较多,今据其意略为之搭配和对应:

(15.1)《天下》:"以本为精,以物为粗,以有积为不足,淡然独与神明居。"与此相应的《老子》文句,见于通行本第二十一章,云:"道之为物,惟恍惟惚……窈兮冥兮,其中有精,其精甚真,其中有信。"又见第四十六章,云:"祸莫大于不知足,咎莫大于欲得。故知足之足,常足矣。"又见第七十七章,云:"有余者损之,不足者补之。天之道,损有余而补不足。人之道则不然,损不足以奉有余。孰能有余以奉天下?唯有道者。"又见第八十一章,云:"圣人不积,既以为人,己愈有;既以与人,己愈多。"其中第四十六章文句,见于楚简本甲组,但其他章段楚简本均无。

(15.2)《天下》:"建之以常无有,主之以太一,以濡弱谦下为表,以空虚不毁万物为实。"与此对应的《老子》文句,见于通行本第一章,云:"故常无,欲以观其妙;常有,欲以观其徼。"又见于第三章,云:"是以圣人之治,虚其心,实其腹,弱其志,强其骨。"又见于第五章,云:"天地之间,其犹橐籥乎?虚而不屈,动而愈出。"又见于第十一章,云:"三十辐共一毂,当其无,有车之用。埏埴以为器,当其无,有器之用。凿户牖以为室,当其无,有室之用。故有之以为利,无之以为用。"又见于第十六章,云:"致虚极,守静笃。万物并作,吾以观复。"又见于第二十一章,云:"孔德之容,惟道是从。"又见于第三十四章，云："常无欲。可名于小，万物归焉而不为主；可名为大，以其终不自为大，故能成其大。"又见于第三十九章，云："昔之得一者：天得一以清，地得一以宁，神得一以灵，谷得一以盈，万物得一以生，侯王得一以为天下贞。"又见于第四十章，云："天下万物生于有，有生于无。"又见于第四十二章，云："道生一，一生二，二生三，三生万物。"又见于第十章，云："专气致柔，能婴儿乎？"又见于第三十六章，云："柔弱胜刚强。"又见于第五十二章，云："守柔曰强。"又见于第七十六章，云："人之生也柔弱，其死也坚强。万物草木之生也柔脆，其死也枯槁。故坚强者死之徒，柔弱者生之徒。是以兵强则灭，木强则折。强大处下，柔弱处上。"又见于第七十八章，云："天下莫柔弱于水，而攻坚强者莫之能胜，其无以易之。弱之胜强，柔之胜刚，天下莫不知，莫能行。"又见于第四十章，云："弱者，道之用。"又见于第四十三章，云："天下之至柔，驰骋天下之至坚。"又见于第三十九章，云："故贵以贱为本，高以下为基。是以侯王自谓孤、寡、不穀，此非以贱为本邪？"又见于第六十一章，云："大国者下流，天下之交；天下之牝，牝常以静胜牡，以静为下。故大国以下小国，则取小国；小国以下大国，则取大国。故或下以取，或下而取。大国不过欲兼畜人，小国不过欲入事人。夫两者各得其所欲。大者宜为下。"又见于第六十六章，云："江海所以能为百谷王者，以其善下之，故能为百谷王。是以欲上民，必以言下之；欲先民，必以身后之。"又见于第六十八章，云："善用人者为之下。"上引通行本第五、十六、四十、六十六章文句，见于楚简本甲组，其他章段楚简本均无。

（15.3）《天下》："老聃曰：'知其雄，守其雌，为天下谿。知其白，守其辱，为天下谷。'"所引《老子》文句，见于通行本第二十八章，楚简本无。

（15.4）《天下》："人皆取先，己独取后，曰受天下之垢。"所引《老子》文句，见于通行本第七章，云："圣人后其身而身先。"又见于第六十六章，云："是以欲上民，必以言下之；欲先民，必以身后之。"又见于第六十七章，云："不敢为天下先，故能成器长……舍后且先，死矣。"又见于第七十八章，云："是以圣人云：'受国之垢，是谓社稷主；受国不祥，是为天下王。'"所引第六十六章文句，见于楚简本甲组，其他章段楚简本均无。

（15.5）《天下》："人皆取实，己独取虚，无藏也故有余，岿然而有余。"所引用《老子》文句，见于通行本第三章，云："虚其心，实其腹。"又见于第五章，云："天地之间，其犹橐籥乎？虚而不屈，动而愈出。"又见于第十六章，云："致虚极，守静笃。万物并作，吾以观复。"又见于第五十三章，云："朝甚除，田甚芜，仓甚虚。服文采，带利剑，厌饮食，财货有余，是谓盗竽。非道也哉！"又见于第六十七章，云："俭，故能广。"又见于第八十一章，云："既以与人，己愈多。"又见于第七十七章，云："孰能有余以奉天下？唯有道者。"所引第五、十六两章文句，见于通行本甲组，其他章段楚简本均无。

（15.6）《天下》："其行身也，徐而不费，无为也而笑巧。"所引《老子》文句，见于通行本第十五章，云："孰能浊以静之徐清；孰能安以久动之徐生。"又见于第十九章，云："绝巧弃利。"又见于第四十五章，云："大巧若拙。"又见于第四十四章，云："甚爱必大费，多藏必厚亡。"又见于第二章，云："是以圣人处无为之事，行不言之教。"又见于第三章，云："为无为，则无不治。"又见于第十章，云："明白四达，能无为乎？"又见于第十七章，云："功成事遂，百姓皆谓'我自然'。"又见于第三十七章，云："道常无为而无不为。"又见于第四十八章，云："为学日益，为道日损，损之又损，以至于无为。无为而无不为。"又见于第六十三章，云："为无为，事无事，味无味。"又见于第五十七章，云："人多伎巧，奇物滋起。"又见于第六十四章，云："是以圣人无为，故无败；无执，故无失……是以圣人欲不欲，不贵难得之货；学不学，复众人之所过。以辅万物之自然，而不敢为。"所引第二、十五、十九、三十七、四十四、五十七、六十三章文句，皆见于楚简本甲组，第四十五、四十八章文句见于楚简本乙组，第十七章文句见于楚简本丙组，第六十四章文句见于楚简本甲、丙两组，第三、十章文句楚简本无。

（15.7）《天下》："人皆求福，己独曲全，曰苟免于咎。"所引《老子》文句，见于通行本第五十八章，云："福兮祸之所伏。"又见于第二十二章，云："曲则全，枉则直。"又见于第十三章，云："及吾无身，吾有何患？"又见于第四十六章，云："祸莫大于不知足，咎莫大于欲得。故知足之足，常足矣。"又见于第六十二章，云："道者，万物之奥……古之所以贵此道者何？不曰以求得，有罪以免邪？故为天下贵。"所引第十三章文句，见于楚简本乙组，第四十六章文句见于楚简本甲组，其他章段楚简本均无。

（15.8）《天下》："以深为根，以约为纪。"所引《老子》文句，见于通行本第十六章，云："夫物芸芸，各复归其根。

归根曰静，是谓复命。"又见于第五十九章，云："深根固柢，长生久视之道。"又见于第十四章，云："能知古始，是谓道纪。"所引第十六章文句，见于楚简本甲组，第五十九章文句见于楚简本乙组，第十四章文句楚简本无。

（15.9）《天下》："曰'坚则毁矣，锐则挫矣'。常宽容于物，不削于人，可谓至极。"所引《老子》文句，见于通行本第七十六章，云："人之生也柔弱，其死也坚强。……故坚强者死之徒，柔弱者生之徒。"又见于第九章，云："揣而锐之，不可常保。"又见于第五十六章，云："挫其锐，解其纷，和其光，同其尘，是谓玄同。"又见于第八章，云："上善若水。水善利万物而不争，处众人之所恶，故几于道。居善地，心善渊，与善仁，言善信，正善治，事善能，动善时。夫唯不争，故无尤。"又见于第十六章，云："知常容，容乃公，公乃王，王乃天，天乃道，道乃久，没身不殆。"又见于第二十七章，云："是以圣人常善救人，故无弃人；常善救物，故无弃物。是谓袭明。"又见于第二十八章，云："故大制不割。"又见于第五十八章，云："是以圣人方而不割，廉而不刿，直而不肆，光而不耀。"又见于第六十章，云："非其神不伤人，圣人亦不伤人。夫两不相伤，故德交归焉。"所引第九、五十六章文句，见于楚简本甲组，其他章段楚简本均无。

据《史记·老子韩非列传》所云，庄子与梁惠王同时，生命中的大部分时间生活在战国中期的后半段，正与郭店楚简本《老子》的抄写和流传并时。司马迁说庄子"其学无所不窥，然其要本归于老子之言"，由上述对证来看，《庄子》一书的确受到了《老子》的严重影响，非常深广，故庄子或庄子学派所受老子思想的影响也是其他学者所不能及的。在《庄子》三篇中，尤以外、杂篇引用《老子》文本为多。不过，近人多将外、杂篇贬斥为庄门后学或其他学派的作品，有人甚至将其制作时间延及《荀子》一书之后，而以为出于秦汉之间。郭店简公布之后，有几个错误的考据及观点是应当指出的。

其一，以"性命"等几个所谓复合词指控《庄子》外、杂篇非庄子本人作品且后于庄子的观点，其理论前提和结论是不能成立的。郭店《唐虞之道》第 11 号简曰："养眚命之正。""眚"即"性"的借字，"眚命"即"性命"。《性自命出》第 2 号简曰："眚自命出。"这也是"性命"连言之例。"性命"连言在郭店简中已有两例，足见"性命"一词在战国中期及以前已经流行开来，其出现不会晚于孟子、庄子的时代。因而，那种认为"性命"一词在战国末期偏晚才出现的观点是难以成立的。① 现在我们不妨追问：为何人们会将"性命"一语的出现时间后拖百余年呢？原来他们所谓的科学方法其实并不科学，因为其所运用的统计方法既非随机抽样，亦非"穷举对比"。而由于先秦书籍文献佚失不传者甚众，所以根本无法使用所谓"穷举法"及随机抽样的统计方法来进行。又由于 20 世纪二三十年代疑古辨伪派的作用，有几部十分重要的传世典籍如《易传》《礼记》等竟然不被这些考据者列入统计或穷举的资料范围内。所以，根据如上方法所得出的观点，其有效性是值得严重怀疑的。由此及彼，把"精神""道德"两词出现的时间断定在战国末期的说法，亦应从根本

---

① 以"性命"等几个所谓复合词来考证《庄子》外、杂篇的作者归属及制作时间的学者，先后有张恒寿、唐钺和刘笑敢等先生。三位先生的见解、论证及立论根据分别参见下列三书的相关部分。张恒寿：《庄子新探》，武汉：湖北人民出版社，1983；唐钺：《考订古书撰作年代通则补说》，载中华书局编辑部编：《文史》，第 15 辑，北京：中华书局，1982；刘笑敢：《庄子哲学及其演变》，北京：中国社会科学出版社，1988。

上加以检讨。而在此基础上做出的成果，比如判断《庄子》外、杂篇的写作时间，也应当置入怀疑之中。

其二，先秦典籍的编纂和定型有一个相当长的过程，比如安徽阜阳出土的竹简《诗经》，河北定县（今定州市）出土的竹简《论语》，长沙马王堆出土的帛书《周易》，以及荆门郭店出土的竹简《老子》等，与通行本都有一定或较大差距。按记载，《庄子》一书的编纂反反复复，迟至郭象时才删定为三十三篇本。而西汉前期及先秦，《庄子》一书的文本次序到底是怎样的呢？以出土材料证之，先秦应当没有一个像郭象那样编次的《庄子》文本。① 因此以郭象本所定《庄子》内、外、杂篇的次序作为考据的前提，其基础也是不可靠的。我们不能笼统地说，《庄子》内篇早于其外、杂篇，因为这已经预设了《庄子》的编者就是以这样的时间链条将它们分编成三部分的。

其三，以"六经"之名实考论《庄子》作品的制作时间问题，现在应该获得崭新的认识。近人偏好以《荀子》为标准，以为《诗》《书》《礼》《乐》《易》《春秋》的组合到了荀子才有，此前只有《诗》《书》《礼》《乐》的组合；"六经"称经也只到荀子才有，此前不称经。由此判断，《庄子》外、杂篇中的一些或全部篇章的写作就注定只能与荀子并时或在其后，因为《庄子》外、杂篇不但有"六经"之说，而且有"十二经"之说；不但有《诗》《书》《礼》《乐》的组

---

① 王叔岷说："晋人所注《庄子》，已纷杂如此，则据今传郭象本以论《庄子》之旧，不亦难乎？郭本内、外、杂篇之区画（划），盖由私意所定，试证之如次。"又说："郭本《庄子》，乃郭象删定之《庄子》，欲探求《庄》书旧观，首当破除今本内、外、杂篇之观念。大抵内篇较可信，而未必尽可信。外、杂篇较可疑，而未必尽可疑。"这两则引文，参见王叔岷：《庄子校诠》，下册，台北："中央研究院"历史语言研究所，1988，第 1434、1438 页。

合，而且有《诗》《书》《礼》《乐》《易》《春秋》的组合。但是，从郭店简所暴露出来的信息来看，此种看法已经不是一个有效的根据了。外篇《天运》曰："孔子谓老聃曰：'丘治《诗》《书》《礼》《乐》《易》《春秋》六经，自以为久矣……'老子曰：'幸矣，子之不遇治世之君也！夫六经，先王之陈迹也……'"《天运》出现了"六经"之名，外篇《天道》更有"十二经"的说法。不过，问题是"六经"何时有此称号，而又何时指向此特定组合的？从目前的情况来看，《天运》的"六经"也比较可能是由汉人加上的。又杂篇《天下》云："其在于《诗》《书》《礼》《乐》者，邹鲁之士，搢绅先生多能明之。《诗》以道志，《书》以道事，《礼》以道行，《乐》以道和，《易》以道阴阳，《春秋》以道名分。"前者以《诗》《书》《礼》《乐》四者相组合，后者以《诗》《书》《礼》《乐》《易》《春秋》六者相连属——这两种情况是彼此矛盾而不合理的，还是当时即如此而并行不悖的？郭店简即使不是全部，也在很大程度上已经解决了此一问题。《性自命出》篇第15—16号简云："《诗》《书》《礼》《乐》，其始出皆生于人。"《六德》篇第24—25号简云："观诸《诗》《书》，则亦在矣；观诸《礼》《乐》，则亦在矣；观诸《易》《春秋》，则亦在矣。"前者为《诗》《书》《礼》《乐》四者的组合，后者为《诗》《书》《礼》《乐》《易》《春秋》六者的组合，且后者的排列次序与《庄子》外、杂篇正相一致。由此可知，此种组合及其排列次序由来已久，似乎早已固定。竹简《语丛一》亦有论述《诗》《书》《礼》《乐》《易》《春秋》的话，原整理者依次作"《易》所以会天道、人道也""《诗》所以会古今之志也者""《春秋》所以会古今之事也""《礼》，交之行述也""《乐》，或生或教者也"和"……者也"六条。关于最后一条，裘锡圭曰："可能是关于《书》的残简。"① 需要纠正的是，原整理者对此六者次序的排列有误，《语丛一》所述次序应当依据《六德》篇和《庄子》外、杂篇排列。廖名春以第 38、39、44、36、37、40、41 号简为序重新排列了文本，即："《诗》所以会古今之志也者，【《书》者所以会】□□□□者也，【《礼》所以会】□□□□【也，《乐》所以会】□□□□【也】，《易》所以会天道人道也，《春秋》所以会古今之事也。"② 廖氏的编连是可取的。据此，我们可以进一步断言，《诗》《书》《礼》《乐》《易》《春秋》六者的组合在战国中期以前已经存在。依笔者陋见，这种比较固定的排列组合远在战国初期，甚至春秋晚期已经形成，而非晚至战国末年的事情。由此可知，那种借口《诗》《书》《礼》《乐》《易》《春秋》六者之如此组合在庄子时尚不存在而认为《庄子》外、杂篇晚出的观点，是缺乏根据的，是不正确的。当然，《诗》《书》《礼》《乐》《易》《春秋》六者的如此组合，并不是此六者已经在名义上径直被称为"六经"。不过，由上引诸文可知，此六者的排列组合及其次序早已经被固定化了，而这一点正是"经"之所以为经的内涵之一，以及"六经"称谓的实际要素之一。回到《庄子》的写作时代问题上，《庄子》外、杂篇的"六经"称谓，乃是后人对古人相关次序的肯定。由于经典文本的早期变化很复杂，故我们无法据此即断定外、杂篇全非庄子本人之作。

此外，张家山汉墓出土了《庄子·盗跖》简。据此，《盗跖》《胠箧》两篇或许如司马迁所云，乃庄子本人"以诋訿孔子之徒，以明老子之术"的著作。

---

① 荆门市博物馆编：《郭店楚墓竹简》，第 200 页。
② 廖名春：《郭店楚简儒家著作考》，《孔子研究》1998 年第 3 期。

　　总之，笔者认为，《庄子》大体是庄子及其弟子的著作，时间约在公元前 300 年前后半个世纪内。当然，笔者不排除少数篇章迟至荀子时才被写作出来的情况。依此，《庄子》一书应当与郭店简的抄写年代相交接，它具有对证竹书及当时或此前《老子》之文本存在状况的效力。在所谓"三言"中，庄子对"重言"非常重视，引用了老子与孔子的大量对话，这些对话不应该简单地指责为庄子的造伪，而应该理解为庄子思想所自出的根源，其中所引《老子》之话应当看作对老子其人思想的复述，以及对庄子思想之成长过程的反映。简言之，《庄子》引用《老子》或其对《老子》的概括引用，都可以真实或比较真实地反映公元前 4 世纪《老子》一书的存在状况。

　　除去《天下》篇概括之言难以指实者及上引第一条目前难以确定以外，《庄子》引用《老子》共计十五条，涉及通行本十四章，楚简本有之者占七章，无之者亦占七章。其中四章五条见竹简《老子》乙组，三章三条见竹简《老子》甲组。据此可知：一者，在战国中期或庄子生前，《老子》一书在内容或思想系统上应当不是分组流行的，即不是分散为若干没有关联的部分；二者，在当时，《老子》一书不应当只有郭店简三组的内容。《庄子·天下》篇概括称引《老子》的内容，笔者在上文已做粗略对应，共计六十余条次，涉及通行本五十章，其中有二十章引文见于郭店本，竹简甲、乙、丙三组皆有，有三十章引文不见于郭店本。前后两项相加，不见于楚简本《老子》而为《庄子》所引据者竟高达三十三章；同时，有十章见于郭店楚简本，却不见于《庄子》所引《老子》文本。据此，笔者进一步认为：在战国中期，应当有一部在篇章结构上比较完整，且在内容上远比郭店本丰富的《老子》存在；如果《庄子》所据本还不是五千余言的《老子》足本，那么其文字规模应当距此不远。陈鼓应更说："我仔细查阅《庄子》，发现全书引用《老子》的概念及文句，多达一百二十余处。整本书中引用《老子》的文句，见于通行本章次者有：一、二、四、七、十、十三、十五、十六、十九、二十、二十一、二十八、三十六、三十七、三十八、四十、四十一、四十五、四十八、五十、五十一、五十四、五十五、五十六、五十九、七十一、七十九、八十、八十一。"① 陈先生所云，与笔者上文所说一致。因此，所谓郭店楚简本《老子》在战国中期仍然是分散的，或者所谓竹简三组文本相加之总和即是当时最完整的《老子》文本的说法，都是站不住脚的。

需要进一步追问的是：不见于郭店简但见于《庄子》或被《庄子·天下》篇概括引用的那些《老子》文本是在战国中期偏晚时被加入《老子》一书的吗？答案是否定的。首先，史书并无此记载，子书亦无此暗示。其次，庄子大部分时间生活在战国中期的后半段，故把五千余言《老子》一书的形成推定在庄子之时，这是不符合上述考据的。最后，楚简本《老子》三组被置于同一墓中，且甲组篇幅较大，已粗具成篇规模（或者是长篇节抄，亦有可能），故它们在内容上的再扩张和在篇章结构上的再组织应当是比较早的。根据这些理由，笔者认为，将《老子》一书之基本形态的成立上推到战国初期是比较合适的，而不待一个名叫太史儋的人来做大量补缺。

三、足本《老子》的出现与楚简本的关系：以《尹文子》、竹简《文子》为依据

在战国中期，引用《老子》的著作还有《尹文子》《文

———————

① 陈鼓应主编：《道家文化研究》，第17辑，第66页。

子》等书。由于竹简本的出土，《文子》已被判明为非伪书。不过，今本《文子》的形成比较复杂，现不以今本《文子》为据。竹简《文子》的写作应当较早。文子，相传为老子弟子，是春秋末至战国初人物。笔者认为，竹简《文子》可能经过了《经》《传》《说》三个阶段的发展①，大部分内容是在战国中期或稍晚写作出来的。尹文为齐人，大抵生活在齐宣王、湣王之世，与宋钘等人俱游于稷下。今传《尹文子》一

---

① 竹简《文子》第 2465 号简云："文子上经圣□明王……"何谓"经"？第 0909 号云："□经者，圣知之道也。王也不可不……""经"是讲圣知之道的。然而此简文"经"字前缺一字，它是否为"上"字，这难以确定。第 0696 号简在"不道始于弱细者，未之有也"后有"百一十八字"五字，与上面所引两简联系起来看，《文子》有上、下经之分似可肯定，且经文字数有两三百字。竹简《文子》共存 277 枚，共计 2 790 字，除去经文字数，尚余两千余字，这些内容当属于解经的传、说。第 0741 号简有"闻之传曰道者博"七字，第 1805 号简有"传曰人主□"数字，由此似可推断，竹简《文子》有《经》有《传》有《说》，其主体部分当是后来产生的解说。这样看来，竹简《文子》一书的制作有一个历时的过程，其《经》的部分可能形成于春秋末、战国初，其《传》的部分可能形成于战国早期偏晚或中期偏早，其《说》的部分则可能形成于战国中期或晚期偏早的时候。《经》为本，《传》与《说》不断发展且在一定程度上改变了《经》存在的方式。又，竹简多举上古人物，如尧（0579、2249）、桀、纣、汤、武（2252）、伊尹（2329）、文王（1157），最迟为平王、文子，无一例举及此后来者。《文子》一书虽不断变化，但在时间观念上仍然守紧上古，这说明发展了的《文子》一书仍有所本，似乎在一定程度上能够反映出《文子》的初本是很古朴的。总的看起来，《文子》既非伪书，亦非晚至汉初之古籍。《文子》一书有一个发展过程，其《经》《传》《说》三个部分的形成约相当于战国早、中、晚三期。八角廊竹简《文子》是以《说》为主体的新《文子》；今本《文子》窜乱繁衍，则出于东汉以后，近于伪书。李学勤先生认为："看书中'平王'是谥法，'文子'是尊称，可以推想是记录文子的言行，和《论语》《墨子》《孟子》等书体裁一致。再考虑'平王'前没有冠以'楚'字，整理记录者很可能是楚人，或许像《孟子》的情形那样，就是文子和他的弟子。"（李学勤：《古文献丛论》，上海：上海远东出版社，1996，第 159 页。）李先生又认为竹简《文子》有上、下经之分，各包含若干篇。（李学勤：《古文献丛论》，第 150 页。）李定生认为："《文子》的著作年代，当为战国中后期。"（李定生：《韩非读过〈文子〉——谈〈文子〉的年代与原始道家的关系》，《哲学与文化》1996 年第 23 卷第 9 期。）赵建伟认为："古本《文子》的主体部分当撰作于齐威、宣时，出于北方道家文子后学之手。"（赵建伟：《〈文子〉断代研究》，《哲学与文化》1996 年第 23 卷第 9 期。）严灵峰先生认为："定州竹简成于前 322—239 年之间，前后不过 83 年。"（严灵峰：《定州竹简〈文子〉残本试探》，《哲学与文化》1997 年第 24 卷第 2 期。）

书的真实性曾受到一些人的怀疑,《四库全书总目》的作者则予以驳正,以之为真本。① 《尹文子》如果不是伪作,那么它与《庄子》具有同等证明效力。列子,名御寇,老子再传弟子。今本《列子》已被学者判定为伪书②,故其所谓引用《老子》难以作为证据③。

《尹文子》引用《老子》有:

(1)《大道上》:"老子曰:'道者,万物之奥,善人之宝,不善人之所宝。'是道治者谓之善人,藉名法儒墨者谓之不善人。善人之与不善人,名分日离,不待审察而得也。"所引《老子》文句,见于通行本第六十二章,楚简本无。

(2)《大道下》:"老子曰:'以政治国,以奇用兵,以无事取天下。'政者,名法是也,以名法治国,万物所不能乱。

---

① [清]永瑢等撰:《四库全书总目》,北京:中华书局,1965,第 1247 页。

② 杨伯峻:《辨伪文字辑略》,载杨伯峻:《列子集释》,附录三,中华书局,1979,第 287 页。20 世纪 90 年代,多位学者认为今本《列子》是真书。(许抗生:《〈列子〉考辨》,载陈鼓应主编:《道家文化研究》,第 1 辑,上海:上海古籍出版社,1992;胡家聪:《从刘向的叙录看〈列子〉并非伪书》,载陈鼓应主编:《道家文化研究》,第 6 辑,上海:上海古籍出版社,1995;陈广忠:《为张湛辨诬——〈列子〉非伪书考之一》《〈列子〉三辨——〈列子〉非伪书考之二》《从古词语看〈列子〉非伪——〈列子〉非伪书考之三》,载陈鼓应主编:《道家文化研究》,第 10 辑,上海:上海古籍出版社,1996。)此前,日本学者武内义雄及中国学者严灵峰也支持今本《列子》为真书说。[(日)武内义雄:《列子冤词》,载江侠菴编译:《先秦经籍考(中)》,上海:商务印书馆,1933,第 360-373 页;严灵峰:《老列庄三子书中被广泛误解的几个问题》《列子成书年代及其流传》,载严灵峰:《无求备斋学术新著》,台北:商务印书馆,1987。] 严书第 154 页云:"《列子》原书并非御寇所自著。"第 158 页又云:"《列子》成书年代,周安王四年——显王二十七年(前三九八——前三四),在庄子前,并当在齐宣王前。"

③ 《列子·天瑞》:"《黄帝书》曰:'谷神不死,是谓玄牝。玄牝之门,是谓天地之根。绵绵若存,用之不勤。'"所引《老子》文句,见于通行本第六章,楚简本无。《列子·黄帝》:"老聃曰:'兵强则灭,木强则折。柔弱者生之徒,坚强者死之徒。'"所引《老子》文句,见于通行本第七十六章,楚简本无。《列子·力命》:"老聃语关尹曰:'天之所恶,孰知其故?'言迎天意,揣利害,不如其已。"所引《老子》文句,见于通行本第七十三章,楚简本无。

奇者，权术是也，以权术用兵，万物所不能敌。"所引《老子》文句，见于通行本第五十七章，楚简本见于甲组。

(3)《大道下》："老子曰：'民不畏死，如何以死惧之?'凡民之不畏死，由刑罚过；刑罚过，则民不聊其生；生无所赖，视君之威末如也。"所引《老子》文句，见于通行本第七十四章，楚简本无。

竹简《文子》引用《老子》有①：

(1) 简0581：产于有，始于弱而成于强，始于柔而

简2331：于短而成于长，始寡而成于众，始

简1178：之高始于足下，千方之群始于寓强

通行本《老子》第六十四章："合抱之木，生于毫末；九层之台，起于累土；千里之行，始于足下。"楚简本《老子》见于甲组，但残损严重，云："合□□□□□末，九成之台，甲□□□□□□□□足下。"

(2) 简0870：地，大器也，不可执，不可为，为者贩（败），执者失

通行本《老子》第二十九章："天下神器，不可为也。为者败之，执者失之。""为者败之，执者失之"两句，又见于第六十四章。此二句楚简本《老子》甲组作："为之者败之，执之者远之。"丙组作："为之者败之，执之者失之。"

(3) 简0916：江海以此道为百谷王，故能久长功

通行本《老子》第六十六章："江海所以能为百谷王者，

① 本章所引竹简《文子》释文，参考了整理者和李学勤等人的成果。河北省文物研究所定州汉简整理小组：《定州西汉中山怀王墓竹简〈文子〉释文》，《文物》1995年第12期；李学勤：《〈老子〉与八角廊简〈文子〉》，载李学勤：《古文献丛论》，1996；严灵峰：《定州竹简〈文子〉残本试探》，《哲学与文化》1997年第24卷第2期。另外，还参考了李定生、徐慧君《文子要诠》（复旦大学出版社，1988年）一书。

以其善下之，故能为百谷王。"楚简本见于甲组。

（4）简 2262：王曰：吾闻古圣立天下，以道立天下

简 0564：□何？文子曰："执一无为。"平王曰：

简 2246：文子曰："一者，万物之始也。"平王曰：何

简 0593：是以圣王执一者，见小也；无为者

通行本《老子》第二章曰："是以圣人处无为之事，行不言之教。"第三章曰："为无为，则无不治。"第十章曰："载营魄抱一，能无离乎？……明白四达，能无为乎？"第二十二章曰："是以圣人抱一为天下式。"第三十七章曰："道常无为而无不为。侯王若能守之，万物将自化。"第三十九章曰："昔之得一者：天得一以清，地得一以宁，神得一以灵，谷得一以盈，万物得一以生，侯王得一以为天下贞。"第四十二章曰："道生一，一生二，二生三，三生万物。"第四十八章曰："损之又损，以至于无为。"第五十七章曰："故圣人云：'我无为，而民自化；我好静，而民自正；我无事，而民自富；我无欲，而民自朴。'"第六十三章曰："为无为，事无事，味无味。"第二、三十七、五十七、六十三章见于楚简本《老子》甲组，第四十八章见于楚简本《老子》乙组，其他章段楚简本均无。

（5）简 0775：下正。平王曰："见小守静奈何？"文子曰：

简 0908：也，见小故能成其大功，守静□

通行本《老子》第十六章曰："致虚极，守静笃。万物并作，吾以观复。"第二十六章曰："重为轻根，静为躁君。"第三十二章曰："道常无名，朴虽小，天下莫能臣也。侯王若能守之，万物将自宾。"第五十七章曰："我无为，而民自化；我好静，而民自正。"第五十二章曰："见小曰明，守柔曰

强。"第四十五章曰："清静为天下正。"第十六、三十二、五十七章见于楚简本《老子》甲组，第四十五章见于楚简本乙组，其他章段楚简本均无。

（6）简 0885：平王曰："为正（政）奈何？"文子曰：御之以道，□

简 0707：之以德，勿视以贤，勿加以力，□以□□

简 2205：□言。平王曰：御

简 2324：□□以贤则民自足，毋加以力则民自

简 0876：可以治国，不御以道，则民离散不养。

简 0826：则民倍（背）反（叛），视（示）之贤，则民疾诤（争），加之以‖

简 2442：之德也；以毋道立者，天下之贼也。以□六曰君

简 0717：矣。故有道者立天下，则天下治

简 0695：治矣，毋道而立之者则乱。故治乱

简 2273：毋道以立天下者，□□□，故曰

简 1007：行，道所以立

上引几条简文虽然断断续续，但其大意清晰，主要是讲为政以道，以道治天下，不尚贤，不尚力，以及使民不争不叛。通行本《老子》第三章曰："不尚贤，使民不争。"第八章曰："上善若水。水善利万物而不争……夫唯不争，故无尤。"第二十二章曰："夫唯不争，故天下莫能与之争。"第二十三章曰："故从事于道者，道者同于道……同于道者，道亦乐得之。"第三十章曰："以道佐人主者，不以兵强天下。"第六十章曰："治大国若烹小鲜。以道莅天下，其鬼不神。非其鬼不神，其神不伤人。非其神不伤人，圣人亦不伤人。夫两

不相伤，故德交归焉。"第六十八章曰："是谓不争之德。"第七十七章曰："其不欲见贤。"第三十章见于楚简本《老子》甲组，其他章段楚简本均无。

（7）简0829：王曰："古者有

简0850：以道王者，有以兵

简2210：以一道也？文子曰：古之以道王者‖

简1035：以兵王者

简0572：者，谓之贪兵。恃其国家之大，矜其人民

简2217：众。欲见贤于适（敌）者，谓之骄兵。义兵

简2437：为兵，始为乱首，小人行之，身受大秧（殃），大人行

上引诸简虽然难以相连接，然其语义是清晰的，大意是讲以道王天下与以兵王天下的分别，批评了人主以兵王天下的贪兵、骄兵等用兵现象，提出以道规范兵的义兵理论。通行本《老子》第六十八章曰："善为士者不武，善战者不怒，善胜敌者不与。"第六十九章曰："用兵有言：'吾不敢为主而为客，不敢进寸而退尺。'……祸莫大于轻敌，轻敌几丧吾宝。故抗兵相加，哀者胜矣。"第三十一章曰："夫佳兵者，不祥之器。物或恶之，故有道者不处……兵者，不祥之器，非君子之器。不得已而用之，恬淡为上。胜而不美，而美之者，是乐杀人。夫乐杀人者，则不可以得志于天下矣。"第三十章曰："以道佐人主者，不以兵强天下。"第三十章见于楚简本《老子》甲组，第三十一章见于楚简本《老子》乙组，其他章段楚简本均无。

（8）简0585：胡象于天道？文子曰：天之道，高

简0926：大者，损有损之；持高者，下有下之。

简 0813：□曰："何谓损有损之，下有下之？"文

简 1061：□文□对曰：我自有立，何下之有？

简 1068：损而下。其君子者，□有此

通行本《老子》第七十七章曰："天之道，其犹张弓与？高者抑之，下者举之；有余者损之，不足者补之。天之道，损有余而补不足。人之道则不然，损不足以奉有余。孰能有余以奉天下？唯有道者。"此章楚简本《老子》无。

（9）简 0595：观之难事，道于易也；大事，道于细也。

简 0696：不道始于弱细者，未之有也。

简 0584：辅细弱，公正而不以私为己，故□

通行本《老子》第六十三章曰："图难于其易，为大于其细。天下难事必作于易，天下大事必作于细。是以圣人终不为大，故能成其大。"第三十六章曰："柔弱胜刚强。"第七十六章曰："故坚强者死之徒，柔弱者生之徒。"第六十三章有可能见于楚简本《老子》甲组脱简中，其他章段楚简本均无。

（10）简 0871：圣人法于天道，民者以自下，

简 0912：卑、退、敛、损，所以法天也。平王曰：

简 0689：法天道。平王曰：人法天道奈何？

通行本《老子》第二十五章曰："人法地，地法天，天法道，道法自然。"此章见于楚简本《老子》甲组。

（11）简 2213：以相生养，所以

简 2206：相畜长也，相□

简 0722：子曰：道产之，德畜之，道有博

通行本《老子》第十章曰："生之畜之，生而不有，为而不恃，长而不宰，是谓玄德。"第五十一章曰："道生之，德畜之，物形之，势成之……故道生之，德畜之，长之育之，

亭之毒之，养之覆之。生而不有，为而不恃，长而不宰，是谓玄德。"这两章楚简本《老子》均无。

(12) 简 1200：而知择道。知者见祸福

简 2444：祸福。平王曰："何谓祸福。"曰：

简 0204：祸福得失之枢，而

简 0674：□而□□□不生，祸乱不起

简 2485：□□理，则祸乱不起

通行本《老子》第五十八章曰："祸兮福之所倚，福兮祸之所伏。孰知其极？"此章楚简本《老子》无。

(13) 简 0737：曰：积怨成亡，积德成王。积

简 2315：天之道也，不积而成者寡矣。臣闻

简 0300：‖积硕，生淳德。淳德与大恶之端以□

简 0583：而民毋维，毋多积，□，而民毋病，毋好味

简 2249：积之乃能适之，此言多积之谓也。尧□‖

竹简《文子》把"积"分成两种，一种是积怨，一种是积德，积怨得恶报，积德得善报。上引第 0583 号简是讲君王毋多积私财，第 2249 号简是讲多积善德，其义不同。通行本《老子》第五十九章曰："治人、事天莫若啬，夫唯啬，是谓早服。早服谓之重积德，重积德则无不克，无不克则莫知其极。"此章见于楚简本《老子》乙组。

(14) 所引竹简《文子》，见下文。此处略。

总结战国诸子引用《老子》的情况，可知在战国中期偏晚，《老子》一书的总体状况远较郭店楚简本完全：其一，在分量上离五千言的本子相差不远；其二，在结构上虽然可能仍然是松散的（或可称为《老子》丛书），但在内容上已被看成一个互相补充、彼此依赖的系统。这一点在《庄子·天下》

篇中已完全反映了出来。进一步，需要追问的问题是：在战国初期，上至春秋末，下及战国中期偏早，《老子》一书的存在状况是怎样的呢？

竹简《文子》与竹简《老子》在思想上颇为相通。① 根据竹简《文子》所引《老子》的情况，可以推断，战国早期在内容上多于郭店楚简本的一部《老子》书也是存在的。《论语》一书和《老子》有一些文句在思想上是相通的②，其中最引人争议的一条出自《论语·宪问》篇："或曰：'以德报怨，何如？'孔子曰：'何以报德？以直报怨，以德报德。'""以德报怨"一句，通行本《老子》第六十三章作"报怨以德"，楚简本《老子》甲组虽然有同于通行本第六十三章的文字，但是很遗憾，此句不见于简文。墨子亦有许多思想与老子相通，《墨子》和《老子》亦有一些相同的语句，但无法据此证明墨子是否真的引用过《老子》，唯《太平御览·兵部》卷五十三《胜》有一条载墨子曰："故老子曰：'道冲而用之，有弗盈也。'"此则墨子引用"老子曰"，见于通行本《老子》第四章，郭店楚简本无。这一则《老子》引文如果没有传述上的错误的话，那么它可以证明老子在墨子之前，墨子曾引用过

---

① 竹简《文子》与《老子》无论是在思想上还是在具体表达上都颇为一致，有惊人的相似之处。不过，竹简《文子》皆是暗引《老子》，未见明引"老子曰"或"老聃曰"者，亦未见二者有完全相同或大体相同的文句。文子，老子之弟子，与楚平王相问答者。老子，文子之师，与文子有闻道先后之分。又，竹简《文子》与竹简《老子》都没有绝仁弃义之说，而是把仁义放在道德之下统一起来。这一点，与通行本或战国晚期诸子引用《老子》的意图不同。这是值得注意的。

② 詹剑峰说，《论语》"有若无，实若虚"与《老子》"上德若谷""大盈若冲"相符合。詹剑峰：《老子其人其书及其道论》，第 97 页。按，《论语·卫灵公》"无为而治者其舜也与"和《论语·阳货》"予欲无言""天何言哉"数句，与《老子》"圣人处无为之事，行不言之教"相符。《论语·子罕》"吾有知乎哉？无知也"，与《老子》"知不知，上"相符。但是，我们难以据此推断其中一书必定抄自另外一书。

老子之言，因此《老子》的撰作当早于《墨子》。

四、足本《老子》的出现与楚简本的关系：以《战国策》《说苑》为依据

证明《老子》一书写作较早，还见于《战国策》《说苑》两书的相关材料。《说苑·敬慎》记叔向之言曰："老聃有言曰：'天下之至柔，驰骋乎天下之至坚。'又曰：'人之生也柔弱，其死也刚强；万物草木之生也柔脆，其死也枯槁。'"此两则《老子》引文，分别见于通行本《老子》第四十三章和第七十六章，楚简本均无。《战国策·魏策一》记魏武侯之言曰："故老子曰：'圣人无积：尽以为人，己愈有；既以与人，己愈多。'"此条《老子》引文，见于通行本《老子》第八十一章，楚简本无。《战国策·齐策四》记颜斶之言曰："老子曰：'虽贵必以贱为本，虽高必以下为基。是以侯王称孤、寡、不穀，是其贱之本与，非夫？'"此则《老子》引文，见于通行本《老子》第三十九章，楚简本无。叔向，晋平公时人，与孔子同时。墨子后于孔子，是战国早期人物。魏武侯，公元前395—前370年在位。颜斶，齐宣王时人，齐宣王在位时间为公元前319—前301年。上述四证，皆表明在战国中期、早期，甚至春秋末期，《老子》一书已经产生，并有一定程度的传播了，特别是叔向引用老子的两句话，可以证明老子早于孔子，且《老子》的撰作早于《论语》。① 又上引"老

---

① 蒋锡昌说："据此，则老子之年代从可知矣。夫老子之书，已为孔子同时及近时人所见，则老子必为孔子所问礼之人，可信也。盖至齐宣王时，其稷下先生，如慎到，田骈，接子，环渊之徒，皆学黄老道德之术，而老子之书已布天下矣。"蒋锡昌：《古代引老经最早之人考》，载蒋锡昌：《老子校诂》，成都：成都古籍店，1988（据1937年商务印书馆本影印）。

子曰"" "老聃曰"文字，俱不见于郭店楚简本，证明郭店《老子》三组竹简的总和还不是一个完足本，也不是对《老子》章段比较完满的汇集。据此可知，在郭店简《老子》三组之外，应当还有大量《老子》文本或所谓老子之言流传于世。

又《战国策·魏策一》记任章之言曰："《周书》曰：'将欲败之，必姑辅之；将欲取之，必姑与之。'君不如与之，以骄知伯。"任章是三家分晋前后时期的人物，所引"《周书》曰"见于通行本《老子》第三十六章，楚简本无。《说苑·敬慎》说，孔子之周，观于太庙，庙前有一金人，其背有铭文。铭文中有一些语句与通行本《老子》相同，如："强梁者不得其死"，即见于通行本《老子》第四十二章，楚简本无；"君子知天下之不可盖也，故后之下之，使之慕之，执雌持下，莫能与之争者"，与《老子》思想一致，今不做文本对证；"人皆趋彼，我独守此；众人惑惑，我独不徙"，可参见通行本《老子》第二十章，楚简本无；"天道无亲，常与善人"，即见于通行本《老子》第七十九章，楚简本无。又《列子·天瑞》篇把同于通行本《老子》第六章的文句引作"《黄帝书》曰"。郭店简《老子》甲组曰："是以圣人之言曰：我无事而民自富，我亡为而民自化，我好静而民自正，我欲不欲而民自朴。"乙组曰："是以《建言》有之：明道女（如）孛（昧），迟（夷）道女（如）纇（颣），【进】道若退。""圣人之言"和"《建言》"，皆指明其所据，它们说明这些《老子》文句是有所本的。进一步，可知《老子》一书的形成，部分地吸取了他人的思想和收编了当时的一些格言警句。又，上引诸例大多不见于楚简本《老子》，引文又无"老子曰"或"老聃曰"，故它们是何时被编入《老子》一书的，这是一个问题。是老子亲自编入的，还是以后由他人逐渐编入的，这是一个目前无法回答的问题。

五、小结

笔者倾向于认为，《老子》一书不一定全部是由老子一人完成的，它很可能是逐步完善、发展演变而成为通行本样式的。但其大体规模，当在战国早期，迟至战国中期偏早时已经形成了。因为根据以上考察，《老子》文本在逻辑上的分解不当止于郭店简《老子》甲、乙、丙三组，而应当有更丰富的内容在当时流行着。至于《老子》或老子之言是以一书的形态还是以丛书的形态流行，这是另外一个问题，它既不妨碍人们对于老子思想系统的理解，也不妨碍人们在逻辑上对于《老子》一书的肯定。如果基于这样一种观点来看问题，则大约在战国初期，一部约五千言的《老子》书就已经形成了。

总之，老子其人早于孔子，而寿命特长。《老子》一书从总体上来看应当遵从《史记·老子韩非列传》的记述，为老子的著作，是老子思想的集中反映。同时，笔者认为，通行本《老子》有一个形成和发展的过程，不尽是老子一人一时之作，其中有上古的格言警句作为其思想来源，亦有后来的局部补充与修改。不过，从思想实质看，《老子》应当归于老子本人的创作。《老子》一书的总体规模应当在战国早期或稍晚已经基本形成。郭店楚简本《老子》三组虽然各自为编，但它们很不完全。这三组竹简是《老子》丛书的完整表现，还是《老子》一书的分组抄录？目前，这是一个难以回答的问题。而我们不能即由此否定传统上将《老子》各部分合起

来看作一书的说法，其中的要点是需要分清"竹简形制"与
"思想系统"对于"书"的定义差别。笔者不能毫无保留地同
意将郭店《老子》完全看作一个底本之摘抄本的看法，更不
能轻易同意把它（们）看作最原始、完整的《老子》文本的
观点。尽管战国中期以后人们对《老子》一书或有添补或有
改篡，对其章句做了调整和重组，对其语言做了斟酌和润饰，
但他们都只能被称为编者，即便对《老子》文本的传递和改
进起了重要作用，也不能被称为作者而与老子等量齐观，分
享作者之名的荣耀。此外，笔者还认为，那种把郭店楚简本
之外的其他《老子》章段一概归于战国中期偏晚才被他人编
入其中的观点，是一种很大胆的猜测，其实缺乏真实而具体
的证据。

第四节　简、帛、通行本《老子》的文本关系

郭店楚简本《老子》与帛书本、通行本（以王弼本为
例），无论是在字词、句序、分章上，还是在思想上，都有较
多不同。然而，在此不同中，《老子》亦显露出文本相互递嬗
的痕迹，有一些重要信息值得分析。笔者认为，帛书本《老
子》虽然可能不止源于一个文本，但其中应当有以郭店本为
来源者；帛书之后的文本，则以一两个古本为底本，并采撷
诸本之优而编成。需要指出，从郭店本到帛书甲本，从帛书
甲本到帛书乙本，早期《老子》文本有着比较明显的递变痕
迹可寻。但是，从帛书乙本到其后通行本，其间似有文本传
承和演变上的断裂。帛书乙本《老子》只分篇而不分章，从

表面上看，这完全符合司马迁所云"著书上下篇"的说法，而通行本在分篇成书的基础上却有完整的八十一章的分章体系，其间的差距很大，当有一段文本演变的历程需要经过。《汉书·艺文志》曰："《老子邻氏经传》四篇（姓李，名耳，邻氏传其学），《老子傅氏经说》三十七篇（述老子学），《老子徐氏经说》六篇（字少季，临淮人，传《老子》），刘向《说老子》四篇。"①《艺文志》所载此四部《老子》书，是不是按照其撰作时间的先后排列的？目前这是一个难以回答的问题。不过，为了作传作说的需要，这四部书对《老子》应当重新做了比较严整、细致的章句划分，且四者在《老子》文本上或多或少有师承传递的关系，使同于通行本篇章划分的八十一章结构逐渐呈现和固定下来。还需要指出，在考察和比较楚简本、帛书本到通行本《老子》的文本关系时，文本的评判不是一味地以追求原始与古朴为标准的。那种以为文本愈原始愈古朴，则其文本编辑的质量愈好的看法，可能是一个错误的判断。实际上，文本的本始状态与文本的优劣判断是两码事。从《老子》一书的原始本，向郭店楚简本、帛书本及通行本的发展，笔者认为，传抄者和编者都是在有意识地重新编辑《老子》文本，而使之更趋合理，以至成为一部包含上下篇的名副其实的书的。此一工作包括用字上的雕琢、语词的润饰、文句的统一、章句的重组、篇章结构的划分，以及语言的内涵和语义的转变等方面。很难说郭店楚简本《老子》每一章段一定优于其后诸本，这正如很难说帛

---

① 西汉的老学著作有史可考者，计约十种。严灵峰编著：《周秦汉魏诸子知见书目》，第1册，北京：中华书局，1993，第47页。

书本《老子》每一章段一定优于其后诸本一样。从楚简本发展到帛书本，再到通行本，有其内在的合理性。笔者认为，相对于帛书本、通行本所构筑的相对稳定的框架来说，先秦诸本《老子》（包括郭店楚简本在内）还是一个处在流动、变化过程中的东西，可以简称为"活页文本"。此种文本中的每一活页单位，都可能而且应当得到重新组织，以从属于帛书本编者使《老子》成书成篇的指导观念。但是，从理想的观念下落到具体的文本编辑实践，《老子》不可能每一活页单位都被编次得恰如其分，其中不乏失败之笔，如剪辑错位、以劣充优，甚至使原本中合理的、优善的东西在新组织的文本中丧失了，取而代之的是不合理的、低劣的东西。为了真实地阐明《老子》文本在其流传过程中出现的一些问题，笔者在下文将通过分类举例的办法来做比较和论证。

一、楚简本与帛书本、通行本分章的不同

比较楚简本与帛书本、通行本的分章不同，是研究早期《老子》文本的一个重要内容。在上文，笔者已阐明《老子》从诞生到发展为通行本的篇章结构，经历了一个漫长的演变过程。其总体趋势是愈来愈向通行本篇次、章次和具体章句的划分、连缀上发展。帛书分甲、乙两本，两本的章句连属和篇序皆同。不过，乙本篇末有篇题和计篇的字数，分别作"德　三千卅一"和"道　二千四百廿六"。又，甲本有墨丁（或称圆点）符号，乙本两篇则皆无此种符号，后者似乎是抄写者有意去掉的。甲本《德》篇有18个墨丁符号，《道》篇只有1个墨丁符号，且居于篇首。乙本则一个墨丁符号也没有，上下两篇从表面看似乎很连贯，文本的存在状态不再是琐碎的。在此，笔者的问题是：帛书甲本尚存的 19 个墨丁符号的真实含义和文本作用是什么呢？从帛书甲本到乙本的演变，抄写者或编者将墨丁符号在《老子》文本中悉数删除，其内在的原因或主导观念是什么呢？纵观早期《老子》文本的总体发展过程，笔者认为，从楚简本发展到帛书甲本，从帛书甲本变化到帛书乙本，贯穿于其中的总体原则是成篇成书的指导思想；从帛书乙本发展到西汉邻、傅、徐、刘四本，而从此四本发展到以王弼本、河上公本为代表的通行本，贯穿于其中的指导原则就是在帛书乙本成篇成书的基础上再做比较完整、细致的章句划分，其目的是满足老学体系之"经""传""说"之文本解释的需要，同时也是为了满足学者对于文义理解和文句记诵的需求。考察早期《老子》文本的分章变化及帛书甲本墨丁符号的内涵，似乎都需要在此一背景下进行。

帛书《老子》分篇成书的原则，通行本都做了继承；但是，帛书《德》篇在前、《道》篇在后的篇序，通行本则做了改变：以《道》篇在前，而《德》篇在后。从整体上看，郭店楚简本《老子》似无分篇之说，整理者根据竹简形制而将其分为甲、乙、丙三组。帛书本与通行本的文句连缀次序基本相同，只不过从表面看起来帛书乙本不分章，而帛书甲本是否分章不太清楚，不过有一些墨丁符号夹杂于其中，在一定程度上打断了文本的连续性；继而通行本在帛书本的基础上将《老子》划分为八十一章，其中几章的位置与帛书本不同。郭店楚简本是目前所能见到的《老子》最原始本，按照竹简形制它被整理者分为三组，每一组又因为有缺简或文字残缺，导致它们被连缀成若干段。然而，楚简本的章段连属与帛书本、通行本几乎完全不同。楚简本的墨记符号在数量和种类上都较帛书本多，它们大致可分为三种：第一种是随手点的短墨横，其作用相当于句读符号。第二种是小墨方块，它们或作句号用，或作分段符号用。它们作句号符号用时，竹简照常书写，不会留下大块空白；作分段（或分章）符号用时，其后常常留白数字位置，然后再书写。不过，按通行本的章句划分来看，作句号符号用的小墨方块在楚简本中亦常兼具分段作用。第三种是钩形符号（"🐛"），此种符号表示"结束"之意，学者普遍认为它表示一个大段落群的终结，在某种程度上具有属段成篇的意义。① 不过，在楚简本三组中，只有甲组出现了两个此种符号。甲组是郭店《老子》三组中保留字数最多的一组，但与帛书本或通行本比较，其所抄《老子》章段显得非常不足。在第25—32号简、第33—39号简两大段落的末简之尾，各有一个钩形符号，这两个简段群只分别包括对应通行本三个章段和五个章段的内容。而甲组第1—20号简段群，包括了同于通行本十个章段的内容，却未见此种符号。因此第1—20号简后仍当有一些竹简连缀，而第25—32号简和第33—39号简之前各自亦当有一些竹简连缀。由此推断，甲组竹简应当比目前所见数量多一些，只是其具体数量现今无法估计罢了。而如果两个钩形符号确实为所谓分篇符号，那么甲组即可以证实《史记·老子韩非列传》所谓"著书上下篇"的说法。而这样一来，甲组或者缺失大量竹简，或者它就是其母本的一个节抄本。

---

① 彭浩：《关于郭店楚简〈老子〉整理工作的几点说明》，"郭店老子国际学术研讨会"论文，美国达慕思大学，1998年5月。

　　楚简本《老子》有大量墨记符号，帛书本的墨记符号则单纯得多，也少得多，帛书乙本甚至连一个墨丁符号都没有。在帛书本的书写观念下，墨丁符号的内涵是什么呢？在帛书本出土后，人们普遍认为帛书甲本的墨丁符号即分章记号，然而它们为什么并不总是出现在同于通行本章段之前后的位置上呢？其中有不少的墨丁符号是画在同于通行本某一章段之内部的，而这些墨丁符号也是为了分章的需要吗？此外，为什么帛书甲本《道》篇只有篇首的一个墨丁符号，而帛书乙本则不见一个墨丁符号，以作分章之用呢？笔者认为，消除分章符号，重新编辑文本以成篇成书，这在当时是相当流行的观念，而帛书本的编者所要求的则是以"道""德"命名的两篇专论性文章。这就是在《老子》文本流传过程中最根本性的一次观念变革和革命性的文本编辑实践。在此观念下，笔者下文将讨论帛书甲本的墨丁符号内涵。

　　在同于通行本第四十六章的文本中，帛书甲本有两个墨丁符号，分别位于"天下有道□走马以粪天下无道戎马生于郊"之前后；楚简本无此句，只有此章的下半部分；帛书乙本在帛书甲本的基础上消除了这两个墨丁符号，而将此章文本完整地合并在一起；通行本则在帛书乙本的基础上将此章独立出来，真正以"章"的形式出现。相对于楚简本来说，帛书甲本的两个墨丁符号无疑具有间隔或中断文本的作用，它们反映出墨丁符号中间及其前后的文本很可能原来不是连缀在一起的。进一步，它们反映出墨丁符号除有识别文本、保存文本活页之基本单位的作用外，更多地指向抄写者或编者在努力探索文本内在联系过程中所流露出来的某种怀疑和疑虑。在帛书甲本同于通行本第五十二章的文本中，"没身不殆"与"塞其閦"之间有一墨丁符号，表明抄写者虽然力图按照成书成篇的要求把它们完整地缀合起来，但其态度是审慎的：墨丁符号前后的两段文字是否能够缀合，这还是一个问题。这一疑问得到郭店《老子》乙组竹简的证实，简文"閦其门"在此组竹简中恰好是一个章段的开头；通行本"天下有始……没身不殆"一段文字，不居于郭店楚简本第 13 号简之前。帛书甲本的墨丁符号并非无缘无故地随手画定的，一般是有文本继承上的划分根据的，在同于通行本第五十七、六十三、六十四章等的文本前，帛书甲本皆有一墨丁符号，以与前面的文字区别开来，而郭店楚简本甲组也正是在相应各章文句之前有一小墨方块符号作为标记，这说明帛书甲本墨丁符号的画定是有其文本依据的。帛书甲本抄写者的审慎态度还可以从一些例子中看出来，如同于通行本第五十一章的一段文字，在其开头和中间各有一墨丁符号，尽管这两个墨丁符号后面所属文句在意思上相近或相关，甚至句式也较为一致，但帛书甲本抄写者还是画上墨丁符号，而审慎地将它们区别开来。帛书甲本将两段文字拼合在一起，大概是根据文本的内在关联进行的，是以文本的内在合理性为根据的。同时，抄写者又在它们之间加上墨丁符号，这表明此两段文字在底本中原非处于同处，故抄写者加上墨丁符号，盖表疑问和审慎也。① 而且，墨丁符号的使用并不能掩盖帛书甲本抄写者重新编辑《老子》文本的真正意图，即把《老子》编辑

---

① 本篇初稿写完后，读及戴维《关于帛书〈老子〉甲本中的圆点标志》一文，其说有与拙见甚相合者。他说："甲本圆点标志与其他篇的圆点标志同而不同，同者同为简牍篇章的起首标志，不同者，甲本中的圆点标志尽可看成是疑点或干脆说是错简的标志。"（戴维：《帛书老子校释》，长沙：岳麓书社，1998，附录。）戴维将帛书甲本中的圆点看成是疑点标志，笔者同意此说，但是他将其看成是错简的标志，则恐有误。

成一部以两篇专论为基础的所谓"书",而非一段一段的格言隽语的集合。对比帛书甲本与楚简本,帛书甲本之《道》篇与《德》篇,帛书乙本与帛书甲本墨丁符号的使用、文句的组合以及篇章的构造,这一点就可以看得比较清楚了。从楚简本到帛书甲本,《老子》文本的墨丁符号减少了,文句的连缀增多了,而句法上的逻辑关系的使用及句式的固定化,使得《老子》文本的联系至少在外观上看来似乎紧凑有序。从帛书甲本《德》篇到其《道》篇墨丁数量大减,《道》篇内部没有墨丁的间隔,是完全畅通的,已实现了从格言隽语的汇集到成篇论文的转变。而从帛书甲本到帛书乙本,这一意图更加暴露无遗。笔者认为,在目前可见到的《老子》传本中,帛书甲本的文本连缀与裁划是划时代的,它奠定了此后《老子》诸本的文本基础。通行本正是在帛书本的基础上再现文本内部的章段间隔而做了八十一章的划分,以满足人们传经解经的需求。不过,笔者认为,《老子》文本的传递在早期似乎一直有一个类似师生关系的传承线索存在着,这尤其强烈地表现在西汉初至西汉末的一个时期里,此线索的存在是西汉诸本及其后通行本章句裁划或再现的重要根据。

帛书甲本的文本重构一方面固然体现了按合理性标准重组《老子》文本的理想,但也不可避免地带来了这样或那样的错误,如底本状态及内在合理性的丧失,具体表现在语段连缀的失误、文字译释的误读、遣词造句的失败,乃至帛书本的编辑理想及消除墨丁符号的行为,都可以看作重新编辑《老子》文本的错误后果。为了具体阐明《老子》文本变化的各种复杂情况和特点,本书下文将首先比较楚简本、帛书本、通行本(以王弼本为例)的语段组合或章句划分情况。

（1）在同于通行本第四十六章，楚简本无"天下有道……戎马生于郊"一段，帛书甲本以两个墨丁符号将其分别出来，帛书乙本将它们合抄在一起，王弼本划作一章。考察通行本第四十六章的两段文字，前后实不相关，故它们不应合并或划分为同一章。由此可知，通行本此章是在楚简本的基础上由后人拼合到一起的。这段文字，帛书甲本以墨丁符号分作两段，这为帛书乙本的文本合抄提供了基础。

（2）在同于通行本第三十章，楚简本整个段落完整，而帛书本及通行本在其中缀入了"师之所处荆棘生焉大军之后必有凶年"十六字，在章末又附上了"物壮则老是谓不道不道蚤已"十二字，并且在一定程度上生硬地调整了楚简本的句序，即把本在章末的"其事好长"上缀在"不以兵强天下"一句之后。但这样的做法，使得通行本章首三句和章尾三句的衔接显得有些勉强。既然帛书本编者或抄写者面对多个抄本，承担着重编文本的重大任务，那么他必须把一些语义相近的句子连缀、拼合在一起。从同于通行本第三十章的帛书本连缀中，我们可以看出编者的这份用心。

（3）在同于通行本第六十四章，楚简本甲组只有上下两段，且分作两处抄写，帛书两本则都将此两段文字合抄在一起，帛书甲本还在章首有一墨丁符号。考察这两段文字，有若干方面是相近的，如下段的"慎终如始"（楚简本甲组作"临事之纪，誓冬女忏"）与上段句意相接，但从总体看来上下两段实应分作两章为当，所以楚简本分作两处抄写较长（楚简本丙组有该章下段，文句更近帛书本或通行本）。

（4）在同于通行本第五章，楚简本甲组只有中间一段，即"天地之间……动而愈出"一段。考察此段与上下两段的关系，它们实不相属，通行本此章应分作三段。此章很可能是帛书本编者在楚简本基础上再作拼合的结果，其依据大概是上中两段皆以"天地"一词起头，而中下两段则以相反之理相衔接。从文义看，上段与中下段绝无连缀之理。

（5）在帛书本同于通行本第二十章，其首句"人之所畏亦不可以不畏人"的末字"人"，总显多余，与句意不协。"人之所畏，亦不可以不畏"，语意已完足，句末无须再添一"人"字（"人之所畏，亦不可以不畏人"）。但造成此一现象的原因久不为人所知，因此帛书本校注者多强作解，或者干脆视为衍字或误字。如刘殿爵、高明以为句末多一"人"字别有一番道理，以帛书本为是①；许抗生校以诸书，谓"人"为衍字②；戴维则径直去掉此字③；吴福相谓"此节中下'人'字，疑'也'字之误"④。为了方便论证，笔者先将简、帛相关文字抄录、对照如下：

楚简本乙组第 5 号简：人之所褃亦不可以不褃▄人憩辱若纓贵大患若身……

帛书乙本《道》篇：人之所畏亦不可以不畏人望呵其未央才……（此处帛甲残甚）

帛书乙本《道》篇：故去彼而取此弄辱若惊贵大患若身……（帛甲同，但有异文）

---

① 高明：《帛书老子校注》，北京：中华书局，1996，第 317－318 页。刘说见高文所引。
② 许抗生：《帛书老子注译与研究》，杭州：浙江人民出版社，1982，第 92 页。
③ 戴维：《帛书老子校释》，第 122 页。
④ 吴福相：《帛书本老子校释》，台湾中国文化大学中国文学研究所硕士论文，1979 年 6 月。

将帛书乙本《道》篇的两处引文按照楚简本乙组第5号简那样拼接起来，问题即可迎刃而解。经过拼接与恢复，帛书乙本所据底本当作："人之所畏亦不可以不畏人弄辱若惊贵大患若身……"又据楚简本"襦"字后、"人"字前有一小墨横符号，可知帛书所据底本原亦当与楚简本全同，今标点此句作："人之所畏，亦不可以不畏。人弄（宠）辱若惊，贵大患若身。"因此帛书本实是在楚简本之传抄本的基础上再做编辑的结果，由此亦可知楚简本之存真，而帛书本之传讹也。通行本则有见于"人"字的不是，故干脆删除之，既不见于第二十章"人之所畏不可不畏"句后，亦不见于第十三章的句首。又通行本第二十章"人之所畏，不可不畏"的前后两段文字了不相接，文本缀合误甚。

（6）在楚简本、帛书本及通行本中，"绝学无忧"一句的文本缀属始终是一个问题。先看相关文本：

楚简本乙组第3—4号简：学者日益为道者日员员之或员以至亡为也亡为而亡不为█鑾学亡慐唯与可相去几可……

帛书乙本《道》篇：……此三言也以为文未足故令之有所属见素抱朴少□而寡欲绝学无忧唯与呵相去几可……①

通行本第十九章：……此三者，以为文不足，故令有所属，见素抱朴，少私寡欲。

通行本第二十章：绝学无忧。唯之与阿，相去几何？

---

① 帛书甲本在同于通行本的第十九章末、第二十章首残去了九字。又"学者日益"至"无为而无不为"句，帛书本在《德》篇，通行本在第四十八章。

善之与恶，相去若何？人之所畏，不可不畏……

在帛书《老子》释文公布之后，大家几乎一致认为，通行本把"绝学无忧"句放在第二十章句首乃是一大错误，因为在语意上它并不与此章其他几句相关；据帛书本，"绝学无忧"一句当上属第十九章，作："见素抱朴，少私寡欲，绝学无忧。"然而楚简本《老子》的公布却使这一观点受到严重挑战。在楚简本中，"绝学无忧"一句根本不与"见素抱朴少私寡欲"系属在一起。如此，何来"绝学无忧"必定在"见素抱朴，少私寡欲"两句之后的定论？楚简本与通行本的章句分属不同，通行本以"绝学无忧"为第二十章的起始句，与第十九章末句分开，而在楚简本中"绝学无忧"前刚好有一小墨横符号，以与前文相识别。两相比较，这似乎表明从楚简本到通行本，《老子》经文的句读似乎有一定的传承。不过，直接反观楚简本，笔者认为，楚简本"绝学无忧"前的小墨横或许是误画，它本应该画在此句之后。

（7）在同于通行本第五十二章，楚简本只有中间一段，帛书本则上、中、下三段俱全。考察这三段文字的逻辑关系，实应当分作三片，它们的关联性不强。同时，帛书甲本中段、"塞其闷"一句前有墨丁符号，已表示与其上一段相区别。中段与下段原本亦不相连属，因为中段末句在楚简本乙组中有小墨横符号，以表示本段结束。不过，我们需要弄清楚，为什么帛书本把本不相干的几个段落连缀在一起呢？此章上段与下段语意贯通，联系较紧密，很可能在底本中它们原初是合抄在一个段落中的，而中间一段是后来才插入的，这反而打破了文本原来的有机联系。抄写者或编者对于文本的整理还表现在辅助语句的添加上，如帛书乙本在帛书甲本的基础上，即在"既得其母以知其子"后添加了"既○知其子"一句。这使得相关文句变得更加舒展，语意显得更加开豁，所以通行本都做了继承。①

（8）在同于通行本第四十五章，楚简本乙组以"大植若屈"为界分为前后两章，其标志是"大植若屈"一句后有小墨方块符号。前段是对"大成若诎"等七个语句的连续，后段则论述了"清清（静）为天下定"的观点，而这两段实无多少关联。帛书本及通行本将它们合在一起或分作一章，这是很牵强的。

上面，笔者通过楚简本与帛书本、通行本的比较，指明了帛书本、通行本在分章、分段等方面存在着因为不依据楚简本而产生一些缺陷或讹误的例子。然而，是不是凡帛书本打破了楚简本的分段或分章界限而将之重新分合，或将其他文句掺杂进来，都是失败的、不合理的毫无价值之举呢？实际上并非如此。下面，笔者仍将通过楚简本、帛书本和通行本的比较来论证和回答这一问题。

（1）楚简本使用墨记符号远较帛书本寻常，但不规范的地方也多，其含义若非有帛书本及通行本的对照，则可能会引起今人的误会。如楚简本甲组第1—2号简，使用小墨方块符号的地方多达五处。而这些小墨方块符号的意义是什么呢？它们都是表示分段还是表示断句呢？根据通行本，这些小墨方块符号中的前四个应当只表示断句，而第五个小墨方块符

---

① 也有可能是帛书甲本将"既○知其子"一句抄脱。又，帛书乙本"既○知其子"句的添加，乃首先基于蝉联的修辞需要。

号则兼有分段和断句的双重作用。但是，在楚简本中，小墨方块符号一般用来表示分段，这样连续以四五个小墨方块符号做标记，如果不是具有什么特别含义，那么它们就属于符号滥用了。楚简本还有一些滥用小墨方块符号的例子，如楚简本甲组第 10 号简前后六七支竹简，除一处外，断句皆用墨点或短墨横，但第 9—10 号简"竺能浊以束者牺舍清"一句后却使用了小墨方块符号。按照帛书本或通行本的句读与分章，这一个小墨方块符号画在此处，让人颇感突兀。李零认为此一分章符号属于误点，应当移至"保此道者不欲尚盈"一句后。① 李说可从。

（2）在同于通行本第六十三章，楚简本甲组缺少了与帛书本或通行本中间相对应的一段文字。楚简本甲组"为亡为事亡事未亡未"一句后紧跟着"大少之多易必多难"一句，此句与帛书或通行本相较很不一样。假如楚简本甲组此处未有脱简，那么此句可句读为"大少之，多易必多难"或"大，少之，多易必多难"。不过，考察"大少之"或"大，少之"一句与整个句群的言说关系，或考察从上句到下句的转承关系，此处文本不很圆畅，与整个句群不甚和谐，故笔者疑此处有脱简。计算字数，楚简本大概脱简两支。

（3）在同于通行本第三十二章，楚简本"万物将自宾"和"犹小谷之与江海"两句后各有一小墨方块符号，以做分段之用。帛书本及通行本将两段合在一处，或并作一章，似无不可。前一段着重论述道体，后一段着重阐明无为自化的

---

① 李零：《郭店楚简校读记》，载陈鼓应主编：《道家文化研究》，第 17 辑，第 469 页。

道理。前后两段可以被理解为具有逻辑上的关联：前者论述形上之道，后者论述道之具体表现；前者讲守道之理，后者讲其应用或结果。而很可能，帛书本编者即据此将这两段文字拼合在一起了。

（4）在同于通行本第十六章，楚简本甲组只有"各复亓堇"前一部分文字，且句末有一小墨方块符号表示此段的终结。对照帛书本和通行本，可知"各复归于其根"一句前后两段原本不在一处，不共章。何以知道是这样的？将此章前后两部分相交接的文句抄录下来，问题即可以解决一大半。

　　　楚简本甲组：各复亓堇■
　　　帛书甲本：各复归于其□
　　　帛书乙本：各复归于亓根
　　　通行本：各复归其根

　　　楚简本甲组：无此句
　　　帛书甲本：□□
　　　帛书乙本：曰静
　　　通行本：归根曰静

何以见得帛书本和通行本这两部分文字是拼接起来的？第一，楚简本甲组"各复亓堇"后有小墨方块符号，表明在其前的文字为独立一段，原不与后面"归根曰静"一段文字连缀在一起。第二，帛书甲本、帛书乙本"曰静"一句，与上文根本不相关联，从"天物祘祘各复归于亓根"到"曰静"是不甚连贯的。这说明，帛书本编者在重组文本的时候发生了误挪，把原文中"曰静"前的文句挪掉了（或有意去掉的），而拼上"各复归于其根"一句。今人多谓帛书本"曰静"前抄脱了"归根"二字①，实际上这是受到了通行本的羁绊而得出的不当结论。帛书乙本作"曰静"（帛甲残，当据补），当不可随意断言此处抄脱了"归根"两字。而此后，通行本皆作"归根曰静"，这当是抄写者根据文义添补的，非古本原有。不然，何以时间久后者得其真，而在前者反而两皆抄脱而失其真？因此，我们只有把帛书甲、乙两本发生的此类错误看作文本重新组合和重新编辑过程中的附带后果，才能看出《老子》原本的样子，以及帛书本与通行本编者在《老子》文本重构过程中所做出的真正贡献。在笔者看来，此处两段文本的拼接是比较成功的。因为一者，这两段文字在内容上关联较为紧密，其思想的深广度也较为相当；二者，语句的交接、转承比较和谐，这特别体现在通行本的补文上。帛书本虽然有"曰静"一句不能上接，但有草创之功；通行本则根据上文"各复归其根"一句补作"归根曰静"，这就使得此句前后两段圆转顺畅，接合密洽了。本章应当看作重组《老子》文本的一个成功例子，应当受到重视。

（5）在同于通行本第四十八章，楚简本乙组有"〖为〗学者日益"一段，无"取天下常以无事"一段，帛书本和通行本则将它们拼合在一起。它们的拼合，亦是基于语意上的关联，因而这是一个合理的文本编辑与重组的例子。

（6）在同于通行本第三十一章，楚简本无章首几句。两相比较，可知帛书本将楚简本所无的文字缀合了进来。诸本可对照如下：

---

① 高明：《帛书老子校注》，第 301 – 302 页。

楚简本丙组：无此句

帛书甲本：夫兵者不祥之器□

帛书乙本：夫兵者不祥之器也

通行本：夫佳兵者，不祥之器

楚简本丙组：无此句

帛书甲本：物或恶之

帛书乙本：物或恶□

通行本：物或恶之

楚简本丙组：无此句

帛书甲本：故有欲者弗居

帛书乙本：□□□□□□

通行本：故有道者不处

楚简本丙组：君子居则贵左

帛书甲本：君子居则贵左

帛书乙本：□子居则贵左

通行本：君子居则贵左

楚简本丙组：甬兵则贵右

帛书甲本：用兵则贵右

帛书乙本：用兵则贵右

通行本：用兵则贵右

楚简本丙组：古曰兵□□□□□

帛书甲本：故兵者非君子之器也

帛书乙本：故兵者非君子之器

通行本：兵者，不祥之器

楚简本丙组：无此句

帛书甲组：□□不祥之器也

帛书乙本：兵者不祥□器也

通行本：非君子之器

通过四种文本的对照，笔者发现，帛书本"夫兵者不祥之器，物或恶之，故有欲者弗居"是在楚简本的基础上拼合进来的，而"□□不祥之器也"是根据楚简本"故曰兵者，□□□□□"一句及拼合后的文义添加的。通行本进而在帛书本的基础上校正异字，并将末两句予以简省、交换而成。需要追问的是，帛书本将原本不属于楚简本的语句缀合进来，这是合理的吗？笔者认为，帛书本和通行本的弥合是较为成功的，因为一者主论"兵者不祥之器"，一者主论"兵者非君子之器"，这两组文句组合在一起，较为恰当。通行本在帛书本的基础上再做弥缝工作，显得更为成功，因为它将帛书本"有欲者弗居"改为"有道者不处"，于是与楚简本"兵者非君子之器"更加靠近。通行本又做了最后两句句序的调整，使其更趋合理，更加贯通。

总的看来，郭店楚简本分段过细，文本按思想的共通性结集的密度不大，这应当是帛书本及通行本编者想要重新编辑文本的主要原因。当然，编辑的理念与其实践效果是两码事，帛书本在文本结集上虽然取得了较大成绩，试图把零碎的格言隽语编成两篇首尾通达流畅的文章，但是在具体编辑实践中也出现了一些较大失误，将一些文义上本不相关的段落拼接在一起。又，即使是拼接意思相近的几段文字，帛书本的编者亦常挪错位置，或生硬地拼接，略显粗糙。而通行本重又通过完整的分章来构造《老子》文本，实际上打破了帛书本的编辑理念，在一定程度上使得《老子》文本重回楚简本的状态。通行本虽然在段落间的衔接上做了比较娴熟的处理，但也没有充分摆脱帛书本的局限，甚至在一定程度上反而由于历时的延宕而造成文本讹误的增加。不过，这并不意味着楚简本在一切方面都优胜于帛书本或通行本。

二、帛书本、通行本对楚简本《老子》的改造、补充和完善

在《老子》文本的变化、改造和发展过程中，帛书本和通行本不但对楚简本段落和章句的离合做出了巨大努力，而且对其文句做出了一定程度的补充和完善。而这种补充和完善，从实例来看，大都是合理的和成功的。

（1）在楚简本甲组"古之善为士者"章，即在第8—10号简的一个完整段落中，帛书本做出了一些合乎原意的文本补充和发展。帛书本在"深不可志"与"是以为之颂"之间插入"夫唯不可志"的过渡句，使上下文的交接变得舒展，文义的因果关系变得更加明显。在本章末，即在"保此衍者不谷堂呈"一句后，帛书本又补充了"夫唯不欲盈，是以能檠而不成"两句，这不但是对上文合乎逻辑的补充和引申，而且是对原意的发展与深化。编者的水平，于此处最显。需要强调的是，凡此类情况，皆应视作编者的有意补充，即一种创造性的文本发展，而不应看作从他处割裂、补缀而来的。

（2）在同于通行本第三十七章，首句楚简本甲组作"衍亘亡为也"，帛书甲、乙两本改"为"字为"名"，可能另有文本依据。从此章内部来看，作"名"字可以在下文"吾将阗之以无名之朴"（帛书本）一句中找到内证；但从全章来看，似不如用"为"字恰当，故帛书本的"名"字应是误文。通行本几乎皆作"为"字，从楚简本。通行本最突出的地方是在"道常无为"后补充了数字，作"道常无为而无不为"，从体用两方面将此章主旨概括殆尽。而从楚简本原文"衍亘亡为也"来看，原本是不可能有"而无不为"四字的。另外在楚简本"牠贞之以无名之叡夫亦牠智足"中，帛书本和通行本都重复了"无名之朴"四字。从文义来看，补充"无名之朴"四字实无必要；但是，从中国语言的内在节奏来看，重复此四字是妥当的，不但使上下句的衔接更加自然紧凑，而且使文句富有回旋复沓的韵致，突出了文中的关键词，使得文义更为饱满。顺便指出，"无名之朴"并非下一句"夫亦牠智足"（楚简本）的逻辑主语，真正的主语是"牠贞之以无名之叡"一句。"无名之朴"只在上下文间起蝉联作用，是一种修辞手法。这种修辞手法在《老子》文本的改进过程中起着重要作用。

（3）在同于通行本第二章，帛书本在"天下皆知美之为美亚已……先后之相隋"一段后增加了"恒也"两字，虽然楚简本原无此章，但笔者同意学者此前对此二字的赞许。帛书本有此两字作结，这不但使此段文本的表达紧凑有力，而且增加了其思想深度，似乎起到了画龙点睛的作用。"恒也"二字应当看作帛书本编者对《老子》文义和思想的一个很好的推展，但可惜的是，通行本皆未继承此一成果。另外，王弼本在"万物作焉而不辞"后补充了"生而不有"一句，河上公本、傅奕本皆有，楚简本、帛书本皆无。此句的补充虽无惊人之处，但也是较为合理的，它符合所谓偶句或对句的文本构造原则。

（4）在同于通行本第五十七章"吾何以知其然哉"句后，楚简本、帛书本皆无"以此"二字，而通行本（如王弼本）则在此句后添加了"以此"二字。"以此"二字起先行作答的作用，从语言角度看，此二字甚为允当有力，使《老子》文句变得摇曳多姿："吾何以知其然哉？以此。天下多忌讳，而民弥贫（叛）……"（王弼本）

（5）在同于通行本第五十五章，楚简本甲组"是谓不道"后有小墨方块符号，表示此段已终结。帛书本、通行本则在此句后添加"不道早已"一句，把楚简本隐而未发的文义引导了出来，使《老子》文义更为显豁。这当然是一种合理的补充和引申了。

（6）在同于通行本第十八章，楚简本丙组几乎同于帛书本，只不过少了"知快（慧）出案（安）有大伪"两句，王弼本作"慧智出，有大伪"。这种由楚简本而帛书本，再到通行本的变化趋向，与前引诸例不太一样。笔者认为，后出诸本实起了文本误读的不良作用。对于楚简本此段文字，学者的理解出现了较大差异，其焦点集中在"安"字的理解及句读归属上。[1]"安"字用法，详见王引之《经传释词》、杨树达《词诠》和裴学海《古书虚字集释》，今不复引。笔者认为，

---

① 庞朴：《初读郭店楚简》，《历史研究》1998 年第 4 期；丁原植：《郭店竹简老子释析与研究》，台北：万卷楼图书有限公司，1999，第 329、330 页。

楚简本"安"字当属下读，作连词用。原文可句读为："古（故）大道发（废），安（焉）有悬（仁）义。六新（亲）不和，安（焉）有孝孥（慈）。邦豪（家）緍（昏）殳（乱），安（焉）有正臣。"其实，取消后人的误导，而说大道兴，有仁义，六亲谐和，有孝慈，邦家明治，有正臣，于理颇为顺畅。这样看来，在老子思想中，大道与仁义等概念是并存的，有一定的统一性，而不是绝对对立的。而帛书本和通行本则基本上与楚简本的意思相乖违。又，帛书本所添"知快（慧）出，案（安）有大伪"两句，也很可能是基于偶句的需要。

综上所论，帛书本、通行本对楚简本进行插接文句的补充或改造，在大多数情况下是符合其底本原意、合乎逻辑的；只有少数情况下，如上所论第（6）例，是不恰当的，具有误导性，因而是失败的文本改造或改变。帛书本对楚简本，通行本对帛书本做了一定程度的改造。前者的重心是从内容上对文义加以补充和完善，而后者的重心则是从形式上使文本变得更加精练和顺畅，这包括对语言自身的修饰。当然，通行本亦存在一些在帛书本基础上再增减语句的例子，今略举数例以证之。在同于通行本第四十六章，楚简本有"辠莫厚虐甚欲"、帛书甲本有"罪莫大于可欲"（帛书乙本作"罪莫大可欲"，河上公本、傅奕本亦皆有此句）一句，王弼本则无。通行本《老子》特别追求文本的偶句效应，故在此删奇成偶。在同于通行本第三十章，帛书甲本有"□□所居楚朸生之"（帛书乙本作"□□□□□棘生之"，王弼本作"师之所处，荆棘生焉"），通行本更添加"大军之后，必有凶年"两句，这亦是基于偶句的需要。其他如通行本第二章、第二十五章，通行本在简帛本的基础上分别添加了"生而不有"和"周行而不殆"两句，它们的添加亦是出于偶句的需要。在同于通行本第五十五章，楚简本有"攫鸟猷兽弗扣"、帛书甲本有"攫鸟猛兽弗搏"（帛书乙本作"據鸟猛兽弗捕"）一句，通行本就地取材，基于偶句的需要，将其裂变为两句："猛兽不据，攫鸟不搏。"在同于通行本第十七章"其次，亲而誉之"（王弼本），傅奕本变作两句："其次亲之，其次誉之"。从上下文或义理上来看，《老子》此处文字似乎应当分别为两句来叙述。但这样做，即古本之旧吗？非也。不但如此，从此章文本之整体来看，此处文字本应作一句。楚简本、帛书本、王弼本和河上公本皆作一句，从整个句群的偶句关系来看，其实正当如此。通行本非常讲求文本的偶句或对句，高明因此认为它曾经过六朝人的润饰①，这个看法是有一定根据和道理的。

第五节　楚简本与帛书本、通行本的文义和思想差异

一、从字词变化引起文义变化看楚简本和帛书本、通行本《老子》的思想

在单句上，通行本对帛书本、帛书本对楚简本都有所改

---

① 高明先生说："帛书《甲》《乙》本'独立而不改'一句，今本作'独立而不改，周行而不殆'，对文成偶。类似的问题，如前文帛书《甲》《乙》本'企者不立，跨者不行'，对文成偶。今本二十三章'希言自然'一句，奚侗、马叙伦据此故疑原亦为对语，今有脱漏。帛书《甲》《乙》本'企者不立''希言自然''独立而不改'皆为独句，而今本多为骈体偶文。如果问，帛书《甲》《乙》为何同将此诸文下句脱掉，如此巧合一致，甚难思议。其实不难理解。骈体偶文，乃六朝盛行文体。验之帛书足以说明，类似这种偶体对文，非《老子》原有，皆六朝人增入。"（高明：《帛书老子校注》，第 349 页。）高先生所言，乃真知灼见，但他说"皆六朝人增入"，则恐未必。其实，通行本《老子》的偶句现象不是一时产生的，而是逐步形成的，且其大体规模应当成于刘向定著本。

变，这包括句式的重新构造、字词的增减改换、句意的调整与改变等几个方面。现本节只就单句的字词变化引起其文义更改的一面来比较楚简本和帛书本、通行本《老子》的是非然否及文本优劣问题。

（1）在同于通行本第十九章，楚简本甲组作"**幺**智弃支"，帛书本与通行本同，虽有异文但不异读，作"绝圣弃智"。与帛书本、通行本不同的是，楚简本没有"绝圣"二字，而是用"弃支"两字。"圣"，其本义为耳聪，引申义为通达，具体可指通达天道的超凡能力。不过，楚简本、帛书本此句虽有用字的不同，但并无观念上的根本改变。《庄子·在宥》征引《老子》即用"绝圣弃知"四字，故文本的改窜或当在此前。楚简本甲组云："**幺**愚弃慮，民复季子。"帛书本、通行本云："绝仁弃义，民复孝慈。"楚简本整理者读"愚"为"伪"，裘锡圭读"慮"为"诈"①，庞朴读"慮"为"作"②，高明则认为"**幺**愚弃慮"应释读为"绝义弃仁"，与帛书本、通行本相通③。裘锡圭在 1999 年 10 月提交给"郭店楚简国际学术研讨会"的论文中指出，此句应释读为"绝伪弃虑，民复季子"，并认为"季子犹稚子"，"民复季子"与"复归于婴儿"义近；"季子"不必读作"孝慈"。④ 笔者认为，裘说是不对的。"慮"当读为"诈"。"诈"与"伪"二字义近，均有虚伪、欺骗之义，为恶德。"诈伪"或"伪诈"，先秦古籍多见；但未见"伪慮"二字连用之例。"季子"训为"稚子"，进而解释为

---

① 荆门市博物馆编：《郭店楚墓竹简》，第 113 页。
② 庞朴：《初读郭店楚简》，《历史研究》1998 年第 4 期。
③ 邢文、李缙云：《郭店〈老子〉国际研讨会综述》，《文物》1998 年第 9 期。
④ 裘锡圭：《纠正我在郭店〈老子〉简释读中的一个错误——关于"绝伪弃诈"》，"郭店楚简国际学术研讨会"论文，武汉，1999 年 10 月。

"赤子""婴儿"，先秦故书并无其例。"季"，义为排行之少、幼；"季子"，排行之少者。"延陵季子"（吴公子季礼）即其例。总结上文，可知楚简本《老子》与帛书本、通行本在内容上的最大不同，就是没有偏激地排斥仁义等思想。"绝圣弃知"和"绝仁弃义"的流行，似与庄子并时或在其后，因为《庄子》一书包含了较多的"绝圣弃知"和"攘弃仁义"思想，这特别表现在外篇的前四篇（《骈拇》《马蹄》《胠箧》《在宥》）中。

（2）在同于通行本第六十六章，楚简本甲组云："江海所以为百浴王，以亓能为百浴下。"其中，"百浴"二字复出。帛书本、通行本改作："江海所以能为百谷王者，以其善下之。"此两本省去了一"百谷"，"能"字移动如前句，"善"字则添入后句。这样，这两句的表现力就更强了，"能"与"善"一前一后，淋漓尽致地把文义表现了出来。此外，改作后的文句变得更精练了。因此，本例的改进是成功的。

下两句"圣人之才民前也"和"亓才民上也"，其中的两"才"字，帛书本和通行本都换作"欲"。"才（在）"字强调的是客观陈述，而"欲"字则寄意于未然，与"在"字有别。两相权衡，以"在"字为胜。①

（3）在同于通行本第十五章，楚简本甲组云："长古之善为士者。"帛书本及通行本俱无"长"字。李零认为"长"字应属上读②，其说可从。"长古之善为士者"的上句是"其事

---

① 此点郭沂已指出。郭沂：《从郭店楚简〈老子〉看老子其人其书》，《哲学研究》1998 年第 7 期。

② 李零：《读郭店楚简〈老子〉》，"郭店老子国际学术研讨会"论文，美国达慕思大学，1998 年 5 月。

好"一句,句下有一短墨横,应是句读符号。不过,此句读符号本应该画在"长"字下。"长古"无义,古书有"上古"而无"长古"一词。

楚简本甲组云:"是以为之颂。"帛书本添一"强"字,作:"故强为之容曰。"(通行本作"故强为之容"。)"强",勉强之义。帛书本及通行本添一"强"字,即把"为士者"(或"为道者")"微眇玄达,深不可志"(帛书乙本)的特点更充分地表现了出来。故此字的添加,不失为合理的文本补充。

楚简本甲组云:"竺能浊以束者牁舍清,竺能庀以迣者牁舍生。"帛书乙本作:"浊而静之徐清,女以重之徐生。"帛书甲本同,有异文,但不异读。通行本作:"孰能浊以静之徐清,孰能安以久动之徐生。"王弼注:"浊以静,物则得清;安以动,物则得正。"[1] 观此注,可知"久"字王弼本原无。又,"久"字与上句无对,可知此字必定是后来衍入的。傅奕本作:"孰能浊以澄清之而徐清,孰能安以久动之而徐生。""澄清"与"久动"正相对,通行本"久"字的添加,或许受此影响。比较起来,帛书本最劣,通行本次之,楚简本最优。楚简本甲组比通行本多一"牁"(将)字,于文义为长。

楚简本甲组云:"保此道者不谷尚呈。"帛书本、通行本皆无此"尚(尚)"字,于句意有所减损。但为什么帛书本、通行本去掉了此"尚"字呢?原来帛书本、通行本在本章末添加了"夫唯不【欲】盈,是以能毄(敝)而不成"(帛书乙本)两句,根据蝉联规则,楚简本的"尚"字就被去掉了。帛书

---

① [魏]王弼、[唐]李约著:《四部要籍注疏丛刊·老子》,北京:中华书局,1998,第88页。

本、通行本的文本改造，有得有失。

（4）在同于通行本第六十四章，楚简本甲组云："孝不孝。"楚简本丙组作"学不学"，帛书本、通行本均从楚简本丙组。孝（教）与学，其义有别，然教与学古可互训，故不应认为必有一是。又，学，古或作敩。《说文·攴部》云："敩，觉悟也。"段玉裁注："敩，觉，叠韵。《学记》曰：'学然后知不足。'所谓觉悟也。《记》又曰：'教，然后知困，知困然后能自强也。'故曰：教学相长也。《兑命》曰'学学半'，其此之谓乎！'按《兑命》上'学'字谓'教'，言教人乃益己之学半。教人谓之学者，学所以自觉，下之效也；教人所以觉人，上之施也。故古统谓之学也。梅赜伪《尚书·说命》上字作'敩'、下字作'学'，乃已下同《玉篇》之分别矣。"① 段注已阐明"教"与"学"在上古的关系，他特别指出"教"与"学"二字是可以通借的。因此过分强调楚简本甲组与楚简本丙组以及它们与帛书本、通行本的差异，这可能是不对的。顺便指出，楚简本甲组"婴之者远之"，其中的"远（远）"字乃"遊"字之讹，其下文正作"遊"。楚简本甲组"能专万勿之自肰而弗能为"，后一"能"字当为"敢"字之误，"能""敢"形近，此字楚简本丙组正作"敢"。②

楚简本甲组"临事之纪"一句，含蓄概括，胜于诸本；其后诸本，如帛书甲本作"民之从事也恒于亓成事而败之"，表达平白浅显。又"亓"字，傅奕本作"几"，疑涉通行本

① ［汉］许慎撰，［清］段玉裁注：《说文解字注》，上海：上海古籍出版社，1981，第 127 页。

② 李零即持此说。李零：《读郭店楚简〈老子〉》，"郭店老子国际学术研讨会"论文，美国达慕思大学，1998 年 5 月。

"幾"字而误读。

（5）在同于通行本第三十七章，楚简本甲组云："衍亘亡为也。""为"字，帛书两本均作"名"，通行本从楚简本，作"为"，实渊源有自。帛书本作"名"，殆涉下文"无名之朴"致误。

楚简本甲组云："夫亦牺智足，智【足】以束。""智足"，帛书两本俱作"不辱"，通行本作"无欲"。帛书本公布后，人们常说"辱""欲"音同互假，而忽视了"辱""欲"二字在形义上的差别。[①] 今与楚简本甲组比较，"辱"未必是"欲"字之借。楚简本作"智（知）足"，形音义已俱尽，帛书本不当改作"不辱"。但也可能帛书本取义有别，故有意改作"辱"字。又，同于通行本第四十四章，楚简本甲组云"智足不辱"，帛书本、通行本亦作"智足不辱"，是"智（知）足"与"不辱"两词自来即相区别。权衡"智足"与"不辱"的词义差别，当以楚简本为胜。通行本作"无欲"，虽与"知足"略有差别，但文义大体上是相通的。

（6）在同于通行本第二章，楚简本甲组云："长耑之相型也。"帛书本"耑"作"短"，"耑"通"短"；"型"作"刑"，二字声通，皆为"形"字之借。通行本不作"形"，作"较"，此误，前人已指出。[②]

楚简本甲组云："万勿俇而弗忖也。""忖"，帛书乙本作

---

① 高明：《帛书老子校注》，第 426－427 页。
② 毕沅曰："古无'较'字，古文以'形'与'倾'为韵，不应作'较'。"刘师培曰："《文子》云'长短不相形'；《淮南子·齐俗》曰'短修相形'，疑《老子》本文亦作'形'，与'生''成''倾'协韵。'较'乃后人旁注之字，以'较'释形，校者遂以'较'易'形'矣。"蒋锡昌曰："按顾本成玄英《疏》：'长短相形……何先何后？'是成'较'亦作'形'。"三氏说，转见高明：《帛书老子校注》，第 230 页。

"始"，通行本作"辞"。易顺鼎、蒋锡昌谓王弼本"辞"字，乃后人改窜；高明谓"始""辞"音通，"辞"当假为"始"，"始"为本字。① 于省吾《老子新证》根据金文认为"始"与"辞"均为"嗣"之借字；"嗣"，司也。"司"训"主"，所以"万物作焉而不司"是说"万物作焉而不为之主也"②。丁原植赞同于说，认为"简文此处作'嗣'解，更能合于《老子》思想"③。按，于说非，"始"或"辞"当读为"始"。通行本第三十四章有"万物归焉而不为主"一句，帛书两本均作"万物归焉而弗为主"，此句中的"主"非主宰义，乃宾主之方，故与"归"字相配。"始"与"作"相配，是发端、创始之义。

(7) 在同于通行本第十六章，楚简本甲组云："至虚，死〈亟〉也；兽（守）中，筒也。万勿方迮，居以须〈寡（观）〉复也。天道员员，各复亓堇。"在战国秦汉时期，楚文"死"字与"极"常混用，此处"死"字应是"亟（极）"字之误④，如《老子》楚简本乙组第2号简有两个"死"字，均为"亟（极）"字之误。"兽（守）中"，帛书本及通行本俱作"守静"，失故书之旧，陈鼓应说："由此更加突显了老子'守中'之说。"⑤ 陈说是。"方"，帛书本作"旁"，通行本作"并"。"方"为"旁"字之省，"旁"为"并"字之借，不当将三者拆开以取义。"居"，帛书本、通行本俱作"吾"，"吾""居"

---

① 高明：《帛书老子校注》，第233页。

② 于省吾：《诸子新证》，北京：中华书局，1962，第233页。

③ 丁原植：《郭店竹简〈老子〉释析与研究》，第109页。

④ 李零：《读郭店楚简〈老子〉》，"郭店老子国际学术研讨会"论文，美国达慕思大学，1998年5月。

⑤ 陈鼓应：《初读简本〈老子〉》，《文物》1998年第10期。

形近易混，作"居"字是。"须"，帛书本及通行本作"观"。
"须"为"寡"字之误，"寡"读为"观"。老子"为道""知
天道"及"见小曰明"等说法，与"观复"之旨是一致的。
楚简本"天道员员"句，帛书甲本作"天物雲雲"，帛书乙本
作"天物耘耘"，通行本作"夫物芸芸"。通行本"夫"字乃
"天"字之讹，楚简本、帛书本均作"天"字，可以为证。唯
楚简本作"天道"，与帛书本作"天物"其义有别，似以楚简
本为是。"物"，楚简本省作"勿"，与"道"字形音相差较
大。疑"道"字先误作"盾"字，再由"盾"字误作"物"
字。由此可知，通行本"物"字乃"道"字之误。员员、雲
雲、耘耘、芸芸四词，其文虽异，但当同读。芸芸，众多之
貌。"天道芸芸"，言天道众多。

（8）在同于通行本第五十六章，楚简本甲组云："智之者
弗言，言之者弗智。"帛书乙本作："知者弗言，言者弗知。"
帛书甲组同，但残"知者"二字。通行本作："知者不言，言
者不知。"在楚简本未发现以前，两个"知"字常误读为
"智"。据楚简本，"智"字只能读为"知"。

（9）在同于通行本第五十七章，楚简本甲组云："夫天多
异韦而民尔畔。"帛书本、通行本"畔"字作"贫"。作"贫"
字于义不通，今据楚简本，"贫"字乃"畔"（叛）字之音转。
楚简本甲组云："民多利器而邦慈昏。"帛书甲本"邦"字作
"邦家"，帛书乙本残，通行本作"国家"。楚简本单作"邦"
字是也，通行本"邦"作"国"，乃后人避刘邦讳所改。帛书
乙本避"邦"字讳。"邦"作"邦家"，一是说明了《老子》
文本的复合词在不断增加，二是说明了"家"的地位在战国
时期急剧上升。楚简本云："法勿慈章。"帛书乙本作"□物

兹章"（帛书甲本残），这再次证明作"法令滋彰"是不对的，是后人改动的结果。顺便指出，郭店《老子》甲组第30—31号简的一段文字可能应读为："夫天多忌讳，而民弥叛；民多利器，而邦滋昏；人多知天，奇物滋起；法物滋章，盗贼多有。"我们应当充分注意到《老子》文本用四字造句、偶句的现象。①

（10）在同于通行本第五十五章，楚简本甲组云："冬日㕚而不愳。""愳"即"憂"字，"憂"当读为"嚘"。帛书甲本作"发"，帛书乙本作"嚘"，"发"即"憂"字之省。此字帛书乙本残，唯存左半，作"口"字形，疑是"嗄"字之残。李零释"憂"为"嗄"，刘信芳、魏启鹏仍读作"嚘"。② 按，读"嚘"字是。嚘（影母幽部）、嗄（生母鱼部）二字虽然形近易混，但二字声母不近。《玉篇·口部》："嚘，气逆也。"《老子》宜从此义。《太玄·夷》："柔，婴儿于号，三日不嚘。""嚘"即用此义。《庄子·庚桑楚》引《老子》作"嗄"，"嗄"为"嚘"字之误。《玉篇·口部》："嗄，声破。"《老子》不当从此字此义。

楚简本甲组云"和曰景，智和曰明"，叙述层次清晰，规定明确。帛书甲本同于楚简本，有异文，但不异读。帛书乙本云："和□□，知常曰明。"已将"和"字改为"常"字。通行本更作："知和曰常，知常曰明。"上句作四字，以求与下句作四字对应。其所以变乱文本、增加文字者，一是为了

---

① 刘笑敢很关注《老子》文本演变过程中的四字句趋同现象，做了特别论述。刘笑敢：《从竹简本与帛书本看〈老子〉的演变》，"郭店楚简国际学术研讨会"论文，武汉，1999年10月。

② 李零：《郭店楚简校读记》，载陈鼓应主编：《道家文化研究》，第17辑，第467页；魏启鹏：《楚简〈老子〉柬释》，载陈鼓应主编：《道家文化研究》，第17辑，第233页；刘信芳：《荆门郭店竹简老子解诂》，第41页。

句子的整齐（上下偶句），二是为了蝉联的修辞效果。但为文而害意，实不足效法。在楚简本中，"和"是一个关键概念，以"和"规定"常"，以"知和"规定"明"，这与帛书乙本、通行本重知重常的观念不同。帛书乙本和通行本在一定程度上消解了《老子》"含德之厚"（即"和"）的章旨。

（11）在同于通行本第四十八章，楚简本乙组云："为道者日员。"帛书乙本"为"作"闻"，通行本同于楚简本。帛书本释文公布后，学者多谓"闻道"胜于"为道"，作"闻道"是，而"为道"非。① 验之楚简本，其说不然，当以作"为道"是。

（12）在同于通行本第四十一章，楚简本乙组云："中士昏（闻）道若昏（存）若亡。"后一"昏"字，帛书本、通行本俱作"存"。昏、存音通，"昏"当读作"存"。

楚简本乙组云："大器曼成。""曼"与"免"可通，义亦相近②，帛书乙本正作"免"。《广雅·释言》："曼，无。"朱骏声《说文通训定声》："曼，发声之词。……与用蔑、末、汉、靡、莫等字同。"③ 此字，传世本多作"晚"。"晚"虽然可以与"免"字互借，但此二字义不同。 "晚"字是否即"免"字之借？这是值得考虑的问题。《韩非子·喻老》云："（楚）庄王不为小害善，故有大名；不蚤见示，故有大功。故曰：'大器晚成，大音希声。'"《吕氏春秋·先识览·乐成》

---

① 高明说："'为道'和'闻道'似有不同，二者必有一误。验之《老子》用语，多谓'闻道'，不言'为道'。如第四十一章：'上士闻道，勤能行之'，使其情欲以消损，此当从《乙》本作'闻道者日损'为是。"高明：《帛书老子校注》，第54页。

② 廖名春：《楚简〈老子〉校释（五）》，载东方国际易学研究院编：《中国传统哲学新论——朱伯崑教授七十五寿辰纪念文集》，1998，第503页。

③ ［清］朱骏声撰：《说文通训定声》，武汉：武汉市古籍书店，1983，第746页。

先引《老子》"大智不形，大器晚成，大音希声"三句，然后以禹之决江水、孔子之用于鲁及子产治郑的故事阐明"大器晚成"的道理。据此二引文，似以作"晚"字为是。

从总体上来看，郭店楚简本《老子》用字比较原始、正确，愈古愈存真，胜于帛书本及各传世本，通行本去楚简本已远，变字、讹字较多，有时甚至因一字的讹变而致使整个句子的含义发生较大变化，其例不在少数。但是，帛书本和通行本《老子》也有其自身的文本观念，其任务是在不断编辑文本的过程中使其有所发展和更趋于完善，所以帛书本和通行本亦有用字比楚简本更好、更为得当者。要之，楚简本用字虽然从总体上看胜于帛书本和通行本，但是其实各有优劣。尤其值得关注的是《老子》文本字、词、句的历时性变化及其原因。笔者认为，变化了的时代思想及语言习惯也会在不知不觉中渗入帛书本和通行本的抄写中，它们可以反映早期《老子》文本的书写及思想特征。

二、从句序、词序的变动看楚简本与帛书本、通行本的思想区别

帛书本和通行本对楚简本《老子》的字序、词序、句序、章序做了较多变动，其中一些变化引起了文义甚至思想的变化，值得注意。下面略举数例以见之。

（1）在同于通行本第二十五章，楚简本甲组云："天大，墬大，道大，王亦大。"[①] 帛书两本及诸通行本皆以"道大"在前，"天大，地大，王亦大"在后。这两种句序至少在今人

————————

① 《淮南子·道应训》引《老子》亦作："天大，地大，道大，王亦大。"这说明楚简《老子》的抄本可能一直流传或影响至汉初。

看来是颇有差别的。大概自帛书本提出之后，"道大"的观念得到突显，"道大，天大，地大，王亦大"的次序进而就被人们视为《老子》哲学重"道"的一个有力证据。郭店简整理出版之后，这一文本证据未必恰当。不过，在笔者看来，楚简本句序的发现，并不就意味着老子其人或《老子》其书重"道"的思想也随之瓦解了。"天大，地大，道大，王亦大"四句，应当放在春秋晚期的思想世界里来看待。在春秋以前的思想世界里，"天地"是最大的；在"天地"之下，"王"通过修德而可与"天地"相参，故曰"王亦大"也。在老子之前，已经存在"道路""人道""王道""天道"这样的概念，但是作为一般性的、天地万物的终极本原的"道"，则是由老子通过思想反思建构出来的。老子由此将"道"置入"三大"之中，与天大、地大、王大三者并列，而曰"道大"，这在春秋末期至战国早期已是石破天惊、迥异于一般智者的"狂言悖语"了，已经让人在惊诧和近乎愤怒的感情中感受到本体之"道"的伟大！因此在那时的思想背景下，老子完全没有必要通过将"道大"置于"四大"之首来突显"道"的地位，并增强其重要性。而回过头来看，楚简本所言"四大"顺序，正表明了楚简本《老子》所包含的文化内涵："天地"是古人生命的根源和存在之所，在古人的思想世界中具有坚不可摧的永恒重要性，因而老子提升"道"的地位及其重要性，亦必借重于"天地"二大来做铺垫和反衬。但随着时过境迁，"道"高于天、地、王的观念已经普及，并进入古人的思想世界而日渐变得稀薄，故这时从"四大"中进一步提升"道"的位次就是颇有必要的事情，于是我们看到，帛书本"道大，天大，地大，王亦大"的排列次序就出现了。这是时代思想影响文本编辑的一个经典例子。不过，帛书本改动"四大"的次序，可能还同时基于语句排列的内在逻辑。下文云："人法埅，埅法天，天法道，道法自然。"（楚简本）上文如果改为"道大，天大，地大，王亦大"的次序，就正好与下文逆向对应。这是一个可能的理由。其实，帛书本改动楚简本，通行本改动帛书本或楚简本，一般基于思想和文本的双重理由。不过，由于大多数例子在今人看来未必能够构成观念上的冲击，故笔者在此略去不谈，不做比较。

（2）在同于通行本第五十六章，楚简本甲组云："閟亓说，赛其门；和亓光，迵亓斳；剉亓畞，解亓纷，是谓玄同。"通行本"挫其锐，解其纷"两句在前，"和其光，同其尘"两句在后。这种文本顺序上的改动，似乎是根据语意的递进，即语意的加深及扩大来进行的。这应当看作一种合理的文本改动。"和光""同尘"的观念在通行本中被突显出来，与"玄同"几乎可以等值。

（3）在同于通行本第五十七章，楚简本甲组云："是以圣人之言曰：我无事而民自福，我无为而民自蠚，我好青而民自正，我欲不欲而民自朴。"帛书本及通行本中间三句作"我无为而民自化，我好静而民自正，我无事而民自富"（帛书乙本），与楚简本颇不同。笔者认为，楚简本的排列次序是按照句子在观念上的重要性，或按照语意的递进、深化关系来排列的。楚简本甲组云"万勿牅自定"，又云"清清（静）可以为天下定"。"定""正"可通，所以"我好静而民自正"一句应该放在一个更重要的位置。两相比较，帛书本、通行本的排序就显得颇不合理，有点杂乱。

上述比较和分析《老子》词序、句序变化所导致文义和思想变化的三条例子，俱见于楚简本甲组。另外，楚简本甲组还有大量句序被后人扰动，但楚简本乙组和丙组的类似情况则少得多。这是否说明，楚简本甲组的流传更为古老呢？这是一个疑问，不一定有答案。

三、楚简《老子》的仁义观及其与庄子学派、竹简《文子》的关系

最后，我们谈一下郭店楚简本《老子》思想观念上的一个特点。笔者认为，相对于帛书本、通行本，楚简本在思想观念上的最大不同，乃是在原始儒道思想的发源期，老子与以"六经"为代表的上古传统文化的关系问题，这特别表现为楚简本《老子》本身并无直接、强烈的反对仁义学说的文本证据。联系通行本来看，我们反而可以认为，道家的道德观念与儒家的仁义观念在老子那儿是可以并存相通的。当然，二者的关系是：道德在先，而仁义在后；道德为根本，而仁义为其枝叶。这种关系在理解中的崩解，或者说"仁义"成为道家所强烈批评的对象，大概是从战国中期开始的，到孟庄的时代，这种批判和对立已经达到相当激烈、尖锐的程度，《孟子》和《庄子》两书即可为证明。

关于楚简本《老子》尚仁的思想，陈鼓应等先生已做了阐发[①]，今不赘论。不过，楚简本《老子》虽然没有明言反对仁义，甚至在一定程度上还表现出儒道两家刚刚脱离上古文化时的那种共同的天然亲和力，但是这一点从总体上来看是否就是道家的思想特质呢？这是一个值得再思考的问题。《庄

---

① 陈鼓应：《从郭店简本看〈老子〉尚仁及守中思想》，载陈鼓应主编：《道家文化研究》，第17辑，第64页。

子》一书对于仁义的态度具有两重性，外篇对仁义观念采取了强烈批判的立场，如《庄子·胠箧》篇云："削曾、史之行，钳杨、墨之口，攘弃仁义，而天下之德始玄同矣。"此一态度也见于内篇文本，如《庄子·大宗师》篇曰："夫尧既已黥汝以仁义。"对于庄子来说，人的异化即为人性的仁义化。但是，庄子又站在"道德"的立场上主张兼容仁义学说，此点在内、外、杂篇中都有一定反映。因此，问题的关键仍在于如何理解"道德"与"仁义"的关系问题。据笔者阅读《庄子》的体会，庄子之所以要激烈地批判儒家的仁义学说，实因为在当时或此前有一些儒者把仁义观念抬升到了学问思想的顶点，出现了"擢德塞性"（《庄子·骈拇》）和"毁道德以为仁义"（《庄子·马蹄》）的极端现象。而在此儒道分野的关节点上，很自然，庄子站在道家立场对此做出了批判，以破除儒家推尊仁义的极端思想。或者说，在以道德统摄仁义和以仁义充塞道德上，两者孰是孰非，这是一个学派立场的根本选择问题。如果承认以道德作为学问的根本点和出发点，那么庄子不但不激烈地拒斥仁义观念，反而力图积极地将其融合在自己的思想体系之中。例如，庄子学派肯定仁义存在的合理性，并对其做出新的诠释，以"道德已明而仁义次之，仁义已明而分守次之"（《庄子·天道》）的逻辑把仁义最终容纳在自己的思想体系之中。这样看来，庄子从根本上继承了老子道德与仁义相统一的思想。

汉简《文子》的思想与此很相近。竹简《文子》曰：

简 0615：则敬爱、损退、辞让、守□服之以

简 0600：不燃（慈）不爱，不能成遂，不正

简 2259：之所畏也，礼者民之所□也。此四

简 0591：踰节谓之无礼。毋德者则下怨，无

简 0895、0960：则下诤，无义则下暴，无礼则下乱。四

简 0575：德，则下有仁义，下有仁义则治矣

简 2248：道德，则下毋仁义之心，下毋仁义之

（丙）

简 0917：平王曰："用仁何如？"文子曰："君子

简 0920：是谓用仁

简 1097：不仁者，虽立不□□其

简 0208：理事，故必仁且

简 0874：兹谓之无仁，淫

简 0749：□□仁者取人，百

简 0869：耶。平王曰："用心何如？文子曰：君子□

简 0852：‖：有行义者如是

简 0759：义而兄

简 2436：□□是胃用义

简 2236：□也，义者以之象德也而艰

简 2373：不义是胃（谓）

简 2356：足佳生义，义

简 1188：之所义，唯

简 0904：□之□而知之乎？文子曰："未生者可

简 0896、1193：知。平王曰："何谓圣知？"文子曰：

闻而知之，圣也。

　　简 0803：知也。故圣者闻 ‖

　　简 1200：而知择道。知者见祸福

　　简 0765：刑，而知择行，故闻而知之，圣也。

　　简 0834：知也成刑（形）者，可见而

　　简 0711：未生，知者见成

　　上引竹简《文子》文本，与通行本《老子》所反映的思想很不一样，可以说几乎是相反的。通行本《老子》第五章云："天地不仁，以万物为刍狗。圣人不仁，以百姓为刍狗。"此四句，郭店楚简本无。第十八章云："大道废，有仁义；慧智出，有大伪；六亲不和，有孝慈；国家昏乱，有忠臣。"帛书甲本作："故大道废，案有仁义。知快出，案有大伪。六亲不和，案有畜兹。邦家閬乱，案有贞臣。"帛书乙本"案"作"安"，傅奕本作"焉"。案、安、焉，皆训"于是"，因为"知快出，案有大伪"的"案"字如果不训"于是"，而作反诘疑问词来理解，则句意不通。依此，通行本第十八章正与第三十八章在思想上是相通的。第三十八章云："故失道而后德，失德而后仁，失仁而后义，失义而后礼。夫礼者，忠信之薄，而乱之首。"此数句文字，帛书本同。帛书本与通行本虽然高扬道德，但对仁义礼及圣知予以较为强烈的批判和贬斥，与楚简本《老子》的思想倾向不同。通行本第十九章云："绝圣弃智，民利百倍。绝仁弃义，民复孝慈。绝巧弃利，盗贼无有。此三者以为文不足，故令之有所属：见素抱朴，少私寡欲。"帛书本大体相同。所谓"绝仁弃义"，楚简本作"绝伪弃诈"；所谓"绝圣弃智"，楚简本作"绝智弃辩"。而楚简本《老子》所反映的思想，正与竹简《文子》相合，大体一致。上引竹简《文子》的思想要点，是把仁义礼与圣知及道德统一起来，其思想倾向是以道德积极地肯定和容纳仁、义、礼、圣、知五者。郭店简正有一篇名叫《五行》的竹书，其主要内容即为论述仁、义、礼、知、圣五者如何形于内，如何为善成德，如何成为君子。一般认为，简帛《五行》属于儒家著作。如果这一观点是正确的，那么竹简《文子》表明儒道之间有一些思想、论题是共通的。周凤五、黄人二认为郭店道家简是邹齐儒者的版本，是"儒家化"了的道家经典①，此说有一定的道理。如果此说可以成立，那么对于郭店《老子》三组所呈现的道儒关系，我们就应当重新做权衡，其在思想史发展过程中的真正价值和意义也应当予以重新阐明。

总之，通过郭店楚简本《老子》，我们对早期《老子》文本的变化及其所导致的思想观念上的变化有了更深切、更细致的了解。郭店《老子》的发掘出土及公布于世，有助于人们对老子其人其书问题的重新思考，以及廓清疑古派播散在老子其人其书问题上的重重迷雾，而使我们对司马迁的相关记述似乎又增添了几分信任。

---

① 参见周凤五《郭店竹简的形式特征及其分类意义》和黄人二《读郭简〈老子〉并论其为邹齐儒者之版本》二文。二文俱见"郭店楚简国际学术研讨会"论文，武汉，1999 年 10 月。

第二章 《太一生水》考论

郭店楚竹书《太一生水》是一篇关于宇宙生成论的佚籍，意义重大。首先，此篇佚书直接以"太一"为宇宙化生的本根或本体，这使其无论是在宇宙论还是在本体论上来看都很重要，并使人们对于"太一"出现时间曾经的怀疑态度遽然冰释。其次，此篇佚书所云宇宙生成论与传世诸书所说此类思想有一重要不同，它把天地、神明、阴阳等依次关联了起来，打破了人们以往关于天地与阴阳之关系的认识。最后，此篇竹书给学者提出了一些难解的文化或哲学命题，如"太一生水"——太一何以能生水？"太一藏于水"——太一何以必须藏于水？所有这一切，都需要我们对《太一生水》篇做出准确而细致的论述，同时还必须在思想与文化上对上述问题做出认真的探讨和合理的解释。

第一节 著作时代及其宇宙生成论思想

首先，需要指出，从文义看，竹书《太一生水》篇可以分为两大部分，第一部分包括第 1—8 号简，为全篇纲领，总论宇宙生成的序列和内容；第二部分包括第 9—14 号简，它以"道"为核心概念，对"天地"做了具体甚至实有化的解释。但通观这两部分内容，其上下文义似不甚相接，其中第 9 号简略显孤悬。陈伟据此认为，第 9 号简应该缀接在第 12 号、13 号简之间。① 此可备一说。但是，即便此说正确，第二部分文本仍显局促，似有部分竹简缺失了。此篇竹书有一些关键内容有待补充和回答，如"太一"与"道"的关系问题，以及构成宇宙生成论的多个概念内涵的问题。这些问题，仅据现存《太一生水》竹简是难以回答清楚的。当然，这并不是说我们无须或无法努力回答这些问题。

一、著作时代

为了解释《太一生水》的内容和揭示其文化背景，我们必须先行指明此篇竹书的著作时间和抄写时间。《太一生水》与楚简《老子》丙组同编或同卷，由此可以推断，它们的抄写时间是相同的。根据第一章的考证，郭店丙组《老子》竹简的抄写时间可能晚于甲、乙两组，靠近帛书《老子》的母本或祖本，因此郭店《老子》丙组的抄写时间很可能晚至公元前 4 世纪后期，与郭店一号楚简的墓葬年代相接。由此说明《太一生水》篇的抄写时间也当在此时。但是，文本的抄写时间与其著作时间不是一回事。为了推论《太一生水》的具体著作时代，我们可以考察"太一"在先秦及汉代的使用情况。《太一生水》篇的核心概念无疑是"太一"，"太一"最

---

① 陈伟：《〈太一生水〉篇校读并论与〈老子〉的关系》，"郭店楚简国际学术研讨会"论文，武汉，1999 年 10 月。

早可能出现在战国中期，我们没有充足证据证明它在战国早期或更早些时候已经出现了。从出土文献看，"太一"崇拜在战国中期已出现于楚人的宗教信仰中，已出土的战国戈、包山楚简和马王堆汉墓帛画中都有"太一"崇拜的证据。后者——学者或称之为《太一将行图》，是"太一"信仰流行于战国中后期的直接物证。① 从传世文献来看，"太一"最早出现在《楚辞》等古书中。《楚辞·九歌》中有《东皇太一》篇，"东皇太一"即"上皇"，相当于"上帝"位格。②《庄子》中"太一"或"大一"，凡五见：《天下》云"主之以太一""至大无外，谓之大一"，《列御寇》云"太一形虚"，《徐无鬼》云"知大一""大一通之"。其中两"太一"都是从哲学性的宇宙论来说的，与《太一生水》篇的"太一"概念比较一致。其后，如《荀子·礼论》《吕氏春秋·大乐》《礼记·礼运》和《鹖冠子·泰鸿》《鹖冠子·泰录》等书篇皆言及"太一"。至汉代，由于楚文化的作用，作为神学与天官含义上的至上神，"太一"在国家意识形态中的地位得到极大提升，并逐渐稳固下来。武帝时期，"太一"正式成为国家宗教中的最高神灵。此外，在传世文献中，"太一"一词还出现在《越绝书·外传记宝剑》中，是篇有"太一下观，天精下之"的文字。但是，《越绝书》的成书年代至今不清。③ 笔者认为，

① 李学勤在《"兵避太岁"戈新证》（《江汉考古》1991年第2期）一文中论及此戈与"太一"的关系。不过此戈与"太一"是否实有关系，学术界尚无定论。帛画命名为《太一将行图》，系采用陈松长的说法。

② 《文选》十九载宋玉的《高唐赋》云："有方之士，羡门，高豀，上成，郁林，公乐，聚谷，进纯牺，祷璇室，醮诸神，礼太一，传祝已具，言辞已毕。"刘良注云："诸神，百神也。太一，天神也。"与《楚辞·九歌》云"太一"为"上皇"是相同的。

③ 李步嘉：《越绝书校释》，武汉：武汉大学出版社，1992，"前言"第1页。

其内容来源虽然可能较早，但是其成书年代应当是西汉，它不可能成书于战国中期或此前。顺便指出，郭沫若在《先秦天道观之进展》一文中认为通行本《老子》第二十五章"吾不知其名，字之曰道，强为之名曰大"的"大"字后脱了"一"字，原文当作"大一"；并且他认为"所谓'太一'便是'大一'，便是'道'"。[①] 验之于帛书两本和楚简本《老子》，其说显然错误，并无真实根据。

总之，笔者认为，"太一"一词大概是在战国中期流行于楚地的，战国早期及以前，缺乏"太一"早出的材料。而《太一生水》把"太一"的地位提到如此之高，从思想发展及文化系统的形成来看，不宜将竹书的写作时代推得过早。笔者认为，此篇竹书应当判定为战国中期的著作，即公元前 350 年前后的作品。

二、宇宙生成论思想

竹书《太一生水》篇既然是战国中期的作品，那么我们可以在此著作时间下来论述和讨论此篇竹书的思想及其来源，以及与当时思想文化系统的关系。

先看《太一生水》篇的思想要点。此篇佚书第 1—8 号简曰：

> 大（太）一生水，水反辅大（太）一，是以成天。天反辅大（太）一，是以成地。天地【复相辅】也，是以成神明。神明复相辅也，是以成阴阳。阴阳复相辅也，是以成四时。四时复相辅也，是以成沧热。沧热复相辅

---

① 郭沫若：《青铜时代》，北京：人民出版社，1954，第 37 页。

也，是以成湿燥。湿燥复相辅也，成岁而止。故岁者，湿燥之所生也。湿燥者，沧热之所生也。沧热者，【四时之所生也】。四时者，阴阳之所生。阴阳者，神明之所生也。神明者，天地之所生也。天地者，大（太）一之所生也。是故大（太）一藏于水，行于时，周而或（又）【始，以己为】万物母。一缺一盈，以己为万物经。此天之所不能杀，地之所不能埋①，阴阳之所不能成。

"大一"即"太一"，"太""大"本为一字。上引一段简文所说宇宙生成论在体系上是非常严密而完整的，一环扣一环，把每一个环节之所生和所以生都叙述得十分清楚。太一是宇宙生成系统的总根或终极始源，水、天地、神明、阴阳、四时、沧热、湿燥、岁及世间万有皆由其生成，并且在每一环节的下生过程中，它也直接或间接地介入其中：太一生水生天生地，生神明生阴阳，生四时生沧热生湿燥，直至成岁而止。不过，从竹简看，"岁"的形成，并不代表太一作用的休止或终止，所以《太一生水》以太一的宇宙总根论述"岁"的形成，只是对"岁"的形成做了理论上的说明，提供了其形成的逻辑根据。这就是说，对于"岁"形成来源之解释的完成，并不意味着"岁"的延绵性在真实世界中的终结；恰恰相反，当我们现实地、持久地经验到岁岁相续，则可以由此领悟到作为形上本原的"太一"的存在，且其作用是无限开展和延绵的，而不是到"成岁而止"就停止不前了。这样看来，"太一"在现实的层面是活泼的、恒动的，充满无限的运动力量,所以《太一生水》说:"是故太一藏于水,行于时,周而又【始,以己为】万物母。一缺一盈,以己为万物经。"同时,也不得不承认,"太一"的存在又是超越的,尽管其作用存在于其作用物之中,但是它本身并不受其作用物的局限和束缚,所以《太一生水》说:"此天之所不能杀,地之所不能埋,阴阳之所不能成。""太一"是其自身的存在,它并不受其所生者的约束和控制。"太一"似乎具有神性或宗教性。

由于在竹书中"太一"不离于物而发生其实际作用,所以它存在于其每一个下落的所生环节中。《太一生水》篇"天地复相辅""神明复相辅""阴阳复相辅""四时复相辅""沧热复相辅""湿燥复相辅"的"相辅",是指它们中的前者相辅太一而生成后者。所谓相辅与反辅,主要是就太一的作用而言的,除了生水之外,太一似乎总需要物的辅助才能发挥作用,故太一又即物而存在。①"是故藏于水,行于时",在周而复始的运动中,太一生生不已,为水、天地、神明、阴阳等万物的生成母根。既然太一是万物的生成母根,那么它便在不断的受辅作用中悄然生成万物,且在此生生作用中表现其自身、开显其自身,从而规定其本身为"万物之经"。所以太一即物而存在,通过生成的作用而把自己构造成一形而上的超越者和主宰者。《太一生水》篇曰:"一缺一盈,以己为万物经。"一缺一盈,当是以月为喻,月之圆缺喻一岁四时周

---

① "相辅"与"反辅"是两种宇宙生成论的作用形式。"反辅"的词义学术界没有争议,但"相辅"的内涵恐与时论相左。"相"有互相、辅助及表动作的偏向作用三义,一般认为竹书"相辅"之"相"是"互相"义。不过,所谓"相辅",亦针对太一的作用而言。

而复始的循环变化。与此相应，"缺"是太一藏于水，"盈"是太一行于时，太一是一岁四时阴阳消息运动的根源。太一就在这种"一缺一盈"的消息变化中构造其自身、表现其自身和肯定其自身："以己为万物经。"它纵贯于万物之中，是万物当下存在的母根或根源。

虽然太一生水，水反辅太一而生天，但是"太一"并不在于"水"之外，竹书曰："太一藏于水。""水"似乎是太一存在之家，而这一家园本身又是由"太一"构筑的（"太一生水"）。在行于四时、周而复始之中，"太一"亦藏于此家中。"太一"有"藏"有"行"，并且从藏到行、从行到藏，是一个永恒循环往复的过程。反映在人生观上，亦是一缺一盈、失落与充满的精神状况。第8号简曰："君子知此之谓……"可惜，此简残缺，但残简零字弥足珍贵，说明了中国人的宇宙观必定会对人生观产生某种影响。

总结"太一"的存在状况，有两种：一种是作为形上的超越存在者，一种是作为形下的事物而存在。所谓超越，乃生物者不生、物物者不物之义，它是其自身的根源和主宰者。"太一"是一个自身圆满者，它生物、物物，处于万物之中，又返藏于水，这都是"太一"对其自身的规定。从竹书来看，"太一"的形下存在已预设在其形上的存在之中，所以"太一"的两种存在状况是统一的。顺便指出，"太一"与"道"，据此篇简文来看当有某种关系，是太一强为之名曰道，还是太一即道？由于竹简不足，故我们无法推明之。进一步，竹书原应当对其宇宙生成论系统中的每一环节做出具体解释或加以说明，如应当对何谓水、何谓天地、何谓神明、何谓阴阳等做出解释。从现存简文来看，此篇竹书保留了对"天地"

一词的具体论述，这是证据之一。这说明，我们对《太一生水》篇的重要概念做出一定的考察是必要的，也是有依据的。

第二节　重要概念与命题考察

在竹书《太一生水》篇的宇宙生成论系统中，比较重要的概念有太一、水、天地、神明和阴阳等，其中对于天地与阴阳二者，古书及前人有很多论述，故本书对此两概念存而不论。本节下文只考察太一、水和神明这三个概念，分析其内涵变化，指出它们与《太一生水》篇的关系。

一、太一

对于"太一"一词，古人约有三种路向的理解。第一种是指道家思想中的"一"，它相当于"道"，是宇宙的本根或本体。道之"一"与万物之"多"相对。《周易·系辞》等书中的"太极"观念①，汉代以后人们常谓"极""一"相通，"太极"即"太一"。第二种是指宗教意义上的"太一神"。第三种是指天文学上的"太一星"。这三种含义的"太一"是否有某种关系呢？这是一个需要回答的问题。《老子》一书本身并无"太一"或"大一"一词，但"大"和"一"屡见。就通行本《老子》来说，"大"字凡二十九见，且至少有三次是直接指"道"的，有十次是直接形容道无所不包、至高无上

---

① 帛书《系辞》篇"易有太极"作"易有太亘"。先秦两汉时期，"亘"字常与"亟"字混写，竹书《老子》乙组即有其证。因此当结合世传文献来判定，帛书此"亘"字乃"亟"字之误。

的特性的。但是，在《老子》中，"大"更多与"小"字相对；而且，即使在指道或形容道的时候，"大"也是以此义为基础的。"大"的观念很早即已深深地扎根在中国古人的"崇高""广博"意识中。在《老子》中，"太"或"泰"字凡四见，都与"道"无关。《老子》的"一"字较频繁，共出现了十五次。其中，指"道"的"一"字，见于通行本第十四、二十二和三十九章。指宇宙万物的原始状态的"一"，见于第四十二章，云："道生一，一生二。""大"和"一"，在《老子》中都可以直接指"道"或者形容"道"的存在状态，尽管《老子》没有"大一"或"太一"一词。而如果《老子》逻辑地有，或者按照思想的发展趋势来看《老子》会有"大一"或"太一"一词的话，那么"大一"或"太一"只可能指示"道"或者形容"道"。当其指示"道"的时候，太一即道；当其形容"道"的时候，太一是用来描述道具有独一无二、至高无上之存在特性的用语。"大"和"一"还暗含着原始的宇宙状态，大概"太虚""浑沌"两词与之有某种语义关联。马王堆帛书《十六经·成法》篇"一"字多见，如云"循名复一""犹有一乎""下道一言而止""一者一而已乎""一者道其本也""莫能守一""一之解""一之理""握一以知多""绋凡守一"，帛书《十六经·顺道》篇云"执一毋求"，这些"一"字都指"道"，或者与"道"有密切关系。帛书《道原》曰："恒无之初，迥同大（太）虚。虚同为一，恒一而止。""迥同"即洞同，"洞"是空虚之义。《淮南子·诠言》曰："洞同天地，浑沌为朴，未造而成物，谓之太一。"又《淮南子·缪称》曰："包裹宇宙而无表里，洞同覆载而无所碍。"《庄子·知北游》曰："是以不过乎昆仑，不游乎太虚。"

成玄英疏曰："太虚是深玄之理。"① "太虚"是对"太一"或本体之"道"的存在状态的描述，在一定意义上可代指"道"或指"太一"。帛书《道原》又说"一者其号也""夫为一而不化，得道之本""抱道执度，天下可一也"，这些语句都表明了"一"或"太一"与"道"有密切关系，在一定意义上即指"道"。不过，虽然帛书《十六经》《道原》屡次出现作为哲学概念的"一"，但是它们没有出现过"太一"一词。

"大"字在《庄子》中出现得非常频繁，但是一般作形容词用，与"道"具有较深关系的例子很少见。《庄子》中《徐无鬼》《天下》两篇有"大一"一词。《徐无鬼》曰："知大一，知大阴……大一通之，大阴解之。"郭象注说"大一"指"道"，成玄英疏云"大一"指"天"，"大阴"指"地"，"大一"能通生万物。② 依郭象注、成玄英疏，"大一"不论指"道"或"天"都具有生成万物的特性，而如此意义上的"大一"，已非常接近竹书《太一生水》的"大（太）一"。"大一"还有一义，《庄子·天下》曰："至大无外，谓之大一；至小无内，谓之小一。"这是惠施"历物之意"十个命题之一。在此，"大一"与"小一"相对，指无限大，是对宇宙空间之大推至其极的逻辑断定，与宇宙生成论没有多大关系。"一"字，在《庄子》中频繁出现；其中，指万物之本原、道或气的"一"，共出现了十三次，如《在宥》篇云"我守其一以处其和"，"一而不可不易者，道也"，《天地》篇云"一之所起，有一而未形"，《天下》篇云"皆原于一"。所举三例

① ［清］郭庆藩：《庄子集释》，北京：中华书局，1961，第759页。
② ［清］郭庆藩：《庄子集释》，第872页。

"一"字，皆指道。"太一"一词在《庄子》中凡两见，《列御寇》篇云"太一形虚"，《天下》篇云"主之以太一"。前者指宇宙未开之初，与"太初"（或"泰初"）一词的含义相同，它或指道的超越本体，或指天地未生之前元气的存在状态。对于后者，成玄英疏曰："太者，广大之名，一以不二为称。言大道旷荡，无不制围，括囊万有，通而为一，故谓之太一也。"① 据此，《庄子》的"太一"也具有竹书《太一生水》所说的"以己为万物母""以己为万物经"的特性。

《荀子》一书"大一"凡一见，《礼论》篇曰："贵本之谓文，亲用之谓理，两者合而成文，以归大一，夫是之谓大隆。"类似文字亦见于《大戴礼记·礼三本》篇。王先谦《荀子集解》曰："大，读为太。太一，谓太古时也。"② 在古人的想象中，太古时礼隆至一，所以谓之太一。《礼记·礼运》也说："是故夫礼，必本于大（太）一，分而为天地，转而为阴阳，变而为四时，列而为鬼神。"陆德明《经典释文》曰："大音泰。"孙希旦《礼记集解》曰："大者，极至之名。一者，不贰之意。大一者，上天之载，纯一不贰，而为理之至极也。"③ 这是单纯从义理角度认为"太一"乃化生之原，礼必本于太一。《吕氏春秋·大乐》篇曰："音乐之所由来者远矣，生于度量，本于太一。太一生两仪，两仪出阴阳……万物所出，造于太一，化于阴阳……道也者，至精也，不可为形，不可为名，强为之，谓之太一。""太一"即指"道"。顺便指出，《周易·系辞上》曰："是故《易》有太极，是生两

---

① ［清］郭庆藩：《庄子集释》，第 1094 页。
② ［清］王先谦：《荀子集解》，北京：中华书局，1988，第 352 页。
③ ［清］孙希旦：《礼记集解》，北京：中华书局，1989，第 616 页。

仪，两仪生四象。"其中的"太极"即"太一"义，学者或将其理解为"道"。现在看来，这种意见是不对的，其实"太极"是从揲蓍成卦角度来说的，它不是从宇宙生成论或本体论说的。《淮南子》的《天文》《精神》《本经》《主术》《诠言》《要略》六篇都有关于"太一"的论述，《诠言》篇所论上文已引，《本经》篇曰："秉太一者，牢笼天地，弹压山川；含吐阴阳，伸曳四时；纪纲八极，经纬六合；覆露照导，普氾无私；蠕飞蠕动，莫不仰德而生。"《主术》篇曰："太一之精，通于天道。天道玄默，无容无则；大不可极，深不可测；尚与人化，知不能得。"所引两段文字都从功能上对"太一"做了夸张描绘，"太一"具有神化色彩。《天文》篇曰："太微者，太一之庭也。紫宫者，太一之居也。"高诱注曰："太一，天神也。"[①]"太一"作为生化之原，被古人特别是汉人投射到整个宇宙中，是天文星象与人类所崇拜至上神的统一。

实际上，理解中国古代思想，神性的"太一"和义理性的"太一"同等重要。神性的"太一"不是从"大""一"开始的，而是源自上古宗教。但是，"太一"本身之基本语义的突显及其哲学含义的扩张，使得神性的、实体意义的"太一"一词最终置换了"上帝"。屈原《楚辞·九歌》中有《东皇太一》篇，开篇即曰："吉日兮辰良，穆将愉兮上皇。抚长剑兮玉珥，璆锵鸣兮琳琅。""上皇"即东皇太一，是楚国宗教信仰中的至上神。上皇在吉日良辰、肃穆欢愉的气氛中上场，手中抚握玉珥长剑，身佩珠宝玉饰璆锵作响。玉剑、玉饰，皆为古代尊贵者所佩，《东皇太一》篇以之形容东皇太一的尊

---

① 何宁：《淮南子集释》，北京：中华书局，1998，第200页。

贵，从而指明其身份。王逸注曰："太一，星名，天之尊神，祠在楚东，以配东帝，故曰东皇。"《〈文选〉五臣注》亦有此语。[1]"东皇"即《越绝书》《吴越春秋》所记越王勾践伐吴九术之第一术所祀之神"东皇公"。[2] 古人迷信，天、地、日、月、星、辰皆有神，太一既为星名又为神名，这应该是比较早的事情。宋玉《高唐赋》曰："进纯栖，祷璇室，醮诸神，礼太一。"刘良注："诸神，百神也。太一，天神也。天神尊，敬礼也。"（《文选》十九载）[3]"太一"在神权意识与祭祀礼仪中成为诸神之最高者，这在屈宋时代的楚国已经确定下来。文廷式《纯常子枝语》三十三即曰："案上皇即上帝之称。变言上皇者，以协韵之故。以此知中国以太一为上帝矣。"[4] 是太一真的先已为上帝，还是太一后来取代上帝？这是一个有待讨论的问题，但文氏所言表明了当时太一在楚系神灵中的至上地位，这一点则是毋庸置疑的。《楚辞·天问》反复追问"遂古之初"——宇宙的本原，在思想上似乎与"太一"具有某种联系。假如太一不仅为统率诸神的至上神，而且为宇宙生成之神，那么在战国中期楚国的宗教观念中，太一为星名、神名和宇宙的生成者，即可混而为一。

---

① 钱宝琮认为："这种望文生义的注解，未必是对的。因为西汉初年还没有'太一，星'的解释……倘使'东皇'的解释是执掌东方的天神，他的地位就不能十分高超，和'太一'的徽号有些冲突了。用西汉人的故事去解释战国时代的作品，是万万讲不通的。"钱宝琮：《太一考》，载中国科学院自然科学史研究所编：《钱宝琮科学史论文选集》，北京：科学出版社，1983，第 212 页。

② 陈子展：《楚辞直解》，南京：江苏古籍出版社，1988，第 464 页。

③ 另外，贾谊《惜誓》云："飞朱鸟使先驱兮，驾太一之象舆。苍龙蚴虬于左骖兮，白虎骋而为右骓。"贾子以太一所处位置为中，亦尊上太一之意。不过，我们似乎现成有一个反证，《越绝书·越绝外传记宝剑》云："蛟龙捧铲，天帝装炭；太一下观，天精下之。"天帝与太一是并列的。但考虑汉代五帝为太一佐的思想，先秦天帝与太一神的平列，应视为当然，正反映了思想观念的变迁必经的步骤。

④ ［清］文廷式：《纯常子枝语》，扬州：江苏广陵古籍刻印社，1979。

在屈原的神话世界之外，《鹖冠子·泰鸿》篇亦曰："中央者，太一之位，百神仰制焉。"由百神仰制可知，"太一"既包含主宰义又包含生成义。据五行方位图式，太一居中央，为土，土生西方金，金生北方水，水生东方木，木生南方火，火生中央土。太一之运，是一个周而复始的生生运动过程。综合《淮南子》中《天文》《本经》《诠言》三篇关于"太一"的论述，可知"太一"作为生成之原的最高神灵地位已经确定下来。不过，《淮南子》是西汉景武之际的材料，时间偏晚。而实际上，"太一"神也出现于出土先秦材料中。据楚"兵避太岁"戈和马王堆帛画《太一将行图》，"太一"神的崇高地位在先秦已经确立。在包山楚简的神祇系统中，"太"神或"蚀太"神出现了。据学者考证，它就是太一神。① 包山楚简属于包山二号墓的下葬品，而包山二号墓的下葬时间是公元前316年。据此，将楚系太一神祇系统推至公元前4世纪中期，这应当是没有疑问的。1954年，人们在山东沂南发现了一幅太一拥抱伏羲、女娲的石墓画。② 闻一多《伏羲考》所引《东洋文史大系》第171页东汉石刻插图亦有一幅太一拥抱伏羲、女娲的两尾合拢图。③ 可见太一神作为生生之原的观念，产生较早。丁山在《中国古代宗教与神话考》一书中认为尧就是东皇太一，泰一为宇宙之大原。④ 此说将太一（泰一）作

---

① 刘信芳：《包山楚简神名与〈九歌〉神祇》，《文学遗产》1993年第5期；李零：《包山楚简研究（占卜类）》，《中国典籍与文化论丛》，第1辑，北京：中华书局，1993；陈伟：《包山楚简初探》，武汉：武汉大学出版社，1996，第161－162页。

② 刘弘：《汉画像石上所见太一神考》，《民间文学论坛》1989年第4期。

③ 图转见马昌仪编：《中国神话学文论选萃》，上集，北京：中国广播电视出版社，1988，第686页。

④ 丁山：《中国古代宗教与神话考》，上海：龙门联合书局，1961，第300页。

为生生之原的大神回溯得更早了。综合言之，天文星象、宗教神话与宇宙生成论意义上的"太一"在古代是彼此相关联的。

在秦汉，"太一"神的地位及名义得到了巩固和大力发展。《史记·秦始皇本纪》曰："古有天皇，有地皇，有泰皇，泰皇最贵。"一般认为，泰皇即太一。天皇、地皇、泰皇三者连言，似乎与天一、地一、太一的三一说有关。《史记》论太一或三一之文，见《礼书》《乐书》《天官书》《封禅书》等篇。《礼书》曰："贵本之谓文，亲用之谓理，两者合而成文，以归太一，是谓大隆。"又曰："故至备，情文俱尽；其次，情文代胜；其下，复情以归太一。"这两段文字均采用了《荀子·礼论》和《大戴礼记·礼三本》的相关文字。①《史记·乐书》曰："汉家常以正月上辛祠太一甘泉，以昏时夜祠，到明而终……又尝得神马渥洼水中，复次以《太一之歌》。歌曲曰：太一贡兮天马下……"类似文字亦见于《汉书·礼乐志》。《史记·天官书》曰："中宫天极星，其一明者，太一常居也……前列直斗口三星，随北端兑，若见若不，曰阴德，或曰天一。""太一"与"天一"的星位是不同的，两者分别由太一神和天一神居处、主宰。《史记·封禅书》言及"太一"或"三一"的文字较多，今择要述之：一曰"天神贵者太一，太一佐曰五帝"；二曰祠神"太一"或"三一"，为坛筑宫之事；三曰皇帝亲自郊祭太一，征战则太史告祷太一。具体文字，参见《汉书·礼乐志》《汉书·郊祀志》。总之，

---

① "情文代胜"，《大戴礼记》作"情文佚兴"，王聘珍曰："佚读曰迭。"代胜、迭兴，义同。[清]王聘珍：《大戴礼记解诂》，北京：中华书局，1983，第20页。

在汉武帝时期，太一神或三一神信仰经过漫长演变及统治集团的有意抬升而达到了鼎盛状态。《汉书》的记载与《史记》的记述有所不同。其一是在《艺文志》中，对先秦至西汉与太一有关的著作做了比较详细的记载，这些著作包括：《太壹兵法》一篇，《泰壹杂子星》二十八卷，《泰壹杂子云雨》三十四卷，《泰一阴阳》二十三卷，《泰一杂子候岁》二十二卷，《泰一》二十九卷，《泰壹杂子十五家方》二十二卷，《泰壹杂子黄冶》三十一卷。《汉书·艺文志》还记载了跟天一有关的三部著作，今不俱引。《易纬·乾凿度》有"太乙下行九宫"之说，"太乙"又作"太一"。《乾凿度》和郑玄注都将太一、天一等同起来。如《乾凿度》曰："故太一取其数，以行九宫。"郑玄注曰："太乙者，北辰之神名也。居其所曰太乙，常行于八卦日辰之间曰天一，或曰太一。出入所游息，于紫宫之内外，其星因以为名焉。故《星经》曰：'天一，太乙，主气之神。'"① 按照郑玄的注，我们还可以得出一个推论：太一星或天一星的命名，乃是宗教信仰附益的结果。这关系到"太一"一词的第三种含义。

"太一"一词的第三种含义，上文实际上已有所论及，按照《史记·天官书》的说法，即指"中宫天极星，其一明者"。太一星的命名，从逻辑上看，当晚于其名义及其相应的义理思想。《晋书·天文志》说太一星"在天一南，相近"。中国古代将北极星及其周围的天区看作天的中心，称为中宫，太一星、北斗星即居于中宫，于是衍生出太一乘斗车或帝乘

---

① ［清］黄奭辑：《易纬·诗纬·礼纬·乐纬》，上海：上海古籍出版社，1993，第21页。

斗车的神话。这是古人天文学知识与宗教神话相互作用的结果。这样看来，在古代中国，"太一"的内涵根本不可能避免宗教神话与天文内涵的交织作用。不仅如此，正因为"太一"一名具有至高无上、独一无二的含义，所以它才可能在天文知识与宗教神话中获得如此崇高的地位。故义理的、宗教的和天文的三重含义常常交织在"太一"一词的内涵中。

进一步，"太一"概念的缘起在哪里呢？笔者认为，它可能在《老子》《论语》之后，《庄子》《楚辞》之前，即可能在战国早中期之交。"太一"概念的起源，应当早于竹书《太一生水》篇的写作。而由此，笔者认为，《太一生水》篇是公元前 350 年前后的作品。竹书《老子》丙组的抄写时间与《太一生水》篇的写作时间大体相当。

二、水

"水"是人类最早认识和思考的重要对象之一。

今文《尚书》言"水"多见，在五行中其出现次数仅次于"土"。《尚书·尧典》曰："汤汤洪水方割。"又曰："汝平水土。"《尚书·益稷》曰："洪水滔天。"《尚书·禹贡》曰"导弱水""导黑水""导沇水"。《尚书·洪范》曰"鲧堙洪水""五行一曰水""水曰润下"。《尚书·大诰》曰："若涉渊水。"《尚书·吕刑》曰："禹平水土。"可以说，"水"在中国先民的生存意识中占据了非常重要的地位。水因其江、河、湖、海的不同而主神各异。先民对水的体验，既有恐惧心理，亦有征服、利用的欲望和行动。在征服、利用的过程中，先民对水的性能具有非常平实和经验性的把握。在生活世界中，先民对水的原始体验是非常具体而实用的。洪水不能堙塞，而需要疏导，这是成功治水的经验之谈。先民在对洪水的恐惧体验中追问到洪水之所自，甚至上帝的存在，以及天人的关联。在对"水曰润下"特性的把握中，古人体会到水具有润泽万物、随势下降的作用，水之利用、为害，物之丰泽、枯槁，以及水、火、金、木、土的相杂中和①，都与水的此种特性具有密切关系。总之，《尚书》对"水"的论述有三点值得注意：第一是五行以水为首，第二是"水曰润下"，第三是水自天降。这三点归纳起来，可以《尚书·洪范》"天赐洪范九畴"概括之。从逻辑上讲，天（上帝）赐水的观念，完全可以转换成太一生水的命题，在此只需太一取代上帝的地位。

《周易》常占问"利涉大川"或"不利涉大川"及风雨阴晴之事，这同时是殷墟卜辞的重要内容之一。②《井卦》卦辞还专门问井渫、井冽及井水之汲用可否。推此及远，水与人生之用关系实大。作为经卦，坎卦为《周易》八卦之一。坎（☵）者，水之象。

《诗经》亦有许多诗篇、诗句与水密切相关，如《周南·汉广》《秦风·蒹葭》《陈风·衡门》等。这些与水相关的诗篇或诗句，或以水起兴，或以水入情，或以水喻理，皆与诗人的心志、水之特性两合。

通观《诗》《书》《易》，古人一是对水自身的本性做了概括，二是对水的来源做了神性的上推。这两点在宗教神话中也有反映，其中汤祷祈雨的故事是一则很好的例子。汤祷的故事见于《荀子》《尸子》《吕氏春秋》《淮南子》《说苑》等

---

① 《国语·郑语》记史伯之言曰："夫和实生物，同则不继。以他平他谓之和，故能丰长而物归之。若以同裨同，尽乃弃矣。故先王以土与金木水火杂以成百物。"
② 陈梦家：《殷墟卜辞综述》，北京：科学出版社，1956，第86—90页。

书，其大意是说，在商汤之时，天下大旱七年（诸说皆作七年，唯《吕氏春秋·顺民》作五年），民生困窘，汤于是以身祷于桑林，祈雨于上帝。[①] 据此故事，水的来源是上帝所赐予的。进一步，汤为什么一定要以身祷雨求雨呢？这当然是基于从天而降的雨水具有润泽万物的重要功用。在生活世界中，"水"的本质就是润泽万物。而如果水过多，则其能生灾患。故大禹治水、女娲积芦灰以止淫水，成为经典的神话故事。旱与涝，在《诗经》中都叫作"天降丧乱"，甚至川源塞竭也预示着国家的丧亡。《国语·周语》记伯阳父之言曰："阳失而在阴，川源必塞。源塞，国必亡。夫水，土演而民用也；土无所演，民乏财用，不亡何待！"

对水的体验和对水性的刻画，老子与孔子都有一些名言警句。通行本《老子》第八章曰："上善若水，水善利万物而不争，处众人之所恶，故几于道。""不争"，帛书甲本作"有静"，帛书乙本作"有争"，"争"即"静"之借。"有静"与"不争"义近，属于同义换字。老子尚柔、尚弱、尚谦、尚卑，"清静"与"不争"之德都是老子所推崇的，两者皆可从。通行本《老子》第七十八章曰："天下莫柔弱于水，而攻坚强者莫之能胜，其无以易之。"老子在这里对水的特性又做了阐发，水具有柔弱、卑让、不争之德，它几乎是对"道"的直接体现，因此水性几乎等于道性。此外，老子也常以与水有关之物起譬，来阐发哲理。儒家对"水"也有许多论述。《论语·雍也》篇记"子曰"："知者乐水，仁者乐山。知者

[①] 《吕氏春秋》《淮南子》及李善《文选·思玄赋》注引《淮南子》作汤以身祷，而《荀子》《说苑》只言祷祝而已，不言身祷。

动，仁者静。知者乐，仁者寿。"这是从水的流动状态联想到智者善思的特性，二者是类比关系。《论语·子罕》记"子在川上，曰"："逝者如斯夫！不舍昼夜。"这也是从水的流动状态感悟到宇宙和人间万事万物的迁流、变化及一去不复返的特性。水，给人以智慧的思考。《孟子·离娄下》云："原泉混混（滚滚），不舍昼夜，盈科而后进，放乎四海。"这四句话特别强调了本原的重要作用，这是孟子对"仲尼亟称于水"的一种诠释。孟子言水颇多，今不一一为之解析。孔子对水的沉思，还记载于《荀子·宥坐》和《大戴礼记·劝学》两篇。其中后者比前者更为详尽，当属晚出。今引后者文字如下：

> 子贡曰："君子见大川必观，何也？"孔子曰："夫水者，君子比德焉。偏〈遍〉与之而无私，似德。所及者生，所不及者死，似仁。其流行痺（卑）下倨句，皆循其理，似义。其赴百仞之谷，不疑，似勇。浅者流行，深渊不测，似智。弱约危通，似察。受恶不让，似贞。苞裹不清以入，鲜洁以出，似善化。必出，量必平，似正。盈不求概，似厉。折必以东西，似意。是以见大川必观焉。"

君子见大川必观的原因是什么？这是上述引文所要回答的核心问题。依上述引文，君子之所以见大川必观，是因为"夫水者，君子比德焉"，即君子在观水的过程中能够领悟人生道理，能近取譬，以水比德。孔子说，水虽遍施有生的万物而无私心，这就像人具有德行一样。水之施予，随天而运行，所及者生，得水而活，所不及者死，缺水而枯，水对于生物的重要性就如仁对于人的重要性一样。水之流行，随着地表的高低凸凹而下就，这都是遵循自然的条理、法则，这就像人践行义道，不超越规矩。水奔赴百仞的崖谷而毫不迟疑，这就像人具有勇敢之德，迫近大难而无所畏惧一样。水浅而流行，水深而居渊不测，这就像人具有智谋，其貌虽与众同，但其心忧虑甚远一样。水流经回曲之地而能绕过，行于险地而能通达，这就像人能明察困难，克服困难，而达到目的一样。水能容纳秽恶而无退让，这就像人能贞定持一，不为秽物所玷污一样。纳污流洁，这就像圣人能够善化诸恶，而使之弃恶从善一样。水之势必就下，取而量之必自平正，这就像人有正直之德一样。盈满科坎则进，满而不溢，这就好像人有规矩准绳一样。水流，虽百折而不挠，或向西或向东，这就好像人有意志一样。所以君子见大川必观焉。在儒家的笔下，"水"被完全人格化和德行化了，水给人以生命意义以及如何做人的启示，这是人观水而发生物我交融的结果。

将老子与孔子的"水观"进行比较，它们虽然有相同的方面，但基本上是两条路子。老子所注重的是从水中提取柔弱谦让的德行，而孔子所注重的是水所蕴含的仁义勇智等品德。儒家与道家在对水之内涵的阐发上也迥然异趣。

庄子也有对水的体验和取义，如《庄子·逍遥游》云水积之厚薄与负载之大小成正比，而借此以阐明万物有待之理。《庄子·齐物论》曰："注焉而不满，酌焉而不竭，而不知其所由来，此之谓葆光。"庄子以海阔之容，阐明了韬光养晦之人生修养的必要。《庄子·德充符》云修身要效法"平者，水停之盛"，而达到"内保之而外不荡也"的境界。《庄子·大宗师》等篇把鱼相忘于江湖与人相忘乎道术相比拟，强化了

"道"对于人之生命存在的意义。《庄子·天道》篇通过"水静则明"阐明了圣人静心养神而明照天地物理的道理。《庄子·刻意》云:"水之性,不杂则清,莫动则平,郁闭而不流,亦不能清,天德之象也。"这段话是说,水虽然具有清静平正之性,却是以"不杂""莫动"为条件的。所谓"不杂",是没有异质混入的意思;所谓"莫动",是指水体没有扰动。至于水体缓慢自在地更新和流动,则都是水得以清净的必要条件。所谓"天德",在庄子看来亦复如此。《秋水》篇以所见水体之大小做比譬,论述了人所见境界之高低和大小的差别。

《管子·水地》全篇以水为中心,认为水为"万物之本原也,诸生之宗室也,美恶、贤不肖、愚俊之所产也",认识到"水"对于生命存在的重要性。关于水与地的关系,它认为地为诸生之本,而水为其血气、学脉。《水地》篇曰:"水者,地之血气,如筋脉之通流者也,故曰:水,具材也。"而在水、地二者之中,《水地》篇无疑更重视前者。水具何材?以人性比拟之,《水地》篇认为水具德性之材。其中一段具体阐释文字,与上引《荀子·宥坐》《大戴礼记·礼之本》两篇略同。《水地》篇还认为"人,水也",人本身是由水生成的,"男女精气合而水流形",进而生出五脏九窍,最后形成完整的人体。不仅如此,《水地》篇似乎还认为水蕴含着神性或灵性,是水为万物本原、诸生宗室的根本原因。所以,《水地》篇认为,治人者欲化世,其"解在水","其枢在水"。不能不说,今天看来,《水地》篇的论说很夸张,而夸张的原因是基于其偏颇、臆想的认识。关于《水地》篇的学派性质,笔者认为它更近于儒家性质,主要根据在于其中一段与《荀子》《大戴礼记》略同的文字,带有明显的儒家色彩。而《水地》

篇其他思想，儒家不必反对，但是与道家视水为柔弱谦让的意象不类。另外，《水地》篇与《荀子》《大戴礼记》大致相同的这段文字，似乎更为粗糙、原始，故《水地》篇当较后二者早出。

总的看来，先秦对"水"的思考大体上分为两派：一派是道家，注重于水的柔弱谦让、清静平正的特性；另一派是儒家，儒家虽然不反对水含清洁平正的特性，但是更重视其所蕴含的仁义知勇的道德内涵。儒道两家对水都很重视，故其成为哲学上的一个思考对象乃是必然的事情。尤其上推至《诗》《书》以水为上帝（天帝）所予及《管子·水地》篇以水为万物本原的说法，它们更是古人以水为哲学思考对象的直接表现。尽管如此，但竹书《太一生水》篇对"水"的解释却与以上儒道两家的解释不同，区别明显。这是笔者需要继续讨论的问题。

三、"太一生水"和"太一藏于水"

先看"太一生水"这一命题。太一何以能生水？对于此一问题，庞朴先生有所回答。① 从理论上讲，太一一旦取得上帝或道的位置，它生水就是顺理成章的。而问题在于：为什么竹书《太一生水》篇首先陈述"太一生水"，而不是先说太一生天生地，然后再生水呢？以往，人们所描绘的宇宙生成论图式大体是：道/太极/太一→天地/阴阳→五行→万物。而在此刻板化的宇宙生成论图式中，"水"根本没有其位置。尽

---

① 庞朴对此命题做了纯哲理上的理解，认为"太一生水"的"生"为"化生"义。参见庞先生对拙文所做的学术评语（1999 年 5 月 11 日），以及庞朴：《"太一生水"说》，广东罗浮山道家会议论文提要，1998 年 12 月。

管《管子·水地》篇很强调"水",甚至说"水者何也?万物之本原也",但是此篇《管子》文献以水为本原,无水则无生的思想,其实很经验化,不是一种形而上的宇宙论构想。此点与"太一生水"的命题是迥然不同的。《管子·水地》篇不可能包含"太一生水"的思想。《楚辞·远游》曰:"朝发轫于太仪兮,夕始临乎于微闾。""太仪",当与泰初、太一义近。"微闾",一云"微胡闾",北方幽州神山。在五行图系统中,北方为水。似乎,《楚辞·远游》篇此二句暗含着太一生水之义;但是,文本太晦暗,我们很难据此推出所谓"太一生水"的命题来。贾谊《楚辞·惜誓》篇曰:"攀北极而一息兮,吸沆瀣以充虚。飞朱鸟使先驱兮,驾太一之象舆。苍龙蚴虯于左骖兮,白虎骋而为右騑。"这段文字似乎暗含着"太一生水"和"太一藏于水"的文化意蕴。文中的五行方位图,似乎缺少北方玄武一环,不过"象"字疑是"龟"字之误。这样,《楚辞·惜誓》这段文字可以解释如下:玄武(龟),北方之象,水属,而"驾太一之象〈龟〉舆"蕴含着"太一藏于水"的思想。如果此点不误,那么我们可以推断,在《太一生水》篇之外"太一生水"或"太一藏于水"的思想也似乎存在着。这一点可以得到纬书的印证,《易纬·乾凿度》郑玄注曰:"太乙者,北辰之神名也。居其所曰太乙,常行于八卦日辰之间曰天一,或曰太一……天数大分以阳出、以阴入,阳起于子,阴起于午,是以太一下九宫,从坎宫始。"①北方,水象;坎卦,水象。这段引文也似乎暗含着"太一生水"和"太一藏于水"的思想。

---

① [清] 黄奭辑:《易纬·诗纬·礼纬·乐纬》,第21页。

长沙马王堆出土文物中有一幅名为《太一将行图》（或称《太一出行图》《神祇图》《避兵图》）的帛画。[1] 此画分为上中下三层，方位是上北下南，左东右西。上层，右边的神像题名为"雨币"，"币"读为"师"；中间神像题名为"大一"（同时题有"社"字），"大"读为"太"；左边神像题名为"雷【公】"。中层为四名"武弟子"，左右各二；居于中间者是一条黄首青龙，托日于太一神的两胯之间。下层，右边是"持钎"的"黄龙"，左边是"奉容"的"青龙"。"奉"读为"捧"，"钎"同"炉"，"容"读为"镕"。[2] 与太一神有关的总题记是："大（太）一祝曰：某今日且【□】神……"太一神题记是："大（太）一将行，何日……神从之。以……""何"同"荷"，担荷。《楚辞·远游》曰："左雨师使径侍兮，右雷公以为卫。"所说与帛画上层的图像相符合。《越绝书·越绝外传记宝剑》曰："雨师扫洒，雷公击橐；蛟龙捧钎，天帝装炭；太一下观，天精下之。"这六句话的描述，与帛画很吻合。不过，二者的文化含义似乎不一致。饶宗颐先生认为帛画中的三条龙即"三一"：青龙是天龙，代表"天一"；黄龙是地龙，代表"地一"；黄首青身龙则代表"太一"。[3] 李零进一步认为，青龙、黄龙不仅是天龙、地龙，也是木、土之象，

---

① 此幅帛画，《长沙马王堆汉墓简帛集成》命名为《太一祝图》。湖南省博物馆、复旦大学出土文献与古文字研究中心编纂：《长沙马王堆汉墓简帛集成（陆）》，北京：中华书局，2014，第103页。

② 李家浩说，见李家浩著：《论〈太一避兵图〉》，载袁行霈主编：《国学研究》，第1卷，北京：北京大学出版社，1993，第277-292页。

③ 饶宗颐：《图诗与辞赋——马王堆新出"太一出行图"私见》，载湖南省博物馆编：《湖南省博物馆四十周年纪念论文集》，长沙：湖南教育出版社，1996，第79-82页。

或水、火之象①；青龙、黄龙代表"天一""地一"，黄首青身
龙则代表"太一"②。联系竹书《太一生水》来看，"青龙奉容
（镕）"，"黄龙持钸"，可以象征天一生水和地一生火，或者天
生水和地生火。在原帛画中，黄首青身的太一龙似从"容
（镕）"上冉冉腾起，荷日以负太一神。可以说明的是：一者，
图中的太一神即东皇太一，《楚辞·九歌》可以作为证据；二
者，此图象征着太一生水或太一藏于水的神话子题，因为图
中太一龙与左侧青龙在帛画上并无太大分别，皆黄首青身，
而太一龙的冉冉升起则预示着太一将行。而此一解释，似乎
与《太一生水》篇"太一生水"或"太一藏于水"两命题
相合。

《鹖冠子》可能也包含着一些证据。《鹖冠子·度万》曰：
"天者神也；地者形也。地湿而火生焉，天燥而水生焉。法猛
刑颇则神湿，神湿则天不生水。音□声倒则形燥，形燥则地
不生火。水火不生，则阴阳无以成气。"此与上述帛画所蕴含
的天一生水、地一生火的思想正相合。又《鹖冠子·泰鸿》
在五行图式中把太一置于中央位置，并认为"北方者，万物
录〈隶〉臧（藏）焉"。按照五行方位图式，北方之水正由其
自身与太一生成之，而云北方为万物之所藏，则太一亦当藏
于水中。这与《易纬·乾凿度》"太一下行九宫"郑玄注有相
似之处。这样，我们似乎可以推断，"太一生水"和"太一藏
于水"的思想是古代宇宙生成论与五行图式二者相结合的产

---

① 李零说，青为木色，黄为土色；"容"读"瓮"，为水之象，"炉"则为火之
象。李零：《"三一"考》，"郭店老子国际学术讨论会"论文，美国达慕思大学，1998
年 5 月。

② 李零：《"三一"考》，"郭店老子国际学术讨论会"论文，美国达慕思大学，
1998 年 5 月。

物，其中亦有重水文化的推波助澜。

四、神明

"神明"是竹书《太一生水》宇宙生成论的一个重要环节，其含义有待于阐明。今文《尚书》"神"字和"明"字均多见，不过"神明"连言仅一见，即《尚书·君陈》篇曰："至治馨香，感于神明。""神明"连言，大量见于春秋战国文献。《左传·昭公七年》记"子产之言曰"："人生始化曰魄，既生魄，阳曰魂。用物精多，则魂魄强，是以有精爽，至于神明。"《国语·楚语》曰："昔殷武丁能耸其德，至于神明。"帛书《经法·名理》篇"神明"凡三见。是篇曰："道者，神明之原也。①神明者，处于度之内而见于度之外者也……神明者，见知之稽也。"《周易》出现多例"神明"，《周易·系辞》曰："圣人以此斋戒，以神明其德夫。"又曰："神而明之，存乎其人。"又曰："于是始作八卦，以通神明之德。"又曰："以体天地之撰，以通神明之德。"《周易·说卦》曰："幽赞于神明而生蓍。"此书，长沙马王堆帛书《衷》篇作："【幽】赞于神明而生占也。"又曰："则文其信于，而达神明之德也。"帛书《缪和》篇曰："天之道崇高神明而好下。"在《庄子》中"神明"凡六见。《庄子·天道》曰："天尊地卑，神明之位也。"《庄子·知北游》曰："今彼神明至精，与彼百化。"《庄子·天下》曰："配神明，醇天地……寡能备于天地之美，称神明之容……淡然独与神明居……天地并与，神明往与！"在《管子》中"神明"多见，如《管子·心术上》

_____

① 《鬼谷子·盛神法五龙》："故道者，神明之源。"

曰："独则明,明则神矣。"又曰："洁其宫,开其门,去私毋言,神明若存。"《管子·内业》曰："神明之极,照乎知万物。"此外,《礼记》《荀子》《鹖冠子》等书皆有"神明"一词,其例众多,今不烦举。

归纳起来,"神明"一词,一是指外在于人的神灵实体或宇宙精神;二是指人物内含的作为生命力或灵性根源的东西,即所谓精神;三是指从功能而言其神妙的作用;四是指修养所达到的人生或宗教境界;五是作动词用,是以神性发明其德行之义。这些含义在古典文本中常常是交叉在一起的,难以一一做分别。竹书《太一生水》篇说"神明者,天地之所生也",此"神明"所在的语境不足,难以准确把握其具体含义。不过,它当在上述前三义中,且第一义最为可能。

"神明"作为宇宙生成论的一环,诸书很少见。通行本《老子》第四十二章曰:"道生一,一生二,二生三,三生万物。"《周易·系辞》曰:"《易》有太极,是生两仪,两仪生四象,四象生八卦,八卦生吉凶,吉凶生大业。"《周易·序卦》曰:"有天地然后有万物,有万物然后有男女,有男女然后有夫妇,有夫妇然后有父子,有父子然后有君臣,有君臣然后有上下,有上下然后礼义有所错。"竹书《六德》篇亦有相近语句。《吕氏春秋·大乐》曰:"太一出两仪,两仪出阴阳,阴阳变化,一上一下,合而成章。"这些关于宇宙生成论的经典文献均未见"神明"一词。不过,《庄子》《礼记》《鹖冠子》等书似乎例外。《庄子·天下》曰:"神何由降,明何由出?""皆原于一"。这三句话肯定了"神明原于一"的思想。《礼记·礼运》曰:"是故夫礼,必本于大一,分而为天地,转而为阴阳,变而为四时,列而为鬼神。其降曰命,其官于天也。"如果"鬼神"一词相当于"神明",那么这段文字也包含着"神明"一词。按,鬼者言归,神者言申,申者天性,归者地性,天为阳神,地为阴形,所以言鬼神即与言神明相通。① 这样,《礼记·礼运》所说宇宙生成论中即有"神明"一环,只不过其位置与竹书不同罢了。比较起来,《鹖冠子》的宇宙生成论与《太一生水》篇最接近。《鹖冠子·度万》篇曰:"天者神也,地者形也。"又曰:"阴阳者,气之正也;天地者,形神之正也。"《鹖冠子·泰鸿》曰:"泰一者,执大同之制,调泰鸿之气,正神明之位者也。"又曰:"天也者,神明之所根也。醇化四时,陶埏无形,刻镂未萌,离文将然者也。地者,承天之演,备载以宁者也。吾将告汝神明之极。天、地、人事,三者复一也。"由此可知,《鹖冠子》的宇宙生成论是:太一生天地,天地生神明。结合诸书来看,《鹖冠子》似乎还应当有神明生阴阳、阴阳生四时的说法。如此一来,《鹖冠子》的宇宙生成论即与《太一生水》的宇宙生成论很接近。《易纬·乾凿度》和《列子·天瑞》两篇都有一段以太易、太初、太始、太素四者论述宇宙生成的形上阶段的文字,但是与上引诸书之宇宙生成论不同,这是需要注意的。太易、太初、太始、太素所构成的宇宙生成论属于浑天说,是浑天说宇宙生成论的上半截。由此亦可知,今本《列子》不可能是先秦旧籍,而只可能是浑天说正式诞生之后的著作。

"神明",在古代宗教中是指主宰人类和万物的超越存在

---

① 如《左传》说。《列子·天瑞》:"精神者,天之分;骨骸者,地之分。属天清而散,属地浊而聚。精神离形,各归其真,故谓之鬼。鬼,归也,归其真宅。"

者。在天人同德的思想中，神明趋于人心之善，古人云"天视自我民视，天听自我民听"（《孟子·万章上》引《泰誓》），"（神）依人而行"（《左传·庄公三十二年》），民为"神之主也"（《左传·桓公六年》《左传·僖公十九年》）。"神明"在古代宗教与政治中融通为一，成为制约君权、张扬民性的超越存在者。春秋时期，随着人对人自身认识的深化，"神明"一词逐渐向内转化，成为人、物的灵性存在根源，向外则成为神圣、高明境界的代名词，所以老庄等思想家主张通达神明之原，"淡然独与神明居"（《庄子·天下》）。孔子和孟子亦追求精神生活的境界，孔子五十知天命，孟子尽心知性知天，都是把个体的生命与天命贯通为一，与老庄"淡然独与神明居"的思想具有一致性。"神明"一词在竹书《太一生水》篇中凡四见，它们都存在于宇宙生成论的理论结构之中。它与人的生命及其境界是怎样的关系，由于此篇有缺简，我们已经无法知道了。

总的看来，竹书《太一生水》篇的宇宙生成系列虽然比较完整，但是与传世先秦古书的区别很大，读起来感觉很新鲜。无论是在宇宙生成论系列还是在其致思方向上，传世诸书的宇宙论都与《太一生水》篇大殊。《太一生水》篇的宇宙生成论更多地属于自然生成论，很可能是对战国中期楚国宇宙生成论的一个系统性表达。其独到之处，一是它始终以"太一"为大本大原，而贯通于宇宙万物的生成系列之中。太一与物相对，既作用于万物，又超越于万物之上之外而独立存在着。二是它把"水"和"神明"纳入了宇宙生成系列中，特别是前者，突破了既往的认识；并且，此篇竹书认为，"太一"与"水"具有"太一生水"和"太一藏于水"的关系。

竹书《太一生水》的宇宙生成论应当与当时的天文学，特别是楚国的天文学有密切关系。三是它以"成岁"为竹书论述的最终目的。其中，竹书的"成岁"观念包含四时、沧热、湿燥这三个因素，表明此篇竹书的写作是以长江或黄河中下游地区为地理背景的，最可能是以楚国的核心地区为写作背景的。

第三节 学派性质衡定及其作者推测

一、学派性质

竹书《太一生水》篇的学派性质是什么？是儒家还是道家的？这是人们比较关心的问题。这批竹书的整理者及时下学者普遍认为它属于道家。但果真如此吗？这是一个需要论证的问题。

根据上文的考察，《太一生水》篇很可能受到了古代数术、天文学的影响，李建民、李学勤和彭浩等人已有类似观点。[①] 不过，这并非已判定其学派性质。而单纯依靠太一、水、神明等几个概念来做判断，笔者认为，这是比较困难的事情。判断一篇著作的学派性质和思想倾向，当然需要标准，其中最重要、最基本的标准即相关文本本身所包含的思想。

---

① 李建民：《太一新证——以郭店楚简为线索》，载日本中国出土资料学会编：《中国出土资料研究》，第 3 号，1999 年 3 月；李学勤：《太一生水的数术解释》，载陈福滨主编：《本世纪出土思想文献与中国古典哲学研究论文集》，上册，台北：台湾辅仁大学出版社，1999；彭浩：《一种新的宇宙生成理论——读〈太一生水〉》，"郭店楚简国际学术研讨会"论文，武汉，1999 年 10 月。

思想是决定因素。《太一生水》篇可分为两大部分，第1—8号简为上一部分，第9—14号简为下一部分。上一部分所说的宇宙生成论系列是：太一生水→生天→生地→生神明→生阴阳→生四时→生沧热→生湿燥→成岁。反过来说，竹书的宇宙生成论其实是为了解释"岁"的成因及构成，为此，作者对"宇宙"或"天道"这部大书做了深入探究。这一思路，与《周易·系辞》为论吉凶、《周易·序卦》《礼记·礼运》为论人伦、《庄子·天地》为论人性和《淮南子·本经》为论政治的思路，颇不相同。通行本《老子》第四十二章曰："道生一，一生二，二生三，三生万物。万物负阴而抱阳，冲气以为和。"《老子》此章的思想与《太一生水》篇同样为自然哲学性质。然而同中有异，竹书《太一生水》的"太一"是不是《老子》的"道"，单纯从竹书来看，我们是难以得出这一判断的。因为一者，《老子》论述的目的是讲道生万物，而《太一生水》则讲成岁的来源及构成因素。二者，《太一生水》指向的是对岁、时的宇宙论来源的思考，这与《老子》讲万物之形上本原的思路是不同的。当然，笔者不反对在一定程度上可以将《太一生水》篇看作对《老子》思想的一种发展，或者看作对春秋时期以来中国传统自然哲学的一种发展。自然哲学是先秦诸子都会涉及的领域。最明显的例子是，作为儒家典籍的《易传》就包含了较多自然哲学方面的知识和理论发明。其实，在伦理本位的前提下，儒家也不反对对物理世界及其形上本原的思考和认识，先秦儒家典籍中的许多篇目都包含了此一方面的内容。另外，墨子后学及惠施等名家亦有自然哲学方面的浓厚兴趣。不过，比较起来，道家的宇宙生成论似乎与《太一生水》篇的宇宙生成论最为接近，因此把《太一生水》的宇宙生成论思想看作道家思想的一种发展，这似乎可行。道家作品《鹖冠子》《淮南子》在此方面都有与《太一生水》篇相近的内容，这是一个比较有力的旁证。

如果《太一生水》篇的上下两个部分原本属于同一篇，或属于同一个思想整体，那么此篇竹书本身即可以提供直接证据支持上文的判断。竹书第9号简曰："天道贵弱，削成者以益生者；伐于强，责（积）于【弱】。"①第10—12号简曰："下，土也，而谓之地。上，气也，而谓之天。道亦其字也，青昏其名。以道从事者必托其名，故事成而身长。圣人之从事也，亦托其名，故功成而身不伤。天地名字并立，故过其方，不思相当。"这些思想，可以在《老子》中找到其来源或其一致的地方。对于后一则引文应当如何理解，学者或有争议。"青昏"，美国学者夏德安（Donald Harper）如是读。②笔者认为，其说可从。进一步，第10—12号简中的"其"字，是指"天地"还是指"太一"呢？这是一个问题。从上文看，"其"字当指"天地"。当然，部分学者对此尚存疑问。不过，此条引文与《老子》思想相一致，这是大家都没有疑问的。值得重视的是，竹书以"道亦其字"和"天地名字并立"来论证天地有高卑强弱的原因，正说明它是以道家思维方式来解释天地失均问题的。《淮南子·天文》曰"天倾西北，故日月星辰移焉；地不满东南，故水潦尘埃归焉"，与竹书《太一生水》篇"【天不足】于西北""地不足于东南"是相一致的。

---

① 竹简补文，从陈伟说。陈伟：《〈太一生水〉篇校读并论与〈老子〉的关系》，"郭店楚简国际学术研讨会"论文，武汉，1999年10月。

② 李零：《读郭店楚简〈太一生水〉》，载陈鼓应主编：《道家文化研究》，第17辑，第319-320页。

但二者解释的原因不同，《淮南子·天文》篇是通过共工"怒而触不周之山，天柱折，地维绝"的神话来做解释的。

《太一生水》曰："下，土也，而谓之地；上，气也，而谓之天。"《淮南子·天文》也说："宇宙生气，气有涯垠。清阳者薄靡而为天，重浊者凝滞而为地。"两相比较，其不同处在于《淮南子》认为天地皆为气化生成，重浊为地，轻清为天；《太一生水》篇则认为天气地土，天地并非完全由一气生成。这说明《太一生水》的思想较《淮南子·天文》更原始，同时是对先秦盖天说的一种反映。《太一生水》篇将天地间的距离设想为处处都是平齐的，这是盖天说的实证。① 《鹖冠子·度万》曰："所谓天者，非是苍苍之气之谓天也；所谓地者，非是膊膊之土之谓地也。所谓天者，言其然物而无胜者也；所谓地者，言其均物而不可乱者也。"从这段引文看，《鹖冠子·度万》篇似乎继承了《太一生水》的思想，但我们同时看到，《鹖冠子》在此对"天地"做了新规定。同时，《太一生水》篇的此种思想也可以作为此篇竹书是道家著作的一个软性证明。

此外，《太一生水》与《老子》丙组竹简同编，是此篇竹书属于道家著作的一个旁证。

基于以上或硬性或软性的理由和证据，笔者认为，竹书《太一生水》篇可以判断为道家著作，特别是这 14 支竹简两个部分原本果真属于同一篇文献的话。由此，我们可以进一

---

① 竹书《太一生水》："天地名字并立，故过其方，不思相【当。天不足】于西北，其下高以强；地不足于东南，其上【远以旷。不足于上】者，有余于下；不足于下者，有余于上。"《郭店楚墓竹简》一书的编者未补出的缺文，似应补作"远以旷"，而不当补作"低以溺"。溺（弱）与上、强、方等字不押韵。

步断定，此篇竹书第二部分的"道"字与第一部分的"太一"具有等同关系。当然，如果此篇竹书的第一部分和第二部分原本不同篇，那么如上问题就应当重新回答和论证：第一部分是否为道家著作，这是值得怀疑的。

二、竹书作者

竹书《太一生水》已被推断为道家作品，进一步，它的作者是谁呢？这也是一个问题。由于全部郭店简都是约公元前300年抄写的著作，故其作者只可能在战国中期或以前寻找。通过比较"太一"一词出现的时间，以及对"太一生水"命题的考察，笔者在上文推断此篇竹书很可能为战国中期的作品，因此回答其作者为谁的问题即应以此为限。有一种意见认为，《太一生水》篇与关尹遗说有关。而既然是关尹遗说，则《太一生水》篇应当继承或吸收了关尹的思想。此说与笔者推断《太一生水》为战国中期的作品未必矛盾，因为其作者可能为关尹再传或三传弟子，或思想相近的学者。在此，我们需要追问的是：竹书《太一生水》篇真的是关尹遗说，或与其有密切关系者之遗说吗？

《史记·老子韩非列传》曰："（老子）至关，关令尹喜曰：'子将隐矣，强为我著书。'于是老子乃著书上下篇，言道德之意五千余言而去，莫知其所终。"据此，关尹得老子之真传，其思想应当与老子大体一致。《汉书·艺文志》曰："《关尹子》九篇。"班固自注曰："名喜，为关吏，老子过关，喜去吏而从之。"班固自注中的错误，学者已做分辨。① 不管

---

① 张扬明：《老子考证》，台北：黎明文化事业股份有限公司，1985，第95-103页。

怎样，《史记》《汉书》这两条引文所指的人物当属于异名同谓，在此不妨称之为"关尹"。对于关尹的学说，《庄子·天下》篇做了概括：

> 以本为精，以物为粗，以有积为不足，淡然独与神明居。古之道术有在于是者，关尹、老聃闻其风而悦之。建之以常无有，主之以太一；以濡弱谦下为表，以空虚不毁万物为实。关尹曰："在己无居，形物自著；其动若水，其静若镜，其应若响；芴乎若亡，寂乎若清；同焉者和，得焉者失；未尝先人，而常随人。"……关尹、老聃乎，古之博大真人哉！

据上引文，首先可以指出，关尹与老聃的学问、思想大体上是一致的。不过，二者同中有异，而这种差异正如《吕氏春秋·不二》篇所说，"老聃贵柔"而"关尹贵清"。《荀子·天论》说："老子有见于诎（屈），无见于信（伸）。""贵柔"与"有见于诎（屈）"义近。关尹的"贵清"，与列子的"贵虚"（《吕氏春秋·不二》《尸子·广泽》）不同。当然，这是就二人学说之重心来说的，但这不意味着关尹完全没有柔弱谦卑和虚无的思想。据《庄子·天下》篇所说，"太一""水""神明"在关尹思想中都已经具备，然而这些观念，特别是"太一"，人们在彼时代是否已使用了相同词语来表达呢？这是一个问题，需要谨慎对待。根据上文的考察，"太一"一词当产生于老子、孔子之后，约当战国早中期之交，因此《庄子·天下》篇云关尹、老聃学说"主之以太一"，这句话很可能是《庄子·天下》篇的作者根据后来发展出的概念而反加上去的。这样一来，我们无法根据《庄子·天下》

篇与竹书《太一生水》篇共有"太一"一词，就把二者的思想简单地等同起来，并以为《太一生水》即为老聃、关尹之作。《庄子·达生》篇有一段列子问关尹，而关尹答曰"是纯气之守也，非智巧果敢之列"的话，似乎与"以本为精，以物为粗，以有积为不足，淡然独与神明居"可以对应，但是，这两句话是否可以与"建之以常无有，主之以太一"相通呢？答案应当是否定的。郭沫若说："这似无实有的东西（纯气——笔者按），是永恒的，是绝对的，要说是一个吧，就只有它那么一个，大大的一个。所谓'建之以常无有，主之以太一'，就是这个意思。"[①] 其实，郭说比较勉强，难以为据。

关尹不独贵守，而且贵察。《吕氏春秋·审己》篇记载列子请教关尹射中之道，关尹回答说，学射必须知道所以射中之道。引申开来，不独学射如此，治国、修身亦然，治国、修身都必须知道所以国治、所以身修之道，"圣人不察存亡、贤不肖，而察其所以也"（《吕氏春秋·审己》）。如果继续追问所以能察的原因，则与心体之平正、清明有关。修身治心，是儒道两家的主题之一。高诱注曰："知射心体平正然后能中。自求诸己，不求诸人，故曰知之。"[②]《吕氏春秋·审己》篇的这段话，被收入《列子·说符》篇，张湛注曰："心平体正求诸己，得所以中之道，则前期命矣，发无遗矣。"高注和张注都将这段话的内涵非常恰当地发掘了出来。郭沫若说"心平体正，然后能中"，也就如水平鉴正而后能映照美恶，

---

① 郭沫若：《十批判书》，北京：东方出版社，1996，第179-180页。
② 王利器：《吕氏春秋注疏》，成都：巴蜀书社，2002，第917页。郭沫若在《稷下黄老学派的批判》中说高注"'知射'以下十字误窜入注文"（郭沫若：《十批判书》，第180页）。今以张注证之，知其说非也。

明察须眉,并说"这一节话和'关尹贵清'的思想相符合,论理当不会是子虚乌有之属"①。郭说甚是。其实,伪书《列子·说符》篇有一段话与《庄子·天下》篇所论关尹思想更为契合。《列子·说符》曰:"关尹谓子列子曰:'言美则响美,言恶则响恶;身长则影长,身短则影短。名也者,响也;身也者,影也。故曰:'慎尔言,将有和之;慎尔行,将有随之。'是故圣人见出以知入,观往以知来,此其所以先知之理也。"总之,关尹的思想特质是"贵清"。所谓"贵清",比之于水,喻之于镜,譬之于响,而其实质是为了阐明心灵虚明清静之旨。

这一点在《庄子》中得到了充分发挥。关尹"贵清",列子"贵虚","贵虚"实际上吸收了"贵清"的思想。庄子则综合了"贵清"与"贵虚"之旨,而强调"虚静"。《庄子·应帝王》篇曰:"尽其所受乎天,而无见得,亦虚而已。至人之用心若镜,不将不迎,应而不藏,故能胜物而不伤。"《庄子·德充符》篇曰:"鉴明则尘垢不止,止则不明也。"又说:"人莫鉴于流水而鉴于止水。"由此看来,心镜贵在虚、静、明,清则包括于其中矣。《庄子·天道》篇曰:"圣人之静也,非曰静也善,故静也;万物无足以铙(挠)心者,故静也。水静则明烛须眉,平中准,大匠取法焉。水静犹明,而况精神?圣人之心静乎!天地之鉴也,万物之镜也。夫虚静、恬淡、寂寞、无为者,天地之平而道德之至。"这一段话把庄子学派的虚静观和盘托出。心之所以虚静明者,乃由于其无所挠动,发挥了其本然的作用。人若修心达到虚静明的状态,

① 郭沫若:《十批判书》,第180页。

则其心可为天地之鉴、万物之镜，世界的全体物象与深玄道体都将毕露无遗，所以"虚静"即为"天地之平而道德之至"。而达到了这种境界，即为"天乐"。[①] 其所以挠心者何？《庄子·庚桑楚》篇曰："贵、富、显、严、名、利六者，勃志也；容、动、色、理、气、意六者，谬心也；恶、欲、喜、怒、哀、乐六者，累德也；去、就、取、与、知、能六者，塞道也。"以虚静修养身心，就是为了消解此四六者对于身心的扰乱，"此四六者不荡胸中则正，正则静，静则明，明则虚，虚则无为而无不为也"（《庄子·庚桑楚》）。不过，需要指出的是，庄子关于太一、太清、水三者的关系，是在一种宇宙本体论的意义上来做论述的，与关尹"贵清"之学以水、镜、响为喻，实有很大区别。

综上所论，再看关尹遗说与竹书《太一生水》篇的关系，很难说它们有什么明显而直接的联系。

驺衍，齐稷下先生，战国中期偏晚的学者，与孟子并时。《史记·孟子荀卿列传》述及驺子的大小州说，一曰"于是有裨海环之"，二曰"如此者九，乃有大瀛海环其外，天地之际焉"。在他设想的世界结构中，"水"很重要。同传又说驺衍对宇宙本原"推而远之，至天地未生，窈冥不可考而原也"。然而，其所推原的根本是什么，司马迁并没有指明。公元3世纪中期，西晋虞耸在《穹天论》中说："天形穹窿如鸡子，幕其际，周接四海之表，浮于元气之上。譬如覆奁以抑水，

---

① 《庄子·天道》："其动也天，其静也地，一心定而王天下；其鬼不祟，其魂不疲，一心定而万物服。言以虚静推于天地，通于万物，此之谓天乐。天乐者，圣人之心以畜天下也。"

而不没者,气充其中故也。"① 虞氏的穿天说虽然继承了先秦的水环州地的设想,但是它已属于纯气论的浑天说。联系先秦学术思想来看,惠施已经很熟悉当时关于"天地所以不坠不陷"的所有道理。② 而在所谓"天地所以不坠不陷"(《庄子·天下》)的道理中,"水"在其中的作用是什么呢?是作为环裨世界、充盈宇宙,而使实体性的"天地"不坠不陷或所凭依的根据吗?这在张衡的《浑仪注》中得到了有力回答。《浑仪注》曰:"浑天如鸡子,天体圆如弹丸,地如鸡子中黄,孤居于内。天大而地小。天表里有水,天之包地,犹壳之裹黄。天地各乘气而立,载水而浮。"(《晋书》卷十一、《开元占经》卷一、《太平御览》卷二)对照传统观念,张衡似有推进,认为天地二者皆"乘气而立,载水而浮",其实证是他具有"天包地中""天表里有水"的思想。当然基于经验的明证性,张衡不可能认为天地之间充盈、溢塞着水,但是他很可能认为天之外弥漫着大水,宇宙亦"载水而浮"。而在天地之内("六合"),古人是否已设想水、气在乘载天地的过程中达到了互入的程度呢?如果答案是肯定的,那么我们可以推论,气或许具有生水,而水具有涵气的特性。而此气即可能为太一之精气,于是便可与《太一生水》篇沟通起来。但是,这些推论仅仅是一种设想,很可能张衡提出"天表里有水"的说法不过是为了解决天地何以浮立的问题。张衡所面对的问题,与"天地所以不坠不陷"的问题是同质的,而与竹书

---

① [清]马国翰辑:《玉函山房辑佚书》,卷 77,上海:上海古籍出版社,1990,第 2854 页。原见《晋书》卷十一。
② 《庄子·天下》:"南方有倚人焉曰黄缭,问天地所以不坠不陷,风雨雷霆之故。惠施不辞而应,不虑而对,遍为万物说。说而不休,多而无已,犹以为寡,益之以怪。"

《太一生水》的问题有重大差别。这一差别的实质，是宇宙构成论与宇宙生成论的差别。不过，《太一生水》篇也似乎没有明确排斥浑天说（业师萧汉明教授有此意见）。魏启鹏认为《太一生水》篇与浑天说有关，似非无稽之谈。[①]

今本《子华子·大道》曰："一者，众有之宗也，道得之谓太一……太一也者，有而无家，能化一以为二，化二以为三，化三以成万物。故曰一之变大矣。"是书《阳城胥渠问》篇曰："夫混茫之中，是名太初，实生三气……栖三阳之正气于水枢，其专精之名曰太一。太一，正阳也……水涵太一之中精，故能润泽百物，而行乎地中。"是书《大道》篇曰："水气之喜藏也。"[②] 这三条文字联合起来，似乎与《太一生水》的宇宙生成论很相似。由此，我们似乎可以推断，子华子或其后学是《太一生水》篇的作者。但这是很难成立的，因为《子华子》乃晚出伪书，朱熹、胡应麟、姚际恒等人认为它是北宋"元丰间越中举子姓程名本而不得志场屋者所作"。[③] 先秦有两子华子，一者约与孔子同时，《列子·黄帝》有记载。据《列子》所云，此子华子乃尚武、好事生非之徒，与善著书立说者不类。而今本《子华子》若托之于此人，则甚非。另一子华子见于《庄子》的《则阳》《让王》篇，又见于《吕氏春秋》中的《贵生》《先己》《诬徒》《明理》《知度》

---

① 魏启鹏：《〈太一生水〉札记》，"郭店楚简国际学术研讨会"论文，武汉，1999 年 10 月。

② 无名氏：《子华子》，北京：中华书局，1985，第 24、1、23 页。

③ 分别见《朱熹辨伪书语·子华子》《四部正伪·子华子》《古今伪书考·子华子》，载顾颉刚主编：《古籍考辨丛刊》，第 1 集，北京：中华书局，1955，第 181 - 182、233 - 234、288 - 289 页。晁公武《郡斋读书志》卷三上、王应麟《困学纪闻》卷十也都认为《子华子》为伪书。

《审为》六篇，为韩昭僖侯时人，即战国中期诸子。① 此子华子的一个主张是"尊生"和"全生"，另一个主张是探求所以王、所以君之道。这两个主张皆属于道家理论，它们都被收入托名春秋末撰作的今本《子华子》一书中。由此可见造伪者之荒谬了。当然，其书伪，然其学术思想未必伪，这是两个问题。我们自然不应该把今本《子华子》看作《太一生水》同时或在其前的著作，而应该看作时隔千年后的余响。

总结上文，到底是哪位学者写作了《太一生水》一文，目前看来，这是无法准确回答的问题。不过，综合上文的分析来看，楚人或楚国学者似乎最有条件写作此篇竹书文献。因此，笔者认为，《太一生水》比较可能是楚国道家学者的著作，其写作时间大约在公元前 4 世纪中期。在上文，笔者对太一、水、神明等做了比较详细的考察和追索，都显示竹书《太一生水》篇与南方文化尤其是楚文化有密切关系，这在较大程度上表明它是楚国的一篇哲学著作。

第四节 《太一生水》在中国古代宇宙生成论上的意义

对世界或宇宙本原的探索，是先秦学术思想的一项长期任务。古代哲人由对物的经验和对天地、阴阳、宇宙的玄观，而试图追寻万物的本相和宇宙的本原，这是当时很正常的一

---

① 《庄子·则阳》云"华子"，《庄子·让王》及《吕氏春秋》云"子华子"，实指一人。《庄子·让王》似云子华子为昭僖侯时魏人，昭僖侯当作韩昭侯或僖（懿）侯，时约在公元前 374 年至前 333 年间。《庄子·则阳》篇所记华子之言，时当魏惠王、齐威王在位，与《庄子·让王》篇所记相合。

种思维方式。从天体论来看，中国古代天文学经历了盖天说、宣夜说和浑天说三个阶段，其中盖天说是中国古人最早的宇宙观[1]，其次是宣夜说，再次是浑天说。浑天说正式成立于西汉武帝时期。盖天说认为天似盖笠，地似覆槃，简单说来就是所谓天圆地方说。《吕氏春秋·序意》《大戴礼记·保傅》《礼记·曾子问》《楚辞·天问》《诗经·大雅·桑柔》等皆有反映，其特点是把天地想象为一个有具体形象的实体，《楚辞·天问》和《淮南子·天文》甚至想象天地之间有若干根大柱子支撑着。竹书《太一生水》第二部分的天体论正有此种特点，因而其天地观无疑属于盖天说。需要注意的是，它解释中国地形西北高、东南低的成因，与《淮南子·天文》《楚辞·天问》等以神话来做解释在理论基调上大异其趣。《太一生水》篇试图自觉地运用纯道家的理论，而不是用神话幻想的方式来做解释，应当说，这是一种思维方式和解释方式的突破，尽管其具体解释可能并不比神话解释少一分荒谬和多一分科学。

然而，需要指出的是，中国古人的三种天体说，在古书中并不总是区别得很清楚的。在《诗经》《楚辞》《庄子》等书中，盖天说和宣夜说似乎常常被混杂在一起。盖天说代表中国古人对天体的一种清晰的、稳定的和刚性的宇宙观念，而宣夜说则是中国古人面对浩渺苍穹通过玄想的方式构造出来的一种开放的、浮动的宇宙观。后者常把宇宙想象为幽、深、玄、远而混沌的太虚图，而前者则是对后者的具体化和有形化。二者又似乎构成了一种先生与后生、本相与现象的

---

① 丁山：《中国古代宗教与神话考》，第 167 页。

关系，而这种关系是抽象玄思与经验认识的结合。于是生成、构造宇宙的终极始源或曰太一，或曰道，或曰元气，或曰至上神。竹书《太一生水》既然以"太一"为宇宙生成的终极本体，则不可避免地需要分析其宇宙论基础了。在《太一生水》篇中，水、太一在天地之先，水反辅太一而生天生地。这种说法即突破了以六合（天地四方）为范围的盖天说，而比较可能属于当时一种新兴的宇宙观。它是浑天说吗？或者是浑天说的萌芽阶段吗？再或者是在盖天说的基础上，其宇宙学说容纳了一些异质因素吗？这是笔者的疑问，也是笔者的推想。

又，无论是传世文献还是出土文献，对宇宙本原或道原的描述都常常呈现出虚玄、混沌的图像，而且与水有一定关系。郭店《老子》甲组曰："有状混成。"帛书《道原》曰："恒无之初，迥（洞）同大虚。虚同为一，恒一而止。湿湿〈混混〉梦梦①，未有明晦。神微周盈，精静不熙，古未有以（似），万物莫以（似）。古（故）无有形，大迥（洞）无名。"帛书《十六经·观》篇曰："黄帝曰：群群□□□□□□为一囷，无晦无明，未有阴阳。"长沙子弹库楚帛书曰："梦梦墨墨，亡章弼弼。"这样的描绘，在《楚辞》《庄子》等书中也不少。竹书《太一生水》曰"道亦其字，青昏其名"，亦属其例。李零认为："这里（指《太一生水》——引者注）的'青昏'也可能是指天地未生时的混沌状态或天地所由生的清、浊二气。"②

关于"水"，通行本《老子》第八章云水"几于道"。长

---

① "湿湿"读为"混混"，从李学勤说。李学勤：《古文献丛论》，第163页。

② 李零：《读郭店楚简〈太一生水〉》，载陈鼓应主编：《道家文化研究》，第17辑，第320页。

沙子弹库楚帛书曰："梦梦墨墨，亡章弼弼，□每水□，风雨是于。"《淮南子·原道》曰："原流泉滂，冲而徐盈，混混汩汩，浊而徐清。"《文子·道原》曰："原流沺沺，冲而不盈，浊以静之，徐清。"这些引文都显示出水与宇宙本原的存在状态具有密切关系。《庄子·列御寇》曰："水流乎无形，发泄乎太清。"如果"太清"是"太一"的存在状态，那么这两句话就可以容纳"太一藏于水"和"太一生水"的命题。又，上引文献多与楚文化相关，这进一步说明了竹书《太一生水》篇作于南方楚人之手的可能。

总之，以中国古代思想权衡之，我们对《太一生水》篇的思想内容感到震惊，它对中国先秦宇宙生成论思想确实有着特别贡献。首先，它以"太一"为终极始源，构造出了一个完整的宇宙生成论系统，其目标具体指向对成岁的解释。在此，"太一"一词本身即是对"终极始源"的概念化。同时，从整体上来看，它所构造的宇宙生成论系统是目前可见先秦文献中最为完整的。其次，它的宇宙生成论存在多个特异环节，与其他先秦书籍的宇宙生成论内容区别显著，其中"水"在此宇宙生成论中有着重要地位和作用，特别值得关注。再次，《太一生水》篇表明了自然哲学在中国古代的发达，同时达到了很高的思想高度。最后，《太一生水》篇还显示出中国古人具有双重宇宙观，即太一的形上宇宙观与天地万物的形下宇宙观，且通过生成论二者上下贯通了起来。同时，这篇竹书还表明中国古人的人生观受到了宇宙观的相应影响。

简言之，竹书《太一生水》篇的发现，对中国古代宇宙论哲学，特别是宇宙生成论哲学的重构具有重要意义，对先秦道家思想具有一定的补充价值。另外，它对于回答楚人和汉人太一神崇拜的来源及形成问题，也具有一定的意义。

第三章　简帛《五行》经说研究

　　佚书《五行》再次出现在郭店楚简中，证明它至少在战国中期至西汉初期一直在楚地流传；同时，也证明了庞朴先生关于帛书《五行》的一些论断是正确的。[①] 不过，楚简《五行》只有"经"（经文）的部分，而没有"说"（说文）的部分。马王堆帛书《五行》则包括"经""说"两个部分。可以确定，《五行》的经文部分是孟子之前的著作，但它是否必定为子思子的著作，学者尚存疑问。《五行》的说文部分产生于其经文之后，这是毫无疑问的，但它是在《孟子》之前成篇还是在《孟子》之后成篇，这是一个有争议的问题。进一步，从内容看，与帛书《五行》合帛抄写的《德圣》篇是对简帛《五行》思想的概括和发展，其著作时间当在《五行》说文之后，这几乎是无须证明的。从内容上看，简帛《五行》甚为重要，属于战国儒家的修身哲学；从学术上看，简帛《五行》为解决所谓思孟学派问题提供了关键依据。故此篇出土文献受到学者的高度重视，乃必然之事情。

---

　　① 庞朴：《马王堆帛书解开了思孟五行说之谜——帛书〈老子〉甲本卷后古佚书之一的初步研究》，载湖南省博物馆编：《马王堆汉墓研究》，长沙：湖南人民出版社，1981，第 119 - 132 页。

第一节 简帛《五行》文本比较

指出楚简《五行》有"经"而无"说"这一点，是很容易的；同样，指出它有两段文字与帛书《五行》经文部分的次序不同，这也不是什么困难的事情。郭店简整理者即已指出，第 20—21 号简中的"不聪不明"至"不乐亡德"数句，帛书《五行》在第 22 号简"不尊不恭，不恭亡礼"之后；第 22—32 号简"未尝闻君子道，谓之不聪……和则同，同则善"一大段文字，帛书《五行》在第 37 号简"尊而不骄，恭也；恭而博交，礼也"之后。与竹书本相较，帛书《五行》有如此规模的调整，当系编者或抄书者有意为之，而非无意调整的结果。而既然这两处文本的调整系有意为之，那么支持此行为的根据是什么呢？这似乎是一个有待回答的问题。

一、文本次序的变化与对圣智二行的强调

楚简《五行》可大约分为两个部分。第一部分从开篇的"五行"二字开始，一直到第 15—16 号简的"玉音则形，形则圣"两句为止。这一部分通论竹书的五行说。第二部分从第 16 号简引《诗》开始，一直到全篇的结束。这一部分着重论述如何修身而成德的问题，即通过"慎独""为一""集大成"等工夫来"为善""为德"，进而成就所谓"君子"人格。

第二部分又可分为三层。从第 16 号简引《诗》开始，一直到第 22 号简"不尊不恭，不恭亡礼"两句为止，是第一层。此层为第二部分的纲领，其他两层则是对此一层的具体展开。

进一步,这一层又可分为上下两阕,上阕至第 20 号简"然后能金声而玉振之"一句为止,下阕从"不聪不明,不圣不智"开始,一直到第 22 号简"不恭亡礼"一句为止。第二层从第22—23 号简"未尝闻君子道,谓之不聪"两句开始,一直到第 44 号简"后,士之尊贤者也"一句为止,它着重论述的是第一层的下阕。第三层从第 45 号简"耳目鼻口手足六者"一句开始,一直到篇末为止,它论述的是第一层的上阕。本章下文将要讨论的两段位置不同的文本,就处在第一层下阕和第二层中。为了讨论的方便,我们姑且打破层位之隔,将第二部分第一层的下阕与第二层合并在一起来讨论。

在第 20 号简至第 44 号简的一段文字中,笔者首先说明其排列次序。楚简《五行》先云:"不聪不明……不变不悦……不直不肆……不远不敬……"然后说:"(1)未尝闻君子道,谓之不聪……(2)颜色容貌温,变也……(3)中心辩然而正行之,直也……(4)以其外心与人交,远也……(5)不简不行,不匿不察于道……"比较这两段文字的排列次序,可以看出,它们大体上是一致的,只是第四、五两小段的位置颠倒,与纲领句的次序不合。

与竹书本相对,帛书《五行》先云:"不变不悦……不直不肆……不远不敬……不聪不明……"然后说:"(1)颜色容貌温,变也……(2)中心辩然而正行之,直也……(3)以其外心与人交,远也……(4)未尝闻君子道,谓之不聪……(5)不简不行,不匿不察于道……"比较这两段文字的排列次序,虽然相对于竹书本来说帛书本的句序有所改动,但其改动是相应的,故这些语段大体上仍相一致。其中,需要注意的是,第五个语段被排在最后,与纲领句中的"不直不肆,不肆不果"两句分隔得更远了。

不过，上引竹书本和帛书本《五行》中的第五个语段，是对前面数句的概括或再论述，所以从对应法则来看，简帛《五行》的文本排列次序仍相一致，难分伯仲。在上引语段中，笔者发现，它们包含着一个真正需要思考的问题，即为什么帛书《五行》要将表达"不聪不明，【不明不圣】"意思的两个语段相应地挪后呢？与楚简本相较，帛书本这样做的目的和意义是什么呢？需要指出，在楚简《五行》中，"金声，善也；玉音，圣也"一段与"不聪不明，【不明不圣】，不圣不智"一段是共章的，或者说，它们被划分到了同一个逻辑段落之中。不过，这样的段落划分并不合理，"金声，善也"一段与"不聪不明"一段截然两分，不可连缀。故笔者认为，这可能是帛书本编者改动文本次序的一个主要原因。进一步的问题是，帛书本编者改动文本次序又是否合理呢？帛书本将"不变不悦，不悦不戚"一段移前，将"不聪不明"语段挪后，依笔者看来，实较竹书本更为合理，因为挪动后的文本上句"唯有德者，然后能金声而玉振之"与下句"不变不悦，不悦不戚"从论乐之作用来看，可以衔接起来。这样，我们才能说两者真正共章了。

进一步的问题是，移动后的文本是否在整体上有所变化和倚重呢？当我们把目光集中到文本的后半部分时，确实如邢文博士所云，由于"未尝闻君子道，谓之不聪"语段的移后，原本在竹书"不简不行，不匿不察于道"两句前后的两个语段在帛书本中遂不相衔接，而呈现出断裂状态。他说："显然，这些内容原本属于'颜色容貌温，变也'一段的内容，两者本是意义相续的一个整体，而这一整体却被'智、圣'之论从中打破。"① 结合被帛书编者后移的两段文字来看，两者的主题是一致的，与楚简《五行》第一部分相呼应，强化着此篇佚书的主题：从圣知起论，此篇佚书阐发了"德之行五和谓之德，四行和谓之善"的成德境界。帛书本将二者置后，尤其是将"未尝闻君子道，谓之不聪"一段置后，确实是因为"迷失"了文章的主题而将它做了错误的弱化处理。不过，邢文又说："楚简《五行》'圣智'的线索，在帛书《五行》中已近不存。"② 这一说法在笔者看来多少有点夸张。帛书本《五行》仍然强调"圣智"的作用，只不过相对于楚简本来看它有所弱化而已。而这种弱化处理本身，是有意为之还是无意识导致的？这一点，在目前看来还不是十分明确，也许两者兼而有之。从后者来看，战国中后期的心性学论题正处于高峰期，帛书《五行》的说文部分即对此主题有比较突出的论述，因此帛书本比较可能向以"圣智"为重心的心性学扩展，而忽略了对"圣智"本身的强调。这是第一个原因。第二个原因可能是《庄子》外篇对圣智仁义礼乐，尤其是圣智二者做了强烈批判，故帛书本《五行》在受此影响后有意做了弱化处理。第三个原因可能是，帛书本的抄写者有意对"智""圣"二行做一些区别，于是在文本上即造成了"圣智"连言结构的失落，同时为适当张扬"圣"行做好了铺垫。在此，笔者可以提供三条证据。其一，在帛书《德圣》篇中，此种意识已被明白无误地表达了出来。其二，在帛书《五行》的说文部分，解说正是从"圣"行开始的："'圣之思

---

① 邢文：《楚简〈五行〉试论》，《文物》1998 年第 10 期。
② 邢文：《楚简〈五行〉试论》，《文物》1998 年第 10 期。

也轻'，思也者，思天也；轻者，尚矣。"（第 215—220 行）其三，帛书《五行》的说文部分，与《孟子》思想相近，而《孟子》特别推阐了仁义礼智四行根于心而为善的学说；这样，帛书本抄写者即可能改动部分经文次序，乃至个别文句。

综合看来，楚简本《五行》的文句排列次序稍胜于帛书本；同时，我们不能过分夸大文本差异所导致的思想差异。

二、三点文本比较

除了文句排列次序的不同外，简帛两本《五行》在文本上还有一些不同。

第一点，楚简《五行》开篇即标明"五行"二字，而此二字实有总领全文特别是其后数句的重要作用。从古书命名的习惯来看，此二字具有名篇的作用。更重要的是，竹书本以"五行"二字开头，即包含着对"五行"进行概念区分的意思，一种是"形于内"的"德之行"的五行，另一种是"不形于内"的五行。这两种五行的区分，指向作者的创新——"德之行"。作为"德之行"的"五行"是相对于传统的"五行"概念来说的。或者说，《五行》篇对"五行"概念所做的创造性解释，即在于以"德之行"为全篇的论述基点和重心。郭齐勇先生认为《五行》的主题是"德之行"①，这是对的。

楚简《五行》的五行次序是仁、义、礼、智、圣，而这个五行次序在《庄子》外篇中得到了一定程度的反映。《庄

---

① 郭齐勇：《郭店楚简身心观发微》，"郭店楚简国际学术研讨会"论文，武汉，1999 年 10 月。

子》外篇以仁义、礼乐、圣智相组合，与楚简《五行》的五行次序大体一致。帛书《五行》的五行则以仁、义、智、礼、圣为序，与楚简《五行》的五行次序有所不同，颠倒了礼、智二行的次序①，并将智、圣二行分离开来。至于帛书本为什么要做如此改动，这个问题今天难以准确回答，或系帛书本抄写者疏误所致，或系帛书本抄写者有意为之。如果是后者，那么我们似乎可以从《庄子》中找到蛛丝马迹。《庄子·骈拇》曰："多方乎仁义而用之者，列于五藏（脏）哉！而非道德之正也。"又曰："多方骈枝于五藏（脏）之情者，淫僻于仁义之行，而多方于聪明之用也。"又曰："属其性于五味，虽通如俞儿，非吾所谓臧也。属其性乎五声，虽通如师旷，非吾所谓聪也。属其性乎五色，虽通如离朱，非吾所谓明也。"《庄子·胠箧》曰："夫妄意室中之藏，圣也；入先，勇也；出后，义也；知可否，知（智）也；分均，仁也。五者不备，而能成大盗者，天下未之有也。"从所引这几段《庄子》文本来看，当时确实有一些人热衷于以五行思维模式来理解人的德行，庄子学派则反对此一做法，并做了批评，因为在庄子看来，将人的德行"列于五藏（脏）""骈枝于五藏（脏）""属性于五味/五声/五色"，皆非"道德之正"。但是，在简帛《五行》的两种五行排列次序中，何者可能是庄子所批判的那一种呢？从逻辑上来看，这个被批判的五行次序应当是竹书本的"五行"。与此相对，帛书本的五行次序则可能是庄子批判的结果。帛书本的传抄者为了逃避诸子对"圣智"

---

① 这一点，郭店简整理者已指出。荆门市博物馆编：《郭店楚墓竹简》，第151页。

的批判，而有意将此二行分离开。我们看到，庄子学派对圣、智二行的批判达到了非常激烈的程度。①

第二点，楚简和帛书《五行》还有一些重要异文，其文义有所区别。第 21 号简曰："不弁不悦。""弁"字，帛书经文作"臀"（第 188 行），帛书说文作"变"（第 233 行）。② 帛书整理者说："臀从般声，与变音近通假。"③ 现在看来，帛书整理者的释读可从，"臀"读为"变"。竹书本"弁"字当读为"变"。而"变"字之义很容易引起学者误解，庞朴先生说："戀当为變、戀、攣之省字，顺从也，思慕也，眷念也。"魏启鹏说："戀读为變……變有倾慕之义……變又有温顺之义。"④ 庞、魏二氏的误解可能是由帛书《五行》说文的解释所致。帛书《五行》说文曰："变也者，勉也，仁气也。变而后能悦。"（第 233 行）又曰："'不爱不仁'，爱而后仁。言变者而后能悦仁、戚仁、亲仁、爱仁，以于亲戚亦可。"（第 234—235 行）简帛书的"变"字，其实即变化之义，不过具

① 《庄子·逍遥游》："岂唯形骸有聋盲哉？夫知亦有之。"《庄子·养生主》："吾生也有涯，而知也无涯。以有涯随无涯，殆已！"《庄子·人间世》："知也者，争之器也。"《庄子·德充符》："常季曰：彼为己，以其知得其心，以其心得其常心。"《庄子·胠箧》："世俗之所谓至知者，有不为大盗积者乎？所谓至圣者，有不为大盗守者乎？"又曰："上诚好知而无道，则天下大乱矣。"又云："掊击圣人，纵舍盗贼，而天下始治矣。"《庄子·在宥》："意，甚矣哉！其无愧而不知耻也甚矣！吾未知圣知之不为桁杨椄槢也，仁义之不为桎梏凿枘也！"
② "变"，庞朴、魏启鹏所用释文均作"戀"字。1980 年版《马王堆汉墓帛书（壹）》释文及 2014 年版《长沙马王堆汉墓简帛集成（肆）》释文均作"变"，当从之。庞、魏二氏说，参见庞朴：《帛书〈五行篇〉校注》，载《中华文史论丛》，总第 12 辑，上海：上海古籍出版社，1979，第 54 页；魏启鹏：《德行校释》，成都：巴蜀书社，1991，第 33-34 页。
③ 国家文物局古文献研究室编：《马王堆汉墓帛书（壹）》，北京：文物出版社，1980，第 25 页。
④ 庞朴：《帛书〈五行篇〉校注》，载《中华文史论丛》，总第 12 辑；魏启鹏：《德行校释》，第 33 页。

体是指道德心理活动所致的身心变化。

第 28 号简曰："圣智，礼乐之所由生也。"此句帛书本经文残缺，其说文引作："仁义，礼乐所由生也。"（第 285 行）很容易看出，"圣智"与"仁义"差别很大，学者已指出。[①] 帛书本说文引经文时有错讹，此即一例也。

第 22 号简"不行不义"与"不远不敬"两句间有一小墨方块符号，表明此两句并不共章。而帛书本无此小墨方块符号，将二者连缀了起来。在第 20—21 号简"不聪不明，不圣不智"两句之间，帛书本添加了"【不明】不圣"（第 190 行）一句，将此两句蝉联起来。这些情况表明，帛书本的编者或抄写者不是死板地传抄原文，而是有所变化的。

第 39 号简曰："简之为言犹练也。""练"字，帛书本经文作"贺"（第 204 行），说文作"衡"（第 298 行）。庞朴从后者[②]；魏启鹏从前者，并读作"加"，他说："贺借加，增也，益也。"[③] 今按，庞、魏两说都未必正确。"简"，根据简帛《五行》上下文，当训为简实。庞朴已发之[④]，可参考。"练"，其基本义为白色熟绢，竹书整理者说："练，疑借作'间'。"[⑤] 笔者疑"练""贺""衡"三字均当读为"显"，"犹练也"与下文"犹匿匿"相对应。"匿匿"的前一字训隐匿，后一字通"慝"。《玉篇·匚部》："匿，阴奸也。"《管子·七法》："百匿伤上威。"王念孙《读书杂志》："匿，与慝同。百匿，众

---

① 邢文：《楚简〈五行〉试论》，《文物》1998 年第 10 期。
② 庞朴：《帛书〈五行篇〉校注》，载《中华文史论丛》，总第 12 辑。
③ 魏启鹏：《德行校释》，第 20、58 页。
④ 庞朴：《帛书〈五行篇〉校注》，载《中华文史论丛》，总第 12 辑。
⑤ 荆门市博物馆编：《郭店楚墓竹简》，第 154 页。

愿也。"①

第48—49号简曰："大〈天〉施诸其人，天也；其人施诸人，狎也。"帛书本作："天生诸其人，天也。其人施诸【人，狎】也。其人施诸人，不得其人不为法。"（第212—213行）竹简"大"字当是"天"字之讹。"施"，帛书本作"生"，并依"生"字解说。疑帛书《五行》作者不明"施"字义，故依"它"字而以为"生"字讹文。"施"，施与、给予。《广雅·释诂三》："施，予也。"竹简"狎"字，从李零释文，池田知久释为"人"。② 池田误，当从李零释文。

第三点，竹帛《五行》二本皆有讹字、脱字和衍文；竹书本引《诗》不指明其出处，帛书本引《诗》则多以"诗曰"标明之，并增加所引《诗》句数量。虽然帛书《五行》是对竹书《五行》的发展和重编，但是在保存原本意义上它确实有不足之处。与此相对，帛书本《五行》亦有优于竹书本《五行》的地方。这可以从竹书本同样存在着一些讹字、脱文等现象推断出来，如第8号简"思不长不形"一句，当如帛书本作："思不长不得，思不轻不形。"（第177行）第44号简"后，士之尊贤也"前当有脱文，应当根据帛书本补为："前，王公之尊贤者【也】。"（第208—209行）第6号简"不乐则亡德"一句后有脱文，应当根据帛书本补为："【君子】无中心之忧则无中心之圣，无中心之圣则无中心之悦，无中心之悦则不安，不安则不乐，不乐则【无】德。"（第174—176行）比较两本，竹书本的脱文多于帛书本，而帛书本的讹文误字

① ［清］王念孙：《读书杂志》，南京：江苏古籍出版社，2000，第418页。
② 李零：《郭店楚简校读记》，载陈鼓应主编：《道家文化研究》，第17辑，第492页；（日）池田知久：《郭店楚简〈五行〉研究》，1998年8月22日稿本。

则远多于竹书本。

第二节 楚简《五行》的"德之行"思想

简帛《五行》虽然有不少区别，但在经文部分它们还是大同小异的，其文义、思想的区别则更小。故笔者在此做简化处理，径直认为帛书《五行》经文部分与竹书《五行》的思想是一致的、相同的。在此基础上，本章下文分析和梳理竹书《五行》的思想。

一、德之行与"德""善"境界

竹书《五行》开篇第1—4号简曰：

> 五行：仁形于内谓之德之行，不形于内谓之行。义形于内谓之德之行，不形于内谓之行。礼形于内谓之德之行，不行于内谓之【行。智形】于内谓之德之行，不形于内谓之行。圣形于内谓之德之行，不形于内谓〔德〕之行。

引文中的"德"字，竹书本原文皆作"惪"。"惪"是"德"的本字，"德"是"惪"的通行字。末句"不形于内谓德之行"的"德"字，乃衍文，上文相应文句均作"不形于内谓之行"，故此句不当有例外。而且，此句帛书本即无"德"字。

仁、义、礼、智、圣为五行，即五种德行。而五行根据其所形之内外可分别为"德之行"与"行"两种五行。"德之行"与"行"的区别是什么呢？《周礼·地官·师氏》曰："敏德以为行本。"这是说勤勉修德以为行为的根本。《周礼·地官·师氏》以三德三行教导国子，郑玄注曰："德行，内外之称，在心为德，施之为行。"[①]"德"是一个内在于人身心的概念，而"行"则是施之于行为而表现在外的品行。中国先哲常常强调以德制约行，以行为德的发用，而以修德成就君子人格为人生目标。[②]《春秋繁露·为人者天》曰："人之德行，化天理而义。"董仲舒在此进一步点明了德行的最后根据在于天理。其实"天理"，先秦古籍常用"天命""上帝""道"这三个概念来表示，"上帝""天命"或"道"是人的心性、行为和价值之原。佚书《五行》区别出两种五行，一种形于内，被称为"德之行"，一种不形于内，被称为"行"。而这两种"行"有何差别呢？"德之行"指仁、义、礼、智、圣五者已化为人之身心的一部分。"形"字兼形现与形成两义。"形于内"指通过心之忧、思的活动而使道德心生现和成于心中，或者说指五行在心中的生成和具体化。道德心生现而具体化于心中的五行即为"德之行"，相对地，那种没有具现于心内的五行则为"行"。后一种行，属于规范的德行，或者说是对行为做出的道德规范。

竹书《五行》第4—5号简曰：

德之行五和谓之德，四行和谓之善。善，人道也；

---

① ［清］阮元校刻：《十三经注疏·周礼注疏》，北京：中华书局，1980，第730页。

② 《礼记·表记》孔颖达疏："德在于内，行接于外。内既不德，当须以德行之于外，以接于人民。"［清］阮元校刻：《十三经注疏·礼记正义》，第1640页。《淮南子·要略》："执中含和，德形于内，以君凝天地。"又云："德不内形，而行其法藉，用制度，神祇弗应，福祥弗归。"又云："德形于内，治之大本。"

德，天道也。

"和"，即和谐之义。"德之行五和谓之德"，前一"德"字，是"形于内"的意思；后一"德"字，承前"德之行五和"而来，是形于内的五种德行达到高度和谐的一种修养结果和层次。跟"四行和"相比，"德之行五和"是一种更高的境界。"四行和谓之善"，"四行"从字面看指仁、义、礼、智四者；而联系上下文来看，此处的四行，指德之行的仁、义、礼、智四种德行。有一种意见认为此处"四行和"之"四行"指"不形于内"者而言，这是不对的。"善"指德之行的四行（不包括圣行）达到高度和谐的一种结果和层次。跟"五行和"相比，"四行和"在道德境界上低一个层次。或者说，"德"的境界高于"善"的境界。《五行》所说的成德境界包括两个层次，即"德"和"善"的境界。成就"善"的道德境界，是对每一个士人的要求；而成就"德"的境界，则是对成就君子人格的要求。

"善，人道也；德，天道也"，这两句话是就道德修养境界的高低层次来说的。"善，人道也"，是说达到"善"的层次，是人道有为的道德实践境界。"德，天道也"，是说达到"德"的层次，是天道无为的道德实践境界。"德"与"善"的道德境界差别，其实是就道德实践的工夫程度来说的，犹如孟子所谓"由仁义行"和"行仁义"（《孟子·离娄下》）的区别。所以此处的"人道"和"天道"的分别，是就其工夫程度和实践境界来说的。《礼记·中庸》："诚者，天之道也；诚之者，人之道也。"《孟子·离娄上》："诚者，天之道也；思诚者，人之道也。"《孟子》继承了《中庸》的思想，而所谓"天之道"

"人之道"均是就修养工夫所致的境界来说的。竹书所谓"人道也"和"天道也",与《中庸》《孟子》"人之道也""天之道也"同义。竹书《五行》篇末曰:"大〈天〉施诸其人,天也;其人施诸人,狎也。"这两句话同样体现了类似区别。

"四行"指仁、义、礼、智四种德行。"四行和"的道德修养缺"圣"一行,而"圣"无疑是五行中非常重要的一行,被《五行》篇作者认为是上通天道的关键一环。如果缺少圣行的圆成,那么在竹书作者看来君子人格是无法成就的。圣行与天道的关系,帛书《五行》第274—275行曰:"'闻而知之,圣也',闻之而【遂】知其天之道也,圣也。"帛书《德圣》篇第455行曰:"知天道曰圣。"从字源来看,聽、聲、聖本一字之分化。其初文从耳从口会意,"表示口有所言,以耳得之为声,其得声之动作为听"[①]。竹书"闻而知之"一句,乃言其修养工夫达到了极高层级。而"四行和"缺"圣"一行,故其修养有待提高,而只能算是人道有为的修养境界。孟子曰"仁、义、礼、智根于心"(《孟子·尽心上》),又持性善论,这是对竹书《五行》"四行和谓之善"这一观点的继承、发展和转化。[②]《五行》就高处言,孟子则由低处着手。需要指出,孟子认为操存扩充四端之心即可以为君子,这一点与《五行》不同。

二、忧、思、志与形于内的成德

在成德上,《五行》很重视"忧"的概念。如何成德,或

---

① 李学勤主编:《字源》,天津:天津古籍出版社,2012,第1047页。

② 郭梨华也有类似看法。郭梨华:《竹简〈五行〉的"五行"研究》,"郭店楚简国际学术研讨会"论文,武汉,1999年10月。

者说如何形于内？这是《五行》的一个关键问题。竹书曰：
"君子亡（无）中心之忧则无中心之智，亡（无）中心之智则
无中心【之悦】，亡（无）中心【之悦则不】安，不安则不
乐，不乐则亡（无）德。"（第5—6号简）其后疑竹书有脱文，
此脱文帛书本作："【君子】无中心之忧则无中心之圣，无中
心之圣则无中心之悦，无中心之悦则不安，不安则不乐，不
乐则【无】德。"（第174—176行）在《五行》作者看来，有
德无德的标准在于某行是否形于内，而形于内的根源在于人
是否有中心之忧。而"中心之忧"包括"心"和"忧"两点。
《五行》将成德或形于内的工夫放在心上来说，认为心是成德
处和做工夫处，这是很重要的，与他律的修养方法根本不同。
而"忧"（"中心之忧"）即阐明了成德的动力之源。"憂
（忧）"本作"慐"字。《说文·心部》："慐，愁也。""慐"是
忧虑、担忧之义，相当于英文单词care。《五行》说，人有中
心之忧则有中心之智和中心之圣，有中心之智和中心之圣则
人有内心的愉悦、安宁与和乐。而达到和乐的地步即谓之有
德，如此则智、圣二行形之于内。《五行》的"忧"是一种道
德性的忧虑和关切。徐复观曾说中国文化的基因是忧患意
识①，这是对的，但他是就民族文化的特性来说的，故徐氏所
谓忧患意识与《五行》论成德的"中心之忧"不同。由发动
道德心的忧虑或道德关切，而通往道德成就的和乐境界，这
是先秦儒家修身学的一个重要思路和内容。除了肯定内心具
有能自我发动的先验忧患意识外，《五行》篇还突出强调了由

---

① 徐复观：《中国人性论史·先秦篇》，台北：台湾商务印书馆，1982，第20 -
21页。

内心的道德忧虑和关切发展为内心的道德和乐状态的转化因素，而这个转化因素即圣、智二行。强调圣、智二行在成德过程中的重要作用，这贯穿于简帛《五行》和帛书《德圣》篇中，是一个基本思想。

"志"和"思"也是《五行》很重视的两个概念。竹书《五行》曰："善弗为亡（无）近，德弗之（志）不成，智弗思不得。"（第7—8号简）"志"字，本从之从心，今字从士从心，乃字形讹变的结果。它是一个形声兼会意字，心之所之即为"志"。在《说文·心部》中，"志""意"互训。在此处竹书引文中，"志"作动词，是"有志于"的意思，即心在其自身修养或活动过程中所持立的恒定志向或意向。① 引文中的"德"字是境界义，与"善"相对。为善才能接近善，志于德才能成就德，思于智才能得智而形于内。在此，我们看到"思""志"的重要性。"心之官则思"（《孟子·告子上》），"思"是心的功能。"思"是思虑、思求，一种持续的道德心理活动，它与"忧"不同。"志"是道德意志的确定意向。一个人必先有"志"，然后才能寻找目标和确定目标，并努力成就之。简单说来，"思"是圣、智形于内的前提，"志"是此心指向成"德"的终极意向。所谓"志士"，即立志达到"德"的境界而成就君子人格的人。"圣"与"志"可以在"德"的成就中关联起来。这样，"德弗志不成，智弗思不得"即同时暗示了圣、智二行的对立。

由于智行是圣行的阶梯，故《五行》特别强调了智之思

---

① 饶宗颐对"诗""持""志"等字词的语义关系有较详细的论述。饶宗颐：《诗言志再辨——以郭店楚简资料为中心》，手稿。

的一面。竹书《五行》曰："智弗思不得。思不清（精）不察，思不长【不得，思不轻】不形。不形则不安，不安则不乐，不乐则亡（无）德。"（第8—9号简）"清"当读为"精"。"思"很重要，无思则无所谓智，无智则不能成德（形于内）。"思"作为道德心理活动的本源是忧、思，思之所思首先指向五行之形于内，并由此指向内心的和乐，从而成德（真正形于内）。但是，"思"何以成其为思呢？"思"必须经过"精""长""轻"的修养工夫，才能够获得"察""得""形"的结果，才能够把五行形之于内，而真正转化为"德之行"。五行成为德之行，是修身为道的根本。然而思何以精、何以长和何以轻呢？第9—15号简即有论述，今从略，不论。

承前圣、智之论，竹书《五行》还对圣、智、仁三行的关系及其所本所生做了追问，加深了对五行的理解。何谓圣？何谓智？圣，聪也，其用为听；智，明也，其用为见。从《五行》来看，圣与耳相关，智与眼相通。竹书《五行》曰："不聪不明，不圣不智。不智不仁，不仁不安，不安不乐，不乐亡（无）德。"（第20—21号简）此"德"字就境界言。从引文来看，圣、智二行比仁、义、礼更基础和更根本，在为德过程中发挥着更关键的作用。由此，佚书《五行》更强调闻道和见贤的重要性。

三、圣智与五行之所和、四行之所和

《五行》篇很重视圣、智二行，从实践看认为此二行是"五行之所和"和"四行之所和"的本源。竹书第22—32号简曰：

未尝闻君子道，谓之不聪。未尝见贤人，谓之不明。

闻君子道而不知其君子道，谓之不圣。见贤人而不知其
有德也，谓之不智。

　　见而知之，智也。闻而知之，圣也。明明，智也。
赫赫，圣也。"明明在下，赫赫在上"，此之谓也。

　　闻君子道，聪也。闻而知之，圣也；圣人知而〈天〉
道也。知而行之，义也。行之而时，德也。见贤人，明
也；见而知之，智也。知而安之，仁也；安而敬之，礼
也。圣智，礼乐之所由生也，五【行之所和】也。和则
乐，乐则有德，有德则邦家举。文王之见也如此。"文
【王在上】，于（於）昭于天"，此之谓也。

　　见而知之，智也。知而安之，仁也。安而行之，义
也。行而敬之，礼也。仁义，礼所由生也，四行之所和
也。和则同，同则善。

　　上引文"于昭"二字，见于郭店简第27号残片，可据补。
"明明在下，赫赫在上"，见《诗经·大雅·大明》篇。"文
【王在上】，于（於）昭于天"，见《诗经·大雅·文王》篇。
"圣智，礼乐之所由生也"，帛书《五行》经文缺，其说文作
"仁义，礼乐所由生也"（第285行）。"仁义"二字，当系帛书
编者有意改作。"仁义，礼所由生也"，"礼"字下帛书《五
行》经文多一"知"字（第202行），当系衍文。帛书《五行》
说文："'仁知，礼之所由生也'，言礼【之】生于仁义
【也】。"（第291—292行）"仁知"的"知"字系"义"字之
讹；而由此引文可知，帛书经文确实衍一"知"字。

　　上述引文共由四章组成，其中心是以圣智判断一个人是
否达到了"德""善"的境界。聪与不聪，以闻道与未闻道为

标准，而所谓闻道，即闻君子道。何谓"君子道"？君子道指形成君子人格的德行规定。竹书《五行》曰："五行皆形于内而时行之，谓之君【子】。"（第6—7号简）所谓君子，指五行皆形于内而为"德之行"，且又"时行之"的人。或者说，君子是指那些能将仁、义、礼、智、圣五行形之于内同时又能在人伦中适时实践的人。君子道乃通往君子人格的必由之路。闻此君子道则聪，聪而知之则成圣德。成圣德者，闻而知之也。闻而即知之，可见其德行修养境界之高，实践已经达到了自如的地步，若孔子、颜渊者是也。所以此"闻"字不是一种对象化的听闻或闻知，而是实践意义上的闻知，犹言当其闻知，斯人即可知其出自内在的圣德。闻而即知其为君子道，这是圣德的表现。反之，也可以说，一个人具备圣德，即能闻知君子道。形于内的圣德是"我"之所以能够轻易通达彼"君子道"的内在德行。

"圣人知天道"，此"天道"即指"君子道"。"赫赫，圣也"或"赫赫在上"，"赫赫"是用来形容圣功的，唯有达于此"赫赫"之境乃可以说达到了圣德。"智"与"明"相关，"明"的作用是"见贤人"，"见贤人而知其有德"，这就叫作"智"。反之，一个人与贤人遭逢而不知其为贤人，不知其有德而恭敬之，这就叫作"不智"。"不智"即智行尚未转化为德之行，或者说其所谓智并非出自德之行的智。"明明，智也"或者"明明在下"，"明明"，明之又明，是用来形容智功的。有德则明，无德则暗。见知此贤人而明之不已，此种"明明"的道德活动即为智德。"明明在下，赫赫在上"两句相对，圣德成就"赫赫在上"的境界，而智德成就"明明在下"的境界。当然，这两种圣德圣功、智德智功是彼此配合的，它们共同构成一个道德流行的天地境界。

从以上引文看，在礼、义、仁、智、圣五者中，前者似乎比后者更根本、更重要。所以竹书曰："圣智，礼乐之所由生也，五行之所和也。"又曰："和则乐，乐则有德，有德则邦家举。"圣智的作用确实很大、很关键！同时，我们看到，圣、智二行不但是礼乐所由生的根源，而且是"五行之所和"的根源。此"五行"指德之行的五行。竹书接着说："仁义，礼所由生也，四行之所和也。和则同，同则善。"需要指出，此"四行"指德之行的四行。而所谓"仁义，礼所由生也"的"仁义"，即来自"见而知之，智也"。而"见而知之，智也"，仁、义、礼即由此生成。在此基础上，竹书《五行》进一步指出"仁义，礼所由生也"。联系上文"圣智，礼乐之所由生也"来看，此"礼乐"具有现实性、经验性和可实践性，是《五行》作者需要处理和回答的一个问题。

需要指出的是，《五行》一方面说"圣智"是"五行之所和"的原因，另一方面说"仁义"是"四行之所和"的原因，说明这两种修养境界及其工夫重点是不同的。从学术史来看，《五行》无疑更重视前者，而孟子更重视后者，并对后者做了系统的阐发和推进。孟子即以四端之心来主张和论证人性善。

总之，"五行之所和"的"五行"就德之行而言。五行之所和谓之"德"，"德"的境界即"天道"的境界。而成此"德"的境界或闻知天道，皆以圣、智为根源。而在圣、智二行中，圣行又比智行更根本。竹书《五行》曰："闻道而悦者，好仁者也。闻道而畏者，好义者也。闻道而恭者，好礼者也。闻道而乐者，好德者也。"（第49—50号简）这几句话说明，圣行的闻道是仁、义、礼、德的本源，而因其闻道的层次和境界不同故有仁、义、礼、德的区别。"四行之所和"的"四行"也是就德之行来说的，不过"四行之所和"所成就的是"善"的境界。而"善"的境界即"人道"的境界。"天道"自然无为，而"人道"有为，很显然在修身实践上"天道"的境界高于"人道"的境界。竹书《五行》又说："大〈天〉施诸其人，天也；其人施诸人，犾也。"（第 48—49 号简）"天施诸其人，天也"，这就是所谓"天道"的境界或"德"的境界。"其人施诸人，犾也"，"犾"者习也（《尔雅·释诂下》），这就是所谓"人道"的境界或"善"的境界。简言之，所谓圣智为五行所和之本与仁义为四行所和之本的区分，或者说在道德境界上做"德""善"及做"天道""人道"的区分，这是《五行》的一个重要贡献，意义重大。另外，在成德的五行中，《五行》又以圣、智二行为中心，也是值得注意的。这一点与孟子思想有显著差别，体现了先秦儒学在其形成过程中的复杂性。

四、仁、义、礼三行

由论圣、智，竹书《五行》又把其论述的一个重心移向对仁、义、礼三行的思考。《五行》第 21—22 号简曰：

> 不变不悦，不悦不戚，不戚不亲，不亲不爱，不爱不仁。不直不肆①，不肆不果，不果不简，不简不行，不行不义。不远不敬，不敬不严，不严不尊，不尊不恭，不恭亡（无）礼。

---

① "肆"字，从李零读。李零：《郭店楚简校读记》，载陈鼓应主编：《道家文化研究》，第 17 辑，第 491 页。

第32—41号简曰：

　　颜色容貌温，变也。以其中心与人交，悦也。中心悦焉，迁于兄弟，戚也。戚而信之，亲也。亲而笃之，爱也。爱父，其稽（继）爱人①，仁也。

　　中心辩（辨）然而正行之，直也。直而遂之，肆也。肆而不畏强御，果也。不以小道夌（凌）大道，简也。有大罪而大诛之，行也。贵贵，其等尊贤，义也。

　　以其外心与人交，远也。远而梢（庄）之，敬也。敬而不都〈懈〉，严也。严而畏之，尊也。尊而不骄，恭也。恭而博交，礼也。

　　不简不行，不匿不察于道。有大罪而大诛之，简也。有小罪而赦之，匿也。有大罪而弗大诛也，不行也。有小罪而弗赦也，不察于道也。

　　简之为言犹练（显）也，大而晏（罕）者也。匿之为言也犹匿匿（慝）也，小而访〈诊（眕）〉者也。简，义之方也；匿，仁之方也。刚，义之方；柔，仁之方也。"不竸不絿，不刚不柔"，此之谓也。

"不竸不絿，不刚不柔"两句，出自《诗经·商颂·长发》。在简帛《五行》中，"肆"是褒义词，是"直"行的递进。竹书《五行》曰："直而遂之，肆也。"（第34号简）帛书《五行》说文曰："肆也者，终之者也。"（第236行）是"肆"有终直义。"简"，简直、刚简。"匿匿"，前一字义为隐匿，后一字通"慝"，义为邪慝，小恶也。"访"，是"诊"

字之讹，"诊"借作"轸"。① 帛书整理者曰："《楚辞·惜诵》：'心郁结于轸。'王逸注：'轸，隐也。'"② 魏启鹏则说："轸借为赈，有富集、多之义也。"③ 今按，"诊"当为"轸"字之借，义为多盛。《淮南子·兵略》："士卒殷轸。"高诱注："轸，乘轮多盛貌。""小而轸"与上文"大而晏（罕）"相对为言。

上述两段引文，下段第 32—41 号简文字是对于上段第 21—22 号简文字的展开论述。这两段文字具体论述了仁、义、礼三行的产生缘由及本质规定和作用。仁的根源是"以其中心与人交，悦也"，由外到内，由中心之和悦，迁移于兄弟、他人而亲爱之，而谓之仁。义的根源是"中心辩（辨）然而正行之，直也"，由直肆而果敢，守死善道，贵贵而尊贤，而谓之义。礼的根源是"以其外心与人交，远也"，敬、严、尊、恭而博交，而谓之礼。作为德之行的仁行、义行和礼行，都从此"心"生发出来。换言之，此"心"是生发德之行的仁行、义行和礼行的根源处。竹书说，仁欲悦爱，义欲正行，礼欲远敬，是一心而生此三德。而根据仁、义、礼三行，人们可以恰当地实践和处理世间人伦和政治问题。竹书又说："简，义之方也；匿，仁之方也。"仁与义是原则，匿与简是方法，一柔一刚，两者相互配合。简行正义，匿行仁爱，两者相得益彰。

① 荆门市博物馆编：《郭店楚墓竹简》，第 154 页。
② 国家文物局古文献研究室编：《马王堆汉墓帛书（壹）》，第 25 页。
③ 魏启鹏：《德行校释》，第 58 页。

第三节　楚简《五行》的工夫论

如上节所云，竹书《五行》篇特别强调了"心"是仁、义、礼三者形于内而成德的共同本源这一点，人的德行生命因其用心不同而有仁、义、礼三种德行的分别。仁者"中心悦焉"，义者"中心辨然"，礼者"以其外心与人交"，孟子曰"仁、义、礼、智根于心"（《孟子·尽心上》）即在此找到了根据和出处。因此不管是对德之行的五行还是对德之行的四行，我们都不能不做心性学的分析。实际上，简帛《五行》都非常重视对五行和四行做心性学的分析。不过，《五行》所取角度是：既然仁、义、礼、智、圣五行成为德之行都与心之用有关，那么人们如何能使五行形于内而为德之行呢？进一步，又如何能使五行、四行和同而达到"善""德"的道德境界呢？对于前一问题，本章上文实际上已做回答；对于后一问题，竹书提出了"君子集大成"的观点，又提出了所谓"为一"和"慎独"的工夫。

一、"为一"与"慎独"

"为一"和"慎独"是《五行》的两种工夫，它们具有紧密关系。而什么是"为一"，什么是"慎独"？对于这两个问题，凡读过此篇佚书的人没有不加追问的。据帛书，"能为一"，指能以多为一，"一"是统一义；"慎独"指慎其心，所谓"独"者是指此心所达到的一种独而无对的存在状态。"为一"与"慎独"是相互关联的，后者是前者的前提。

"慎独"，先秦故书多见，一般作"慎其独"。《礼记·中庸》曰："是故君子戒慎乎其所不睹，恐惧乎其所不闻。莫见乎隐，莫显乎微，故君子慎其独也。"《礼记·大学》曰："所谓诚其意者，毋自欺也，如恶恶臭，如好好色，此之谓自谦。故君子必慎其独也！……此谓诚于中，形于外，故君子必慎其独也……故君子必诚其意。"《礼记·礼器》曰："礼之以少为贵者，以其内心者也……是故君子慎其独也。"所谓"慎独"，郑玄注曰："慎其闲居之所为。"① 现在看来，《礼记》所谓"慎独"可能都是慎其心之独的意思，"独"指此心达到的一种道德心理状态，而非指人"闲居之所为"。"闲居之所为"是郑玄的理解，已失古义。《荀子·不苟》篇亦有"慎独"说②，其义当同。佚书《五行》所谓"慎独"，据帛书，指"慎其心"（第223行），"独"即指此心达到独的状态。《说文·言部》："慎，谨也。"《广雅·释诂四》："慎，敕也。""慎"即谨慎、慎重之义。魏启鹏读"慎"为"顺"，认为"慎独"即"顺其心"③，这是不正确的。

《五行》第16—19号简曰：

"淑人君子，其仪一也〈氏—兮〉。"能为一，然后能为君子。【君子】慎其独也。

"〖燕燕于飞，差池其羽。之子于归，远送于野。〗

---

① ［清］阮元校刻：《十三经注疏·礼记正义》，第1625页。
② 《荀子·不苟》："君子养心莫善于诚，致诚则无它事矣，唯仁之为守，唯义之为行。诚心守仁则形，形则神，神则能化矣；诚心行义则理，理则明，明则能变矣。变化代兴，谓之天德。天不言而人推高焉，地不言而人推厚焉，四时不言而百姓期焉。夫此有常，以至其诚者也。君子至德，嘿然而喻，未施而亲，不怒而威。夫此顺命，以慎其独者也。善之为道者，不诚则不独，不独则不形，不形则虽作于心，见于色，出于言，民犹若未从也，虽从必疑。"
③ 魏启鹏：《德行校释》，第11页。

【瞻望弗】及，泣涕如雨。"能差池其羽，然后能至哀。君子慎其【独也】。

　　【君】子之为善也，有与始，有与终也。君子之为德也，【有与】始，无【与】终也。金声而玉振之，有德者也。

上引文"始无"二字，原见于竹简残片第 21 号，作"司亡"。"淑人君子，其仪一也"见《诗经·曹风·鸤鸠》篇，"也"字疑是"氏"字之误，"氏"读为"兮"，今本作"兮"字。帛书引《诗》作："尸鸠在桑，其子七氏。叔人君子，其宜一氏。"（第 184 行）"【瞻望弗】及，泣涕如雨"两句，见《诗经·邶风·燕燕》篇；其上疑有脱文，当据补。帛书《五行》引作："【婴】婴于蜚，瓼池其羽。之子于归，袁送于野。瞻望弗及，汲沸如雨。"（第 184—185 行）今本作："燕燕于飞，差池其羽。之子于归，远送于野，瞻望弗及，泣涕如雨。"毫无疑问，《五行》引《诗》的目的在于兴起"为一""慎独"的修养工夫。

先看上引第一段文字。这段文字通过引用《诗经·曹风·鸤鸠》篇起兴，提出了"为一"（"能为一"）和"慎独"（"慎其独"）两种工夫。这两个概念具体应当如何理解？单纯从竹书《五行》来看，是难以知晓的。所幸，帛书《五行》说文有解，云："能为一者，言能以多【为一】；以多为一也者，言能以夫五为一也。"（第 222—223 行）所谓"五"，当指德之行的仁、义、礼、智、圣这五种德行；"一"指此五种德行的统一、和一。帛书《五行》说文又云："慎其独也者，言舍夫五而慎其心之谓【也】。"所谓"独"，很明确就心而言；所谓"慎独"，指"舍夫五而慎其心"。"慎独"的工夫包括两点：一边是舍弃德之行的仁、义、礼、智、圣五者，另一边是谨慎其心。前者是为后者服务的，是同一件事的两个方面。而所谓"舍"，是暂舍，是舍弃五行之一偏。"舍"其实是为了"为一"。关于"慎独"与"为一"的关系，帛书《五行》说文做了揭示，云："【慎】然后一。一也者，夫五｛夫｝为【一】心也，然后德（得）之一也，乃德已。"（第 223—224 行）这段话指明这两种工夫的次第，"慎独"在前而"为一"在后，前者是后者的前提，慎独然后为一。

再看上引第二段文字。这段文字通过引用《诗经·邶风·燕燕》起兴，阐述了"慎独"之义。第一段引文说"慎独"是"舍夫五而慎其心"，而这段引文则是从工夫所致的此心存在状态来阐明"慎独"之义的，故此"独"与"体"（耳目鼻口手足）相对，而同时包含境界义。帛书《五行》说文曰："夫丧，正经修领而哀杀矣，言至内者之不在外也，是之谓独。独也者，舍体也。""杀"，减省也。此"独"是从内外关系来说的，"至内"者谓之"独"，此"独"虽然仍就"心"而言，但是着重与"体"相对。帛书曰："独也者，舍体也。"因此"独"是指此心舍弃了与"体"（耳目鼻口手足）的对待从而达到独而无对的存在状态。换言之，处于"独"中之"心"即彻底摆脱了"体"的束缚，而成为一纯粹道德流行的世界。这是"慎独"的第二重意思。

最后看上引第三段文字。这段文字承接上引第二段文字而来，它区分了"为善"和"为德"两种境界。单纯从竹简来看，这段文字的意思很晦涩，甚至不知所云。但是联系帛书《五行》来看，其意就很容易明白了。所谓"【君】子之为善也，有与始，有与终也"，帛书说文曰："言与其体始，与其体终也。"（第 228 行）所谓"君子之为德也，【有与】始，无【与】终也"，帛书说文曰："有与【始者，言】与其体始；

无与终者，言舍其体而独其心也。"（第229行）据此，上引第三段文字是从心体关系来诠释所谓"为善"和"为德"境界的。而无论哪一种，在成德过程中都是从此心"与其体始"开始的。"体"具体指耳、目、鼻、口、手、足六者。而如果此心一直"与其体终"，即至终都不能超越出来而成为一独立的主宰，那么这个人仍然处于"为善"的境界中。而如果此心最后能够"无与其体终"，达到"舍其体而独其心"的地步，能够真正独任其心，那么此人即处于"为德"的境界中。

总之，"为善"和"为德"的道德境界包括两个彼此密切相关的侧面，一个是由"为一"之工夫而至于"四行之所和"和"五行之所和"的侧面，另一个是由"慎独"之工夫而至于此心"与其体终"和"无与其体终"的侧面。而在前者中，"慎独"是"为一"的前提，即舍弃五行之偏而谨慎其心，并通过此种谨慎其心而使夫德之行的仁、义、礼、智、圣五者和同为一。在后者中，"慎独"本身即具有境界义，或者说，它既是方法又是境界。顺便指出，"四行之所和"其实也存在一个"为一"的工夫问题。

二、侔、喻、譬的方法与"幾而知之"

对于心体关系及其相关认识君子道的方法，《五行》有具体论述。第45—48号简曰：

耳目鼻口手足六者，心之役也。[1] 心曰唯，莫敢不

---

[1] "役"字，原整理者未释，此从颜世铉、李零释文，帛书《五行》即作"役"。颜世铉：《郭店楚简浅释》，载张以仁先生七秩寿庆论文集编辑委员会编：《张以仁先生七秩寿庆论文集》，台北：台湾学生书局，1999，第389页；李零：《郭店楚简校读记》，载陈鼓应主编：《道家文化研究》，第17辑，第490页。

唯；诺，莫敢不诺；进，莫敢不进；后，莫敢不后；深，莫敢不深；浅，莫敢不浅。和则同，同则善。侔而知之，谓之进之。喻而知之，谓之进之。譬而知之，谓之进之。几而知之，天也。"上帝临汝，毋贰尔心"，此之谓也。

"役"，使也。《国语·郑语》曰："正七体以役心。"此与简文"耳目鼻口手足六者，心之役也"很相近。《国语》"七体"，指耳、目、鼻、口、手、足、身七者，此七者皆役于心。"心之役"和"以役心"的两个"役"字，均为动词，义为役使。需要指出，"心之役"即"心所役"，"之"相当于"所"，参见吴昌莹《经词衍释》卷九。"上帝临汝，毋贰尔心"，见《诗经·大雅·大明》篇。

先看耳目鼻口手足六者与心的关系。据上引简文可知，心是役使者，而耳目鼻口手足六者是被役使者；心是主宰者，而耳目鼻口手足六者是被主宰者；心是出命者，而耳目鼻口手足六者是受命者。竹书说，心曰唯诺，而六者莫敢不唯诺；心曰进后，而六者莫敢不进后；心曰深浅，而六者莫敢不深浅。这当然是就慎独之功已成的角度来说的。竹书如此反复推阐，无疑是为了强调此"心"达到完全自我主宰的地步，"慎独"之说才能成立。

再看"和则同，同则善"之义。这两句话，单纯从竹书来看不易理解；但是联系《五行》说文来看，其意甚为明了。关于"和则同"，帛书《五行》说文曰："和也者，小体便便然不违于心也，和于仁义。仁义，心〖也〗。同者，与心若一也；【守】约也，同于仁义。仁【义】，心也，'同则善'耳。"（第326—327行）这段话包括了帛书作者的一些额外阐释，但观其大意，可以反映出竹书"和则同，同则善"的含义。据所引帛书说文，"和则同，同则善"是讲耳目鼻口手足六者在心的主宰作用中与心相和谐，达到"若一"的状态，如此则此耳目鼻口手足六者同于心之所以为心者——"仁义"，同于仁义则达到了"善"的境界。

最后看"侔""喻""譬""幾"这四种知解或体知方法。"侔"，原字作"目"，庞朴先生读为"侔"①，其说是。"侔""目"二字音通。帛书《五行》说文曰："侔之也者，比之也。"（第 328 行）《墨子·小取》篇曰："侔也者，比辞而俱行也。"孙诒让《间诂》曰："《说文·人部》云：'侔，齐等也。'谓辞义齐等，比而同之。"② "侔"即侔比、比齐、比类之义。"侔而知之"，即通过比齐事物而推知其特性，同时可知不同类者其性不同，故"侔"亦包含比较义。如侔比万物之性，而可知唯独人好仁义。"喻"即比喻的方法，帛书《五行》说文曰："喻之也者，自所小好喻乎所大好。"（第 339 行）比如，帛书作者说，阅读《诗经·关雎》篇应当使用"喻而知之"的方法，具体为"由色喻于礼"（第 342 行）。"譬"者，匹也，比也，喻也。"譬而知之"，即通过类比、比譬来做推论及探知其原因的一种方法。帛书《五行》说文曰："譬比之而知吾所以不如舜，进耳。"（第 338 行）譬如，丘之所以不可名山在于"不积"，我之仁不如舜之仁、我之义不如舜之义亦在于"不积"，由此可知我之所以不如舜的原因即在于"不积"。"譬"是一种比"侔""喻"更高级的推理和认识方法。

---

① 庞朴：《帛书〈五行篇〉校注》，载《中华文史论丛》，总第 12 辑。
② ［清］孙诒让：《墨子间诂》，载国学研究社编：《诸子集成》，第 4 册，北京：中华书局，1954，第 251 页。

"幾"，简体字作"几"，帛书《五行》作"鐖"。此字，帛书整理者读为"计"或"譏"，魏启鹏读为"僟"①，皆不可从。"鐖"当读为"幾"。作为方法，"幾"与侔、喻、譬很不相同。《说文·丝部》："幾，微也。""幾而知之"，是一种直觉、体知的认识方法，是此心与天命、天意高度同一、合一的一种认识方法。竹书《五行》曰："幾而知之，天也。"帛书《五行》说文曰："幾也者，斋数也。唯有天德者，然后幾而知之。"（第 343 行）饶宗颐说："斋数是说能够把握变化之数，古代是指占筮者，乃能通其变。"② 饶说疑非。"斋数"即心斋之术。"斋"指心斋，"数"者术也。竹书《五行》引《诗》曰："上帝临汝，无贰尔心。"帛书《五行》说文曰："'上帝临汝'，【言】幾之也。'无贰尔心'，俱幾之也。"（第 344 行）"幾"在此作动词，义为达到幾微的状态。由此可知，作为心斋之术的"幾而知之"从一方面看是一种神秘的直觉方法和体知方法，从另一方面看其实是工夫到处，天德自然流行。"天"者，言其自然而无一丝一毫人为因素的介入，是工夫达到极致状态的天德流行的结果。或者说，"幾而知之"是一种境界形态的"慎独"工夫，此心达到了精一无二的状态，精诚通神，而与天命合一的一种认知状态。

从传统文化来看，"幾"的内涵深厚，《诗经·大雅·瞻印》云："天之降网，维其幾矣。"《尚书·皋陶谟》曰："安

---

① 帛书整理者说："鐖疑读为计，谋也，虑也。计与几古音相近。一说当读为讥察之讥。"魏启鹏读"鐖"为"僟"。《说文·人部》："僟，精谨也。"国家文物局古文献研究室编：《马王堆汉墓帛书（壹）》，第 27 页；魏启鹏：《德行校释》，第 73－74 页。

② 饶宗颐：《从郭店楚简谈古代乐教》，"郭店楚简国际学术研讨会"论文，武汉，1999 年 10 月。

汝止。惟幾惟康，其弼直，惟动丕应。溪志以昭受上帝，天其申命用休。"在此，"幾"与天、天命、上帝直接相关。《周易·系辞上》曰："夫《易》，圣人之所以极深而研幾也。唯深也，故能通天下之志；唯幾也，故能成天下之务；唯神也，故不疾而速，不行而至。"《周易·系辞下》载子曰："知幾，其神乎！君子上交不谄，下交不渎，其知幾乎！幾者，动之微，吉〔凶〕之先见者也。君子见幾而作，不俟终日。"《周易·乾卦·文言》曰："知至至之，可与言幾也。"可见，在经典文献中，"幾"具有神奇魔力，人们似乎只要把握了"幾"，就可以把握事物本身。从字面来看，"幾"是幾微之义[①]；从深层次来看，"幾"是指在尚未揭蔽的状态下，隐藏于事物、事件本身及其发展过程中的预先性本质。在古人看来，不但事物有幾，天地亦有幾；不但天地有幾，天之所命亦有幾。而这正是古人之所以要退藏于密、极深研幾的根本原因。佚书《五行》的"幾而知之"，正应当在此"幾"义上来做理解。正因为"幾"为天之所命，与天命具有同质性，故人应当通过"幾而知之"的"斋数"（心斋之术）来直觉天命和体知此天命。

总之，竹书《五行》对"五行"展开了深入思考和分析，认为仁、义、礼、智、圣五者形于内谓之"德之行"，未形于内则谓之"行"，从成德的角度超越了以往对"五行"所做的外在理解。在此基础上，《五行》进一步认为成德有工夫和境界的不同。德之行五和谓之德，其四行和谓之善。"德"的境

---

① 钱锺书对"幾"有比较庞博通贯的征引、解说。钱锺书：《管锥编》，第1册，北京：中华书局，1986，第44－46页。

界，即人在成德上进一步达到了天道无为的境界；"善"的境界，即人在成德上尚处于人道有为的境界。而由"善"到"德"，由人道人为到天道无为，这是一个修养不断提高的过程，能集大成者最终成为君子。就仁、义、礼、智、圣五行来看，《五行》篇突出了圣智二行的作用，认为此二行是仁、义、礼、乐的本源。不过，竹书认为，虽然圣智是成德的本源，但是为善的本源却在于仁义。此种差别，是由天道之所以为天、人道之所以为人的特性决定的。而如何为善，如何为德，如何集大成而成就君子人格？对于此一问题，竹书认为，仁、义、礼、智、圣五行形于内而成德，与心之用密不可分。心之用包括心之忧、心之思和心之志，它们是五行形于内的主体因素。圣之闻达，智之明见，礼之恭敬，义之正辨，仁之亲爱，都与心之用密不可分。而为善成德的关键在于涵摄德之行的五行、四行之心本身的修养及其所达至的存在状态。从方法来看，仁、义、礼、智、圣五行成德及成就"善""德"的道德境界，特别需要做"为一"和"慎独"的工夫。通过"为一""慎独"的工夫，人能够闻知天道和天命，甚至"幾而知之"，以此"斋数"（心斋之术）直觉和体证天命，而成就所谓集大成的君子人格。

第四节　由简帛《五行》经说到帛书《德圣》论"《五行》学派"思想的发展

一、"为一""慎独"的工夫与大体、小体之分

相对于经文来说，帛书《五行》说文的哲学思想有所变

化和转进,这主要表现在其发展了心性学的理论系统,并以此理论系统深入地论述了德之行的五行、四行之所和的根源,以及对于人伦之道的形上论证上。《五行》说文大抵上是围绕"为一"和"慎独"两个概念来展开论述的,回答了五行何以能形于内,五行、四行何以能和同,以及心何以能够释解中心之忧而转化为身心的和乐问题。它已不再像竹书《五行》(帛书《五行》经文)那样拘泥于努力分别"德""善"的道德境界,而是力图将它们拉入心性学的理论框架中来思考,并以五行之心与五行之气将此身心内外统一起来,以实现其在人伦实践中的道德作用。

帛书《五行》第221—227行曰:

> "淑人君子,其仪一也",淑人者,【□□;义】者,义(仪)也;言其所以行之义之一心也。"能为一,然后能为君子",能为一者,言能以多【为一】;以多为一也者,言能以夫五为一也。"君子慎其独",慎其独也者,言舍夫五而慎其心之谓【也。慎】然后一。一也者,夫五{夫}为【一】心也,然后德(得)之一也,乃德已。德犹天也,天乃德已……"能差池其羽,然后能【至】哀",言至也。差池者,言不在衰绖;不在衰绖也,然后能【至】哀。夫丧,正经修领而哀杀矣,言至内者之不在外也,是之谓独。独也者,舍体也。

这段《五行》说文,着重解释了经文所说什么是"为一""慎独"及为何要做"为一""慎独"工夫的问题。所谓"为一",是指人能以其一心行之,以多为一,在简帛《五行》中具体指能以德之行的五行为一及能以德之行的四行为一。能以德之行的四行为一，这一点包括在《五行》思想之中。"为一"之功是德之行的五行、四行之所和的前提，而"德""善"是德之行的五行、四行之所和的道德境界。从心性学来看，德之行的五行、四行的为一，是指涵摄此五行、四行之心自身的为一，竹书《五行》称之为"心一"，帛书《五行》说文做了更明白、更深入的阐释。可以看出，"心"对于"为一"之功是非常关键的，所以简帛《五行》在"为一"之后即提出了"慎独"工夫。据上引《五行》说文，所谓"慎独"，其实就是"慎心"。而为何说"慎独"就是"慎心"呢？帛书《五行》说文有直接的文字说明，云："慎其独也者，言舍夫五而慎其心之谓【也】。""夫"，彼也。"五"，指德之行的仁、义、礼、智、圣五行。心比五行更根本，它既是五行之所以为一的做工夫处，又是其实践主体。五行是五，是多；心是一，是独。心一则五行一，五行一则可得谓之"德"。此"德"是道德成就的最高境界。德犹天，天乃德，此言其达到了自然无为、譬犹天道流行的道德境界。"心"是成德及其做工夫的根本，"德"是其所成就的境界。在五行形于内之后，"心一"即成为一个人是否能够达到"德"境的关键。帛书《五行》说文非常重视"心一"一环，如举哀丧来说，如果哀丧至于心丧，那么即使无衰经的修治也可以。而这实际上涉及"慎心"或"慎独"的问题。

帛书《五行》说，只要心一而成为自身的主宰，那么"至内者之不在外"，此即所谓"独"。帛书《五行》说"独也者，舍体也"，这句话的意思是说，如果心真正达到其独在的状态，那么心即可以摆脱诸体的束缚，而纯任其自身意志的流行。此种流行完全是道德心的流行发用，超脱了耳目鼻口手足诸体的束缚和异化。庄子有所谓"心斋"(《庄子·人间世》)和"坐忘"(《庄子·大宗师》),与帛书《五行》说文所描述的此种"慎独"状态约略可以会通。不过,庄子所谓"心斋"和"坐忘"不但要人忘却礼乐仁义,而且连身心本身也欲一齐忘却,而达到超然神游、洞见道体之"独"的状态。所以,庄子的"见独"与《五行》的"慎独"也有很大差异,不可混同。佚书《五行》所谓"慎独",肯定了人的道德心的存在及其重要作用,是对"心"自身之"为一"状态的经验。

帛书《五行》第228—229行曰:

> "君子之为善也,有与始,有与终也",言与其体始,与其体终也。"君子之为德也,【有与】始,无【与】终也",有与【始者,言】与其体始;无与终者,言舍其体而独其心也。

"为善"与"为德"不同,后者所为的道德境界高于前者所为的道德境界。"为善",有始有终,"言与其体始,与其体终"。"言与其体始,与其体终",是就"为善"所至的心体关系来说的。"为善",指的是仁、义、礼、智四行形于内而为德之行,此四行之所和就是"善"。"为善"是修为并成就此"善"的道德境界,它同时意味着此心与此体的相互作用。"与其体始"是说,此心的道德修为活动与耳目鼻口手足之体一起开始,并且受到后者的限制;"与其体终"是说,此心即使成就了"善"的境界,但仍未能摆脱其耳目鼻口手足之体的限制。或者说,即使达到了"善"的境界,四行之"为善"仍然未能超脱肉体感官的束缚和制约,道德心("心")还不能达到绝对的自我主宰,还在耳目鼻口手足("体")的限制和影响之中。故"为善"的道德活动处于所谓"有与始，有与终"的层次。"为德"的道德活动则与此不同，它最终摆脱了耳目鼻口手足之体的限制和束缚，而纯任道德心的自我主宰和呈现。心之所以独贵，也是因为其是在舍体的道德境界成就中建立起来的。"为德"的境界，简单说来，就是一种最终舍弃耳目鼻口手足六体而心达到独在的道德境界。由此，《五行》必然会强调治心慎独的问题。

"独"就心而言，"体"谓耳目鼻口手足六者。"体"之所以为体，即在于心能统率之；否则，耳目鼻口手足六者只是分散的身体器官和肢体，而与"体"无涉。帛书《五行》第317—327行曰：

> "耳目鼻口手足六者，心之役也。"耳目也者，悦声色者也。鼻口者，悦臭（嗅）味者也。手足者，悦逸余者也。①【心】也者，悦仁义者也。之数体者皆有悦也，而六者为心役，何居？曰：心贵也。有天下之美声色于此，不义则不听弗视也。有天下之美臭（嗅）味于【此】，不义则弗求弗食也。居而不简尊长者，不义则弗为之矣，何居？曰：几（岂）不□【□□，小】不胜大，贱不胜贵也哉？故曰：心之役也。耳目鼻口手足六者，人【臣也，人】体之小者也。心，人【君】也，人体之大者也，故曰君也。"心曰唯，莫敢不唯"，心曰唯，【耳目】鼻口手足音声貌色皆唯，是莫敢不唯也。诺亦然，进亦然，退亦然。"心曰深，【莫】敢不深；心曰浅，莫

① "逸余"，原文作"鹖餘"，帛书整理者读为"佚豫"。"佚豫"即"逸豫"。国家文物局古文字研究室编：《马王堆汉墓帛书（壹）》，第27页。

敢不浅",深者甚也,浅者不甚也,深浅有道矣……"和则同",和也者,小体便便然不违于心也,和于仁义。仁【义】,心也,"同则善"耳。

上引帛书《五行》文字除重复心独贵、心役体的论调外,最重要的是提出了新的"体"说,对"体"做了"大体"和"小体"的区分。在竹书《五行》或在《五行》经文中,"体"与"心"对,仅指耳目鼻口手足六者,故竹书《五行》有所谓舍体独心之说。帛书《五行》所提出的新"体"说是思想上的一种进步。所谓大体,指心君;所谓小体,指耳目鼻口手足六者。体兼一身之内外,心居身中,体在其外。而大体、小体之得名,其实来源于其功用。帛书说,耳目悦声色,鼻口悦嗅味,手足悦逸豫,故谓之为小体;而心悦仁义,故谓之大体。而其所以或为大体或为小体者何?对于这一问题,帛书的回答即有价值论的认定。这个认定即仁义贵于声色、嗅味、逸豫,故心尊贵而耳目鼻口手足卑贱。而由尊卑贵贱,故或为大体,或为小体。由此,帛书进一步解释了"心之役"的含义:作为大体之心应是主宰者,作为小体之耳目鼻口手足则应是被役使者。由于尊卑贵贱、大小、主仆关系已定,故帛书进一步以君臣关系来阐明心与耳目鼻口手足六者的关系及其意涵。心为人君,为人体之大者;耳目鼻口手足六者为人臣,为人体之小者。而由君臣关系,心与耳目鼻口手足六者的关系即可阐明:心为体君,耳目鼻口手足为体臣,君役臣,臣役于君,心统率耳目鼻口手足六者。或者说,心是出令者,而耳目鼻口手足六者是听命者,心曰唯、诺、进、退、深、浅而耳目鼻口手足莫不随之唯、诺、进、退、深、浅，所以心的自然而应然的主宰性在处理大体和小体的关系时起着决定作用。所谓身心和谐，是指此心能最大限度地发挥其主宰性和统率作用，能以大体之性统率其小体之性，能以仁义之心统率其声色嗅味逸豫之欲。

所谓"和则同"，"和"指小体安便不违离于大体之心，和合于此心之所好——仁义；"同"指耳目鼻口手足六者同于此仁义之心。帛书说"和于仁义"，仁义即此心此理；"仁义，心也"，仁义是所以为心者，所谓和之同之，均因此。在此，帛书《五行》非常强调仁义（理）与心一这一点，并在一定程度上突出了以仁义规范此心的一面。小体同于大体，耳目鼻口手足同于此心，声色嗅味逸豫同于仁义，"同则善"。需要指出，"同则善"的"善"字不是说仁义即善或心即善，而是指小体和同于大体，声色嗅味逸豫和同于仁义，然后可至于"善"的道德境界。此"善"亦是四行之所和的"善"。

帛书《五行》有所谓体有贵贱尊卑及大体小体之分的看法，而孟子有所谓"从其大体为大人，从其小体为小人"（《孟子·告子上》）的说法，二者关系密切。但何者在先，这是需要讨论的问题。

二、性说与气论

在论述小体和大体的区别及二者"和则同，同则善"的基础上，帛书《五行》说文进一步引入了"性"的概念，对身心、天人、物我做了更深入的论述。帛书《五行》第328—335行曰：

"天监【在】下，有命既集"者也。天之监下也，集命焉耳。循草木之生（性）则有生焉，而【无好恶。循】禽兽之生（性）则有好恶焉，而无礼义焉。循人之生（性）则巍然【知其好】仁义也。不循其所以受命也，循之则得之矣。是侔之已。故侔万物之生（性）而【知人】独有仁义也，进耳。"'文王在上，於昭于天。'此之谓也。"文王原耳目之生（性）而知其【好】声色也，原鼻口之生（性）而知其好嗅味也，原手足之生（性）而知其好逸豫也，原【心】之生（性）则巍然知其好仁义也。故执之而弗失，亲之而弗离，故卓然见（现）于天，著于天下，无它焉，侔也。故侔人体而知其莫贵于仁义也，进耳。

"天监【在】下，有命既集"，见《诗经·大雅·大明》篇。"文王在上，於昭于天"，见《诗经·大雅·文王》篇。上述引文中的"侔"字，原皆作"目"，目、侔二字声通。"侔"者，比也，是比类、排比、比较之义。"侔"在先秦是一种比较重要的推论方法。"原"，推原，推其本原，在先秦也是一种很重要的推论方法。"万物之生"的"生"字当读为"性"，下同。"性"是中国哲学的一个重要概念。

"侔"是通过比较诸物以确定其差别的一种方法。帛书《五行》作者以此方法来论证万物皆有性，但其性不同，并由此提出了"人性最贵"的观点。此篇佚书说，天是人性和物之所从出者，天监下土，其监下的作用之一即在于聚集天命而命成庶物。而在此天生万物的过程中，草木顺从草木之性而生，但其性无好无恶；禽兽顺从禽兽之性而生，其性虽然有好有恶，却无礼义；人则顺从人之性而生，巍然高大，而独好仁义。这一套思想被孟子发扬光大，荀子也有类似说法。① 从训诂来说，生，性也；或者说性，生也。这个训诂指明了"生""性"二字在声音和意义上的关系。"性"概念的提出，是基于反思"生"而为之建立在己之本源的结果。同时，"生""性"两个概念具有重要区别。"性"是"生"字的孳乳，其观念是据"生"（生命或生命体）提出来的。"性"可以指生之原初质体，又可以指人物禀受在己、隐而未发，却又能使人物区别开来的本质性。纵贯地说，天命诸物皆有生，有生即有性，性与生俱而同受于天命。从天—命—性的脉络来看，其方向是下贯的；从性—命—天的脉络来看，其方向是上通的。"天"是形而上者，"性"是形而下者，"命"则处于形上、形下之际。

在侔比万物之性而唯独人有仁义之性的基础上，帛书《五行》说文进一步确定了什么是人之性。如果说"唯人独有仁义"的推论在当时历史条件下被认为是普遍真理的话，那么我们不禁要问，是人的什么内涵使人有仁义的需求，并使之成为人的内在本质呢？答案是心！《五行》说，耳目好声色，鼻口好嗅味，手足好逸豫，心则好仁义。需要指出，帛书《五行》说文的特别之处在于引入了"性"的概念，使用了小体之性和大体之性的观念。所谓小体之性指耳目之性好声色、鼻口之性好嗅味和手足之性好逸豫，所谓大体之性指心之性好仁义。而在此小体之性和大体之性的区分中，《五行》说文又认为人之性实贵心之性，即贵于所谓仁义之善。

---

① 《荀子·王制》："水火有气而无生，草木有生而无知，禽兽有知而无义。人有气、有生、有知，亦且有义，故最为天下贵也。"

这样，虽然《五行》说文对人性的理解比较复杂，但是实际上它是以心之性或仁义之性为本的。而这一点是如何被知道的呢？帛书《五行》是通过"侔之而进"的方法推知的。不过，它同时把这一重要发现说成是文王（圣人）"於昭于天"的结果。进一步，为什么帛书《五行》要将人性以仁义为本的发现说成是"文王在上，於昭于天"的结果呢？这又是由佚书《五行》最重圣行来决定的。

心为体君，而仁义之善为心之所好，为心之性的德行本质。不仅如此，心与五行、四行形于内的成德及其成就"德""善"的道德境界具有密切关系。《五行》经文（竹书《五行》）对于以上思想要点已做粗略论述，帛书《五行》说文则做了进一步的构造和解释。《五行》经文把心分为中心和外心，或者说，分为仁心、义心和礼心；而《五行》说文进而引入了"气"的概念，提出了所谓仁气、义气、礼气，乃至体气的说法。这样，辨明心与气的关系是必要的。简帛《五行》皆认为，中心与外心并非二心，皆同此心也。帛书《五行》第265—266行曰："外心者非有它心也，同之心也。而有谓外心也，而有谓中心。中【心】者，謜然者；外心者也，其愿廓然者也，言之心交远者也。""之心"之"之"字，此也。"愿"字，从魏启鹏释读。① 《尔雅·释诂》："愿，思也。""謜"，一作祕，《文选·洞箫赋》注引《苍颉篇》云："祕，忧貌。"外心、内心皆同此心，内心忧思以敦厚，外心开廓以交远。内心为仁义之发端，外心为礼之发端。心动之于内，而气流之于周体，发于肤背，由心到体气是连续且可贯通的。

_____

① 魏启鹏：《德行校释》，第 46 - 47 页。

帛书《五行》说文推演了心生诸气的概念，其具体文本
见下：

> "不变不悦"，变也者，勉也，仁气也。（第 233 行）
>
> "不直不肆"，直也者，直其中心也，义气也。（第
> 236 行）
>
> "不远不敬"，远心也者，礼气也。（第 239 行）
>
> "恭而后礼"也，有以礼气也。（第 242 行）
>
> "知而行之，义也"，知君子之所道而率然行之，义
> 气也。（第 280—281 行）
>
> "知而安之，仁也"，知君子所道而【諛】然安之者，
> 仁气【也】。"安而敬之，礼也"，既安止｛之｝矣，而又
> 愀愀然而敬之者，礼气【也】。（第 283—284 行）
>
> "安而行之，义也"，既安之矣，而率然行之，义气
> 也。"行而敬之，礼也"，既行之矣，【又】愀愀然敬之
> 者，礼气也。（第 290—291 行）

由上述引文可知，仁气、义气、礼气分别是在仁、义、
礼三行的基础上发展出来的，而作为成德之仁、义、礼三行
又与心相关。在此处，我们需要追问的是：何谓仁义、义气
和礼气？帛书《五行》认为，仁气、义气、礼气就是"变"
"直""远"之心的作用，也就是说仁气、义气、礼气分别产
生于这三种用心。"变"是变化义；"变"者，勉勉也，逊逊
也。帛书《五行》第 248 行曰："变也者，勉勉也，孙孙也，
能行变者也。""勉勉"，力行不倦貌；"孙孙"读为"逊逊"，
恭慎貌。"勉勉""逊逊"就人的成德实践及其结果而言，故
曰"能行变者也"。所谓仁气，大抵指人以心思成德，勉力变

化身心，一方面使内心产生和悦之气，另一方面使颜色容貌变得温和。简单说来，就结果来看，此种修身实践即此心变生出仁气。直心为义气之本，远心为礼气之本。体气的释放是由内到外、由心到身扩展的。帛书《五行》对形于外而具体可感的仁气、义气、礼气都有规定和描绘。此仁气、义气和礼气流之于肤面、周身而成为浑沦可感者即可称之为"气象"，故帛书《五行》的"气"概念包含气象义。气之流行、充斥于身体内外，乃至于塞满宇宙，这又被叫作至大至刚之气或浩然之气。因此一个人的养气主要在于心，心是气的本源。由此可以推论，帛书《五行》大概也很重视"心帅气"的观点。不过，《五行》在明文上并无"养气"说。儒家的"养气"说，实际上是由孟子正式提出来的，这可以参见《孟子·公孙丑上》"知言养气"章。这样，帛书《五行》说文是不是早于《孟子》而成书呢？这是一个疑问。

顺便指出，帛书《五行》说文对于经文所说"仁""义""礼"三者的具体内涵也有所发展。第254—255行曰："'爱父，其杀〈继〉爱人，仁也。'言爱父而后及人也。爱父而杀其邻【之】子，未可谓仁也。"仁者爱人，爱是仁的本质内涵，这是当时的一般理解。在以血缘家庭为基本单位的古代社会，人类最自然、最强烈的爱通常表现在亲情之爱上，尤其是父子之爱上。无疑，儒家论仁者爱人，注重其实践义。而这一点又是首先从血亲之爱来开始的；而由此推廓，即从爱父到爱他人，这才是"仁"。可以设想，在推廓的过程中，爱的力量和程度可能会渐次衰减，同时因为伦理位分的不同，其种类和特性也是不一样的。儒家对此有清醒的认识。儒家仁爱观的可贵之处在于，把这种亲情之爱尽力向外推廓，使之不闭锁、凝滞在血缘圈层中，不局限或封闭在父子之爱中。帛书《五行》云"爱父而杀其邻人之子，未可谓仁也"，这两句话很鲜明地、很犀利地界定了仁爱的本质，儒家的仁爱观念也具有普遍性。而且，从根源处说，即从其纯粹的本质来看，仁爱是一种普遍之爱和超越血缘伦理之爱。但是，基于实践特别是人伦关系的历史现实性，儒家的仁爱观念又不得不在很大程度上容纳了血亲之爱，并在很长时期里都以其为道德实践的优先入手处。这是儒家的两难，也是儒家为何把仁爱建立在亲爱基础上的原因。简言之，帛书《五行》强调了仁爱不等于亲爱，儒家伦理不等于血亲伦理！反过来说，假如一个人连自己的血缘至亲都不能由衷亲之和爱之，那么他是否具有所谓仁爱之心或仁爱精神，这是值得怀疑的。

帛书《五行》第 262—263 行曰："'贵贵，其等尊贤，义也'，贵贵者，贵众贵也。贤贤，长长，亲亲，爵爵，选贵者无私焉。"第 264 行曰："贵贵而不尊贤，未可谓义也。"帛书《五行》认为贵贵和尊贤皆是行义，不贵贵、不尊贤则不能称之为义。但是，贵贵与尊贤并不是盲目地遵从旧有传统和制度，而是贵众之所贵，以无私之心选贵：贤其贤、长其长、亲其亲、爵其爵。因此所谓"义"，也就是众心之所愿与公理之所向。对于"礼"，帛书《五行》说文并无思想上的显著发展，故我们可以略而不谈。在此基础上，帛书《五行》第 336—342 行认为，虽然人人都具有仁、义、礼的德行，然而都不如大舜那么深厚，这是众人不积德造成的。因此帛书《五行》主张"积渐"的修养工夫，能积渐则能进益其身，最终达到舜那样的厚实境界。帛书《五行》第 304—310 行阐述了作为扩充工夫的忠恕之道。在作者看来，所谓"己仁而以人仁，己义而以人义"，最终达到"仁覆四海""义襄天下"
的境界，此一内一外的修养工夫，皆系于一心。

三、圣智与心思

四行之所和而同于心为"善"的境界，五行之所和而同
于心为"德"的境界，故心是所以和同的关键。心如何使四
行、五行和同而达到为善、为德的境界？本章上文已有所论
述，本小节只就圣智二行再略论一二。帛书《五行》说文对
圣智二行仍较重视，对于圣行的重视程度更高。何以帛书
《五行》更重视圣行呢？因为"善"与"德"两种境界的不
同，从原因看即在于成就"德"的关键因素为圣行。"圣"
者，通也（《说文·耳部》），无所不通故曰"圣"。"圣"上通
天道，是成就"德"的道德境界的关键因素。与此相对，四
行和所成就的"善"的道德境界就其构成原因来看即缺少
"圣"一行。"善"的道德境界是人为的境界，比"德"的道
德境界低一层。进一步来说，圣行向上关联着天道，向内关
联着心性；没有达到无所不通，即没有成就所谓圣行。在整
个五行形于内的过程中，成就圣行是最难的，故其是成就
"德"的道德境界的根本。帛书《五行》第 215—220 行曰：
"'圣之思也轻'，思也者，思天也；轻者，尚（常）矣。'轻
则形'，形者，形其所思也……'形则不忘'，不忘者，不忘
其所【思】也，圣之结于心者也。'不忘则聪'，聪者，圣之
藏于耳者也……'聪则闻君子道'，道者，天道也，闻君子道
之志耳而知之也……圣者闻志耳，而知其所以为物者也。"
"轻"是轻易，是从工夫程度而言的；"尚"当读为"常"，
"常"者，恒常、不变异，进一步阐明了实践天道所达到的程

度。"圣"者，有所思有所闻。思之所思、闻之所闻者皆天道，闻之聪、思之精则能把握此天道。"形"即"形于内"之"形"，是形现、形生之义。从"形"到"不忘"，再到"结于心"，这是一个成德的过程。"结"是成就之义。简言之，只有通过圣闻圣思天道而形之于内、不忘于心，这样才算圣行"结于心"，形之于内。

帛书《五行》第271—272行曰："'未尝闻君子之道，【谓之不】聪'，同之闻也，独不色然于君子道，故谓之不聪。'未尝见贤人，谓之不明'，同之见也，独不色贤人，故谓之不明。"帛书《五行》经文曰"未尝闻君子道，谓之不聪"，其说文更言即使闻听到君子道，然而"独不色然于君子道"，亦谓之"不聪"。"色"，帛书整理者曰："色然，改变容色。"[1]"色"本为名词，《说文·色部》曰"色，颜气也"，在此作动词，义为变色。魏启鹏说："色然于君子之道，谓闻道则面有齐庄温润之色也。"[2] 这个解释是恰当的。由闻知、见知君子道而至于色变，可知其心理变化和气质变化的深切。其实，闻见之知与圣智相关，只有圣智形之于内，才能闻见深切，感动于心，转而变化于颜色。《孟子·尽心上》曰："君子所性，仁义礼智根于心。其生色也睟然，见于面，盎于背，施于四体，四体不言而喻。"赵岐注："四者根生于心，色见于面。睟然，润泽之貌也。"[3] 此与帛书《五行》的说法一致。不过，与《五行》不同的是，孟子更重视人道四行，并认为

---

① 国家文物局古文献研究室编：《马王堆汉墓帛书（壹）》，第27页。
② 魏启鹏：《德行校释》，第50页。
③ ［清］阮元校刻：《十三经注疏·孟子注疏》，北京：中华书局，1980，第2766页。

此四者根生于心。孟子的四行根于心的说法，是对子思子《五行》思想的深化和转进。

帛书《五行》第 279—288 行论述天道与圣智、圣智与仁义礼、礼乐与仁义的关系，与《五行》经文所说思想相同。第 287—288 行有特别之处，曰："'乐而后有德，有德而国家举'，国家举者，言天下之举仁义也，言其□□乐也。'文王在上，於昭于天'，此之谓也。言大德备成矣。"在此达"德"者的率领和治理下，国家兴举。这是"德"的政治外推或其外王的功用。而在帛书《五行》作者看来，"德"的外推和国家兴举，其实质是天下之人皆兴举于仁义。只有达到身心内外皆为仁义之流行，斯人才可谓成己成人，才可谓"大德备成"。归根结底，天下的兴举与仁义的流行皆源于圣智之行，对此《五行》篇做了反复论述。对于圣智如何构造五行而使之成为和谐的统一体，帛书《五行》第 244 行曰："圣始天，知（智）始人。圣为崇，知（智）为广。"圣天智人与圣崇智广是统一的，都指向成人成己的为德和为善目的。同时，这段话也指明了圣行具有闻知崇高而玄深之天道的能力，智则具有以天道为根据而在人伦层面展开的能力。不崇不广，不广亦无以为崇，偏崇偏广都是身心修养的过失。崇与广、天与人，正是圣智二行所构造的天地境界。

四、帛书《五行》说文的思想及其与孟子思想的关系

总的看来，帛书《五行》说文的思想贡献主要是围绕"心"发挥出来的。"心"是五行何以能够形于内而又施之于外的根本。在"德""善"的道德境界完成中，"心"仍然起着关键作用。圣始天，智始人，圣崇智广，其所作用者也都

与"心"关系密切。而由化解中心之忧思到成就身心之和乐，由五行、四行之所和到"德""善"境界的完成，"心"显得更为重要。这样看来，"心"的确是《五行》说文思想的关键。

其一，心与耳目鼻口手足相对，心为大体，耳目鼻口手足为小体，大体之性好仁义，小体之性好声色、嗅味、逸豫。《五行》说文在此引入了"性"这一概念。在帛书中，"性"着重指现实中的人的本然状态及本然趋向。现实中的人之"性"是复杂的。《五行》说文在继承心役使耳目鼻口手足之说的基础上，进一步认为大体统小体，并肯定了心具有悦好仁义之性的根本特征。心具有悦好仁义之性及大体之性可以统率小体之性，这是人区别于动物的本质特征，或者说，这是通过人性规定了人之所以为人的本质所在。这样，人的本质性即与人的先天性（"人性"）彻底贯通了起来。以前，人们一般认为这是孟子的大发明，但现在看来，此一思想也见于帛书《五行》。帛书《五行》说文展示了与孟子性善论或心性论相同的思想，只不过，孟子以"四端之心"论人性善，显得更为突出和鲜明罢了。

其二，由人心在工夫上忠守人所以为人的仁义之性，并推广此性，继而生发出仁气、义气和礼气，《五行》说文的思想贡献是很大的，这是因为它引入了"气"这一概念。仁、义、礼在心为性，发之于外为仁气、义气和礼气。而气可以充养身体，可以致用。孟子也沿着这条思想路线发展出"吾养吾浩然之气"和"存夜气"的养气论主张。在工夫论上，《五行》说文的修养论仍系于"为一"和"慎独"等工夫；相较之下，孟子则推明出一套"尽心，知性，知天"（《孟子·

尽心上》）的修养方法。

其三，《五行》说文对仁、义、礼三行的内涵有所新诠，对圣智二行亦颇重视。而为何它对圣智二行仍然比较重视呢？这是因为圣智二行为从人到天、从"善"到"德"的切入点。圣天智人、圣崇智广，从两个方面阐明了圣智二行如此重要的原因。需要指出的是，在仁、义、礼、智、圣五行中，如果说仁、义、礼三行在《五行》说文中以"心""性""气"三个概念相联结的话，那么圣智所联结的对象则是天道和人道，经由天道、人道，人可以进入五行和、四行和所达到的"德""善"境界。孟子的思想建立在仁、义、礼、智四行的基础上，孟子在此基础上以四端之心论证了人性善的观点。这是孟子的大创造。

需要指出，《五行》经文和说文两者的思路基本上是相同的，不应当将它们区别得过大。从天道、人道到"德""善"两道德境界的成就，其中的关键仍然是五行、四行如何和同为一的问题。而五行、四行之所以和同的原因，在帛书《五行》作者看来与心、性、气相关。心能"为一""慎独"，则五行、四行和同于心，心和同于天人，于是很自然地由天道、人道转化为个体生命为善和为德的境界。这是一个基本思路，对此，帛书《五行》虽然有所推展，但是并无改变。

五、帛书《德圣》篇的思想

从目前的文献来看，继《五行》说文之后，直传《五行》思想的不是孟子或荀子，而是帛书《德圣》篇的作者。孟子虽然继承了《五行》的一些思想，但是提出了人性善的主张，具有极强的创造性。佚书《德圣》篇，见于帛书《老子》甲本卷后古佚书第 452—464 行。除了可能糅合了一些道家因素之外，此篇帛书对《五行》思想做了高度概括，并做了一定程度的发挥。《德圣》篇作者认为，四行形成则善心生起，五行形成则德心生起。这种以"善心"与"德心"来阐述四行、五行形于内而成德的观点，是一种新的提法。这种新的提法很直接、简明，将整个形于内的修养过程完全统一了起来：善心—为善—善（四行和）；德心—为德—德（五行和）。或者说，善心和德心的生起既是成德又是四行和、五行和的根源，而且善心和德心的不断生成，最终在其成德的自我和谐中形成"德""善"的两重道德境界。相比较而言，《德圣》篇更重视"德"的道德境界的成就，它说"四行形，圣气作"，指明"圣气"之作居于四行形于内之后，因此圣气之作是一个更高的道德实践阶段。不仅如此，《德圣》篇以论"德"论"天"为中心，在一定程度上出现了重圣轻智的倾向。

《德圣》第 452—453 行曰[①]：

> 四行成，善心起。四行形，圣气作。五行形，德心起。私〈和〉谓之德，其要谓之一，其爱〈气〉谓之天，有之者谓之胃〈君〉子，五者一也。

第 456—458 行又曰：

> 道者、德者、一者、天者、君子者，其闭塞谓之德，其行谓之道，其积袭□□备□□□□□，故曰奋然作矣。

---

① 本章及本小节各段引文，参考了湖南省博物馆、复旦大学出土文献与古文字研究中心编纂：《长沙马王堆汉墓简帛集成（肆）》，北京：中华书局，2014。

上引两段帛书《德圣》篇文字把道、德、一、天、君子既分别开来又关联起来，并在此基础上认为"五者一也"，即从根本上认为这五者是一致的，其所指是相同的。应当说，上述两段引文是对简帛《五行》思想的高度概括。其所谓"道"，指君子道；其所谓"德"，指五行和于身心之"德"的道德境界；其所谓"一"，指心舍弃其体而达到"独"的状态；其所谓"天"，指由心生起的仁气、义气、礼气最终充塞于天地之间；其所谓"君子"，指道德工夫所成就的君子人格。"五者一也"是说，这五个名词或概念虽然有不同的文字表达形式，但是它们的实质是相通的和相同的，故曰"一也"。

不过，帛书《德圣》篇偏重于"德"的一面，它以"德心"上溯天道并将集大成而为君子作为其论述的重心。所谓"德"，乃"圣结之心者"，"慎独"而"能为一"者，充盈于身心乃至于天下者。帛书《德圣》篇曰："清浊者德之人〈匕（匹）〉，德者清浊之渊，身调而神过，谓之玄同。"（第453—454行）魏启鹏说"人"是"居"字之残，因残而讹误。[1] 今按，"人"字当是"匕"字之讹，"匕"读为"匹"。[2] 原文当曰"清浊者德之匹"，"匹"者，匹配也。"清浊"，古代常用于指音乐的清声和浊声。竹书《五行》曰"金声而玉振，唯有德者能之"，即与《德圣》篇"德者清浊之渊"相通。盖古代贵族受到音乐的影响极大，故取其声音譬喻人之德行。当然，音乐可以直接影响人的德行培养。在此，我们需要追问的问题是：为何《德圣》和《五行》两篇要以音乐的清浊与

---

[1] 魏启鹏：《德行校释》，第80页。
[2] 丁四新：《〈庄子·大宗师〉札记三则——"在太极之先而不为高""朝彻"和"彼方且与造物者为人"》，《暨南学报（哲学社会科学版）》2019年第6期。

德相联系呢？这其实是由圣行的特性决定的。据简帛《五行》可知，圣聪的听德能听神圣之声。而这种神圣之声并非来自人道，而是来自天道。当然，它们都属于隐喻说法。实际上，"清浊"具体指玉音的清浊。玉音的清浊变化，与人达到何种道德境界相匹配，而"德"则是此玉音清浊的渊源。《德圣》篇说"身调而神过，谓之玄同"，"身调"即"身和"，"神过"即精神超越之义。一个人达到了"身调而神过"的地步，也即达到了"玄同"的生命境界，而上下与天地同流。《礼记·乐记》曰："气盛而化神，和顺积中，而英华发外。"《庄子·刻意》曰："精神四达并流。"这两则引文所云，都与《德圣》篇意思相似。这种"玄同"境界，应当说是《德圣》篇重圣重德而专注于人自身之至高道德境界成就的结果。

对于圣智二行，帛书《德圣》篇也有论述。《德圣》篇第454—456行曰：

> 圣□听然者，諓然者，发挥而盈天下者。圣，天知（智）也。知人道曰知（智），知天道曰圣。圣者，声也。圣者知（智），圣之知（智）知天，其事化翟（燿）。其谓之圣者，取诸声也。知天者有声。知亓〈而〉不化，知（智）也。化而弗知，德矣。化而知之，叕也。

上引这段话区别了圣智二行，并突出了圣行。知人道曰智，知天道曰圣。"圣，天知（智）也""圣之知（智）知天"，这是《德圣》篇以"智"为基础在比较中对"圣"做了新定义。这是说，圣虽然也可算作一种智，但是此智为天智，而与作为人智之智不同；其用为"知天"，而与"知人"的智之用不同。正因为如此，所以只有圣行可以让人知天而入于天智，进入"德"的境界。"知天者有声"，言圣之智知天有声，可以直接听闻上帝的命令，超越于智行之知也。智行之知不过见贤人而知之罢了。"知亓〈而〉不化，知（智）也"，此智承接上文圣闻天声的语境而来，是说如果圣闻天声且知天有声，而不化易自己，那么仍然未达天道，而落入智行的境界。"化而弗知，德矣"，这是说变化了自己而不自知，这样就达到了"德"的境界。"化而知之，叕也"，这是说变化了自己而知此变化，则此种达"德"的境界是短暂的。"叕"，短也。在《五行》经说中，圣行与智行是区别开来的，而本篇帛书除了将圣智再做区别和比较外，其对圣行的解释在一定程度上受到了道家的影响。此外，第462行说"坐而忘，退聪明，去知（智）输己"，也是此篇帛书重圣轻智的一个具体表现。

总结从简帛《五行》经说到帛书《德圣》篇的思想变化可知：简帛《五行》经文的思想几乎无变化，是高度一致的；《五行》说文则以心、性、气三个概念疏释了五行的思想，其中圣行似乎有拔高的迹象；到了帛书《德圣》篇，其思想旨趣、学派性质发生了一定变化，它抽出《五行》经说中谈论天道与圣行的这条线索，做了着重论述，且对圣智二行做了比较，已显露出其重圣轻智的论调。又，帛书《德圣》在一定程度上受到了道家思想及思维的影响。

第五节　简帛《五行》的著作时代与学派归属

帛书《五行》释文公布后，学者围绕此篇佚书的作者及著作时代问题发表了一系列看法。帛书整理小组及大多数人认为它是"子思孟轲学派的门徒"之作①，唯独魏启鹏认为它是"战国前期子思氏之儒的作品"②，郭店竹书《五行》的发现证实了魏氏的这一看法。不过，帛书《五行》包括经说两个部分，它们是否都属于子思氏之儒的作品，这是需要讨论的问题。既然"说"是对"经"的解说，且帛书《五行》说文两引世子之言，那么把此篇佚书的说文划归于子思子的著作，这当然是不恰当的：一者若把其作者归之于子思子，这显得很武断；二者其写作时间被推断得过早。这样，分开讨论《五行》的经文和说文的著作时代及作者是十分必要的。

一、简帛《五行》与子思子、孟子的关系

目前，学者一般将竹书《五行》归为子思子的著作。对于此一观点，本章有必要从正面再做论证和从反面做出检讨，目的是更客观地看待简帛《五行》的作者及著作时代问题。

第一，《荀子·非十二子》篇指责子思、孟轲一唱一和，"案往旧造说，谓之五行"，而"五行"正是郭店竹书《五行》的关键词。竹书《五行》开篇即曰"五行"二字，随后根据是否"形于内"对"五行"做了双重含义的划分，这确实暗含着"案往旧造说"之意。只不过，这个"往旧"是指《尚书·洪范》所谓水火木金土的五行，还是指未做分析和分裂的仁义礼智圣的五行？这是一个问题。竹书《五行》的最大贡献是从规范性的仁义礼智圣五行中分别出"形于内"的仁

---

① 晓菡（韩仲民）：《长沙马王堆汉墓帛书概述》，《文物》1974 年第 9 期。
② 魏启鹏：《帛书〈德行〉研究札记》，载魏启鹏：《德行校释》，第 105 页。

义礼智圣五行（即成德的五行）。联系郭店一号楚墓的下葬年代及竹书《五行》仍是一个传抄本的事实来看，将此篇佚书的写作时代上推至战国早期，这应当是比较合理的；同时，把它归为子思子的著作，这也是颇为合理的。

第二，《荀子·非十二子》篇中批评思孟五行"幽隐而无说，闭约而无解"，而这两点在竹书《五行》中都有直接的反映。竹书《五行》有经而无说，疑荀子所见《五行》篇即郭店简《五行》一系的抄本，或者其时《五行》尚未有说解部分。衡量多种证据，前一种情况更为可能。竹书《五行》曰："善，人道也；德，天道也。"（第4—5号简）又曰："【君】子之为善也，有与始，有与终也。君子之为德也，【有与】始，无【与】终也。金声而玉振之，有德者也。"（第18—19号简）又曰："金声，善也；玉音，圣也。善，人道也；德，而〈天〉【道也】。唯有德者然后能金声而玉振之。"（第19—20号简）这三则引文确实很"幽隐"，很"闭约"，很费解，若没有帛书《五行》的解说，恐怕当今无人能真正晓解其意。

第三，关于《子思子》一书，《汉书·艺文志》说其有二十三篇，《隋书·经籍志》说"《子思子》七卷"，新旧《唐书志》沿袭《隋书》之旧说。据顾实《汉书艺文志讲疏》考证，至北宋时期，《子思子》一书尚存。[①]《史记·孔子世家》说："子思作《中庸》。"《中庸》当为子思子的代表作之一，司马迁的说法是比较可信的。《孔丛子·居卫》篇说子思子困于宋，免难后作"《中庸》之书四十九篇"。《孔丛子》一书当然是后人编写的。《隋书·音乐志上》引梁人沈约曰："《中庸》

---

① 顾实：《汉书艺文志讲疏》，上海：商务印书馆，1924，第96页。

《表记》《坊记》《缁衣》皆取《子思子》。"而在今本《礼记》中，这四篇前后连抄在一起，其篇序是《坊记》第三十、《中庸》第三十一、《表记》第三十二、《缁衣》第三十三，这种抄写情况可以强化沈约的说法。假如《中庸》《表记》《坊记》《缁衣》四篇属于《子思子》的说法确实可靠，那么它们的思想应该与《五行》相一致，不应当彼此矛盾或对立。而这样的学术论证工作，已有多位学者（如李学勤、庞朴、魏启鹏、姜广辉、邢文）做过，他们认为传世文献所载子思子思想可以与《五行》相沟通。笔者基本上同意他们的分析，赞成他们的观点。

在如上论述中，今人所引《子思子》佚文需再做分析。马总《意林》引《子思子》曰："君子以心导耳目，小人以耳目导心。"[1] 关于心与耳目的关系，郭店简《五行》篇认为：心役使耳目鼻口手足，而耳目鼻口手足服从于心的命令。这篇竹书尚未使用"大体"和"小体"的概念，而"大体""小体"概念的分别，明确出现于帛书《五行》说文部分，《五行》说文提出了大体之性和小体之性的概念，并提出了大体统小体的观念。与此相应，孟子提出了所谓"从其大体为大人，从其小体为小人"（《孟子·告子上》）的说法。据此，《意林》所引《子思子》"君子以心导耳目，小人以耳目导心"大约产生于与孟子同时或稍前。徐干《中论·修本》篇引子思子之言曰："能胜其心，于胜人乎何有？不能胜其心，如胜人何？"这与竹书《五行》篇"能为一""慎独"的思想一致。《文选·四子讲德论》注引《子思子》曰："民以君为心，君

---

① ［唐］马总：《意林》，北京：中华书局，1991，第6页。

以民为体，心正则体修，心肃则身敬也。"① 此四句话出自
《礼记·缁衣》，亦见于郭店简《缁衣》篇，这种思想与竹书
《五行》由中心、外心论仁、义、礼的产生也不相悖。故如上
所引《子思子》佚文应当反映了子思子的思想，而很可能出
自《子思子》一书。但是，有三则佚文需要另作讨论，它们
未必出自《子思子》一书。《后汉书·袁绍传》注引《慎子》
曰："兔走于街，百人追之，贪人具存，人莫之非者，以兔为
未定分也。积兔满市，过不能顾，非不欲兔也，分定之后，
虽鄙不争。"李贤注又说此段文字"《子思子》《商君书》并
载"②。"定分"之说一向被认为是法家的观念之一，约产生于
战国中期偏后；李贤注说《子思子》亦载此文，则恐《子思
子》成书较迟，或其有一个再编的过程，故其所收文章及所
表达的思想难以统一。晁公武《郡斋读书志》卷三引《子思
子》曰："孟轲问：'牧民之道何先？'子思曰：'先利之。'
曰：'君子之教民者，亦仁义而已，何必曰利？''仁义者，固
所以利之也。'"③ 子思子与孟轲以师徒身份相问答，但据史书
推论，此二人年龄实难相接，孟子应当问学于子思子之弟子，
所以这段引文必定是后人伪造的。从引文来看，孟子的思想
同于《孟子》一书，而子思子的话则似是在教训孟子，证明
此段话必定出于批评孟子"王，何必曰利？亦有仁义而已矣"
者之手。《孔丛子·抗志》曰："夫水之性清，而土壤汨之；
人之性安，而嗜欲乱之。故能有天下者，必无以天下为者也；
能有名誉者，必无以名誉为者也。达此，则其利心外矣。"这

---

① ［南朝梁］萧统：《文选》，香港：商务印书馆，1936，第 1115 页。
② ［南朝宋］范晔：《后汉书》，北京：中华书局，1965，第 2383 页。
③ ［宋］晁公武：《郡斋读书志》，涵芬楼景印四部丛刊本，第 190 页。

段话与道家思想比较相近，不像是子思子的话。概括起来说，《子思子》一书不是出于一时一人之手，而是多人多时写作和编辑的产物，其中还可能掺杂了旁门别派的著作。不过，《子思子》一书的主体仍应当判断为以儒家作品为主，其中有一些思想观点与《五行》相一致，因此《五行》原属于子思子著作或出自《子思子》一书，这是可能的。

第四，从郭店简的形制来看，《缁衣》与《五行》两篇的竹简形制相同，简长皆为 32.5 厘米，两端皆削成梯形，编绳两道，编绳间距皆为 12.8～13 厘米，因此这两篇竹书原本同编，将它们看作同书，这是颇为合理的。又，传世本《礼记·缁衣》沈约说取自《子思子》，假如此说确凿无误①，那么《五行》原系子思子的著作，这是很可能的。

总之，根据目前的资料和研究现状来看，将《五行》判定为子思子的作品，应该是合理的、可信的。由此可知，竹书《五行》应当是战国早期的著作。而帛书《五行》可能写作于战国中期，与《孟子》同时或稍后。

二、简帛《五行》与《五行》学派、世子的关系

毕竟《子思子》一书已经丧失不存，竹书《五行》是否为子思子的著作，这并没有直接可以凭依的证据。人们所依据的证据是《荀子·非十二子》篇，但这只是一个旁证。因此，我们可以就竹书《五行》的作者问题再做一些推测。据《史记·孔子世家》，孔子弟子有七十二贤人，"身通六艺者七

① 李学勤先生认为《缁衣》系《子思子》的一篇。李学勤：《荆门郭店楚简中的〈子思子〉》，《文物天地》1998 年第 2 期。

十有二人"，能写作《五行》篇的人是否只有子思子一人呢？又，帛书《五行》说文两引"世子曰"，而不见"子思子曰"或"孟子曰"的文字，故按照流行的考据方法来看，竹书《五行》是否为子思子的著作，这尚存一定疑问。

对竹书《五行》为子思子本人著作的挑战，首先来自传承和说解《五行》思想的相关文本，而传承此文本系列的学派我们不妨设定为"《五行》学派"。很明显，从竹书《五行》到帛书《五行》，再到帛书《德圣》篇，这是一个连贯的文本传承系统，其思想是一脉相承的。《孟子》一书虽然与《五行》颇有关联，但孟子本人的学说更为精深、广博，其思想不当仅仅源于《五行》篇。孟子在《孟子·离娄下》中曾说他是"私淑诸人"①，又在《孟子·尽心上》篇中把"私淑艾者"作为"君子之所以教"的美德之一，据此推断，孟子生前所师事者不当只一二人。如此，孟子到底曾经私淑于谁呢？是子思子或子思子的门徒？子思子与孟子的时代远不相接，但孟子私淑于或师事子思子门人，这是很可能的。《孟子》一书曾屡次以赞许的口气提及子思子及其思想，又《中庸》与《孟子》相关联，据此可以设想孟子曾师事或私淑于子思子弟子。但是，如果孟子曾受教于子思子门人，那么以他的性格来看，他不应当不把他直接受教于子思子门人这个事实点明

---

① 对于"予私淑诸人也"，赵岐注："予，我也。我未得为孔子门徒也。淑，善也。我私善之于贤人耳。盖恨其不得学于大圣也。"江永《群经补义》有一个新的说法，曰："孟子言'予私淑诸人'，人谓子思之徒。"［清］阮元校刻：《十三经注疏·孟子注疏》，第2728页；［清］江永：《群经补义》，载［清］阮元编：《清经解》，第2册，上海：上海书店，1988，第272页。今按，"予私淑诸人也"赵岐注，未必正确。江永不赞成赵注，但他说"人谓子思之徒"，亦不确，"人"应当指子思子门人或他人。

出来。这样看来，他也有可能是私淑于子思子弟子以外的其他人。由《孟子》与《五行》的思想关联来看，孟子受教于"《五行》学派"的儒者，这是很可能的。

《孟子·告子上》有一段公都子与孟子的对话，在此段对话中，公都子曰："或曰：'性可以为善，可以为不善。是故文、武兴，则民好善；幽、厉兴，则民好暴。'或曰：'有性善，有性不善。是故以尧为君而有象，以瞽瞍为父而有舜，以纣为兄之子且以为君，而有微子启、王子比干。'"告子说"性无善无不善"，是从其所说"生之谓性"推演出来的人性价值判断。"或曰：'性可以为善，可以为不善'"，这比告子的主张有所让度，但"性"本身是善的还是非善的，这个"或"人并没有回答，而只是说性可以为善、可以为不善。《庄子·庚桑楚》篇对此做了分别，曰："性者，生之质也。性之动，谓之为；为之伪，谓之失。"性之本然状况与性之为不是等同的。《荀子·正名》篇更是引入"心"的概念，把性之动为的所以因追寻了出来。"或曰：'有性善，有性不善'"，这是对"性"本身做善与非善的判断，善恶的价值判断已经透入"性"本身之中。不过，这里对"性"本身的判断是两分的，不像孟子或荀子那样只单纯主张人性善或者人性恶。

"或曰：'性可以为善，可以为不善'"和"或曰：'有性善，有性不善'"这两个判断既然是有差别的，那么哪一个更接近世子的观点呢？《论衡·本性》曰："周人世硕，以为人性有善有恶，举人之善性，养而致之则善长；恶性，养而致之则恶长。如此，则（情）性各有阴阳，善恶在所养焉。故世子作《养书》一篇。"由此可知，世子的人性论观点与上述两个判断中的任何一个都不雷同，虽然与它们看起来很相近。

而由上述两个判断向"性"中再进一步，似乎就是世子的观点了。所以焦循《孟子正义》曰："按公都子此问，即其（世硕）说也。"① 据焦循说，我们似乎可以把"或曰：'性可以为善，可以为不善'"和"或曰：'有性善，有性不善'"两个判断或其中之一看作世子的观点。由于孟子弟子公都子的引述只概称"或曰"，而孟子本人也没有予以具体指明，因此可以得出，孟子或许没有将世子作为其学问的正宗来源而加以认同。因此孟子可能曾私淑于世硕门人，但不以其为正宗。而且，"私淑"一词可能指在思想和学问上的涵泳和统摄，而非一定指所谓师徒教习。由此被人们看作思孟学派的两个核心人物——子思子和孟子，与《五行》经说的关系即应当重新考虑。因为帛书《五行》说文两引"世子曰"，表明它与世子之学有关，这是没有疑问的。由此推断，世子或其门人是《五行》学派的正宗传人，而孟子则可能只是曾私淑于他们，并袭用和发展了《五行》经说的思想罢了。

就世子与《五行》的关系，我们可以再做比较。世子，《论衡·本性》说"周人世硕"。"周人"乃泛指，《汉书·艺文志》说世子"名硕，陈人也，七十子之弟子"。其时楚已灭陈，世硕实即楚人，他生活在战国早期。以楚人传学于世，其所传授或说解的《五行》后两度葬入楚墓中，这是合乎情理的。《论衡·本性》篇在上引一段文字之后，紧接着又说："宓子贱、漆雕开、公孙尼子之徒，亦论情性，与世子相出入，皆言性有善有恶。"在当时与世子谈论人性善恶的儒者着实不少，包括宓子贱、漆雕开和公孙尼子等人。由此反观，

---

① ［清］焦循：《孟子正义》，北京：中华书局，1987，第749页。

世子完全有能力有背景写作一篇像《五行》一样的文章。《汉书·艺文志》说《世子》二十一篇，而这二十一篇中是否包括《五行》呢？这是一个疑问。权衡《汉书》云世子为"七十子之弟子"及《论衡·本性》关于世子与宓子贱等人相出入以论性情的记述，世子生活在战国早期，与子思子生活的时代相若，他们属于同时代的儒者。

世子作《五行》，这个推测还可以从世子与《五行》思想的比较中来判断。《春秋繁露·俞序》篇曰："故世子曰：功及子孙，光辉百世，圣人之德，莫美于恕。"世子对于"恕"道的强调，似乎在《五行》中有所反映。竹书《五行》曰："大〈天〉施诸其人，天也；其人施诸人，狃也。"（第48—49号简）"其人施诸人，狃也"暗中即包含着"恕"道思想。

竹书《五行》论四行之所和为"善"，五行之所和为"德"，但不管是"善"还是"德"的道德境界，归根结底都属于所谓心之"善"和心之"德"。对于心，竹书又分为中心与外心，中心为仁、义之所从出，外心为礼之所从出。在耳目鼻口手足与心的关系中，前六者可以且应当为后者所役，而后者可以且应当主宰前六者，因此所谓四行和、五行和其实即心和，"和则同，同则善"。竹书还暗含着一个论断，即心之性好仁义礼乐，而心之和则为仁义的刚柔相济，而这就是所谓的"善"。竹书第41号简说："刚，义之方；柔，仁之方。"又，心好仁义，且能产生仁义，故仁义刚柔之和济即为善。而耳目鼻口手足的所好，则与心之所好相对，由此可以得出其所好为性恶的判断。在帛书《五行》说文中，上述推论进一步明朗化，不但人体有大、小体之分，而且二者之性亦不相同，大体（心）之性好仁义，心之和同为善，仁义也正是儒家所宣扬的善德，故由此可得出"有性善"的推断。与心之性相对，小体之性如耳目鼻口手足六者好声、色、嗅、味、逸豫，由此得出"有性恶"的观点，这也是允许的。而如上推论，与《论衡·本性》说世子"以为人性有善有恶""性各有阴阳"的记述颇相一致，因此把《五行》作为世子或其师友之作，这也是颇为可能的。在此基础上，比较可能的推论是：竹书《五行》是世子的著作，而帛书《五行》说文是其后学的作品。这个推论的旁证是，《中庸》没有"性有善有恶"和"性各有阴阳善恶"的说法，且《中庸》所说的"诚"道在《五行》篇中难以找到坚实的证据。孟子力主人性善，扬弃了《五行》大小体之分及其性好有所不同的说法，直接追问人之所以为人的本性和天命之性的问题，实对《五行》的思想做了一番脱骨换髓的改造，甚至在某些地方还批评了《五行》的观点。因此《中庸》《孟子》尽管与《五行》在思想上有许多共同点，但是前两者与《五行》不完全一致，而有所分隔。此外，《五行》与《中庸》《孟子》在基本观点上还有一些区别，如《五行》篇注重形内之德与形外之行、五行与四行、德与善、天与人的区别，这是《孟子》一书所缺乏或者论述不够明显的。

当然，如果我们将世子看作思孟学派中的一员，并以发展的观念来理解所谓思孟学派的思想及简帛《五行》《德圣》的文本展开，那么毫无疑问，《五行》可以归入思孟学派的作品。

综上所论，郭店简《五行》篇的学派归属可能有二：一是属于思孟学派，为《子思子》之一篇，这已为多数学者所赞成。二是从郭店简《五行》、帛书《五行》到帛书《德圣》

篇来看，其中呈现出一条明显的文本传递与思想发展的线索，这似乎是该学派传递与传承的正宗。据此，竹书《五行》既可能是子思子之作，也可能是世子之作，而帛书《五行》说文则是其后学之作。这两种观点都有较强证据。不过，目前看来，竹书《五行》是子思子的著作，这个意见更为保守，也许更为正确、可靠，因为毕竟《荀子·非十二子》篇明确地批评了所谓思孟五行。

此外，对于《荀子·非十二子》篇中批评思孟"案往旧造说，谓之五行"的说法，亦有深究的必要。此所谓往旧之"五行"及荀子所说的思孟五行是什么？这是一个颇有争议的问题。① 现在看来，所谓往旧之"五行"当指《洪范》水火木金土的五行，荀子所批评的思孟五行当指简帛《五行》所说的仁义礼智圣五行，两者具有"案往旧造说"的关系。

① 庞朴：《马王堆帛书解开了思孟五行说古谜》，载庞朴：《帛书五行篇研究》，第1-7页。

第四章 《性自命出》的心性论与学派归属

《性自命出》是一篇非常重要的先秦儒家佚籍。此篇佚书的出土，对于先秦性命论和心性论等论域的肯定及其出现时间的上推，具有关键作用；同时，它直接表明了中国文化的内在精神与心性论确实有密切关系。有鉴于此，本书梳理和分析此篇竹书的思想内涵及考据相关问题，是十分必要的。

第一节 思 想 纲 要

《性自命出》开篇数段文字是全篇的思想纲要。此篇第1—9号简曰：

> 凡人虽有眚（性），心无定志，待物而后作，待悦而后行，待习而后定。喜怒哀悲之气，眚（性）也。及其见于外，则物取之也。眚（性）自命出，命自天降。道始于情，情生于性。始者近情，终者近义。知【情者能】出之，知义者能入之。好恶，性也；所好所恶，物也。善【不善，眚（性）也】；所善所不善，势也。

　　凡性为主，物取之也。金石之有声，【弗扣不鸣。凡
人】虽有售（性）①，心弗取不出。

　　凡心有志也，无与不【可。性之不可】独行②，犹口
之不可独言也。牛生而张，鴈生而伸③，其性【然也。
人】而学或史（使）之也。

　　凡物，无不异也者。刚之树（祝）也，刚取之也；
柔之约，柔取之也。四海之内其性一也；其用心各异，
教使然也。

　　这一段文字是对《性自命出》全篇思想的总体概括。以
上数段简文认为，命是由天而降、性是自命而出的。这就是
说，性是天命的赋予和转化者。天之所降、命之所化，既包
含着其是赋予、转化的真实内涵，这就是性，又包含着其所
赋予的对象，这就是人与物。"性自命出，命自天降"是一个
重大论述，奠定了中国思想的新基础，从外在超越转变为内
在超越。在此基础上，竹书着重论述了心、性、情等概念，
提出了一系列颇有价值的思想。《性自命出》认为凡人皆有
性，甚至认为"四海之内其性一也"。然而现实中的人，各各
相异，其所以相异者是什么呢？竹书认为，是人们的"用心
各异"。而使人"用心各异"的原因又是什么呢？竹书认为，

---

　　① 此处缺文，赵建伟补作："金石之有声，【弗考不鸣；凡人】虽有性，弗取不
出。"赵建伟：《郭店竹简〈忠信之道〉〈性自命出〉校释》，《中国哲学史》1999 年第
2 期。今按，赵补可从，但去掉原简"心弗取不出"的"心"字，则恐非。
　　② 此缺文，李零补作："凡心有志也，亡与不【可。人之不可】独行，犹口之
不可独言也。"李零：《郭店楚简校读记》，载陈鼓应主编：《道家文化研究》，第 17
辑，第 504 页。今按，"人"字当作"性"字。以上各段均心、性对言，故此处当补
"性"字。另外，本章释读多参照李零说，后不再一一指出。
　　③ "鴈"字释读，从李家浩说。李家浩：《读〈郭店楚墓竹简〉琐议》，载姜广
辉主编：《中国哲学》，第 20 辑，第 346－347 页。

是"教"。《性自命出》曰:"其用心各异,教使然也。"如果说四海之内、普天之下所有人的人性是一样的,那么人之所以相异者,乃由于其用心不同。而用心各异,又由于教学之异。所以竹书特别重视修身和对心灵的教化作用。

第二节 以"性""情"为中心的论述

一、以"性"为中心的论述

何谓"性"?《性自命出》曰:"喜怒哀悲之气,性也。"这是从性内含的情感之气来说性的。喜、怒、哀、悲四者可以统称为情感,但值得注意的是此处的"气"字。"气"字在此表示这些情感的一种存在状态,而此种状态竹书称之为"性"。由此可知,"性"的存在不是虚设的,而是一真实实有,甚至经验可感的东西。用竹书的话说,它在人身中以"气"的状态存在着。从"喜怒哀悲之气"到喜、怒、哀、悲的情感,这是从性到情,从未发的潜在状态到已发的可感、可经验的现实状态。"气"在此是一个很好的描述词,说明"喜怒哀悲之气"的"性"不是凝固不变、僵滞不动的,而是像"气"一样在周身或体内体表流动变化的。正因为如此,所以心志才能作用之和主宰之,外物才能感动之、诱取之。因此《性自命出》的"性"是一流动的、可塑的、潜在的实体和质体。竹书以情感之气为性,给今人以新的启示。

《性自命出》曰:"好恶,性也。"这也是竹书对"人性"的定义之一。"好恶"是人的内在之性,这就是说,凡人不可能无好恶，好恶是由天赋予的，是本来存在于人性之中的。《性自命出》又曰："所好所恶，物也。"好恶是天赋于人的本性，而此好恶作用的对象指向物，故竹书曰"所好所恶，物也"。或者说，好恶是人性的发动，其作用对象为物。从性之好恶到性之所好所恶，是性的体用分别。由性到物，有一种天然的作用指向。在人的世界中，无物可以绝对地脱离性之好恶的作用。另外，从竹书来看，"好恶"与"喜怒哀悲"两者不属于同一类别。而这一点也在郭店简《语丛二》中得到了反映。

《性自命出》曰："喜怒哀悲之气，性也。及其见于外，则物取之也。"这说明，喜怒哀悲之气生现为喜怒哀悲的情感，这同时是外物采取的结果。《性自命出》又曰："凡性为主，物取之也。金石之有声，【弗扣不鸣。凡人】虽有性，心弗取不出。"性为主为质，物取之，如此则性之内容生现于外。譬如金石之有声，必须敲击之，其所蕴含的声音才能发作出来，否则它们只能潜藏在金石之中，为一寂然无声的金石而已。凡人虽然有性，但性必须经过心的选取，其内容才能表发出来。人性包含喜怒哀悲之气，好恶是人的本性，但此喜怒哀悲之气和性中的好恶必须经过心的作用才能表发出来；否则，它们只能蕴藏在人性之中，而不能发动和表现出来。竹书由此强调了"心"的重要。

由于心的介入，佚书作者对人的理解就变得颇为复杂了。在性、心、物的关系中，物影响了心，心影响了性。《性自命出》曰："【凡人】虽有性，心弗取不出。"性之"见于外"，有心的取导作用。如果心不取导，那么性就会闭锁在一片幽暗、混沌之中。① 因此对于性，心之已取与心之未取是有很大分别的。心之未取之性，是喜怒哀悲未发之性，是此情隐没于性中而没有拣别之性；心之已取之性，则是喜怒哀乐已发之性，性与情已分别，此性已外显为情。情与性具有相应关系。对于心，《性自命出》认为："凡心有志也，无与不【可。性之不可】独行，犹口之不可独言也。""志"者，意也。"与"者，参与也。凡心有志，且其自然状态无定（"心无定志"），或有此志，或有彼志。只有经过修养和训练之后，心才有恒定之志（"待习而后定"）。恒定之志，是心意和行为的动力来源，是成功的可靠保证。竹书说，性不能独自流行，其流行、生现均须有心志的参与。总之，性物的关系，就人来说或可表现为心物的关系，其中心是主导的方面。

《性自命出》曰："性自命出，命自天降。"此性是从其所出和渊源所自来说的。这两句话体现了中国思想的一大转变和一大构造。"性"概念本是针对"生"发明出来的，它是在人物自身寻求其潜在本源的一个概念；而将"性"进一步理解为天命的下降和转化，以期接上天命论的传统，这是非常了不起的思想大构造。竹书这两句话与《中庸》"天命之谓性"应有继承关系。不过，二者亦有所区别。"性自命出，命自天降"只指出了"性"的来源，而《中庸》"天命之谓性"则通过一近似定义式的陈述界定了"性"的内涵：天命即性，或者天之所命为性。在此，"性"直接肯定了天之所命者。当然，二者的差异也不妨碍它们存在共同之处。《性自命出》

---

① 《庄子·天地》云："其心之出，有物采之。"《礼记·乐记》云："人心之动，物使之然也，感于物而动，故形于声。"在性、心、物三者间，竹书的论述更为复杂系统。

"性自命出，命自天降"与《中庸》"天命之谓性"都指出性渊源自天命。不过，后一命题抹去了性、命、天三者之间的差别和分隔，而直接把天命判断为性，这样得出的"性"概念内涵即可能会发生变化：性既然为天命，则性可以为超越的形而上者，且天命自身无有不善，于是可以得出人性善的观点。孟子力主性善论，或许是"天命之谓性"这一命题之内涵充分显发的必然结果。而竹书所谓"性自命出"中的"性"字仅仅是天命的内容和对象，与"天命"尚有明显差隔，因为即使人们普遍认为天命自身是无有不善的，天命之对象或内容却也未必皆为善的，或者善或者不善，未能必定。这样看来，《性自命出》的"性"与《中庸》"天命之谓性"的"性"概念又有较大区别：前者下落一个层次，即物本身而言其性之渊源，而后者则上升一个层次，性与天命似乎在此直接同一。从《中庸》下句"率性之谓道"来看，此"性"也应当推定为善性。

除了说"喜怒哀悲之气，性也""好恶，性也；所好所恶，物也"之外，《性自命出》又说："善【不善，性也】；所善所不善，势也。"这两句话容易引起误解，实际上，前一句话是从道德判断之天赋能力而言的，而后一句话则是从此天赋道德判断力之作用而言的。换言之，人皆有此善不善的天赋道德判断能力，而此天赋的道德判断能力即加之于"势"上。《说文·力部》新附："势，盛力，权也。""势"即权力、权势义，具体指外在势力和权势。"势"存在于后天环境之中，它因时间、地点等条件的不同而发生相应变化，是一种外在于"性""情"的客观存在。从上下文看，"势"更多的是从政治和社会角度来说的。这两句话充分肯定了主体之

"性"对客体之"势"的价值判断作用。当然，此"性"所具备的"善不善"的天赋道德判断能力必须通过此心作用出来。需要说明的是，竹书所谓"善不善，性也"一句，与"人性有善有不善"的说法是不同的。依《孟子·告子上》"公都子曰"，在孟子之前"人性有善有不善"的说法已存在；又依《论衡·本性》，可知此种人性论是世硕和公孙尼子等人的主张。人性本身有善有不善，这是就性本身所含的善恶内容来说的，属于所谓三品人性论，与竹书"善不善，性也"不同。

《性自命出》曰："四海之内其性一也。"如何理解此一陈述？"四海之内"即普天之下义，是说人人皆具此性，且其性所含之实体内容是一致的。这是一个普遍性的判断，对于四海之内（普天之下）的每一个人来说都是如此。再追问下来，所谓"四海之内其性一也"应当是就"喜怒哀悲之气，性也""好恶，性也""善不善，性也"等来说的，即就性所涉内容之品类来说的。就此品类来说，四海之内所有人之性各皆具足，原无欠缺。与此相对，性之每一品类从天命所禀受的分量是不同的，是有差异的。此种不同和差异，不但与竹书所谓"四海之内其性一也"并不矛盾，而且正是人性三品说成立的前提。春秋战国之际，世硕、公孙尼子等人提出的人性三品论是对于竹书《性自命出》人性说所包含观点的明晰化。类似于世硕等人的人性三品说，《性自命出》即有直接的佐证。

《性自命出》第51—52号简曰："未言而信，有美情者也。未教而民恒，性善者也。""有美情者也"和"性善者也"两句都是从人君为政的角度来说的，而"美情""性善"都是对人君修身结果的判断。"情"规定"性","性"以"情"为内涵，二者具有《中庸》之已发和未发的关系。《性自命出》贵尚真情和信情，只有信情才美，而"有美情者也"一句是就人君的修身来说的，此句是说人君通过修身达到了"有美情者也"的地步，故"未言而信"。后一句"未教而民恒，性善者也"同样是就人君的修身来说的，人君通过修身达到了"性善者也"的地步，故"未教而民恒"。此"性善"是说修身之善，若出性然。《性自命出》第40号简曰"爱类七，唯性爱为近仁"，此"性"字义与"性善者也"之"性"字义相同。竹书"未教而民恒，性善者也"的"性善"，不能理解为天生的本性之善，或者所谓有性善、有性不善的性善。

《性自命出》第39号简曰："仁，性之方也。性或（又）生之。"第40号简曰："爱类七，唯性爱为近仁。"前后两段引文不同，前者属于生成论的脉络，后者属于工夫论的脉络。"方"，法度、准则义。前者是说，"仁"是"性"的准则，而"性"又生之。这一方面说明我们应当以仁行规范性，另一方面说明性本身即包含了此仁德之端。据此可知，《性自命出》肯定了人性有善的一面。后者是说，爱有七种，而其中只有出自本性之爱才接近于仁德。后者似乎同时说明了竹书具有仁体爱用的思想。

综合以上竹书论"性"诸义，并结合竹书《语丛二》来看，《性自命出》的作者很可能持人性有善有恶的观点。由人性有善有不善之分，心之作用和教之所为，才有存在的根据。教化的作用就是要使民性达于恒道，止于至善。《性自命出》第8号简提出了"人而学或史（使）之"的观点，与此人性三品说正合。这样看来，《性自命出》的人性有善有不善论不是针对不同个体来说的，而是就同一个体而言其性中所内含之善不善两端而言，这与世子的观点很相近。王充《论衡·本性》曰："周人世硕，以为人性有善有恶，举人之善性，养而致之则善长；恶性，养而致之则恶长。如此，则（情）性各有阴阳，善恶在所养焉。故世子作《养书》一篇。"《论衡·本性》篇所述世硕的人性论观点，大体上是可信的、准确的。世子认为人性有善有恶，正是就每一个体之性所内含的善恶而言的。需要指出，世子的人性善恶论与扬雄的"人性善恶混"论不同。扬雄认为人性内含的善恶两者处于交混无定的状态，人性不可能摆脱这一善恶交混作用的支配。扬雄的此种人性论为其特别强调人性的自我修养提供了理论前提。而世子所说的性，首先指构成一生命体的本源和质体，而此一质体本身即隐含着善不善的两端。但如果心不取导、物不采取，那么此性所蕴含的喜怒哀悲之气等因素即不会现实地显现为人性的善恶。所以世子"人性有善有恶"的观点很可能是从人性之端绪上来说的。证之于《论衡·本性》篇，此一推断不为无据。《论衡·本性》云"举人之善性，养而致之则善长"；举人之恶性，"养而致之则恶长"。人性有善恶之因，养而致之的工夫不同，即分别有善长、恶长的结果。这样，世子在此正强调了人性有善恶之端。当然，世子还强调了养而致之的修养工夫的重要性。《论衡·本性》篇说世子作"《养书》一篇"，这是世子人性论思想体系的必要构成部分。可惜，《世子》一书已全佚，我们已无法窥见他是如何具体主张养善去恶的了。综合多种资料来看，人性有善有恶的观点确实流行于春秋末至战国早期，而王充在《论衡·本性》篇中称赞此派儒者的人性论最得孔子之教和人性论的真谛。①

二、以"情"为中心的论述

"情",亦可称为人情。"情"是由"性"到"道"的一个关键概念。《性自命出》第 3—4 号简曰:"知【情者能】出之。"第 17—18 号简曰:"理其情而出入之。"对于"情",竹书一是主张必须知悉之,二是主张必须能理顺之。能知悉则能理顺,这是修养真情的办法。此外,竹书还特别强调美情、信情。第 40 号简曰:"信,情之方也。情出于性。""信"为"情"之准则,则"情"以"信"为其基本内容。无信之情近于非情,与竹书所说之"情"不同。《性自命出》认为"信,情之方也",这是把"信"作为"情"最根本的规定。《性自命出》第 50 号简曰:"苟以其情。"又曰:"不以其情。"在此,"情"即暗含着"信"义在内。在信德的基础上,"美情"也得到了规定,《性自命出》第 51 号简曰:"未言而信,有美情者也。"竹书说,只有这种以信德为基础的美情才是真正可以打动人的。情之所至,莫过于哀乐。作为维系哀乐情感的真实人情即为礼乐之所自,而礼乐皆由情生。反过来看,《性自命出》强调了由礼乐以教化情性的观点。"情"的基础既然在于"信",那么这篇竹书也必然主张以信作为"性"的规范之一。强调真性真情,是此篇竹书的一个重要思想。"情"之信,就是说喜、怒、哀、悲、爱、好、恶等情感从自性本心中如实地流露出来,而"性"之真信也当是立足于性所内含

---

① 《论衡·本性》云:"自孟子以下,至刘子政,鸿儒博生,闻见多矣。然而论情性竟无定是,唯世硕、公孙尼子之徒,颇得其正……实者,人性有善有恶,犹人才有高有下也。"

的情感之气来说的，而不是就性之善恶而言的。性之善恶包含着价值判断在内。由此看来，《性自命出》确实特别强调信情真性这一点，但是此篇竹书为何特别强调"真""信"的特点呢？一者，可能与竹书作者对真、善、美的认定有关。"信"，在《论语》《左传》等儒家典籍中是一个非常重要的德目。二者，竹书特别强调"求己为极""能为一""一德"等概念，而这些概念都需要以信德为基础。不信，则二三其德，这是儒家所反对的。看来"信"是成德的一个必要条件，《性自命出》把信德作为情性的内在规定之一，也可见此德行的重要了。

《性自命出》以情论性，还有一个颇为重要的观点，即"哀乐，其性相近也，是故其心不远"。这个观点可以说继承和阐发了孔子"性相近"的观点。《性自命出》第29—35号简对此做了具体分析，其中第29—33号简曰：

> 凡至乐必悲，哭亦悲，皆至（致）其情也。哀乐，其性相近也，是故其心不远。哭之动心也，浸杀，其烈恋恋如也，戚然以终。乐之动心也，濬深郁陶，其烈则流如也以悲，悠然以思。
>
> 凡忧思而后悲，凡乐思而后忻，凡思之用心为甚。難（叹），思之方也。其声变则【其心变】，其心变则其声亦然。吟流哀也，噪流乐也，啾流声【也】，嚱流心也。①

---

① 简文难释之字，采纳了李零、周凤五、刘钊之说。李零：《郭店楚简校读记》，载陈鼓应主编：《道家文化研究》，第 17 辑，第 506 页；周凤五：《郭店楚简识字札记》，载张以仁先生七秩寿庆论文集编辑委员会编：《张以仁先生七秩寿庆论文集》，第 360 - 362 页；刘钊：《读郭店楚简字词札记（三）》，"郭店楚简国际学术研讨会"论文，武汉，1999 年 10 月。

哀乐的感情，其性何以相近？竹书认为凡至乐必悲，悲乐的情感都是用来表达人情的，就此点来说，悲哀和快乐的情感特性是相近的。不过，需要指出的是，哀乐两者皆属于情，而非性，与性有区别。性是情感之"气"蕴含着，而未显发出来。哀乐之气生发为哀乐的具体情感，必定有"心"作用于其间。《性自命出》曰："哀乐，其性相近也，是故其心不远。"由哀乐之情，推及其性之相近，又推及其用心之不远，其过程大概说来是这样的：首先，心作用于性，而使潜含于性中的情感之气显发出来，成为具体的真实可感的哀乐情感。而这个过程简单说来就是"性取情出"。所谓"其心不远"，是指在乐教过程中其用心不远。竹书具体分析了"哭之动心"与"乐之动心"，以及在乐悲的情感上两者如何互相连贯的问题。进一步，竹书深入心之"思"上。不过，此处的"思"不是思考、思想之思，而是情感之思。这具体说明了，心为何能够指向性，又为何能够取性出情。简单说来，《性自命出》的"思"，本与情感的发动及其用意有密切关系。竹书曰"凡忧思而后悲，凡乐思而后忻"，这两句话是说，情感之思情感性地发动，如此才会具体展现为或悲或忻的情感。不过，需要强调的是，"凡忧思而后悲，凡乐思而后忻"两句是说，情感的生现，并非脱离此心此性的自动自现，而是心思之所思作用于情性，取性出情，一个人方才表现出真情的流露。情感之思与蕴含于性中之情感是有所区别的，后者是情感以"气"的状态如实地蕴藏于人性之中，它们是供心思取用的素材和质料；而情感之思的情，是一种心理体验性的、作用于本然之情与外现之情间的心情。在此，心的功能为

"思"，有此思则有其取性出情的心能心力。思之所至，哀乐的情感流露出来，推而至之，从心性到周身，人的生命即转化为真情流荡的生命。"思"既然如此重要，那么人们必须用心于思及其所思，这是当然之义。竹书曰："戁，思之方也。"《说文·心部》："戁，敬也。"段玉裁注："敬则必恐惧。"①"戁"在此似应当读为"叹"，简文置身于情感、心思与乐舞相互作用的语境中。竹书认为，能叹则能思，能思则能与外物、音乐相感。"心"也接受外物的作用和影响，声变心，心变声，二者的影响是相互的。由此推断，竹书必然包含着心物交感、相互作用的观点。心之思是一种情感之思，这可以与简帛《五行》沟通起来。竹书《五行》很重视中心之忧思与喜悦的情感，它们对五行形于内具有关键作用。大致说来，蕴含于心灵深处的情感之思是成德的关键，如竹书《五行》第 5—6 号简曰："君子无中心之忧则无中心之智，无中心之智则无中心【之悦】，无中心【之悦则不】安，不安则不乐，不乐则无德。"竹书《五行》还具体强调了"仁之思也精""智之思也长""圣之思也轻"的观点，如第 8—9 号简曰："思不精不察，思不长【不得，思不轻】不形，不形不安，不安不乐，不乐无德。"这些说法与《性自命出》是一致的。《性自命出》同样强调成德于中的观念，如第 18 号简曰："教，所以生德于中者也。"需要指出的是，心思与教化，其实是成德于中的两个本源，二者不可偏废。"中"指心。

---

① ［汉］许慎撰，［清］段玉裁注：《说文解字注》，第 503 页。

第三节 以"心""道""教"为中心的论述

一、以"心"为中心的论述

《性自命出》认为人皆有性有心，不过二者的特性不同：性是一消极、被动的实体，而心是自主的，可以活动、变化和止定的。《性自命出》曰："凡人虽有性，心无定志，待物而后作，待悦而后行，待习而后定。"这几句话读起来令人费解，但从"心无定志"和"待习而后定"两句来看，它们应当主要是就"心"来说的。"心无定志"，这是心用的本然状态。此心或有此志，或有彼志，而未有一定。心有恒定之志，这是意志主体自我训练和自做工夫的结果。这几句话是说，凡人虽然有性，但在未经训练之前其心并无固定之志，它有待于外物而后生作运动，有待于喜悦之情而后流行，有待于修习而后止定。心的运动，呈现出生作、流行和止定等状态。通过这几句话，竹书说明了，人只有通过自我的修养、练习，其心志才能固定下来。此外，"心无定志"说明现实中的人心并非一片空白，而是藏志于其中，只不过此志尚未固定而已。所谓志，心有所涵摄、存养、持守和指向之谓。人之心若无恒定之志，那么其性之动或者处于自然状态，或者处于受感官、外物引导的状态。而如果人的意志止定下来，那么其心对于其性的作用亦将固定下来，而性在现实中的发见即完全符合人的主观目的（"定志"）。因此，在志定的情况下，性在现实人生中的作用则必然受到心志的统率。顺便指出，孔子曰"性相近也，习相远也"（《论语·阳货》），后一句话由此可以得一新解，它很可能是就人的心志来说的。或者说，修习作用于心志，而心志的不同便是使此人与彼人相差远的原因。

由性显发为情，"心"在其中所起的作用很重要。在身心关系中，《性自命出》认为："君子身以为主心。"（第67号简）此句中的"身"字，作动词，有饰身、修身之义；"为"读去声，"主"训为"持"。这句话是说，君子修身乃是为了主持其心。刘昕岚说此句"即指君子着意于自己的仪容行止以端正其心"，与笔者意思相近。① 此句不反对以心统身，或许应该说，它正是以此思想为议论前提的，因而此句仍与《五行》以大体统小体的思想一致。"心"的确非常重要，但是心自身并非空空荡荡的。《性自命出》说"凡心有志也"（第6号简），但亦"心无定志"。心之定志，与外物的诱使、人情的感动和心灵的修习实践密切相关。在此，如何定志便成为一个问题，它是修道成教的重要内容之一。《性自命出》第44—45号简强调"恒始之志"，此与为恶的害志不同。第65号简曰："君子执志必有夫广广之心。"这样的志是宽广光明之源，与阴暗幽险之志不同。心本无定志而心自身能使之止定，这与心作为思体有关。在竹书中，"思"在本质上是一种情感之思，是一种心的活动。《性自命出》第42号简曰："凡用心之躁者，思为甚。""躁"，躁疾、躁动。用心之躁疾者，以思为最，《性自命出》第32号简亦曰："凡思之用心为甚。"正因为"思"具有如此巨大的力量，所以它对于心灵存在状况的形成

① 刘昕岚：《郭店楚简〈性自命出〉篇笺释》，"郭店楚简国际学术研讨会"论文，武汉，1999年10月。

具有决定意义。《性自命出》说"养思而动心"（第26号简），正是由"心之官则思"（《孟子·告子上》）的本性决定的。"凡思之用心为甚"，这决定了心之"思"同时也是对自身的设难，并在其自难自敬的心理状态中实现其自身，成为真正的有效之思。所谓真正的有效之思，是在其恭敬的心理中作用于性体，从而取性出情的。心思何以能取性出情？这是因为心性皆与情有深刻而内在的关系。《性自命出》第8—9号简曰："刚之树（祝）也，刚取之也；柔之约，柔取之也。"以同类相取，所以情感之思能够取性出情，使性中内含之情生现和表露出来。

"心"的确很重要，这不仅表现在心志、心思上面，而且心与性，心与道、教都有很深的关系。就心与性来说，《性自命出》说："【凡人】虽有性，心弗取不出。"又说："其性相近也，是故其心不远。"这两点在上文都已讨论过。《性自命出》第9号简有"性一心异"的观点，说明了"心"的自主性存在于其"用心"的过程中，而此"用心"虽然受到其自身之前后交涉和他物的影响，但是"志"在其中起着决定作用。"用心"通过"志"表现出来。这样，"求心""养心"成为修身的关键。《性自命出》立足于人情或本然之情上，主张以乐求心、动心，如说"养思而动心"云云。对于乐与心的关系，《性自命出》以辩证的观点认为："其声变则【其心变】，其心变则其声亦然。"（第29号简）又说："凡声，其出于情也信，然后其入拨人之心也厚。"（第23号简）竹书在此强调了"真信"是养思、求心的原则，同时它是竹书思想的一个特点。《性自命出》第37—38号简说："求其心有伪也，弗得之矣。人之不能以伪也，可知也。"求其心有伪，则此心永失弗得，所以人不能以伪求心。"求"是反求和自我寻求,"心"是进行道德自我修养的主体。"真信"是竹书对"心""性""情"三概念的内在规定之一。以信求心,以真求心,而心始可得;以伪求心,则其心不可得。这是由"心"作为道德实践活动的主体自身所决定的。忠信真诚的品质既是本心自性的真实流露,也是教化的结果。对于"教",《性自命出》第28号简曰:"凡古乐龙(宠)心,益(溢)乐龙(宠)指,皆教其人者也。""龙",学者有多训。① 此字应当是一个通假字,"龙"疑读为"宠"。《说文·宀部》曰:"宠,尊居也。"本句的"宠"字,是尊大、尊重之义。"益"同"溢","溢乐"即"淫乐",指声音过度之乐。古乐与淫乐不同,古乐尊大其心之所欲,溢乐尊大其形体之所欲,其教化的目的和效果都是不同的。《性自命出》又说:"教,所以生德于中者也。""中",心也,心为身之中。"教"的目的是"生德于中"。成德于中的观念在《五行》篇中更为重要,其阐发也更为深入、具体。而"教"必以"道"。对于"道",竹书以人道为重。《性自命出》第14号简曰:"凡道,心术为主。"求心养思的方法即为心术,而道以心术为根本,这又回到了心自身的问题上。由此可见,《性自命出》对"心"是非常重视的,从多个方面做了论述。

---

① 对于此句,李零释为:"凡古乐动心,益乐动指。"赵建伟释为:"凡古乐适心,溢乐适嗜。"饶宗颐释为:"凡古乐宠心,益乐宠指。"并说"益乐指繁声"。李学勤训"龙"为"和"。李零:《郭店楚简校读记》,载陈鼓应主编:《道家文化研究》,第17辑,第505页;赵建伟:《〈性自命出〉校释》,《中国哲学史》1999年第2期,第37页;饶宗颐:《从郭店楚简谈古代乐教》,"郭店楚简国际学术研讨会"论文,武汉,1999年10月;李学勤:《郭店简与〈乐记〉》,载北京大学哲学系编:《中国哲学的诠释与发展——张岱年先生90寿庆纪念文集》,北京:北京大学出版社,1999,第26页。

二、以"道""教"为中心的论述

上文，笔者已从"心""性""情"三个方面对《性自命
出》的思想做了比较细致的论述，下文将从"道""教"两个
方面对此篇竹书的思想再做梳理和阐述。

《性自命出》第3—4号简曰："道始于情，情生于性。始
者近情，终者近义。知情者能出之，知义者能入之。"性中本
含情，情生于性，这是很自然的推论。竹书云"道始于情"，
由此可知"情"与"性"的关系非同一般，"情"当为"性"
的实质内容，如此才可说"道始于情"。道之所以为道，有一
个生成的过程：其始近情，情是性的本真如实的初现；其终
近义，义是社会规则和准则。这样，竹书所说的"道"是立
人之道，是率性尚情而与仁义相合之道。由情到义，是由内
到外生成的过程。人道合内外之情义，它是人之所以为人的
实践原理。既然"始者近情，终者近义"，那么"道"就是一
个生成性的概念。"道"相对于人性之内来说"始者近情"，
相对于人性之外来说"终者近义"。由情到义，由始到终，道
的生成和实践是一个循环展开的过程。"知情者能出之，知义
者能入之"，"知情"则能使人性所内含的真情显发于外，"知
义"则能把人道之原理纳于身心，以涵养情性。由情性的真
实流露而提撕人伦，由践履人义而修养性情，这是成己成人
的一般道路。这一点与《中庸》"率性之谓道"有相近之处。
"率"，郑玄、朱熹训为"循"或"顺"[1]；"率性"即循顺其

---

① ［清］阮元校刻：《十三经注疏·礼记正义》，第 1625 页；朱熹：《四书章句
集注》，第 17 页。

性。而什么是循顺其性之谓道呢？这个问题，单纯从《中庸》看，似乎不太明白；但结合《性自命出》来看，答案是比较清晰的。在一定程度上，"率性之谓道"可以从"道始于情"来理解。《中庸》下文曰："喜怒哀乐之未发，谓之中；发而皆中节，谓之和。""中和"即"率性"之义，与《性自命出》"道始于情"一致。比较起来，竹书《性自命出》似乎撰作在前，而《中庸》似乎成篇在后。当然，《中庸》与《性自命出》也是有一定差别的。从《中庸》到《孟子》，思孟学派特别重视对"性"的理解和诠释，但对于"情"概念则比较忽视。竹书《性自命出》由"性"深入到"情"，其"情"概念是确定的、重要的。而通过此篇，我们完全可以确定先秦存在所谓"性情论"的论域。而由此可知，《性自命出》和《中庸》对"道"的规定也有所不同。《性自命出》所说的"道"不局限于"情"，它说："始者近情，终者近义。""道"与"义"也有密切关系。大体上说来，"道"与人立身的内外根据和规则有关，它以"情""义"为两大根据。人有"情"有"义"，才合乎人道；知"情"知"义"，才能设立人道。"道"皆以"人道"为中心，因为"人道"是人践行和安立之道。

《性自命出》第14—15号简曰："道者，群物之道。凡道，心术为主。道四术，唯人道为可道也。其三术者，道（导）之而已。"从广义上讲，"道"不仅指人道，诸种物事之道均可称为"道"。"道四术"与第41号简所说"所为道者四"同义，从上下文来看，指诗术、书术、礼乐术和心术四者。在《性自命出》中，"礼乐"连言为一术。"道"之"四术"，皆以"人道"为可践行或施行。上句"凡道，心术为主"与下句"其三术者，道之而已"对言。"三术"指诗术、书术和礼乐术，"道之而已"的"道"字当读为"导"，诗、书、礼乐三术是用来引导人的。与此相对，"心术"无疑是修道的关键，故竹书曰"凡道，心术为主"。人的知觉和情思均在于心，"心术"是建构人道的根本。通过"心术"，人可以建立其自身与性、情、义的联系。而对于什么是"人道"，《性自命出》第 38—41 号简即具体叙述了其所内含的诸种德目及其关系。忠、信、仁、义、智、爱、恭、敬、节、笃、性、情等儒家伦理德目和概念，都被作者贯通起来，构成了一个有机的思想系统。而这个有机的思想系统既是"人道"的内涵，又是"心术"所关切的对象。不过，从内涵来看，竹书的"人道"概念无疑以"情""义"为中心。

《性自命出》对于"义道"还做了较为深入的论述。恭为义之方，义为敬之方，敬为物之节。能恭敬之，能节度之，则秩序井然，于是由此可以得出"礼由义作"的结论。这与竹书上文所说"乐由情生"的观点是相对相关的。[①]《性自命出》第 22 号简又曰："幣帛，所以为信与徵也，其词（司）义道也。"义道是礼的基础。义道的外化不是空无其物的，而礼节仪式需要实物作为表达器具。幣帛既是礼物，又是表达礼意的手段。幣帛的礼意是"所以为信与徵也"，而徵信是人之为人的一大美德。简言之，"幣帛"的用意在于表达义道。值得指出的是，竹书在论述礼义的过程中亦颇重视"信"德，这与全篇重"信"的基调是相符合的。

此外，《性自命出》在论述闻道以交往的同时，提出了"闻道反己，修身者也"（第 56 号简）的重要观点。闻道或精通心术的根本，乃在于反己修身。在竹书作者看来，一切生

---

① 礼由义作，乐由情生，只是相对而言，实际上《性自命出》第 18 号简亦有"礼作于情"的说法。

命活动都立足于个体生命自身的德性内充。第 57 号简曰"修身近至仁",所谓养性以习、长性以道,其目的是操存涵养、发挥光大个体仁性的生命。至仁即至善,而反己修身的目的,仍在于"止于至善"(《礼记·大学》)。

《性自命出》重"教",是建立在重"道"的基础之上的。《性自命出》曰:"闻道反己,修身者也。"在文义上,这与《中庸》曰"修道之谓教"相通。不过,不同的是,此篇竹书和《五行》皆云"闻道"以"修身",而《中庸》则云"修道"。笔者认为,"修道"在《中庸》中当为省略语,"修道"的目的仍在于反己修身。传世本《老子》《庄子》既有"闻道",亦有"为道""修道"的说法。由此可知,"闻道"与"修道"两概念的含义其实相差不远,而"闻道反己,修身者也"与《中庸》"修道之谓教"在语境上是贯通的。且"闻道反己,修身者也"这两句话,是《性自命出》关于"教"的核心陈述。

进一步,"教"之所以能教的内在根据是什么?据竹书来看,这主要是由心、性、教三者的关系决定的。《性自命出》第 9 号简曰:"四海之内其性一也,其用心各异,教使然也。"第 9—14 号简又曰:

　　　　凡眚(性)或动之,或逆之,或室(实)之①,或厉

①　"逆"字,从李零、黄德宽、徐在国说。李零:《郭店楚简校读记》,载陈鼓应主编:《道家文化研究》,第 17 辑,第 505 页;黄德宽、徐在国:《郭店楚简文字续考》,《江汉考古》1999 年第 2 期。"室"字,从裘锡圭说。原整理者释为"交",误。其实竹简此字乃"室"字的讹形。而"室"当读为"实"。裘锡圭:《中国出土古文献十讲》,上海:复旦大学出版社,2004,第 308 - 316、260 - 276 页;李锐:《郭店简〈性自命出〉"实性"说》,载丁四新主编:《楚地简帛思想研究(三)》,武汉:湖北教育出版社,2007,第 446 页;丁四新:《〈孟子〉"天下之言性也"章研究与检讨——从朱陆异解到〈性自命出〉"实性者故也"》,《现代哲学》2020 年第 3 期。

之，或出之，或养之，或长之。

　　凡动眚（性）者，物也；逆眚（性）者，悦也；室（实）眚（性）者，故也；厉眚（性）者，义也；出眚（性）者，势也；养眚（性）者，习也；长眚（性）者，道也。

　　凡见者之谓物，快于己者之谓悦，物之设者之谓势，有为也者之谓故。义也者，群善之蕝也。习也者，有以习其眚（性）也。道者，群物之道。

上述引文对物、悦、故、义、势、习、道七个名词的含义做了具体解释，它们对"教"及对如何修身做了具体解释。对于"道"，《性自命出》在下文做了更详尽的解释，这一点与竹书以道阐教的思路是相关的。"教"实际上是针对人的心性而发的。竹书主张在真情的基础上修养和完善人的心性，第 18 号简曰"教，所以生德于中者也"，即和盘托出了"教"的根本目的。此目的亦即其作用。既然"教"的作用如此巨大，那么何以施行教化，这是一个问题。当然，答案是以道施教，尤其是以人道施教。从方法看，竹书指出了诗、书、礼乐和心术四种方法。对于礼乐一术，竹书着墨较多，阐述详尽。礼乐皆作于情，但从修身来看，礼乐术通过情又反作用于心性，第 26—27 号简曰："其居即（次）也久，其反善复词（始）也慎，其出入也顺，司（始）其德也。"这层意思在第 19—36 号简有大量论述，今不具引。"居""次"同义；"慎"，谨慎；"司（始）其德"之"始"，是发始之义。这几句话是讲礼乐的陶化，进而发始和生发其德的作用。

"教"的根本目的既然在于闻道修身，而道以心术为主，身以心为主，那么从逻辑上来看，所谓"教"就不可能不以心正身和以道心正人欲。《性自命出》第 44—48 号简曰：

> 有其为人之节节如也，不有夫简简之心则采。有其为人之简简如也，不有夫恒怡之志则慢。人之巧言利词者，不有夫诎诎之心则流。人之悦然可与和安者，不有夫奋作之情则侮。有其为人之快如也，弗牧不可。有其为人之愿如也，弗辅不足。
>
> 凡人伪为可恶也，伪斯吝矣，吝斯虑矣，虑斯莫与之结矣。

人心的守中，与人为的外放恰相对立。人为的外放者即人欲，即情欲。竹书认为，必须以心的操守来节制情欲的放流。由此反观竹书所谓物以感心和以心取性的观点，可知所谓取性是有秩序和规定的。从竹书看，心、性、情三个概念皆贵真信。性中蕴含着情感之气，而心中萦系着情感之思。人如能够做到有所涵养和萦系，则能操持修身之正道。而此正道即在于遵从儒家伦理所构筑起来的人道。而且，人在其具体生命活动中应当贯彻"修身"的精神。所谓修身，竹书认为，应当以"君子身以为主心"为原则，而以"成德"为目的。在身外，行事礼仪皆合规矩；在身内，不但合性命之真情，而且必须执志"有夫广广之心"。竹书还充分注意到，"心"与"身"是相互影响的。《性自命出》第 62—67 号简具体阐述了如何修身的问题，其文曰：

> 凡忧患之事欲任，乐事欲后。身欲静而毋遣（滞），虑欲渊而毋伪，行欲勇而必至，貌欲庄而毋拔，〖心〗欲柔济而泊，喜欲智而无昧，乐欲怿而有止（持），忧欲金

（敛）而毋惛（闷），怒欲盈而毋暴，进欲逊而毋巧，退欲肃而毋轻，——欲皆文而毋伪。君子执志必有夫广广之心，出言必有夫简简之信，宾客之礼必有夫齐齐之容，祭祀之礼必有夫齐齐之敬，居丧必有夫恋恋之哀。君子身以为主心。

上述引文有两点值得注意。其一，竹书很重视"欲"的概念，而此"欲"在文中是正面的，不是指具有负面含义的"欲望"（desires）一词。"欲"在修身中起着重要作用。郭店简《语丛二》也很重视"欲"的概念。其二，竹书认为具体礼乐实践中的修身目的，乃是为了"主心"——主持其心。

总之，《性自命出》认为性由命出，而命自天降，但性本身不是天命。性是天命的下落和转化，并禀受在人物之中，以作为生命现象之所以如此的根据和大本大原。《中庸》"天命之谓性"的陈述与《性自命出》"性自命出，命自天降"有一定的差别，但前者可能是对后者的压缩。从内容来看，竹书"性"概念的内涵虽然很复杂，但它认为"四海之内其性一也"；从价值论来看，竹书很可能持人性有善有恶的三品论。在竹书中，性、情、心之间的关系是：性与情具有未发已发的对应关系；性之所以能出情，乃因心取之，及其见于外，物又取之；同时，物感心，心取性，而情则顺心物之取感而出。心的功能在于"思"，《性自命出》的"思"重在情感之思，而"情"的内容是联系心、性的纽带。竹书的心、性、情三概念有一个重要特点，即三者都以"真信"为其应然内涵。心有志，志本不固定；志的止定，是意志的自我作用和修身作用的结果。《性自命出》以"反己修身"为其心性修养论的基本路线。修身以道，道有四术，而以心术为主，唯人道为可践行。"道始于情，情生于性。始者近情，终者近义。"这四句话阐明了"道"产生和形成的根据，有情有义方为道。情以内通，义以外处，情与义皆尚真信。教的根源在于心性的作用，其目的在于"生德于中"，由此竹书将儒家伦理内化入人的个体生命之中。竹书还特别阐述了礼乐如何修身及其与心的作用问题。礼乐实践的目的在于修身，而修身的目的在于"主心"。修身也以真信不伪为其实践原则。另外，竹书的修身还突出了"欲"的积极作用。

简言之，《性自命出》建立了一个由天、命、性、情、道、教、心和仁、义、礼、乐等概念组成的，包含性命论、心性论和性情论三大论域的儒学思想体系，其贡献是巨大的。在目前所见所有先秦儒家思想典籍中，此篇竹书应当归入上上品之列。

第四节 《性自命出》与子游、曾子、子思子的关系

《性自命出》的思想以性、情、心、道、教五个概念为基础。对于此篇竹书，我们是否可以推断出它由何人所作呢？根据思想的异同对比，目前学界有三种说法，以为此篇竹书出自子游、子思子或公孙尼子之手。① 而这三种说法是否可靠，这是一个需要再加考察和辨析的问题。

---

① 参见陈来、姜广辉、廖名春等人的有关论述，见姜广辉主编：《中国哲学》，第 20 辑，第 306 - 309、84、60 - 62 页。

一、《性自命出》与子游的关系

先看传世古籍论子游的思想。《史记·仲尼弟子列传》
曰："言偃，吴人，字子游，少孔子四十五岁。"言偃，古书
又称为言游。又曰："孔子以为子游习于文学。"《史记·仲尼
弟子列传》沿袭了《论语》的说法。《论语·先进》篇曰：
"文学：子游，子夏。""文学"，即文献传承解说之学。子游、
子夏是传承与解说上古文献的两个重要弟子，他们对于上古
《诗》《书》《礼》《乐》及《易》《春秋》之教的传承和解说，
应该起了重要作用。《史记·儒林列传》即载子夏居西河教
授，其门人弟子中的著名人物有田子方、段干木、吴起、禽
滑釐等，不过这些人多属于经世致用之辈。《吕氏春秋·当
染》的说法有异，云："田子方学于子贡，段干木学于子夏，
吴起学于曾子，禽滑釐〈釐〉学于墨子。"禽滑釐，高诱注引
梁仲子云："疑当作禽滑釐。"① 不过，春秋战国时学者多无常
师，故此二说未必互绌。史书对于子游之门人弟子则少有记
载，以子夏之例类比之，子游也当有一众弟子。今人常谓子
游、曾子、子思子等人是一个学术集团，据史料看，其可能
性是存在的。《荀子·非十二子》曰："子思唱之，孟轲和之。
世俗之沟犹瞀儒，嚾嚾然不知其所非也，遂受而传之，以为
仲尼、子游为兹厚于后世。是则子思、孟轲之罪也。"② 这是
子思子、孟子可为一个派系的佐证。据《孟子》一书，曾子、

① ［战国］吕不韦：《吕氏春秋》，载国学研究社编：《诸子集成》，第 6 册，北
京：中华书局，1954，第 21 页。
② 此处文本，近人郭嵩焘曰："荀子屡言仲尼、子弓，不及子游。本篇后云
'子游氏之贱儒'，与子张、子夏同讥，则此'子游'必'子弓'之误。"此可备一说。
［清］王先谦：《荀子集解》，第 95 页。

子思子的关系较亲密。不过，这主要是从交游关系来说的。

子游是否为《性自命出》的作者？这是一个需要具体考察的问题。从《论语》所载相关文献来看，子游除了继承孔子学说、传承其文献之学外还比较重视道术之本。子夏与子游虽然同以"文学"著称，但他们二人略有差别。《论语·子张》曰："子游曰：'子夏之门人小子，当洒扫应对进退，则可矣，抑末也。本之则无，如之何？'子夏闻之，曰：'噫！言游过矣！君子之道，孰先传焉？孰后倦焉？譬诸草木，区以别矣。君子之道，焉可诬也？有始有卒者，其惟圣人乎？'"据此看来，子游在学问上注重本末、轻重之分，于儒学的根本处着力尤深，其为学所遵循的是由本到末、由重到轻的次第。子夏之学虽然也有本末、先后之分，但在实践过程中有先末后本的倾向。子游认为先本后末、强本立末的方向是正确的，因而他对子夏的传学方法提出了尖锐批评，云："本之则无，如之何？"在子游看来，子夏之门人小子不过在"洒扫应对进退"的末学上有所表现而已。不过，由子夏对子游的反驳来看，子游对子夏的批评太过，未必很恰当，其实这两种传学观念只是在进路、用功的着重点上有所不同罢了。子夏之传学未必就是子游所指责的"本之则无"，它只不过是强调循序渐进、不可厌末以求本的方法论罢了。① 子游的传学既然在于重本以立末，那么其所谓本是指什么呢？"本"当是指原始儒家义理之本源，是礼乐政教之所自出者，也即所谓道本。据《论语·阳货》篇，孔子曾到访子游治理的武城，在

---

① 《论语·子张》："子夏曰：'博学而笃志，切问而近思，仁在其中矣。'"又说："大德不逾闲，小德出入可也。"可见子夏实非无本之教，而是末中有本，本在末中的统一。

听到弦歌之声后，他莞尔而笑："割鸡焉用牛刀?"弦歌之声喻以大道教化，而不是以刑政统治小人（老百姓）。即使是在一区区武城，子游也以道本来教化或治理其人民，可见子游确实重视以道立民及以其陶养君子和小人的教化方法。由重视"弦歌"之教来看，子游的相关思想与竹书《性自命出》注重以礼乐教养人之心性的思想是一致的。由《论语·雍也》记孔子问子游得人之事，可以看出子游是孔门七十余弟子中颇为重要的一员，澹台灭明即由子游赏鉴而出。澹台灭明，武城人，字子羽，少孔子三十九岁。子游与孔子皆赞其甚有德行。《史记·仲尼弟子列传》曰："（子羽）南游至江，从弟子三百人，设取予去就，名施乎诸侯。孔子闻之，曰：'吾以言取人，失之宰予；以貌取人，失之子羽'。"《史记·儒林列传》说"澹台子羽居楚"，澹台子羽可能曾南传孔子之学和子游之学到楚国。郭店竹简是否有澹台子羽或其弟子的作品？这是目前难以回答的问题。进一步，子羽及其弟子是否南传子游之学于楚国？这也是目前难以回答的问题。当然，对于这两个问题我们也难以遽然否定其可能性。

子游以"文学"著称，其思想重心是重本重道。所谓本、道，实际上是指原始儒家的基本义理和价值理想。《论语·为政》记录了子游问夫子为孝之道的问题，孔子回答说，为孝之道在于恭敬。《论语·里仁》曰："子游曰：'事君数，斯辱矣。朋友数，斯疏矣。'""数"，刘宝楠《论语正义》引吴氏嘉宾曰："数者，昵之至于密焉者也。"① 昵密以事君交友，则适得其反，辱己疏朋。邢昺疏云："此章明为臣结交，当以礼

---

① ［清］刘宝楠：《论语正义》，北京：中华书局，1990，第160页。

渐进也。"① 邢疏得其旨。《论语·子张》记子游之言曰:"丧致乎哀而止。"这是子游论为丧之道在止于哀痛之理。同书同篇又记子游之言曰:"吾友张也为难能也,然而未仁。"这是子游在称赞子张的同时又批评后者未曾透达仁道。曾子也有类似批评,《论语·子张》曰:"堂堂乎张也,难与并为仁矣。"是子游、曾子所见略同。实际上,据《论语》《礼记》等著作,子游与曾子思想相通的地方不止一二,且二人多有交往。所以笔者认为,子游、曾子,甚至包括澹台子羽、子思诸人,应该是在思想上比较靠近的一个团体。

子游与曾子是否有较密切的关联,今可引《礼记》材料以证之。《礼记·檀弓上》曰:

曾子吊于负夏,主人既祖填池,推柩而反之,降妇人而后行礼。从者曰:"礼与?"曾子曰:"夫祖者且也。且胡为其不可以反宿也?"从者又问诸子游曰:"礼与?"子游曰:"饭于牖下,小敛于户内,大敛于阼,殡于客位,祖于庭,葬于墓,所以即远也。故丧事有进而无退。"曾子闻之曰:"多矣乎!予出祖者。"

曾子袭裘而吊,子游裼裘而吊。曾子指子游而示人曰:"夫夫也,为习于礼者,如之何其裼裘而吊也?"主人既小敛,袒、括发,子游趋而出,袭裘、带、绖而入。曾子曰:"我过矣!我过矣!夫夫是也。"

有子问于曾子曰:"问丧于夫子乎?"曰:"闻之矣:丧欲速贫,死欲速朽。"有子曰:"是非君子之言也。"曾子曰:"参也闻诸夫子也。"有子又曰:"是非君子之言

① 〔清〕阮元校刻:《十三经注疏·论语注疏》,北京:中华书局,1980,第2472页。

也。"曾子曰:"参也与子游闻之。"有子曰:"然。然则夫子有为言之也?"曾子以斯言告于子游。子游曰:"甚哉!有子之言似夫子也。"

由此引三段文字可知,曾子与子游二人关系确实比较密切。且据上述引文来看,子游在孔门弟子中当颇具权威,《论语》《史记》说子游以"文学"著称,似亦暗含此意。子游之学不独重本重道,而且精通礼乐之术,《礼记·檀弓》就有记载。《礼记·檀弓下》曰:

有子与子游立,见孺子慕者。有子谓子游曰:"予壹不知夫丧之踊也,予欲去之久矣。情在于斯,其是也夫!"子游曰:"礼有微情者,有以故兴物者。有直情而径行者,戎狄之道也。礼道则不然。人喜则斯陶,陶斯咏,咏斯犹,犹斯舞,舞斯愠,愠斯戚,戚斯叹,叹斯辟,辟斯踊矣。品节斯,斯之谓礼。"

有子欲去丧踊之节而直情外泄,子游对此做了批评,认为直情径行乃戎狄之道,礼道应当以礼节情,应当合乎礼制的裁度。在上述引文中,"人喜则斯陶……斯之谓礼"数句,《淮南子·本经》有类似文字,《性自命出》第34—35号简亦有大体相同的句子,云:"喜斯慆,慆斯奋,奋斯咏,咏斯摇,摇斯舞。舞,喜之终也。愠斯忧,忧斯戚,戚斯叹,叹斯擗,擗斯踊。踊,愠之终也。"对照《性自命出》和《礼记·檀弓下》的这两处文字,它们惊人地一致,许多学者已指出此点。《礼记·檀弓下》和《性自命出》的这两段文字都以情、礼、乐三个概念为中心,都认为礼乐作于情,而情应当通过礼乐表现出来。学者据此认为竹书《性自命出》出自子游之手,笔者认为这种可能性是存在的,其前提是"人喜则斯陶"云云数句必须首先是由子游说出来的。而如果这数句不是由子游首先说出来的，而是他的转述的话，那么此篇竹书由子游所作的可能性就大大降低了。实际上，上博简《性情论》即无此数句。顺便指出，所引《性自命出》的这段文字是通达的，似乎更为原始；而《礼记·檀弓下》篇子游所说的这段话是不通畅的，文字有错乱之处，应当据《性自命出》加以校正。不过，子游注重儒家道本的思想，也合于《性自命出》的思想倾向。

《礼记·礼运》篇，陈澔云："疑出于子游门人所记。"①今观《礼记·礼运》篇，乃孔子、言偃师徒问对之文，可知陈说不为无据。"礼运"，义为礼之运行。孙希旦《礼记集解》说："周衰礼坏，孔子感之而叹，因子游之问，而为极言礼之运行，圣人所恃以治天下国家者以告之。"② 具体说来，《礼记·礼运》篇认为礼本于先王以承天道，以治人情；认为礼本与天地神人相沟通，是治平国家的必由之路，而大同、小康亦莫不与礼治有关。《礼运》所谓礼本于天地、以治人情的思想，《性自命出》也略有反映。

不过，竹书《性自命出》对"心""性""情"三个概念做了深入构造与诠释，尤其对于三者关联的论述更为深入、细致，而从上引诸文来看，子游思想虽然与《性自命出》的思想不相矛盾，但毕竟直接看起来它缺乏心性论的背景，且在论"情"上不及《性自命出》深入。所以权衡各种证据，笔者认为，将《性自命出》定为子游的著作，这不是一个确定不移的结论，他人撰写此篇竹书的可能性是存在的。因为

---

① ［元］陈澔：《礼记集说》，载宋元人注：《四书五经》，中册，北京：中国书店，1985，第 120 页。

② ［清］孙希旦：《礼记集解》，第 581 页。

"喜斯慆（陶），慆（陶）斯奋"等句，《性自命出》本身并未直接点明其为子游所言，且即使它们为子游所说，亦难据此从总体上认为此篇竹书为子游所作。学者认为《性自命出》出自子游之手，其根据是它有一段文字位于被《礼记·檀弓下》记为子游所说的一段话中。但据笔者的理解，《礼记·檀弓下》中子游所说的那几句话亦非必定出自他本人的首创，似是他引用别人的话而已，因此根据这段话来做推断，其结论即未必可靠。而即使这几句话出自子游之口，由于文字引用关系的介入，我们亦难根据文中有某某人所讲的一段话即判定此段文字必为某某人之作。更重要的是，上博简《性情论》根本不存在"喜斯陶"一段简文，而这篇竹书很可能是一个更早的抄本。这样，笔者大体上同意如下判断：《性自命出》有可能但并非一定出自子游或其门人之手。

二、《性自命出》与曾子的关系

《礼记》所载曾子与子思子相交往的文字较多，二人的关系应当很密切。《论语》记载曾子的话不少，总计有十二条之多。①

---

① 《论语·学而》："吾日三省吾身：为人谋而不忠乎？与朋友交而不信乎？传不习乎？"《论语·学而》："慎终追远，民德归厚矣。"《论语·里仁》："子曰：'参乎！吾道一以贯之。'曾子曰：'唯。'子出，门人问曰：'何谓也？'曾子曰：'夫子之道，忠恕而已矣。'"《论语·泰伯》："曾子有疾，召门弟子曰：'启予足！启予手！《诗》云："战战兢兢，如临深渊，如履薄冰。"而今而后，吾知免夫！小子！'"《论语·泰伯》："曾子有疾，孟敬子问之。曾子言曰：'鸟之将死，其鸣也哀。人之将死，其言也善。君子所贵乎道者三：动容貌，斯远暴慢矣；正颜色，斯近信矣；出辞气，斯远鄙倍矣。笾豆之事，则有司存。'"《论语·泰伯》："以能问于不能，以多问于寡；有若无，实若虚，犯而不校。昔者吾友尝从事于斯矣。"《论语·泰伯》："可以托六尺之孤，可以寄百里之命，临大节而不可夺也，君子人与？君子人也。"《论语·泰伯》："士不可以不弘毅，任重而道远。仁以为己任，不亦重乎？死而后已，不亦远乎？"《论语·颜渊》："君子以文会友，以友辅仁。"《论语·子张》："堂堂乎张也，难于并为仁矣。"《论语·子张》："吾闻诸夫子：人未有自致者也，必也亲丧乎！"《论语·子张》："吾闻诸夫子：孟庄子之孝也，其他可能也，其不改父之臣与父之政，是难能也。"

与子游的思想比较起来，曾子的言论似乎更切入儒家义理，其人格精神更加崇高。依《论语》所记，曾子除对儒家的伦理德目有深刻认识外，其学问特别强调"一贯之道"，在人格生命上强调善始善终的坚韧精神。对于持守儒家之道，他有着坚强的意志，有着自觉的精神，有着顾及历史深度和照及全幅生命绵延的责任感。正因为如此，宋人极力抬高曾子在儒家道统中的地位。《史记·仲尼弟子列传》云曾子作《孝经》，颇通孝道。《汉书·艺文志》有"《曾子》十八篇"，至唐代只剩下十篇。这十篇文章即今《大戴礼记》中的《曾子本孝》《曾子立孝》《曾子大孝》等十篇。据王应麟考证，《曾子》是曾子与其弟子等人讨论立身孝行之要、天地万物之理的记录，出于曾子弟子或再传弟子之手。① 其中《曾子大孝》篇关于曾子论孝的思想尤为突出。

又，朱子《大学章句》曰："右经一章，盖孔子之言，而曾子述之。其传十章，则曾子之意而门人记之也。"② 《大学》被宋儒看作圣经贤传相结合的光辉典范，曾子的地位由此变得显赫起来。如果宋儒的看法没有错误，那么曾子的思想可以在《大学传》中得到更深入更系统的体现。《大学传》对经文部分所提出的三纲领八条目做了进一步的解释，在心性学上有所贡献。在释"明明德"一章引《大甲》曰："顾諟天之明命。"朱子《大学章句》云："大，读作泰。諟，古是字。《大甲》，《商书》。顾，谓常目在之也。諟，犹此也，或曰审

---

① ［宋］王应麟撰，武秀成、赵庶洋校证：《玉海艺文校证》，南京：凤凰出版社，2013，第892-893页。详细情况，参见郭齐勇、吴根友：《诸子学志》，上海：上海人民出版社，1998，第72页。

② ［宋］朱熹：《四书章句集注》，第4页。

也。天之明命,即天之所以与我,而我之所以为德者也。常目在之,则无时不明矣。"①"明德"即"明命","明明德"即"顾諟天之明命"。这种解释指出了人的德性渊源于天命,天命为人性本源的观念。释"新民"一章引《诗经·大雅·文王》"周虽旧邦,其命惟新"的诗句,亦包含有天命的观念。释"诚意"一章提出了"慎独"的观念,以及以德润身、心广体胖的思想。此章与下一章(释"正心修身"章),集中体现了《大学传》的身心观。"修身在正其心",但为什么修身在正其心呢?在古人看来,身心是相互关联的,《大学传》似有以心率身,而身又反过来影响心的思想。《大学传》曰:"所谓修身在正其心者,身〈心〉有所忿懥,则不得其正;有所恐惧,则不得其正;有所好乐,则不得其正;有所忧患,则不得其正。"朱熹引程子话曰:"身有之身当作心。"②《大学传》又说忿懥、恐惧、好乐、忧患四者,皆心之用,且人皆有之。然欲动情胜,于是此四者使心失其正;心失其正,于是身亦不能修。所以必先正其心,才能修其身。《大学传》曰:"心不在焉,视而不见,听而不闻,食而不知其味。"简帛《五行》有身心、小体大体之分,且二者之性各不同。所引《大学传》文本亦有类似思想:心为身之本,心在则视、听、食皆得其所是。不过,《大学传》强调"心在"的思想,是佚书《五行》所没有的,而与《孟子》"求其放心"之说似乎可以沟通。"求其放心"的逻辑前提是"心在";孟子要求"操存涵养",此即所谓"正心"。据此,前人把《大学》当作

---

① [宋]朱熹:《四书章句集注》,第 4 页。
② [宋]朱熹:《四书章句集注》,第 8 页。

思孟学派的作品之一，是有一定道理的。《大学》此后各章比较注重仁恕之道的发挥，其中涉及孝悌、忠信、德财、义利等观念。不过，总起来说，《大学传》"释正心修身"章前的各章，论述的重心是忠道，对身心问题的论述尤为突出；而此后各章则注重恕道的发挥，由修身齐家到治国平天下，这是一个层层外扩的过程。曾子说："夫子之道，忠恕而已矣！"（《论语·里仁》）曾子所诠释的孔子之意，在《大学》经传中得到了真实体现。由此，宋人说《大学》为圣经贤传，这一推断是有一定道理的。

现在要追问的问题是，曾子与竹书《性自命出》的作者是什么关系呢？笔者以为，纯就思想的相近程度来说，曾子比子游更可能是《性自命出》的作者；然而，如果要拿出十分过硬、非常直接的证据来，这是十分困难的事情。因此，曾子同样有可能但未必是此篇竹书的作者。

三、《性自命出》与子思子的关系

《史记·孔子世家》曰："子思作《中庸》。"《汉书·艺文志》载"《子思》二十三篇"，班固自注曰："名伋，孔子孙，为鲁缪公师。""为鲁缪公师"这一点得到了郭店简《鲁缪公问子思》篇的证实。《隋书·经籍志》云《子思子》七卷，《旧唐书·经籍志》《唐书·艺文志》《宋史·艺文志》亦载《子思子》七卷。宋濂《诸子辨》曰："《子思子》七卷，亦后人缀辑而成，非子思之所自著也。"[1] 宋说是也，先秦子书的形成往往经过了一个较长的过程。《子思子》并非全部出自子

---

① 张心澂编著：《伪书通考》，下册，上海：商务印书馆，1954，第733页。

思子之手，这是可以肯定的；不过，此书思想的演绎和补充大体上不应脱离子思子所创范围。现在，重要的问题是，可以指实的子思子的著作到底有哪些篇目呢？首先，需要区别的是，《子思子》其书与子思子其人的作品不是同一个概念。《隋书·音乐志》记沈约曰："《礼记·中庸》《表记》《坊记》《缁衣》皆取《子思子》。"梁启超说："《太平御览》四百三引《子思子》曰：'天下有道，则行有枝叶；天下无道，则言有枝叶。'即《表记》文，沈约说当可信。"① 笔者同意沈约、梁启超等人的说法，认为《礼记》中的《中庸》《表记》《坊记》《缁衣》四篇原出于《子思子》一书。② 需要指出的是，《中庸》等四篇虽然出自《子思子》一书，但它们是否必定为子思子本人的著作？这是一个问题。依据上文所说，从《子思子》一书大体不脱子思子思想的规模来看，笔者将它们看作子思子本人思想的直接表达，这应当是允许的。这样，加上郭店简《鲁缪公问子思》，我们即有五篇著作可以反映子思子的思想。《表记》《坊记》《缁衣》皆以记述孔子之言为主，从《子思子》一书的构成来看，子思子继承了孔子的这些思想是可以肯定的。《礼记·坊记》曰："礼者，因人之情而为之节文。"此条与《性自命出》"礼作于情"的思想完全相通。《礼记·表记》对儒家忠信、恭敬、仁义等德目颇有强调，与竹书《性自命出》相一致。《礼记·表记》曰："中心安仁者，天下一人而已矣。"又曰"信近情"，"情可信"。又曰："情有

---

① 张心澂编著：《伪书通考》，下册，第 733 页。

② 李学勤先生力主《中庸》《表记》《坊记》《缁衣》皆取《子思子》之说。但按照刘瓛的说法，《缁衣》是否必定为《子思子》之一篇，尚存疑问。分别见李学勤著，傅杰编：《失落的文明》，上海：上海文艺出版社，1997，第 345 - 348 页；[清] 阮元校刻：《十三经注疏·礼记正义》，第 1647 页。

信。"中心安仁和以信为情这两点，都是《性自命出》所具有
的。竹书《缁衣》，今人注意较多，饶宗颐、李学勤等先生有
论述。[1] 今本《缁衣》与简本《缁衣》差异不大。《缁衣》主
要论述了君民关系，其中君占据主导地位。如果君为一德，
那么民德一焉，上下相应。而此一结论的得出，是与其所持
的身心观相关的。简本《缁衣》云："子曰：民以君为心，君
以民为体，心好则体安之，君好则民欲之。故心以体法
（废），君以民亡。""心好则体安"，一方面与《大学》修身正
心之旨相通，另一方面是以心率体从的理论为前提的。而
"心以体废"，则反映了体（身）对心的深刻影响。所谓"心
在"，是与体（身）同在；体（身）废，则其心亦放失不存。
这两条引文在《大学》和简帛《五行》中皆有反映。《缁衣》
还比较强调"信"，这也是《性自命出》的重要特点之一。

《中庸》为子思子的代表作之一，最能反映他的思想。
《中庸》的思想与竹书《性自命出》等篇的关系密切。《中庸》
开篇即曰："天命之谓性，率性之谓道，修道之谓教。"这三
句话与《性自命出》"性自命出，命自天降"等是很相近的。
《中庸》首章云喜怒哀乐之未发已发，与《性自命出》心取性
情的思想相通；不过，《中庸》所倡导的中和说，却未见于
《性自命出》。由中和到中庸，我们虽然不能断言《中庸》的
写作必定晚于《性自命出》，却可以说《中庸》的思想比《性
自命出》更深一层。《中庸》强调"道不远人"，与《性自命
出》"惟人道为可道"可以相通。虽然《中庸》首章的"慎

---

① 饶宗颐：《缁衣零简》，载王元化主编：《学术集林》，卷六，上海：上海远东
出版社，1996，第 66-68 页；李学勤：《荆门郭店楚简中的〈子思子〉》，《文物天地》
1998 年第 2 期。

独"说不见于《性自命出》，但它却见于竹书《五行》。而就反己修身、以道立教来说，《中庸》与《性自命出》是完全相同的。

《中庸》比较重礼，《性自命出》则礼乐皆重。而对于具体德目，如仁义忠信恭敬等，这两篇文章都比较重视。不过，就"信"德来说，《中庸》对它的强调远不及《性自命出》；而《性自命出》反复论说之，可见其在竹书中占有重要地位。以"信"规定"心""性""情"三个概念，这是《性自命出》的特点之一。与《性自命出》比较起来，《中庸》也有特别的地方，一方面它把"信""诚"分开论述，另一方面更强调"诚"的概念。"诚"可以看作"信"的升华。《中庸》第二十章曰："在下位不获乎上，民不可得而治矣；获乎上有道，不信乎朋友，不获乎上矣；信乎朋友有道，不顺乎亲，不信乎朋友矣；顺乎亲有道，反诸身不诚，不顺乎亲矣；诚身有道，不明乎善，不诚乎身矣。"这段话说明"信"与"诚"是贯通的，且后者是对前者的递进和提升。在此，"信"是作为友道的德行规定，"诚"则是作为修身的德行规定。在上述引文之后，《中庸》紧接着说："诚者，天之道也；诚之者，人之道也。诚者，不勉而中，不思而得，从容中道，圣人也；诚之者，择善而固执之者也。"《中庸》第二十一章又说："自诚明，谓之性；自明诚，谓之教。诚则明矣，明则诚矣。"这两段话都以"诚"为中心，是在《中庸》首章开篇三句的基础上发展出来的工夫论哲学。"诚"为天道，"诚之"为人道，这是从工夫论来看的。"不勉而中，不思而得，从容中道"，圣人在道德实践上自然无为，而合于诚道。"诚"标明圣人之德与天道真实合一，在工夫上达到了极其圆熟的境界。"诚之"是一个有为的道德实践概念，它针对的是自我生命特别是心性的道德实践。何以诚之？《中庸》曰"择善而固执之者也"。诚既然与天道一体，达到了天道自然无为的境界，那么"自诚明"，即出于天性之至诚而自然显明善的意念和行为；而"自明诚"，这其间需要教化。"教化"在《中庸》中不一定是外在的，自我的道德修养亦可以被称为"教"。《中庸》第二十二章还说，至诚尽性，尽性以尽人之性，尽人之性以尽物之性，乃至于层层外推，最终能以内心之至诚参赞天地之化育。这也是《中庸》第二十五章成己成物的思想。《中庸》对至诚之道做了极力的铺陈与阐发，把人生原则与宇宙至理高度统一起来。总之，《中庸》对"诚"道的论述，表现了子思子思想极为重要的一个方面，是思孟学派的一个重要标记。但是《中庸》对于"诚"的此种论述是《性自命出》所没有的。由此可知，这两篇文章在思想要点上是存在重大差异的。《中庸》的写作似乎晚于《性自命出》，从重视"信"德到重视"诚"道的思想转变和发展，似乎为此一判断提供了证据。

竹书《鲁缪公问子思》的思想比较简单，除赞扬子思子具有诚勇性格之外，此篇竹书最能体现子思子思想的一句话是"亟称其君之恶者，可谓忠臣矣"①。从《中庸》对"诚"的强调来看，子思子具有此种思想与此一性格，是不难理解的。此外，《礼记·檀弓》等篇对子思子的思想亦有此叙述，如《礼记·檀弓上》记子思子之言曰："丧三日而殡，凡附于

---

① "亟"，《郭店楚墓竹简》及裴按原释作"恒"，此释从陈伟说。"亟称"，乃"屡次称述"或"急切指出"义。陈伟：《郭店楚简别释》，《江汉考古》1998年第4期。

身者，必诚必信，勿之有悔焉耳矣。三月而葬，凡附于棺者，必诚必信，勿之有悔焉耳矣。"强调丧葬之诚信，正是《中庸》思想的具体落实。

在上文，笔者对子思子的思想做了大体勾画，但如何判断子思子与《性自命出》作者的关系，这仍然是一个问题。子思子有许多思想与《性自命出》相同或相近，但是也有一些重要的不同。相同的地方当然有助于证明子思子为《性自命出》的作者，或《性自命出》出自《子思子》一书的看法。相异的地方则情况有些复杂，一种是相异而并存，一种是相异而对立。前一种情况并不妨碍我们证明《性自命出》出自《子思子》，或子思子为此篇竹书之作者的观点。后一种情况则正好相反，它证伪了《性自命出》出自《子思子》一书的观点。今通观子思子与《性自命出》的思想，后一种情况实际上是不存在的。这样，我们只需要就二者思想相异而并存的情况做出更具体的说明。子思子与《性自命出》的思想都有关于"心""性""情"以及儒家伦理具体而深刻的论述，不过《性自命出》对"心""性""情"三概念及其关系的论述更为深入、细致，特别是它对"情"的突显，是一个显著特征；而子思的思想虽然对"情"亦有论述，但重视程度不及前者。《性自命出》对"信"德颇为重视，并以其规定"心""性""情"三概念的内涵，子思子亦有"信近情""情可信""情有信"的思想，但从总体上来看，不及前者突出。而《中庸》提出的"诚"概念，似乎可以看作对《性自命出》重"信"思想的一种突破性提升，是思想上的一种飞跃。此外，《中庸》的"中和"说、"中庸"思想在《性自命出》中并不明确，因此此篇竹书与子思子的思想尚有一定差距。但由此是否可以否定《性自命出》出于《子思子》的可能性呢？
这是目前难以回答的问题。总之，权衡子思子的思想与《性
自命出》思想相近和相异的两种情况，《性自命出》出自子思
子之手的可能性比较大；如果不是这样，那么《性自命出》
应当出自子思子之前的某位儒者，是曾子、子游，还是他人？
由于古史茫昧①，学术根据和材料不够充分，故这一问题目前
难以准确回答。

第五节 《性自命出》与公孙尼子的关系

对于公孙尼子与《性自命出》的关系，学者亦有多种看
法。② 而从两者的思想关系来看，公孙尼子是否为《性自命
出》的作者，这是一个需要细心考察才能作答的问题。

一、《性自命出》与公孙尼子等人的关系

《汉书·艺文志》曰："《公孙尼子》二十八篇。"班固自
注曰："七十子之弟子。"然则公孙尼子约与子思子同时，早
于孟子，这是无疑的。《隋书·经籍志》曰："《公孙尼子》一
卷。"并注曰："尼，似孔子弟子。"可知到隋朝时，《公孙尼

---

① 《日知录集释》卷十三《周末风俗》条云："自《左传》之终以至此（周贞定
王元年至显王三十五年），凡一百三十三年，史文阙轶，考古者为之茫昧。"［清］顾
炎武撰，黄汝成集释：《日知录集释》，长沙：岳麓出版社，1994，第467页。
② 陈来：《郭店楚简之〈性自命出〉篇初探》，《孔子研究》1998年第3期；廖
名春：《郭店楚简儒家著作考》，《孔子研究》1998年第3期。陈来已改变看法，认为
《性自命出》乃子游之作。陈来：《儒家系谱之重建与史料困境之突破——郭店楚简儒
书与先秦儒学研究》，"郭店楚简国际学术研讨会"论文，武汉，1999年10月。

子》一书损失惨重。而仅存的一卷是否为《礼记·乐记》，或其中的一部分，这是目前难以知晓的问题。而注云"尼，似孔子弟子"，与班固注不同，这可能是一个误会。《史记·仲尼弟子列传》未载其名，据此，公孙尼子似定为孔子再传弟子较为合适。《礼记·乐记》的内容，大体见于《史记·乐书》，但司马迁并未指明其作者，唯《史记正义》云为公孙尼子所作。① 其说又似出于《隋书·音乐志》所引梁人沈约奏答，沈约曰："《乐记》取《公孙尼子》。"如果沈说可靠的话，那么可据《乐记》来分析公孙尼子的思想。

又《礼记·缁衣》，据陆德明《经典释文》引刘瓛云："公孙尼子所作也。"这一说法与沈约说不同。沈约说《缁衣》取自《子思子》。刘瓛，南齐人；沈约，梁人。刘瓛略早于沈约，似当以刘瓛说为是。但是，顾实、蒋伯潜、张舜徽等先生皆认为沈说可信。② 笔者赞成后一说，因为在《礼记》中，《坊记》《中庸》《表记》《缁衣》这四篇文章前后相连，它们应当为一人之作，即子思子的著作。

除上述情况外，《论衡·本性》篇对公孙尼子的思想有所叙述。王充《论衡·本性》篇云："宓子贱、漆雕开、公孙尼子之徒，亦论情性，与世子相出入，皆言性有善有恶。"文中"徒"字，是徒类之义。据此篇，可以断定公孙尼子的思想与世子大体一致。可以肯定，公孙尼子一者亦论"情性"，二者言性有善有恶。这两点，与《性自命出》的思想基本相同。

---

① 张守节《史记正义》云："其《乐记》者，公孙尼子次撰也。"［汉］司马迁撰，［南朝宋］裴骃集解，［唐］司马贞索隐，［唐］张守节正义：《史记》，第1234页。
② 顾实：《汉书艺文志讲疏》，第95-96页；蒋伯潜编著：《诸子通考》，台北：正中书局，1957，第314页；张舜徽：《汉书艺文志通释》，武汉：湖北教育出版社，1990，第100页。

但由此是否可以立即断定《性自命出》是公孙尼子之作呢？当然不能。因为宓子贱、漆雕开、世硕等人亦有类似观点，如果依据此一逻辑，那么他们都有可能为《性自命出》的作者。

宓子贱、漆雕开皆为孔子弟子。《论语·公冶长》曰："子谓子贱：'君子哉若人！鲁无君子者，斯焉取斯?'"孔子赞许宓子贱为君子，可见其德行颇为高尚了。《论语·公冶长》篇又曰："子使漆雕开仕。对曰：'吾斯之未能信。'子说。"此"信"乃自信，以信德允诺其心，可见漆雕开对自身修养的重视了。这样看来，宓子贱、漆雕开也可能为《性自命出》的作者。

二、由《礼记·乐记》看《性自命出》与公孙尼子的关系

再回过头来看公孙尼子与《性自命出》的关系。《礼记·乐记》的论述诚然以"乐"为中心，它并非一篇关于"心""性""情"的专文，但是其中却夹杂着大量相关议论，在一定意义上来看，《礼记·乐记》的哲学根基正在于心性论。这篇文献说：

(1) 凡音之起，由人心生也。人心之动，物使之然也，感于物而动，故形于声。

(2) 乐者，音之所由生也，其本在人心之感于物也。……六者非性也，感于物而后动。

(3) 凡音者，生人心者也。情动于中，故形于声，声成文，谓之音。

(4) 凡音者，生于人心者也。乐者，通伦理者也。

……知乐则几于礼矣。礼乐皆得，谓之有德。德者，得也。

（5）人生而静，天之性也。感于物而动，性之欲〈容〉也。物至知（智）知，然后好恶形焉。好恶，无节于内，知诱于外，不能反躬，天理灭矣。夫物之感人无穷，而人之好恶无节，则是物至而人化物也。人化物也者，灭天理而穷人欲者也。于是有悖逆诈伪之心，有淫泆（佚）作乱之事。

（6）方以类聚，物以群分，则性命不同矣。

（7）夫民有血气心知之性，而无哀乐喜怒之常，应感起物而动，然后心术形焉。

（8）是故君子反情以和其志，比类以成其行，奸声、乱色不留聪明，淫乐、匿礼不接心术，惰慢、邪辟之气不设于身体，使耳、目、鼻、口、心知、百体皆由顺正以行其义。

（9）君子乐得其道，小人乐得其欲。以道制欲，则乐而不乱；以欲忘道，则惑而不乐。

（10）德者，性之端也。乐者，德之华也。

（11）独乐其志，不厌其道，备举其道，不私其欲。是故情见而义立，乐终而德尊，君子以好善，小人以听过。

（12）穷本知变，乐之情也。著诚去伪，礼之经也。

（13）心中斯须不和不乐，而鄙诈之心入之矣；外貌斯须不庄不敬，而易慢之心入之矣。

（14）使其曲直、繁瘠、廉肉、节奏足以感动人之善心而已矣，不使放心邪气得接焉。

上引第 5 条,《淮南子·原道》有类似语句,它是《礼记·乐记》哲学思想的核心。《礼记·乐记》认为"人生而静","静"以形容其"性"之本然未发的状态,它与"性"之"动"是相对的。人生而静,乃天生之性,此静的状态是性本然的、先验的存在状态。感于外物而动作,这是性内含的法则。"欲"字乃"容"字之误。《广雅·释诂一》:"容,瀳也。"《韩非子·喻老》:"夫物有常容,因乘以导之,因随物之容。""容"即法则、规律义。"动"者性动,而"感"者必须有心的参与。通过心,性感于外物而动作。正因为如此,"心"在《礼记·乐记》哲学思想中具有重要作用,所以《礼记·乐记》对"心术"是颇为重视的,强调"著诚去伪""以道制欲"和存天理以正心术的主张。

在《礼记·乐记》中,"人欲"是一个与"天理"绝然对立的概念,在价值上它是负面的。故此"人欲"的概念不同于单纯"欲"的概念。"欲"亦为人情,从内容看,人的喜怒哀乐惧恶憎俱为人情。"欲"与"情"均出于"性"。欲在性为未发之情,在物为已发之情。欲之所欲是诸物,人生而感物,其中必然有欲的作用。欲并非总是恶的,欲行其正即为善。在欲的作用中,心与物接,物至而智知。"接",指心物相接。不接则心物无关,何谈物至智知?"心与物接"一句表明,心对物在发挥其认识作用,而物对心在丧失其现象的过程中展露其物性。"接"是一种心物的交感和互通,所以才有所谓物至而智知之说。荀子有解蔽之论,其实心对物的作用,亦是心解物蔽而显露其物性的过程。

《礼记·乐记》曰"物至知(智)知,然后好恶形焉",物已至于此道德认识的心,而心智对此物又有所认识,这样人性内涵存的好恶也被此道德认识的心作用出来，成为经验的好恶，即已发之情、欲、事。人有好有恶，而可以从情欲立场上对其所好所恶作出评价。在此，《性自命出》对天理与人欲，或道与欲的关系有深刻论述。《礼记·乐记》认为假如好恶不受心性的节制，心智亦只是为诸物所引诱，那么其本心本性即放失不存，其心智即茫然不能反躬自觉，进而来自天命而涵存于心性中的天理亦丧灭殆尽，成为一断绝本源的认识论和情欲横流的人生。《礼记·乐记》认为这样的人生是性命之原的崩解，是人性的内在本质的丧失，或者说人之所以为人的本质和本源两皆断绝。这样的人生听凭人欲、好恶的横流，心智的放失，于是在人的观念和情欲世界中诸物皆至此身，而可以置换人的本质，人之所以为人的东西被彻底抽离、置换掉了，故曰"物至而人化物也"。"人化物也者，灭天理而穷人欲者也"，所谓人化物，是指作为支持人的天理丧灭而穷尽人欲之好恶，人的生命演化为完全人欲横流的世界。人与物的区别在其"性"中本有，且天然即有，而"人化物"即意味着本心本性的丧失和天理的泯灭，同时人欲、物欲充塞于此心，于是本涵情欲的此性反为情欲所主宰和裹挟！

在由性而发见为情、欲的过程中，"心"的作用很重要。"心"是成人成德的根本，所以《礼记·乐记》非常注重养心之道（"心术"）。第7条云："夫民有血气心知之性，而无哀乐喜怒之常，应感起物而动，然后心术形焉。"从来源看，心亦性。性中含情，应感于物而性动，于是心术产生了。"心术"就是在人性感物而动的过程中此心对情欲的节制和疏导，同时是涵养天理的方法。或者说，"心术"即是使此心如何感物动性而使之合乎天理的思存之道。所谓"心术"，具体说来，第一为"反躬天理""反情和志"，第二为"感动善心""著诚去伪"，第三为"备举其道，不私其欲"或"以道制欲"。这三点其实是相通的，今只就"道""欲"关系略做申述。道即天理，欲即人欲。第9条云："君子乐得其道，小人乐得其欲。以道制欲，则乐而不乱；以欲忘道，则惑而不乐。"《礼记·乐记》认为在道与欲的关系中，君子乐得其道，小人乐得其欲，君子、小人之所乐不同，而乐之为乐亦因之不同。以道制欲，则虽乐而不乱；以欲忘道，则人欲横流。乐道，乃乐之真正所乐；乐欲，乃非乐之真正所乐，而只是奢淫、靡乱、迷醉罢了。第11条云："独乐其志，不厌其道，备举其道，不私其欲。是故情见而义立，乐终而德尊，君子以好善，小人以听过。"《礼记·乐记》进一步认为道与欲两者是"备举其道，不私其欲"的关系，对道应当充备而举之，对欲则不应该偏私和独任之。如此，道立其本而兼人欲之所表，此即"以道制欲"的关系。"以道制欲"和"备举其道，不私其欲"这两句话，说明了在先秦儒家思想中，道与欲是并包在人性及人之所以为人的本质之中的，而不是天理与人欲的绝对对立。与"存天理，灭人欲"相对的是，《礼记·乐记》在"以道制欲"的基础上必然主张"存天理，兼人欲"的观点。明白这一点，对于我们判断《礼记·乐记》人性善恶问题颇为重要。天理或道，纯然是善的，这是容易推得的；而"灭天理而穷人欲"之"欲"，或"以欲忘道"之"欲"，必然是恶的，这也是很容易推得的。而兼于上述两种情况之间的"以道制欲"之"欲"，"备举其道，不私其欲"之"欲"，则是"道""欲"兼善，即使退而论之，"欲"非必定恶的。不过，以上所谓善、恶判断，皆是就心性的互相作用来说的，而就性本身来说，这些判断尚有一线之隔。大致说来，《礼记·乐记》具有性有善有不善的观点。

由道、欲与心的关系来看，道心、人心之说似已暗含在《礼记·乐记》之中了。《尚书·大禹谟》因为早已被人视为伪作，故其中关于人心、道心之说产生于何时，这是不太肯定的。不过，《荀子·解蔽》云："故《道经》曰：'人心之危，道心之微。'危微之几，惟明君子而后能知之。"荀子既云此句引自《道经》，那么它上距荀子应当有一段时间矣。据此，人心、道心之说可以上推到战国前期。由此，《礼记·乐记》成于战国早期的可能性也不应该被轻易否定掉。《礼记·乐记》云"备举其道，不私其欲"，在此"欲"是服从于"道"的。性与情，道与欲，君子与小人各得其所，所谓"好善""听过"之谓也。由小人进益为君子，由"听过"上升至"好善"，这是德行提升的基本方向，《礼记·乐记》也应当持此论。

《礼记·乐记》对礼乐皆有论述，其中对乐的论述更为充备。礼乐皆作于情，所谓"由人心生"，"其本在人心之感于物"。简言之，礼乐是心、性、情的外露或表现。而反过来看，礼乐对心、性、情也有重大影响或反作用。第 13 条说内心片刻不和不乐，则鄙诈之心入之矣；外貌片刻不庄不敬，则易慢之心入之矣。这几句话强调了内外的和乐和庄敬的重要性，能和乐、庄敬，则能防止人心置换道心，人欲置换天理。第 14 条主张以乐感动人之善心，防止放心、邪气接于心性，这是对恶心的防微杜渐。第 8 条认为君子应"反情和志"，内修心性；"比类成行"，而外行道德，使情欲好恶不滞留、不入接人的身心。此条颇为重要，它认为通过对人的身心的双重修养和对情欲的防制，耳、目、鼻、口、心知、百体就会"皆由顺正以行其义"。所谓"顺正以行其义"，是指心知、百体皆顺其本性而充实圆满。如此，体之所以为体，心之所以为心，以及心与体的应然关系就会得到本真的表达："正义"亦为身心关系的一个重要原则。而这些论述，又与上述道与欲、天理与人欲的关系是相通的。

总之，《礼记·乐记》的心性论内涵是很深刻、丰富的，与《性自命出》篇比较起来，其制作时间似乎在后。在《性自命出》中，心取性情及心、性、情的关系得到了更多的强调和论述，而在《礼记·乐记》中这三者的关系论述不多，且不够直接。或者说，《礼记·乐记》关于心性的论述似乎是建立在《性自命出》的基础上的，其中有关道与欲、天理与人欲的解释，以及以"正义"论述身心关系，都比《性自命出》深入一层。看来把《性自命出》推断为早于《礼记·乐记》的著作，是颇为可能的。《礼记·乐记》论性之善恶，与《论衡·本性》所说公孙尼子"言性有善有恶"尚有一定差距。看来，《性自命出》与《礼记·乐记》的思想是有差异和一定的隔阂的，我们不应将二者搅混起来，都看作公孙尼子的著作。因此以公孙尼子作《礼记·乐记》之说而推论《性自命出》必为其所作的观点，似乎是难以成立的。

又，董仲舒《春秋繁露·循天之道》引《公孙之养气》曰："里藏泰实则气不通，泰虚则气不足，热胜则气□，寒胜则气□泰劳则气不入，泰佚则气宛（郁）至，怒则气高，喜则气散，忧则气狂，惧则气慑。凡此十者，气之害也，而皆生于不中和。"孙诒让据《太平御览》认为此段话为《公孙尼子》佚文。① 李学勤说："文中的要点，是强调'中和'。"② 据此，亦难推定竹书《性自命出》必为公孙尼子之作。但是，《论衡·本性》云公孙尼子论性情，"言性有善有恶"，与《性自命出》毕竟有相一致的地方。这样，他与宓子贱、漆雕开、世硕等人都有可能是《性自命出》的作者。

综合起来看，谁更可能是《性自命出》的真正作者呢？笔者认为世硕、子思子，甚至孔子皆有可能。世硕的思想，见于《论衡·本性》篇。子思子的思想，见于《五行》《中庸》《缁衣》等篇。孔子的思想，见于《论语》、战国诸子引"子曰"文献和部分出土简帛文献。郭店简本身是否有孔子本人的著作，这是一个值得探讨的问题。简言之，《性自命出》的制作时间很早，在春秋末至战国早期之间，孔子或其弟子都可能是这篇竹书的作者。

---

① ［汉］董仲舒著，［清］苏舆撰：《春秋繁露义证》，北京：中华书局，1992，第 447 页。

② 李学勤著，傅杰编：《失落的文明》，第 355 页。

第五章 《语丛》四篇探析

第一节 《语丛》前三篇与第四篇的关系

郭店简《语丛》四篇的竹简形制基本相同，相差不大，但每篇竹简形制的微小差异是否与其所附载的内容有直接关系呢？这是应当考虑的问题。

一、《语丛》前三篇的文本特征

从书体来看，《语丛》前三篇非常一致，书法水平很高，其抄写者殆为同一人。实际上，《语丛》前三篇除编绳数和书迹相同之外，其书写密度也是一致的。它们的书写密度较小，两字间隔的距离较大。一般，每支简满书八字，且表现出惊人的一致性。这当然是抄写者有意而为的结果。而这样有意抄作的目的是什么呢？且从内容来看，这三篇竹书是按照分类原则来抄写的吗？郭店简原整理者就是如此认为的，这三篇竹书大体上是按照其内容来分类抄写的，笔者同意此一说法。就《语丛一》，竹书整理者说："篇中说'天生百物，人为贵’，并谈到人与仁、义、德、礼、乐的关系。其中还概括表述了《易》《诗》《春秋》《礼》《乐》等书的内容。"① 笔者进而认为，推敲诸句间的逻辑关系，《语丛一》在思想内容上其实系于"天生百物"一句，因此我们可以"天生百物"四字提纲挈领，作为此篇的篇题。对于《语丛二》，整理者说："简文主要陈述人的喜、怒、悲、乐及虑、欲、智等皆源于‘性’，这也是先秦时期流行的看法。"② 简而言之，《语丛二》主要叙述的是性之生系列及其所生者之间的关系。对于《语丛三》，整理者说："内容涉及君、臣、父、子、孝、弟及仁、义等，系儒家道德著述。"③ 即此篇内容主要涉及儒家伦理道德思想。从《语丛一》《语丛二》到《语丛三》，其思想内容在逻辑上几乎完全符合今人对古代思想的认识和思维顺序：从天命到性情，从性情到人伦，竹书《语丛》三篇表现出内容上的逻辑一贯性。抄写者的分类编抄和竹简整理者所作《语丛一》《语丛二》《语丛三》的篇次，是颇为合理的。

此外，在抄写上，《语丛》前三篇随手画墨横或点小墨方块符号以断句的情况比较普遍，几乎简简皆有。又，在这些情况中，画在句子中间的墨横或小墨方块的情况比较少；而与此相对，墨横或小墨方块符号后无续书、保持空白的情况比较多。《语丛》前三篇的这些墨记符号情况，与郭店简其他书篇的区别很明显。推究其原因，应当是由竹书内容决定的。《语丛》三篇大体上是格言类语句的摘抄和汇集。

以上这些情况很可能都反映了，不论在制作、书写形式，

① 荆门市博物馆编：《郭店楚墓竹简》，第 193 页。
② 荆门市博物馆编：《郭店楚墓竹简》，第 203 页。
③ 荆门市博物馆编：《郭店楚墓竹简》，第 209 页。

还是在抄录用意及传述内容上，《语丛》前三篇都被其拥有者
或抄写者确定为一个独立的文本区间。因此《语丛》前三篇
竹简的制作或抄录不仅应该视为基本同时，而且其思想内容
应当视为一个系统。而处在此一系统中的三篇竹书具有相对
的独立性，各自有其主题，但它们在整体上是互相依赖和互
相联系的。

二、《语丛四》及其与《语丛》前三篇的关系

反观《语丛四》，除竹简长度与《语丛二》相同外，其不
同于前三篇之处却比比皆是。①《语丛四》编绳两道，不留天
头地脚，每支简的书写密度比较大，字与字之间的间距比较
小，满书一般为十六字，是《语丛》前三篇的两倍；书写比
较随意，虽然字迹粗糙，墨横、黑点或小墨方块依句意、段
意而涂画，但不及《语丛》前三篇频繁，竹简内空的情况比
较少，一般连续书写。所有这些情况，都是除《语丛》前三
篇以外郭店简其他各篇皆有的典型特征，因此笔者认为，《语
丛四》应当独立看待，与《语丛》前三篇分别开来。从思想
内容来看，《语丛》前三篇是精彩纷呈的格言式语句的摘抄和
汇集，它们很可能不是源出于一书，而是在广泛熟读诸书的
基础上，再按内容的不同被分编和抄录在一起的。从本质上
来看，这些语句是较为孤立的格言式短句，大部分无法前后
连缀，也不需刻意连缀，它们以比较松散的形式表达共同的
思想主题。而《语丛四》则与此颇不相同，以至于此篇是否

---

① 庞朴等人已就《语丛四》与《语丛》前三篇的差别做了简短论述。庞朴：
《〈语丛〉臆说》，载姜广辉主编：《中国哲学》，第 20 辑，第 327－330 页。

能够被推断为"语丛"性质的著作，这是值得怀疑的。

在文句组织和文义表达上，《语丛四》与《语丛》前三篇亦有重大区别。如果说《语丛》前三篇基本上是一句一句的抄写，并以单独用简加以区别的话，那么《语丛四》的文本基本上是连续抄写的。如第1—7号简的一部分文字，虽然其中时有墨横或小墨方块符号做间隔，但它们在文义上是一个整体，而连续抄写在七支简上。第10—27号简（包括第27号简背）的文字亦是连续抄写在十八支简上的，但与前七支简不同的是，它们较少使用墨记符号，且几乎没有使用小墨方块符号。这似乎表明，它们之所以被抄写在一起，大概是因为它们原来就被看作一大段连续的文字。由此看前七支简的内部联系，前七支简共有一个主题，它们以"谋说"为中心，且与人立身行世的规范有较大关联，这些文句很可能是先秦谋士、僚友或纵横游士们必备的生存素质，因而它们在一定意义上与后面第18—27号简的内容是相关联的。《语丛四》中比较孤悬的是第8、9号简，不过它们也是议论"诸侯"与"义士"的，因此在内容上并没有逸出整体框架。总之，《语丛四》现存三个部分的内容是一致的，或紧密相关的，它不同于《语丛》前三篇的文本和抄写形式。《语丛四》第1—7号简基本上是连续的，第10—27号简也明显是一个连续而有机的整体，可以算作一篇文章。因此从文字组织及内容上来判断，《语丛四》与《语丛》前三篇不是同一种文体，应当区别对待。林素清认为"《语丛四》则专论言语游说之道，另为一类"①，

<hr/>

① 林素清：《郭店简楚〈语丛四〉笺释》，"郭店楚简国际学术研讨会"论文，武汉，1999年10月。

李零认为该篇应题名为《说之道》①，都把握住了其文本特点。

对于以上的推论和判断，笔者从竹简形制、文字抄写和内容等方面提供了证据。现在需要进一步追问的是：为何《语丛》前三篇抄写得如此工整、秀丽和错落有致呢？它们是否内容很重要，且它们是不是竹简拥有者很喜欢、很重视的书籍或笔记呢？从内容看，这三篇竹书是摘录或摘抄的结果，且在成编之前它们可能经过了一次系统安排，是根据按类分编的原则来精心抄写和制作的。在此基础上，笔者认为，《语丛》前三篇当是竹简主人生前对其非常喜爱的相关文献之重要文句的摘录。而竹简《语丛四》不同于《语丛》前三篇，它不属于格言式摘抄或汇编本的性质，而是几段文字或文章的再传抄，它近似于书籍性质。

第二节 《语丛》四篇的制作时代与学派性质

上文已论明，《语丛》前三篇与第四篇从内容和形式看都不属于同一性质。下文将进一步讨论它们的制作时代和学派性质的问题。

一、《语丛》前三篇的制作时代及学派性质

笔者设定，《语丛》前三篇的摘录、抄写和制作当在公元前 4 世纪后半期，即郭店一号楚墓墓主人生活的时期，而抄

---

① 李零：《郭店楚简校读记》，载陈鼓应主编：《道家文化研究》，第 17 辑，第 478 页。

写者很可能就是墓主本人。但是，这三篇文献所摘录的文句应当来源很早，远在此前，其中大部分文句应当具有"经典"含义且具有相当的权威性，同时从内容看，它们的义理很重要。饶宗颐先生即认为《语丛》前三篇是《庄子·寓言》所说的"重言"①，这个判断是很有道理的。据此推断，《语丛》前三篇中的大部分文句很可能产生于公元前 5 世纪或更早一些时候。《语丛》四篇中有许多语句或直接见于郭店其他竹书，或见于《论语》《礼记》《老子》《诗经》等书，这可以参看庞朴、廖名春、饶宗颐等人的有关论述。② 从思想性质来看，《语丛》前三篇的主体应当属于儒家，且大多数可能是孔子及其弟子、再传弟子的语录。简单说来，《语丛》前三篇大概是公元前 5 世纪儒家文献之精彩语句的摘抄，但不排除其中部分文句可能出现得更早。此外，《语丛》前三篇可能还夹杂了少量带有道家色彩的文字，但这些语句皆已经过柔化处理而涵摄在儒家思想体系之中。

二、《语丛四》的制作时代及学派性质

《语丛四》与《语丛》前三篇显然不同，其学派性质并非出于儒家。此篇竹书不言心性和人生伦理，而谈如何慎言以存身，做人君应贵谋重时、招揽贤才，以及应当善于结交利

---

① 饶宗颐：《从新资料追踪先代耆老的"重言"——儒道学脉试论》，香港中文大学"中国文化与二十一世纪"国际学术研讨会资料，1998 年 12 月。

② 庞朴：《孔孟之间——郭店楚简中的儒家心性说》，载姜广辉主编：《中国哲学》，第 20 辑，第 22 - 35 页；廖名春：《荆门郭店楚简与先秦儒学》，载姜广辉主编：《中国哲学》，第 20 辑，第 36 - 74 页；饶宗颐：《从新资料追踪先代耆老的"重言"——儒道学脉试论》，香港中文大学"中国文化与二十一世纪"国际学术研讨会资料，1998 年 12 月。

用枭雄等内容。这些内容似乎与儒家、道家没有直接关系。李零把此篇断为"道家阴谋派"的文献①，也似乎略显勉强。《语丛四》当属于权谋游说之士的作品，其内容符合为君为士的需要。② 由此反观第8—9号简"窃钩者诛，窃邦者为诸侯。诸侯之门，义士之所存"四句，其关切点正集中在诸侯与义士的关系上。在春秋战国时期，诸侯公室的谋篡争夺现象时有发生，最典型的例子是田氏代齐。而楚国内部的权力斗争亦时有发生，如公元前626年商臣篡杀成王，自立为王，是为穆王；公元前541年冬公子围缢杀楚王郏敖，自立为王，是为灵王；公元前529年楚国爆发宫廷政变，子干为王，楚灵王在绝望中自缢而死。因此"窃邦者为诸侯"，乃当时较为普遍的现象。而诸侯王的废存更立，与所谓义士有关。这些勇义死节之士，正是保存或颠覆诸侯权位的直接行动者，当然不可轻视。竹书说要结交臣雄，延揽贤才，当暗含此意。

另外，《庄子·盗跖》篇曰："小盗者拘，大盗者为诸侯。诸侯之门，义士存焉。"《庄子·胠箧》曰："彼窃钩者诛，窃国者为诸侯。诸侯之门而仁义存焉。"《史记·游侠列传》曰："窃钩者诛，窃国者侯。侯之门仁义存。"比较这四种文本，可知《史记·游侠列传》引文正从《庄子·胠箧》化出。《庄子·胠箧》篇文字为散文句式，而《史记》则用韵及用对偶，其中的雕琢痕迹很明显。对于这些引语，我们还可以追问，

---

① 李零：《郭店楚简校读记》，载陈鼓应主编：《道家文化研究》，第17辑，第478页。

② 庞朴云："《语丛四》既非儒家思想，亦非道家思想，而倒更近乎法家、纵横家，这从它所宣扬的游说之道和南面之术中，可以明白感知。"庞朴：《〈语丛〉臆说》，载姜广辉主编：《中国哲学》，第20辑，第327页。

为什么《庄子·胠箧》和《庄子·盗跖》两篇皆用散文句式呢？这很可能是由这两篇典籍的文体性质决定的。《庄子·胠箧》作"彼窃钩者诛，窃国者为诸侯。诸侯之门而仁义存焉"，正合《庄子》的体例，它未尝有全篇文字作押韵及对偶的用心。不过，《庄子·胠箧》与《庄子·盗跖》两篇所述多异文，其中"仁义"和"义士"相差较大。今推敲《庄子·盗跖》《庄子·胠箧》两篇的原意，可知使用"义士"与"仁义"，各符合其原文宗旨或文义。又比较《庄子·盗跖》与《庄子·胠箧》所言，《庄子·盗跖》似乎比《庄子·胠箧》篇的引语早出，一者因"小盗者拘，大盗者为诸侯"似比"彼窃钩者诛，窃国者为诸侯"更粗糙，二者因为《庄子·盗跖》言"义士"针对有德行的人而言，而《庄子·胠箧》则云"仁义"，直接攻击圣知之徒或儒墨等学派的思想主张了。《语丛四》所载"窃钩者诛"四句与所引《庄子·盗跖》《庄子·胠箧》两文的语源关系，其先后难于确定。需要指出，《语丛四》与《庄子·盗跖》的"义士"一词，其语义很可能因所处文献背景不同而略有差别。在《庄子·盗跖》篇中，"义士"指高义之士，尤其指仁义之士，与同书《胠箧》篇所抨击者相近；而在竹简《语丛四》中，"义士"很可能指死义之士。总之，《庄子·盗跖》《庄子·胠箧》与《语丛四》的写作早晚虽然难以确定，但是可以肯定它们都早于《史记·游侠列传》。《史记·老子韩非列传》曰："（庄子）作《渔父》《盗跖》《胠箧》，以诋訿孔子之徒，以明老子之术……用剽剥儒、墨，虽当世宿学不能自解免也。"又，湖北江陵张家山汉墓出土了《庄子·盗跖》竹简，其墓葬年代为文帝时期，比马王堆汉墓和双古堆汉墓略早。① 联系出土文献与传世文献，重新肯定《庄子·盗跖》《庄子·胠箧》诸篇为庄子本人的著作，这是有可能的。如果这一点无误，那么这两篇《庄子》文献的写作当在庄子早年。而《语丛四》的制作时间应当是在公元前 300 年前后，是由墓主生前摘抄的。

又，《语丛四》现存竹简的制作或抄录，与其文献来源的著作时间不同。《语丛四》第 1 号简曰："非言不雠，非德亡复。""雠"，原简从贝从寿，陈伟认为此字当读作"雠"，并说："'非言不雠，非德亡复'，当出自《诗·大雅·抑》。"② 陈说是。雠、复近义。雠，答也；复，报也。审读第 1—4 号简（第 4 号简有可能当编在第 2 号简后），可知虽然"非言不雠，非德亡复"本源于《诗经》，但是竹简的抄写者似乎不是直接从《诗经》中选取的，而是连同其他几简转相抄录而来的。因此，对于此篇竹简之著作时间的推考，就变得更为复杂了。设若不考虑得如此复杂，那么可以根据"非言不雠，非德亡复"一句把《语丛四》的语源推至《诗经》，而其下限，据上文对第 8、9 号简的分析，则迟至公元前 4 世纪后期，约当庄子壮年的时候。

总之，笔者认为，《语丛》前三篇与第四篇的性质是根本不同的，前者是当时流传的儒家重要文献之经典语句的摘抄，不过这些摘抄简文都经过了抄录者精心的安排和分类整理，每一篇都各有其思想主题，但三篇又是相互联成一体而脉络分明的。而《语丛四》无论在竹简形制上还是在文字书写上，

---

① 李学勤著，傅杰编：《失落的文明》，第 223 页。1999 年 10 月 18 日，笔者与众多学者前往荆州博物馆参观，亦亲眼得见《庄子·盗跖》汉简。

② 1999 年 5 月 10 日陈伟对笔者博士学位论文的评阅书。

都与前三篇有明显区别，它不应该被当作"语丛"体或格言体语句的摘抄和汇编，而应该被当作一篇有内在关联的数段文章来看待。从思想内容看，《语丛四》既有儒家的内容，也有道家的文字。而且，从总体上来看，此篇竹书已被抄录者的主观意图改变了。很可能，从来源看，《语丛四》是权谋游说之士的作品，或其思想的表达。

第三节 天生百物，人为贵

一、生为贵与人为贵

《语丛一》第18号简曰："天生百物，人为贵。"人之所以为贵，自然是与天生之百物相比较而言的。在古典语境中，"天"是生成"百物"的终极本原，或者说，"天"本身是此生生系列所从出的根底。"天生百物"是一种生成论的说法，但在当时，它同时受到天命论的深刻影响，因此此一命题很可能是以"天命"作为其生生之源的。天命本身即无即有，从天命到诸物的生生本身即包含着"凡物由亡（无）生"的原理。

天既然命赋此生生的过程及生成的结果——百物，那么由百物构成的当下世界亦以天命为维系的根源，这是毫无疑问的。但是，在当时的宇宙生成论中，"物"的生成并非单纯依靠"天命"这一因素的，竹书即同时强调了"地"的作用。在盖天说的宇宙观中，"天"和"地"是相互配合而生成百物的。因此，一般说来，中国古典时期的宇宙生成论即天命的宇宙生成论。《语丛一》第12、14、6—7号简曰："有天有命，有地有形，有物有容，有尽有厚。有地有形有尽，而后有厚。"[1]《语丛三》第19号简曰："地能含之生之者。"在生物的过程中天赋其命，地予其形，天地合作，百物才得以生成。所谓百物的生成及其存在，既包括对其性命来源的肯定，又包括其广延与时间特性的显现。《语丛三》第17号简曰："天型成人，与物斯理。"刘信芳先生给笔者的来信说："恐当读为'天型成人，与物斯理'，天型犹天范，见帛书《九主》。"按，刘说可从。"型"，用今语，可以解释为"形式（form）"。《语丛三》第18号简曰："物有理。"第71号简上、72号简上曰："命与文与，呼物。"这两条简文皆认为天赋予人物以伦理，而此伦理乃人物自身的法则。除此之外，竹书言天命，亦论及性。《语丛三》第68号简下、69号简下曰："有性又生，乎名。"《语丛三》第71号简下、72号简下、67号简下曰："有眚（性）有生者，生为贵。"第58号简、残片9曰："有眚（性）有生乎生。有遉（孽）眚（性）[2]，有逆眚（性）。"第68号简上、69号简上、70号简上曰："有天有命，有【地有形，有】生。"这几条简文都是论性论生之语。结合《语丛三》第66号简上所云"亡（无）亡（无）由也者"一句，我们可以断定"性"亦当源于"天命"，有"性"才有"生"，"生"亦以"天命"为终极本原。换言之，人之性和物之性皆本原于天地或天命。总之，一切的物性与人性，一切

---

① 李零：《郭店楚简校读记》，载陈鼓应主编：《道家文化研究》，第17辑，第531-532页。

② 从苏建洲释文，苏氏并说"孽"训为"害"。武汉大学简帛研究中心、荆门市博物馆编著：《楚地出土战国简册合集（一）·郭店楚墓竹书》，第165页。

的物理与人理，一切的物形与广延，一切的生命实在自身，以及名、教、真、善、美、圣，根据《语丛》的说法，都是由天地或天命赋予的，而它们又包含在世间万有之中。

《语丛》云"有天有命有生"及"有性有生"等，可知竹书实际上是很重视生命现象及对生命现象之根源性的思考的。对"生"的强调，是竹书的一个重要特点，《语丛三》第67号简下及竹简残片4皆云"生为贵"，这正是中国传统文化的重要价值观念。由此反观《语丛》对人物之天地及性命来源的论述，可以看出其目的一是在于确立生命的终极根据，二是确定生命的丰富内涵及其崇高伟大的特性。而正是从此两点上来说，生命才是非常可贵的。当然，也正是从此两点来说，中国古人人性修养的根本目的是通往知天命之途和达于天地境界；同时，人性修养也是在自我的实践中维持此生命本原（即天命）于不坠。生命之所以为贵，是因为有天有命，有地有形，有物有名，有仁有智有义有礼，有美有善有圣等，这些内涵给予了"生为贵"的命题以崇高、伟大而充足的理由。

进一步，在"生为贵"的基础上，《语丛一》第18号简提出了"天生百物，人为贵"的观点。《孝经·圣治》《大戴礼记·曾子大孝》《荀子·王制》《列子·天瑞》《太玄·玄文》《孔子家语·六本》和《论衡·无形》《论衡·辨祟》等，皆有此种思想。定州八角廊竹简《文子》第0772号简云："为本平王曰天地之间物几，独人者□。"此两句话似乎也在陈述"天地之间，独人者为贵"的道理。其实在孔子那里已有此种思想的发端。《论语·乡党》篇曰："厩焚。子退朝，曰：'伤人乎？'不问马。"马为物，人与物对，可知孔子以人为贵了。

当然，在古典语境中，"物"包含了"人"，而人不过是特殊的一物罢了。《论衡·道虚》一方面说："夫人，物也，虽贵为王侯，性不异于物。"同书《辨祟》另一方面说："人，物也，万物之中有知慧者也。"便是此一观念的明确表达。关于"天生百物，人为贵"的命题，《语丛》做了铺张的陈述。《语丛一》第18—21号简曰："天生百物，人为贵。人之道也，或由中出，或由外入。由中出者仁、忠、信，由……"此处所谓人为贵，实即以人道为贵。《性自命出》第14—15号简曰："道四术，唯人道为可道也。"同篇竹书第41—42号简曰："所为道者四，唯人道为可道也。""唯人道为可道"，对于《语丛》"天生百物，人为贵"的命题有支撑作用。

二、何以人为贵

为什么人为天生百物之中的最贵者呢？《语丛一》从人道的角度做了集中论述，《语丛二》从人性的角度做了深入阐明，《语丛三》主要从人伦道德的角度做了陈述，后两者实际上都可以归入《语丛一》的说法中。集中起来，人之所以为最贵者，乃由于人性内含情、欲、理等天命的因素。人道不同于物道，而超越于物道之上，其性情的内涵，其心智的作用，其伦理的规范，以及其心性对身物的统率作用，都决定了人贵于物，人道超越于物道。《语丛一》第15—17号简云"有美有善""有仁有智，有义有礼，有圣有善"，都是针对人的性命或人道因素及其目的来说的。人之可贵，正是由于人自身的生命本质内含仁智义礼、真善美圣诸种因素。

第四节 《语丛》前三篇的哲学思想

一、心性论

首先来看竹书是如何阐明人性内涵的。《语丛二》主要陈述了人的喜怒悲乐的情感及虑、欲、智等因素皆来源于"性"的问题。其文曰：

（1）情生于眚（性），礼生于情，严生于礼，敬生于严，望生于敬，耻生于望，悡生于耻，廉生于悡。（第1—4号简）

（2）爱生于眚（性），亲生于爱，忠生于亲。（第8—9号简）

（3）欲生于眚（性），虑生于欲，倍生于虑，静（争）生于倍，尚（党）生于争。（第10—12号简）

（4）智生于眚（性），卯（谋）生于智，悦生于卯（谋），好生于悦，从生于好。（第20—22号简）

（5）子（慈）生于眚（性），易生于子（慈），肆生于易，容生于肆。（第23—24号简）

（6）恶生于眚（性），怒生于恶，乘（胜）生于怒，甚生于乘（胜），贼生于甚。（第25—27号简）

（7）喜生于眚（性），乐生于喜，悲生于乐。（第28—29号简）

（8）愠生于眚（性），忧生于愠①，哀生于忧。（第
30—31 号简）

（9）瞿生于眚（性），监生于瞿，望生于监。（第
32—33 号简）

（10）强生于眚（性），立生于强，断生于立。（第
34—35 号简）

（11）弱生于眚（性），疑生于弱，北生于疑。（第
36—37 号简）

从上述引文来看，《语丛二》对性之生系列的陈述是比较
复杂和繁多的。而由性之生系列反观性之内涵，可知"性"
概念的内涵是很丰富且有分别的。目前，学者对于郭店简人
性论的论述多有蔽暗，认为其论性只在于以情论性，但从
《语丛二》来看，这是一个偏见，应当纠正。在帛书《五行》
说解部分，作者区别了大体和小体之性：大体（心）之性好
仁义，小体之性则好声色嗅味逸豫。如果把仁义规定为天理，
声色嗅味逸豫看作欲之所欲者，那么由大体之性和小体之性
之所好来看"性"本身的内涵，则可知大体之性内含仁义之
端，小体之性内含欲望之端，这是可以肯定的。《性自命出》
第 39 号简曰："仁，性之方也。性或生之。"第 40 号简曰：
"唯性爱为近仁。""方"，准则也。"人性"的至高内涵为
"仁"，而"仁"反之亦规定着"人性"。按照孟子仁之端为性
的说法，性与仁的区别和联系即可由此得到解决。《性自命
出》曰"性或生之"，此可理解为性中内含仁德之端，仁德之
端生现出来即为仁德。这个仁端，按照《性自命出》的说法，

---

① 《语丛二》第 7 号简曰："愠生于忧。"与此条云"忧生于愠"不同。

即指"性爱"。竹书说"唯性爱为近仁",此陈述是"仁者爱人"(《孟子·离娄下》《荀子·议兵》)说的源头,同时与《性自命出》以情感之气为人性的说法是统一的。需要指出的是,即"爱"论性,这属于以情感论性之例,然而从仁端内含于性中来看,这种"性爱"其实也可说是"仁性之爱"或"理性之爱"。由此可以推断,竹书《五行》和《性自命出》等篇已隐约包含着以"理"规定"性"的思路。"理"与"情"虽然有分隔,如"理"之义着重于天命所赋予人的内在仪则或理则,《礼记·乐记》即突出了"天理"的说法,如"情"则着重于人情上的体验和区分,但是在战国中期以前,"情"与"理"二者在古人论人性本体的过程中常常是混合在一起的。"仁"到底属于情还是属于理,追问此一问题的意义主要在于加深对"仁"概念的理解。假如我们对"仁"的理解不执着于一偏,且对宋儒的解释有所认同的话,那么承认竹书有以"理"释"性"的思想,这就是很自然的了。沿着此条思路追溯和挖掘简帛《五行》的深沉内蕴,似乎仁、义、礼、智、圣五行通过"形于中"的内化工夫而成为人性内涵的一部分了。然而,君子之能否使五行形于内,亦在于其起心之良善与否,作用如何。而由此可知,孟子所谓"良知""良能"之说亦非凭空捏造,实是人对于自身生命体验透悟的结果。这样,由本心推及天性,其内涵也应该是多样、丰富的,这就是《诗经·大雅·烝民》所说"有物有则"之义。由此来看《语丛二》第 20 号简云"智生于性",不应当肯定为所谓"情"概念的外延对象。在其论性之生的系列中,竹书有与仁、义、礼、智、圣五行相对应的文字,如上引第 2、5、6、7 条对应于仁行,第 1 条对应于礼行,第 4、9 条对应于智行①，这是需要注意的。

《语丛》不但以"情""理"规定"性"，而且以"欲""力"来规定"性"概念。上引第三条云："欲生于性。"反推之，"性"中即内含了"欲"。《语丛二》第10—19号简还陈述了欲之生系列，看来以"欲"规定"性"的内涵，是一条比较重要的支系。《语丛二》论"欲生于性"的系列，应当与《性自命出》篇末章联合起来看。上引第10、11条云"强生于性""弱生于性"，它们可能是以气质释"性"的开端。笔者在此权且以"力"来概括"强""弱"。如此，竹书则有以力论性的内容。人的内在性命与外在事业的安立，都与"性"中内含的"力"密切相关，其力之强弱、气之刚柔，都是很紧要的事情。《周易》强调刚柔相济，《老子》尚柔弱，而此篇竹书则偏重于崇尚力强的一面，这与儒家一贯崇尚刚强，孟子宣扬"至大至刚"的精神是相符合的。

总之，郭店简《语丛》诸篇论"性"，从情、欲、理、力等方面做出了系统、全面的解释。现在的问题是：为什么《语丛》对"性"内涵的揭示远较郭店简其他几篇竹书宽广和丰富呢？这是因为《语丛》乃后辈学者对于前辈大儒精彩文辞文句的摘录。而既然是摘录、摘抄，那么其所涉及的书篇非止一二，因此其内容的丰富性和复杂性自可不言而喻。而从上述梳理可知，《语丛》所摘录的书篇确实非常广泛，其对于人性内涵的关注与文本摘抄当不止于数篇、数家而已。由此，进一步推论春秋末期到战国早期的人性论状况，其丰富

---

① 第9条"瞿生于性，监生于瞿，望生于监"，其中的"瞿""监""望"三字皆与目视有关，此条简文可能与智行相通。一说"瞿"读为"惧"。

和复杂程度应当更加惊人。当时言谈人性的儒者，据《论语》《礼记》及其他先秦秦汉古籍，有孔子、子贡、曾子、宓子贱、漆雕开、子思子、公孙尼子、世硕等人。《论语·公冶长》载子贡曰："夫子之文章，可得而闻也；夫子之言性与天道，不可得而闻也。"郑玄注曰："章，明也。文彩形质著见，可以耳目循。性者，人之所受以生也。天道者，元亨日新之道深微，故不可得而闻也。"① 依郑注，子贡的原意是说，其师孔子虽然曾谈论性与天道的问题，但是由于此一问题过于深微玄奥，而作为弟子的他实难领悟和理解之。而由子贡"夫子之言性与天道，不可得而闻也"两句，可知在孔子同时或其前，言性与天道乃是当时的一个重要话题，而孔子做出了重要贡献。证之于《诗》《书》与两周金文，《左传》《国语》《论语》及《礼记》《孟子》《论衡》等书，这一推论是完全可以成立的。而既然在孔子前后，古人关于人性问题的讨论已如此热烈，那么在孔子过世后，由于儒学内部定于一尊局面的打破，其言性的纷繁和差异自然会变本加厉，乃至彼此相互攻讦。《语丛二》展现出如此复杂、丰富的人性内涵，当是时代思想精华的摘录。此外，《语丛》论"性"还有一个重要特点，即除以情、欲、理、力论性之外，其所述性之生系列一般呈现出串联、转接的情况，这是值得注意的。

人之所以为贵，不但与人性相关，而且与身心、人道关系密切。《语丛一》第45—52号简曰："凡有血气者，皆有喜有怒，有慎有狂；其体有容，有色有声，有嗅有味，有气有

---

① ［清］阮元校刻：《十三经注疏·论语注疏》，第 2474 页。

志。凡物有本有标①，有终有始。容色，目司也；声，耳司也；嗅，鼻司也；味，口司也。气，容司也；志，心司也。"这段话指出了，凡有血气者皆有喜怒慎狂之情。不独人惟此，凡有血气之生物亦然；且这些情感充含于血气之中，通过血气的多样性活动而表现出来。凡人与生物皆有体，体有大小、本末、终始之分。终始是一个时间性的概念，大小、本末乃就诸体的重要性而言。细读所引《语丛》原文，应当做如上分判。所谓大体、本始者，即心也、容也。心与容充实于志、气之中。简文云"气，容司也"，可知此"气"主要指颜气，而与人的情绪表达有关。小体乃身体之分，耳目鼻口统一于整体之身。小体所主司的对象为声、色、嗅、味四者。简文云："凡物有本有标，有终有始。""标"，末也。依古人对本末、终始的理解，可以推断《语丛》已有以本统末、以始达终的观点，这样《语丛》关于大体、小体关系的论述大概与简帛《五行》的理解基本相同。其实，就内容来看，本来就没有什么较大区别，《语丛》在根底上仍是分别大体之性和小体之性，且又以心率身之论统贯之。此外，《语丛》的"气"为血气，而血气蕴含情感，故其所谓"气"即指情感之气，这与《性自命出》篇是相通的。

① "标"字，从李天虹说。李天虹：《郭店楚简文字杂释》，"郭店楚简国际学术研讨会"论文，武汉，1999 年 10 月。另外，刘信芳认为此字应释"舛"，"舛"谓事物之孳益。刘信芳：《郭店简文字考释二则》，载楚文化研究会主编：《古文字与古文献》试刊号，台北，1999 年 10 月。周凤五认为此字应读为"化"。周凤五：《郭店楚简〈忠信之道〉考释》，载中国文字编辑委员会编：《中国文字》，新 24 期，台北：艺文印书馆，1998，第 124 页。

二、人道与伦理思想

人道虽然由心性而来，但人道毕竟有其自身的独特内涵。《语丛》对人道的论述颇为完备，今从人伦和教化两个方面予以叙述之。

儒家伦理是古代中国文化的重要组成部分，也是竹书《语丛》的重要思想内容之一。在《语丛》中，伦理德目都有其根源。不过，从天命来看，所谓伦理亦即天理，天理落实于人生，转化为人道，即人伦。《语丛一》第 19—21 号简说，人之道根源于两个方面，一个是由中出，即由心性外显，一个是由外入，即由现实人生内化为人的本质。由中出者为仁、忠、信三行，由外入者似为义、礼、智（原简残损）。就仁义的内外关系来说，《语丛一》竹书第 22—23 号简曰："仁生于人，义生于道。或生于内，或生于外。"人道本来即合内外之道，而仁人义道、仁内义外，似乎把人界定为内，把道界定为外了。但"人之道"更进一层，"人之道也，或由中出，或由外入"（《语丛一》第 18—19 号简），其实与《性自命出》"始者近情，终者近义"的"道兼情义"说颇相一致。证之《荀子·解蔽》，《解蔽》以心道的对待关系作为思维模式，可知竹简《语丛》所谓人内道外的说法并非孤例。其实，在郭店简《六德》篇中，人道似乎就是以内外之分为基本架构的，而告子主张仁内义外亦与此略同。孟子力辟仁内义外之说，而主张仁义皆内，这实际上是中国哲学思想的一大转变，提出了道本在心性之内的新主张。所谓"由中出"和"由外入"，追根溯源，都与天命相关，但剋就人道来说，它们是在天命的下落层次上来说的。"由中出"者，直接源自人本身，是在天命下落为心性上而言的；"由外入"者，是在天命进一步下落而由人之心性向外率显为道上来说的。"出"与"入"虽然一方面有人内道外之分，但是另一方面它们又都双向地与人自身密切相关，所以人道与人自身是根本不能分离的。《中庸》云"道也者，不可须臾离也，可离非道也"，又说"道不远人，人之为道而远人，不可以为道"，则是发展和推明此意。对于礼乐，《语丛一》还有更细致的论述，第 24—25号简认为"德生礼，礼生乐"，第 31 号简认为"礼因人之情而为之"，第 32 号简认为"善理而后乐生"，大抵上是说，如果善理人情，则乐由之生。而第 25、63 号简更认为由礼乐可以知刑。礼乐源自德行，由人情而生，都是当时的流行观点。不过，《语丛》既然是哲理格言的汇抄，则其将礼乐追本于德行和人情，可能与其由心性看待人生伦理的观点有关。

除了对伦理本源的追溯和对生生关系的论述外，《语丛》诸篇还对伦理条目的内涵及其具体应用做出了解释。《语丛三》第 35—37 号简曰："丧，仁也。义，宜也。爱，仁也。义处之也，礼行之也。"此句以仁德为中心，论述了仁、义、礼的内涵，以及三者的关系。《语丛一》第 98 号简曰："丧，仁之端也。"这句话是从实践的角度来说的。丧礼为实践仁的端始，或者说，丧礼实践本身即包含着仁之端始。从本质看，丧礼的本质即为仁，无仁即丧失了丧礼的意义。所以我们既看到竹简有"丧，仁之端也"，又看到竹简有"丧，仁也"的论述。从上述引文看，义、礼二者都建立在仁爱之上，皆是仁爱精神的表达；而有义之宜处，有礼之节行，仁爱才能凝聚而适当地在人的道德实践中表现出来。《语丛三》第 25 号简曰"义，善之方也"，这是说"义"是为善之准则。第 24 号简曰"义,德之尽也",这是说"义"是德行的完全表现。不过,对"义"规定得最清楚的文字恐怕要数《语丛一》第105号简"物各止于其所,义行"一句,此句对"义,宜也"做了更具体、更深入的表达和规定。物各止于其所,止于其所当然,这就是义。过与不及,皆非义也。《语丛》对仁义两德行很重视,它不仅把人道与仁义直接对应起来,而且正如《语丛一》第93号简所说:"仁义为之枭。"① 仁义为善之方,为人道之标准,这明显是把仁义作为伦理诸德目的中心。比较而言,仁德又高于义德,《语丛三》第39号简即云:"物不备,不成仁。"《语丛一》第94号简云:"备之谓圣。"成仁成圣,这是儒家思想在人格理想上的最高要求,《语丛》亦莫能外。竹书对信德亦颇重视,《语丛一》第65—66号简曰:"上下皆得其所之谓信,信非至齐也。""信"乃人伦上下各得其所,且两所相合,才谓之信。应该说,这个定义是很深刻的,同时充满新意。"信非至齐"一句强调了伦理实践的差别,反对无差别的"至齐"主张。上下各得其所而谓之信,但是上下的差别毕竟是客观存在的,因此在实践上完全平等或对等地主张"信"德,这不符合人伦实际,同时也是对此人伦实际的破坏。礼是伦理规范,礼仪是礼的外壳形式,而礼意则是指礼所包含的基本精神。通过礼意,礼可与性命之原及伦理世界两相沟通。竹书还对智有具体的规定,《语丛三》第38号简曰:"不善择,不为智。"这是说,善择即为智。智德是人立身、成己成物的重要美德,它是在道德实践中对善的合

---

① "枭"字,从刘钊释文。刘钊说:"'椻'字也就是'梡'字,也就是'枭'字。'枭'字本义为箭靶,又引申为法度。"刘钊:《读郭店楚简字词札记(三)》,"郭店楚简国际学术研讨会"论文,武汉,1999年10月。

理和合适的选择。伦理抉择无疑需要智德，人通过智德可以统摄和决断自己的道德行为，且通过智德而可以将仁义贯穿于具体实践中。简言之，在伦理实践中，智德的作用很重要，很关键。

《语丛》前三篇还就一些伦理关系做出了具体规定和解释。如《语丛一》《语丛三》认为，在君臣、父子、兄弟、朋友的人伦关系中，父子表现了人伦至上至下的关系，兄弟表现了人伦至先至后的关系，前者为尊尊之至，后者为亲亲之至。其他几种人伦关系则是根据此亲亲尊尊的原则推衍和配置的。表面看起来，儒家伦理似乎具有很强的血缘特性，但其实，儒家伦理的创立正基于对纯血缘伦理观念的打破。《语丛一》第 77、82、79 号简曰："【厚于仁，薄】于义，亲而不尊。厚于义，薄于仁，尊而不亲。"文中的尊尊亲亲是建立在仁义观念的基础上的。需要澄清的是，以仁义为代表的儒家伦理虽然与以亲亲尊尊的血缘伦理在中国古代有着不可分割的联系，甚至可以说，儒家伦理是从血缘伦理的历史中发展和升华出来的，但是儒家伦理毕竟高于血缘伦理，同时在一定程度上涵盖和肯定了血缘伦理。血缘伦理的局限性是儒家伦理在历史形态中的一个有限定的方便法门。时人常把血缘伦理与儒家伦理混为一谈，这是不正确的。

《语丛》的儒家伦理学说与上古血缘伦理具有密切关系，这是无可否认的。同时，这也是《语丛》之所以高扬父子一伦而在一定程度上贬抑君臣一伦的原因。《语丛一》第 78、80、81 号简和第 87 号简，《语丛三》第 1—5 号简和第 6 号简，即认为人父有亲有尊，但人君无亲无尊，君臣是朋友关系。《语丛一》第 80—81 号简曰："友、君臣，无亲也。"《语

丛三》第 6 号简曰:"友,君臣之道也。"此一规定既是原始
的,又是充满光辉的,与秦汉以来以君权皇权为中心的伦理
说教颇不相同。正由于重亲道而轻君权,所以君臣是一种朋
友关系,即基于"信"德的一种相对自由的双向选择关系。
《语丛三》第 1—5 号简曰:"父无恶,君犹父也。其弗恶也,
犹三军之旌也①,正也。所以异于父,君臣不相才(存)也,
则可已;不悦,可去也;不义而加诸己,弗受也。""恶",乌
路切,憎恶也。这段简文比较了父、君二位,在伦理位置上
以父位优先于且重于君位。其所以君位与父位不同,乃由于
父子为自然伦理和血缘伦理,而君臣为后天伦理和非血缘伦
理,故在伦理实践上人们对待它们的办法即应不同,君臣关
系即应以友道处理和对待。竹简说,君不任其臣,臣不信其
君,则可以终结此君臣关系;如人有不悦其君,即可以逃去,
摆脱此君臣之义。至于为隐士,则可以截断世缘,连任何一
地一国的君臣关系都摒绝了。而如果君主的号令不符合道义
而强施于己身,竹简说,臣民即可以拒绝接受之,不服从其
命令。这是以德抗君的合理性行为,它不是以回绝君臣关系
而逃避之的,而是以正义的法则维护了君臣相友的正当关系。
顺便指出,君臣相信相友的关系,并不是一种社会地位上的
"至齐"关系,这两者不能混淆,而应当区别开来。

竹书还具体地论述了游处之道。《语丛三》第 10—16 号
简曰:"与为义者游,益;与庄者处,益;起习文章,益。与
慢者处,损;与不好教者游,损;处而无躐习也,损。自视

① "旌"字之释从李零、颜世铉说。二氏说,分别见李零:《郭店楚简校读记》,
载陈鼓应主编:《道家文化研究》,第 17 辑,第 526 页;颜世铉:《郭店楚简浅释》,载
张以仁先生七秩寿庆论文集编辑委员会编:《张以仁先生七秩寿庆论文集》,第 396 页。

（示）其所能，损；自视（示）其所不足，益。游思，益；崇志，益；才（存）心，益。所不行，益；必行，损。"论述了交游之道，认为交游以有德者为益，否则为损。竹简还说，一个人应当对交游对象做考察。交游的目的，一在于"崇志"，二在于"存心"。"存心"即省察、存问其心。交游之道，对人对己皆适用。此外，《语丛一》第103号简曰："礼不同，不丰不杀。"这可能是基于不同地域其礼不同而做的一种规定。

三、知道、察道、知命与反己修身

本书第四章已说过，《性自命出》篇论道与教的关系基本上与《中庸》"修道之谓教"的思路相同。而竹简《语丛》是否也如此呢？这是一个有待回答的问题。而如果是如此，那么其论教的具体内容及思想重心又是什么呢？

在论"道"的基础上，《语丛》进一步阐述了察道、知道，以及人与物的关系等内容。《语丛一》第29—30号简曰："知天所为，知人所为，然后知道，知道然后知命。"知天人之所为，然后才能知道。由此，"道"分为天道和人道。从"所为"论天人及天道、人道，这主要是从实践和体验而言的。人只有知道和切实把握道，才能对人我、己物所内含的性命及其本原——天命有真正的知觉和体验。而只有知天命，人才能真正贯通天人，打破天人、物我的限隔，而成为一纯粹的自由体，同时物亦备于己而无所分离。何以知命？竹书说，不但知道才能知命，而且必须"知博，然后知命"。所谓"知博"，即对人伦、物理皆有比较透彻的理解，把握其中一以贯之之道。竹书还把"知"贯彻到人伦实践中，如《语丛一》第26—27号简曰:"知己而后知人,知人而后知礼,知礼而后知行。"从知己到知人,从知人到知礼,从知礼到知行,这是一条如何实践的逻辑线索。在知己知人的基础上知礼和把握礼,然后人才能知道如何行为,如何实践。

在"知"的基础上,《语丛》又推衍出"察"的概念;同时,在"知道"的基础上,《语丛》提出了"察道"的概念。《语丛一》第85号简说:"察所知,察所不知。"这是说对所知与所不知皆有明察,人才能做到行之无讹。《语丛一》第68号简说"察天道以化民气",这是从治理的角度来说的,言明察天道,而可以致用于民,化解民气。所谓"民气",指民含聚在身体中的喜怒哀悲之气。《语丛一》第86号简提出了察势、察圣的说法,云:"势与圣为可察也。"《语丛一》第84号简提出了"察善"的说法。

不过,《语丛一》第84号简的说法是值得注意的,原简曰:"有察善,无为善。"其中"无为善"的"为",可能是指故意之为或巧伪之为。《性自命出》贵忠信之德,郭店简有《忠信之道》一篇,而《语丛》亦贵信德。郭店简对于"为"常怀戒备之心。此处的"为"字,应当是指一种故意之为,为为而为之为,其心不诚,其意不正,其行不信,可以推知。而"无为善"的具体所指,即见于《语丛一》如下竹简:

> 人(仁)无能为。(第83号简)
>
> 义无能为也。(第53号简)
>
> 为孝,此非孝也。为弟(悌),此非弟(悌)也。不可为也,而不可不为也。为之,此非也;弗为,此非也。(第55—58号简)

所谓"无为善",具体指"仁无能为"和"义无能为",仁义是不能故意或巧伪为之的。不仅如此,在第55—58号简中,《语丛一》提出了"为"与"弗为"相统一的观点,云"不可为也,而不可不为",又云"为之,此非也;弗为,此非也",笔者认为,这其实是要人去其虚伪之为,而从事其本真之为。由此,竹书必然深入到对自身修治问题的讨论中。

竹书所谓"治",有三层含义:一层是政治之治,一层是伦理之治,一层是心性、修身之治。而这三层含义又往往是混合在一起的,难以截然分开,它们可以"德治"之名统称。《语丛三》曰:

> 德至区者,治者至无间。(第26—27号简)
>
> 至无间,则成名。(第29号简)
>
> 尽其治道,【则上下】交。交行,则礼【乐遍行。遍行,则】治者化。(残片2+第34、32号简)
>
> 化则难犯也。(第45号简)
>
> 兼行则治者中。(第33号简)
>
> 忠(中)则会。(第63号简)
>
> 未有其至,则仁治者孝。(第28、61号简)
>
> 爱治者亲。(第30号简)
>
> 智治者寡悔。(第31号简)

第26号简"区"字,应当训为"隐藏",《说文·匚部》:"区,踦区,隐匿也。"谓其治德极隐微无知的君,则其政治达到极其无间隔的地步。所谓"无间",指上下、君民无间。如果有间,则民知之;而如果民知之,则其德未至于隐微之极。综合如上简文来看,《语丛三》将"德治"分为三个层

次，一个是至德之治，一个是礼乐遍行之治，一个是未有其
至之治。未有其至之治，包括仁治、爱治和智治三者。

何以致治？对此，《语丛一》第59—61、67号简曰：

> 正其然，而行怠（治）焉尔也。正（政）不达文，
> 生乎不达其然也。教，斅己也。政（正）其然，而行怠
> （治）焉。

所谓"正"，即身而言；"正其然"，即正身之然，如此
"而行治焉尔也"。"正（政）不达文，生乎不达其然也"，这
两句大概是就修身与为政的关系来说的，其中的"正"字应
当读为"政"。"其然"，指其身之然。从"教"的字义及在当
时的一般用法来看，它是就上对下、君对民、父对子和先生
对弟子而言的。但是，竹书所说的"教"，转向了施教者自
身，主词是"吾"，宾词是"我"，所以"教"即"斅己"。
《说文·攴部》："斅，觉悟也。""斅己"同"觉己"。竹书
《性自命出》有"求己"，竹书《穷达以时》有"反己"的说
法。无论是"觉己"还是"求己""反己"，都是为了知命成
德。《语丛二》第47号简曰"知命者无必"[1]，第48号简曰
"有德者不逐（移）"，皆是此意。《语丛三》抄录孔子之语，
认为修身一方面必须"毋意，毋固，毋我，毋必"，另一方面
必须"志于道，狎于德[2]，依于仁，游于艺"，既有对自我的

---

[1] "必"字，从刘钊、李天虹释文。刘钊：《读郭店楚简字词札记》，载武汉大
学中国文化研究院编：《郭店楚简国际学术研讨会论文集》，第89页；李天虹：《郭店
楚简文字杂释》，载武汉大学中国文化研究院编：《郭店楚简国际学术研讨会论文集》，
第96页。

[2] "狎"字，从李家浩释读。李家浩：《读〈郭店楚墓竹简〉琐议》，载姜广辉
主编：《中国哲学》，第20辑，第352页。

反省与批判，又有对心性的涵养和止定，从志道、习德、依仁到游于艺，这是从成己自修到成物的生命实践，从内到外，是一个源源不断和循环往复的过程。孔门论"止"，以止于至善为极则。《语丛三》第52—53号简曰："善日过我，我日过善，贤者唯其止也以异。"在道德实践中，"我"与善是一次真实的人生相遇历程。或善过我而失之交臂，或"我"过善而失之漂浮。一般人往往如此，而唯有贤德之人才能止于至善，与众人相异。止于善的观念，是《礼记·大学》"三纲领"之一。

不但如此，竹书也反对"正一失它"的过错。《语丛二》第40—41号简曰："凡过，正一以失其它者也。"正一而失众，执我而丧物，都是与儒家成己成物之学相反对的。与此相对，《语丛三》第39号简提出了"物不备，不成仁"，《语丛一》第94号简提出了"备之谓圣"的说法。一个"备"字，点明了儒家反对"正一失它"的立场。所谓"备"，乃是于事事物物皆能正其然，使之无偏无讹，而又皆能备具于我之意。《孟子·尽心上》云"万物皆备于我"，与竹书是相通的。对于己物关系，竹书强调主体的能动作用。《语丛三》云："思无不由我者。"《语丛一》云："亡物不物，皆至焉，而亡非己取之者。"己取则物至，己求则物来。己能取、能求，则万物皆备于我，备于我则成仁成圣，这种思想得到了孟子的大力发挥。

《语丛》论"教"的竹简较少，教如何生及以何为内容，这当然不离当时整个儒家文化的传统。竹书《语丛》特重人道之教。而人道之教在当时被认为包含在《诗》《书》《礼》《乐》《易》《春秋》六艺之中。《语丛一》第36—44号简即抄录了有关六艺或六经的说法。这样看米，在战国早中期，六艺之教已经遍行了。

总之,竹书论"道"的内涵着重于人道,对人伦有比较系统、深刻的理解。在论道与伦理的基础上,《语丛》又注重修身。修身是双面的,一者"毋意,毋固,毋我,毋必",二者"志于道,狎于德,依于仁,游于艺",其最终目的是"止于至善"。由此竹书还特别强调已取物备的观点,与孟子"万物皆备于我"的论述既有会通,又有发展关系。竹书内容无疑早于《孟子》,甚至在一定程度上可以说它们略早于《中庸》的写作,因为《中庸》以"诚"的观念作为成己成物的思想基础,从心性学的理论系统看已达到极高阶段。与《中庸》相较,《语丛》已取物备的观点更为原始和粗糙,而与竹简《性自命出》以心取性的思想比较接近。

第五节 《语丛四》的思想与学派性质

一、《语丛四》的思想

上文已说过,《语丛四》的思想与《语丛》前三篇很不一样。《语丛四》从第 10 号简到第 27 号简是一段完整的文字,此段主要讲人主必须重视贤才与智谋。第 12—14 号简曰:"早与贤人,是谓诀行。贤人不在侧,是谓迷惑。不与智谋,是谓自欺。早与智谋,是谓重基。"①《说文·言部》:"诀,早知也。""早知"即"预知"。竹书认为及早结交贤人,这是有

---

① 陈伟认为"基"应读如字。转见林素清:《郭店竹简〈语丛四〉笺释》,"郭店楚简国际学术研讨会"论文,武汉,1999 年 10 月。

先见之明的行为。而如果人主身旁没有贤人辅佐，这就是迷惑无知。不结交智谋之士，这就是自己危害己身。及早结交智谋之士，这就是能厚固其统治基础。贤德君子与智谋之士，是人主治国存身的必要帮手。第22—25号简认为，士如果没有朋友的帮助，就不能行于世，通行于诸侯。人君如果有谋臣的辅弼，那么其国土就不会被侵削。士如果有谋友的帮助，则其言谈不弱，而雄健有力。所以谋士、谋臣、谋友很重要。又说，即使勇敢、力量闻名于邦国，但不如才能；即使金玉盈室，但不如谋略。所以谋略很重要。第27号简曰："听君而会，视庙而入。入之或（又）入之，至之或（又）至之｛之｝，至而无及（极）也已。""庙"字，原简从厂从苗，原整理者释为"朝"①，误。此简具体谈庙算之类的谋略之道及其具体规定。此类谋略要求具有极高的保密性，故竹简云"入之又入之，至之又至之，至而无极也已"。用心细致深远和严保机密，这是谋略成功的两个必要条件。

在论述人主必须重视贤才谋士的同时，竹书对于才士之极端者——枭雄也从人君的角度做出了分析。竹书第14、16号简曰："邦有巨雄，必先与之以为朋，虽鳘（难）其兴。如将有败，雄是为害。"所谓"巨雄"，就是指那些具有雄才大略、志向不凡，且极富煽动性与活动能力的人，他们是犯上作乱、危害和颠覆国家、威胁人主安全的险恶分子和罪魁祸首。竹书特别之处在于，认为对邦国之巨雄，人主应当努力想尽各种办法亲近，乃至结交为朋友。不然，"如将有败，雄是为害"，他们会危害国家、社会和人君的安全。

---

① 荆门市博物馆编：《郭店楚墓竹简》，第218页。

在谈及人主对贤才智谋之士和对巨雄的招揽利用之后，竹书又论述了君臣上下和君民关系。第17—21号简曰："善使其下，若蚈蛩之足，众而不害，害而不仆。善事其上者，若齿之事舌，而终弗噬。善【使其下】者，若两轮之相转，而终不相败。善使其民者，若四时一遣一来，而民弗害也。""蚈"，马蚿，百足虫。《淮南子·兵略》曰："故良将之卒，若虎之牙，若兕之角，若鸟之羽，若蚈之足。""蛩"，百足虫，《集韵·腫韵》："蛩，虫名，百足也。"善于驱使其下者，其属下虽众，然皆能相互协调合作，不相妨害；即使偶有妨害，但不致僵仆而危害其身。又若两轮之相转，终究不会相互败伤，而共承一舆。善于驱使其民者，若四时一往一来，周而复始，于是上之对民、民之事上皆无危害。此外，对于下之善事上者，竹书认为应当像牙齿辅事舌头一样，帮助咀嚼而终究不会咬到它。第16—17号简曰："利木阴（荫）者，不折其枝。利其渚者，不塞其溪。"利于木荫者，不折其枝叶；利于水渚者，不堵塞其溪流。凡事如此，有本有源，则其利用不竭。反映在为君之道上，即君主要保护其下民而固其邦本。此种文化精神，从上古史官文化到儒道诸家思想，都是一脉相承、百虑一致的。

二、《语丛四》的学派性质

最后，我们再追问一下《语丛四》几段文字可能作于何人之手的问题。笔者认为，第10—27号简一大段文字最可能作于战国权谋游士之手。因为这段简文的主要目的是，劝服人主重贤贵谋，并对有才能之士加以重用。简文还就君臣上下建立一种互相依赖、和谐共处的关系做了论述。这些文字似乎都与战国游士阶层具有比较直接的关系。不仅如此，其他几段文字也是权谋游说之士所作。第8—9号简云："窃钩者诛，窃邦者为诸侯。诸侯之门，义士之所存。"这几句话正表现出义士对于诸侯的兴亡存废起着至关重要的作用。第1—7号简云："……口不慎而户之闭，恶言复己而死无日……凡说之道，急者为首。既得其急，言必有及之。及之而不可，必且以讹，毋令知我。彼邦亡将，流泽而行。"游说之士自是要巧于言辞，才能出售自己，取悦于诸侯、大夫等高级贵族。然而言说亦有言说之道，口必慎密，言必柔善，才能使自己的生命不致构陷于危难、死亡之中，同时又能继得"三世之福"，终生荣耀而无垢辱。反之，则"恶言复己而死无日"。在第5、15、6—7号简中，竹书还认为游说之道，以急者为先。既得其急，则必有切中时务与事理者。而如果言不及中，行之未可，则一定要苟且讹诈，瞒天过海，毋使被游说者知道自己的底细。破败之邦即将灭亡，则应当随波逐流，混芒而行，以免露迹受辱。这正是战国游说之士夸夸其谈、以谋说事人的时代。一方面他们固然对言说之道有所贡献；但另一方面，他们明哲保身、取荣世主的嘴脸亦暴露无遗。这与儒家所宣扬的诚信之道、孤芳自赏的品格，道家所崇尚的真性情，是完全不同的。

根据以上分析，笔者认为，将《语丛四》判定为战国中期权谋游说之士的作品或其言论的集结，是较为可信的。同时，这些简文的集结和抄录，符合当时为君为士的需要。即使墓主生前推崇儒家和道家著作，也不妨碍其阅读、研习和收藏此类著作。

第六章　郭店竹书的天命观与天道观思想

第一节　道家竹书的道论与天道观

古人关于世界本原和价值本原的思考经过了由帝命观到天命观，由天命观到天道观的转变。不过，所谓转变并不是以牺牲传统文化的内在价值或其根源为代价的，而是在新观念发展并取代旧观念的同时，旧的观念亦得以沿袭和保存下来，并被新的观念赋予更深刻、更丰富的内涵。这样，在帝、天、道三者之间既存在一定的张力，又存在一定的联系。笼统言之，帝、天、道三者在一定程度上可以交替使用，换言之，可以成为人自身生命与德性的本原，而人的整个身心活动也无不受其主宰、制约和规范。

一、楚简《老子》的道论

郭店简的天命观、天道观继自殷周，其最接近的时代背景是春秋时期。先看道家简关于道与天道的说法。

首先需要指出的是，"道"及道论，确实是到老子那里才得到了根本性的改造、诠释和提升。"道"被老子赋予丰富而深刻的内涵，成为道家思想中最基本的范畴。在郭店《老子》三组竹简中，"道"也是最重要的概念，因此我们有必要追问郭店《老子》"道"概念及其道论的内涵。"道"最难言，郭店《老子》甲组云："有逍（状）混成，先天地生，敀穆（寂寞①），独立不改，可以为天下母。未知其名，字之曰道，吾强为之名曰大。"老子认为，宇宙存在着一个混成的，先于天地而存在，寂寞无匹，独立，而不会为他者所改变的，同时可以为天下万物之母的终极始源。对于这个终极始源，老子说，"道"是其字，"大"是勉强之名。这实际上是说，作为终极始源的宇宙本根或本体，是超越于名言而名言无以指称的。终极始源意义上的"道"虽然难以名言，但是通过其作用，"道"的道性可以被言说和把握，故老子对本然之道做了深入的描绘。

"道"具有超越性。而何谓其超越性？相对于世间万有来说，"道"是"无"的存在。从生成论来看，世间万有恒有相状、声触及相应的名言规定。"有"之所以为有，通过人的感觉与心智即可以认识和把握，而"道"之无性或超越性，不但超离于言意之表，而且超越于心智的求索，其本体只能以神会遇（冥契）或者通过"负的方法"来做示意。甲组竹简云："道恒无名。"丙组竹简云："道□□□，淡呵其无味也。视之不足见，听之不足闻，而不可既也。"这些简文都说明了"道"的无性，说明了本体之道超越于感觉认识和名言指称。

---

① "敀穆"读为"寂寞"，从李零说。李零：《郭店楚简校读记》，载陈鼓应主编：《道家文化研究》，第 17 辑，第 462 页。

当然，需要指出的是，"道"虽然无名，"淡呵其无味"，"视之不足见，听之不足闻"，难以认识和把握，但是老子认为"道"本身是真实实有、确实存在的，无名、无味、无形、无声这些描述词语并不是对"道"本身的否定。而正因为"道"本身超越于人的感官认识与名言的限定，所以一般人不能对"道"有所契会。乙组竹简曰："上士闻道，堇（勤）能行于其中。中士闻道，若闻若亡。下士闻道，大笑之。弗大笑，不足以为道矣。"上士、中士、下士之分，大概与孔子所谓上智、下愚之分略同。老子根据闻道能力的上下而把人分为三等，上士闻道虽然能肯定其实有，然而他需勤勉努力才能践行至其中间状态。中士闻道，好像有所闻，又好像无所闻，"道"是否真实实有，皆在恍惚、疑似、难以确信之间。下士闻道，则实无所闻。不但实无所闻，而且对于道本身是否真实存在都不置可否地加以怀疑；不但予以怀疑，而且对于所谓闻道本身及其所闻的对象，都漠然大笑之。这种貌似天真的大笑，正反衬出道体的超越性及闻道的艰难性。乙组《老子》云"弗大笑，不足以为道矣"，以反讽的手法阐明了道体的超越性及闻道的艰难性。

道是小、大的对反统一。道恒无名，道恒无为，可以名之为"朴"，甲组竹简曰："朴虽妻（细），天地弗敢臣。"道的这种朴小特性，指明了道是天地之母，是万物的总根，物物而不物于物。道的这种朴小的特性，侯王若能守之而毋失，那么能够成己成物，治国平天下。甲组竹简曰："侯王能守之，而万物将自化。"又曰："侯王如能守之，万物将自宾。"所谓自化，与造作相对，自化强调自然而然，造作则是有心而为，违反道性的内在之理。甲组竹简云"化而欲作，将贞

（镇）之以亡（无）名之朴"，即守紧道的朴小之性，而不掺入丝毫妄自尊大的痴想、狂为。守之又守，镇之又镇，这是一个与道合一的永恒过程，其中没有一劳永逸的妄念。朴小之道作为万有的根源，并不意味着其所化生的形下世界也是朴小、萎缩的，"譬道之在天下也，犹小谷之与江海"，道不仅作为滋生不已的源泉，化生出一个庞大无比的世界，而且道即在此世界之中。因此所谓道之朴小之性，乃是就此世界的有形性而言的。道之在天下，犹小谷之与江海，江海乃小谷之累聚，但小谷与江海之水性为一，所以从化生之根到化生之万有，皆为道之体现。道充满世界，充盈天下，乃是道之超越性涵摄于其全体性中。这种全体性就指世间万有而言，乃具有"大"性，因此道之朴小之性寓于道之大性中，亦是必然之理。《老子》甲组竹简云："未知其名，字之曰道，吾强为之名曰大。大曰潜（逝），潜（逝）曰远，远曰反（返）。"这种道之大性，在老子那儿得到了强调，道与天、地、王三者构成所谓"域中四大"[1]，其地位之高，不言而喻。那么这种"大"性又具有什么特征呢？潜，通行本作"逝"。裘锡圭认为竹简此字应当读作"衍"，"衍"训为"溢""广""大"。[2]其实，竹简此字仍应当读作"逝"。"大曰逝，逝曰远，远曰反（返）"，"反"读作"返"，这三句话是说，道从广大无边的作用而回复其朴小的本初状态，其意大抵是说，道的大性

---

① 裘锡圭云："右《郭店》误释'国'，我在校读此书原稿时失校。此字亦见云梦秦简，是'圉'字异体。'有'与'域'古音相近可通。'圉'从'有'声，亦可与'域'相通。简文之'圉'，跟帛书本的'国'一样，似皆应从今本读为'域'。"裘锡圭：《郭店〈老子〉简初探》，载陈鼓应主编：《道家文化研究》，第17辑，第49页。

② 裘锡圭：《郭店〈老子〉简初探》，载陈鼓应主编：《道家文化研究》，第17辑，第48页。

与其朴小之性是相通的、互相转化的。从本体和作用的关系来看，我们确实不应该把道的朴小特性与其大性分割开来，这两种状态之间的关系也譬如"小谷之与江海"。

从道之大性到其朴小之性，或从道之朴小之性到其大性，这是道的运动规律。而此运动规律即"返"，"返"包含"反"义。郭店《老子》甲组曰："返也者，道动也。弱也者，道之用也。"道之动不是直线式的，而是如日月经天，循环往复不断。物极必反，乃道动之必然。甲组竹简曰："天道员员，各复其根。""天道员员"，通行本作"夫物芸芸"。"员"读为"芸"或"云"，芸芸或云云，叠字，是盛多貌，连绵不绝之貌。在春秋时期，"天道"一般是实指的，老子对杂多的"天道"做出了反思，提出了本根、本体性的"道"。而这个"道"是"一"，而不是"多"。老子认为，天道虽然纷繁复杂，连绵不绝，但是它们最终各自会复归其本根，即复归其来处（"道"），譬如落叶归根，譬如川谷入海。这种复返之性或"复"的规律，正是老子重视致虚守静、居以观复及含德修身的原因。老子为何重视修德？因为"德"在西周时期是一个上承天命、下担民责以表示统治合法性的主体性概念，并且随着礼乐文化的开展，这一概念在春秋时期逐渐用来表示天命或天道在人自身的承载者，同时表示一个人面向现实世界，特别是伦理世界的主体性。对于老子来说，"德"是一个人面向"道"而将其获之于己身的主体性。老子对于道的朴小特性的强调还表现在柔弱胜刚强的观念上，竹简曰："弱也者，道之用也。"如果以朴小为道本，那么柔弱即为道用，柔弱正体现出道的朴小特性。甲组竹简曰："益生曰祥，心使气曰强，物壮则老，是谓不道。"老子主张柔弱，以柔弱为道之用，故必然主张柔弱胜刚强。在养生上，老子反对有意益生，或有意驱使体气以益生、以壮盛的观念，他说"物壮则老，是谓不道"。"物壮"与"弱也者，道之用也"相反，故不合乎"道"这个价值原则。不过，就道性来说，那种真正自强自刚、充盈不已的内在活力是老子所不反对的。而这种内在的活力，在"天地弗敢臣""万物将自化""万物将自宾"等句中有所表现。因此，老子所反对的只是那种外在的刚强。外在的刚强使物趋于僵硬、老死，使人的心智陷入智巧、诈伪和情欲的控制之中，或者使人主"以兵强于天下"。老子所主张和希望的是那种真实可依的内在刚强，是长生久视之强，是抟气至柔之强，是使物看似柔弱而实则内在生机充盈、持续不已之强，是以道佐人主而使天下致于太平久治之强。总之，如果老子主张所谓刚强的话，那么它将是一种以道为根底的内在之强，而与柔弱的道用相为表里。

与郭店《老子》相应，《太一生水》篇也重视柔弱之道。第9号简曰："天道贵弱，削成者以益生者，伐于强，责（积）于……""天道贵弱"，与老子贵弱贵柔的观点是一致的，不过二者有所不同：《太一生水》的"天道贵弱"思想可能主要属于宇宙学观念，尽管它带有强烈的价值色彩；老子的"弱者，道之用也"的观点，则是纯粹从道用的角度来说的，具有一般性，而不局限在"天道"上，或者说，"天道贵弱"不过是"弱者，道之用也"的演绎命题。

二、楚简《老子》的天道观

老子论道，也重视对"天道"的论述。其一，"天道"一词在老子之前已经产生，具有与帝命或天命同功能、同作用的含义,老子做了继承;而且,在有些地方,老子论"天道"其实是论"道",或者说,在老子那儿,"天道"是对于"道"的一个重要演绎概念。其二,"天道"与"道"在《老子》中是有区别的。天道、地道、人道等是"道"的外延。"天"字加在"道"字之前,在古典语境中即有一种深沉的内蕴,此"天"字或者相当于神性之天、帝,或者相当于必然性的宇宙铁律,所以一旦将某种观念上升到"天道"的高度来肯定,那么此种观念即具有不可动摇的神圣性和权威性。需要指出,"天道"不都是作为外在规范或规律出现的,在人或人类自身也可以直接体现出来。如甲组竹简云"功遂身退,天之道也","天道"即用此义。同时,需要指出,人道与天道是不尽一致的,当二者处于对立或冲突之中时老子即强调人道应当效法天道。违抗天道的命令(必然且应然),这是人类自高自大而对自身犯下的错误。通行本《老子》第七十七章曰:"天之道,其犹张弓与?高者抑之,下者举之;有余者损之,不足者补之。天之道,损有余而补不足。人之道则不然,损不足以奉有余。孰能有余以奉天下?唯有道者。"在《老子》中,"天之道"具有应然的价值含义。

如何实现人道与天道的一致?这是老子思考的一个重要问题。老子认为,人应当通过修德来达到人道与天道的合一。甲组竹简云"视素保朴,少私寡欲",又云"不争""不欲尚盈""能辅万物之自然而弗敢为",又云"我无事而民自富,我无为而民自化,我好静而民自正,我欲不欲而民自朴",它们都包含人道应效法天道,而天道已内在包含人道和构造人道之意。所以就人道与天道或天人关系来说,老子认为,道性即表现为自然性。在论"域中四大"之后,甲组竹简接着又说："人法地，地法天，天法道，道法自然。"人、地、天、道转相效法，均以"自然"为原则。而这种法自然的观点虽然是一种人为，但从道家的视域来看，它不是有为之人为，而是无为之人为，是为无为的法自然。基于此，所谓人为、人法其实是建立在无为和自然两个原则的基础上的，竹简说"能辅万物之自然而弗敢为"，正是此意。自然既是道性，又是人性，天人之际以及天人的互入都是以"自然"为真正联结点的。得自然之枢要，即真正掌握了天人相通之道。

老子主张人道应以天道为基础。从修道、为道的角度来说，郭店《老子》乙组竹简云："〖为〗学者日益，为道者日损。损之或损，以至亡（无）为也，亡（无）为而亡（无）不为。"甲组竹简云："孰能浊以静者将徐清，孰能安以动者将徐生。保此道者不欲尚盈。"《太一生水》第 11 号简云："以道从事者必托其名，故事成而身长。"这三段简文都在天道的基础上阐述了人道应当如何展开的问题。郭店《老子》丙组竹简云："故大道废，安有仁义。六亲不和，安有孝慈。邦家昏【乱】，安有正臣。""安"训"焉"，于是也。所谓大道，相当于"天理"。大道被废弃了，于是有仁义。六亲不和，于是有孝慈。邦家昏乱，于是有正臣。在老子看来，仁义、孝慈、正臣都属于人道，属于世间的伦理道德和位分，它们应当为"大道"所统率。这种大道与人道的关系，庄子学派以天人关系论述之。庄子主张消人入天，"天"即成为"自然"的代名词。其实，在老子那里，"大道"即包含自然之道的意思。

第二节 儒家竹书的天命观与天道观

一、儒家竹书的天命观

与道家相对的是，儒家比较强调天命观。郭店儒家简对于天命观既议论较多，其议论也比较深刻。竹书的天命观与上古的天命观或帝命观有继承关系，也就是说郭店简在传统上并没有割断与上古文化的关联。郭店简《缁衣》《五行》《成之闻之》等篇援引《诗》《书》的经典语句，就是明证。《缁衣》第7号简引《诗经·大雅·板》云："上帝板板，下民卒担（瘅）。"第36—37号简引《尚书·君奭》曰："昔在上帝，割绅观文王德，其集大命于厥身。"《五行》第48号简引《诗经·大雅·大明》云："上帝贤〈临〉女，毋贰尔心。"《成之闻之》引逸《书》曰："余才（兹）宅（度）天心。"① "才"读为"兹"，"宅"读为"度"。② "度"，揆度、忖度。这些引文都表明了郭店简的天命观与《诗》《书》时代的帝命观或天命观是一脉相承的，上帝对尘世君民具有至高无上的绝对权威和主宰能力，下民的命运操控在上帝的神能当中。不

---

① 对于此条，李学勤认为："《大禹》无疑是佚《书》《大禹谟》。"李学勤：《郭店楚简与儒家经籍》，载姜广辉主编：《中国哲学》，第20辑，第20页。

② 李零：《郭店楚简校读记》，载陈鼓应主编：《道家文化研究》，第17辑，第513页；周凤五：《郭店楚简〈天成篇〉疏证》，未刊稿。《尚书·康诰》："宅心知训。"伪孔《传》训"宅心"为"居心"。《尚书·康诰》又曰："亦惟助王宅天命，作新民。""宅天命"，伪孔《传》训为"居顺天命"。[清]阮元校刻：《十三经注疏·尚书正义》，北京：中华书局，1980，第203页。今按，这两处的"宅"字可能都应当读为"度"。

过，上帝与下民并非总是处在一种紧张不安、相互对立的关系之中，在一定条件下，他们能构成一种动态的和谐的平衡关系，而这种动态的和谐的平衡关系就是建立在"德"的基础之上的。上帝除了作为绝对的、超越的最高存在者外，也必定会对世间万有与下民发出命令：一种命令是天生的，构成人物的最初根源，故此天命无有不善；另一种命令是后天的，根据人、物之"德"不同，它或者为善，或者为恶。而所谓善、恶，是相对于人的价值观念而言的。《缁衣》简引《尚书·君奭》说，上帝根据文王之"德"而"集大命于厥身"，就是此一观念的直接表达。但是，人怎样才能获得被上帝关注和悦媚之"德"呢？郭店简即由此强调了一种虔敬尽一的心灵工夫，要以人心顺应天心，以纯一精诚之心迎接上帝或天命的降临。当然，这些工夫都是直接从天人相通的角度来说的，而不曾论及曲尽人伦物理的一面。其实，从殷周的上帝观或天命观到孔子以来的儒家天命观，在此一方面已有很大的开拓。

　　郭店简的天命观虽然接着传统讲，但在以下三个方面甚有发明或强调。第一，强调"夫〈天〉生百物，人为贵"（《语丛一》第18号简）或"生为贵"（《语丛三》第67号简下）。《语丛一》第2—3号简云："有天有命，有物有名，天生伦，人生化。"在天与命之间，竹简认为命自天降，是天之所命。"天"取代了"帝"的地位，具有发命或施命的权能。在天与物之间，竹简认为"天生百物"，世间万有皆由天所生。其中，命承担着沟通天、物的中介作用。命由天所发，无物不禀受此天命而生，且生成之后，百物都应当听从天所已发和继发之命。发命是天的本性，听命是物的特性，在赋命与禀命中天与物得到贯通，于是人、物有其自安的本原，而天命有其安止的落处。从本原处说天命与其所赋之命是绝对同一的，但是就具体人、物之内涵来说，天命又是丰富的，且各有其理则。人与物，物与物，乃至人与人，生而即有从天命而来的某些差异，《语丛三》第 17 号简曰："天型成人，与物斯理。""天型"即"天范"，"型"是模范之义，"天型"即天赋的范型或仪则。"斯理"之"理"，是条理之义。在竹书看来，在生物的过程中，天命本身即已赋予人、物以内在的差异，而这个差异即保留在人、物之"性"中。《性自命出》篇曰："性自命出，命自天降。""性"是"生"的孳乳字，它是在追问人物之"生"在其自身之本原时提出来的。"性"相对于"生"来说，既有一般性，是天赋的、自然的，又有其特殊性，"性"中即包含了相应于百物的差别性。当只从根源处看，而不对具体事物而言，"性"就是抽象地同一的；当从其所生成的百物看，一物之"性"所包含的特定内涵即呈现出来，于是连同天命一起被挂搭上了其差异性。孟子论性即把人物的特殊性或本质性阐明出来。郭店简对天命、人物或心性即做了如上思考。

第二，郭店简对何以"生为贵"和何以"人为贵"的问题从理论上做了较为深入的回答。天命生诸物，人与物所内含的规定正是使其区别开来的根据，且人为百物或诸生之最贵者。人之所以为贵，是因为"天降大常，以理人伦"（《成之闻之》第 31 号简）。竹书把天降大常与人伦人道两者贯通起来思考，其用意显然在于阐明"人为贵"之义。当然，郭店简将人伦上升到天常的高度来做肯定，这种用意也是不容忽视的。这两种用意在《成之闻之》篇中表达得很清楚，第

32—33 号简曰："小人乱天常以逆大道，君子治人伦以顺天德。""天常"即"天降大常"之省略语；"人伦"，具体指夫妇、父子、君臣三大法和六位。人之所以为贵，还与人道的特点关系密切。人伦即人道。人伦与天常相贯通，人为贵的原因既由于天常到人伦的推衍，也由于人伦上升至天常、天命处而得到肯定。其实，这是新的天命观，是"天常—人伦"相结合、相贯通的天命观。对此，《成之闻之》篇做了较为深入的论述。《成之闻之》曰："天降大常，以理人伦。"由天所降命之大常，具有支撑、主宰和规范世间伦理的作用。人伦之所以秩序井然，得益于天降大常的理性作用。人伦内在地包含着天常，天常内在地规范着人伦，它们的关系是双重的。此外，"天降大常，以理人伦"还意味着，天常能够转化和生成具体的人伦，即转化为现实的人伦规范和秩序。《成之闻之》"制为君臣之义，著为父子之亲，分为夫妇之别"（第31—32 号简），便是此意。从天常到人伦的贯通来看，竹书的天人关系不是隔绝、对立的，其重点是以天规定人，以天命支撑人伦，故郭店简对天常与天德的强调是不可避免的，《成之闻之》云"君子治人伦以顺天德"（第 32—33 号简），又云"圣人天德"（第 37 号简），都包含此意。《成之闻之》还说："君子慎六位以巳（翼）天常。"（第 40 号简）"巳"，学者或读为"翼"，《尔雅·释诂下》曰："翼，敬也。""翼"即恭敬之义。所谓"六位"，《六德》篇具体指明为父子、君臣、夫妇六者。这六者是人伦的大体，《六德》篇同时称之为"大法三"（即"三大法"）。而"君子慎六位以巳（翼）天常"与"君子治人伦以顺天德"两句是相通的。人伦与天常、天德相贯通的思想，是儒家思想的一个重要方面。

第三，郭店简对"知命"着重做了解释。竹书强调"知命"，特别突显下学上达之义，以及对"知命"路径的构造。竹书说："知博，然后知命。"（《语丛一》第28号简）这是说，如果其知不博，则难以知命。孔子自谓"五十而知天命"（《论语·为政》），这是建立在其游历多年、执政多年，因而具有丰富的人生经验和思考的基础之上的，故孔子"五十而知天命"是以"知博"为前提的。能博知则能淹贯，不仅对于物名物理，而且对于天人之道皆能知及。需要指出的是，"知博"之"知"侧重于知识之知，"知命"之"知"则侧重于通达性命本原之知。同时，"知博"和"知命"也有密切的联系，不然何以竹书云"知博，然后知命"呢？《语丛一》第29—30号简云："知天所为，知人所为，然后知道，知道然后知命。""知天所为"即知天道，"知人所为"即知人道，并且知此二者之分，亦是此"知"之义。竹书认为，如此才能知道，知道然后能够知命。或者说，知天人之分及由此知道，是知命的前提。这一段话无疑深化了上文"知博，然后知命"。不过，需要指出，竹书《尊德义》篇云"知命而后知道"，与上述引文略有不同，曰："察者出，所以知己。知己所以知人，知人所以知命，知命而后知道，知道而后知行。"（第8—9号简）这段话的思想非常深入、系统，它以知行关系为论述重心。由知到行，竹书逐渐外推和转化，其中以命规定道，以道规定行，这是很合乎逻辑的。而《语丛一》第29—30号简以知为统贯线索，以知命为落脚点，其中又以知道为中介，也是合乎逻辑的。知道与知命互为前提，或者说二者循环规定，大概这没有什么不可以的。竹书《尊德义》篇还认为"有知己而不知命者，亡（无）知命而不知己者"

（第 10 号简），将知己作为知命的前提，但在境界上又以知命高于知己，这是儒学以天命论为背景的必然结果。设若知己不以知命为归宿，那么所谓知己就只能是盲目的、缺乏动力的、停滞的；一个人只有做到知命了，才能真正成己成德，"知命者亡（无）必"（《语丛二》第 47 号简）和"有德者不移"（《语丛二》第 48 号简）。顺便指出，郭店简贵"察"，把"察"作为"知命"的重要方法之一，这可以参看《五行》《穷达以时》《成之闻之》《尊德义》《性自命出》《语丛一》诸篇。

二、儒家竹书的天道观

除了对天命观以外，郭店儒简亦有对天道观的论述。竹简涉及"道"的文字很多，对"道"有多种分类。尽管有些"道"的含义难以具体指明，学者尚有争论，但是从总体上来看，竹书的"道"可以分为天道和人道两大类。"道"具有普遍性，《性自命出》曰："道者，群物之道。"（第 14 号简）《尊德义》云："莫不有道焉。"（第 7—8 号简）这就是说，"道"遍及天人，遍及群物，天地万物皆有道。这一观点，与《庄子·知北游》篇所载庄子答东郭子的话"（道）无所不在"，是完全贯通的。由此可知，儒家和道家关于"道"的某些观点其实是相通的。不过，虽然竹书认为"道"具有无所不在的特性，但是其重点在于论述天道与人道的内涵及二者的关系。

《语丛三》第 50—51 号简云："志于道，狎于德，依于仁，游于艺。"这四句话应当出自孔子，《论语·述而》载"子曰"："志于道，据于德，依于仁，游于艺。"今本"据"字是

"狎"字之误。"志于道"的"道"字，兼指天道和人道。所谓"志于道"，即立志于道，以道为指向，道是心思、心志活动的目的。"志"即意志，是主观指向目的和对象。"立志"是成己和成就君子人格的一个必要条件。"道"自身有天人之分，故在天道与人道之中人们如何"志于道"呢？就不同的文献来说，答案可能是不一样的。竹书《五行》认为，善为人道，德为天道。需要指出，这两句话其实属于境界论话语。何为善，何为德？对于此一问题，《五行》有自己独特的理解，如云："德之行五和谓之德，四行和谓之善。"（第4号简）又云："金声，善也；玉音，圣也。"（第19号简）这两段话表明德与善、天道与人道是有密切关系的。这种密切的关系是什么呢？《五行》其实是从工夫所至的程度来分别二者的。德是德之行的仁义礼智圣五行和所达到的道德境界，而善是德之行的仁义礼智四行和所达到的道德境界。德的境界达到了天道的层次，善的境界尚处于人道的层次。"天道""人道"在文中属于工夫论用语和境界用语，其用法与《礼记·中庸》"诚者，天之道也；诚之者，人之道也"类似。从原文看，我们可以将四行和的人道境界看作五行和的天道境界的前提，但竹书显然更强调圣、德、天道的一面。通过比较简帛《五行》及帛书《德圣》篇，这一看法可以得到进一步的肯定。据竹书《五行》，圣崇智广，圣之道闻听上天之命，此天命被听者所闻而涵摄、转化为内在之"德"；智之道广知，能知则能善。而在圣崇智广所开辟出的生命境界中，圣之德可以转化为智之善，天道之命可以转化为人伦之理。这是天人、圣知、德善相贯通的地方。《语丛一》云："《易》所以会天道、人道也。"（第36—37号简）又曰："察天道以化民气。"（第

68 号简）它们都包含此意。虽然天生百物，人为最贵，但是人毕竟为天命所生诸物之一。人既然为天命所生诸物之一，那么在其所赋的性命中就必然包含着天道的因素，人必须符合天的法则。人在根本上是由天命所生的，人道必由天道所出，这是儒家天命论的逻辑内涵。《语丛一》云："人之道也，或由中出，或由外入。"（第 18—20 号简）"外入"自后天，"由中出"则直接点明人道出于人的性命和身心需要，而且归根结底，人本身及其性命都是由天所生和赋予的。所以人道和天道、天命是相关联的。

与《五行》相比，《性自命出》等篇对人道做了突出的论述。《性自命出》云："道始于情，情生于性。"（第 3 号简）此"道"即指人道。又云："凡道，心术为主。道四术，唯人道为可道也。其三术者，道（导）之而已。"（第 14—15 号简）这是立足于人道，而以心术为主的道论；其他三术（或三道）则"导之而已"。很显然，人道在此得到重视。又云："闻道反上，上交者也。闻道反下，下交者也。闻道反己，修身者也。"（第 55—56 号简）闻道而交于上下、人我，这是道作用于人自身，所以此道亦以人道为重点。竹书《尊德义》亦比较强调人道的一面，"莫不有道焉，人道为近。是以君子人道之取先"（第 7—8 号简）。竹书之所以要强调人道，是因为"人道为近"，由近及远，由显入玄，由卑低入崇高，这是为道的一般路径。

总之，从修德为道的角度看，与人自身相切近的人道必然会得到突出和强调，但是我们不能由此否定竹书某些篇章对天道的强调。在郭店简中，我们既看到了天道与人道相包含和相贯通的一面，也看到了二者相离相蔽的一面。相关例子和说法，可以参看儒家竹书《五行》《性自命出》《尊德义》等篇，又可以参看楚简《老子》。

第三节　竹书的天人之辩

以上两节论述涉及一个关键问题，即天人关系的问题。天命、天道与人伦、人道的关系，其实就是天人的关系。郭店简的天人关系是怎样的？这是一个有待回答和具体分析的问题。

一、楚简《老子》的天人之辩

郭店道家竹简对天人关系的论述以《老子》甲组竹简第22—23号简所载的一段话为总要，曰："天大，地大，道大，王亦大。域中有四大，王居一焉。人法地，地法天，天法道，道法自然。"殷人的上帝观以敬命为天人关系的总要，西周的天命观则以敬德敬命为天人关系的根本。孔子的天命观渗透了其天道观，孔子对天人关系的理解以"知天命"为根本；而老子的天道观则渗透了其对天命的批判，其对天人关系的理解以"法自然"为旨要。在天人关系中，老子强调了人的一面，但其所谓强调其实是对人在"域中"地位的提升。作为"域中四大"之一，王居于人极，为人之代表，而与天、地、道相并列，"域中有四大，王居一焉"；而且，王之所以能与天、地、道并为"域中四大"，按照老子的新解释，是因为"人法地，地法天，天法道，道法自然"。这样，老子对"人"的地位的提升显然系有意而为，但是从当时的状况来看，这是很不容易的，有突破之功。因为在殷周文献中，即在《诗》《书》及出土甲金文中，殷周的先祖活着时为人王，"集大命于厥身"（《尚书·君奭》）或"克配上帝"（《诗经·大雅·文王》），死后则被其继承人及宗族宣布为"有严在帝所"（金文）或"在帝左右"（《诗经·大雅·文王》），这些话无疑暗含着"域中有四大，王居一焉"的思想。在周人的宗教观念中，天帝与人王是父子关系，此子乃所谓"元子"，具有荷承天命的绝对权力，具有排他性。老子将"王"作为"域中四大"之一，相对于所谓天帝与人王的父子关系来说，其地位有了巨大提升。不过，王不是一般意义上的人，老子亦意识到此一点，故他随后说"人法地"云云，即将"人"作为叙述的对象。"人法地，地法天，天法道，道法自然"，老子以自然性来解释了天人的关系，将二者统一起来，这无论是在思想史上还是在对人之根源性的理解上都是非常深刻的，是极具原创性的。如果说孔子的"知天命""畏天命"还偏重于德行修养，且把天人关系作为一种类似于对象性的东西来加以认识和敬畏的话，那么老子的"道法自然"观则在同样重视德行修养的基础上以自然性首次将天人关系真正贯通起来了。对于道家而言，自然性是人能真正效法天地和效法道的根本，也是天人合一的真正原因。

二、《穷达以时》《唐虞之道》等篇的天人之辩

郭店儒家竹书的天人观大致包括三个方面。其一，郭店简包含天人相通、相入的思想。郭店简认为天生百物，人根源于天，从天到人或从人到天，其间是连贯的。而且，就人来说，人一身之中有天有人，人道即包含天道的因素。其二，

郭店简以心性论为本位加深了对天人关系的理解。"德"虽然在郭店简中是一个比较重要的概念，但是从思想史来看，它是继承春秋之思想观念的结果，在郭店简的思想体系中并无十分突出的意义。与此相对，在春秋末期至战国时期，心性论是儒家思想的核心论域。大部分郭店儒家竹书的写作很可能介于春秋末期至战国早期。《性自命出》《语丛二》等篇已勾勒出早期儒家心性论的理论内核和基本思想框架。儒家心性论将天人关系，即将世俗伦理、人的生命与超越的天道内在地贯通起来。可以指出，郭店简之心性论的发现，是重新评估和构造先秦思想史的决定因素之一。其三，天人相分的思想在郭店简中得到突显，它与天人相通的思想构成互补关系。所谓天人相分，自然包括"天""人"的名实区别。而天人相分，其实是天人相通、相入的前提。竹书的天人相分思想，特别表现在其自觉地反思或认识到天人的不同内涵及其区别的重要性，甚至认识到此种不同内涵与区别正是天人相通的必要条件。

《语丛一》第29—30号简曰："知天所为，知人所为，然后知道，知道然后知命。""知天所为，知人所为"是辨察天人之分的进一步落实，它对于天与人、天为与人为、天之所为与人之所为都有区别性的认识和理解，而在此区别性的认识和理解中，天人的一贯性正在于知道，"知道然后知命"。所以竹书主张"知道""知命"，正是建立在认识天之所为与人之所为的区别上的。如果缺少此"明于天人之分"的前提，那么此"知道""知命"是不可行的。《穷达以时》篇对辨察天人之分的思想有深刻的论述。据整理者的简序，《穷达以时》开篇即明确指出："有天有人，天人相分。察天人之分，而知所行矣。"《穷达以时》首先认为"有天有人",天、人是二元对立的平行关系。这种思维框架,说明了"天""人"都有其独立存在的价值和意义,且"人"的自我意识的建立正是建立天人关系的前提。天人相分同时表明对天人的区分是一个有待展开的过程,这是"天人之分"的另一重含义。主张"天人之分"的意义,是使人们对"天""人"二者做精细而深刻的认识,尤其是反思和辨别出它们的内在本质,以及辨察天人之分的真正目的。此目的落入知行关系中,《穷达以时》即曰:"察天人之分,而知所行矣。"辨察天人之分的目的在于人知晓其所行,这说明天人之分是人知其所行的本原。本原如果不清不明,不辨不察,那么人如何可能正确地知其所行呢? "行",李学勤先生说:"用今天的话说,意即趋向。"[①] 进一步说来,天人的内在本质可以通过人的实践活动表现出来。而所谓"知其所行",指在知天道和知人道的基础上,人知道自己如何行为活动。由此可知,《穷达以时》这段话实质上与《语丛一》第 29—30 号简不但有相同的语脉,而且在思想上是相通的。不过,在"察于天人之分"一句后,虽然竹书不废对人的强调,但是它似乎更强调天的一面。《穷达以时》第 1—2 号简曰:"有其人,亡(无)其世,虽贤弗行矣。苟有其世,何难之有哉!""世",时世,指或穷或达的时世时机,属于"天"的一面。"行",与第 1 号简"而知所行矣"中的"行"字义不同,"虽贤弗行矣"的"行"字当作"通达"解。此"行"字义,与《论语·卫灵公》篇"子张问

---

① 李学勤:《天人之分》,载东方国际易学研究院编:《中国传统哲学新论——朱伯崑教授七十五寿辰纪念文集》,1998 年秋,第 231 页。

行"的"行"字同义。① 从天人的角度来看，上引《穷达以时》的几句话是指在"察于天人之分"的基础上又就"人"的一方辨析下去，对个体之人的行世通达与否再次做了天人分析。"世"属于"天"的一面，"贤"属于"人"的一面。人即使有贤才，若无天助（不遇世机），他的命运也可能是穷困窘迫、闭塞不通的。这说明天的因素很重要，它契入了人的命运之中，甚至在一定意义上掌握或主宰着人的命运。《穷达以时》还列举了一些例子来做论证。以上是竹书论述"察天人之分"的第一层意思。

对于"察天人之分"的第二层意思，《穷达以时》通过天人的交互运动来阐明，具体分析了人所面对或经验的"天"的含义。在举证了一些例子之后，《穷达以时》第 11 号简总结说："遇不遇，天也。"遇和不遇，就其所联系的双方来看，仍然是指物物、人物或人人之间的遭遇。所谓"遇"，指人、物在其发展过程中为权贵所赏识，或其命运被决定性地改变，且指向好的或善的结果上。从遇和不遇内在包含的命运本质来看，它一方面在历时性的运动过程中联系着主客双方，同时另一方面又绝对地肯定其自身的存在，具有主宰其联结之物而超越于其上的客观性和实在性，这就是"天"。此"天"亦可直接被称为"天命"。此"天命"与西周的"天命"概念不同。在春秋末期至战国时期，"天命"是相对于性命及人的历史和现实命运而言的，前者蕴含在人的生命质体或生命本质中，后者则展现在人的行为活动和具体人生中。不仅如此，

---

① 《论语·卫灵公》："子张问行。子曰：'言忠信，行笃敬，虽蛮貊之邦，行矣。言不忠信，行不笃敬，虽州里，行乎哉？立则见其参于前也，在舆则见其倚于衡也，夫然后行。'子张书诸绅。"

古人还意识到人的命运其实是有一种叫作"时"的东西在人生中起着重要或决定作用，或穷或达都有"时"的介入。因此，把握"时"，即成为人生命运臧否中非常关键的事情。这一点在儒家及《周易》经传中都有深刻阐发。在此，需要指出：一者，"时"就其超出"人"来说属于"天"的一方；二者，"时"有向善或向恶的两种命运前景，得时则有善运，失时则致恶命，所以"时"与其命运主体又是相互作用的。

人作为特殊的主体，应如何得时而遇命，使自身通达呢？《穷达以时》第11—13、15号简曰："遇不遇，天也。动非为达也，故穷而不【怨。隐非】为名也，故莫之知而不吝。芷【兰生于深林，非以无人】嗅而不芳。无（璑）苕（珞）董（瑾）愈（瑜）垯（伏）山石，不为【无人□而】不理。"裘锡圭已指出，与"□□□□□□嗅而不芳"相当的句子，《荀子·宥坐》作："且夫芷兰生于深林，非以无人而不芳。"《韩诗外传》卷七作："夫兰茞生于茂林之中，深山之间，不为人莫见之故不芬。"① 竹书这段话包含着深刻的儒家思想，但表达得比较隐晦。既然遇不遇乃天定，而非人为，那么人面对此种天定的因素应当如何理解或对待其自身的行为活动，应当持有何种生命态度呢？其核心是人如何安身立命的问题。《穷达以时》认为，如果人做到了"动非为达"和"穷而不怨，隐非为名"这两个方面，那么人就是真正地超越了外在于生命的东西，而在社会中和天地间有所立和有所守，在听从天命流行的同时而能够做到不丧失自我，具有独立的高尚的道德人格，而达到安命自在的生命境界。而如果一个人做

---

① 荆门市博物馆编：《郭店楚墓竹简》，第146页。

到了安命自在、独立自守这一点，那么其人格生命即达到了"莫之知而不闻""莫之嗅而不芳"的境界。很显然，这是一种道德人格的操守和生命光辉。竹书人格境界的构筑，以反己成德为基点，并在天人之间构成了生命意义的翻转，道德人格生命的修养既是安顺天命的结果，又决定性地改变了生命的质量和个人的命运，于是在时世与德才之间又构成了天人相对的内在张力。这是一种辩证的生命，而非生命意识的自我矛盾。《穷达以时》第 14 号简云："穷达以时，德行一也。"第 15 号简云："穷达以时，幽明不再，故君子惇①于反己。"这两条引文比较鲜明地表达了以德安命、以人顺天，同时又以德涵命、以人导天的思想倾向。当然，它们也是彻底贯彻"察天人之分，而知所行矣"的结果。

竹书《唐虞之道》也有类似思想，只不过其论述更为明白、肯定。《唐虞之道》宣扬的是唐尧虞舜"禅而不传""利天下而弗利"（第 1 号简）的仁圣王道，其实质与被批评为伪书的《尚书·大禹谟》"人心惟危，道心惟微，惟精惟一，允执厥中"四句的旨意大体一致：尧舜的人格生命完全是道心流行的生命，无一丝一毫人欲之私。除开此一儒家精神不谈，竹书《唐虞之道》所宣扬的"养性命之正""安命养生"及"圣以遇命、仁以逢时"（第 14 号简）的思想，与《穷达以时》的思想颇为一致。当未尝遭遇时命之时，尧舜"顺乎脂肤血气之情，养性命之正，安命而弗夭，养生而弗伤"（第 11 号简），这是人以天"安命养生""养性命之正"，或者说，是以

---

① 此字之释，学者多有说。可参见黄人二：《郭店竹简〈穷达以时〉考释》，载楚文化研究会主编：《古文字与古文献》，试刊号，台北，1999 年 10 月，第 133 页。

天德涵养人性和安身立命的思想。但是，人作为"人的"一面并非总是消极的，儒家主张人应当积极地"知天命"，以逢遇大时，或者以安顺天命。当且仅当知命遇时、神明依从人意，天地方保佑人的发展。不过，何以知命？这要回到以德涵持天命的路子上去，《唐虞之道》即将"仁""圣"作为人涵持天命的两个主要德行。进一步，何以知命与何谓知命二者在本质上可能是同一的，我们应该把以德涵持天命同时看作知命的表现之一。这样，《唐虞之道》所谓"知命"（第 16 号简）、"安命"（第 11 号简）的主张，即在安身立命的同时指向了修德的一面。如果人在以仁、圣为旨归的道德修养中能够做到岿然不动，那么他是不会为外物所引诱，不会为非时非命的遭遇所改变的。同样，即使逢遇时命，贵为天子，但只要能在道德上立定，勤做工夫，那么他也能够在权力之巅上知命超然，不为其所异化。当然，一个人在道德人格上的立定又是以其真正的知命和安命为基础的。《唐虞之道》曰："纵仁圣可与，时弗可秉〈及〉矣。"（第 15 号简）又说："夫古者舜居于草茅之中而不忧，身为天子而不骄。"（第 16 号简）从知天人之分到知命安命，从知命安命到修德以逢遇时命，其中的关键在于"德""命"的双向循环，这可以简单概括为"德—命"的解释结构。大体说来，命为天，德为人。命又有天命、命运及遭遇之命的分别，而由天命、命运到遭遇之命，又是一个逐渐下落和外化的过程，它们都具有与"人"相对的"天"的含义。但这三者又都与人发生关系：天命是人的性命本原；命运既是个人生命活动的内在化展开，又是与人为相对的天命围绕人而展开的自在自为之路，因此命运是以个体生命活动为核心，天人双方交互作用于其中的结果；遭遇之命具有偶然性，是人与天（命）的遭逢相遇。大体说来，在遭遇之命中，人为天所决定，个人命运被突然降临的遭遇之命操纵，而遭遇之命在侵入个人命运的核心位置时亦同时化入个人命运的历时性流衍中。"德"从其涵存于心性中来说属于"人的"，但是从其来源来说，它具有双向性，一是来自天命，二是出自人为修养，因此对"德"进行天人关系的交互分析是必要的。天命在流行中经转化和涵持即为"德"，在天人两分的思想架构中，天命即由天入于人，人禀受而涵持之，可以谓之"德"，但人从天命所禀受或获得的一切不可皆称为"德"。"德"从直心，本作"悳"字，天所命者涵存在人性之中即为"德"。"德"的概念即体现了天人相贯通及交互作用之义，它要求人的修为完全服务于天命之所是，竹书常强调反己修德及将"德"看作"天德"，就深刻地反映了此一思想。一是对于"命"来说，"德"是直接地禀受和涵持天命，承担此天命。二是对于个人命运来说，"德"的概念似乎意味着以德主命的思想。生命的德行化、根源化，即支撑着个人命运的重荷，主宰着个人命运的展开及其如何展开等问题，所以以德主命的生命活动不是盲目的。三是对于遭遇之命，"德"既能直面会遇之而承受命运的降临，也能控制或消解遭命的不良影响。对于一个专注于反己修德的正人君子来说，他能够在修德中成己和安身立命，而不是使自己的生命受到"命运"的控制和异化。《唐虞之道》云"安命养生""养性命之正"，从根本上消解了"命"对生命的异化作用，而使人回复到性命的大本大原之中。这当然是德行修养的结果，也是德命相和谐、天人相统一的结果。这不是落于人胜天或天胜人的一边，而是天人互长、和合成道的体现。

回过头来看，《穷达以时》对天人关系的论述比《唐虞之道》的有关论述更为纯粹。所谓更为纯粹，是指《穷达以时》更直接地以"天""人"及二者的关系作为论述对象，可知其天人之辩的意识更强更深。又审察两篇的天人思想，《唐虞之道》似是在《穷达以时》的基础上再做议论的结果。因此《穷达以时》的天人思想及《语丛一》第 29—30 号简提出的"天人有分"说，可能是春秋至战国时期天人之辩的发端。

第四节　从庄子学派及荀子的相关论述看郭店简
天人之辩的价值

在郭店简之后，庄子学派对天人关系做了众多深入的阐发。《穷达以时》篇的写作应当远早于《庄子》。[①]《庄子》曰：

> （河伯）曰："何谓天，何谓人？"北海若曰："牛马四足，是谓天；落（络）马首，穿牛鼻，是谓人。故曰：无以人灭天，无以故灭命，无以得殉名。谨守而勿失，是谓反其真。"（《庄子·秋水》）

---

① 李学勤认为："荀子的生卒，前人估计为公元前 340—公元前 245 年，他的鼎盛年与郭店墓相当，而《天论》所论与《穷达以时》差距甚大。这可能表示，《穷达以时》的著作年代要更早不少。"李学勤：《天人之分》，载东方国际易学研究院编：《中国传统哲学新论——朱伯崑教授七十五寿辰纪念文集》。张立文认为："《天人》（即《穷达以时》）篇可能作于孟子晚年，或孟子稍后，可能并非孟子之前的作品。"张立文：《〈穷达以时〉的时与遇》，载姜广辉主编：《中国哲学》，第 20 辑，第 220 页。池田知久认为："《穷达以时》无疑作成于荀子学派之手……可推测是稍后形成的文章"。［日］池田知久：《尚处形成阶段的〈老子〉最古文本》，载陈鼓应主编：《道家文化研究》，第 17 辑，第 170 页。

"天在内，人在外，德在乎天。"知天人之行，本乎天，位乎得。（《庄子·秋水》）

故圣人有所游，而知为孽，约为胶，德为接，工为商。圣人不谋，恶用知？不斫，恶用胶？无丧，恶用德？不货，恶用商？四者，天鬻也。天鬻者，天食也。既受食于天，又恶用人！有人之形，无人之情。有人之形，故群于人；无人之情，故是非不得于身。眇乎小哉，所以属于人也！謷乎大哉，独成其天！（《庄子·德充符》）

"何谓人与天一邪？"仲尼曰："有人〈天〉，天也；有天〈人〉①，亦天也。人之不能有天，性也。圣人晏然体逝而终矣！（《庄子·山木》）

不开人之天，而开天之天。开天者德生，开人者贼生。（《庄子·达生》）

忘乎物，忘乎天，其名为忘己；忘己之人，是之谓入于天。（《庄子·天地》）

知天之所为，知人之所为者，至矣。知天之所为者，天而生也；知人之所为者，以其知之所知，以养其知之所不知，终其天年而不中道夭者，是知之盛也。虽然，有患。夫知有所待而后当，其所待者特未定也。庸讵知吾所谓天之非人乎？所谓人之非天乎？且有真人而后有真知。（《庄子·大宗师》）

故其好之也一，其弗好之也一；其一也一，其不一也一。其一与天为徒，其不一与人为徒。天与人不相胜也，是之谓真人。（《庄子·大宗师》）

---

① 括号内校文，据王叔岷说改正。王叔岷：《庄子校诠》，第758页。

　　庄子的天人观是很复杂的，大致说来，庄子主张人与天一、以人入天。庄子亦主张安命养生、养性命之正和德性的修养。这些主张与《穷达以时》《唐虞之道》较为一致。但是，庄子的思想本于老子，其所谓"天"指"自然"，其所谓安命养性以养神为指向。从这两点来看，庄子又创造性地发展了竹书的天人观。而且，从理论的丰富性和深刻性来看，庄子不愧为中国古典哲学的一位大师，其相关论述达到了非常深刻和精辟的地步。不过，庄子批判了人情人欲，他对人性的理解是建立在对情欲的批判和辨别上的，这与竹书《性自命出》等篇对"情"的肯定形成了鲜明对比。

　　从庄子消人入天的思想倾向来看，我们可以推论，庄子似乎批判了竹书所谓"有天有人，天人有分"及"察于天人之分"的观点。"天人相分"的观点在庄子之前早已出现，所以他花费了较多笔墨和精力研究如何消弥"天人相分"思想所带来的隔阂，而回归天人相通、"以天为宗，以德为本，以道为门"（《庄子·天下》）的老传统。庄子的努力不但消弥了"天人相分"思想所造成的天人隔阂，而且更进一步，落入了所谓消人入天的自我虚无之中。

　　荀子于是提出了"明于天人之分"（《荀子·天论》）的命题，重新就何谓天、何谓人及天人关系做出理解与规定。在《荀子·解蔽》篇中，荀子指责庄子"蔽于天而不知人"。何谓"蔽于天而不知人"？一方面，荀子肯定了庄子对"天"的高扬，庄子使得"天"（"自然"）之义达到了前所未有的明晰状态，其内涵几乎全部展现了出来；但是另一方面，荀子又认为庄子消解了"人"，是以消解"人"为代价的。荀子认为，因为庄子把"人"看作"天"的遮蔽因素，所以庄子要大力解构之，扫荡"人"对"天"的遮蔽，但庄子也因此走上了天人相一、以人入天的道路，导致了以天蔽人的后果。庄子这种由于对"人"的解构而过分倚重于"天"的主张，必然会招致荀子的批判。荀子重弹"明于天人之分"的老调，这一主张虽然对于郭店简《穷达以时》"察天人之分"来说并非一种全新的思想，但是对于维护天人间的整体和谐来说其贡献是巨大的。其贡献主要体现在对"人"的重视及使"人"在天人关系中重新安立起来。需要说明的是，从逻辑上来推论，荀子"明于天人之分"的命题不但主张明"人"，而且主张明"天"，天人两明正是其必然之义。有一种意见认为荀子不主张知天，这既可能是由于没有细读《荀子·天论》篇①，也可能是由于在对庄子和荀子之相关思想的分辨中持论有失偏颇。在批判庄子"蔽于天而不知人"的同时，荀子对自己的主张也展开了反思，以防陷入"蔽于人而不知天"的新蔽中。

---

① 《荀子·天论》篇有两种意义上的"知天"说。一种是："列星随旋，日月递炤，四时代御，阴阳大化，风雨博施，万物各得其和以生，各得其养以成，不见其事而见其功，夫是之谓神。皆知其所以成，莫知其无形，夫是之谓天。唯圣人为不求知天。"另一种是："天职既立，天功既成，形具而神生，好恶、喜怒、哀乐臧焉，夫是之谓天情。耳目鼻口形能，各有接而不相能也，夫是之谓天官。心居中虚以治五官，夫是之谓天君。财非其类，以养其类，夫是之谓天养。顺其类者谓之福，逆其类者谓之祸，夫是之谓天政。暗其天君，乱其天官，弃其天养，逆其天政，背其天情，以丧天功，夫是之谓大凶。圣人清其天君，正其天官，备其天养，顺其天政，养其天情，以全其天功。如是，则知其所为，知其所不为矣；则天地官而万物役矣。其行曲治，其养曲适，其生不伤，夫是之谓知天。"对于前一种"知天"，荀子持批评和否定的态度；对于后一种"知天"，荀子则持赞成和肯定的态度。前一种"天"，是大化流行、自然变化、客观外在之天，在当时的知识和科学条件下，人对它无能为力，故荀子主张"不求知天"。后一种"天"是通过阴阳大化流行而转变为在己在人之天，对于此种"天"，荀子主张知之，这其实是以肯定人的主观能动性和人的主体性为前提的。对人的主体性的反求和反知，是发挥人的主观能动性的前提。而荀子此一"知天"的主张，与其所谓"伪善"的主张是完全一致的。

　　总之，天人关系是中国思想与文化的大问题和老问题。关于如何理解"天""人"的内涵及如何实现天人关系的统一，先秦诸子几乎人人都有所言说。其中，郭店简"天人有分"和"察天人之分"的说法，可能开启了先秦诸子进行天人之辩和深入思考的序幕，其思想深度虽然不能与庄子和荀子相比，但是其首创之功是不能抹杀的。此外，还需要指出，"天人相分"与"天人合一"的思想往往是彼此关联在一起的，我们不应偏执一边，做出极端推论。在《荀子·礼论》篇中，荀子提出了所谓"性伪合"的命题①，这便是在"明于天人之分"的基础上重新达到了天人关系的高度统一。

---

　　① 《荀子·礼论》："性者，本始材朴也；伪者，文理隆盛也。无性则伪之无所加；无伪则性不能自美。性伪合，然后圣人之名一，天下之功于是就也。故曰：天地合而万物生，阴阳接而变化起，性伪合而天下治。"

第七章　郭店竹书的人性论与人心论思想

第一节　竹书的人性论

心性论是一套内容很庞大的理论系统，它是天、命、性、情、心、道、教、德等概念交织在一起而形成的思想总和。在一定意义上说，人性论是心性论的一个子题，它追问人性的本原、本质及善恶等问题。郭店竹书的人性论思想颇为丰富、重要，我们理应对其进行系统而深入的研究。

学界有一种意见，认为道家的"德"字实质是"性"字义，笔者对此持保留意见。但是，这并不必定意味着笔者反对道家有实质的人性论。关于郭店简的人性论，本节只在本原的、狭义的人性论概念上来论述，与"德"有关的竹书思想不在本节叙述之列。对于郭店简的人性论，我们应该追问如下几个问题：其一，人之"性"的本原是什么？其二，人之"性"的内涵是什么？其三，竹书所持的人性观点是什么？而其中又包括人性的善恶等问题。至于心、性的关系及修养问题，笔者将在后面两节加以论述。

一、竹书的"性"概念

郭店简《语丛》前三篇对天命、性情等概念有比较多的论述，而"性"是否出自天命，这三篇竹书有此意思。从天命生物或天生百物的角度来看，"性"出自"天命"乃是包含于其中的一个分析命题。据《语丛一》第2、12号简和《语丛三》第68号简可知，天（或天命）与百物是有生成关系的。按照殷周以来的天命观，推断生命体或百物由天命所生，这是没有问题的。比较直接的简文，如《语丛一》第18号简曰："夫〈天〉生百物，人为贵。"《语丛三》第67号简下曰："生为贵。"在"天生百物"的命题下，"生为贵"和"人为贵"两个命题各有侧重，后者是前者的递进，它既是由来已久的人类中心主义观念的反映，也是人对其自身认识的深化和敬重其自身生命的结果。

《语丛三》第17号简曰："天型成人，与物斯理。""天型"犹"天范"，"天范"见马王堆帛书《九主》篇。① 型、范都是法则之义。"理"，条理也。人有人之理，物有物之理，它们都根源于"天型"。《诗经·大雅·烝民》云："天生烝民，有物有则。民之秉彝，好是懿德。"《孟子·告子上》引用此诗，并引孔子曰："为此诗者，其知道乎！故有物必有则，民之秉彝也，故好是懿德。"《语丛三》第17号简所云与《诗经》《孟子》所说"有物有则"一致。"天型成人，与物斯理"两句简

---

① 马王堆帛书《九主》："后曰：'天范何也？'伊尹对曰：'天范无【名】，覆生万物，生物、不物，莫不以名，不可为二名。此天范也。'""生物、不物"，犹言生物而不物。《鹖冠子·天权》曰："彼天生物而不物者，其原阴阳也。"国家文物局古文献研究室编：《马王堆汉墓帛书（壹）》，第32页。

文，说明人与物的形成皆有来自天范的理则，天型的下落即所谓人伦物理。此简与《语丛一》第 18 号简一起，是对"天生百物"的直接说明，并在一定意义上指向"性"或"人性"这一概念。而"性"不论是物性还是人性，在生命体内都是构成其本原、质体甚至本质性的东西，而与天命直接关联，竹书《性自命出》"眚（性）自命出，命自天降"或者《礼记·中庸》"天命之谓性"，便是此意。郭店简不存在"天命"的直接复合词，但"天""命"置于同一语句或语境中的例子较多。如《语丛一》第 2 号简曰："有天有命，有物有名。"第 12 号简曰："有天有命，有地有形。"《语丛三》第 68 号简上、第 69 号简上、第 70 号简上曰："有天有命，有【地有形，有】生。"这些简文都说明，命由天降、物（或生命体）自命出在当时已成为通识。《语丛一》云"天生百物"，与此相通；而《性自命出》云"性自命出，命自天降"则是一个更深刻的命题，它阐明了性或性命的本原即在于天或天命自身，这是中国思想的一大创造。"天"既然为人"性"的本原，那么天所降命于人者有何具体内涵，这是在春秋末期至战国时期古人要着力追问和探究的问题。简单说来，"性"乃天所赋命于人的生命质体或本质，它包含着丰富的生命内涵。天所命赋者有大常和天道，此二者既内含于人性之中，也刻画出人性的理性化特征，它们对于儒家所主张的与天相贯通的人道与伦理思想具有重要意义。天命赋予人者还有一些内涵和特征，可以参看竹书《性自命出》《成之闻之》《唐虞之道》和《语丛》前三篇。天命既然是人性的本原，那么对天、命或天命的体察与知觉，就是人性修养及人复归其生命本原意识的必然要求和反映。

　　由天、命到人性，这是一个逐渐降生、转化与落实的过程。而在这个降生、转化与落实了的人性中，人性的具体内涵是什么，以及学者的相关观点和主张是什么呢？对此问题，我们需要依据全部郭店简来做出分析和回答。《语丛》前三篇对"性"尤其是"人性"概念的内涵做出了比较全面的叙述和阐明。《语丛一》对作为人性本原的"天命"做了较多的陈述，不过它对"人性"自身之内涵是什么的问题基本上没有做直接回答。《语丛三》屡言"性"字，凡六见。第58号简、残片9曰："有眚（性）有生，乎（呼）生。有孽眚（性），有逆眚（性）。"第57号简曰："人之眚（性）。"第68号简下及第71号简下皆曰："有眚（性）有生。"这些简文都说明了"性"与"生"是相对的，前者是后者的本原及生成的前提，但是它们都没有指明"性"更具体的内涵。郭店简所谓有天有命及有性有生的观点，表明"性"是天生之物，是天命所赋，是天命的转化，以及是天命下落在人物之中的结果。性者生也，和性者生之质也，都是对性的一般性的抽象规定。在对生命本原的追问过程中，"性""命"两个概念的含义也很贴近，郭店简《唐虞之道》第11号简出现了"性命"连用之例①，便是明证。郭店简"性"字皆写作"眚"，与"生"字有别，这直接表明，在竹书的时代，"性"概念与"生"概念有别，其内涵不容混淆，因此《唐虞之道》的"性命"一词不应该被浅薄化，直接解释为"生命"或"寿命"之义。

————————

　　① 《唐虞之道》第11号简："顺乎脂肤血气之情，养性命之正，安命而弗夭，养生而弗伤。""顺"字，从周凤五、李零释文。周凤五：《郭店楚墓竹简〈唐虞之道〉新释》，《"中央研究院"历史语言研究所集刊》第七十本第三分册，1999年9月，第754页；李零：《郭店楚简校读记》，载陈鼓应主编：《道家文化研究》，第17辑，第497页。

据此简可知，人的生命构成一有"性命之正"的本原者，二有"脂肤血气之情"的出性充体者，而且"性命之正"与"脂肤血气之情"具有对立统一的关系："性命之正"指性命之本原，情之未发、含蓄凝聚于中者，而"脂肤血气之情"虽然出于性命，但主要指流动于身体中的欲望，是性命的偏出者，并可能对性命之正构成否定。性命之正属于天理，而脂肤血气之情属于人欲。以天理规范情欲，以性命之正统御脂肤血气之情，这是人性论的大义所在。对于此种道理，《礼记·乐记》等书篇已做阐发。竹书《唐虞之道》既主张"顺乎脂肤血气之情"，又主张"养性命之正"，这是辩证的关系，其中后者更根本、更重要。竹书云"安命而弗夭，养生而弗伤，智□□"，指明养生的根本在于"安命"或"养性命之正"。只有真正地知道"安命"之道，生命的涵养才有更深刻、更根本的办法。如若不然，"顺乎脂肤血气之情"则只是治标不治本的养生方法，从而适得其反。《周易·乾卦·象传》曰"乾道变化，各正性命"，《周易·说卦》曰"穷理尽性以至于命""将以顺性命之理"云云，亦将"性命"连言，认作生命的根本。"性命"连言在《庄子》一书中出现了12次，皆指人天赋的、自然的禀性。而"性命"二字连言充分说明了"性"中即包含着"天命"。"性"一方面向上贯通天命，另一方面向凡俗世界生成百物，百物在其自身的根源即为"性"。由性之所生以推究其内涵，这是研究郭店简人性论的一个重要思路。

就其生现与落实而言，"性"在人物之中已内含了性之生系列的原初因素。而为了阐明"性"的内涵，我们首先不能不说明此处所谓"性的内涵"的语义。此"内涵"一词不是指普通逻辑学意义上的"内涵"概念，而是指中国传统哲学中某一实体概念在其自身内所包含的以构成其存在性的诸因素或内容，前者与后者是本末和源流的生成关系。本书所谓"性的内涵"的语义亦复如是。进一步，郭店简的"性"之内涵是什么，是我们应当追问的问题。竹书《语丛二》通过性之生系列对性的内涵做出了较为全面、深刻而系统的论述，不过需要指出，它对一些概念的划分未必很严密。《语丛二》第1—4号简曰："情生于性，礼生于情，严生于礼，敬生于严，兢生于敬，耻生于兢，悊生于耻，廉生于悊。""兢"从何琳仪释文，是戒慎、谨慎之义。①"悊"即"懃"字，《说文·心部》曰："懃，恨也。"而"恨"应是自恨自怨之义，唯自恨自怨故人能生廉洁之心。竹书曰"情生于性"，由此可知性内含情气或情之端。而由性到情，后者是前者的具体表现，它们虽然有生生的统包关系，但是情已不内含于性中。竹书云"礼生于情"，由此可知礼的设置及实践的基础在于情，情是制作礼的基础。《语丛一》第31号简曰"礼因人之情而为之"，《性自命出》第18号简曰"礼作于情"，郭店简反复申说此意。竹书云礼生严、严生敬、敬生兢、兢生耻、耻生悊和悊生廉，这是认为"礼"内在地包含着一个从严、敬、兢、耻、悊到廉的礼意系列。所谓知礼守礼，贵在能知礼守礼的根源，即贵在能知守严、敬、兢、耻、悊、廉的精神。于是这里就有一个循环解释的问题：是由礼之全体生出其所本的精神，还是由礼意派生其礼之全体？《性自命出》第66号简曰："祭祀之礼必有夫齐齐之敬。""齐齐"读为"斋斋"，庄

---

① 何琳仪：《郭店简古文二考》，《古籍整理研究学刊》2002年第5期。

重、恭敬之貌。"祭祀之礼"是"齐齐之敬"的充分条件，而"齐齐之敬"是"祭祀之礼"的必要条件，在逻辑上前者可以推出后者，大体上与《语丛二》所谓礼生严、敬、兢、耻、悡、廉是相通的。不过，因为人们对于"生生"和"包含"的理解不同，所以此生生、包含关系的前后两者何为充分条件和何为必要条件即产生了差异。就《性自命出》第66号简所云礼与敬的关系来说，我们当以礼生敬的顺序为是。竹书《五行》与此不同，《五行》第22号简曰："不远不敬，不敬不严，不严不尊，不尊不恭，不恭无礼。"第36—37号简曰："以其外心与人交，远也。远而庄之，敬也。敬而不懈，严也。严而畏之，尊也。尊而不骄，恭也。恭而博交，礼也。"这两段引文都是从前者生发后者的角度来展开论述的，故此种内涵只是一种必要条件上的，且人能由前者向后者逐渐推廓的内涵。为什么人能由前者推廓出后者呢？这可能与"以其外心与人交"的基础有关。《五行》第28号简曰："圣智，礼乐之所由生也。"第31号简曰："仁义，礼所由生也。"仁义生礼，或者圣智生礼，这两句无非是说礼源于仁义圣智四行，而此四行生礼一行。由此可知，仁义圣智四行其实包含了礼一行。这同样是以礼之本原定义其本质的方法，不过与《语丛》比较，并非完全一样。在《语丛二》第1—4号简的性之生系列中，我们可以由"情生于性，礼生于情"两句得出礼内含于情的判断。当然，内含于情的礼只是礼意，而礼仪则通过礼意的外现与情及性贯通起来。尽管礼与情有密切的生成关系，但礼毕竟不是情，这是很清楚的。进一步，由礼所生的严、敬、兢、耻、悡、廉等是否应当归入"情"的概念中？这有赖于我们对先秦"情"概念的理解。

二、传世先秦古籍与郭店竹书的"情"概念

"情"概念的一般性程度较高，其下应当有一些从属概念。在郭店简的著作或抄写时代，"情"概念的内涵与外延是什么，它是否能完全按照现代心理学上的"情感"（feeling）一词来处理，以及它是否为"性"的唯一内涵？这三个问题是需要严加检讨的，而它们也是不易回答的。

《孟子·告子上》载孟子答公都子问曰：

> 乃若其情，则可以为善矣，乃所谓善也。若夫为不善，非才之罪也。恻隐之心，人皆有之；羞恶之心，人皆有之；恭敬之心，人皆有之；是非之心，人皆有之。恻隐之心，仁也；羞恶之心，义也；恭敬之心，礼也；是非之心，智也。仁义礼智，非由外铄（授）我也，我固有之也，弗思耳矣。

如何理解这段话，学者有争议。有说此段文字是以心论性的[1]，有说此段文字是即情显性的[2]；有人认为此段引文中的"情"字为情实义[3]，有人认为此段引文中的"情"字是"性情"之"情"[4]。笔者认为，孟子"乃若其情"的"情"字，应是"情实"义；"其"，指代"性"。"乃若其情"三句的意思是说：至于就其情实来说，人性可以为善，这就是我

---

[1]　唐君毅：《中国哲学原论·导论篇》，载《唐君毅全集》，卷十二，台北：台湾学生书局，1986，第544-546页；徐复观：《中国人性论史·先秦篇》，第170-174页。

[2]　李景林：《教养的本原》，沈阳：辽宁人民出版社，1998，第240页。

[3]　杨泽波：《孟子性善论研究》，北京：中国社会科学出版社，1995，第31页。

[4]　李景林：《教养的本原》，第240页。

所说人性善之意。而为了论证此点，孟子在下文又引入了
"才"的概念，将"其情"具体化。孟子说："若夫为不善，
非才之罪也。"《说文·才部》曰："才，艸木之初也。从丨上
贯一，将生枝叶。一，地也。""才"指"性"之初出状态，
它属于已发者，与"性"极其接近。从引文来看，"才"具体
指"四端之心"，即"恻隐之心""羞恶之心""恭敬之心"
"是非之心"四者。于是孟子以"性—才"的结构论证了所谓
人性善的主张："恻隐之心，仁也；羞恶之心，义也；恭敬之
心，礼也；是非之心，智也。"仁、义、礼、智之善，在此
"人皆有之"的"心"中，是"我固有之"，故孟子"道性
善"。"情"字，在《孟子》中还出现了若干次，亦是"实"
义。《孟子·告子上》曰："牿之反覆，则其夜气不足以存；
夜气不足以存，则其违禽兽不远矣。人见其禽兽也，而以为
未尝有才焉者，是岂人之情也哉？"引文中的"情"即"实"
义。"人之情"肯定了人固有其"才"，即人固有四端之心。
此外，《孟子·滕文公上》曰："夫物之不齐，物之情也。"
《孟子·离娄下》曰："声闻过情，君子耻之。"此两"情"
字，都是"实"字义。

　　《庄子》一书中的"情"字义比较复杂。《庄子》外、杂
篇常言"性命之情"，此"情"字指性命的实质或实情，如
《庄子·骈拇》曰："任其性命之情而已矣。"又《庄子·徐无
鬼》曰："则性命之情病矣。"有时"情"字同于或近似于
"性"字义，如《庄子·盗跖》曰："皆以利惑其真而强反其
情性。"《庄子·马蹄》曰："性情不离。"《庄子·缮性》曰：
"无以反其性情而复其初。""中纯实而反乎情。"《庄子·天
运》曰："达于情而遂于命也。"《庄子·在宥》曰："逆物之

情。"《庄子·则阳》曰:"灭其情。"《庄子·天地》曰:"致命尽情。"这些"情"字都与"性"相同或很接近,属于以"情"言"性"的例子。而且,这些"情"字也与郭店简《性自命出》篇的"情"字义很相近。在《庄子》中,有时"情"指真实而自然的情状,如《庄子·大宗师》曰:"有情有信。"《庄子·天道》曰:"此仁义之情也。"《庄子·达生》曰:"达生之情者。"在《庄子》中,"情"字亦有情感义,如《庄子·山木》曰:"情莫若率。""率情"与《礼记·中庸》的"率性"一语很相近。《庄子·渔父》曰:"理好恶之情。"此句中的"情"与"性"相对,前者出于后者。不过,对于"情"的态度,内篇《庄子·德充符》与杂篇《庄子·山木》《庄子·渔父》似乎不同。《庄子·德充符》曰:"有人之形,无人之情。有人之形,故群于人;无人之情,故是非不得于身。"又曰:"(庄子曰)吾所谓无情者,言人之不以好恶内伤其身,常因自然而不益生也。"据郭注、成疏,"是非""好恶"皆为"情"。庄子所谓"无情",是"不以好恶内伤其身,常因自然而不益生"的意思,与《庄子·山木》"情莫若率"、《庄子·渔父》"理好恶之情"不同。归纳起来,庄子言"情"、论"情",大体上与"性"有关,或系"性"之所出,或系"性"的内涵,而且"情"的基本含义是真实、诚信。

庄子之后,荀子对"情"的划分更为明确,并能就其与"性"的关系直接做辨析。《荀子·性恶》曰:"今人之性,生而有好利焉,顺是,故争夺生而辞让亡焉;生而有疾恶焉,顺是,故残贼生而忠信亡焉;生而有耳目之欲,有好声色焉,顺是,故淫乱生而礼义文理亡焉。然则从人之性,顺人之情,必出于争夺,合于犯分乱理而归于暴。"荀子认为,"情"为人性的内涵，"性""情""欲"三者具有恶的特性。但"情"具体指什么，上述引文并未指实。《荀子·正名》曰："生之所以然者谓之性。性之和所生，精合感应，不事而自然谓之性。性之好、恶、喜、怒、哀、乐谓之情。情然而心为之择谓之虑。"又云："性者，天之就也；情者，性之质也；欲者，情之应也。以所欲为可得而求之，情之所必不免也；以为可而道之，知所必出也。故虽为守门，欲不可去，性之具也。虽为天子，欲不可尽。""性"是生之所以如此的本原，生命由性而生，其过程是依顺自然之理，故曰"不事而自然谓之性"，又曰"性者，天之就也"。"情"为"性"的实质或内容，据"情"而可以推明"性"的内涵，好恶喜怒哀乐六者是"情"。《荀子·正名》篇的叙述使人们对"情"之内涵的认识更为清晰。"欲"乃情之欲，应情而生欲，但它是否与好恶喜怒哀乐一样可以作为"情"的内涵之一呢？这一点需做区别。《荀子·正名》曰："性之具也。虽为天子，欲不可尽。"王先谦《荀子集解》曰："具，全也。若全其性之所欲，虽为天子，亦不能尽，秦皇汉武之比也。"[1] 可以看出，"性"与"欲"的关系是直接的，"欲"应当内含于"性"中。需要说明的是，"欲"为欲望义，它与"情"之好恶不同。当然，"欲"与"情"不是绝对分离的，"欲"是情之应，而"情"则肯定了欲。

《礼记·中庸》曰："喜怒哀乐之未发，谓之中；发而皆中节，谓之和。"朱子《中庸章句》曰："喜、怒、哀、乐，情也；其未发，则性也。无所偏倚，故谓之中。发皆中节，

---

① ［清］王先谦：《荀子集解》，北京：中华书局，1988，第 428－429 页。

情之正也；无所乖戾，故谓之和。"① 喜怒哀乐含敛而未发，无所偏倚，谓之中，也即性；喜怒哀乐已发，且中于节度，谓之和。在此，"情"与"性"是对应的，其实体为喜怒哀乐的情感。《礼记·乐记》曰："夫民有血气心知之性，而无哀乐喜怒之常，应感起物而动，然后心术形焉。"这是认为，凡人皆有血气心知之性，但没有哀乐喜怒之常。这一说法看似与《中庸》所云相反，但其实一致："无哀乐喜怒之常"一句表明，哀乐喜怒不是常性，但它们可以未发之"中"的状态凝敛含藏于"性"中。不过，"情"毕竟不是"性"，情为已发，它与本始材朴之性是相对的。只有"应感起物而动"，"然后心术形焉"，才能使性所内含的未发之情表现为已发之情。未发之情乃强名，已发之情乃实情。在情的显现过程中，"感物而动"与"心术形焉"是两个必要条件，而这与竹书《性自命出》所谓物取性出、心取性出的说法相一致，与《中庸》的说法也不矛盾。《礼记·乐记》认为"夫民有血气心知之性"，这表明血气心知属于"性"的内涵，其实从简帛《五行》《孟子》到《荀子》等都是如此认为的。如此可知，"性"的内涵不只有"情感"意义的"情"，这是可以推定的。《礼记·乐记》又曰："人生而静，天之性也。感于物而动，性之欲〈容〉也。物至知（智）知，然后好恶形焉。好恶，无节于内，知（智）诱于外，不能反躬，天理灭矣。"联系《中庸》等书篇论性、情的说法，《乐记》的"好恶"可以确定为"情"的内涵。

《左传·昭公二十六年》曰："人有六情：喜、怒、哀、

---

① ［宋］朱熹：《四书章句集注》，北京：中华书局，1983，第18页。

乐、好、恶。"《礼记·礼运》曰:"何谓人情? 喜、怒、哀、惧、爱、恶、欲,七者弗学而能。"《礼记·礼运》篇实际上已直接指出"情"即人情,人情乃天性本身所含有,不是后天习为的结果。"人情"不同于"情感",现代语义上的"情感"一词,是一个心理学概念,而"人情"一词在古典语义中却与心性学具有直接、内在的关系。古典语义的"人情"概念的内涵远大于"情感",它是中经人心作用而表现在外的人性,且根据其距离人性远近的程度,它有主客之分和强弱之别。不过,需要指出的是,由于性、情的关系过于密切,在古典文本中这两个概念也常常被混言,《大戴礼记·文王官人》曰:"民有五性,喜怒欲惧忧也。"此即是一例。

《性自命出》第17—18号简曰:"(圣人)理其情而出入之。"又曰:"礼作于情。"第20号简曰:"君子美其情,【贵其义】。"第23号简曰:"凡声,其出于情也信,然后其入拨人之心也厚。"第28号简曰:"《韶》《夏》乐情。"第29号简曰:"凡至乐必悲,哭亦悲,皆至其情也。"第40号简曰:"信,情之方也。情出于性。"第42—43号简曰:"用情之至者,哀乐为甚。"第46—47号简曰:"不有夫奋作之情则侮。"第50—51号简曰:"凡人情为可悦也,苟以其情,虽过不恶;不以其情,虽难不贵。苟有其情,虽未之为,斯人信之矣。未言而信,有美情者也。"在这些论"情"的文句中,第29号简、第42—43号简与悲乐、哀乐的情感之"情"相关,但它们是否为"情"概念的基本内涵? 答案可能是否定的。第18号简曰"礼作于情",此"情"从根本上即不能解作情感之情,因为把情感作为礼之本原,这不合乎古人制作礼乐的看法。从字源看,"礼"字本从珏从壴,珏字像两串玉,壴是鼓字的初文，故"礼"字的本义是祭神和娱神。《荀子·礼论》曰："礼有三本：天地者，生之本也；先祖者，类之本也；君师者，治之本也。""礼有三本"说亦见于《大戴礼记·礼三本》，是荀子对礼之本原问题的总结性回答。从"礼有三本"说来看，情感在回答礼的起源问题上居于其次的位置。《语丛二》第 1 号简曰："情生于性，礼生于情。""性"乃生命的本原，而"情"为"性"的发现，是人内在而潜在的生命的流露，反映的是人的生命的诸种情况和特征，而"情感"（feelings/emotions）不过是"情"概念的含义之一。古典语境的"情"也即人情，反映的是人之如此为人的诸种实际生命情状，与"性"作为人之所以为人的本原不同。人情的本质特征在于"信"，由"信"进一步深化其真实、真诚义，此种美德是对个体生命自身的承诺和对个体间之生命意识的负责。人性的异化和生命的虚假，正是因为人情失其诚信，而使人成为无情无义之人。竹书《性自命出》说，"道"本于情、义，"始者近情，终者近义"，以道为教的目的正在于以情、义来规范人的现实生命和生活，并对人生的本原——天命负责。既然《性自命出》和《语丛》都认为"情生于性"，那么把"情"主要当作或完全当作"情感"来解释，这是令人难以同意的。笔者主张以"人情"或以人性所生展的人的生命活动的实情来理解古典"情"概念的含义，这更为恰当。不过，古典的"情"概念并不排斥"情感"之义，或者说"情感"亦为人情之一义，这也是可以肯定的。

总之，性、情、欲这三个概念是有区别和联系的，对于"情"，诸子的看法颇为复杂。就语义来说，"情"有性情义，有情实义，有情态义，有情感义等。其语义在流变过程中，最初是模糊不清的，中经分裂，到荀子的时候就变得很清晰和抽象了。不过，观其大体，"情"是"性"的落实和外显，而其中一个重要含义即为喜、怒、哀、乐、好、恶的情感内容。情感亦为人情之一，人情或人之情实的概念可以统包诸义于其中。"情实"所包含的真信之义，成为诸子对于"情"的应然性规定之一。"情"真实诚信才可贵，而虚假欺骗是会遭到人们鄙弃的。郭店简的"情"概念，可以偏重于情感的"人情"义解释，而喜、怒、哀、乐、好、恶等是此"情"概念所包含的实际内容。至于知、欲、血气等概念是否属于"情"？这是需要谨慎处理的问题。

三、郭店竹书的人性论

《语丛二》论性之生系列颇为复杂，今略加分辨，抄列如下：

(1)"情"之系列：

> 情生于眚（性），礼生于情……
> 爱生于眚（性），亲生于爱，忠生于亲。
> 慈生于眚（性），易生于慈……
> 恶生于眚（性），怒生于恶……
> 喜生于眚（性），乐生于喜，悲生于乐。
> 愠生于眚（性），忧生于愠，哀生于忧。

(2)"欲"之系列：

> 欲生于眚（性），虑生于欲……
> 贪生于欲，倍生于贪，枉生于倍。
> 谖生于欲，訏生于谖，妄生于訏。
> 愧生于欲，软生于愧，逃生于软。

急生于欲，察生于急。

大（太）生于【欲，□生于太】。

（3）"理"之系列：

智生于眚（性），谋生于智……

仁，眚（性）之方也，眚（性）或生之。[1]

（4）"力"之系列：

强生于眚（性），立生于强，断生于立。

弱生于眚（性），疑生于弱，北（悖）生于疑。

（5）"能"之系列：

瞿生于眚（性），监生于瞿，望生于监。

在上述引文中，"仁，性之方也，性或生之"出自《性自命出》篇，今特抄录于此。此外，竹书虽然有"恶生于性"，但没有"好生于性"，疑其抄在佚简上。上引"瞿"字如果读为"惧"字的话，那么"瞿生于性"一条应当属于"情"系列。从《语丛二》来看，人性内含的因素是很复杂的，包括情、欲、理、力、能五大方面。这是一个大概的划分办法。其中，"力"指意志力。据此，人性是善的还是恶的？面对这个问题，郭店简的内容是复杂的。就人性内含的因素来看，人皆有此五大类，但如果从其多少厚薄来看，那么它们应是有差别的。从终极根源及其价值意义（人之所以区别于禽兽的类本质）来看，正如孟子所云，人性只能是善的。但如果

---

[1] 此一条，见《性自命出》第 39 号简，今引述于此。《语丛二》应当有类似语句。

就其具体所含因素的多少，或以所谓以情显性来看，那么我们只能得出有善有恶或可以为善、可以为恶的结论。孟子对这两个方面都有阐明，但其思想贡献集中在"道性善"（《孟子·滕文公上》）上。

总之，我们不能片面地理解郭店简的人性观点。郭店简人性论的构成及其观点的总和，是我们应当努力还原和阐明的一个课题。

《性自命出》是郭店简关于人性论或心性论的重要著作，其人性论内涵非常丰富，应当得到全面梳理。《性自命出》的人性观点具体是什么，又有何特点呢？此篇竹书对"性""情"两个概念的理解与战国中后期的相关说法不太一样。竹书认为"性自命出，命自天降"，可知"性"内含了"天命"的因素，而"天命"是"性"的本原。从性之生反观，"性"的内涵是什么呢？竹简有比较丰富的论述。《性自命出》第2号简曰："喜怒哀悲之气，性也。"如果将喜、怒、哀、悲的情感看作"情"概念的外延，那么我们可以得出竹书以情气为性的说法。"喜怒哀悲之气"的"气"概念，即身心而言，它表明了此喜怒哀悲的存在状态是性而不是情，是未发而不是已发，是潜在的而不是现实的，是质体的而不是现成的。不过，竹书以情气为性的说法与《中庸》"天命之谓性"并不矛盾，按照宋儒的诠释，一个是从下半截说，另一个是从上半截说。情气的说法，似与《中庸》"喜怒哀乐之未发，谓之中"一致，其特别之处在于以"气"之含凝及其在身的充盈、流动而阐明其为性的特点，并与生发、显现在外的情相对相关。

《性自命出》第4号简曰："好恶，性也。""好恶"在《庄子》和《荀子》中被明确地判定为"情"，应当是从发见处言，是落实在"情"上的具体好恶。竹书所谓"好恶，性也"的"好恶"，则是从未发处说，即从性上说，二者不同。《性自命出》曰"好恶，性也"，《语丛二》云"恶生于性"，从性和从情言好恶，竹书皆有之。而且，"恶生于性"与"情生于性"在竹书《语丛二》中是平行并列的，这一情况说明了在当时古人的人性论主张不是泛情主义的。而我们当下体验"好恶"与"喜怒哀悲"的差别，可知喜怒哀悲确实是一种情感体验或经验，而不必依附在其所喜所怒所哀所悲的对象上；"好恶"则不然，它们必定有所指向，《性自命出》第4号简曰"所好所恶，物也"，好恶必然有其相对之物。《性自命出》第2号简、第5号简论性物关系，即包含着此层意思。

《性自命出》第39号简曰："仁，性之方也，性或（又）生之。"第40号简曰："爱类七，唯性爱为近仁。""爱"与"仁"是什么关系？宋儒一般以仁体爱用说之，而竹书说"唯性爱为近仁"，可以肯定，在竹书中，"仁"之德是高于"爱"之情的。《语丛二》有"爱生于性"的说法，它应当与《性自命出》"仁生于性"的说法是既并列又互补的关系。在"性生仁""爱生于性"和"好恶，性也"的基础上，我们再回过头来看前面所谓情气为性的说法，可知情气、情感不是"性"概念的全部内涵或内容。

从总体上来看，竹书《性自命出》的人性论观点包括："性自命出，命自天降"（第2—3号简）；"道始于情，情生于性；始者近情，终者近义"（第3号简）；"喜怒哀悲之气，性也"（第2号简）；"好恶，性也；所好所恶，物也"（第4号简）；"仁，性之方也，性或（又）生之"（第39号简）；"爱类七，唯性爱为近仁"（第 40 号简）；等等。情由性生，是表现在外的诸种原初而本真的生命情态的总和。《性自命出》说，信为情之方，无信则不真不诚，丧失了情的根本，竹书云："凡人情为可悦也。"（第 50 号简）又云："未言而信，有美情者也。"（第 51 号简）可知《性自命出》的"情"已包含了人情、情实之义。凡人皆有性，"四海之内其性一也"，然而"心"与"性"不同，心无定志，"其用心各异，教使然也"（第 9 号简）。性一心异之说，是《性自命出》之人性修养论的基本架构。这表明了竹书更加重视人性修养论，重视"心"在教化中的作用。"教"正是通过"心"而发挥作用的，竹书曰"教，所以生德于中者也"（第 18 号简）。从教化和自修来看，人"性"应当分析为本然之性与受心作用之性，尽管二者的实体是同一的。同时，竹书肯定了人"性"在人的后天活动及其修养实践中是能变化和转化的。

竹书《成之闻之》第 26—28 号简曰："圣人之眚（性）与中人之眚（性），其生而未有非（分）之，节（即）于而〈天〉也，则犹是也。虽其于善道也，亦非有译（择）娄（数）以多也；及其博长而厚大也，则圣人不可由与埠（效）之。此以民皆有眚（性），而圣人不可莫（慕）也。""非"，周凤五读为"分"，李学勤以为古文"别"字之误。① "非之"上两句是说，圣人之性与中人之性一生下来并没有什么分别，是很相近的。此两句简文与孔子"性相近"（《论语·阳货》）之说同义。"而"是"天"字之讹。"即于天也"是说，圣人

① 武汉大学简帛研究中心、荆门市博物馆编著：《楚地出土战国简册合集（一）·郭店楚墓竹书》，第 83 页。

之性与中人之性皆成就于天，故其性一。"译娄"，陈伟等人读为"择数"，并说与《礼记·表记》"取数多者，仁也"的"取数"同义。① "虽其于善道也，亦非有择数以多也"两句是说，圣人与中人之于善道，起初在实践上几乎并无选择仁术的差异。"由"，遵由、遵从。"垾"读为"效"，从李学勤说。"则圣人不可由与效之"的大意是说，圣人与常人是有巨大差别的，他是中人所无法遵由和仿效的。此句与下句"而圣人不可莫（慕）也"的意思一致。"莫"（明母铎部）读为"慕"（明母铎部），义为仿效。《说文·心部》曰："慕，习也。"徐锴《说文解字系传》通释："慕，犹模也，习也，爱而习玩模范之也。"竹书强调了"圣人"人格的超凡、伟大。《成之闻之》第26—28号简的大意是说：圣人之性与中人之性，自其降生以来没有什么不同，都成就于天，不过是如此罢了。就善道来说，圣人与中人亦非一开始即有择数上的差别，然而及至于他通过修养而达到博长而厚大的境界，如此一来，圣人就远超于中人之上，非中人所能够跟从和效仿的了。这就是虽然民众皆有相同之性，但圣人却不可模仿的原因。②

《成之闻之》强调人性的修养，这在竹书中随处可见。竹书云圣人之性与中人之性相一，这是否意味着这两种人之性与下愚者之性天生即有别呢？我们可以做出此种揣测，但从

---

① 武汉大学简帛研究中心、荆门市博物馆编著：《楚地出土战国简册合集（一）·郭店楚墓竹书》，第83-84页。

② 对于竹书《成之闻之》此段文字的疏释与理解，李零、周凤五、郭沂、陈宁等有说。李零：《郭店楚简校读记》，载陈鼓应主编：《道家文化研究》，第17辑，第515页；周凤五：《读郭店竹简〈成之闻之〉札记》，载楚文化研究会主编：《古文字与古文献》试刊号，台北，1999年10月，第52-53页；郭沂：《郭店楚简〈天降大常〉（〈成之闻之〉）篇疏证》，《孔子研究》1998年第3期；陈宁：《〈郭店楚墓竹简〉中的儒家人性言论初探》，《中国哲学史》1998年第4期。

竹书来看,《成之闻之》并无明确的此种看法。设若下愚之性与圣人、中人之性相同,那么竹书之所以没有论及下愚者之性可能是因为下愚者的资质鲁钝,并且作者已经将其归属于"人"的一方了。《论语·阳货》曰:"性相近也,习相远也。"又曰:"唯上知与下愚不移。"《论语·雍也》曰:"中人以上,可以语上也;中人以下,不可以语上也。"在孔子看来,人性是很相近的,而生命成就或人格成就的不同,乃是由于教习相远的缘故。不过,"性相近"到底是何意呢?它的大意是,天所命于人之性者实际上没有什么明显或重大的差别,而且此一差别本身也不直接决定人后天的生命成就,因此个体间的人性差异是几希的,几乎可以忽略不计。《孟子·尽心上》载孟子曰:"舜之居深山之中,与木石居,与鹿豕游,其所以异于深山之野人者几希。及其闻一善言,见一善行,若决江河,沛然莫之能御也。"孔子所谓"性相近"之意,当与孟子认为舜与野人起初仅有"几希"的差异相同,且二圣俱认为,凡圣的差别在于其后天的人为修养。不过,从《论语》来看,孔子又把"上知"与"下愚"对立起来,这是什么意思呢?难道所谓"唯上知与下愚不移",与个体间之人性的几希差异没有任何关系吗?竹书《语丛二》第20号简曰:"智生于性。"此句说明"性"中内含"智"的因素,但"智"本身不是"性",智是性的生成结果。据此,孔子所谓"唯上知与下愚不移"并不与"性"发生直接的关联,它其实是落实在"智"的现成资质及其能动作用的差别上。正是心智的不同,决定了人的理解能力及个体才智间的差别。但是,这种解释在一定程度上绕开了对"性相近"的追问。为了更清楚、更合乎逻辑地解释"性相近"的含义,我们需要创造性地解诠。笔者认为，孔子所说的"性相近"的命题可分解为三个层面来解释：其一，从天命于人来说，"性"是生命体的本然，而本然之性皆一；其二，从禀受来看，人所禀受的性有差别，并有修养工夫的不同，遂致表现出来的人情不同；其三，从后天的表现来看，人性因其内涵的发见和作用的不同而有差异。前一个层面的"性"是本原之性或本根之性，而后两个层面的"性"则是作用之性。为何竹书《成之闻之》不提"下愚之性"？这应当是接受了孔子之说的结果。那种将人性明确分别为上、中、下三等的看法，大概是从上述"性相近"的第二、三层含义来说的。《性自命出》云"凡人虽有性"，又云"四海之内其性一也"，《成之闻之》第25—28号简也说"民皆有性"，并强调圣人之性与中人之性相同，竹书似乎与孔子"性相近"的观点是一致的，更强调本然之人性相同及习养使人相异的两个方面。

人性修养不同，这意味着人格成就或人生境界有异。所谓人性修养的不同，乃修道为教之不同；修道为教之不同，根本乃在于心性相互作用的不同。在心性的相互作用过程中，性是生命的本原，能在心的作用中分解、转化出来，表现生命内涵的丰富性与深刻性，表现人格境界的分别与崇高。心在对性的作用中处于主动地位，一方面它使性的内涵生展出来，另一方面通过修养也能给人性最终注入精神内涵，使人能在心性的涵持和修养中觉悟到生命本原的崇高和伟大，以及其博厚和悠久。而所谓给人性注入精神内涵，并非说人能改变天性，而是指人通过修养成就其天性。《周易·系辞上》曰"成性存存，道义之门"，便是此意。

第二节 楚简《老子》的心论及修养论

在中国传统哲学中，"心"是理解天人关系和人生哲学的关键概念。郭店简的心论，包括竹书《老子》的心论和儒家竹书的心论，它们都值得系统地研究和论述。从理论价值来看，后者对先秦心论的贡献很大，值得特别注意。就郭店《老子》来看，其心论思想比较丰富，主要表现在心论和修养论上。

一、楚简《老子》的心论

郭店《老子》所设想的"人"是存在于天地万物之间的人，是效法"自然"之人。从政治上来说，人君和人民都应当效法此一基本原则。竹书《老子》曰："天地相合也，以逾（降）甘露。民莫之命，天〈而〉自均焉。"（甲组第 19 号简）又说："人法地，地法天，天法道，道法自然。"（甲组第 22—23 号简）在老子看来，一个应然之人就应当是一个效法道性之自然的人。这种人，《庄子·天下》称为"真人"（"关尹、老聃乎，古之博大真人哉！"）。与此相对，"自然"落实在政治上，便是对"人为"的消解。郭店《老子》曰："是以圣人之言曰：我无事而民自富，我无为而民自化，我好静而民自正，我欲不欲而民自朴。"（甲组第 31—32 号简）《老子》的心论是就"德"来说的，无不遵从"道法自然"的原理。

首先，在楚简《老子》中，心是对于感官欲望的超越，而此心即自然之心或无心之心。《老子》甲组第 27—28 号简曰："阅〈闭〉其兑，塞其门，和其光，同其尘，锉其锐，解其纷，是谓玄同。"又乙组第 13 号简曰："闭其门，塞其兑，终身不务。启其兑，塞其事，终身不逨〈逑〉。"①"逨"，帛书乙本作"棘"，王弼本作"救"。"逨"当为"逑"字之误，"逑"读为"救"。玄同之境，乃超然而独在之境，不亲不疏，不害不贱，而为天下贵。如何达到玄同之境？楚简《老子》认为，人应当闭兑、塞门、和光、同尘、挫锐、解纷，其实质是把人从身外的存在、感官的存在和欲望的存在中解脱出来，回到原初的真实的生命存在之中。不过，所谓闭塞、和同和挫解，并不是指人的实际行为，而是指本心与兑、门、光、尘、锐、纷的分离及对其超越。感官的作用、尘俗的流染和锐纷的扰乱虽然依旧如故，但是达到玄同之境的人，其心不与之竞驰，不介入它们的反复跌宕、纠缠不已的生命活动中。而心与感官的分离及其与物的分离都包含于其中。同时需要指出，所谓分离，并不是指它们间的分裂或对立，而是指心以无心之境自在地活动于感官与外物的作用中。所以分离，不是实际的分离，而是在无心之心意义上的和同与统一。所谓无心，也即自然之心。

从手段来看，自然之心即无为之心。郭店《老子》甲组第 2 号简曰："视素保朴，少私寡欲。"乙组第 2—3 号简曰："可以长【久，是谓深根固柢】，长生久视之道也。"从气化生成来看，天德或自然性乃人的生命的本根和初朴状态，而与人的自然性相对的欲望、私意和纷纭的外在世界皆是瓦解人

---

① 上述两条释文，参考了李零的释文。李零：《郭店楚简校读记》，载陈鼓应主编：《道家文化研究》，第 17 辑，第 465 页。

的本真生命的因素和力量。大概老子还认为，人之自然本性的涵养和保持是人的生命之所以安立和持续的根本，反之则是其生命的堕落、瓦解和崩溃。这样，老子必然强调"心"对于生命的作用和意义，强调心与物的分离而向其本性的复归，"返也者，道动也"（甲组第37号简），心灵活动的真正意义在于使人效法自然以修身含德。这种思想，在甲组第24号简中即有明确的表达："至虚，亙也；守中，笃也。""亙"疑为"亟"字之误，二字形近，"亟"读为"极"。心与感官的分离，心与物的分离，在一定意义上来说都是以"心虚"的原则为基础的。心能虚则有所止定，按照老子之意，所谓自然就是要人的生命立于其本性之上，含德冲淡，自然率真而已。又竹书"至虚，极也；守中，笃也"，与竹书"【是谓深根固柢】"（乙组第2号简）之意相通，都是从根底上涵养和护持生命的本原。乙组第3—4号简曰："为道者日损。损之或损，以至亡（无）为也，亡（无）为而亡（无）不为。"心在与物的分离中所贯彻的原则是"为道者日损"（乙组第3号简），但"损之或损"的目的并不是断绝人的实际所为，以达到断绝生命之来源或者其实际生活的境地，而是让人的生命立于独境，接通生命的本原，同时又借助无心之运，回到"亡（无）为而亡（无）不为"的济世和淑世生活中。

进一步，在古人的思想中，"欲"通常属于"身"的一方，一定条件下它受到"心"的支配。"欲"代表感官的与外部世界相连的东西，它将人紧紧拉入尘俗生命的存在之中。从欲到其所欲，其中存在心的作用。从一定意义上来说，"欲"自身甚至可以看作"心"的一种功能。所以心对于欲的消解，乃是本心对于欲望之心的消解。而所谓消解，从终极的意义上来说实际上是心对于其主宰、支配欲之作用的消解。

而心与欲的问题，其实是身心问题的一部分。在古典哲学中，"身"是一个颇需要分析的概念，它可以代表生命整体，心、性、情、欲及肉体生命都可以其概括之。而当与"心"对立时，"身"一般指肉体的和现实的生命，感官和情欲则常常被系附于"身"上。当然，在道成肉身的意义上，"身"已完全为精神性的东西所纯粹化了，生命的现实活动是大道的流行和德性的畅扬，"身"是道德的立体的、现实的符号，即《老子》所谓"含德之厚者，比于赤子"（甲组第 33 号简）和"修之身，其德乃真"（乙组第 16 号简）是也。这种"身"的概念，与《礼记·大学》"德润身""心广体胖"、《礼记·中庸》"故君子不可以不修身"的"身"概念是相通的。

其次，楚简《老子》对有身、无身的关系做了辩证论述。乙组第 5—8 号简曰："人宠辱若惊，贵大患若身。何谓宠辱〖若惊〗？宠为下也。得之若惊，失之若惊，是谓宠辱惊。【何谓贵大患】若身？吾所以有大患者，为吾有身。及吾无身，有何【患？故贵为身于】为天下，若可以讬天下矣。爱以身为天下，若可以迲（寄）天下矣。""何谓宠辱"下，疑脱"若惊"二字，当补。"迲"读"寄"，帛书甲本即作"寄"。《说文·言部》曰："讬，寄也。"司马谈《论六家要旨》曰："凡人所生者神也，所讬者形也。"（《史记·太史公自序》）"讬"即为"寄"义。这段话的论述中心在于安身。人的存在，首先是肉体生命、现实生命的存在。而此身的安立与否，确实与人的心灵有密切关系，身与心是相互影响的。心之所患，乃主体之我忧患此身的存在与安立。此身如何存在，是心所忧所思的一个重大问题。老子解决此一问题的办法是以

"无身"消解"有身",进而安放此身。这一思路看起来似乎是非常吊诡的,其实从道法自然,从无欲、无为、好静到视素保朴、至虚守中及深根固柢的角度来看,"无身"就是人消解其对于此身的有欲的、有为的、私意的存在,其根本点落脚于对"我执"的消解,化"有身"为虚无素朴、无心自然的空明境界。老子认为,当不属于此心之私有时,此身即寄寓于天下而无忧。从"有身"到"无身",再到"安身",此身是一贯的,而心灵的作用则颇不一样,生命的意识也完全换了一种存在方式。所以此身安立的根本在于此心的安立,而不在于满足情欲或感官之需求的安立。乙组第 13 号简曰"启其兑,塞其事,终身不救",就对以满足情欲或感官的需要来安身的态度做出了强烈批判和否定。身之安立的根本在于心的安立,心之安立首先要求消解我执的心理,因为"有身""无身"乃根本取决于此心是否执持之。对于消解"有身"之"心"来说,此心乃无心。

最后,竹书《老子》关于心气关系的论述值得注意。甲组第 35 号简曰:"益生曰祥,心使气曰强,物壮则老,是谓不道。""弱也者,道之用也"(甲组第 37 号简),不道则丧失了道以柔弱为用的特性。"心使气曰强",刚强与柔弱相对,心役使气,这自是蹈入不道之中。然而为什么"心使气曰强"是谓不道呢?儒家和道家的思想分际之一即在于此,儒家倾心于"刚强",而道家则倾心于"柔弱"。气,体之充也,其运动状况及如何运动是能够受到心的主宰和支配的。"使"即驱使、主宰、支配之义。与儒家的心气论、身心论不同,老子主张消解此心对于气与对于身的驱使、支配和主宰。如果一个人在生命活动的过程中具有驱使、支配和主宰意识,那么他已经是离别"弱柔"而入于"刚强"了，"刚强者死之徒"，故"心使气曰强"与老子的主张背道而驰。依此推论，老子不但主张抟气至柔，而且实质上主张心柔。所谓心之柔弱，即心消解了其自身违反道性而偏执于人为、有欲而尚动之心。说到底，心之柔弱是要心为一自然心，人为一自然人，一切依顺天理而行，无一丝一毫人欲的造作和施为。①

二、楚简《老子》的修养论

现实中的人往往扎根于有欲、有为、有身、有心的生命活动和意识之中，因而如何从根本上把人变成一个无欲、无为、无身、无心而纯任自然的人，这是老子哲学的另一个重要问题。这就是含德修身和积德修身的问题。而此"身"，指人的全副生命，不仅仅指其肉体生命而已。郭店《老子》甲组第 33 号简曰："含德之厚者，比于赤子。"这两句话的意思可以与《礼记·大学》所谓"德润身"之说相通，但二者之"德"的内涵不同。《老子》乙组第 1—3 号简曰："治人事天莫若啬。夫唯啬，是以﹝早是以﹞早服，是谓【重积德。重积德，则无】不克。【无】不克，则莫知其极。莫知其极，可以有国。有国之母，可以长【久，是谓深根固柢】，长生久视之道也。"竹书缺文，可据帛书本和通行本补。"重积德"是这段话的一个思想重心。一方面，老子重视"积德"，积德对于"有国"和长生久视的养生之道具有重要作用。另一方面，德的涵养、积聚也是与人的修身活动分不开的，《老子》乙组第

---

① 《论语·公冶长》："子曰：'吾未见刚者'。或对曰：'申枨'。子曰：'枨也欲，焉得刚？'"孔子尚刚，这与老子尚柔是相对的，这是二人不同的地方。不过，二人都主张消解"欲"以安身立命，这是相同的。

15—18 号简即对此做了深刻的论述。竹书曰："善建者不拔，善抱者不脱，子孙以其祭祀不辍。修之身，其德乃真；修之家，其德有余；修之乡，其德乃长；修之邦，其德乃丰；修之天下，【其德乃溥。以家观】家，以乡观乡，以邦观邦，以天下观天下。吾何以知天【下然哉？以此】。"由修身到修天下，由"其德乃真"到"其德乃溥"，这是一个层次分明、脉络清晰并递进展开的修身过程。这一点似乎与《礼记·大学》的"八条目"有相似之处。而早期儒家与道家有其相似观点和思考方式，这是不足为奇的。

在修养论上，老子主张以自然之道来"含德""修身"，消解各种欲望对身心的异化。就"含德"来说，老子认为"含德之厚者，比于赤子"（甲组第33号简），以此顺应天道的自然，消解躁动不安的欲望之心，从而达到内心的和平，以知晓常道。郭店《老子》曰："是以【圣】人欲不欲，不贵难得之货；学不学，复众之所过。是以能辅万物之自然而弗敢为。"①（丙组第12—14号简）不仅如此，老子还要人"无事""无为""好静""欲不欲"（甲组第31—32号简），"守朴"（甲组第18—19号简）、"视素保朴，少私寡欲"（甲组第2号简），"弗始""弗恃""弗居"（甲组第17—18号简），"不争"（甲组第5号简）、"知足"（甲组第6号简）。而对于人应当如何做工夫以消解人欲，达到自然之道，老子主张"至（致）虚""守中""居以须〈寡（观）〉复"（甲组第24号简），既要在致虚守中的工夫中达到至极和笃厚的地步，又要在万物的大起大

---

① 此数句，郭店《老子》甲组第11—13号简曰："圣人欲不欲，不贵难得之货；教不教，复众之所过。是故圣人能辅万物之自然而弗能〈敢〉为。"

作中静待，以观其反复。这是"为道者日损"（乙组第3号简）的工夫。真正的"含德""积德"，是"深根固柢，长生久视之道"（乙组第2—3号简）。

在心的修养基础上，老子又主张"修身"。郭店《老子》乙组第16号简曰："修之身，其德乃真。"相对于外物或其所依存的外部世界来说，"身"是人的整个生命存在的根本。所以修德于身，是人的个体生命的真实来源和根据。离开人，则此德无处寄托；存之于人身内，则此德即支撑和涵养着个体生命。由身向家、国、天下，此德依次发挥其真实作用。当然，"含德"或"积德"与人的修养程度是密切相关的，老子对此也做了论述。在"修身"方面，我们还应当认识到此"身"对于生命本身及生命意识的重要性，应当辨清身与名货等物的差别，要返回自身，做到"以身观身"（此四字在《老子》乙组简脱文中），不要使"身"的价值被外在于"身"的标准异化了。老子认为，要从生命的真实处顺从自然，通晓"功遂身退"（甲组第39号简）之道，甚至要"【为身于】为天下"或"以身为天下"（乙组第7—8号简），以"寄寓"的形式肯定生命体（"身"）的存在，从而化解内心关于身应当如何存寄的大忧患。这是一条从心内到身外的双重人生安顿和肯定之道。

在从现实的生命寄托到人格境界的塑造上，楚简《老子》所载老子思想更有飞跃。甲组第8号简曰："古之善为士者，必微妙玄达，深不可志。"这种"微妙玄达"的境界，实乃深得自然之奥妙，与天道合一而无人我之分。而且，此生命不是平浅、直露和粗涩的，而是浑沦含蓄和深沉玄达的，具有通包天、人、物、我于一身的生命意识与气象。甲组第27—

29 号简的一段文字宣扬"玄同"之境，玄同之境即把人从人间种种束缚中解脱出来，从智欲的偏执中还原出来，而使人在和光同尘中立于独境，立于生命的真正本原上：不亲不疏、不利不害、不贵不贱而为天下贵。生命之尊贵，贵在其心住于玄同之境中而超然独在，不为世间万物所异化。

在"微妙玄达"或"玄同"之境上，老子的境界说更表现在由天、地、道、王所构建的"四大"（甲组第 22 号简）说上。"域中四大"说指向的是自然的生命境界，它以"人法地、地法天、天法道、道法自然"（甲组第 22—23 号简）为阶梯，实现了人格生命的飞跃和升华，可与后人所说的"天地境界"齐观。与"含德之厚者，比于赤子"比较起来，此说既有其内通之处，也有其迥异的地方，前者所成就的境界朴厚，而后者所成就的境界阔大。而老子"含德""修身"的最终目的，即在于让人在"域中四大"中成就其自身，并在此境界中存身和升华其生命。

第三节　儒家竹书的心论

在中国古代哲学中，"心""性"这两个概念的关系极其密切。一般说来，"性"是"生"的孳乳字，是从"生"字义发展、变化而来的，但它又不等于"生"字。"性"是生命的本原和质体，生命的复杂性及生成、变化都是以"性"为基础的。人的生命的基本特性都潜在地包含在此一本原中，因此"人性"概念本身其实已经潜在地包含了人的现实生命的基本要素。既然人的生命源自天命，那么从终极本原上来看，

"心"亦为天赋之一物。人之所以异于甚至贵于他物的一个重要因素，即在于人有"心"。在心性关系中，"性"是生命的本、始、材、朴，而"心"不离于"性"的肯定。从性对心的肯定来看，心之诸用皆以材朴的样式潜含在性之中了。因此从性到心，二者是分析与发现的关系。不过，在中国传统哲学中，心体的器质性意味逐渐淡化。在以其功能为体的基础上，诸子重新建立了心之体用的关系。心体的器质性，即性之现实化和血肉化，在此种意义上"心""性"二者不存在分裂。真正造成"心""性"二者分裂或分离的东西，乃是心之所以为心者。"心"从"性"所内含的因素中生发出来，并结聚成体，这即构成了中国传统哲学意义上的"心"概念。从一定意义上说，人性与人心的对立即代表了天人两者的对立，其统一亦复如是。人心异于人性的特质在于人心的自在性或心之所以为心者。心的这种自在性或其所以为心者，有道德主体、情感主体、认识主体和意志主体等说法，甚至是这四种因素交互形成的综合主体。

在春秋后期至战国早期，哲学意义上的心论已经发展出来，对心性和身心关系等已有比较深刻而系统的论述。郭店儒家竹书充分反映和证明了这一点，可以看出"心"在儒家思想系统中的重要性已经凸显出来。就内容来看，郭店儒家竹书的心论很复杂，也很丰富。

一、心性关系

一般说来，在儒家心性学中，论性必须论心，论心亦必论性，心性的关系是密切的。在郭店儒家竹书中，心性关系也当作如是观。

竹书《五行》论身心关系在一定程度上已触及"性"的问题。不过，从具体文本来看，"性"概念不见于此篇竹书，而见于帛书《五行》的说解部分。帛书《五行》将竹书《五行》的身心论发展为心性论，认为人性包括心之性与身之性两个部分，心之性好仁义，身（耳、目、鼻、口、手、足）之性好声、色、嗅、味、逸豫。这种思想亦见于《孟子·告子上》篇，孟子即有此种说法。在此，所谓心统身，就是大体统小体，也即心之性统身之性。由此，在人性修养论上，孟子以理义之所在为"所性"，以欲望之所在为"君子不谓性"（《孟子·尽心下》）。以上是从发展的观点来看竹书《五行》的人性说。

竹书《性自命出》的心性说比较丰富，可以归纳为三点。一是竹书提出了"心取性出"与"物取性出"的观点。在此，"性"的生现是"心""物"作用的结果。《性自命出》第 6 号简曰："凡人虽有性，心弗取不出。"这是"心取性出"的命题。在此，"心"是能动的主体，它作用于性，可以将"性"中内含的潜在因素取放出来。同篇第 2 号简曰："喜怒哀悲之气，性也。及其见于外，则物取之也。"第 5 号简曰："凡性为主，物取之也。"这是"物取性出"的说法。"物"指什么？或者说，除了声、色、嗅、味、逸豫之物外，它还指什么？从竹书来看，这是一个不易回答的问题。作为能动体，"心"是主要的；不过，外物对于"性"的感动作用也是不能忽视的。而取性之"物"与取性之"心"是什么关系？或者说，前者是否通过后者起作用？这是一个仅据竹书文本还难以回答的问题。撇开其与"性"的关系不论，"物"与"心"是可以相互作用的。

　　二是竹书提出了"性一心异"的命题。《性自命出》第9号简曰："四海之内其性一也，其用心各异，教使然也。"又说："教，所以生德于中者也。"（第18号简）竹书在此提出了"性一心异"的命题，而人之所以"用心各异"，正是由于"教"。对于教之所以为教，竹书的论述繁多。性虽然经过心的作用而分解，但是其本体仍然贯通于"用心各异"之中。"用心各异"即"性"的反应和分解，竹书《性自命出》与《语丛二》对"性"的反应、分解或者"性"之生的系列做了较多陈述，可为其证。而《性自命出》第10—11号简所谓"凡动性者，物也"，在一定程度上可以看作上引第9号简文字的一个分析命题。所谓"物"，联系竹书上下文来看，"道四术"中的"三术"可以被称为"物"。所谓"三术"，具体指诗、书、礼乐（第15—16号简）。竹书以"心术"为能动的、主体性的，而以此"三术"为"教"的工具和方法。这样，物之动性和取性，在一定程度上是通过"心"来进行的。相应地，在一定程度上，"心取性出"与"物取性出"是统一的。其中，"物"作用于"心"，"心"作用于"性"，而"心"是统领"性""物"的纽带和关键。

　　三是竹书提出了"哀乐之性相近，是故其心不远"的说法。《性自命出》第29—30号简曰："哀乐，其性相近也，是故其心不远。"何以哀乐其性相近也？这是因为一者，它们本来即内含于性中，而性生之。二者，"凡至乐必悲，哭亦悲，皆至（致）其情也"（第29号简），哀和乐是可以转化的，它们都是用来表达人的真情实感的。三者，性之所在和情之所至，本来就是人用心各异的结果，所以其心即存在于由心作用的情感之中。又"性一心异"与"哀乐，其性相近也，是故其心不远"这两个命题不是矛盾的。前者是由本然之性经过相异之心的作用而向下分解,后者则是由相异之情向上追溯其心性的内在关系。总之,竹书的心论是比较深刻和复杂的,能够在较大程度上反映战国早中期传统心性学的状态。

二、身心与心志

先看郭店儒家竹书的身心关系。郭店儒简"身"的概念并不包含以"亡身"消解"有身"而立身的意思,但其语义有三:其一指现实的生命体;其二指德性的生命体;其三指人的生命整体,包括心性在内,亦即缘会聚集人之所以为人的各种要素者。其实,儒家的"身"与道家的"身"概念很难截然分开,只是在一些具体的主张上会有倾向性的不同。身心的对立两分,是讲求身心和谐的基础。郭店儒家竹书无疑主张身心统一论,因此身心间的关系乃是竹书身心论所关注的重点。《语丛一》第45—52号简,以及《性自命出》部分竹简认为,从心到身以气相连,气本含于性中,"喜怒哀悲之气,性也";心取性出,心动气生,进而向外流布,可以说气者体之充也。而心对体的支持和统摄亦必通过气流而进行,在竹书中亦可谓之"体"。《语丛》论"体"包含身内之所有:"其体有容有色,有声有嗅有味,有气有志。"但体之所有者并不是平等并列的,而是"有本有标,有终有始"。本末终始既从其重要性而言,亦从其源流而言。色由目司,声由耳司,嗅由鼻司,味由口司,气由容司,志由心司。气由容司之"容"字,疑未读出,而志由志司亦可说志由心司,因为志乃心含之物。至于耳目鼻口与志(心)气六者之间的关系如何,

《语丛二》现存竹简并未直接说明，但已做了充分的提示，其中有本末终始的划分就是颇为重要的一条。竹书《五行》对身（体）心的关系做了明确的论述，认为寄之于身的耳目鼻口手足六者是"心之役也"，即认为寄于身的六者为心之役使，心能在自为中而为他，主宰其他六者。这样的一种身心论是应然而自然的唯心论："心曰唯，莫敢不唯；诺，莫敢不诺；进，莫敢不进；后，莫敢不后；深，莫敢不深；浅，莫敢不浅。"（第 45—46 号简）既然如此，那么只要心发布命令，身就绝对地服从命令，身心间的和谐统一，似乎是在心中本来即有，而应当如此。然而竹书为什么还要谈身心的和同、为善成德问题呢？看来从心的发布命令，到身之诸器的听从命令，其间有一个不可或缺的流动、通贯的过程，这包括心身关系与身之诸器应如何统一两个方面。除此之外，最重要的是人们应当协调心的活动，以及保持所发命令的内在和同性。人心依其作用而被划分成不同的心，如何避免其作用的倍谲不同，乃在于修心之和同为一，竹书常强调"一心""一德"或"慎独"，就是这个道理。竹书《五行》第 16号简云："能为一，然后能为君子，慎其独也。"依帛书《五行》解说部分，"能为一"乃指能以多为一，统摄身之诸器官而为一；"慎其独"，乃舍夫身之诸器官而独慎其心，使心达到独则无对、超然绝对的地步。① 虽然心能够自在自为，

---

① 帛书《五行》第 223—224 行原文云："慎其独也者，言舍夫五而慎其心之谓□。□然后一。一也者，夫五夫五为□心也，然后德之一也，乃德已。""五"之所指，有耳目鼻口四肢（手足）说，有仁义礼智圣五行说，今从前者。帛书《五行》云："独也者，舍体也。"又云："无与终者，言舍其体而独其心也。"皆其证。

具有超越并主宰身体的绝对性，但是这不意味着从价值判断来说心是没有危险存在的。心的危险正在于它的自在自为，自在自为易流于独断专行。人心之所欲既是人心开放的源泉，亦是深深陷溺其心者，"人心惟危，道心惟微"，一直到荀子，儒家深深地认识到人心的险恶所在，故要以道心立人心。竹书《成之闻之》第 33 号简云："大禹曰：'余才（兹）宅天心。'害（盖）此言也？言余之此而宅于天心也。""宅"，忖度也。以人心忖度天心，其意正与《尚书·大禹谟》之旨相贯通。

再看郭店儒家竹书的心志论。对于古人来说，"心"不是无所藏识的白板。"志"是"心"的内涵之一。《语丛一》第 52 号简曰："志，心司也。""司"，主也。心、志是体用关系，前者主宰后者。何谓"志"？《说文·心部》曰："志，意也。"同部曰："意，志也。"二字互训。"志"，是心之所之或心之所向，具有确定的意向和目的，它同时带有"意志"（will）的特征。在中国古典语境中，"志"由"心"生，前者是后者的内涵，它在一定程度上同时肯定了后者的存在。在心体致用的过程中，"志"所起的作用是重要的。人皆有志，而人皆须立志。"志"应如何立，又立何种"志"？这是心志论的关键问题之一。《论语·子罕》记孔子曰："三军可夺帅也，匹夫不可夺志也。"在这两句话中，孔子以极权威的口气肯定"志"对于人生意义的重要性，肯定人应当立志。而对如何立志及应立何种何等志，孔子是有自己的标准的。《论语·为政》篇记孔子曰"吾十有五而志于学"，《论语·里仁》篇记

孔子曰"苟志于仁矣，无恶也"①，《论语·述而》篇记孔子曰
"志于道"，《论语·先进》篇孔子对子路、曾晳、冉有、公西
华曰"各言其志"，可知孔子本人不仅重视立志，而且其所谓
"志"是有特定指向、内容和标准的。大体说来，孔子主张以
道立志、以仁立志，道和仁是孔子所志的对象。孔子主张人
通过内在的意志发动和道德工夫，使道和仁在心中变得充实、
刚大起来，进而成为人的生命主宰，以此成就君子、圣贤的
人格。

　　《语丛三》提出了"志于道"和"崇志"之说。《语丛三》
第 50—51 号简曰："志于道，狎于德，依于仁，游于艺。"这
几句话亦见于《论语·述而》篇所记"子曰"。② "狎于德"，
今本《论语》作"据于德"。"据"字，当是"狎"字之讹。
《语丛三》的这几句话不一定抄自古本《论语》，反倒比较可
能抄自孔子的某篇文章或其他相关语录体文献。另外，"志于
道"之说，为孟子所继承（《孟子·尽心上》）。《语丛三》第
14—15 号简曰："游思，益；崇志，益；才（存）心，益。"
其中"崇志，益"一句，是完全符合孔子思想的逻辑的。另
外，"存心"之说为孟子所继承，《孟子·离娄下》曰："（孟

---

　　① 孟子继承了孔子"志于仁"之说。《孟子·离娄上》载孟子曰："苟不志于
仁，终身忧辱，以陷于死亡。"《孟子·告子下》载孟子曰："君子之事君也，务引其
君以当道，志于仁而已。"又曰："君不乡道，不志于仁，而求富之，是富桀也……君
不乡道，不志于仁，而求为之强战，是辅桀也。"《孟子·尽心上》："王子垫问曰：
'士何事？'孟子曰：'尚志。'曰：'何谓尚志？'曰：'仁义而已矣。杀一无罪，非仁
也；非其有而取之，非义也。居恶在？仁是也。路恶在？义是也。居仁由义，大人之
事备矣。'"
　　② 《论语·述而》："（子曰）志于道，据于德，依于仁，游于艺。"另外，"志于
道"句见于《论语·里仁》和《孟子·尽心上》。《论语·里仁》记子曰："士志于道，
而耻恶衣恶食者，未足与议也。"《孟子·尽心上》载孟子曰："流水之为物也，不盈
科不行；君子之志于道也，不成章不达。"

子曰）君子所以异于人者，以其存心也。君子以仁存心，以礼存心。"

在修养实践上，《性自命出》提出了"习以定志"和"习以养性"之说。第1—2号简曰："凡人虽有性，心无定志，待物而后作，待悦而后行，待习而后定。""心无定志"与"心有定志"互为反题，由"心无定志"到"心有定志"，其中的根本是"习"的工夫，即所谓"待习而后定"也。而且，竹书"待习而后定"之说，与孔子重"习"的人性修养论（"习相远"）是一致的。在孔子看来，"志于学"和"志于道"是立何等志的根本观念，而"习"是使"志"植根于"性"中而使之不可动摇的根本工夫。只有扎根于性体中的心志，才是真正的定志。此外，第11—12号简曰："养性者，习也。"第13—14号简曰："习也者，有以习其性也。"这两句话进一步阐明了"习"对于人性修养的巨大作用。

三、心气论或志气论

再看竹书的心气论或志气论。郭店简的心志论是孟子"以志率气"说的前导。关于"气"，《性自命出》第2号简曰："喜怒哀悲之气，性也。"此"气"乃性中所含之气，乃血气之本。《语丛一》第45—46号简曰："凡有血气者，皆有喜有怒，有慎有狂。"与上引《性自命出》文正相对应，不过有未发和已发之别。此血气流动、充盈于周身，《性自命出》又称之为"郁陶之气"，第43—44号简曰："目之好色，耳之乐声，郁陶之气也，人不难为之死。""郁陶之气"即小体之气，此气是小体所好（如目之好色、耳之乐声）的动力来源。

"身体"是古人思考的重要对象。"体"包括体表和体内。

体内有心志、情感心理、血气和骨肉；体表有容、色、声、嗅、味、气等。其中"有气有志"最为重要。《语丛一》第45—52号简曰：

> 凡有血气者，皆有喜有怒，有慎有狂。其体有容有色，有声有嗅有味，有气有志。凡物有本有标，有终有始。容、色，目司也；声，耳司也；嗅，鼻司也；味，口司也；气，容司也；志，心司也。

在上述简文中，"气"有两种状态：一种是"血气"，其情感心理活动为喜怒慎狂；另一种是呈现在容貌上的精神面貌，竹书云"有气有志""气，容司也"的"气"，均属于此种。而在这两种气之后，竹书应当存在一种贯通二者和体内体外之"气"。"凡物有本有标，有终有始"，这是理解"体"之本体与作用的基本原则，如目为本，容、色为标。不仅如此，"凡物有本有标，有终有始"也是工夫论的基本原则。如心为本，志为标；志为本，气为标。而气又有内外之分，起着贯通内外的作用。血气司喜怒慎狂，目司色，耳司声，鼻司嗅，口司味，这都是血气的发用，而竹书《性自命出》篇总言之曰"郁陶之气"，并认为"人不难为之死"。用今语说，此气皆为感官欲望，不过流于人欲而已。"有气有志"和"气，容司也"的"气"，则与血气之"气"不同，前二"气"不可能不受到"心志"的影响，甚至为其所决定。饮食之人表现出贪吃好喝的狼疾之气，而志士仁人则呈现出至大至刚的浩然之气。此二者同为精神面貌，但有污浊卑贱和崇高美善之别。如何避免狼疾之气而追求浩然之气，这是道德修养的问题，即所谓以志率气的修养问题。《语丛一》认为心司志。而通过内在的修养工夫，心志可以操练和变化血气，进而在容气上呈现出道德性的精神面貌。

在志气论上，孟子迈进了一大步。孟子所说的"志"指心志，"气"指体气，而"体气"又包括体内之气和容气。就自然状态来说，"体气"指血气、小体之气或"郁陶之气"；但是，一旦自然之气进入生活世界，即具有道德价值，故"容气"是有道德含义的。在郭店简的基础上，孟子进一步扩大了"气"的内涵和功能，除了血气和容气之外，"气"还包括流行于体内的道德之气，如所谓仁气、义气、礼气。仁气、义气、礼气的概念见于帛书《五行》。《孟子·尽心上》载孟子曰："君子所性，仁、义、礼、智根于心。其生色也睟然，见于面，盎于背，施于四体，四体不言而喻。"这是指生发于心的仁、义、礼、智之气展现于容、色、肌、体而言。无疑，孟子的所性养气说扩大了郭店简的工夫论思想。关于志气，大抵说来，孟子提出了以志率气、以志使气和以志动气的观点。《孟子·公孙丑上》曰：

（公孙丑）曰："敢问夫子之不动心，与告子之不动心，可得闻与？"

（孟子曰：）"告子曰：'不得于言，勿求于心。不得于心，勿求于气。'不得于心，勿求于气，可。不得于言，勿求于心，不可。夫志，气之帅也；气，体之充也。夫志，至焉；气，次焉。故曰：'持其志，无暴其气。'"

"既曰'志，至焉；气，次焉'，又曰'持其志，无暴其气'者，何也？"

曰："志壹则动气，气壹则动志也，今夫蹶者趋者，是气也，而反动其心。"

"敢问夫子恶乎长？"

曰："我知言，我善养吾浩然之气。"

"志"是主体之"心"活动的产物。"不动心"是指心志坚定而不可动摇。而由"不动心"可知，斯人具备坚定而稳固的道德意志，孟子是真立"志"而立真"志"。进一步，建立在"不动心"上的"志"，从内容看，具体指"志于道"（《孟子·尽心上》）和"志于仁"（《孟子·离娄上》《孟子·告子下》），此"志"是良知良能或善心的意志作用。而如何达到"不动心"的"养气"状态？据上述引文可知，其根本在于处理好志气二者的关系。从孟子来看，其基本观点有三：一是"夫志，气之帅也；气，体之充也"，"夫志至焉，气次焉"；二是"志壹（噎）则动气，气壹（噎）则动志"，"（气）反动其心"；三是"持其志，无暴其气"，"我善养吾浩然之气"。

孟子认为，在心志与体气二者之中，心志是第一性的，是道德生命的主宰，而体气为第二性，其为心志所统率是理所当然的。因为在孟子看来，心志是确定其意向与内涵的能动体，与充斥或流动于身体内的气完全不同，气是被动的、消极的、缺乏主动性。虽然气能够充养身体，但是它并不具备心志那样的能动性、主宰性和意向性。孟子进一步认为，如果"心志"的作用能够稳定畅达，那么它就能够感动体气，使体气服从心志的主宰和驱使。而如果体气郁结不畅，那么它就会反动其心，动摇"志"的坚定性，抑制或改变其意向性，削弱其动力和意志力，甚至使其分解和崩塌。"志壹"

"气壹"的"壹"字，赵岐注曰："孟子言'壹'者，志气闭而为壹也。"① 此"壹"即"噎"字之假。"噎"，闭塞也。朱熹《孟子集注》曰："壹，专一也。"② 今从赵注。很显然，"志"与"气"是两种相反的力量，具有作用与反作用、感动与反动的双重关系。而所谓"气壹（噎）"，其实是指情欲或感官欲望之气的郁结不畅、闭塞不通的状态。这种状态，是孟子所反对和提防的。"气"应当是流动、流畅而受到"志"的主宰和驱使的，"气"是对"志"的精神—物质性表达。从实然看，"气"是生理性的；但从应然看，它也是对人的精神、意志（或道德意志）的表达。

孟子"养气"，是要养"浩然之气"。如何"养气"？据《孟子·公孙丑上》相关文字，一是要化解导致"气壹（噎）"状态的悖逆因素，二是要"无暴其气"，使之生长无垠，而至于"浩然之气"。何谓"浩然之气"？孟子曰："其为气也，至大至刚，以直养而无害，则塞于天地之间。其为气也，配义与道；无是，馁也。"（《孟子·公孙丑上》）浩然之气化解了"气壹（噎）"的悖逆与闭塞，成就了至大至刚、直养无害、塞于天地之间的善气。此气实乃天命生物之气，与人为之害气根本两样。此气亦以道义为根本，消解了情欲之偏私。于是在浩然之气中，肉体与理性的生命以一气的变革而得到根本救治。看来孟子所谓充体的浩然之气，实质上也是配义与道的理义之气，有此理气充于全体则是"道成肉身"。

顺便指出，儒家的心气论或志气论，与道家不同。一个

---

① ［清］焦循：《孟子正义》，北京：中华书局，1987，第197页。
② ［宋］宋熹：《四书章句集注》，第231页。

尚刚，一个尚柔。老子通过体气把"柔"的观念贯通到心灵深处，认为"弱也者，道之用"（《老子》甲组第 37 号简），又认为"益生曰祥，心使气曰强。物壮则老，是谓不道"（《老子》甲组第 35 号简）。孟子则主张以志率气，持志养气，而气应当达到至大至刚的状态（"浩然之气"）。这样，从心到身，从志到气，是刚义推廓为刚大，是"配义与道"的理义之气的流行发用。不过，儒道两家的心气论、志气论或身心论，都以和谐统一为修身的目的，在此我们难以评判其高低优劣。

最后看竹书的操存说和扩充说。志是心志，气乃体之充。志气论实际上是心气论或身心论的一个组成部分。竹书《五行》可能潜在地包含着心气论的内容，这可以通过与帛书《五行》的文本和思想的对照推论出来。竹书《五行》对于身心关系的论述有所谓内心和外心之分，此两分之心作用于体气，并使体气充盈于周身，发之于人的生命活动，从而产生三个系列的心生诸物的关系。竹书《五行》第 32—37 号简比较详细地阐明了内心如何生仁义和外心如何生礼的过程。竹书还认为，五行或四行之所和，成德于中，即能够化解心底之忧而达到和乐之境。此和乐的情感也可由心推之于身，及发之于肤表，从而形成一和乐的生命气象。心是人的生命主宰，是道德心理活动的主体，它具有成德于中、转忧生乐，以及由心推及诸身的能动作用。但是，在如何才能由心推诸身的问题上，竹书《五行》未做说明。帛书《五行》的作者有鉴于此，在帛书的解说部分提出了"气"的观念以阐发之。帛书《五行》屡言"仁气""义气""礼气"，认为此心包含着仁气之端、义气之端和礼气之端，故心能生出仁气、义气和礼气。由心到体，心是发动者，而气是媒介，人可以将心之所以为心者充之于体，发之于肌表和言行举止中。心具有扩充善端的良能，竹书《五行》已对此做了阐明，帛书《五行》则更进一步，阐明此一原理，云："能进之，为君子；弗能进，各止于其里。能进端，能终（充）端，则为君子耳矣。弗能进，各各止于其里。不庄（藏）尤（欲）割（害）人，仁之理也；不受许（吁）差（嗟）者，义之理也。弗能进也，则各止于其里耳矣。终（充）其不庄（藏）尤（欲）割（害）人之心，而仁復（覆）四海；终（充）其不受许（吁）差（嗟）之心，而义襄天下。仁復（覆）四海，义襄天下，而成（诚）繇（由）其中心行【之】，亦君子已。"① "襄"，读为"攘"或"讓"（让），推也。心能扩充其所含之诸端，这是心之所以为心的一个重要规定。心所内含之诸端在心本身的作用下，转化为流动于生命体内的生气，发之于外，进而被称为气象。由帛书《五行》反推，竹书《五行》是否暗含着上述心气论的意思呢？竹书本身并无明文，但是联系竹书《性自命出》《语丛一》的有关文字来看，判断竹书《五行》暗含着此种心气论，这是很可能的。

四、人心所包含的危险

据郭店儒家竹书，人心大约存在三点危险。这三点危险如下：

其一，心的内在分裂，会造成身心的分裂。所谓心的分裂，指从用心上来看，心有真实和虚假的分别、分裂。其用

---

① 此引文，参见庞朴：《帛书〈五行篇〉校注》，载《中华文史论丛》，总第12辑，第64页。

心虽真，然其所指并不落实在心所控制的诸种身体表现上。这是心的主宰性与其真实性的分裂。而受心支配的诸体的表现，则具有欺骗性。这种身心的分裂，自然是会受到贵尚人性之真诚的儒家的批评的。《忠信之道》第 5—6 号简曰："口惠而实弗从，君子弗言尔。心疏而貌亲，君子弗申尔。"儒家反对心口、心貌之不一，而此种对于身心不一的反对，同时肯定真心的可贵，维护了人的生命尊严，这是要人重新回到"为一""慎独"（《五行》第 16—18 号简）的修身实践中。

其二，心之所欲与身之所欲并非同一的，当心之所欲丧失其本性或正当性，而顺从身之所欲时，身便能倾覆心，从而导致身体的欲望陷溺其道德本心的危险。帛书《五行》解说部分认为，心之性好仁义，而身之性好声色、嗅味、逸豫。作为能动的主体，心之所欲如果与其本性之所好不一致，丧失其本性，不以仁义节之于内，主宰或制约耳目鼻口手足之所好，相反顺从甚至放纵诸体之所欲，那么人之所以为人的义理本质即彻底沦丧。对此，《礼记·乐记》评论曰"天理灭矣""人化物也者"，孟子则斥责此人为禽兽。因此，如何使心自身立定，这是竹书所思考的一大问题。《缁衣》第 8—9号简引"子曰"："民以君为心，君以民为体，心好则体安之，君好则民欲之。故心以体法（废），君以民亡。"此数句，《礼记·缁衣》作："民以君为心，君以民为体；心庄则体舒，心肃则容敬。心好之，身必安之。君好之，民必欲之。心以体全，亦以体伤；君以民存，亦以民亡。"《礼记·缁衣》对竹书《缁衣》做了比较详细的解释，二者的大意是相同的。所引两段文字中的"安"字，乃顺从之义。心好则身必顺安，这是一个通则。所引竹书《缁衣》文字的独特之处，在于它提出了"心以体废"的观点。心何以以体废?一方面,体全则心全,体伤则心伤,这是从身心关系来看。另一方面,体全而未必心全,体伤而未必心伤。心是自在自为的主体,其自身的问题主要是由其自身来解决的。如此,竹书所谓"心以体废"究竟是什么意思呢?心居于体中。从生理上看,如果身体已经死亡了,那么其心也必将同样如此。权衡上下文,所谓"心以体废"似非指此意思,它应当是说体之存在可以吞没心之存在。"心以体废"存在两种情况:第一种是心之所欲丧失其本性之所欲,而完全顺从甚至放纵体之所欲,于是心失其性而陷溺于诸体的欲望中,这就是"人化物"而同于禽兽的"心以体废"了。第二种是指如果心之所好不善,或者心之欲本身即不善,那么"体"是否必定会顺从之呢?竹书的"心以体废"似乎认为"体"在一定意义上能够独得其正、躬行天理,可以纠正心欲的偏蔽。这样,在身心的分裂中,竹书似乎加深了对身心关系的理解。人心所致的危险主要指向其自身,既然如此,那么在心地上做自家工夫就显得尤为重要了。心安则体安,这与《礼记·大学》正心、诚意、止于至善之旨相通。

其三,进一步,人心的危险源于丧德、失德和失其所性。这一点郭店简谈得较多。帛书《五行》在"体"的基础上提出了"大体"和"小体"的概念,"大体"指心,"小体"指寄之于身的耳目鼻口手足六者。这种思想同样见于《孟子》。大体之所性与小体之所性是不同的,人之所以为人的本质从道德实践来看在于坚持大体之所性,以大体统率小体,以仁义之所好统率声色嗅味逸豫之所好,这是帛书《五行》身心观的基本观点。而由此反推,竹书《五行》应当潜在地包含了这些思想。孟子继承之，且持论更为雄辩。此后，中国古代哲学进一步将大体和小体之所性都置入此心中，并以天理指称大体之所好——仁义礼智四德，以人欲指称小体（耳目鼻口手足）之所好，这样此心即有天理、人欲之战，或者说人心与道心之争。

如上三种危险，体现出竹书对于"心"或身心问题认识的深入，儒家在此基础上深化了对修身治心问题的思考，进一步将修身之学内在化和工夫化。应当说，对于此心之危险性的认识，即代表了儒家对修身或道德实践问题之思考的深入。

第四节　儒家竹书的心性修养论

心性修养是中国古代哲学的一个重要话题。由内在脉络看，"性自命出，命自天降"，而心可以包含和表现其性。因此，如何使此心此性涵持天命而不丧失，这是儒家心性修养论的题中应有之义。同时，性的分解和外显以及心发挥其作用，对于身、物都有重要影响，从而必然导致人如何在世和在天地之间如何立身的问题。心性的修养既有如何涵持天命、天道的一面，也有循顺或统摄人道的一面。人之道或由中出，或由外入，人道是心性修养的必由之路。不管是天命、天道还是人伦、人道，就其管辖于人的心性来说，它们与人的生命存在是密不可分的，心性修养必须在此两个维度上进行。传统儒家心性修养论所成就的人格是圣人、君子和贤人。而从古典文化来看，内圣与外王本来是一体的，从内圣到外王，这是一个连贯的转化过程。

一、仁、圣、美、善的道德世界

郭店儒家简颇为重视"修身"问题，心性修养论是修身的一个演绎论域。在一定意义上说，修身与心性修养二者互为补充，心性修养是本原，而修身则是其落实；心性修养更具内在性，而修身从表面看起来与生活世界的关系更密切。儒家的心性修养论以"成德"为目的。"德"者，得也，它是界定德行是否成为道德实践者之主体性内涵的概念，郭店简《五行》以"形于中"（第1—4号简）衡量之，而《性自命出》则以"教，所以生德于中者也"（第18号简）肯定之。

道德世界是天地世界的重要构成部分，儒家的修身或心性修养主要是在道德世界中展开的。而这个所谓道德世界，《语丛一》和《语丛三》在天地间的基础上做了比较清晰的描述和界定。《语丛一》第1、104号简两曰："凡物由无生。"这是第一层。《语丛一》第12号简曰："有天有命，有地有形。"第2号简曰："有天有命，有物有名。"这是第二层。第3号简曰："天生伦，人生化。"第4—5号简曰："有命有文有名，而后有伦。"第10—11号简曰："有物有由有桌，而后教生。"第8—9号简曰："有生有知，而后好恶生。"这是第三层。从《语丛一》和《语丛三》来看，第三层的内容很丰富。而正是在第三层的意义上，《语丛一》第18号简提出了"夫〈天〉生百物，人为贵"的命题。

竹书《语丛》所说仁、圣、美、善的道德世界即位于第三层之中。《语丛一》第16号简曰："有仁有智，有义有礼。"

第 17 号简曰："有圣有善。"第 15 号简曰："有美有善。"而在这个仁、圣、美、善的道德世界中，"善"得到了竹书的明显强调。《语丛一》第 92 号简曰："爱善之谓仁。"这是以是否爱善、践行善作为"仁"的定义标准。第 84 号简曰："有察善，无为善。"大概此简强调"善"的客观性，强调其实践的自然性和真实性，而批评有心的为善或故作的为善。[①]《语丛三》第 25 号简曰："义，善之方也。"此句与《性自命出》"义也者，群善之蕝也"一句很相近，是说"义"是"善"的准则。《语丛三》第 52—53 号简曰："善日过我，我日过善，贤者唯其止也以异。""过"与"止"相对为义；"异"，与众不同。"贤者唯其止也以异"一句与《礼记·大学》"止于至善"相通，竹书强调"居处""息止"之义，即以"善"为居处、游息之所。此义孔子已说之，《论语·里仁》记"子曰"："里仁为美。择不处仁，焉得知？"孟子述之，《孟子·公孙丑上》记"孟子曰"："孔子曰：'里仁为美。择不处仁，焉得智？'夫仁，天之尊爵也，人之安宅也。"如上引文表明，"善"确实得到了竹书《语丛》的大力强调和彰表。

孟子继承了竹书《语丛》的此一致思方向。在竹书《五行》所说"德之行五和谓之德"和"四行和谓之善"的两种道德境界中，孟子显然选择了后者，做了着重诠释，而不是相反。目前，学界普遍忽视了从宏观上来观察孟子思想和竹书《五行》的继承关系。基于子思子的《五行》，孟子其实从

---

① 除了"有察善，无为善"外，另有《语丛一》第 83 号简"人（仁）无能为"，第 53 号简"义无能为也"，第 55—58 号简"为孝，此非孝也。为弟（悌），此非弟（悌）也。不可为也，而不可不为也。为之，此非也；弗为，此非也"。可知竹书《语丛一》的"为"字，是有特别含义的。

中选择出四行之善一维而做了创造性的思想诠释，推动了先秦儒家核心思想的大步发展。

二、求心与养心

修身，说到底是心性的修养。据郭店简，修身成德，首先必须求心在此。《性自命出》第1号简曰："心无定志。""心无定志"之"心"，是指未经训练、未经修养的、尚处于自然状态的心。对于处于自然状态的心，《庄子·在宥》篇有所描述，是篇曰："人心排下而进上，上下囚杀，淖约柔乎刚强，廉刿雕琢，其热焦火，其寒凝冰，其疾俯仰之间而再抚四海之外。其居也渊而静，其动也县（悬）而天。偾骄而不可系者，其唯人心乎！"正因为如此，人心须有所定止。如何定止？古人主要是通过对"志"的过程性及目的性的训练来完成的。《语丛三》第15号简曰："崇志，益。"能崇志，则能定志。《性自命出》第36号简曰："凡学者隶〈求〉其心为难。""隶"为"求"字之形化。求心虽难，然而修身成德，人不能不求之于心。第37号简曰："虽能其事，不能其心，不贵。"不但要求其心，而且要能其心，使心充分发挥其作用。纵观上下文，《性自命出》所谓"求心"，有两层意思。第一层是察其用心，察其真心；第二层是求其如何用心以致善成德。如何求心？竹书认为，求心不能有伪，有伪求心，则反失其心。以伪求心，犹如水中捞月和镜中觅花。《性自命出》第37—38号简曰："求其心有伪也，弗得之矣。人之不能以伪也，可知也。"真实、真诚，这是对求心的基本德行要求。求心的工夫要做得真，做得实。求心并非无迹可寻，无象可征。《性自命出》认为，即使在人为的过错中其心亦存在于其中，第 38 号简曰："【不】过十举，其心必在焉，察其见者，情安失哉？""情"，训为实情。这是通过观察其所显现的迹象，而寻求其心意和实情。这是一种有效的"求心"方法。竹书主张以情求心、以信求心。

在诸种方法中，竹书《性自命出》认为"以乐求心"最为迅速。第 36 号简曰："凡学者求其心为难，从其所为，近得之矣，不如以乐之速也。""乐"，乐舞、音乐。竹书说，从心之所为以求其心之所在，这是一种很有效的方法，但是它不如以乐求其心快捷和迅速。为何学者求心"不如以乐之速"呢？对此竹书有所论述和回答。《性自命出》第 23 号简曰："凡声，其出于情也信，然后其内（入）拨人之心也厚。"这是说，如果出于人情的乐声很信实，那么它反过来也会很深重地打动人心。第 26—27 号简曰："养思而动心，喟如也。其居次也久，其反善复始也慎，其出入也顺，司（始）其德也。"这是讲古乐的感化和熏陶作用，古乐让人"生德于中"。第 29—30 号简曰："哀、乐，其性相近也，是故其心不远。"此处的"哀、乐"，就上文而言，是指"至乐必悲，哭亦悲"的具体哀乐情感。此"哀乐"是对真情的表达，故曰"其性相近也"。顺便指出，《性自命出》"其性相近也"与"四海之内其性一也"这两句话不是矛盾的，它们的视角不同，前一句是就某一个体之人性内涵而言的，而后者则是就四海之人性全体而言的。"其性相近也"肯定了某一个体之人性所包含的内容是有差异的。第 32—33 号简曰："其声变则【其心变】，其心变则其声亦然。"这是讲音乐会感化人心，而人心亦会反作用于音乐。这些简文综合起来，即可以回答为何竹书主张"以乐求心"，且认为"不如以乐之速也"。《礼记·

乐记》对人心与音乐的互相作用有很深入、全面的论述，可以参看。

在以乐求心的基础上，竹书《性自命出》又认识到不同性质的音乐，其教化作用是不同的，有积极的和消极的，有正面的和负面的。此篇竹书曰："凡古乐龙（宠）心，益（溢）乐龙（宠）指，皆教其人者也。"（第 28 号简）"龙"读为"宠"。"宠"的原义是"尊宠"（《说文·宀部》），在竹书中是尊大之义。"指"在文中为借代手法，指耳目鼻口手足六者，与"心"相对。竹书显然赞成古乐的正面教化价值。所谓"古乐宠心"，即所谓"养思动心""反善复始"而直至发端其德。乐与人的心性修养关系密切，乐的教化作用很强大。

竹书《尊德义》篇有所谓"养心"的说法。第 20—21 号简曰："尊仁、亲忠、敬庄、归礼，行矣而无违，养心于子俍，忠信日益而不自知也。""养心于子俍"，裘锡圭说："此句疑读为'养心于子谅'。《礼记·乐记》曰：'致乐以治心，则易、直、子、谅之心油然生矣。易、直、子、谅之心生则乐，乐则安，安则久，久则天，天则神。'其文亦见《礼记·祭义》。子谅，《韩诗外传》作'慈良'，《礼记·丧服四制》亦有'慈良'。"[1] 郑玄注曰："善心生则寡于利欲。"孙希旦《礼记集解》从朱熹说，认为"子谅"当从《韩诗外传》作"慈良"。[2] 今按，竹书"养心于子俍"的"子俍"，古书或作"子谅"，"子"义为像对待子女般慈爱，"谅"是诚信之义。

---

① 荆门市博物馆编：《郭店楚墓竹简》，第 175 页。
② 郑玄注及朱子训解，俱见 ［清］孙希旦：《礼记集解》，第 1030 页。

以子谅之美德养心，故善心会油然而生，"忠信日益而不自知也"。第39号简曰："凡动民，必顺民心。民心有恒，求其养。童（重）义集理，言此章（彰）也。"竹书作者认为，"民心"是人君治国治民的基础，故"凡动民，必顺民心"。"民心"即民意，或民众的意愿。民众从其自身的立场和利益出发，其心是有恒的，不能随便揉捏或轻易改变。既然"民心有恒"，故应当"养其心"。而如何养其心，使之向善？竹书认为应当"重义集理"，以义以理涵养民心，使之趋善，符合国家统治和治理的需要。孟子曰："心之所同然者何也？谓理也，义也。"又曰："故理义之悦我心，犹刍豢之悦我口。"（《孟子·告子上》）这正是继承了竹书《尊德义》"重义集理"以教养民心说法的结果。《尊德义》还很强调德治、德化的观念。第16号简曰："先之以德，则民进善焉。"第28—29号简曰："为古率民向方者，唯德可。德之流，速乎置邮而传命。"对于后一句的原释文，裘锡圭做了订正。①《孟子·公孙丑上》引孔子曰："德之流行，速于置邮而传命。"以德为治，是儒家政治哲学的基本观念。而如何成德，这属于儒家心性修养论的重要话题。

顺便指出，竹书《尊德义》篇有可能写作甚早，如果不是孔子亲手创作的，亦恐是其弟子亲承师意而写作出来的，因为此篇有几句话为传世文献所记录，都点明为"孔子曰"，

---

①　荆门市博物馆编：《郭店楚墓竹简》，第175页。

还有几句话为竹书《语丛》所摘录。①

三、慎独与为一

竹书《五行》篇提出了"慎独"和"为一"的工夫。《五行》开篇即将仁、义、礼、智、圣五行分为形于内与不形于内两种，即形于内者谓之德之行，不形于内者谓之行。然后区分出"德"和"善"的两种道德境界，德之行五和谓之德，四行和谓之善。达到"德""善"的两种道德境界，皆与心有关。相应地，竹书提出了"慎独"和"为一"两种工夫。"独"与"一"皆为无对之义。

---

① 《尊德义》第21—22号简："民可使道之，而不可使知之。"这两句见于《论语·泰伯》篇"子曰"。《尊德义》第28—29号简："德之流，速乎置邮传命。"此句见于《孟子·公孙丑上》所引"孔子曰"。《尊德义》第36—37号简："下之事上也……下必有甚安者。"此数句见于《礼记·缁衣》、竹简《缁衣》和《孟子·滕文公上》，且皆记为"孔子曰"。《尊德义》第31—32号简："刑不逮于君子，礼不逮于小人。"这两句大意见于《礼记·曲礼上》和贾谊《新书·阶级》。《尊德义》第4—5号简："教非改道也，教之也。学非改伦也，斆己也。"此数句大意，见于《语丛一》第61号简："教，学亓（己）也。"教、学二字相通，"亓"当读为"己"。《尊德义》第8—10号简："察者出，所以知己。知己所以知人，知人所以知命，知命而后知道，知道而后知行。由礼知乐，由乐知哀。有知己而不知命者，无知命而不知己者。"这几句话见于《语丛一》，《语丛一》第29—30号简："知天所为，知人所为，然后知道，知道然后知命。"第28号简："其知博，然后知命。"第26—27号简："知己而后知人，知人而后知礼，知礼而后知行。"《尊德义》第30号简："或由中出，或设之外，论列其类。"这三句话见于《语丛一》，《语丛一》第19—20号简："或由中出，或由外入。"又见《六德》第26号简："仁，内也；义，外也。礼乐，共也。"《尊德义》第6—8号简："圣人之治民，民之道也。禹之行水，水之道也。造父之御马，马也之道也。后稷之艺地，地之道也。莫不有道焉，人道为近。是以君子人道之取先。"从大意看，似乎与《性自命出》"道四术，唯人道为近"相通，而前者当早出。《尊德义》第27号简："不和不安，不安不乐。"类似的句子见于竹书《五行》，《五行》第21号简："不仁不安，不安不乐，不乐无德。"第31—32号简、第46号简皆曰："和则同，同则善。"又见于《礼记·乐记》等书篇，此篇曰："易、直、子、谅之心生则乐，乐则安，安则久，久则天，天则神。天则不言而信，神则不怒而威，致乐以治心者也。致礼以治躬则庄敬，庄敬则严威。心中斯须不和不乐，而鄙诈之心入之矣。"《礼记·乐记》的这段文字又见于《礼记·祭义》，皆记为"君子曰"。

在此篇竹书中，"独"就心相对于体的存在关系而言，帛书《五行》曰"独也者，舍体也"，又曰"言舍其体而独其心也"。"独"表示"心"的一种存在状态：因某人的道德修养达到了超越耳目鼻口手足六者的限制的境界，故曰"舍其体"，而同时独任其自身的主宰，故曰"独其心"。进一步，"慎独"指谨慎其心而使之保持"独"（心作为生命的绝对主宰）的存在状态，而这种存在状态是从"舍夫五"来说的。帛书《五行》曰："慎其独也者，言舍夫五而慎其心之谓【也】。""夫"，彼也。"舍夫五"，指舍弃仁义礼智圣形于中的五种用心；"慎其心"，指谨慎其作为"独"的心，此心是统一仁义礼智圣五种用心而使之达到和谐状态的本体。《五行》认为，从五行形于内而成德，到德之行五和而为德，这首先需要经过"慎独"的工夫；只有经过"慎独"的工夫，此心才能够统一起来，达到"为德"的道德境界。

"为一"是进一步的工夫。帛书《五行》曰："能为一者，言能以多【为一】；以多为一也者，言能以夫五为一也。"又曰："【慎】然后一。一也者，夫五｛夫｝为【一】心也，然后德（得）之一也，乃德已。""慎独"是"为一"的基础，而"为一"是"慎独"的递进。前者是舍体而慎心的工夫，使人摆脱小体的束缚而返回大体；而后者则是以五心为一心的工夫，使五行之成德达到一个更高的层次。"一"，指能以仁义礼智圣形于内之五心为一心，"一心"即言其高度和谐，甚至达到同一的状态。"五心"是作用，而"一心"是本体和境界。"为一"就此五种形于内的用心而做其"一心"的工夫，使仁义礼智圣形于内的五心达到高度和谐而为一心的境界。

竹书《五行》"慎独"和"为一"的工夫，后来在帛书《五行》及《孟子》中得到了发展。帛书《五行》以耳目鼻口手足之性来界定此六者之所好——欲望（声色嗅味逸豫），而以心之性来界定心之所好——道德（仁义）。《孟子》继承了此一思想，以大体、小体分别指称心和耳目鼻口手足，并进一步将心纯粹化为道德心（包括本心和恻隐的作用心），将欲望的本源直接归于小体。当然，其他诸子未必遵从子思子和孟子的思想架构。其中部分诸子就此心而思考人的道德与欲望本源，故他们将此心区分为道德心和欲望心。这就是说，感官欲望也需要通过此心而起作用，欲望说到底还是由此心生作出来的。荀子等人即持此种看法，《荀子·解蔽》曰："故《道经》曰：'人心之危，道心之微。'危微之几，惟明君子而后能知之。"伪古文《尚书·大禹谟》沿用了《荀子》此文，曰："人心惟危，道心惟微，惟精惟一，允执厥中。""精一执中"是处理人心、道心关系的工夫，在人心、道心和天理、人欲之战中，宋儒特重此一种工夫。《礼记·乐记》曰"以道制欲"，表达了同样的思想。

此外，竹书《五行》强调"慎独"和"为一"的工夫，还与闻道的诚敬心态及成和于中的境界有关。《五行》第 48 号简曰："幾而知之，天也。'上帝贤〈临〉女，毋贰尔心。'此之谓也。""幾"，简体字为"几"，义为几微。帛书《五行》第 343 行曰："幾也者，斋数也。"这是说"幾而知之"是"斋数"。"斋"者，斋戒；"数"者，术也。即此"斋数"，此心达到了"毋贰尔心"（即一心）的极致状态。在此状态中，工夫和境界是合一的。知此天道或君子道者即为天德之人，而天德之人即知此天道或君子之道。

四、习养、心术、教化与养性命之正

竹书《性自命出》第 8—18 号简对人性修养论有集中的论述。竹书一方面认为"四海之内其性一也"，另一方面认为"用心各异，教使然也"。性一而心异，与"教"有关。《性自命出》的"教"概念，包括从外加的教化和由内生的道德心理作用。而不管是外教还是内教，从竹书看，都既可以直接作用于性，又可以通过心而作用于性。《性自命出》的人性修养论比较复杂，但从总体上来看，此篇竹书重视习养和心术的方法。

《性自命出》第 9—14 号简曰：

> 凡性或动之，或逆之，或室（实）之，或厉之，或出（屈）之，或养之，或长。凡动性者，物也；逆性者，悦也；室（实）性者，故也；厉性者，义也；出（屈）性者，势也；养性者，习也；长性者，道也。凡见者之谓物，快于己者之谓悦，物之埶（设）者之谓势，有为也者之谓故。义也者，群善之蕝也。习也者，有以习其性也。道者，群物之道。

物、悦、故、义、势、习、道七者，皆作用于人性，而为人性修养所必须思考的事情。就与人性修养的相关程度来说，义、习、道三者最为重要。竹书说："厉性者，义也。"又说："义也者，群善之蕝也。""厉"，砥砺，是修养之一义。《说文·艸部》曰："蕝，朝会束茅表位曰蕝。从艸，绝声。《春秋国语》曰：'致茅蕝，表坐。'"故"蕝"字有"标志"义。本句是说，"义"是群善的标志，足见此德行对竹书作者来说很重要。竹书曰："养性者，习也。"又曰："习也者，有以习其性也。""习"，是学习、修习、温习之义，包含反复熏陶、浸润而使之潜移默化的意思。"习"亦有"养"义。以习养性，这是竹书在人性修养论上的一个重要观点。而这个观点，与《论语·阳货》篇所载子曰"性相近也，习相远也"的说法是完全一致的。不仅如此，关于"习"，《性自命出》篇还有两个文本值得指出。一是第60—61号简曰："独处，则习父兄之所乐。"此句具体指出了习的方法及所习的内容。二是第1—2号简曰："凡人虽有售（性），心无定志，待物而后作，待悦而后行，待习而后定。"联系第9—14号简的文字来看，此处三个"待"字的主语是"性"。竹书认为，"习"有定性的作用。"(性) 待习而后定"，与"性相近也，习相远也"在文义上是相互补充的。与其他方法相比，以道长性是最为重要的人性修养方法。竹书曰："长性者，道也。""长"在古书中可训为主管、掌管，在此可以进一步引申为统率义。

顺便指出，竹书《成之闻之》在认为圣人之性与中人之性并无不同及就善道而言二者亦非天生有什么差别的基础上，特别强调了后天修养的重要性，认为圣人之所以"博长而厚大"，且众人无法企及，是由于圣人能坚持修身不懈，并推廓到事事物物上（第26—28号简）。另外，《成之闻之》第24号简曰："形于中，发于色，其诚也固矣，民孰弗信？"① 此号简文包含"诚身"的观念及类似于竹书《五行》的思想。

---

① "诚"字之释，从李零说。周凤五释此字为"淫"。李零：《郭店楚简校读记》，载陈鼓应主编：《道家文化研究》，第17辑，第513页；周凤五：《读郭店楚简〈成之闻之〉札记》，载楚文化研究会主编：《古文字与古献》试刊号，台北，1999年10月，第51页。

在人性修养问题上，竹书《性自命出》还特别强调心术和教化的作用。第 14 号简曰："凡道，心术为主。""术"亦可训为"道"，但它主要是从方法或修身的途径上说的。道以心术为主，这是对"性一心异"命题的深化，使人认识到心术对于人性修养的重要性。强调"教"，也是此篇竹书的一个重点。性一心异，教使然也："教"的修身作用是通过"四术"特别是"心术"来发挥的。竹书第 18 号简曰："教，所以生德于中者也。""教"虽然有规范身体行为的作用，但它最终是通过成德于心而起作用的。儒家的心性修养论是离不开"教"的。而所谓"教"，以道为之，是心术及诗、书、礼、乐之教。"教"亦不离伦理和人道，不离传统及其经典。

在人性修养问题上，竹书《唐虞之道》提出了"养性命之正"的观点。第 11、22 号简曰："……顺乎脂肤血气之情，养眚（性）命之正，安命而弗夭，养生而弗伤。智（知）【性命】之正者，能以天下禅矣。"这段话是从政治角度来讲的。何谓"性命之正"？"性命之正"是立足于性命自身而言的，是其本然且应然的规定和内容。此篇竹书认识到人的脂肤血气或者说人的生理生命有其自身的必然性，不同的年龄阶段所展开的脂肤血气之情不同，有变化。因此，《唐虞之道》在天下或国家的最高权位的授受问题上，主张将人的生理生命作为重要依据之一。所谓"养性命之正"，即"顺乎脂肤血气之情"，"安命而弗夭，养生而弗伤"。人君能知此，则能基于此理而让位于天下之仁圣者。此外，竹书《唐虞之道》还大力宣扬了尧舜圣仁的王道，在知命、安命的同时不忘其爱亲、尊贤的儒学本色，由此可见，所谓"养性命之正"并不局限于肉体上的"养生而弗伤"，而是将德行实践植根于人的心性修养和生理生命历程之中。

五、反己修身

所谓心性修养，所谓以道立教，就人的道德生命的培养来说，可以归纳为成德和修身两个方面。成德是心性修养的目的，是修身的归终。反过来说，修养人性，成德于心，实质上是为了修身，这也是说得通的。不过，修身除了强调德行的形于内（内发、内充与内化）之外，还特别强调个人之道德生命的现实化和人格化。在现实中，人"身"是具体、可感的实体，人之所以为人的德行内涵通过"身体"的形式展现出来，并具有现实的生命意义和价值指向。或者说，"身"是道德化的具体生命和人格，是"模范"，对于政治来说，人君的人格尤其如此。《论语·子路》篇载孔子曰："其身正，不令而行；其身不正，虽令不从。"人君的人格修养具有广泛的政治意义，是一种具体的行政软实力。"修身"是《礼记·大学》"八条目"之一，其内核是"德润身，心广体胖"。在《大学》的作者看来，"修身"在于"正其心"："所谓修身在正其心者，身有所忿懥，则不得其正；有所恐惧，则不得其正；有所好乐，则不得其正；有所忧患，则不得其正。心不在焉，视而不见，听而不闻，食而不知其味。此谓修身在正其心。""身"是具体之身，是有所忿懥、恐惧、好乐、忧患之情的身。这些情感发挥作用，可能导致身失其平正，丧失其本然的状态。身有耳目鼻口之寄，心如果不在寄寓于身的诸器官上，即心不能主宰身之器官而使之发挥作用，那么寄之于身的器官就会出现"视而不见，听而不闻，食而不知其味"的结果。因此修身在于正心，心正则身修身正，寄之于身的诸器官才能正常发挥其作用。从心正到身修，这是一个成德的过程，是德充润于身体，心发挥其主宰作用，而使体得到正当而充足的修养。此种"修身在正其心"的思想，从道理上来看，亦见于郭店儒家竹书。《礼记·中庸》亦论"修身"之道，曰："（子曰）故为政在人，取人以身，修身以道，修道以仁。"又说："（子曰）好学近乎知，力行近乎仁，知耻近乎勇。知斯三者，则知所以修身；知所以修身，则知所以治人；知所以治人，则知所以治天下国家矣……齐明盛服，非礼不动，所以修身也。"《中庸》"修身以道"的思想，也反映在郭店竹书中。所谓道，重在人道。《中庸》论道，以人道为近。这一点同样在郭店儒家竹书中得到反映。

郭店简《性自命出》篇的修身论，其核心观点是第56号简提出的"闻道反己，修身者也"一句。修身自然是以己身为本位，丧失以己身为本位的修身，并非真正的修身，修身与教人在施为的方向上根本不同。闻道而如果不反于己身，其所谓道亦为外在于人的生命的东西，并不能发挥修身养性的人生大用；只有闻道反己，才是所谓的修身。这一观点可以说是当时流行的观念，人们已普遍地意识到在"闻道"与"修身"之间尚有"反己"的一环。对于此点，《成之闻之》曾反复致意。竹书特别的地方乃在于以心性学的路数，特别是从心的角度深化了"闻道反己"的修身内涵和主张。《性自命出》第44—48号简多有论述。人之生命情调或气质，往往失其平正的态度和精神内涵，竹书主张以心来调和、节制、管牧之，这是以心修身的内容。第62—67号简论述了修身必须正情平欲，使之合乎德行的要求而不丧失其为情、欲的本真作用，实际上对情与欲的可能性偏蔽，提出了补偏救弊的意见。不但如此，修身的内容并不局限于对情、欲的节制，它对人具体的立身处世活动亦提出了要求，甚至主张"正心"，发其内心之明德。需要指出的是，第62号简"凡忧患之事欲任，乐事欲后"的思想，与北宋范仲淹《岳阳楼记》"先天下之忧而忧，后天下之乐而乐"的名句，在思想本质上是相同的，这是儒家的老传统，是中华文化的精华所在。第67号简云"君子身以为主心"，第65号简云"君子执志必有夫广广之心"，与《礼记·大学》"明明德""修身在正其心"，在旨趣上有相通的地方。

《成之闻之》认为人性的修养一方面要以此心"兹度天心"（第33号简），另一方面强调在人性之上的艰苦修养与境界的跃进。

《成之闻之》篇的修身论，以"求己为极"的身服之教为总纲。从内在方面来看，此篇竹书主张"穷源反本之贵"（第11、14号简）、"求诸己也深"（第10号简）和"求之于己为极"（第1号简）①，并进一步打通上接天命的路子，才能以天德充养其身，使己身在终极本原上有所立定。《成之闻之》第38号简曰："慎求之于己，而可以至顺天常。"第33号简曰："余兹度天心。"这是上通的路子。《成之闻之》第4—6号简曰："君子之于教也，其道（导）民也不浸，则其淳也弗深矣。是故亡（无）乎其身而存乎其词，虽厚其命，民弗从之矣。是故畏（威）服刑罚之屡行也，由上之弗身也。"作为统

---

① "求己为极"的"极"字，从周凤五释读。周先生认为简文当读为"亟"，不读"恒"。周凤五：《读郭店楚简〈成之闻之〉札记》，载楚文化研究会主编：《古文字与古文献》试刊号，台北，1999年10月，第42-43页。按，此字竹简原作"死"。"死"与"亟"在楚简中常混用。此处应为"亟"字，读为"极"。"极"，中也，准则也。

治者，在儒家看来，身教很重要，其法以"求之于己为极"和"身服善以先之"为要。竹书认为，身教远重于言命。君子（就位言）必须身先存之，导民以渐，然后其泽民才可能深厚。这样，他的发号施令才是有效的，人们风行响应，甚至"不令而行"。这种思想，与《论语·子路》所记子曰"其身正，不令而行；其身不正，虽令不从"的话是完全相通的。可以说，竹书这几句话是直接传承孔子思想的结果，甚至可能是孔子思想的另一种记录。

竹书《唐虞之道》的修身论主要论述了"正其身，然后正世"（第3号简）的思想。"正身"与圣仁之道、"养性命之正"的主张是密切相关的。"正身"的性命和人道内涵，已经使"身"具有作则、为极的资格，所以"正世"乃"正身"的推廓，是现实化的结果，二者之间不存在难以逾越的鸿沟，它们在根本上是相通的。或者说，"正身"就是为了"正世"，不过"正世"必须以"正身"为基础。

总之，郭店儒道竹书的心性修养论是颇为复杂的，是春秋末至战国早中期人性修养论思想的集中反映。竹书人性修养的根本在于从心从性上做工夫，使德行植根和涵化于内，并作为人的现实生命的可靠依据和源泉。而如何修心养性？这是竹书心性修养论的根本问题。除此之外，郭店儒家竹书还着力论述了修身的问题。"修身"和"心性修养"是一个问题的两个方面，它们是互相补充的关系。就发生时间来看，修身论在先，人性修养论或心性修养论在后；就思想逻辑来看，心性修养更为根本，而修身则更为全面。广义的修身概念包括心性修养和身体的现实性修养。而"身"一般是指人的现实生命、人格生命及伦理—政治行为主体的综合体，故儒家不可能不重视修身思想。

第八章　郭店竹书的治道与伦理思想

第一节　楚简《老子》的道治思想

"道治"与"德治"，可以用来分别指称道家和儒家的政治哲学。道家的道治哲学包括道德、自然、无为、无欲、清静等基本概念。"德治"与"道治"相对，本章以其指称儒家的治道。当然，它们都属于方便称呼。郭店简关于道家的道治和儒家的德治思想是比较丰富的。

一、道治与自然

先看郭店简关于道家的道治思想。道治按其心物、身世关系，可依次分为治心、治身、治物和治世等层次。治心与治身，本书在上一章已有论述，故本章不再重复，而只就二者与治世、治物的关系再论述一下。郭店《老子》乙组第5—8号简论述了何以存身的问题，竹书曰："【故贵为身于】为天下，若可以讬天下矣。爱以身为天下，若可以寄天下矣。""寄""讬"二字同义，《说文》互训。《说文·言部》曰：

"讬，寄也。"《说文·宀部》曰："寄，讬也。"竹书认为，通过"贵为身于为天下"和"爱以身为天下"的"无身"修养工夫，人可以实现其存身于天下的意愿，而消解身之不存的大患。因此立身于天下之中的此身实际上已内在地包含着与天下如何和谐相处的问题。人立身于天地之间，他无法离开此世。即使人的精神获得了自由，其肉体生命能否消除"大患"，也仍然是一个问题。这个问题需要在人身与此世界的和谐、统一中得到解决。老子的办法是以"无身"消解"有身"，让人投入"贵为身于为天下""爱以身为天下"的忘我境界之中。这种政治事功境界，是全副身心的奉献，是在献身于"为天下"的活动中实现与天下的玄同和统一，但又不是以消解个体的自主性为代价的。换言之，老子恰恰是在以"无身"消解"有身"的同时张扬人的主体性，从而安立其身。郭店《老子》甲组第28—29号简曰："故不可得而亲，亦不可得而疏；不可得而利，亦不可得而害；不可得而贵，亦{可}不可得而贱。故为天下贵。"此章简文既是对立身基本法则的阐明，也是对人与此世相和谐的玄同之境的刻画。郭店《老子》乙组第15—18号简论述了由身内向身外的修养实践及其与德性增长的关系，暗示它们具有密切联系，而修身或治身其实已潜在地包含着治世和治物的问题。

郭店《老子》甲组云"域中有四大"，"四大"分别为天、地、道、王。王之所以为大，是因其像汉人所云具有一贯三的特性呢①，还是因其与天、地、道相并列而具有超凡道德

---

① 《说文·玉部》："王，天下所归往也。董仲舒曰：'古之造文者，三画而连其中谓之王。三者，天、地、人也，而参通之者，王也。'孔子曰：'一贯三为王。'"

呢？从道理上看，这两种解释皆通。不过，从文本上看，后一种解释更贴近《老子》文本。竹书《老子》甲组曰："人法地，地法天，天法道，道法自然。"而"王"为人之最，具有统率臣民的政治权威和力量，故谓其"一贯三"（即王贯通天、地、道）也。同时，由于王能统率民众，故其与天、地、道相并，这也是无疑的。要之，王之所以为大，一者是因为王为人中之最，二者是因为王效法自然之性，具有统贯天、地、道三者的特性。"四大"之所以为四大，其根本依据即在于自然性。自然性是道治主义的本质所在，是人们按照道家的方式进行实践的基本依据。人之成为王，并立为域中四大之一，与人实践自然性的程度密切相关。老子理想的圣人或外王，就是一个以自然性为身心支撑的，并将其彻底生命化和实践化的人格。故自然性是道治主义的本质特征和内涵。郭店《老子》甲组第11—13号简曰："圣人欲不欲，不贵难得之货；教不教，复众之所过。是故圣人能辅万物之自然而弗能〈敢〉为。"丙组第12—14号简作："是以【圣】人欲不欲，不贵难得之货；学不学，复众之所过。是以能辅万物之自然而弗敢为。"丙组第2号简又曰："成事遂功，而百姓曰我自然也。"这三段引文都可以作为道家重视自然性，而自然性是道治主义的基本特征的直接证明。由这三条引文还可知，自然性可以分解，并通过人的具体实践活动表现出来。自然性更具体的表现是什么？或者说自然性进一步包括哪些内容？这是我们应当回答的问题。

就治道中的人物关系，尤其是就治物所反映出的人性内涵来看，竹书对自然之道展开了比较深入的论述。郭店《老子》甲组云："道恒无为。"又云："道恒无名。"无为、无名之道正是侯王、圣人用以治物的根本原则。如何治物？最根本的原则是无所治而治，即所谓为无为、事无事、味无味的无为之治。侯王若能守无为之道，镇之以无名之朴，知足以静，那么万物将自化、自定、自宾。万物之所以不应受人为的干预和扰乱，是因为万物以自然为本性；以人为强加于万物的生化之上，恰恰是违反自然道理的。人亦一物也，治民亦应顺从自然之理。郭店《老子》甲组第19号简云："天地相合也，以逾（降）甘露，民莫之命天〈而〉自均安。""均"，平也；"安"，定也。甘露由天地之气相合而降下，不关人事天命；民众之均平、安定亦复如是，并不需要外在于自然之性的教命加于其上。老子基于"道法自然"的原理，主张物之生成，是"天地相合"而不是天命的结果。"天地相合"是一个自然发生的过程，并不需要外在于事物生成过程的一个他者或至上神命赋之，或者发出命令。因为自然发生，故事物成其为事物，事物的生成有其自在的自然之道。然而在生成之后，作为物的对立者，人必然会打破世界或万物的原始性，而从主观上做分辨。其中第一项任务大概是从无名而得有名，不过老子对人物关系的警觉性即在此突显，郭店《老子》甲组第19—20号简曰："名亦既有，夫亦将知止，知止所以不殆。"以"知止"的反省性活动，老子将人对物的实际作用从人的能动性上撇开，而让人听物自化，即在人的主体能动性的消解中"万物将自宾""自定"。老子对"人为"的反省，已深入骨髓，将冰凉的怀疑泼入了主体能动性的深处。但是，此种主张是不是完全将人为废弃不用，而"知止""知足"是否仅仅满足于对事物的分辨和称谓呢？通观《老子》全书，老子"知止""知足"的反省是对任何人为尤其是从人为的开端处予以反省和怀疑的，把自然与人为分开来看待。此种反思是很彻底的，但这并不是以自然废弃人为，而是以自然来规范和引导人为，防止人为的纵任而穷逐不返。所以老子的"自然"概念一方面从天道出发，另一方面其实也包含人为之义在内：自然并非必定是人为的自然，但人为在必然的要求中必定是自然的人为。老子每云为无为、事无事、味无味，又说欲不欲、无为而无不为、能辅万物之自然而弗敢为等，皆是此意。

无为之为乃法自然之为，自然之为乃人法自然之性，寓之于身，发之于行而已。郭店《老子》甲组第 24 号简曰："至（致）虚，亙〈亟（极）〉也；守中，笃也。万物方（旁）作，居以须〈观〉复也。天道员员（云云），各复其根。""致虚""守中"都是向内作用的工夫，"自然"化入身中，亦与人对万物本性的体验密切相关，虚而能入，守而不失。"居以观复"，如是人即能够体验万物的生灭和天道的往复。而万物的生灭和天道的往复无非在此自然之性上作用罢了。自然之性通贯天地万物和人性人心，是天地万物和人性人心的根本支持。

二、治物、治民、治邦、治天下

在外王层面上，老子的道治主义主要是针对治邦和治天下来说的，其中包括对百姓民众的统治和治理，以及纯粹个人应当如何安世的问题。不过，"自然"在这些问题上显示出复杂的内涵。

郭店《老子》甲组开篇两章文字论述了圣人（或圣君）应当如何治理其民众的问题。第 1—2 号简曰："绝智弃辩，民利百倍。绝巧弃利，盗贼无有。绝伪弃诈，民复季〈孝〉慈。三言以为辨不足，或（又）令之或（有）乎属：视素保朴，少私须〈寡〉欲。""季""须"分别是"孝""寡"的讹字。人主的统治如何能够达到"民利百倍""盗贼无有""民复孝慈"的境界呢？老子认为，在于人主"绝智弃辩""绝巧弃利""绝伪弃诈"。"智"在《老子》中指违反心神、违反自然的人为巧智或诈智，它与"德"是相反的。"智"使人向外追求、贪执和穿凿本性，而"德"使人深全、厚朴和恬淡。"辩"指文过饰非的狡辩或不诚不信之辩，这种辩已完全脱离了"实诚"的准则而沦为为辩而辩，甚至成为异化其德性的诡辩。"巧"即工巧，是出于人为的用心与雕饰，与"天然"相对。"利"是从人主的角度来看的，人主的治道应当系于义，以义为其准则。而如果人主为利而利，以获利为政治目的，并将其转变成自我满足的私欲之物，那么支撑"利"的"义"就将坍塌不存。这种重视义、轻视利的义利观很古老，老子的特殊之处在于从统治者的角度出发，主张从根本上绝弃之，以无利为利，断绝盗贼屡兴的根源：如果无利可图，则盗贼有何物可盗？"绝伪弃诈"的"伪"字，原简从为从心，上下结构；"诈"字，原简从虍从且从心，上中下结构。对于此句应当如何释读，学界多有争议，现在看来，仍应当从原整理者意见，读作"绝伪弃诈"。① "伪"即虚伪之伪，"诈"即欺诈之诈，它们反映的是人心的一种不真不诚状态。很显然，"伪诈"或"诈伪"，与老子主张的自然之道是相反的。从上引文字来看，其重心不在前三句，而在后两句，云：

① 荆门市博物馆编：《郭店楚墓竹简》，第113页。

"三言以为辨不足,又令之有乎属:视素保朴,少私寡欲。" "视"通"示"。"素""朴",指德性处于原始而未经智识、情欲穿凿的状态;"视素保朴",指人在修养上复返其本初,达到"含德之厚者,比于赤子"(甲组第 33 号简)或"【是谓深根固柢】,长生久视之道也"(乙组第 2—3 号简)的状态,而此状态无非是要求人在其生命活动中保持其自然性而已。"少私寡欲",指减少私利和贪欲,要求人从欲望中撤离回来。总之,"视素保朴,少私寡欲"是人主进行德行修养的座右铭,是对自身的私欲、智巧和言辩的批判和否定。由此,其统治下的人民可获得解放,而复返于自然之境中。当然,从反思的角度来看,老子所谓"三言"及"视素保朴,少私寡欲"能否真正让人主达到清明之治,甚至达到人民自治的目的,这是值得怀疑的。

郭店《老子》甲组第 2—5 号简论述了圣人治民应当具备善下不争的精神,认为人主只有取信于民,为民所推戴,其统治才会是稳固的。竹书曰:"江海所以为百谷王,以其能为百谷下,是以能为百谷王。圣人之在民前也,以身后之;其在民上也,以言下之。其在民上也,民弗厚也;其在民前也,民弗害也。天下乐进(推)而弗厌。以其不争也,故天下莫能与之争。"此段话似乎可以解释为统治者保存自己的权势、延续自己的权威的一种手法,但从德性的培养来看,我们也不能否认其具有实诚的政治品格。从其崇尚自然来看,老子主张圣人善下不争以治民,正是崇尚自然的必然结果,而不是出于私欲与恶的用心。如果一定要在善下不争中分出或善或恶的用意,那么从"道法自然"所涵摄的真诚性来看,老子并没有教人去做一个恶意的工夫。

　　修身的目的在于治平天下。而如何治平天下？郭店《老子》丙组第 4 号简曰："埶大象，天下往。往而不害，安平大。""埶"，通行本作"执"，一曰读作"设"，今从通行本读。"执"是执持义。"大象"，指自然无形之象。此章竹简下文云："道【之出言】，淡呵其无味也，视之不足见，听之不足闻，而不可既也。"（丙组第 4—5 号简）这几句简文正是指道无形象而具有"不可既"的自然性。"安平大"之"大"字，读作"太"。"安"同"焉"，训为乃、则，于是也。此几句简文是说，执持大象以治，则天下乐往而不厌；任性自然，"往而不害"，于是天下太平大吉。郭店《老子》乙组第 15 号简云"清静为天下正"，"清静"其实是"自然"的一个特性。以清静治天下，乃老子的宗旨之一。《史记·老子韩非列传》曰："李耳无为自化，清静自正。"

　　郭店《老子》甲组第 29—32 号简一段文字对治邦和取天下的自然之理做出了总结性论述，云："以正治邦，以奇用兵，以无事取天下。吾何以智（知）其然也？夫天多忌讳而民弥叛，民多利器而邦滋昏。人多智（知）天，奇物滋起；法物滋彰，盗贼多有。是以圣人之言曰：我无事而民自富，我无为而民自化，我好静而民自正，我欲不欲而民自朴。"这段话认为要"以正治邦，以奇用兵，以无事取天下"。"正"，得自然之大经；"奇"，乃正之变反，强调人智的作用。在治国中，"奇""正"之术互补，而各有所用。一般说来，为政应当以"正"为政，但作为特殊的政治形式——战争应当以"奇"用兵。需要指出，"以奇用兵"只是适用于战争的逻辑，它并不意味着老子主张为了达到目的而不择手段，甚至主张使用突破人类文明底线的手段来进行一切战争。郭店《老子》

丙组第 6—10 号简曰："君子居则贵左，用兵则贵右。故曰：兵者，【非君子之器。不】得已而用之，恬淡为上。非美也，美之，是乐杀人。夫乐【杀，不可】以得志于天下。故吉事尚左，丧事尚右。是以偏将军居左，上将军居右，言以丧礼居之也。故杀【人众】，则以哀悲莅之；战胜，则以丧礼居之。"此章简文很清楚地说明了老子对战争的态度以及老子的战争价值观。从总体上来看，老子并不支持战争。老子说，战争"非君子之器"；"不得已而用之"，用之而勿美，"美之，是乐杀人"。又说，即使战胜了对方，也应当"以丧礼居之"；"杀人众"，则应当"以哀悲莅之"。由此可见老子之"正"：对芸芸众生，老子抱持一种悲天悯人的大慈大悲的心肠。

而为何要"以正治邦，以奇用兵，以无事取天下"呢？老子认为：天下多忌讳，则人民更易叛离；民众拥有的锋利之器愈多，则国家愈加昏乱；人民所知愈多，则奇怪的事情愈会不断发生；珍好贵重的东西愈是彰明，则盗贼愈多。这就是要"以正治邦，以奇用兵，以无事取天下"的原因所在。最后老子直接点明了"以正治邦，以奇用兵，以无事取天下"的目的："我无事而民自富，我无为而民自化，我好静而民自正，我欲不欲而民自朴。"这四句话将"道法自然"在道治的层面上几乎完全分解和表现了出来。这是道治主义原则最集中而经典的表达。在这个陈述的两端，一端是圣人，一端是民众，圣人之德为无事、无为、好静、欲不欲，而民众因此德而得其德，分别为自富、自化、自正、自朴。二者虽然有主从、先后之别，但是其思想实质都是以自然为根底，且是对同一自然性的多样性表达。

三、重积德与修德的政治

上文论述了自然性在治物、治民、治邦和治天下中的分解意义，但毕竟自然性在治道中的表现与人的德性紧密相关，甚至是一而二的问题。表现在治道中的自然性，其意义与内涵也表现于主体性的德中。郭店《老子》乙组第1—3号简曰："治人事天莫若啬。夫唯啬，是以｛早是以｝早服，是谓【重积德，重积德，则无】不克。【无】不克，则莫知其极。莫知其极，可以有国。有国之母，可以长【久，是谓深根固柢】，长生久视之道也。"对于此章文本，《韩非子·解老》有详细的解释。《韩非子·解老》篇曰："聪明睿智，天也；动静思虑，人也。"韩非子对在人者的天人属性做了区分。简单说来，聪明睿智乃天体，动静思虑乃人用。《韩非子·解老》篇又曰："书之所谓'治人'者，适动静之节，省思虑之费也。所谓'事天'者，不极聪明之力，不尽智识之任。苟极尽，则费神多；费神多，则盲聋悖狂之祸至，是以啬之。啬之者，爱其精神，啬其智识也。故曰：'治人事天莫如啬。'"对于"啬"字，高亨说："是啬本收藏之义，衍而为爱而不用之义。此啬字谓收藏其神形而不用，以归无为也。"[1]"啬"是爱濇、俭啬之义。《吕氏春秋·先己》曰："凡事之本，必先治身，啬其大宝。"高诱注："啬，爱也。"《韩非子·解老》云"少费之谓啬"是也。老子认为，人主必须以"啬"法来治人事天，以养生积德。而所谓"啬"法实质上是效法自然之术。《韩非子·解老》篇又说："母者，道也。"而此"道"

---

[1]　高亨：《老子正诂（重订本）》，北京：古籍出版社，1956，第123页。

乃"生于所以有国之术","所以有国之术,故谓之'有国之母'"。回归自然而以啬治人事天,这是积德养德的根本。能积德养德,或者"含德之厚也,比于赤子",则可以含和玄同,莫见端末,以御万物,以从民人,而治理邦国。把握此治国的母道,人就可以长久存在,这就叫作"深根固柢,长生久视之道"。从以"啬"道治人事天到重积德以治理邦国,这两者是存在内在关联的。身心修养与人为修养是积德的根本,能积德则能治理此邦国,这是一条从内圣到外王的叙述路子。当然,这是在德行修养之道所内含的自然性上来说的,因而它必须与具体实施过程中的烦琐环节或纯粹从外在统治需要来立论的言论区别开来。郭店《老子》乙组第 15—18 号简曰:"善建者不拔,善抱者不脱,子孙以其祭祀不辍。① 修之身,其德乃真;修之家,其德有余;修之乡,其德乃长;修之邦,其德乃丰;修之天下,【其德乃溥。以家观】家,以乡观乡,以邦观邦,以天下观天下。吾何以知天□□□□。"郭店本脱"以身观身"四字,应作:"修之天下【其德乃溥】。〖以身观身〗,【以家观】家。"末句"吾何以知天□□□□□",帛书本作:"吾何□知天下之然兹以□。"王弼本作:"吾何以知天下然哉以此。"据此,竹简残缺部分当补为:"吾何以知天【下然哉?以此】。"从文义上来说,"吾何以知天【下然哉?以此】"的补法已颇完整,故本书从之。此章论述了随着修养的格位不同,人们所具之德亦有所不同的道理,它们既是相互区别的,又是相互联系的,人们必须根

---

① "辍",从李零校释。李零:《郭店楚简校读记》,载陈鼓应主编:《道家文化研究》,第 17 辑,第 471 页。

据其格位的不同而反观其自身和规划其自身。不过，从身、家到邦国、天下，似乎又有一种逻辑推廓关系贯穿于其中，且其所修养之德也是如此，即从一个格位跃进到另一个格位，不仅修养的内涵是特定的，而且它是可以推廓的。这充分地说明了人性修养、德性积累与道治格位具有密切关系。修养的根本目的在于建本建极，使国家长治久安，"子孙以其祭祀不辍"。

总之，老子的道治主义以"道法自然"或"能辅万物之自然而弗敢为"为根本特性，以"我无事而民自富，我无为而民自化，我好静而民自正，我欲不欲而民自朴"为其基本框架，"视素保朴，少私寡欲""不争""知足""知止""弗骄、弗矜、弗伐""弗始、弗恃、弗居""欲不欲，学不学""不欲尚盈"等为其具体内容。不过，需要强调的是，老子道治主义的基本内涵主要是从圣人或最高统治者的角度来说的，不能把对圣人言谓的东西错位倒置在人民的头上。凡是自觉自愿以所谓圣人自律的人，当遵循老子所说的道治原则，或者说老子所说的道治原则符合其身心修养的需要。

此外，还需要指出，老子虽然对礼乐文化做了一定的批评，但是他没有力图从根本上拔除之而后快。郭店《老子》乙组第15—18号简说"子孙以其祭祀不辍"，丙组第6—10号简谈及用兵之礼，皆是老子本人未曾废礼的证明，不仅如此，它们正是老子精通礼学的证据。① 进一步，就老子对伦理道德

---

① 老子通礼的文献证明，有多部古书记载过。《史记·老子韩非列传》："孔子适周，将问礼于老子。"作为周守藏室之史的老子，不通礼学，是不可能的。在当时的礼乐文化背景下，"不学礼，无以立"，礼乃为人之所必需。当然亦应把老子对礼的知识与态度区分开来。

的态度来看，楚简本远比传世本温和和克制。郭店《老子》甲组第 1 号简曰："绝伪弃诈，民复孝慈。"丙组第 2—3 号简曰："大道废，安（焉）有仁义。六亲不和，安（焉）有孝慈。"它们都是老子未曾废弃世间伦理道德的证明。需要指出的是，老子的伦理道德观，亦是建立在"道法自然"原则上的。或者说，老子以"道法自然"的观念重新诠释了传统伦理道德，并以之作为诸德目的统系。老子道法自然的伦理道德观，亦是其道治主义的组成部分。

第二节　德治的本原与尊德明伦

郭店儒家竹书的德治思想颇为丰富，对其本原的论述包括两个方面：一是德治思想的来源，二是德治思想的本质所在。追根究底，德治的本原首先是天命或天道，其次是心性修养，或者说在儒家视域中，德治是以心性修养为基础的。对德治思想之根本原则的追问，是其本质所在，这是德治本原的另一重语义。

一、德治的本原与形于内、生德于中

对德治本原的考察，首先要追问"德"是什么。郭店简对"德"有比较丰富而深入的论述，且大体可以与德治思想沟通起来。竹书论"德"有两个角度：一是从德的天命、天道本原来做论述，二是从治道的角度来做论述。不过，这两个角度不是对立的，而是相互贯通的，尤其就人性或身心修养的实践来看，这两者已完全融入了人的德行生命的成就之

中。"德"对于人性和身心的安立很重要，《语丛二》第 48 号简曰："有德者不迻（移）。"《说文·辵部》曰："迻，迁徙也。""迻"即"移"字。有德之人能不随物迁、不为俗转，能够立身成己、坚定不移，这是以德主命的表现。《语丛三》第 50 号简曰："狎于德。"此句今本《论语·述而》篇作"据于德"，"据"当是"狎"字的一种特殊写法的误字。"狎"，习也。"狎于德"即人通过修养而习熟于德，达到与德无隔无异的地步。它对于身心的安立与人性的修养有重要作用。不管是"有德者不移"还是"狎于德"，其先决条件都是人必须有德以内充其身心，必须通过身心内外的修养而形之于中。

何谓形之于中？对于此一问题，竹书《五行》做了比较深刻而系统的论述。此篇竹书认为，仁、义、礼、智、圣形于内谓之德之行，不形于内谓之行。所谓形于内，指此五行植根于心而充之于身体；不形于内，指此五行外在于身心，是从外对人做规范的五种道德。"德之行五和谓之德"，后一"德"字，指形于内的仁、义、礼、智、圣五种德之行达到的一种和谐状态。在成德或成己的层次上，我们应当把形于中的"德"与德之行五和之"德"分别开来，后者比前者深入一层，而前者不过是后者的先决条件。"四行和谓之善"，此"四行"仍就德之行而言，指形于内的仁、义、礼、智四行达到和谐状态，此即谓之善。从道德修养的层次来看，竹书认为，"善"为人道，"德"为天道。处于"善"的层次在道德实践上需要人为，达于"德"的层次则至于自然而然，犹如天道流行一样。"为德"的层次无疑高于"为善"的层次。从为善入于为德，这是道德实践境界的升进；而从为德返回为善，这是道德实践至高境界的落实。在实际生活中，为善和为德的工夫都是需要的。竹书强调"为德"的一面，这与《礼记·中庸》是一致的。在诚身的修养过程中，《中庸》也偏重强调"至诚无息"的一面。孟子的性善论继承了竹书《五行》的思想，而特别重视仁、义、礼、智四行，并将其所谓人性善的主张落实在此四行上。与《五行》不同的是，孟子认为善性是天赋的；而此善性之所以是善的，是因为其内含潜在的可以为善的因素。孟子以四行作为判断人善性的根据，是对子思子五行说的改造和转进。

五行形于内即生德于中，而判断五行是否形于内则有其根据，一个根据是内在经验，另一个根据是外在气象。竹书《五行》说德之行五和、四和，是一个道德发动及情感生发的过程。只有和而能乐，化解内心之忧，这才是德的完成。《五行》屡言"不乐则无德"（第 6、8—9 号简），表明只有达到身心和乐的境界，才是德的真正完成，才是形于内或生德于中。它说明，修身成德的实践只有转化为一内在的生命化的道德活动，才能洋溢于身心中，以乐化忧，真正形于内或生德于中，从而植根于身，笃厚以成己。通观《五行》篇，"德"上联天命、天道，下联人道，而居于人的身心之中；而且，在和乐成德的过程中，此"德"已内在地包含了仁、义、礼、智、圣等德行，并包含悦、戚、亲、爱、敬、俨、尊、恭等情感概念于其中，而成为一圆融的道德性生命。而成德于中或曰生德于中，是儒家政治哲学的道德人格基础。

关于何以生德于中的问题，《性自命出》第 18 号简曰："教，所以生德于中者也。""教"包括自学自修和外在教化两个方面。"教"以道为本，《性自命出》说道兼情义，而以人道为近。从外在方面来看，"教"包括成文经典之教、礼乐之教和人伦规范之教，它们都具有生德于中以及涵养人的心性的作用。由于"教"以人道为近，又具有教化作用，因而它作为统治手段是必不可少的。

二、尊德明伦

"尊德明伦"是郭店儒家竹书德治说的一个重要命题。《尊德义》第 1 号简曰："尊德义，明乎民伦，可以为君。"尊德明伦，如此才可以为君，这是儒家政治哲学的关键点之一。孟子继承了郭店简《尊德义》的此一说法。[①] 一方面，尊德和明伦两者在理解上应有分别，德性的修养与生命成就，同伦理的规范和实践不应当直接等同起来或者混淆起来，它们之间的区别是清晰可辨的。但是另一方面，二者的关系又是密切的，尊德不离于明伦，明伦不离于尊德。儒家的尊德性是系于人伦的，否定堕入剽剥儒家的道家末流中。据郭店简《成之闻之》篇可知，天降大常与人间伦理是上下贯通的，虽然二者有在天和在人之别，但是其实体是一致的。《成之闻之》第 31—33 号简曰："天降大常，以理人伦。制为君臣之义，著为父子之亲，分为夫妇之别。是故小人乱天常以逆大道，君子治人伦以顺天德。《大禹》曰：'余兹度天心。'盖此言也，言余之此而度于天心也。"正因为天常与人伦是相互贯通的，所以君子治理人伦必须顺守天德。在竹书作者看来，人必须明察天心，忖度天心，如此才可能获得天心，而以之

---

① 《孟子·公孙丑下》："其尊德乐道，不如是不足与有为也。"《孟子·尽心上》："尊德乐义，则可以嚣嚣矣。"《孟子·滕文公上》："夏曰校，殷曰序，周曰庠，学则三代共之，皆所以明人伦也。人伦明于上，小民亲于下。"《孟子·离娄下》："舜明于庶物，察于人伦。"可见孟子确实有尊德义和明乎人伦的说法，而它们是继承郭店简《尊德义》相关说法的结果。

为终极根据。反之，天心是人为的根据，是人存在的价值之源。《成之闻之》第37—38号简曰："昔者君子有言曰：'圣人天德。'盖言慎求之于己，而可以至顺天常矣。"圣人达到天德的境界，这是通过"慎求之于己"的工夫而实现的；而如此，圣人即可以达到完全顺循天常的境界。这是上达的工夫。而如何"慎求之于己"？《成之闻之》第39—40号简曰："是故君子慎六位以巳（翼）天常。""巳"读为"翼"，敬也。所谓"慎求之于己"即"慎六位"。"六位"指君臣、父子、夫妇，竹书《六德》篇对此有更详细的论述。《六德》篇的论述非常系统，它将六位、六职和六德对应了起来。据《六德》篇，六职指率从、使事、教学，六德指圣智、仁义、忠信。竹书认为"六德"是人立身明伦的根本德行，《六德》第30号简曰："人有六德，三亲不断。"① 人若无六德充实己身，则六位的伦理人格不成，并致三亲断绝；反之，人有此六德，则三亲不断。据《颜氏家训·兄弟》的说法，"三亲"指夫妇、父子、兄弟。

尊德明伦还特别表现在德治上，即表现在传统儒家如何治理国家、人民的问题上。德治除包含尊德明伦的思想，还包括治理国家和统治人民的内容。对于以德治民的作用，竹书有深刻的议论。《尊德义》第28—29号简曰："为古率民向方者，唯德可。德之流，速乎置邮而传命。其载也无厚焉，交矣而弗知也。无德者，且莫大乎〔无〕礼乐。"率民向道唯德可，这是典型的德治思想。之所以唯德能率民向道，在竹

---

① "断"，从李零校释。李零：《郭店楚简校读记》，载陈鼓应主编：《道家文化研究》，第17辑，第518页。

书作者看来，是因为德的流行、感染作用，比邮传还要迅速。而竹书之所以以礼乐为德之大者，是因为礼乐文化在当时起着巨大的教化作用，且其中包含了儒家文化的最重要内容。《性自命出》第26—27号简曰："其居即也久，其反善复始也慎，其出入也顺，司（始）其德也。"居、次二字义近，具体指居处于音乐的感化之中。"司"读为"始"，"始"是发始、发端之义。这几句简文是讲音乐的感化作用，一个人如果受到音乐的长久熏陶和感化，那么他就能够谨慎地反善复始，恭顺地出入于道，于是发端其德，生德于中。不但如此，《性自命出》第53号简曰："贱而民贵之，有德者也；贫而民聚焉，有道者也。"以道德立身成己，虽贫贱不堪，民众却尊贵之、聚附焉。《缁衣》第12号简引《诗》云："有🪶德行，四方顺之。"《礼记·缁衣》引《诗》云："有梏德行，四国顺之。""🪶"或当是"梏"字。① 《尔雅·释诂》曰："梏，直也。"《诗经·大雅·抑》云："有觉德行，四国顺之。"《毛传》曰："觉，直也。"梏，音角，通"觉"，皆直也。此句诗是说，君王若能直大其德行，则四国顺从之。以德治民治国，则四国顺从而民众乐推而不厌；不以德治民，则对君王的统治会构成威胁，这种威胁被认为是对君王所含积之德的破坏。《成之闻之》第6号简曰："昔者君子有言曰：战与刑人，君子之坠德也。"似乎含德或积德，是君子统治稳定的基础，甚至是其统治的合理根基。至此，我们完全可以肯定，郭店儒家竹书的德治思想在根本上与殷周敬德承命的思想是完全一致

---

① 此字亦见上海博物馆馆藏楚简。李学勤先生说："我疑心这个字是'梏'的象形写法。"李学勤：《论上海博物馆所藏的一支〈缁衣〉简》，《齐鲁学刊》1999年第2期。

的，而其在思想上的创新之处则是尊德与明伦的统一，在涵摄人伦或人道的治道上具有突出贡献。

三、德治的实行

德是德治的根源，且德性在其中的作用很重要。而如何具体施行德治，是一个颇为重要的问题。德治不仅是向外的、对民的，而且也可能指向德自身。不过，德的具体践行与对德的自身性肯定，在儒家政治思想中又常常是统一的，即在德的分散流行中呈现出对其自身的同一性肯定。此种关系在郭店儒家竹书中表现得非常明显。

其一，郭店简的德治观比较强调"德一"的观念。《缁衣》第16—17号简曰："子曰：长民者衣服不改，从容有常，则民德一。""从"字，从李零释文。① 这几句话，《礼记·缁衣》作："子曰：长民者衣服不二，从容有常，以齐其民，则民德壹。"文字虽然有所不同，但其意思是一样的。《缁衣》大体上反映了孔子的思想。竹简这几句话是说，统治者如果衣服不更改，仪表容貌皆有常度，那么民德恒一，民众会服从其统治而无二心。这是所谓身服之教，属于古人所谓"威仪"的范畴。推广开来，统治阶级尤其是人君个人的仪表言行、立身处世的姿态，其实是对整个统治制度及其精神含义的具体表现，因此在重视身服之教的同时我们不能不追溯统治制度的恒常性及统治精神的同一性，这些外化的东西对于人君如何正确统治和治理国家具有非同寻常的意义。人君一

---

① 李零：《郭店楚简校读记》，载陈鼓应主编：《道家文化研究》，第17辑，第518页。此字，刘信芳释作"适"，刘信芳：《郭店简〈缁衣〉解诂》，"郭店楚简国际学术研讨会"论文，武汉，1999年10月。

般是主动的一方，能动、有为的一方，其治理精神及外化的威仪能否保持恒常如一的状态，这关系到国家的统治和治理。儒家传统偏重于从统治主体的内在性入手，以"德"来规范人的主体性内涵，而"德一"是受到特别强调的观念。不但民德有一，君德亦有一，《穷达以时》第 14 号简曰："穷达以时，德行一也。"其实，民德一与君德一是一致的，君德一促生民德一，民德一是君德一的反映。只不过，"君德"和"民德"的具体内涵是不同的。

其二，如竹简《缁衣》第 23—24 号简所云"长民者教之以德，齐之以礼，则民有劝心"，在儒家看来，德礼是治民而使之勉力从善、服从治理的两个基本原则。与德礼相对，竹书对政刑的治理手段是充满戒心的。《缁衣》第 24 号简曰："教之以政，齐之以刑，则民有免心。""免心"，今本作"遁心"。"免"，亦逃避、逃遁之义。如果人君片面地使用政、刑手段，其统治或治理就会流于法家。这是用强硬的手段来逼迫和威胁人民就范，于是出于慑于强权而苟活身命的动机，民众就只能以逃遁之心来面对强权的威猛统治了。这种君民关系与所谓"民德一"的治理境界是迥然不同的。在儒家看来，人君的统治或治理只有从德入手，才能深入人心，才能达成心悦诚服的有效统治。

其三，关于国家（天下）统治设置之最高权位如何授受的问题，竹书《唐虞之道》主张"尚德授贤"。《唐虞之道》第 20—21 号简曰："上（尚）德则天下有君而世明，授贤则民兴教而化乎道。""尚德"是成为人君的两大条件之一，人君应当以德为其政治主题的基本内涵。"尚德则天下有君而世明"，这说明尚德是立君和世道清明的根本因素所在。天下有君与否，这取决于是否尚德；无德而居于君位，则人非其君，因此对无德之君，应当剥夺其权位。德位相配，甚至以德主位，这是儒家的重要观点。推至其极，孟子曰"以至仁伐至不仁"（《孟子·尽心下》）、"闻诛一夫纣矣，未闻弑君也"（《孟子·梁惠王下》），也是合理、合法的。为君尚德不尚力，尚德是贯穿君民、上下的一个极其普遍的精神原则，它对于维护天下或国家稳定而清明的统治是非常重要的。"授贤"也是德治的一个要点，对于激励民众参与道德性的修养和服从政教规则，都是很必要的。不过，《唐虞之道》所谓尚德授贤主要是针对权位的授受原则而言的，把"尚德授贤"作为最高权位授受的基本原则，这可以说是很有进步性的。

其四，在德治的内涵中，竹书特别强调君民、上下的相互信任关系。如《成之闻之》第1—3号简曰："行不信则命不从，信不著则言不乐，民不从上之命、不信其言，而能含德者，未之有也。""著"是著明、显明之义。强调君民相互信任，这是德治之所以可能的条件之一，而且与统治者含德与否有密切关系。竹书似乎以其为检验人君含德与否的试金石。对信德的强调，是春秋后期以来孔子的观点之一。郭店简继承之，在天命论、心性论和德治论中都贯穿着"信"的因素。《成之闻之》第24—26号简曰："是以上之恒务，在信于众。《诏命》曰：'允师济德。'〖盖〗此言也，言信于众之可以济德也。"① 取信于众而可以成德，足见在当时"信"德很重要。

其五，在德治的君民、上下关系中，君上的一端更为重

---

① 释文参照了李零等人的校释。李零：《郭店楚简校读记》，载陈鼓应主编：《道家文化研究》，第 17 辑，第 513 页。

要，是德治精神的主要体现；在身服之教中，君上为主导，臣民为宾从，君子之德风而小人之德草，因此即使在德治中，君上的言行举动和德行修养也应当受到特别的关注，其善者涵持而发扬之，其不善者攻磨而止息之。《尊德义》第37—38号简曰：“下之事上也，不从其所命，而从其所行。上好是物也，下必有甚焉者。夫唯是，故德可易，而施可转也。”“下之事上也”数句，出自《礼记·缁衣》“子曰”。在一般情况下，上有所好，下必好而甚之。这一点是民德可易、其行可转的前提。由此可知，民众或善或恶，是从君主之所好所恶而定的结果。如果言行不一或言行脱节，那么民众会从上之所行，而不从其所命。重视身教的实际，而摒弃言命的虚浮，这既是民众对君上的选择标准，也是民众对君上的德行要求。言行一致，是儒家对政治的基本要求，是德治的内涵之一。

第三节　德治的内涵与伦理系统

在儒家传统中，德治往往表现为统治者或治理者的德性向治道的外化，在外化的过程中，统治者的德性必须通达人伦物理。反过来看，统治者德性的修为和涵持，与其伦理的实践密切相关。在伦理实践中成德，这是儒家修身论的又一个要求。成德涵摄着伦理，而仁、义、礼、智、信、恭、敬、俭、让诸德行统贯于人心人性及其人生实践中。据郭店简《六德》篇，中国古代所说的伦理或人伦概念包含三个要素，一是本位，二是职能，三是德行。除此之外，中国古代伦理学还包含大量其他因素，这些因素使传统伦理的内涵变得很丰富和复杂。通过位、职、德三要素，竹书《六德》篇对中国古代的一种伦理学说做了非常清晰的架构和阐述。下面，本书将着重通过此篇竹书来梳理伦理系统和分析其含意。

一、《六德》篇的伦理学说

竹书《六德》篇对人伦之大纲或人道之大经做了直接陈述和比较详细的解释，它以六位、六职和六德的伦理结构系统地论述了中国古代社会的人道常理。

何谓六位？《六德》篇第 7—8 号简曰："生民【斯必有夫妇、父子、君臣】六位也。"缺文据裘锡圭说补。裘锡圭按云："疑七号、八号简本相次。本篇下文有'生民斯必有夫妇、父子、君臣'之语，疑此处'生民……六位也'一句本作'生民斯必有夫妇、父子、君臣，此六位也'。"① "六位"即指夫、妇、父、子、君、臣六者，此六者为人伦本位之大端，是人所承担的主要伦理角色。它们可以两两分为一组，共为三组，即夫妇、父子、君臣三对关系。在古代社会中，人们通常处于此三组伦理关系中，承担六种主要的伦理角色。由此，六位必有六职的功能和属性，以及六德的系属。

何谓六职？"六职"指由六位所践履的六种职分或职责。有其位则必有其职，否则职不称位，甚至尸位素餐，这些都丧失了六位的本性。六职，《六德》篇第 8—9 号简曰："有率人者，有从人者；有使人者，有事人【者】；【有】教者，有学者，此六职也。""教""学"二字，原简不甚清晰，陈伟结合古书认为此二字应当分别释为"教""学"。他援引了《左

---

① 荆门市博物馆编：《郭店楚墓竹简》，第 189 页。

传·昭公二十六年》"父慈而教"、《国语·齐语》"是故其父兄之教不肃而成，其子弟之学不劳而能"和《孟子·离娄上》"君子之不教子""古者易子而教之"，证明父教子学是通说。[①]检图版，陈说当是，故关于父子职分的简文可释读为："【有】教者，有学者。"夫率妇从，君使臣事，父教子学，这便是在六位基础上生发出来的六职。而职与位两者必须相称相合，否则越职即可能导致僭位，乃至发生人伦大常败坏的危险；同时，职分的践履又必须体现其本位的存在，并以本位履行其职分。此点正是由位到职、由职到德的伦理关系所确定的。《六德》第 9—10 号简曰："既有夫六位也，以任此【六职】也，六职既分，以裕六德。"[②] "裕"，使之充裕。位者，立人之道。人自出生以来便存在于各种位分之中，就中国传统社会来说，六位是最主要的身份，故人自出生以后或为夫或为妇，或为君或为臣，或为父或为子。位之大经，乃是三维六面的立体架构。从逻辑上来看，先有六位，然后率任此六职；六职已分别出来，则必践履、充裕此六职六德。六德是对六职进而对六位进行规范的六种德行。由人的社会性或伦常性存在到六位，由六位到六职，由六职到六德，人的存在性被推衍出一条合乎伦常规范的道路。

何谓六德？《六德》第 1—2 号简曰："何谓六德？圣、智也，仁、义也，忠、信也。圣与智就矣，仁与义就矣，忠与信就矣。""六德"指圣、智、仁、义、忠、信六种德行。六

---

① 陈伟：《郭店楚简别释》，《江汉考古》1998 年第 4 期。
② "裕"，从袁国华释文。袁国华：《郭店楚简文字考释十一则》，载中国文字编辑委员会编：《中国文字》，新 24 期，第 144 页；张光裕主编、袁国华合编：《郭店楚简研究·文字编》，台北：艺文印书馆，1999，"绪言"。

德与六职、六位是对应的；而在此六德中，圣智、仁义、忠信两两相亲就。这种说法大概是沿袭了孔子甚至春秋以来的看法，而非竹书的新创。这一点似乎可以在其他郭店竹书中得到证明，如在《五行》中，圣智、仁义的关系比较紧密。又如《尊德义》第 3—4 号简曰："仁为可亲也，义为可尊也，忠为可信也。"同篇第 21 号简曰："养心于子俍（谅），忠信日益而不自知也。"同篇第 33 号简曰："不忠则不信。"《性自命出》第 39—40 号简曰："忠，信之方也。"《语丛一》第 82 号简曰："厚于义，薄于仁。"同篇第 93 号简曰："仁义为之臬。"这些引文都表明了圣智、仁义、忠信两两是相亲就的关系。但是，这种两两相亲就的关系并没有否定六德具有更复杂的其他关系，比如竹书说六德具有转生关系。同时，需要指出，圣智、仁义、忠信的相亲就关系是与六位、六职的关系一致的：有夫必有妇，有父必有子，有君必有臣。这种对待的位格关系在相应的历史条件下会导致夫率妇从、君使臣事和父教子学的六职关系的产生，并进一步决定六德之亲疏关系的形成。而这种六德亲疏关系具体是怎样的呢？竹书《六德》篇论述了六德之亲疏关系的具体情况，肯定了圣智、仁义、忠信的区别和联系。《六德》第 2—5 号简曰："作礼乐，制刑法，教此民尔使之有向也，非圣智者莫之能也。亲父子，和大臣，寝四邻之殃祸①，非仁义者莫之能也。聚人民，任土地，足此民尔生死之用，非忠信者莫之能也。"具有圣智之德者可作礼乐，制刑法，教导民众而使之有向；具有仁义之德

---

① 此句释文，参见武汉大学简帛研究中心、荆门市博物馆编著：《楚地出土战国简册合集（一）·郭店楚墓竹书》，第 124 页。

者可以使父子相亲，使大臣相处和谐，以及止息四邻的殃祸；具有忠信之德者可以聚集人民，分封土地，满足民众生死的花费。或者说，圣智之德主教化制作，仁义之德主亲和寝息，忠信之德主聚任足用。因此竹书认为圣与智、仁与义、忠与信之德两两相近，这是颇有道理的。除此之外，我们还有两个问题需要追问：其一，六德与六职、六位，尤其是与六位的关系是怎样的呢？其二，在竹书中，圣、智、仁、义、忠、信六种德行的具体内涵是什么呢？

六德与六职、六位的配置关系到底是怎样的？竹书做了明确的回答。《六德》第13—24号简曰：

【任】诸父兄，任诸子弟。大材（才）艺（设）诸大官，小材（才）艺（设）诸小官，因而施禄焉，使之足以生，足以死，谓之君，以义使人多〈者〉。义者，君德也。非我血气之亲，畜我如其子弟，故曰：苟悸（济）夫人之善也，劳其股肱之力弗敢惮也，危其死弗敢爱也，谓之〖臣〗：以忠事人多〈者〉。忠者，臣德也。

知可为者、知不可为者，知行者、知不行者，谓之夫：以智率人多〈者〉。智也者，夫德也。能（一）与之齐，终身弗改之矣。是故夫死有主，终身不嫁，谓之妇：以信从人多〈者〉也。信也者，妇德也。

既生畜之，又从而教诲之，谓之圣。圣也者，父德也。子也者，会最长材（才）以事上，谓之义。上共下之义，以奉社稷，谓之孝。故人则为【孝也，谓之】仁。仁者，子德也。

故夫夫、妇妇、父父、子子、君君、臣臣，六者各行其职，而狱讼无由作也。

"悽"，裘锡圭读为"济"。① "危其死弗敢爱也，谓之
〔臣〕"的"臣"字，原简抄脱，当补。"能与之齐"的"能"
字，当释为"一"。"终身不嫁"的"嫁"字，从陈伟说。②
"狱讼"，参见《郭店楚墓竹书》释文。③ 义属于君德，忠属于
臣德，智属于夫德，信属于妇德，圣属于父德，仁属于子德。
这些德行与六位、六职是相匹的：如君使人以义，则义为君
德；如臣事人以忠，则忠为臣德；如夫率人以智，则智为夫
德；如妇从人以信，则信为妇德；如父教人以圣，则圣为父
德；如子孝人以仁，则仁为子德。《六德》篇如此处理六位、
六职与六德的相就和属从关系，是有其义理根据的。竹书
《唐虞之道》强调"禅而不传"的仁圣之德，似乎与《六德》
篇强调父子关系及其德行规范相合；而《忠信之道》大力推
崇忠信二德，则或许出于作者引申之的用意。竹书《五行》
比较注意圣智之德，这亦与《六德》篇不同。

《六德》篇以六位、六职、六德三个单元来系统阐述中国
古代伦理学，是颇富特色和颇具理论深度的。无论从理论的
系统性、思考的深刻性，还是从立论的目的性来看，竹书
《六德》篇都不愧为中国伦理学史上的杰出之作。它提出夫
夫、妇妇、父父、子子、君君、臣臣，即夫成其为夫、妇成
其为妇、父成其为父、子成其为子、君成其为君和臣成其为

---

① 荆门市博物馆编：《郭店楚墓竹简》，第 170 页。
② 陈伟：《郭店楚简别释》，《江汉考古》1998 年第 4 期。
③ 武汉大学简帛研究中心、荆门市博物馆编著：《楚地出土战国简册合集（一）·
郭店楚墓竹书》，第 131 页。

臣的主张，在伦理学上具有经典意味和重要意义。① 夫夫、妇
妇、父父、子子、君君、臣臣之说，不但将六位、六职、六
德三者涵摄于其中，而且实际上它们也是六德的充实和圆成。
尽管君君、臣臣的说法在现代语境中有所失效，或需要做一
些调适和变化，然而父父、子子、夫夫、妇妇四者作为抽象
的伦理价值规范还是比较合理的，也可以说仍然是有效的。
父父、子子、夫夫、妇妇、君君、臣臣的伦理人格成就，集
中地指向人人或人成其为人的目的上。竹书云："故夫夫、妇
妇、父父、子子、君君、臣臣，六者各行其职，而狱讼无由
作也。"此数句是说，如果人能在其不同位格（或社会角色）
中满足其所当是，成就其所当是，那么狱讼即不兴作，天下
太平。这是以德礼为治的思想，与《礼记·大学》纯从君治
的角度提出所谓三纲领八条目的主张相比，《六德》所说之伦
理人格的成就，更深入到世间的伦理本位之中。《尊德义》篇
有"尊德明伦"的说法，而《六德》便是一篇"明伦"的杰
作，具体回答了何谓"明伦"的问题。《六德》篇还认为
《诗》《书》《礼》《乐》《易》《春秋》都存在夫夫、妇妇、父
父、子子、君君、臣臣之道（第24—25号简），这是借重经典
的权威来肯定此一伦理系统的必要性和合理性。

从伦理实践的角度来看，六位有亲疏内外之别。《六德》
第26—31号简曰：

> 仁，内也；义，外也。礼乐，共也。内位父、子、

---

① 《史记·孔子世家》："景公问政孔子，孔子曰：'君君，臣臣，父父，子子。'
景公曰：'善哉！信如君不君，臣不臣，父不父，子不子，虽有粟，吾岂得而食诸！'"
照此，君君、臣臣、父父、子子的观念出现甚早。

夫也，外位君、臣、妇也。疏斩布、绖、杖，为父也，为君亦然。疏衰、齐牡、麻绖，为昆弟也，为妻亦然。袒娩（免），为宗族也，为朋友亦然。为父绝君，不为君绝父；为昆弟绝妻，不为妻绝昆弟；为宗族𠂤𠂤（离）朋友，不为朋友𠂤𠂤（离）宗族。人有六德，三亲不断。门内之治，恩掩义；门外之治，义斩恩。

"恩"字，从裘锡圭释文，庞朴、陈伟亦释作恩。[1] "𠂤𠂤"即"瑟"字的古文，读为"离"，参见《郭店楚墓竹书》。[2] "门"是家族之义。门内、门外有亲疏之分，门内为血缘伦理，门外为社会政治伦理，此两重伦理关系构成了当时伦理关系的总和。从历史实际来看，前一种伦理意识在当时很浓厚，甚至从一定意义上来说，它居于主导地位。"内位父、子、夫"，即为前一种伦理身份，昆弟一格包含于其中；"外位君、臣、妇"，即为后一种伦理身份，朋友一格包含于其中。从《六德》篇来看，父子、夫妇、君臣为"三大法"的基干；此三大基干加上昆弟和朋友，即为所谓五伦。六位配六德，内位以仁德为统，外位以义德为要，而礼乐为内位外位所共。竹书对血缘宗族伦理的偏重是显而易见的，其一主张"为父绝君，不为君绝父"，其二主张"为昆弟绝妻，不为妻绝昆弟"，其三主张"为宗族离朋友，不为朋友离宗族"。在此，竹书把父与君、昆弟与妻子、宗族与朋友做了对比。

---

[1] 裘锡圭：《以郭店〈老子〉简为例谈谈古文字考释》，美国达慕思大学"郭店老子国际学术研讨会"论文，1998 年 5 月；庞朴：《初读郭店楚简》，《历史研究》1998 年第 4 期；陈伟：《郭店楚简别释》，《江汉考古》1998 年第 4 期。

[2] 武汉大学简帛研究中心、荆门市博物馆编著：《楚地出土战国简册合集（一）·郭店楚墓竹书》，第 132 页。

这些观点和说法，正是基于六位的内外之分及血缘之有无来论述的，是符合当时的文化特征的。因此，《六德》篇是基于当时伦理实际的客观陈述，符合当时的历史条件。尽管在战国中期君主中央集权制大体上取代了封建制，但是在此后两千余年里中国继续保持了浓厚的家族型社会的特征，故《六德》篇阐明的伦理学说还是可以成立的。另外，我们不应基于对君权的厌恶而过度赞美《六德》篇对内位的重视。"门内之治，恩掩义；门外之治，义斩恩"，从原则上来看，门内、门外之治是相分别的，门内之治以仁恩为主，门外之治则以义断为主。古人立身行世即建立在此一原则上。六位虽有亲疏内外之分，但就人的完满性来看，亲疏内外都是必要的，只有全面地践行这些伦理之道，人们才能成己成物。"人有六德，三亲不断"，人的伦理实践必须有德行规范之，依据六德而实践六位、六职的伦理，人即可以达到和谐的伦理境界。

《六德》篇又对六位、六德的关系做了深刻思考。男女(夫妇)、父子、君臣两两相对，各别为一组，男女有别，父子相亲，君臣有义。六位配六德，即夫智、妇信、父圣、子仁、君义和臣忠。六德似乎又有主从关系，《六德》第35号简曰："圣生仁，智率信，义使忠。"在六德的规范下，如果六位各行其职，夫其夫，妇其妇，父其父，子其子，君其君，臣其臣，那么狱讼就不会兴作。这是以礼治国或以德治国的儒家思想。反之，则夫不夫，妇不妇，父不父，子不子，君不君，臣不臣。如果六德不能规范六位，六位不能各行其职，就会导致男女不别、父子不亲和君臣无义的情况出现，也就丧灭了人之大伦。

结合当时的社会结构来看，伦理实践无疑以内位为先，故《六德》篇说："先王之教民也，始于孝弟（悌）。"（第39—40号简）孝悌是实践六位伦理的总德，贯穿于每一位的伦理实践中。而在孝悌二德中，孝更是王教之本。竹书说："孝，本也。下修其本，可以断狱。"（第41—42号简）能孝能悌，儒家认为，一个人即可以遵守人道的大经——男女有别、父子相亲和君臣有义。六位各得其所，各行其职，这既是天下太平的根源，又是君子可以断狱的根本。在《六德》篇的作者看来，政刑的治理手段也应当建立在德与礼的基础上。后代，德与政、礼与刑产生分裂，或偏重于政刑，故儒家起而批评之。

礼与刑的运用是有区别的。《尊德义》第31—32号简曰："刑不逮于君子，礼不逮于小人。"君子之所以为君子，小人之所以为小人，从孔子以来君子即发展为一种道德性的人格，他是道德生命的圆成者；小人则与君子相对，粗野蛮横，不向道德，不遵守礼乐。故从道德性内涵来看，"刑不逮于君子，礼不逮于小人"比较切合实际的儒家道德理想主义的要求。而君子与小人一旦脱离道德标准，而向当时的历史实际延指的时候，即发生道德理想与人伦实际不相一致的情况。因此对上层统治阶级是否一定不用刑，而对底层老百姓是否一定不用礼，我们就不能生搬硬套、机械地加以理解。实际上，翻开史记和传说，上层统治者在上古用刑的例子并不少见，而用礼于平民阶级也是实行所谓德治或礼治的一个应然要求。《礼记·曲礼上》曰"刑不上大夫，礼不下庶人"，虽然在一定程度上改变了竹书"刑不逮于君子，礼不逮于小人"之意，但也在一定程度上反映了当时的社会现实。

总之，《六德》篇的六位说反映了中国古代社会的人伦大经。六位说是一套伦理系统，由六位、六职、六德构成。六位指夫妇、父子、君臣，六职是指夫率妇从、父教子学、君使臣事。既有此六位，以任此六职；六职既分，在伦理实践中充裕此六德，于是君子即可实践好六位的六职。六德指圣智、仁义、忠信六者。六位与六德相配，即父圣、夫智、子仁、君义、臣忠、妇信。① 内位父、子、夫，外位君、臣、妇。仁义既可以作为分德，也可以作为贯通内位和外位的总德。仁主内位，义主外位，即仁德和义德分别贯通于内位父、子、夫和外位君、臣、妇的伦理实践中。男女有别，父子有亲，君臣有义，由内位而外位，重内位而兼外位，这是血缘宗族—政治伦理的必然要求，而《六德》在道德实践上强调孝悌为本，亦基于此一理由。所以竹书所谓"为父绝君，不为君绝父；为昆弟绝妻，不为妻绝昆弟；为宗族离朋友，不为朋友离宗族"（第29—30号简）的主张，正合于当时的伦理情境，似乎不值得大惊小怪。就六德内部来说，圣生仁，智率信，义使忠，它们与六位、六职的配属关系是一致的，遵循了人伦之大常。六位是在家庭、社会和朝廷关系中存在的六种格位，每一种格位都有其特定的伦理要求或行为规范，六职则是由六位派生出来的六种职分或职能，是六位的六种功能性规定。六德则是践履六位及行使六职的六种德行规范和要求；从一定意义上来说，六德是六位、六职的"灵魂"。

---

① 王葆玹认为："《六德》篇的主旨是阐发'六德''六职'，这种阐发乃是遵从《周易》每卦六位的框架。"他由此对六德与易卦的六爻位做了具体搭配。今按，王说恐非。而王葆玹进而以此作为"《六德》的操作很可能在《荀子》以后"的根据之一，这也是不能成立的。王说，参见王葆玹：《试论郭店楚简各篇的操作时代及其背景——兼论郭店及包山楚墓的时代问题》，载姜广辉主编：《中国哲学》，第20辑，第385 - 386页。

从六位、六职到六德，如果人在伦理实践中各自满足了其自身之伦理本位的德行规范，那么人就成为一个实践其伦理规定性的真正的人。具体说来，中国传统伦理学对人的基本要求是父父、夫夫、子子、君君、臣臣、妇妇；反之，则父不父、夫不夫、子不子、君不君、臣不臣、妇不妇，违反人伦之大法，背弃天降之大常，而这也是人丧失其所以为人以及社会秩序斁败的根源。

以上便是《六德》篇的伦理学系统。竹书提出六位说的目的，主要在于解决伦理人的存在性问题等。此外，竹书宣扬王教以孝悌为本，尤其推重孝一行，乃由于其所说的伦理本位以内位（血缘家族身份）为主。而统治阶级包括侯王常常被类比于父母之伦，于是上以孝悌教民，而民以孝悌服从上之统治，则是理所当然的事情。实际上，原始儒家主张以孝悌为本，是与当时礼乐文化流行的历史背景高度一致的，而不是不切实际的迂阔之谈。现就《六德》篇的伦理内容列一表格，以见其整体结构或骨架：

六位	父子	夫妇	君臣	先王教民始于孝悌
六职	父教子学	夫率妇从	君使臣事	
六德	父圣子仁	夫智妇信	君义臣忠	
人人	父父子子	夫夫妇妇	君君臣臣	

对于竹书论君子所以立身之大法的源流，廖名春、徐少华等人曾做过比较细致的考述工作。① 在此，笔者只想指出，《六德》篇虽然没有把昆弟、朋友直接列入五伦之中，但此篇

---

① 廖名春：《郭店楚简儒家著作考》，《孔子研究》1998 年第 3 期；徐少华：《郭店楚简〈六德〉篇思想源流探析》，载武汉大学中国文化研究院编：《郭店楚简国际学术研讨会论文集》，第 375-383 页。

竹书也未将其明确地排斥在外。从道理上看，父子、夫妇、君臣三大伦即暗中包含着昆弟与朋友两伦，第 27—30 号简即明确提及昆弟和朋友两伦，所以我们不能断然否定《六德》篇包含着五伦思想。《语丛》前三篇对昆弟和朋友两伦时有议论，这是当时亦颇重视此二伦的明证。《六德》云"圣生仁，智率信，义使忠"（第 35 号简），似乎与《礼纬含文嘉》所谓"君为臣纲，父为子纲，夫为妻纲"有一定的关系。① 不过，由德而入位，这是中国传统伦理思想的一大变化。"君为臣纲"三句同时表明，维系社会的传统封建秩序到达了最顽固、最强硬的地步，相对于内在精神（"德"）来说，部分统治者更强调其表面化、躯壳化的东西（"位"）。因此，在将"圣生仁，智率信，义使忠"与"君为臣纲，父为子纲，夫为妻纲"的所谓"三纲"思想进行关联时，我们也应当看到，两者还是存在根本区别的。如果说前者是从道德教化上而言其伦理规范的话，后者则是借助于统治阶级的强权而将其推上了生硬地维护统治阶级之利益的道路。《六德》篇以父亲高于君主、以内位高于外位的伦理主张，以及要对君权做一定的抑制的主张，都与竹书的时代相应。而《礼纬含文嘉》的三纲说进一步将"君为臣纲"置于首位，其受时代思想的影响而转变出来的用意，显然把"君主"抬到了伦理秩序头等重要的地位。

二、《语丛》前三篇的伦理学说

《语丛》前三篇对德行和伦理秩序都有独到见解，本书在

---

① 《白虎通·三纲六纪》："三纲者，何谓也？谓君臣、父子、夫妇也。"又引《礼纬含文嘉》："君为臣纲，父为子纲，夫为妻纲。"

第五章已有所论述。本章在此只着重论述如下三点。

其一，《语丛》诸篇对伦理位格及其德行做了较为细致、具体的论述。《语丛一》曰：

> 父子，至上下也。（第 69 号简）
>
> 兄弟，至先后也。（第 70 号简）
>
> 上下皆得其所之谓信。信非至齐也。（第 65—66 号简）
>
> □□父，有亲有尊。（第 78 号简）
>
> 长悌，亲道也。友君臣，无亲也。（第 80—81 号简）
>
> 君臣、朋友，其择者也。（第 87 号简）
>
> 宾客，清庙之文也。（第 88 号简）
>
> 为孝，此非孝也；为悌，此非悌也。不可为也，而不可不为也。为之，此非也；弗为，此非也。（第 55—58 号简）

《语丛三》曰：

> 父无恶，君犹父也。其弗恶也，犹三军之旌也，正也。所以异于父，君臣不相存也，则可已；不悦，可去也；不义而加诸己，弗受也。（第 1—5 号简）
>
> 友，君臣之道也。长悌，孝之方也。（第 6—7 号简）
>
> 父孝子爱①，非有为也。（第 8 号简）

上述格言式语摘，都与竹书《六德》等篇的思想并无矛盾或冲突之处。父子为至上下、兄弟为至先后的关系，这正是竹书重视血缘伦理和以孝悌为王教之本的原因。其他伦理关系，如君臣、夫妇、朋友等都可以归属于上下、先后的伦

---

① 所谓"父孝子爱"，即父被孝、子被爱，是从实践结果来说的。

理关系中。与《六德》篇有所不同，《语丛一》突出了兄弟一伦，竹书说："兄弟，至先后也。"当然，此条简文不算与《六德》重视夫妇一伦相矛盾，因为兄弟至先后之序可以附属于父子至上下之序的伦理关系中。在这些关系中，竹书说，父有亲有尊，兄弟有亲，而君臣无亲。有亲则以长悌之德处之，长其长而悌其弟；长悌，孝之方也。所以亲道以孝悌为本，而王教亦以孝悌为本。君臣、朋友并无血缘联系，竹书即主张以友道择处之。何谓友？同志同心谓之友，"信"为规范友道的德行。《语丛》主张君臣以友道相处，这不是否定了君臣二者存在上下等级的差别，而是在非血亲伦理的范围内主张君臣相处应当遵守友道，和谐诚信，恪守义道。竹书对父与君二位特别做了比较，从血缘关系来看，父有亲有尊，君则有尊而无亲。父之所谓尊亲，乃至上下的尊亲，存在于政教与血缘伦理之中；而君主的无亲之尊，则是在非血缘伦理关系上的政治身份之尊，反映了人君与臣下、民众在社会地位、政治等级上的差别，从根源性上看当然不及凭着血缘链锁在一起的父子关系。不过，父若为君，君父的身份即合二为一。在这种情况下，如何在实践上实现君父身份的高度合一，这是一个难题。由于中国长期实行家族世袭制，故其中的伦理难题可以简化处理。就一般情况来看，君为一国之主，而父为一家之主，二者虽然有差别，但是就其所具有的权威性来说都是绝对的，或者二者是相当的。《语丛三》说："父无恶，君犹父也。其弗恶也，犹三军之旌也，正也。""恶"读善恶的恶。无恶，父即可为一家之正；君犹父，君必为一国之正或天下之正也。君必去恶而尽善，否则易位，改立新君。君与父的差别还表现在二者可以构成君臣的关系上，二者的关系发展得较好或很好，则可以成为朋友；否则"君臣不相存也，则可已；不悦，可去也；不义而加诸己，弗受也"。《说文·子部》曰："存，恤问也。"君臣彼此互不关心，则可以结束此一关系；君主若不喜欢自己，臣下可以离开；君主如果不义而施加给自己，臣下可以不接受。君臣关系的本质应当是友道，是平等关系。《语丛三》的主张，对于《六德》所谓君使臣事、君臣相结以忠义的关系是一种很好的补充。在竹书《鲁穆公问子思》篇中，子思子即实践了此一伦理精神。

其二，《语丛》对几种基本德行有较为特别的论述。《语丛一》曰：

> 人之道也，或由中出，或由外入。（第18—20号简）
>
> 由中出者，仁、忠、信；由……（第21号简）
>
> 仁生于人，义生于道。或生于内，或生于外。（第22—23号简）
>
> 上下皆得其所之谓信。信非至齐也。（第66号简）
>
> 【厚于仁，薄】于义，亲而不尊。厚于义，薄于仁，尊而不亲。（第77、82、79号简）

《语丛一》第18—20号简指明"人之道"的来源问题，云"或由中出，或由外入"，"或由中出"大概就人性人情而言，"或由外入"大概就礼义而言。其意大概与《性自命出》一致。《性自命出》第3—4号简曰："道始于情，情生于性。始者近情，终者近义。知【情者能】出之，知义者能入之。"第22—23号简则指明了仁义二德的来源不同，"仁"主要是用来定义"人"的，"义"主要是用来定义"道"的，因此"或生于内，或生于外"很可能是以身内、身外作为分别的标准。仁义二德乃合内外之道，都是人立身行世的德行准则，它们都规定了人之所以为人者。第 21 号简曰"由中出者，仁、忠、信；由"，其下有脱简。据《六德》及《语丛一》第 18—20、22—23 号简，下接第 21 号简的文字应当补为："外入者，圣、智、义。"① 这六字补文与《六德》篇有一致的地方，均以仁、忠、信、圣、智、义为六德。不一致的是，各自的内外之分不同：《六德》以父、子、夫为内，以君、臣、妇为外，内外是以血缘伦理的位格关系来划定的，而《六德》篇是否对六德本身有内外的划分，这是不明确的；《语丛一》则明确以内外（或中外）为根据，即以人身或人的心性为根据对六德做了内外的划分。不管六德是由中出还是由外入，总之人们认为，中出与外入是相反相成的关系。关于仁、义、圣、智、忠、信六德，《语丛》还有更详细的解释，今从略。

其三，《语丛二》及其他竹书对诸种德行的来源做了心性论或天命观的溯源和联络。《语丛二》的叙述很详细，特别是第 8—9 号简"爱生于性，亲生于爱，忠生于亲"一条，有助于揭明血缘伦理何以在当时的伦理关系中占据主导地位的问题，同时也说明了忠由中出及由性之亲爱转生出忠德的道理。竹书《五行》篇特别重视从心地上论述仁、义、礼、智、圣五行的和同问题，将形于内以成德的关键放在"慎独""为一"的工夫论上。《性自命出》篇既注重德行的各种关系，也注重对其性命本原的追问。在"性自命出，命自天降"的大

---

① 李零补作："由中出者，仁、忠、信。由【外入者，礼、乐、刑】。"李零：《郭店楚简校读记》，载陈鼓应主编：《道家文化研究》，第 17 辑，第 532 页。

前提下，此篇竹书论述了由人性分解而出的各种德行间的关系。《性自命出》第38—41号简曰："恕，义之方也；义，敬之方也；敬，物之节也。笃，仁之方也；仁，性之方也，性或生之。忠，信之方也；信，情之方也，情出于性。爱类七，唯性爱为近仁；智类五，唯义道为近忠；恶类三，唯恶不仁为近义。"由此段引文可知，恕—义—敬为一组，笃—仁—性为一组，忠—信—情—性为一组，爱—仁为一组，智—忠为一组，恶不仁—义为一组。又据此段引文，可知仁、忠、信是由性出的，但未见义出于性之说，大概《性自命出》的作者认为义自外入。

"外在"与"外入"是两个词。"外在"是相对于"内在"来说的，都以是否内在于人性为标准。在郭店简中，义道并非由人性生出，故可以说义是外在于人性的。"外入"一词与"外在"不同，表明义道虽生出于人性之外，但它可以由外入内，而不舍人为修养的特性。因此，需要进一步指出的是，竹书虽然持仁内义外的观点，但是义外只是说义外在于人性，而未必外在于人身。而且，在竹书中，仁与义互为表里，内与外相互规定，《性自命出》曰："爱类七，唯性爱为近仁；智类五，唯义道为近忠；恶类三，唯恶不仁为近义。"义由外入，义对于人的生命存在具有重要作用。不过，义由外入，它是由人身入于人心还是入于人性？这是一个有待追问的问题。义作为群善的标准，当然与人的德性的外显是相应的，因此它与内在于人性的各种德行似乎有表里关系。郭店简还认为，义可以通过教化"形于内"或"生德于中"。通过形于中或生德于中，义即真正地实现了外入的最终目的，而在人心、人性中生根，变外在为内在。义能由外入，生根于人性之中，还与人自身的心性修养相关。竹书《五行》篇谓五行形于内即为德之行，与《性自命出》"生德于中"的说法相近。既然五行形于内皆根源于人心，则生德于中不仅是存之于心，而且是内化入人性里，所以人性的修养即在于由人心入于人性，把规定生命的德行植根于人性之中，然后上通天命，最终成就一圆融而自在的生命境界。以此观之，所谓"由中出"乃由天命、心性而发之于身表身外，所谓"由外入"乃由身外身表而入于心性，并上通天命。一内一外，一出一入，相反相成，相通相融。竹书《成之闻之》曰"形于中，发于色"，亦合此意。竹书主张仁由中出、义由外入，可以简称仁内义外说，但此仁内义外说应当从郭店简的角度来看。在《孟子·告子上》中，告子与孟子对仁义内外的问题做了辩论。告子区分内外的标准是血缘关系中的我，与我有血缘亲情即谓之内，无则谓之外，由外作故谓之外。故告子以爱弟为仁内，以敬长为义外。孟子区分内外的标准是人性。在孟子看来，爱弟和敬长都出自进行此道德活动的主体自身，即我，孟子并由此追问和深思之，仁义皆出自在我的人性，故曰仁义皆内。

总之，郭店简关于六位和德行的内外之分有两种。第一种是六位的内外之分，按血缘关系划分，父、子、夫属内位，君、臣、妇属外位。第二种是德行的内外之分，包括仁内义外，仁、忠、信由中出，而圣、智、义由外入，其标准可能是从心性来说的。这两种内外之分不能混淆。伦理之位的内外是指血缘之有无，内指门内，外指门外。德行之内外是指其与人心人性的关系，自人心人性出者谓之从中出，属于所谓内也，反之则为外。还需要指出，关于仁义内外问题的辩论，从郭店简到孟子的时代，似乎一直是一个颇为热闹的话题。告子认为仁为内，是以血缘关系中的我为标准，爱弟乃因其是我的弟弟，故曰仁内。从孟子的标准来看，告子的仁内说仍然属于仁外说，不是真正的仁内说。而告子认为义为外，乃认为义为彼长而我故长之的结果，故曰义外。孟子主张仁义皆内，乃认为仁义皆根于四端之心，非由外授我。就义来说，长长、敬敬不但是主体间性的，而且是由主体之我发出的，属于主体我所固有的，故曰义内。

三、《成之闻之》《忠信之道》的伦理思想

对于德性和伦理在修养中的关系，郭店简做了深入思考。如《成之闻之》篇第 31—33 号简曰："天降大常，以理人伦。制为君臣之义，著为父子之亲，分为夫妇之别。是故小人乱天常以逆大道，君子治人伦以顺天德。《大禹》曰：'余兹度天心。'盖此言也，言余之此而度于天心也。"同篇第 37—38号简曰："昔者君子有言曰：'圣人天德。'盖言慎求之于己，而可以至顺天常矣。"同篇第 40 号简曰："君子慎六位以巳（翼）天常。"天常与人伦是密切相关的。人伦根源于天常，是天常的下落和现实化，而天常则是人伦的形上根据和天命常则。既然天常与人伦的关系如此密切，上下一体，那么治理人伦以顺天德、天常，则是君子应有的责任和义务。从上下贯通的角度看，这是我于此践履人伦而忖度天心天意而已。竹书曰"君子慎六位以巳（翼）天常"，这就是说，君子在立身的三大法中谨慎地践履六位，以敬奉天常之大经。竹书《成之闻之》篇与《六德》篇存在许多思想和文本相关联的地方，我们应该把二者联成一个整体来看待。如果不嫌拟之不

类，我们甚至应当根据竹简形制的特征把《成之闻之》《尊德义》《六德》《性自命出》四篇归为一书，认为它们作于某一学派之手。这四篇佚籍的竹简形制皆为梯形，简长皆为 32.5 厘米，编线皆为两道，编线间距皆为 17.5 厘米，书迹相近。

郭店简对德行的追溯还具有深厚的天地意识，这在《忠信之道》等篇中有明显反映。《忠信之道》认为"不訛（诡）不害"乃"忠之至"，"不欺弗智"乃"信之至"。"訛"读为"诡"，《玉篇·言部》曰："诡，欺也，谩也。"忠积则可亲，信积则可信。人君忠信积累则可为民所亲信，亦可亲信其民。这是一篇以忠信之道论人君治国亲民的文章。此篇竹书认为，忠信乃节天地或效法天地之性的结果。又说，法地可亲之性而有忠德，法天可信之性而有信德。又说，至忠无訛（诡），至信不背。又说，忠为仁之实，信为义之期，忠信仁义是相关的。《忠信之道》把德行与天地之性相系附，这是中国人天地意识的一个具体表现，与天命观、天道观一起构成古人立体的人生境界。

在德治与伦理实践中，郭店简亦颇重视礼乐和经典文献的教化作用，这是古人教育和政治的重要内容。前文已论述其基本思想，笔者在此就不再赘述了。

第四节 《唐虞之道》的思想：爱亲与尊贤的统一

郭店简《唐虞之道》是一篇重要的政治哲学文献。最高权位的授受和继承问题是儒家德治思想的重要内容之一。是世袭还是禅让，古圣先贤对此问题做了深入的思考、讨论和回答。笔者认为,《唐虞之道》在最高权位的授受问题上主张禅让的方式,并以爱亲与尊贤相统一为其禅让说的基础。

一、禅而不传:爱亲与尊贤的统一

何谓禅让?禅让之说的具体内容及理论根据是什么?在禅让中如何保证爱亲与尊贤的相互统一?这些问题是竹书《唐虞之道》的思想重点。

竹书《唐虞之道》开篇即直揭唐虞二君的统治观和人生观。第1—4号简曰:"唐虞之道,禅而不传。尧舜之王,利天下而弗利也。禅而不传,圣之盛也;利天下而弗利也,仁之至也。故昔贤仁圣者如此。身穷不均(愍),没而弗利,躬仁矣。必正其身,然后正世,圣道备矣。故唐虞之【之兴,由此】也。"释文多参李零说①。"均"当读为"愍"②,《说文·心部》曰:"忧也。"此字周凤五读为"愠"③,其义近。"禅"与"传"相对,是处理最高统治权位继承问题的两种根本方式。"传"属于既定方式,表现为血缘世袭制;"禅"是选择和荐举,是对血缘世袭制的打破。"禅"以尚德授贤为最高权位授受的合法性根据,对继统为君者提出了更高的道德要求,这包括德行的与肉体的两方面要求。唐虞皆国号,在竹书中指代尧舜二人。竹书作者对尧舜之道推崇备至,认为"唐虞之道,禅而不传",且认为此禅法出自"利天下而弗利也"的大公之心。"利天下"是全然以天下的公利为利,"弗利"是

---

① 李零:《郭店楚简校读记》,载陈鼓应主编:《道家文化研究》,第17辑,第497页。

② 陈伟:《郭店楚简别释》,《江汉考古》1998年第4期。

③ 周凤五:《郭店楚墓竹简〈唐虞之道〉新释》,1999年9月。

指弗自利。在肯定"禅而不传"的唐虞之道出自"利天下而弗利"的基础上,竹书进而认为"禅而不传,圣之盛也;利天下而弗利也,仁之至也",从德行方面对尧舜做了高度肯定,认为尧舜之王,乃完全是其仁圣之德的实现。这样,竹书对唐虞之道做了更深刻的思考,把其与尧舜二君的主体德行修养关联了起来。王道之所以为王道,乃是由于尧舜对其德行生命不断涵养、充实和发挥:"身穷不怨,没而弗利,躬仁矣。必正其身,然后正世,圣道备矣。"穷困而不忧,至死不自利,其肉体生命完全达到了与仁合一的地步。正身在先,正世在后,先正其身然后正世,这是儒家思想的一般逻辑。通过正身和正世,圣道于是具备。在此我们看到,竹书《唐虞之道》非常重视"仁"德,认为"仁"是成就圣人的德行基础。而由仁到圣,这是一个正身、正世的道德实践和政治实践过程。由此可知,"仁"是尧舜之王的基础,而"圣"是更高的德行,必具圣德而后尧舜可为圣王。

尧舜之道"禅而不传""利天下而弗利",这两句话从原则上可以解决最高权位的授受问题。"禅"的最根本要求是"尚德授贤"(第 20 号简),在"德"与"贤"两者中,"德"是本,"贤"是"德"在社会和政治生活中的实现。在《唐虞之道》中,"德"以仁圣二德为重,而包含其他诸德。"尚德授贤"所说的贤人,不仅指贤能之人,而且指贤德之人,故"授贤"的"贤"包括才能和德行两重因素。既然所谓贤人已内在地包含德行因素,那么由德行修养而涵摄的"禅而不传"和"利天下而弗利"的外王之道即必然成为所授贤人的内在要求。它贯通于授受双方,而成为禅让制最高权位的继承得以成立的基本原理和条件。

　　正身与正世是相互关联的。正身为本，正世为用。正身以正世，尚德以授贤，是在最高权位授受过程中合乎尧舜仁圣之道的两个基本要求。何谓正身，何谓正世？正身主要指以德行充养其身，还包括在外王层面的要求，以及面对时命时人应当如何安命的问题等。正世以正身为基础，纠正时弊，淑化当世，使之去恶从善，达到家齐、国治而天下平的目的。而在最高权位继承的问题上竹书主张"禅而不传""利天下而弗利"，这对当时王道日衰而矜尚霸力的社会风气是一种或多或少的补济。尽管禅让制在当时不符合实际，甚至是历史的笑料，但是从政治理想主义的角度看，其所包含的精神是可贵的，是值得肯定的。而一旦历史条件适合，禅让制所包含的内在精神便可以重新安放下来和实现出来。

　　《唐虞之道》第4—10号简、第12—13号简对"尧舜之行"做了比较详细的阐述。"尧舜之行"是对"唐虞之道""尧舜之王"的具体化，把"禅而不传"和"利天下而弗利"的王道原则落实到"爱亲尊贤"、人伦实践和德行修养上面。

　　首先，竹书主张教民有德。《唐虞之道》第4—6号简曰："夫圣人上事天，教民有尊也；下事地，教民有亲也；时事山川，教民有敬也；亲事祖庙，教民孝也；大学之中，天子亲齿，教民悌也。先圣与后圣考，后而归先，教民大顺之道也。"圣人是正身正世的统一体，能自觉觉人，正身以教民。所谓正身，是以德行为基础而即物即事以正其身，并把教民有德的方针融入其中，在诸事中教民大顺之道。这包括上事天，教民有尊；下事地，教民有亲；时事山川，教民有敬；亲事祖庙，教民有孝；亲齿大学，教民有悌。先圣考核后圣，后圣归于先圣，教导民众大顺之道。在当时的历史背景下，这是所谓做圣人的根本任务，也是能否禅让的必要条件及其合法性所在。可以设想，《唐虞之道》的作者所面对的现实压力和思想阻力是巨大的，因为在当时"禅让"仅表现为一种传说和理想化的儒学政治精神，与当时的政治现实相差巨大。不过，先秦儒家的可贵之处正在于此，他们试图从道德的角度论证禅让或尧舜王道的合理性。现实世界的合理性，不仅存在于客观的历史条件中，而且存在于理想主义的道德评价中。

其次，"爱亲尊贤"是尧舜之行的根本内涵。《唐虞之道》第6—9号简曰："尧舜之行，爱亲尊贤。爱亲故孝，尊贤故禅。孝之杀①，爱天下之民；禅之流②，世无隐德。孝，仁之冕也；禅，义之至也。六帝兴于古，皆由此也。爱亲忘贤，仁而未义也。尊贤遗亲，义而未仁也。""杀"，等杀、等差。"流"，传布，与《孟子·公孙丑上》"德之流行"的"流"字同义。据所引简文可知，"尧舜之行"最根本的内涵是"爱亲尊贤"，而且是"爱亲"与"尊贤"的高度统一。爱亲故能孝敬尊长，尊贤故能禅让贤人。孝的推等，能爱天下之民；禅的传布，世间无隐德之人。孝是仁德的冠冕，禅是义道的至极。六帝兴起于远古，皆由于此。"六帝"，竹书所指明者有尧、舜、禹三人。竹书特别强调同时具有"爱亲""尊贤"的重要性：如果爱亲而忘贤，那么属于"仁而未义"；如果尊贤而遗亲，那么属于"义而未仁"。二者缺其一，都无法成为禅

---

① "杀"字，从陈伟释文。陈伟：《郭店楚简别释》，《江汉考古》1998年第4期。

② "流"字，从张光裕、刘钊释文。张光裕主编，袁国华合编：《郭店楚简研究·文字编》，"绪言"；刘钊：《读郭店楚简字词札记（一）》，"郭店楚简国际学术研讨会"论文，武汉，1999年10月。

让的根据。

需要指出，"爱亲"和"尊贤"本属于不同的原则。"爱亲"属于血缘关系中的爱，尤其指子对父之爱。不过，在道德实践中，儒家特别强调"爱亲"对于"为仁"的重要性，因为"爱亲"是很原始、很牢固的自然情感。从"爱亲"入手而体验爱之情，进而体验仁之德，这是一个重要步骤。儒家不因为"爱亲"是一种原始的情感而贬低它，反而因顺其原始性而肯定它和利用它。"爱亲"最终指向仁之德的培养。能爱亲则能行孝道，推爱及人，行之于天下而爱天下之民，这就是仁德和仁道。"仁者爱人"有两重含义：一者，从仁爱之所自来看，儒家认为爱亲为大为先，人不仅爱己身，而且能推己爱及父母、他人；仁爱并不排斥亲爱，仁爱的培养以爱亲为先为近。二者，仁爱虽然以亲爱为基础，为其心理体验之源，但是仁爱毕竟是仁爱，超越于亲爱之上，故仁爱更为根本，更为广大，"仁者爱人"指明了仁爱的本质不同于亲爱。进一步，亲爱与仁爱也存在矛盾，亲爱以血亲为施为对象，其意义局限于血缘关系中，因而如果它不能转化为仁爱或者受到严格的限制，那么它就会造成人我、内外的分裂与对立。仁爱与亲爱不同，它以爱的遍及性及等差之爱为基本特征，故仁爱必包含忠道和恕道。在亲爱与仁爱之间，儒家通常采取中庸之道，即儒家以亲爱作为仁爱的近己来源，同时又认为仁爱包含着亲爱。从亲爱到仁爱是爱的推廓。从血亲伦理到生命伦理，其爱的推廓依据亲疏和伦理关系的不同而有差等。竹书云"爱亲故孝"，又云"孝之杀，爱天下之民"，又云"孝，仁之冕也"，都是此一思想的反映。

"尊贤"的原则与"爱亲"的原则不同，它是对贤能、贤德之人的尊敬和尊重。当然，这种尊敬和尊重不仅反映在情感或生命态度的方面，而且在世间伦理与治国、平天下的政治中都应该具体地表现出来，"禅让"是"尊贤"原则在制度上最具体、最显明的表现。"禅而不传"，就是在反对血缘世袭制的同时弘扬尊贤的精神。因此，不可避免地，"爱亲"与"尊贤"会存在矛盾和张力。"爱亲"如果贯彻到底，那么在最高权位的授受问题上人们必须坚持所谓血缘世袭制；而"尊贤"如果贯彻到底，那么在最高权位的授受问题上人们必须坚持让贤人上位的禅让制。二者之间的冲突和抵牾是显而易见的。因此，如何调和二者间的矛盾，实现"爱亲"与"尊贤"的统一呢？这是竹书所要着重解决的问题。《唐虞之道》开篇即云尧舜之王是"利天下而弗利"，这表明尧舜之行纯粹是道心的流行，而无一毫人欲之私；纯任公利的遍布，而无一毫自私自利的行为。"禅而不传"的唐虞之道正体现了此一精神，"传"乃继世相传，成一家之私利，"禅"则是改变此一家之私利的授受办法，实现了最高权位之授受方法上的公利原则。由此来看，在最高权位的授受问题上，"爱亲"原则无疑应该次于"尊贤"原则。第 20 号简曰"禅也者，尚德授贤之谓也"，竹书便是如此主张的。但是，站在儒家的立场上来看，"尊贤"虽然是优先原则，但是它的确立并不是以牺牲"爱亲"原则为前提的；恰恰相反，儒家通常认为"爱亲"与"尊贤"是统一的，而竹书正是如此认为的。

再次，"尧舜之王，利天下而弗利也"即内在地包含着"德"和"能"两个因素。"利天下而弗利"的公利，乃体现人生之大德，如天地境界一般，廓然大公，无物不利，同时在利之所以利中已包含"能"的因素。可以设想，有德无能之人何以利天下？在此，需要指出，广义的"德"概念包含着"能"，与"道德"（morality）之"德"字不同。仁圣是尧舜之所以为王的两种德行，它们包含着"德"与"能"两个方面，在古典语境中"圣"德常常被用来指能力超凡。第20号简把"禅"的能禅性定义为"尚德授贤"，这表明在禅让制中"德"的因素仍然占据了重要地位。这样，我们似乎可以推断，在"禅而不传"的唐虞之道中，"贤"一格已包含了贤德与贤能两个方面，其中前者重于后者。既然"禅而不传"特别强调了授受者双方的德行内涵，那么通过德行一环可以将"爱亲"的原则融入"尊贤"的原则中，实现"爱亲"与"尊贤"的统一，既非"爱亲忘贤"，亦非"尊贤遗亲"。竹书说"爱亲忘贤，仁而未义"，"尊贤遗亲，义而未仁"，这两种情况都是竹书所不赞成的。仁义不失，合内外之道，使"爱亲"与"尊贤"统一起来，这是原始儒家解决最高权位授受问题的理想答案，也是解决父子关系与君民关系相冲突的最佳方案。

最后，竹书认为，爱亲与尊贤相统一的最终基础在于德行，"尊贤"首先是尊重其德行，并通过对德行的尊重而把"爱亲"容纳于其中，这样一方面可以化解血亲之私，另一方面可以张扬德行的伟大。由此，唐虞"禅而不传"的王道可以进一步概括为以德相禅和尚德授贤，尧、舜、禹三圣实行的是贤人政治。"利天下而弗利"和仁圣之德是贤人政治的两个基本立足点。第20—21号简曰："禅也者，尚德授贤之谓也。尚德则天下有君而世明，授贤则民兴教而化乎道。不禅而能化民者，自生民未之有也。"这段话指出了"尚德授贤"的重要作用和意义。"尚德则天下有君而世明"一句，指出了君主存在的合理性在于德行的修养，尚德则有真君，有真正的天下共主；同时，尚德使世无隐德，世无隐德则世道清明，上与下、君与民皆在德治的光辉中相忘乎道术。"尚德"是前提，而"授贤"是体制。德行是权力的操持者，而"授贤"是对血缘世袭制的否定，后者以"利天下而弗利"为基础理由要求最高权位的授受向全体精英开放。相比较而言，公天下的禅让制更符合儒家道德主义的理想。因为在面对全体人民的福祉和命运这样的大是大非问题时，一家之私显然不能废替天下之公。从这个角度来看，在中国延续了几千年的王朝（皇朝）世袭制，是非常不合理的。而且，垄断性的血缘世袭制也是促使权力篡夺和革命现象频繁发生的根本原因。主张禅让制的诸子一定会认识到，由血缘原则支配的世袭制必定存在着一个巨大的黑洞，无情地吞噬着王朝（皇朝）统治的合理性及有效性。而如何化解一家之私对权源的垄断？禅让制和民主制都是可供优先选择的政治制度。同时，笔者注意到，在家天下的大前提下，传统知识精英不得不或者习惯性地走上了所谓"得君行道"的路线。借助于"修身"的概念，他们试图以内圣（德行修养）去消化世袭制的外王所固有的偏私。

二、尧禅舜位的理由

对六帝兴于古、相继禅让的理由，《唐虞之道》举尧舜之例做了具体阐明。"六帝"，竹书未详，其可确知者有尧、舜、禹三人。如果加上《史记·五帝本纪》所说的黄帝、帝颛顼、帝喾三人，则可称六帝。为什么尧能够禅舜，二人按照"尚德授贤"的原则进行最高权位的授受而轮流做民主（民众的君主）呢？对此问题，竹书有所回答。

第一，尧之所以禅舜，是因为舜在其伦理实践中完全能够遵从"爱亲"之理。《唐虞之道》第 22—25 号简曰："古者尧之与舜也：闻舜孝，知其能养天下之老也；闻舜弟，知其能事天下之长也；闻舜慈乎弟□□□【知其能】为民主也。故其为宂（瞽）寞（盲）子也，甚孝；及其为尧臣也，甚忠。尧禅天下而授之，南面而王而〈天〉下而甚君。故尧之禅乎舜也，如此也。""宂"字，从刘钊释文。[①]"宂寞"，竹书原整理者认为指舜父瞽瞍[②]，这是根据传世文献做出的判断。"宂寞"当读作"瞽盲"，是瞽瞍的别称。《说文·目部》曰："瞽，目但有朕也。"目漫若鼓皮然曰瞽，是眼瞎的一种。同部："盲，目无牟子。"盲亦是眼瞎的一种。根据此段引文，尧之所以决定将天子之权位禅授给舜，是因为舜通过亲亲的伦理实践而具有相应的德行，如孝、悌、忠、慈之德。而这些德行一旦固植于身心之中，它们就会应用于具体的伦理实践和治国平天下的政治活动中。正由于德行生命具有超越性，而贯通于伦理与政治之中，而且由于德行是做民主的根本标准，因此尧能够根据舜在家庭中的伦理表现而判断其是否具有做民主的资格。竹书认为，在德行的基础上，舜的"甚孝"和"甚忠""甚君"具有贯通性，可以推廓。"甚君"即达到君君之极致，完全履行了作为民主的应然规定和要求。简言之，爱亲之理与做民主之理是贯通的，而"尚德"是二者的基础。

---

① 李家浩：《读〈郭店楚墓竹简〉琐议》，载姜广辉主编：《中国哲学》，第 20 辑，第 342 - 343 页；刘钊：《郭店楚简校释》，福州：福建人民出版社，2005，第 153 页。
② 荆门市博物馆编：《郭店楚墓竹简》，第 159 页。

　　第二，在任人方面，舜能尊贤，实现爱亲与尊贤的统一。"尊贤"可以成为实行禅让、废止世袭的直接理由，但竹书云舜能尊贤则下降一个层次，它只是尧授舜、舜受尧的具体原因之一。《唐虞之道》第 12—14 号简应当接于第 9—10 号简后，曰："古者虞舜笃事瞽（瞽）叟（盲），乃试其孝，忠事帝尧，乃试其臣。爱亲尊贤，虞舜其人也。禹治水，益治火，后稷治土，足民养【也。伯夷守】礼，夔守乐，逊民教也。皋陶内用五刑，出试兵革，罪轻法【也。唐虞】用威①，夏用戈，正（征）不服也。爱而正（征）之，虞夏之治也。禅而不传，义恒□□始也。""试"，义为使用。《说文·言部》曰："试，用也。""逊"者，循顺也。"皋陶"，帝舜的臣子，原竹简整理者已指出。② 这几简提到的人物，除瞽瞍为舜父外，其他几人皆为舜臣，如禹、益、后稷、夔、皋陶、伯夷皆为舜臣。传世文献还提到了几位舜臣。《尚书·尧典》和《史记·五帝本纪》提到受舜钦命的臣僚有二十二人，他们是禹、皋陶、契、后稷、伯夷、夔、龙、倕、益、彭祖和十二牧。《大戴礼记·五帝德》亦有大致相同的记述，云："（孔子曰：帝舜）使禹敷土，主名山川，以利于民；使后稷播种，务勤嘉谷，以作饮食；羲和掌历，敬授民时；使益行火，以辟山莱；伯夷主礼，以节天下；夔作乐，以歌籥舞，和以钟鼓；皋陶作士，忠信疏通，知民之情；契作司徒，教民孝友，敬政率经。"《唐虞之道》第 12 号简的"□礼"二字，当与伯夷主礼

---

　　① 《唐虞之道》第 12 号简的前半部分文字，释读断句从陈伟说。陈伟：《郭店楚简别释》，《江汉考古》1998 年第 4 期。

　　② 荆门市博物馆编：《郭店楚墓竹简》，第 159 页。

有关。羲和与契的职守在当时颇为重要，竹书应当述及。今不见于此篇简文，疑《唐虞之道》有脱简或缺简。依据《尚书·尧典》《史记·五帝本纪》《大戴礼记·五帝德》的记载，帝舜钦命诸臣，事在尧死而其正式称帝之后。帝舜钦命诸臣，正表明舜能尊贤，这是舜能受尧禅做天子的重要原因。仔细阅读《尚书》和《史记》原文，帝舜的能尊贤，是真正的能尊贤。其知人善任，完全体现在其根据诸臣僚的贤德而恰当地裁量其官任上。帝舜的尊贤，还表现在他把家事与国事适当分开，尊贤以任人，而不是任人唯亲。从这一角度来看，"爱亲"与"尊贤"两个原则是有一定分隔的。但是这并不意味着"爱亲"与"尊贤"一定没有其内在的统一性。"爱"与"尊"是两种情感和态度，这两种情感和态度建基于其所以爱与所以尊的德性，德性是统一它们的内核。竹书强调"德"或者"尚德"的概念，它们正是打破"爱亲"与"尊贤"的隔阂而使之统一的东西。

附带说一下第13号简的问题，竹书云："用威，夏用戈，正不服也。爱而正之，虞夏之治也。禅而不传，义恒□□。"此号竹简与帝舜钦命诸臣的数简在内容上不相连属，它是谈论"虞夏之治"的共同特点的，其内容包括：一、"正不服也"；二、"爱而正之"；三、"禅而不传"。这三点正是尧舜相禅的基本思想。尤其值得指出，此简云"虞夏"，犹如"唐虞"并称一样，实际上表明了此简原应当属于舜禹相禅的内容。因此《唐虞之道》虽然以舜为叙述中心，但是它也兼及尧禹二人，而构成了尧舜禹禅让的完整故事。

需要进一步追问的是，为什么此篇竹书以舜为论述的中心？这或许是因为舜在尧、舜、禹三帝相禅的故事中具有承前启后和继往开来的重要作用。设若舜后诸帝皆能如舜一般发挥"爱亲尊贤"的作用，使传统与未来两皆不失，那么尧舜"禅而不传""利天下而弗利"的原则就可以垂法万世，而不致落入血缘世袭和封建专制的窠臼了。

第三，帝舜不仅能尊贤，而且当初在相禅的过程中，其贤能也曾经受了诸种艰险和苦难的考验。《尚书·尧典》言舜："慎徽五典，五典克从。纳于百揆，百揆时叙。宾于四门，四门穆穆。纳于大麓，烈风雷雨弗迷。"《史记·五帝本纪》的相关记述更为详细，如说："舜耕历山，渔雷泽，陶河滨，作什器于寿丘，就时于负夏。"又说："舜耕历山，历山之人皆让畔；渔雷泽，雷泽上人皆让居；陶河滨，河滨器皆不苦窳。一年而所居成聚，二年成邑，三年成都。"又说："于是尧乃试舜五典百官，皆治。"又说："舜入于大麓，烈风雷雨不迷，尧乃知舜之足授天下。"这些事迹，在郭店简《穷达以时》等篇中有所反映。《穷达以时》第 2—3 号简曰："舜耕于历山，陶拍于河浦，立而为天子，遇尧也。""浦"字，从李家浩释文。① 有关舜的传说故事，可以说大体上一致，但是不同的叙述者立论的观点是有差别的。竹书《穷达以时》一方面宣扬穷达以时的观点，另一方面坚持慎于反己、德行恒一的观点，二者之间是有张力存在的。但是，反观《唐虞之道》篇，舜能经受各种考验，"贤能"方面得到验证，如此他才能合格地继承天子之位，受尧禅。这是舜之所以能做天

---

① 李家浩：《读〈郭店楚墓竹简〉琐议》，载姜广辉主编：《中国哲学》，第 20辑，第 354 页。

子的第三点理由。

三、时命与性命

在爱亲与尊贤上，一个更深刻的问题是，人如何面对生命存在及命运本身呢？一个人只有在安身立命的问题上有坚定的立场和根本的看法，他才能从权力争夺的火热场面中撤回，并以德行作为自己生命的源头活水，从天命那里获得根本依靠。《唐虞之道》认为尧舜精神的实质，从德行看在于仁圣二德，从价值看在于"利天下而弗利"，从制度看在于"禅而不传"。如此，一个人才具有受禅为天子的基本条件。

但是，一个人禅让与否实际上还受到客观条件的制约，这包括时命和自身性命的制约。孔子虽然有大圣之德，但是生不逢时，所以只能落得一个"素王"的雅号。当然，在理想主义的道德王国中，孔子是精神之王，这无须多言。然而，"素王"也好，精神领袖也好，毕竟与拥有现实最高权威的世俗天子是两码事。从竹书看，一个人能够成为天子，还有几个现实条件。《唐虞之道》第 14 号简曰："古者尧生于天子而有天下，圣以遇命，仁以逢时。"据此，尧成为天子的现实条件是：一者，嗣命垂统，他生于天子之家；二者，他具有仁圣之德；三者，他逢遇了恰当的时命。这三重因缘和合，才使得尧成为天子。《史记·五帝本纪》曰："帝喾娶陈锋氏女，生放勋；娶娵訾氏女，生挚。帝喾崩，而挚代立。帝挚立，不善，而弟放勋立，是为帝尧。"挚兄勋弟，兄废弟立，其原

因大概是兄弟二人所具有的仁圣之德不同。① 同时，兄废弟立
或者说挚废勋立这一事件，可能已包含了尧之所以禅舜的
"爱亲尊贤"的原则。因为一者，兄废弟立乃由于勋贤于挚；
二者尽管兄废弟立，但亲亲之爱的原则并没有遭到抛弃，帝
尧仍然具有继祖承命的责任。继位之后，尧即面临天子之权
位授受的新规则和新原则的选择、改变和突破问题。应该说，
在禅让制的建构上，尧起了决定性的作用，其功绩丝毫不亚
于大舜。因为弟代兄立仍然是亲亲相传的世袭制，而非贤贤
授受的禅让制；而禅让制的本质即在于对血缘世袭制的打破，
提出新的权力过渡的合理性及其法则。

　　"时命"是人受命为天子的条件之一。《唐虞之道》第
14—15 号简曰："（尧）未尝遇【命】，并（禀）于大时，神明
均从，天地佑之，纵仁圣可举，时弗可及矣。"② "遇"，遭逢、
遇到。"并"读为"禀"，是承受的意思。简文"未尝遇
【命】，并（禀）于大时"两句为一节，"神明均从，天地佑
之"两句为一节，"纵仁圣可举，时弗可及矣"两句为一节。
这几句话是说，如果尧未尝遇命，禀受大时，那么即使神明
都依从，天地保佑之，即使仁圣可举，然而时命不可及，他
也仍然无法受命为天子。这几句话提供了尧为天子的几个因
素——时命、神明、天地和仁圣，但此处简文很显然强调了

----

　　① 兄废弟立、挚废勋立的"废"字，不应该理解为以武力为后盾的逼迫之废。
从儒家所构造的尧的生命性格看，兄废弟立当是挚、勋二人基于德性的自觉，以及
为了治国安邦、协和百姓的需要而弟代兄立，完成权力的平稳过渡。《庄子·盗跖》：
"（满苟得曰）尧杀长子，舜流母弟，疏戚有伦乎？"这是庄子学派的放言，其意在于
剽剥儒墨，与儒家的古史传说不同。两个版本不能混看。
　　② 此句周凤五读为："未尝遇【命，而】替于大时，神明愠，纵天地佑之，纵
仁圣可举，时弗可及矣。"周凤五：《郭店楚墓竹简〈唐虞之道〉新释》，《"中央研究
院"历史语言研究所集刊》第七十本第三分册，1999 年 9 月。

"时命"的重要性。

在此基础上，竹书进一步追问了圣人是如何理解其自身之生命存在的价值和意义的。在此追问中，儒者已割断了与最高权位授受的关联，而直接返回到人的存在价值和意义自身。这是一个更基本的问题，是所谓正身以正世的问题。《唐虞之道》第15—20号简曰：

> 夫古者舜居于草茅之中而不忧，升为天子而不骄。居草茅之中而不忧，知命也。升为天子而不骄，不流也。求乎大人之兴，美也。今之试于德者，未年不试，君民而不骄，卒王天下而不疑。方在下位，不以匹夫为轻，及其有天下也，不以天下为重。有天下弗能益，无天下弗能损。极仁之至，利天下而弗利也。

《说文·言部》曰："试，用也。"这段文字对大舜乐天知命的德行生命境界做了深刻的论述，突出了"德"在生命成就中的重要性。在竹书作者看来，德行生命高于个人命运的臧否穷达，远较最高权力重要。竹书说"居于草茅之中而不忧，升为天子而不骄"，"方在下位，不以匹夫为轻，及其有天下也，不以天下为重"，"有天下弗能益，无天下弗能损"，这些话都表明舜已完全处于生命存在的独境中和处于道德自由的境界中，不为利诱，不为物迁，真正解除了对权力的欲望和执着。于是作为禅让制的能禅性被开导出来。竹书云"今之试于德者，未年不试，君民而不骄，卒王天下而不疑"，又云"极仁之至，利天下而弗利也"，原来舜的知命安命、养性命之正的修养都是在通达天命中以"未年不试"的恒德来统率其身心的。所谓知命安命，所谓养性命之正、养生弗伤，

最根本的是以"德"知之、安之而养之。而所谓"德"，又以
"极仁之至，利天下而弗利"为内涵，在德行实践上指向"求
乎大人之兴"的人格目标。何谓"大人"？大人相对小人而
言，"大人"即"圣人"，其实质在于成就德行生命的崇高和
伟大。前面已指出过，"时命"是能否受禅而成为天子的前
提，但此处简文说"今之试于德者，未年不试，君民而不骄，
卒王天下而不疑"，则认为德性的流行，可以消解时命的限
制。因而，从根本上看，只要"试于德"，且"未年不试"，
则工夫到处，其效果自现："卒王天下而不疑"。从多种史载
传说来看，舜之能受尧禅而王天下，不正是他"试于德"，且
"未年不试"的结果吗？道德实践，正是消解时命限制的能动
力量。因此，时命对德性的局限在一定意义上来说又是软弱
无力的。就尧、舜、禹三代相传的王道来说，"利天下而弗
利"是试金石，恒以此条为原则，则仁则圣，则爱亲、尊贤、
尚德，禅而不传，则能安命、知命，养性命之正，进而家齐、
国治和天下平。

　　"性命"也是尧之所以禅授天子权位的重要根据。《唐虞
之道》第 22 号简应接于第 11 号简后，竹书曰："顺乎脂肤血
气之情，养眚（性）命之正，安命而弗夭，养生而弗伤。智
（知）【性命】之正者，能以天下禅矣。""智"下"性命"二
字，据文义补。"知【性命】之正者，能以天下禅矣"，这是
将禅让之理从性命之正的本原上来做考察和追问，其意义非
同一般，它说明了禅让的可能性源于人对其自身生命存在的
彻底觉醒，这包括其对肉体生命流程之必然性的觉醒，以及
对性命之德性本原和对天命根源的觉醒等方面。觉醒的目的
首先在于知命安命，知养性命之正，养生而弗伤，进而才是

由对性命之正的彻底觉醒中开导出"能以天下禅"的道德性的政治意识。也只有如此，人们才能把贤贤相传的王道纯净化，把可能夹杂于权位授受过程的人欲之私涤荡得一干二净，任由"尚德授贤"和"利天下而弗利"的天理流行。

对于此点，《唐虞之道》第25—27号简说："古者圣人，廿而冠，卅而有家，五十而治天下，七十而致政。四肢倦惰，耳目聪明衰，禅天下而授贤，退而养其生。此以知其弗利也。"这段话是对"利天下而弗利"的具体阐释，即通过对生命流程之必然性的觉醒而开导出能禅性。凡人都有其必然的生命历程，不以个人的好恶为转移。圣人与昏君暴君不同，他能自觉其自然生命流程的一般性和必然性，并立足于此一清醒的认识而做出正确的道德判断。由此能知觉人自身生命之发展流程，并意识到衰老对政治活动的负面作用及对德性的破坏作用，故圣人能在年迈力衰、身体枯惰的情况下自觉地致政于他人，"禅天下而授贤"，"退而养其生"。同时，这种政治性道德，是在年迈体衰、力不从心，而又可能不肯顺从自然，仍欲紧握权柄的情况下，突然觉悟到"知其弗利"的道德。这种道德意识及"七十而致政"的行动，至今仍具有积极的政治意义。

四、学派性质与著作时代

《唐虞之道》的一些考证问题引起了学者们的兴趣，这些问题包括：其一，禅让说的历史真实性与起源；其二，《唐虞之道》的学派性质；其三，《唐虞之道》的著作时代。

禅让传说是否具有历史的真实性？对于此一问题，自古以来即有肯定和否定两种回答。竹书《唐虞之道》刊出之后，有学者认为："楚简本《唐虞之道》的出土，又一次证实了《尚书·尧典》《论语·尧曰》《孟子·万章》说的可信，为坐实尧舜禅让提供了有力的证据。"① 笔者以为，《唐虞之道》的出土虽然激起了我们对禅让故事的兴趣，但是此篇竹书仍然属于子书性质，在本质上它不是历史性质的书篇。因此其所叙说的故事在历史上是不是真实的，这不是我们阅读此篇竹书的关键。此篇竹书应当以其思想价值为重。

禅让制是一回事，禅让说又是另外一回事。禅让制在远古历史上或许存在或许不存在，莫能一定，但诸子以其为历史设定并由此提出禅让说，却是为了探求天下或国家之最高权位授受的合理性根据及其合法形式问题。禅让说，主要指有关"禅让"的学说，而不是指其有关的历史传说。对于历史传说的真实性，春秋至战国文献难以为证，但是春秋后期至战国诸子谈论尧、舜、禹三圣禅让并以之为真实事件，这一点是确凿无疑的。这是笔者讨论相关问题的起点。探讨禅让说的历史起源，这是一个真实的学术话题。关于其起源问题，学界有争议，笔者认为，禅让说很可能起源于儒家，而不是墨家。"尚贤"虽然是墨家的重要观点，但是儒家亦提倡"尊贤"。实际上，从理论上来看，禅让说比仅仅归纳为"尚贤"或"尊贤"这一点要深刻得多和复杂得多，而且"尚贤"或"尊贤"也不是此一学说的理论底层。"亲亲"可以容纳"贤贤"，"贤贤"亦可以容纳"亲亲"，甚至"爱亲"与"尊贤"可以统一起来。但究竟以什么为根基来架设禅让说的理论内核，而使之能够支撑起来，这是一个更一般性的问题。

---

① 廖名春：《郭店楚简儒家著作考》，《孔子研究》1998 年第 3 期。

还需要指出，禅让传说的起源与禅让学说的起源是不一样的，学说须是构成学说的原初特质已经形成，才能说此学说具有其自身的起源。就现有史料来看，把禅让学说的起源推定在春秋战国诸子的时代，这是比较恰当的。据此，笔者以为，禅让学说的起源当在春秋后期至战国早期，而《唐虞之道》的禅让学说已是一套颇为成熟的理论系统。禅让传说的起源应当早于禅让学说的起源：尧、舜、禹禅让的"事实"一旦成为过去，便会逐渐成为人们口耳相传的故事，传说即具有其自身起源的历史特征。从这种意义上来说，禅让传说既不是起源于儒家，也不是起源于墨家，而是起源于先民不断重复的历史记忆。

儒、墨、道、法皆有其禅让说，或有关于禅让传说的肯定性记述。因此，对于《唐虞之道》的学派性质问题，出现了多种可能性的回答。在传世文献中，儒家最早记载禅让说的文献是《尚书》和《论语》，墨家是《墨子》，道家是《庄子》外杂篇和《管子·戒篇》，法家则是《商君书》和《韩非子》。如果我们相信传世文献的旁证效力，那么各家编撰禅让说的时间大体与上文所列竹书的著作时间是对应的。由于《唐虞之道》最晚的著作时间不得晚于其下葬时间，即不得晚于郭店一号楚墓的下葬时间——战国中期偏晚，因而此篇竹书为法家、道家写作的可能性是很小的。而从学理来看，《唐虞之道》也不应当归为道家和法家著作。① 在儒家和墨家两种

---

① 王博比较了《唐虞之道》与《管子·戒篇》的思想或文句，认为："《唐虞之道》在先秦时期已经产生较大的影响。"又认为："从《戒篇》的这些性质来看，它应该是袭用了《唐虞之道》，而不是相反。"王博：《关于〈唐虞之道〉的几个问题》，《中国哲学史》1999 年第 2 期。

可能性中，笔者以为，前者远高于后者。理由有四：其一，《唐虞之道》强调爱亲与尊贤的统一，同时又不舍弃亲亲之道，这正是儒家思想的特征之一。其二，《唐虞之道》对禅让的本质规定是"尚德尊贤"。"尊贤"儒家不必反对，而"尚德"正是儒家一贯的传统。尤其是竹书对道德伦理的论述，颇合乎儒家理路。其三，竹书以"以德承命"作为理论背景，这属于儒家高度认可的观念，而竹书强调"时命"的意义，则与墨家"非命"的观念大相冲突。其四，竹书不但有时命遇不遇的思想，而且在身心修养论上有"知命""安命"的观念，这与墨子的"天志""非命"的思想就相距更远了。但也无可否认，《唐虞之道》的某些观点与墨家有一致之处，或带有墨家思想的色彩。然而在笔者看来，这种相一致是在更崇高、更普遍观念上的相一致，如"利天下而弗利"一条，据《墨子》《庄子·天下》，可知墨家持有此等思想。不过，此一观念虽为墨家所有，但在笔者看来亦非墨家所独有，自《诗》《书》到《论语》《礼记》《孟子》诸书，这种思想即以不同的文字表述形式一再地出现过。此外，还需要说明，在战国中期，诸子学派的内部分化是比较强烈的，甚至时有持论相矛盾的情况出现。权衡诸种因素，笔者认为，《唐虞之道》当出自儒家之手，其思想性质最可能属于儒家。[①]

《唐虞之道》的写作时间，也是学者颇感兴趣的一个问

---

① 有学者认为："至少《唐虞之道》未必是儒家，其宣传禅让，有纵横家的色彩。"国际儒学联合会编：《国际儒学联合会简报》1998 年第 2 期，第 22 页。此种观点持论偏颇，笔者未敢轻信。还有学者认为："《唐虞之道》是记录尧、舜禅让传说的作品，恐不属于我们目前认识的什么学派。"（同上，第 20 页）此观点亦恐有误。《唐虞之道》有比较深刻的理论系统和明显的理论偏向，因此那种认为它属于记录性作品而没有学派性质的观点，恐怕是难以成立的。

题。《论语·尧曰》篇曰："尧曰：'咨！尔舜！天之历数在尔躬，允执其中。四海困穷，天禄永终。'舜亦以命禹。"联系《史记·五帝本纪》及《尚书·尧典》的相关记述，这段话似乎表明尧、舜、禹禅让传说在孔子脑海中确实具有其历史的真实性。但是，这段话对禅让说的理论构造或其理解来说毕竟是有限的，距离禅让说之本质内涵的揭示相当遥远。因此，笔者认为，把理论很成熟、思想很深刻的《唐虞之道》的著作时间上推至孔子的时代，甚至直接认为是孔子本人所写的观点，目前是难以让人信服的。《唐虞之道》第17—18号简有一句话说："今之试于德者，未年不试，君民而不骄，卒王天下而不疑。"这是一个条件假设句，其中的"今"字表明了其时间性。而由此句反推，这正是尚力不尚德的战国兼并攻战时代，且尤其反映在战国中后期。李学勤先生曾指出："《唐虞之道》与《忠信之道》的语言比较晚，说的故事很像《孟子》，应更近于孟子的时代。"[1] 笔者同意此一看法。《唐虞之道》可能写作于战国中期偏早的时候。

竹书《唐虞之道》的写作时代，可以根据战国中期偏晚发生的一次禅让事件来推断。《史记·燕召公世家》及《战国策·燕策一》都记载了燕王哙禅位于国相子之的事件[2]，今引《史记》文如下：

> 燕哙既立，齐人杀苏秦。苏秦之在燕，与其相子之
> 为婚，而苏代与子之交。及苏秦死，而齐宣王复用苏代。

---

[1] 国际儒学联合会编：《国际儒学联合会简报》1998年第2期，第20-21页。
[2] 此事件，亦见于河北平山县中山靖王墓出土的三器铭文。关于铭文的释读和讨论，参见中国古文字研究会、吉林大学古文字研究室编：《古文字研究》，第1辑，北京：中华书局，1979。

燕哙三年，与楚、三晋攻秦，不胜而还。子之相燕，贵重，主断。苏代为齐使于燕，燕王问曰："齐王奚如？"对曰："必不霸。"燕王曰："何也？"对曰："不信其臣。"苏代欲以激燕王以尊子之也。于是燕王大信子之。子之因遗苏代百金，而听其所使。

> 鹿毛寿谓燕王："不如以国让相子之。人之谓尧贤者，以其让天下于许由，许由不受，有让天下之名而实不失天下。今王以国让于子之，子之必不敢受，是王与尧同行也。"燕王因属国于子之，子之大重。或曰："禹荐益，已而以启人为吏。及老，而以启人为不足任乎天下，传之于益。已而启与交党攻益，夺之。天下谓禹名传天下于益，已而实令启自取之。今王言属国于子之，而吏无非太子人者，是名属子之而实太子用事也。"王因收印自三百石吏已上而效之子之，子之南面行王事，而哙老不听政，顾为臣，国事皆决于子之。

燕王哙非常昏庸，又贪慕虚名，他听信了纵横策士的游说和怂恿，竟然让子之摄政，"南面行王事"。此事后来导致燕国破，哙身死。

苏秦、苏代兄弟皆纵横策士，古今皆有定论。鹿毛寿，史书未直言其身份，但考察其言谈行事，他应当属于纵横策士之辈，很可能他是受子之、苏代之阴使而阳说燕王者。因此燕王大信子之，又让其南面行王事，皆是子之与纵横策士阴谋所为，不但在德性上毫无立定，且正是缺德之表现。燕王哙昏庸无识且又贪慕虚名，在贪慕虚名中更裹挟着盗名欺世的私欲与权谋，其非贤君是可想而知的。因而燕王哙与其相子之的禅让，实质上不是出于贤贤的相让，不是出于德性的自觉，而是出于贪慕虚名与阴谋权诈的一场交换游戏而已，燕国不破，燕哙不死，何以谢天下！难怪孟子要大力劝说齐王伐燕国了："今伐燕，此文、武之时，不可失也。"（《史记·燕召公世家》）在孟子的眼中，燕王哙和子之是昏君乱相！由此可知，竹书《唐虞之道》和孟子的禅让说，与纵横策士、燕王哙所理解的禅让制实有天壤之别：儒家正统的禅让说以德筑其基，又以德为统帅；而纵横策士与燕王哙则以禅让制为刍狗之籍，使其成为发泄私欲或者牟取私利的工具而已。有人认为《唐虞之道》为纵横家所为，这是令人难以置信的。据《史记》《战国策》等书，张仪、苏秦兄弟皆是出尔反尔、阴谋权诈、不安时命、不尚德性、不利天下，为了达到目的而不择手段的人物，因此我们如何能够把肖此之辈与坚持道德理想主义的《唐虞之道》的作者等同起来呢？燕国君臣相结以诈，燕王哙一厢情愿地以"今王以国让于子之，子之必不敢受，是王与尧同行也"及"是名属子之而实太子用事也"这两个判断为心理防线，因此燕王哙说到底还是在贪慕虚名的基础上又以权诈苟且之心让位于子之的。君臣相结以诈，无复郭店简一再所说的友信之道矣。

还有一点值得注意的是，鹿毛寿所举前一则故事乃尧让天下于许由，此故事亦见于《庄子·逍遥游》《庄子·外物》《庄子·让王》《庄子·盗跖》几篇。与尧舜禅让不同，尧让天下于许由这则故事一者让而不受，二者贤贤相禅，得其所哉！但是，鹿毛寿对此则故事的解释却别有旨趣。对于所举后一则故事，鹿毛寿亦别有用心，专在禹、益、启三者的事迹上做权诈的解释用心，这与儒家所述尧、舜、禹相禅的故事有异，所论重心不同，而其用意则完全相反了。因此，从鹿毛寿论述禅让的传说及用意来看，那种认为竹书《唐虞之道》属于纵横家作品的观点，根本上是不能成立的。《唐虞之道》所显现出来的天理公心，所展示出来的人格生命的崇高伟大，以及所成就生命境界的浑阔弘远，则是阿谀行世、一再地显示其人性之恶的纵横家们不能望其项背和近其气象的。

比较竹书《唐虞之道》与《孟子·万章上》所述禅让说，不论在事迹上，还是在解释上，二者正相贯通。这正是从《尚书·尧典》《论语·尧曰》流荡出来的儒学传统。就禹之后传问题，孟子站在天命与德性的高度上为之做了阐发或辩护，维护了儒家传统和大义，与上述纵横家的解释旨趣有天壤之别，难怪孟子要极力劝说齐王伐燕，而致使燕破哙死了。这也深刻地说明，儒家宣扬禅让和维护禅让，不是为了假借禅让，而是为了维护真正的禅让，重视的是禅让说和禅让制中所蕴含的天理公义。当然，《唐虞之道》与孟子的禅让说也不是没有区别的。就事迹来说，《唐虞之道》只讲尧、舜、禹三代禅让，至于禹之后的权位交递问题则悬搁未论。就义理来说，《唐虞之道》比孟子的禅让说在性质上略显刚硬一些，在态度上更为坚决，且对个体性命的安立与禅位受命的问题尤有深刻理解；而孟子则由于注重禹前禹后权位授受样式之同一性的思考，所以其所思所想的内容有所扩展，而理论的延展性和论述的灵活性自是高于《唐虞之道》。这样看来，《唐虞之道》比较可能作于战国中期偏早一段时间。

总之，竹书《唐虞之道》从史与思两个方面来看都可以被判定为儒家著作，它并非纵横家的作品。就其著作时间来看，权衡诸种因素，它作于战国中期偏早的可能性较大。如果把它看作燕王哙禅让子之这一历史事件的思想前导之一，那么推断此篇竹书作于公元前 4 世纪中期是比较恰当的，其下限不会迟于燕哙禅让子之之年。① 从理论上来看，《唐虞之道》亦可与《孟子》甚至《庄子》的观点相衔接。

---

① 燕哙三年或四年，即公元前 318 年或公元前 317 年，燕王哙禅位于子之。李存山已据此认为："《唐虞之道》当写于公元前 318 年之前，以其讲'禅让'而其出于纵横家，是根据不足的。"李存山：《读楚简〈忠信之道〉及其他》，载姜广辉主编：《中国哲学》，第 20 辑，第 271 页。

第九章 结 语

　　郭店楚墓竹简是战国中期的抄本，基本上属于儒道古书性质。它们对于弥补从孔子、老子到孟子、庄子之间的先秦学术思想的发展环节具有重要意义。需要指出，郭店简的出土在当时引起了巨大轰动，成为中国相关学界和国际汉学界的关注焦点。这反映出，郭店简的价值非同一般，意义十分重大。而经过如上各章的研究和梳理，本书的观点和结论可以归纳和简述如下。

一

　　郭店《老子》三组竹简的发现，为解决老子其人其书及其早期文本、思想变化中的一些疑难问题提供了切实而重要的依据。不过，在笔者看来，对于郭店《老子》，学术界的观点和看法是比较复杂甚至混乱的。

　　首先，在《老子》甲、乙、丙三组竹简的分合问题上，本书不赞成将丙组与甲、乙两组分别开来，而与竹书《太一生水》拼合为一书的看法。丙组竹简仍应当属于《老子》一书。虽然郭店《老子》丙组与《太一生水》同简制，但是这不意味着它们必定同书。因为竹简形制上的同书并不等于内容及其思想性质上的同书。从道理上看，同册未必同书在当时应当是存在的。在汉代简册制度规范化之后，同册未必同书的现象就变得很普遍了。

其次，在分组原因及抄写时间问题上，本书认为，我们还可以根据其语言和用字特征将郭店《老子》分为三组，并大致推测其抄写时间。具体说来，甲组的抄写时间比乙组早，乙组的抄写时间又比丙组早。丙组的抄写时间大概在战国中期偏晚，而甲组则可能来源于战国中期偏早，甚至更早时期的一个底本。因此，郭店《老子》三组竹简形制的不同，可能是由历时性的原因造成的。

最后，在《老子》其书及其作者问题上，通过大量考索《鹖冠子》《吕氏春秋》《韩非子》《庄子》《文子》《列子》和竹简《文子》等引用《老子》的情况，本书认为，在战国中期偏晚或战国中期，《老子》其书的总体状况远较郭店本完整：（1）在分量上它离五千言的本子相差不多。（2）虽然在结构上它可能是松散的，可被称为《老子》丛书，但是在内容上，它已经被看成彼此相互补充的一个思想系统了。所谓郭店《老子》三组竹简文字相加之和便是当时最完整的《老子》本子的看法，是难以成立的。又通过对《说苑》《战国策》和《墨子》佚文、郭店《老子》本身的考察，我们可以推断，《老子》一书的形成部分地吸取了他人的思想成果，收编了前人或时人的一些格言哲语。这样看来，尽管从总体上来看《老子》是老子的创作及其思想的表达，但是从文本和思想来源看，它不完全是由老子一人独创的，而很可能是逐步完善、发展演变而成为通行本样式的。不过，笔者推测，其大体规模应当在战国早期，迟至战国中期偏早的时候就已经形成了。

　　总之，从总体上来看，《老子》应当遵从《史记》的记述，是老子本人（姓李名耳字聃）的著作，更多地体现了老子本人的思想创造，是其思想的集中体现。但这也不反对，通行本《老子》一书的形成有一个过程，它不尽为老子一人一时之作，上古与当时的格言警句是其来源之一，亦有后来传承者的局部补充和修改。古本《老子》有可能最初是分头流传和传抄的，而郭店本有可能是某个或某几个古本的摘抄。笔者不能同意郭店《老子》是最原始、最完整《老子》本子的看法。而那种把郭店本之外的其他《老子》章段一概归于战国中期偏晚或战国晚期才被人们编合进来的观点，很可能是错误的。

　　比较简、帛、通行本在文本和思想上的区别与联系，本书认为，从《老子》的原始本向郭店本、马王堆帛书本及通行本的发展，古本的传抄者或编辑者都是在有意地重新编辑和组织《老子》文本的，并使之趋向更加合理，成为名副其实的一部书或所谓上下两篇。其中，传承者的编辑和重组，包括用字的雕琢、语词的润饰、句式的使用、章句的重组、篇章的划分，以及语言含义和语意的转变等问题。从郭店本到帛书本，再到通行本，《老子》文本的变化和发展有其内在的不得已的合理性。从先秦到两汉，在保持文本活页相对稳定的基础上，早期《老子》文本一直处在不断编辑和变化的过程中。其中，帛书甲本奠定了其后《老子》文本的基本内容和框架，具有重大意义。通行本及各传世本虽然按照文义对《老子》五千余言做了 81 章次的划分，但都不能脱离帛书甲本的大体样式和规模。而河上本、王弼本等特别强调对偶和蝉联法则，并把这两个法则付诸文本的编辑实践之中。

在早期《老子》文本的演变过程中，如下两点值得特别一议。一是简帛本的墨记符号的内涵问题。从竹书本到帛书本，我们看到，墨记符号的种类和数量都大大减少了。帛书甲本有 19 个墨丁符号夹杂于文本中间，通过比较，本书认为，这些墨丁符号都是帛书编者重新编辑和抄写文本的产物。相对于郭店本来说，帛书甲本的墨丁符号无疑首先具有间断文本的作用，它们反映出墨丁符号之间及其前后的文本原来不是抄写在一起的，因而在重新编辑和连接文本的过程中，这些墨丁符号除了起识别文本的作用外，还具有保留文本活页的作用，或者说，这些墨丁符号在旧文本中起着分章作用。二是通行本的增句和减句问题。在当前《老子》文本的校勘和校释活动中，人们常常流于片面指责通行本《老子》的增句和减句现象，认为它们不符合《老子》原意，但是他们没有由此深入考察造成此一现象的原因，更没有考虑通行本的编辑原则何在。在考察了大量例证的基础上，本书认为，以王弼本为代表的通行本或传世本特别讲求对偶与蝉联，而正是这两种修辞手法的大量使用，使得通行本或传世本发生了增句减句、增字减字及不断重复字词和重复语句的现象。因此蝉联和对偶是通行本的文本编辑和文本演变的两条重要法则。此外，本书还对简、帛、通行本的文本差别做了具体比较，特别探讨了形成这些文本差别的内在原因，以及由此所引起的观念与思想上的变化。

竹书《太一生水》的宇宙生成论给人以很深的印象。本书认为，竹书的"太一"具有两种存在特性，一种是作为终极始源的超越存在，另一种是处于形下事物中、即物而存在。

"太一"是其所生成的宇宙系统的本根，天地及世间万物均由其生成。而从原文来看，太一也直接或间接地介入每一宇宙生成的环节和过程之中：太一生水生天生地，生神明生阴阳，生四时生沧热生湿燥，直至一岁的形成。在竹书中，太一是能动的、充满无限力量的本根，它以一种无限循环的方式不断发挥作用和生成万物。所以竹书《太一生水》说："是故太一藏于水，行于时，周而或（又）始，以己为万物母。一缺一盈，以己为万物经。""太一生水"，又"太一藏于水"，这是两个很独特的命题，而"水"在其中的地位和作用十分重要，这当与作者所持的宇宙学说有关。"时"指春夏秋冬四时，"一缺一盈"以月相为喻。"缺"者，太一藏敛于水；"盈"者，太一流行于时。太一是万物生成与生杀的"母""经"。竹书《太一生水》的宇宙生成论最后指向的是"岁"，这是它的目的。

本书选取了"太一""水""神明"三个概念来着重做考察，认为"太一"很可能产生于《老子》《论语》之后、《庄子》《楚辞》之前，即产生于战国早中期之际。而《太一生水》篇的写作应在"太一"被确立为宇宙终极始源之后，据此本书认为，竹书《太一生水》可能是战国中期偏早的著作。

此外，本书就此篇竹书的学派性质问题做了多维度的考察，认为它并非关尹或其弟子之作。从文化特征及出土地域来看，竹书《太一生水》比较可能是楚国学者的著作。

竹书《太一生水》篇的发现对于先秦宇宙生成论学说具有较大的理论贡献，其中许多环节和命题是我们以前所不知道的。首先，此篇竹书以"太一"为终极始源，而构造出一个完整的宇宙生成论系统，而且指向成岁的目的，一头一尾都比较特殊。其次,"水"在此一宇宙生成论系统中占据着非常重要的地位,起着非常重要的作用,它是宇宙构成和宇宙生成的基本要素和环节之一。可以说,此种"水"已在很大程度上超越了感性之水和经验之水。再次,此篇竹书表明了自然哲学在中国古代的发达程度,在先秦文献中我们迄今没有看到可以与之相比的,如此具体、细致、系统地叙述此种颇为特殊的宇宙生成论的理论。最后,此篇竹书还表明,中国古人具有双重宇宙观,一重是太一的自在自为的形上宇宙观,一重是天地万物的形下宇宙观,而且前者贯通于后者,并和谐地共存于形下世界之中。而后者,通常是中国古人构造宇宙论的兴趣和奥妙所在。竹书《太一生水》的宇宙论同样具有整体、有机、联系和贯通的特性。

二

对于儒家竹书,本书设专章着重研究了与心性论相关的数篇文献,包括《五行》《性自命出》和《语丛》四篇。竹书《五行》的再次发现,证实了它当作于《孟子》之前,而很可能写作于战国早期,是孔门弟子或再传弟子之作。竹书《五行》的学派归属有二:一是《子思子》的一篇,是孔子之孙子思子的著作;二是世子之作,帛书《五行》的说解部分即属于其门人之作。根据《荀子·非十二子》篇,前者的可能性较大。

从思想上来看,竹书《五行》首先对"五行"做了分辨,认为仁、义、礼、智、圣五行形于内谓之德之行,不形于内谓之行。对于作者而言,"德之行"与"行"是两个不同概念,以是否内生内在为分判标准。或者说,美德的内在化即德之行，而作为行为规范的美德则为行。德之行五和谓之德，其四行（仁义礼智）和谓之善。"德之行"的"德"与"谓之德"的"德"，两者的含义不同。前一"德"是从工夫言，后一"德"是从境界言。后一"德"字与"善"相对。"德，天道也；善，人道也。"这两句话是从境界言。达到"德"的境界，则其道德实践犹如天道流行一般自然无为；达到"善"的境界，则其道德实践犹如人道一样还需努力为之。前者是道德实践上的自然境界，后者是道德实践上的人为境界，其工夫程度在层次上有重大差别。由善入德，是道德实践程度和道德生命层次的差别。对于普通人而言，竹书《五行》即要求他们内在地实践仁义礼智的美德，并以达到"善"的层次为目的；在此以上，是对于成就君子人格的要求。达到德之行五和且时行之的人，便是君子，是德人、天人或圣人。

竹书《五行》突出了圣智的作用，认为此二行是仁义礼乐的本原。竹书又认为，圣智是为德的关键，而为善的根本则在于仁义。在此，我们可以看出，《五行》的思想具有特殊性，与孟子认为人只需要内在地实践仁义礼智四德即可以成为君子或圣人不同。竹书《五行》突出了"圣"德对于成就君子人格的关键作用，而这同时意味着，如果没有"圣"德的内在实践和成就，并与其他四行一起"五和"之，那么是不可能成就君子人格的。

而如何为善，如何为德，如何集大成而为君子？竹书《五行》有一套说法。竹书认为，仁、义、礼、智、圣五行的实践与心之用的关系密切，或者说心之用是仁、义、礼、智、圣成为德之行的关键，圣之闻达、智之明见、礼之恭敬、义之正辨、仁之亲爱，都与心之用密不可分。而为善或为德，又在于生现和涵摄四行、五行之心本身的和谐同一。这就是竹书所说的"慎独"和"为一"工夫。从天人关系的角度来看，人如果达到了"幾而知之"的境界，那么在道德人格上他便成就为君子。君子集大成，通过道德实践他最终摆脱了感官欲望的控制，超越了对感官欲望的依赖。

总结从竹书《五行》到帛书《五行》，从帛书《五行》到帛书《德圣》的思想变化，简帛《五行》经文部分的思想几乎是完全相同的，无甚变化；但是，从"经"到"说"，《五行》的思想变化较大，说文部分比较突出的地方在于它以心、性、气三个重要概念解释了子思子的五行思想，其中圣行得到了提升。从原文来看，帛书《德圣》篇的思想旨趣和学派性质有一定变化，它抽出简帛《五行》论天道和德圣这条线索而加以突出，并显露出重圣轻智的痕迹。《德圣》篇虽然带有一定的道家文化色彩，但是从总体上看，它仍然属于儒家文献，是"《五行》学派"内部分化的结果。

竹书《性自命出》是一篇很重要的先秦儒家佚籍。此篇儒家佚籍的出土，对于先秦心性论、性情论、人性修养论的肯定及其出现时间的确定，都具有重大作用。就思想内涵来看，此篇竹书认为"性自命出，命自天降"，这直接阐明了天、命、性三者之间的生成关系，阐明了儒家思想何以从外在转化为内在的原理。在性命论产生之前，一般说来，天命是外在的，但是在性命论产生之后，天命即转化为内在的，而性是内在化的天命或天道。性虽然是内在化的天命或天道，但是性、命、天三者有位格的不同。《中庸》曰"天命之谓性"，现在看来，其实是对《性自命出》"性自命出，命自天降"这两句的压缩。

从内容来看，《性自命出》有"喜怒哀悲之气，性也""情生于性""好恶，性也""善不善，性也"及"仁，性之方也，性又生之"等说法，综合起来，竹书《性自命出》很可能持人性有善有不善论，认为性既非纯善的，也非纯恶的。同时，《性自命出》说"四海之内其性一也"，这便是说凡人皆有性，且性所含的内容虽然有多少之别，但是从品类来看，每一个人的性都是相同的。而既然"四海之内其性一也"，且性内含善恶两端，那么人格的成就即主要在于教化与修养。

在现有文献中，竹书《性自命出》是先秦"性情论"概念和论域成立的关键。此篇竹书重视"情"，这是它的一个重要思想特征。"情"从字义看是情实义，从内容看主要指喜怒哀悲的情感。无论从概念内涵还是从道德实践来看，竹书都强调"情"概念的"信""实"含义。竹书说："喜怒哀悲之气，性也；及其见于外，则物取之也。"这个结构，类似于《中庸》"喜怒哀乐之未发，谓之中；发而皆中节，谓之和"的表述。"性"是内在的且潜在的，而"情"则是表现出来的。在竹书中，"性"与"情"就其各自所含的内容来说是不是完全一致或一一对应的呢？这是一个问题。由"性"生现或表露为"情"，"物取"和"心取"在其中都发挥了作用。当然，后者是主要的。心取物感，于是性中所含藏的情即发动和表露了出来。

从竹书的叙述脉络来看，"道"是在天、命、性、情之下的一个概念。《性自命出》说："道始于情，情生于性。始者近情，终者近义。""道"是原则、法则和规范。"道"与"术"不同，在《性自命出》中，"术"专指修身的方法和手段。竹书认为，规范彝伦之"道"有两大来源和根据，一是

"情"，二是"义"。情生于性，是内在根据，而义是社会规范，是外在根据。道兼情义，有情有义方为道。作为一个合格的人，他首先应当是在"道"中存在的人。而如何修道？竹书曰："道四术，唯人道为可道。""四术"指心术、诗术、书术和礼乐术。

"心"是《性自命出》的一个关键概念，无论是从心性论还是从修养论来看，它都是非常重要的。"心"有两个基本功能，即"思"和"志"。"思"即思想、思虑和反省活动，《孟子·告子上》曰"心之官则思"。"志"即心志、心意，其心理本相指意向性。"思"是道德认识和道德实践的发动处及其工夫过程的动力源头，而"志"则是心思活动的目的导向和自我坚持、自我牵引的力量本源。竹书说，凡心皆有志，但是在未经训练或训练不足之前，此志是杂乱的、不稳定的，是随机迁移变化的。所以竹书说："凡学者求其心为难。"又说："凡道，心术为主。"心志的训练和确定，以及求道为教，乃至德行的内在化，都需要"心"的作用。心强大了，人格生命也就刚大了。而对于心的道德实践及其培养，竹书强调"情""信"的规范价值。

"教"是《性自命出》的又一个重要概念。竹书说："教，所以生德于中者也。"竹书的"教"概念包括自觉自学和从外教化两种含义。"自觉自学"就是自求其心，而从外教化是在政治和社会化的环境中接受诗术、书术和礼乐术的教化。顺便指出，教、学两字是同源字，均从孝。竹书很重视礼乐教化，但礼乐教化最终必须通过心思进行。礼乐教化始于敬身，而终于生德于中。所谓"生德于中"，即生德于内心，仁义等美德只有内化于心中或由心中生发出来，才是所谓"生德于中"。

总之，竹书《性自命出》的理论贡献很大，它直接给出了一个由天、命、性、情、道、教、心等概念及仁义礼乐等德行组成的思想系统，在心性论、性情论和身心修养教化论上都有重要阐述。在此篇竹书的具体归属问题上，本书考察了子游、曾子、子思子、公孙尼子、世硕与《性自命出》的思想关系，认为思孟学派和世硕等人，与此篇竹书作者的关系较大。笼统说来，《性自命出》是春秋末期至战国早期的儒学著作，在性命论和修身论上颇有发明，意义重大。

关于竹书《语丛》，本书认为前三篇是战国早期或此前儒家重要著作的摘抄。这三篇竹书都有自己的主题，且它们又相互关联构成一体，既系统又脉络分明。竹书《语丛四》无论从竹简形制还是从书迹来看，都与前三篇迥然不同，差别很明显，故它不应该被当作"语丛"体，或被当作格言警句的摘抄和汇集来看待。此篇竹书实际上是若干段落的汇集，但彼此之间又有一定的联系，可以当作一篇文章来看待。《语丛》前三篇所摘抄文字的思想颇为重要，全部文字是以心性论为中心及为统系的。《语丛一》的叙述围绕"天生百物，人为贵"的观点展开，《语丛二》主要抄录了人的喜、愠、爱、恶、慈、情、强、弱、智、欲等"生于性"，以及贪、谖、愧、急、太等"生于欲"的说法。竹书《语丛三》及前两篇，对人伦、人道有比较系统、深刻的叙述，对儒家伦理与血缘伦理之关系的论述比较深刻。《语丛》前三篇在其背后应当都存在一个完备的理论系统及其相关文章。此外，《语丛》前三篇有许多地方在思想上与思孟学派是相通的。

总之，郭店竹简是春秋末至战国中期的古书，它们基本上属于儒道两家。竹书《老子》三组，从总体上看，与通行本的文本差别较大，但与其思想相差不大。在某些观念上，竹书《老子》有特别之处；在一定程度上，这三组竹简《老子》更真实地反映了原始儒道两家的关系。《太一生水》篇比较可能是南方楚道家的作品，它以"太一"作为宇宙本根和本体，并由此叙述出一个多环节且以成岁为目的的生成论系统，这在中国哲学、思想史上具有突出意义。而在这批竹简中，以叙述心性论的儒家古书最令人瞩目。由《性自命出》和《语丛》等篇可知，心性论是一个庞大的理论系统，心性上通天命、天道，而外接人伦、人道，由此儒家完成了其理论系统和思想路数的转进：将外在的天命转化为内在的天命，将天命天道和人伦人道收摄入人的心性或身心之中。郭店简的儒家文献，如《五行》《六德》《尊德义》《唐虞之道》等都很重要，其思想贡献都不小，在学术上也颇有价值。本书对《六德》《尊德义》《唐虞之道》等都有论述。

三

本书第六章通论郭店简的天命与天道思想。竹书的天命和天道观，是从上古宗教思想中演化出来的。中国哲学与文化虽然经过了由帝命观到天命观，由天命论到天道论的转移，但是这三种观念在后世又或多或少被保存和累积起来，它们在帝、天、道三者之间构成了一定程度的张力和合力。笼统言之，帝、天、道三者在内涵上是贯通的，而不是彼此隔绝的。它们是人的生命及德性的总根源，人的整个身心活动无不受其主宰、制约和规范。

竹书《老子》论道，首先认为它是超越于名言和天地万

物而独立存在的宇宙本根和本体。"道恒无名","道恒无为",
道是小与大的对反统一。朴小表明了道是天地之根和万物之
母，是物物而不物于物者。如果王侯能守住此种朴小的特性
而毋失，那么他就能自然化成万民和万物，进而治平天下。
同时，既然朴小之道是世界的总根，那么在其化生天地万物
的过程中即同时展现了道的大性，"道"与"天""地""王"
三者一起构成了所谓"域中四大"。从道之大到道之朴小，从
道之朴小到道之大，这是道的循环往返运动。竹书《老子》
甲组曰："返也者，道动也。弱也者，道之用也。"道之大与
道之朴小是互相转化的。老子重视柔弱之用，重视无为之治，
皆与道的朴小之性有关。老子论道，尤其重视对"天道"的
论述。"天道"一词在老子之前已经产生，具有与帝命或天命
同一的特性。需要指出，"天"字加之于"道"前，这是有特
别含义的。此"天"字或者相当于神性的天、帝，或者相当
于必然性和宇宙法则，所以一旦把一种观念上升到"天道"
的高度加以肯定，那么此种观念便具有不可动摇的神圣性和
权威性。人道与天道相对，老子主张人道应当效法天道。人、
地、天、道四者转相效法，其落脚点根本在于效法自然。自
然是道性，是规定道用的基本原则。自然也可以加之于人，
庄子认为，最高的人性是自然性。人效法自然来生存和生活，
或者说以自然来规范人的生命活动，这也是"道法自然"
之义。

与道家相对，儒家更重视天命观。郭店儒家竹书的天命
观虽然接着传统讲，但是在三个方面甚有发明或强调。第一，
竹书提出了"天生百物，人为贵""生为贵"的主张。而何以
"人为贵"？在竹书看来，人之所以为贵，是因为"天降大常，

以理人伦""天生伦，人生化"。竹书把天降大常与人伦人道贯通起来思考，其用意之一即在于阐明"人为贵"的主张。第二，竹书将人伦上溯至天常来肯定，又对天常、人伦做贯通性的理解，这是很有思想价值的。人道可以落实为人伦，而人伦又可以上溯至天常、天命处加以肯定，这种"天常—人伦"贯通一体的观点，深化和发展了传统的天命观，并与当时正在发生的从天命论向性命论转进的思想节奏是高度一致的。当然，正如《成之闻之》篇所说，"小人乱天常以逆大道，君子治人伦以顺天德"，只有君子才能够真正实践人伦与天常的贯通。第三，作为天命观的重要组成部分，"知命"说在《语丛》中有较多的展开。竹书云："知博，然后知命。"又说："知天所为，知人所为，然后知道，知道然后知命。"又说："有知己而不知命者，无知命而不知己者。"又说："知命者无必。"这些语句都是竹书天命观的内容。

除天命观外，郭店儒家简也对天道观有所阐述。儒家简所说的"道"也具有普遍性，《性自命出》曰："道者，群物之道。"《尊德义》曰："莫不有道焉。"道遍及天人，普及群物，天人与万物皆有道存于其中，这与《庄子·知北游》所说"（道）无所不在"是贯通的。不过，虽然郭店儒家简认为道具有无所不在之理，但是其重点在于阐明天道与人道的内涵及二者的关系。竹书《五行》认为，德为天道，善为人道。而这个德，这个善，是从道德实践所至的境界来说的，"德之行五和谓之德，四行和谓之善"。在古人的理解中，人道由天道下落，前者是后者的现实化。竹书《五行》对圣智二德有所强调，圣之德可以转化为智之善，天道之命可以转化为人伦之理。而联结二者的关键在于人反诸其身，从人心人性去贯通天道。由此，竹书对人心人性的论述是非常深刻的。

天人关系是古代论述的重要思想问题，竹书也不例外。天命天道与人伦人道的关系，其实就是天人关系。老子"道法自然"的命题第一次以自然性把天人关系贯通了起来。在道家思想中，自然性既是人效法天地和效法道的根本原理，也是天人合一的真正基础。郭店儒家竹书的天人观包括三个方面：一是天人相通、相入的思想。二是以心性或德性为本位深化了对天人关系的理解。三是天人相分的思想。天人相分，与天人相通是对立统一的。竹书《穷达以时》篇曰："有天有人，天人相分。察天人之分，而知所行矣。"《语丛一》第 29—30 号简有与此大体相同的语句。"相分"的"分"字，读平声，是区分之义；"之分"的"分"字，读去声，是功分、职分之义。竹书《穷达以时》还提出了"贤""世"与"德""命"两对概念，对天人关系做了深入解释。在此，此篇竹书特别强调了德行修养。而德行修养在一定程度上可以改变人的生命质量和命运，于是时世与德才两者即构成天人相对的辩证张力。竹书曰："动非为达也，故穷而不怨；隐非为名也，故莫之知而不吝。"又曰："穷达以时，德行一也。"又曰："穷达以时，幽明不再，故君子惇于反己。"这三条引文都是对此一思想的直接表达。竹书《唐虞之道》的相关思想更为明晰，它宣扬了"养性命之正""安命养生"及"圣以遇命、仁以逢时"的思想。竹书《穷达以时》还明确地宣扬了以德主命的思想，并以其深入地解释了所谓天人关系。总之，在目前看来，郭店简"天人有分"和"察天人之分"的说法最先揭开了先秦诸子天人之辩的序幕，其思想深度虽然不能与庄子、荀子相比，但其首创之功是不能抹杀的。

四

本书第七章通论郭店简的人性与人心思想。自春秋晚期以来，性命论或心性论即成为中国哲学与文化最重要的论域。心性论是对生命本身的根源性、道德实践及其与政治、伦理之关系的思考，它一方面通过"性"将天命天道内在化，另一方面通过"心"回答人的道德实践，以及它们与政治、伦理之关系的问题。郭店儒家竹书的人性论思想非常丰富、重要。竹书认为"天"是人的生命及性道的本原，《性自命出》曰："性自命出，命自天降。"近似的表述亦见于《语丛》《成之闻之》等篇。《性自命出》和《语丛》等篇很清晰地叙述了儒家的性命论结构和系统。"性"一方面是天命的下落和内在化，另一方面是人的生命的大本大原，是潜在的质体。《语丛》说情生于性，喜生于性，恶生于性，爱生于性，愠生于性等，这是以"情"论性的系列。又说欲生于性，而贪、媛、愧、急、太皆生于欲，这是以"欲"论性的系列。又说智生于性，仁生于性，慈生于性，这是以"理"论性的系列。又说强生于性，弱生于性，这是以"意志"论性的系列。又说瞿生于性，"瞿"，惊视貌，这似乎是以"本能"来做概括。一说"瞿"读为"惧（懼）"，则其表示一种情感。总之，从内容看，竹书的"性"概念很复杂，也很深入。

竹书论性，很重视"情"，这特别表现在《性自命出》篇中。什么是"情"？从先秦材料来看，性、情、欲三个概念既有区别又有联系，"情"的内涵是复杂的。就语义来说，情有性情义、情实义和情感义等，它们最初是笼统的，是混杂在一起的。作为具有相当稳固性的哲学概念，"情"是性的落实和外现，是人的内在生命的自然流露，它所反映出来的东西是人之为人的诸种真实情态；从外延看，它偏向于指喜怒哀乐好恶的情感。"情"即人情，竹书认为，与人情相关的美德是"信"，"信"与生命的真实、真诚是一致的。"信"是对个体生命活动的承诺和负责。顺便指出，"情"虽然可以指实为现代汉语中的"情感"一词，但在中国古典时期，"情"具有浓厚的生命本原性特征。那种以情感主义或情感本体论来概括郭店竹书之人性论特点的看法，是不符合文本实际的，因为一者，"情"在《性自命出》《语丛二》的概念系统中不是最重要，也不是最核心的；二者，"情"只是整个"X生于性"的内涵之一，郭店简虽然重视"情"概念，但我们不能用"情感主义"来概括《性自命出》的思想特征。

郭店儒家竹书的人性论思想很丰富，集中在《性自命出》《语丛》《成之闻之》等篇中。《成之闻之》认为"民皆有性"，且认为圣人之性与中人之性相同；同时它认为，人的修养不同，这决定了其果报不同。修身与心的关系最为密切。《性自命出》提出了"性一心异"之说，与《成之闻之》的思想是一致的。郭店简似乎持性有善有恶的观点，认为人与人的区别取决于后天的修养。

"心"在中国哲学和思想中的地位是非常重要的。就郭店道家竹简来看，老子的相关论述主要体现在身心论问题上。人的存在，从现象世界看，首先是其肉体生命及现实生命的存在，而此身的安立与否，与人心的关系最为密切。身与心是互相影响的。此身如何存在，这是心忧或人的现实关怀的一个重大问题。老子的办法是以"无身"消解"有身"，进而安放此身。从道法自然，无欲、无为、好静，到视素保朴、至虚守中、深根固柢来看，"无身"就是消解对此身有欲、有为而私意的存在。安身之本在于心的安立，心的安立在于消解我执；是有身还是无身，这取决于心的作用。就消解"有身"之心来看，此心乃无心。在身心修养上，老子又主张"抟气至柔"，而"抟气至柔"的实质是心柔。所谓心柔，便是心消解了其自身违反道性的人为、有欲、尚动的心理活动。归根结底，心柔即要此心为一自然心，人为一自然人，一切依据天理而行，而无一丝一毫的人为人欲的造作和施为。

现实中的人，深深地扎根于有欲、有为、有身、有心的生命活动和意识之中，因而人如何从根本上把自己改变为一个无欲、无为、无身、无心而纯任自然的人，这是老子哲学要解决的另一重要问题。在此，老子即主张以"含德""重积德"来修身和解决相关问题。"身"，在中国哲学中可指人的全副生命，包括形体与心性。在修身问题中，最重要的是使身心两者和谐，使之返于道德之境，并据此以致用。总之，老子特别强调此心与情欲和外物的分离，以成就一自然之心为目的。

郭店儒家竹书对"心"的论述，远比《老子》复杂和完备。（1）心志论。竹书认为，"志"是"心"的内涵；志由心司，而心反作用于志；"习"可以安定和固定"志"。竹书的心志论似乎是孟子"以志率气"说的前导。（2）心气论。志即心志，气乃体之充。《五行》有所谓内心、外心之分，而此内心和外心作用于身体，使体气充盈、流动于周身，发之于人的生命活动中，从而产生三个系列的心生诸物的关系。这一点特别在帛书的说解部分得到了深入阐发。《五行》说，心含仁气、义气、礼气之端，而在心自身的作用下，此仁气、义气、礼气之端生发、外现为流动于身心中的具体之气，它们发之于肤面，形成具有道德意识和内涵的状貌，可以称之为"气象"。总之，从心到体，以心为发动，以气为介质，竹书把心之所以为心者充之于体，发之于肤表，而成就一和乐的生命。（3）身心论。心气论只是身心论的一部分。《五行》《语丛》对身心所包括的对象及二者的关系有较为细致、具体的陈述。《五行》认为耳目鼻口手足六者是"心之役"，而心是其主宰者。所谓身心和谐，归根结底是指心自身的和谐、和乐和同一。而竹书主张"一心""一德""慎独"，便是基于此理。竹书《缁衣》以身心关系来阐明君民关系，其思路与《五行》不同，前者是为政治服务的，而后者则是就个体生命的成就来说的。《语丛》认为身心的关系是"有本有标，有终有始"，这与《五行》的说法大抵一致。

身心论与心性论有密切关系，论性必须论心，论心亦必论性。从帛书来看，《五行》蕴含着心之性与身之性的说法，其中存在着以心统身及以心之性统身之性的主张。《性自命出》论心性关系约有三个要点，一是"心取性出"，二是"性一心异"，三是心性的统一问题。其中第二点最为重要。

心性修养论问题比较复杂。郭店《老子》的基本观点是，以自然之道来"含德""修身"，消解各种欲望对于身心的异化，其目的在于让人在"域中四大"中成就其自身，并在此生命境界中安身和存身。郭店儒家竹书注重"修身"和"修德"问题。《性自命出》说，人心的修养首先在于求心在此，求之在此则能操存涵养，则能教化。这篇竹书认为，求心不能有伪，以伪求心就会反失其心。此篇竹书还提出了以乐求心、以情察心和养思动心的观点。《尊德义》提出了以慈养心和重义集理的"养心"说，《五行》提出了"为一""慎独"的修心论，《唐虞之道》提出了"养性命之正"的说法，《成之闻之》则认为人性修养必须"穷源反本""求己为极"，一方面主张以此心"度天心"，另一方面主张修养境界上的提升。在诸篇竹书中，《性自命出》的人性修养论是最为系统、深入的。这篇竹书提出了"性一心异"的主张，而心之所以异、不同，与"教"有关。正是教使人成其为人，又使人与人分别开来。《性自命出》的修身主张见于"闻道反己，修身者也"两句，《成之闻之》的修身论以"求己为极"为纲领，《唐虞之道》的修身论围绕"正其身，然后正世"展开。总之，郭店儒家竹书的心性修养论较为复杂，其心性修养的基本着眼点在于从心性上做工夫，使德行植根于身心内，成为人的生命源泉。此外，郭店儒家竹书还论述了其他修身问题，兹不赘述。

五

本书第八章通论郭店竹书的治道与伦理思想。本书以道治来指称道家政治学说的特征，以德治来指称儒家政治学说的特征。

道家的道治思想，按照心物和身世关系可以依次分为治心、治身、治物与治世等问题，其共同本质在于自然性。自然性是道治主义的本质所在，道家所说的内圣外王，都是此自然性的内在和外在实践。就治物来看，老子的无为、无名之道正是圣人或人君治物的根本所在。如何治物？最根本的原则是无所治而治，为无为，事无事，味无味，即无为之治。无为之治乃效法自然而为。在此，无为是原则，治是为，无为是对治之为的规范。自然之为，即人效法自然之性而为，将此自然性寓之于身、发之于行而已。就治世来看，老子的道治主义主要是针对如何治邦和如何治天下来说的，其中包括如何对百姓（民众）进行治理，以及单纯作为个体的人应当如何立身安世的问题。总之，老子的道治主义以"道法自然"或"能辅万物之自然而弗敢为"为根本特性，以"我无事而民自富，我无为而民自化，我好静而民自正，我欲不欲而民自朴"为基本结构，以"视素保朴，少私寡欲""不争""知足""知止""弗骄、弗矜、弗伐""弗始、弗恃、弗居""欲不欲，学不学""不欲尚盈"等为具体内容。自然性在治身、治民、治邦和治天下中的分解意义，就是道治主义的根本特征。而表现于治道中的自然性，与修之于主体的德，是一个问题的两个方面。或者说，内圣和外王是统一的。

郭店儒家竹书的德治思想颇为丰富。《尊德义》篇提出了"尊德明伦"的说法，而这个说法具有概括性。竹书曰："尊德义，明乎民伦，可以为君。"竹书《成之闻之》具体阐发了《尊德义》的此一说法，曰："天降大常，以理人伦。"又说："君子治人伦以顺天德。""尊德明伦"的思想后来为孟子所继承。"尊德明伦"表现在德治上，即人君应当如何统治、治理国家和人民。

"尊德"，要求明德、含德而积德。是否"尊德"是君子能否治理国家的根本，也是能否治理国家的合理性所在。德是德治之本，但如何施行德治，这是一个问题。对此，竹书强调了五点：其一强调了"德一"的观念，其二强调了长民以德礼的思想，其三强调了"尚德授贤"的主张，其四强调了君民、上下的信任关系，其五强调了君上是实施德治的主体。这五点见之于竹书《缁衣》《穷达以时》《唐虞之道》《成之闻之》《尊德义》等篇。

"明伦"是"尊德"的外化和落实,"伦"者伦理,具体指民伦。如何显明民伦?这主要体现在竹书《六德》篇中。据《六德》篇,民伦包括三个要素,一是本位,二是职分,三是德行。《六德》篇以六位、六职和六德的伦理架构系统地概括了中国古代社会的人伦常道。六位指夫妇、父子、君臣,六职指夫率妇从、父教子学、君使臣事,六德指圣、智、仁、义、忠、信。它们的关系是:"既有夫六位也,以任此六职也,六职既分,以裕六德。"六位的德行要求是:父圣,夫智,子仁,君义,臣忠,妇信。竹书还区分了内位和外位,内位父、子、夫,外位君、臣、妇,这是以血缘亲疏关系来区分的。内位以仁为基本道德规范,而外位以义为基本道德规范。就六德内部关系来说,竹书认为,圣生仁,智率信,义使忠,而这些德行关系是由六位关系决定的。在六位、六职和六德的伦理系统中,如果一个人圆满地实践了其自身所处伦理位分的要求,那么他就是一个合格的伦理人。具体说来,六位的伦理人所成就的是父父、夫夫、子子、君君、臣臣、妇妇;反之,则父不父,夫不夫,子不子,君不君,臣不臣,妇不妇。前者是伦理人格的完成,是对天所降大常的遵从;而后者则是违反人伦,悖逆大常,是彝伦攸斁的根源。竹书《六德》篇阐述了一套以位分为中心的基础伦理学,据竹书词汇,可为六位说,或称为三大法说。此外,在实践上,竹书宣扬王教以孝悌为本的观念,重视孝行,这与六位说所处的历史语境是相应的。《六德》篇以内位高于外位,这一特点从根本上说是由当时的社会结构决定的。

竹书《语丛》前三篇对伦理秩序和德行有很好的论述，从理论上反映了当时的社会现实和伦理现实。其一，就伦理关系来说，《语丛》认为，父有亲有尊，兄弟有亲，君臣有尊而无亲。有亲则以长悌之德行处之，这与王教以孝悌为本的说法是一致的。无亲则君臣相结以信，以友道处之，因而从道义上看，他们是相抗相友的平等关系。当然，这没有否定他们在社会地位和政治地位上是不平等的。其二，《语丛》对几种基本德行的关系做了特别论述。其三，《语丛》及其他竹书对诸种德行做了心性论或天命观的上溯和归属。

就目前的情况看，学者对《六德》《语丛》等篇的仁义内外之辨较为重视。竹书的仁义内外之辨有两种：第一种是六位的内外，按照血缘关系来划分，父、子、夫为内位，君、臣、妇为外位；第二种是德行的内外，这包括仁内义外，仁、忠、信由中出，而圣、智、义由外入的说法。这两种内外关系应当分别开来，而不应当搅混在一起。伦理之位的内外是指血缘之有无，即所谓门内门外之分；而德行之内外则与道德来源有关，本自人心人性者谓之从中出，合于道德规范者谓之由外入。在战国中期，孟子主张仁义皆内，告子主张仁内义外，他们对仁义生成本原的理解及划分内外的标准是不同的。综合起来看，《六德》篇当成书于《孟子》之前，而非像某些人所云，它成篇于《荀子》之后。此外，《成之闻之》与《六德》有许多思想和文本相互关联的地方，我们应该把两者连成一个整体来看待。

在儒家的德治理论系统中，最高权力的授受是一个重要问题，是世袭还是禅让，春秋末期至战国时期的诸子热衷于讨论此一问题。《唐虞之道》提出了爱亲与尊贤相统一的禅让学说。"禅"与"传"相对,"传"属于一家之内的血亲世袭制,"禅"则是对此血亲世袭制权力继承法的打破。禅让说提出了尚德授贤、继世为君的原则,且对继位为君者提出了更高的修身要求,这包括德行修养和身体磨炼两个方面。《唐虞之道》说尧舜之道"禅而不传""利天下而弗利",从制度和动机上解决了国家最高权力之存在合理性及其继往开来的问题。"德"与"贤"相对相关,德为贤之本,而贤包含着德。既然所授之贤人在其身中已内在地包含着相应的德性,那么由此德性所涵摄的"禅而不传""利天下而弗利"的外王之道也就成为所授贤人的内在要求,这是授受双方在内圣外王之道上的同一性,而此同一性正是禅让制的权力继承法得以成立与实现的条件。什么是"德",什么是"贤",其具体内涵受到当时历史条件和社会现实的限制。竹书在此基础上主张爱亲与尊贤的统一,以"尊贤"涵摄"爱亲",而反对"尊贤遗亲"。爱亲与尊贤的基础即在于德性生成,在于"尊贤"首先是尊重其德性,并通过对德性的尊重而把爱亲的原则及此一原则所包含的德性精神融入其中,这样竹书一方面化解了血亲的偏私,另一方面又张扬了德性自身的伟大。由此可知,唐虞之道禅而不传的本质在于以德相禅和尚德授贤,实行的是贤人政治。尚德则有真君,即有真正为天下人民全心全意谋福利的君主,而非权力仅系于一家之私的所谓共主。尚德同时使世无隐德,世无隐德则世道清明,上与下、君与民皆在德治的光辉中相忘于道术。禅让说强调以德性作为把持国家权力之柄的合理性根据,这是富有积极意义的。

在爱亲与尊贤问题上,人应当如何面对生命存在及命运本身,竹书对此问题做了思考。这个问题与人所持的权力观及其德行修养有密切关系。《唐虞之道》认为，在禅让的过程中，即使仁圣之德完全满足了授受的基本条件，如果未尝遇到时命，神明未从，天地未佑，那么一个人也仍然不能以德承命，坐上天子宝座。在天地、神明、人我、时命的四维系统中，虽然以德性为统贯，但是德性必须在此四者中一一透过，因缘和合，一个人才能成为真命天子。最高权力授受过程中的这个四维系统，应该说在当时是颇为合理的设定，它对于野心家的权欲冲动具有极大的制衡作用。竹书由此更进一步追问：在"纵仁圣可与，时弗可及矣"的情况下，人们应该怎样理解自身的终极的生命存在呢？此一问题已割断了与最高权力授受问题的关联，而返回到人自身的生命存在上来。这也是竹书所要追问的最底层问题，是正身以正世命题的基本内涵。竹书曰："知性命之正者，能以天下禅矣。"这是把禅让之理从性命之正的本原上加以追问与考察，其意义非同一般，说明禅让的可能性本原正在于人对其自身生命存在的彻底觉醒，这包括对肉体生命流程之必然性的觉醒，以及对性命之本质及对天命根源的觉醒等方面。觉醒的目的首先在于知命安命，知养性命之正，养生而弗伤，进而才是由对性命之正的彻底觉悟而连带开导出"能以天下禅"的德行结果。也只有如此，人们才能把贤贤相传的王道纯净化，把可能夹杂于权力交递过程中的一丝一毫的人欲之私涤荡得一干二净，任由"尚德授贤""利天下而弗利"的天理流行。《唐虞之道》对舜乐天知命、善养性命之正的生命境界做出了具体论述，表明舜已完全进入生命存在的真境之中，不为利欲所诱导和迁移，成就了一自在而自由的道德生命。也正因为如此，舜才能把一切外在于本真生命存在的东西从根本上了断，而他对权力的欲望与执着也自然随之消解了，于是实行禅让制的能禅性被开导出来。总之，单从学理上来看，《唐虞之道》是一篇儒家道德理想主义的政治制度论的杰作。

六

郭店楚墓竹简是战国中期偏晚的墓葬品，它们的出土和整理出版是学界的大事和幸事，在学术上有多方面的意义。从文献看，除《语丛四》外，其他十五篇种竹简都属于儒道著作，而且是战国中期以前的古书，所以它们的发现对于春秋末至战国中期诸子思想的阐明和重构是十分重要的。最初，引起学者极大关注的竹简是郭店《老子》，而其他竹书也顺便受到高度关注。从思想看，郭店《老子》展现了老子思想的不同面貌，《太一生水》提供了古代宇宙生成论的新系统；《尊德义》《成之闻之》《六德》《性自命出》《唐虞之道》《五行》和《语丛》前三篇等则共同刻画出先秦儒学的新面貌和新内涵。具体说来，《性自命出》给我们提供了一套迄今最完整的性命论或心性论思想系统，《六德》是一篇非常杰出的伦理学专文，《唐虞之道》深刻地讨论了尧舜禅让或天下最高权位授受的问题，而《五行》则以其具体而微的德行论和工夫论给我们带来思想上的震撼。

郭店简的发现和出版，开辟了一个新的研究时代，从此，简帛研究、经子研究和先秦秦汉哲学、思想研究进入了一个新境界。郭店竹书不仅弥补了春秋末至战国中期诸子文献的缺欠，而且对原始儒家内部思想线索的梳理及其具体内涵的刻画，对楚文化构成成分及其特质的重新理解和认识，乃至于对 20 世纪二三十年代疑古思潮的反思，对众多诸子著作的重新考据和肯定，以及对先秦学术思想的重构，都具有巨大作用。

　　展望未来，简帛研究的热潮还将持续下去，并给相关学界带来更多学术震撼和更多研究动力。郭店竹书将会同上海博物馆藏战国楚竹书等一起，从根本上改变当代中国学者及国际汉学界的学术研究心态，在很大程度上改写轴心时代的中国学术史及当代学者的古史经籍观。而由此，甚至在未来几十年里，学者会掀起一场意义深远的中国古典思想、文化的重构和复兴运动。

参考文献

一、文献典籍

［汉］班固：《白虎通德论》，上海：上海古籍出版社，1990年影印。

［汉］班固：《汉书》，载《前四史》，北京：中华书局，1997。

［宋］晁公武：《郡斋读书志》，涵芬楼景印四部丛刊本。

［元］陈澔：《礼记集说》，载宋元人注：《四书五经》，中册，北京：中国书店，1985。

［汉］董仲舒著，［清］苏舆撰：《春秋繁露义证》，北京：中华书局，1992。

［南朝宋］范晔撰，［唐］李贤等注：《后汉书》，北京：中华书局，1965。

［汉］高诱注：《战国策》，上海：上海书店，1987。

［清］顾炎武撰，黄汝成集释：《日知录集释》，长沙：岳麓书社，1994。

［清］郭庆藩：《庄子集释》，北京：中华书局，1961。

国家文物局古文献研究室编：《马王堆汉墓帛书（壹）》，

北京：文物出版社，1980。

湖南省博物馆、复旦大学出土文献与古文字研究中心编纂：《长沙马王堆汉墓简帛集成（肆）》，北京：中华书局，2014。

湖南省博物馆、复旦大学出土文献与古文字研究中心编纂：《长沙马王堆汉墓简帛集成（陆）》，北京：中华书局，2014。

［清］黄奭辑：《易纬·乾凿度》，上海：上海古籍出版社，1993。

［汉］贾谊：《新书》，上海：上海古籍出版社，1989 年影印。

［清］江永：《群经补义》，载［清］阮元编：《清经解》，第 2 册，上海：上海书店，1988。

［清］焦循：《孟子正义》，北京：中华书局，1987。

荆门市博物馆编：《郭店楚墓竹简》，北京：文物出版社，1998。

［战国］孔鲋：《孔丛子》，上海：上海古籍出版社，1990。

［清］刘宝楠：《论语正义》，北京：中华书局，1990。

［汉］刘向撰，向宗鲁校证：《说苑校证》，北京：中华书局，1987。

［秦］吕不韦：《吕氏春秋》，载国学研究社编：《诸子集成》，第 6 册，北京：中华书局，1954。

马承源主编：《上海博物馆藏战国楚竹书（一）》，上海：上海古籍出版社，2001。

马承源主编：《上海博物馆藏战国楚竹书（二）》，上海：上海古籍出版社，2002。

马承源主编：《上海博物馆藏战国楚竹书（九）》，上海：上海古籍出版社，2012。

［清］马国翰辑：《玉函山房辑佚书》，上海：上海古籍出版社，1990。

［唐］马总：《意林》，北京：中华书局，1991。

清华大学出土文献与保护中心编：《清华大学藏战国竹简（壹）》，上海：中西书局，2010。

［清］阮元校刻：《十三经注疏（附校刊记）》，北京：中华书局，1980。

［清］孙希旦：《礼记集解》，北京：中华书局，1989。

［清］孙诒让：《墨子间诂》，载国学研究社编：《诸子集成》，第4册，北京：中华书局，1954。

［汉］司马迁撰，［南朝宋］裴骃集解，［唐］司马贞索隐，［唐］张守节正义：《史记》，北京：中华书局，1959。

［清］文廷式：《纯常子枝语》，扬州：江苏广陵古籍刻印社，1979。

［魏］王弼、［唐］李约注：《四部要籍注疏丛刊·老子》，北京：中华书局，1998。

王卡点校：《老子道德经河上公章句》，北京：中华书局，1993。

［清］王念孙：《读书杂志》，南京：江苏古籍出版社，2000。

［清］王聘珍：《大戴礼记解诂》，北京：中华书局，1983。

［汉］王肃注：《孔子家语》，上海：上海古籍出版社，1990年影印。

［清］王先谦：《荀子集解》，北京：中华书局，1988。

［清］王引之：《经传释词》，长沙：岳麓书社，1985。

［宋］王应麟撰，［清］翁元圻等注：《困学纪闻》，上海：上海古籍出版社，2008。

［宋］王应麟撰，武秀成、赵庶洋校证：《玉海艺文校证》，南京：凤凰出版社，2013。

［唐］魏徵等撰：《隋书》，北京：中华书局，1973。

［三国］韦昭解：《国语》，上海：上海书店，1987。

武汉大学简帛研究中心、荆门市博物馆编著：《楚地出土战国简册合集（一）·郭店楚墓竹书》，北京：文物出版社，2011。

无名氏：《子华子》，北京：中华书局，1985。

［南朝梁］萧统：《文选》，香港：商务印书馆，1936。

［汉］许慎撰，［清］段玉裁注：《说文解字注》，上海：上海古籍出版社，1988。

［清］永瑢等撰：《四库全书总目》，北京：中华书局，1965。

［清］朱骏声编著：《说文通训定声》，武汉：武汉市古籍书店，1983。

［宋］朱熹：《四书章句集注》，北京：中华书局，1983。

二、研究著作

安徽大学古文字研究室编：《古文字研究》，第 22 辑，北京：中华书局，2000。

陈鼓应主编：《道家文化研究》，第 17 辑，北京：生活·读书·新知三联书店，1999。

陈来：《竹帛〈五行〉与简帛研究》，北京：生活·读书·新知三联书店，2009。

陈梦家：《殷墟卜辞综述》，北京：科学出版社，1956。

陈伟：《包山楚简初探》，武汉：武汉大学出版社，1996。

陈伟：《郭店竹书别释》，武汉：湖北教育出版社，2003。

（日）池田知久：《马王堆汉墓帛书五行研究》，王启发译，北京：线装书局，中国社会科学出版社，2005。

楚文化研究会主编：《古文字与古文献》试刊号，台北，1999 年 10 月。

崔仁义：《荆门郭店楚简〈老子〉研究》，北京：科学出版社，1998。

戴维：《帛书老子校释》，长沙：岳麓书社，1998。

丁山：《中国古代宗教与神话考》，上海：龙门联合书局，1961。

丁四新：《郭店楚墓竹简思想研究》，北京：东方出版社，2000。

丁四新：《郭店楚竹书〈老子〉校注》，武汉：武汉大学出版社，2010。

丁四新：《玄圃畜艾——丁四新学术论文选集》，北京：中华书局，2009。

丁原植：《楚简儒家性情说研究》，台北：万卷楼图书有限公司，2002。

丁原植：《郭店竹简〈老子〉释析与研究》，台北：万卷楼图书有限公司，1999。

高亨：《老子正诂（重订本）》，北京：古籍出版社，1956。

高明：《帛书老子校注》，北京：中华书局，1996。

顾实：《汉书艺文志讲疏》，上海：商务印书馆，1924。

郭齐勇、吴根友：《诸子学志》，上海：上海人民出版社，1998。

郭沫若：《青铜时代》，北京：人民出版社，1954。

郭沫若：《十批判书》，北京：东方出版社，1996。

郭沫若：《十批判书》，载《民国丛书》，第 4 编第 1 册，上海：上海书店，1992。

郭沂：《郭店楚简与先秦学术思想》，上海：上海教育出版社，2001。

顾颉刚：《顾颉刚古史论文集》，北京：中华书局，1988。

顾颉刚主编：《古籍考辨丛刊》，第 1 集，北京：中华书局，1955。

何宁：《淮南子集释》，北京：中华书局，1998。

湖南省博物馆编：《马王堆汉墓研究》，长沙：湖南人民出版社，1981。

《简帛书法选》编辑组编：《郭店楚墓竹简·老子甲本》，北京：文物出版社，2002。

江侠菴编译：《先秦经籍考》，上海：商务印书馆，1933。

姜广辉主编：《中国哲学》，第 20 辑，沈阳：辽宁教育出版社，1999。

姜广辉主编：《中国哲学》，第 21 辑，沈阳：辽宁教育出版社，2000。

蒋伯潜编著：《诸子通考》，台北：正中书局，1957。

蒋锡昌：《老子校诂》，成都：成都古籍书店，1988（据 1937 年商务印书馆本影印）。

金德建：《先秦诸子杂考》，郑州：中州书画社，1982。

李步嘉：《越绝书校释》，武汉：武汉大学出版社，1992。

李存山：《智慧之门——老子》，郑州：中州古籍出版社，2006。

李定生、徐慧君：《文子要诠》，上海：复旦大学出版社，1988。

李景林：《教养的本原》，沈阳：辽宁人民出版社，1998。

李零：《郭店楚简校读记（增订本）》，北京：北京大学出版社，2002。

李若晖：《郭店竹书老子论考》，济南：齐鲁书社，2004。

李天虹：《郭店竹简〈性自命出〉研究》，武汉：湖北教育出版社，2003。

李学勤：《古文献丛论》，上海：上海远东出版社，1996。

李学勤主编：《字源》，天津：天津古籍出版社，2012。

李学勤著，傅杰编：《失落的文明》，上海：上海文艺出版社，1997。

刘彬徽：《早期文明与楚文化研究》，长沙：岳麓书社，2001。

刘笑敢：《庄子哲学及其演变》，北京：中国社会科学出版社，1988。

刘信芳：《荆门郭店竹简老子解诂》，台北：艺文印书馆，1999。

刘钊：《郭店楚简校释》，福州：福建人民出版社，2005。

罗根泽：《诸子考索》，北京：人民出版社，1958。

罗根泽编著：《古史辨》，第四册，上海：上海古籍出版社，1982。

罗根泽编著：《古史辨》，第六册，上海：上海古籍出版社，1982。

庞朴:《帛书五行篇研究》,济南:齐鲁书社,1980。

庞朴:《竹帛〈五行〉篇校注及研究》,台北:万卷楼图书有限公司,2000。

裴学海:《古书虚字集释》,北京:中华书局,1954。

裘锡圭:《文史丛稿》,上海:上海远东出版社,1996。

裘锡圭:《中国出土古文献十讲》,上海:复旦大学出版社,2004。

钱锺书:《管锥编》,北京:中华书局,1979。

任继愈主编:《中国哲学发展史（先秦)》,北京:人民出版社,1983。

孙以楷:《老子通论》,合肥:安徽大学出版社,2004。

唐君毅:《中国哲学原论·导论篇》,载《唐君毅全集》卷十二,台北:台湾学生书局,1986。

王国维:《古史新证——王国维最后的讲义》,北京:清华大学出版社,1994。

王蘧常:《诸子学派要诠》,上海:中华书局,上海书店,1987。

王利器:《吕氏春秋注疏》,成都:巴蜀书社,2002。

王叔岷:《庄子校诠》,下册,台北:"中央研究院"历史语言研究所,1988。

魏启鹏:《德行校释》,成都:巴蜀书社,1991。

魏启鹏:《简帛文献〈五行〉笺证》,北京:中华书局,2005。

武汉大学中国文化研究院编:《郭店楚简国际学术研讨会论文集》,武汉:湖北人民出版社,2000。

熊铁基等著:《二十世纪中国老学》,福州:福建人民出版社，2002。

徐复观：《中国人性论史·先秦篇》，台北：商务印书馆，1987。

许抗生：《帛书老子注译与研究》，杭州：浙江人民出版社，1982。

严灵峰：《无求备斋学术新著》，台北：商务印书馆，1987。

严灵峰编著：《周秦汉魏诸子知见书目》，第 1 册，北京：中华书局，1993。

杨伯峻：《列子集释》，北京：中华书局，1979。

杨伯峻：《孟子译注》，北京：中华书局，1960。

杨逢彬：《孟子新注新译》，北京：北京大学出版社，2017。

杨树达：《词诠》，北京：中华书局，1979。

杨泽波：《孟子性善论研究》，北京：中国社会科学出版社，1995。

尹振环：《楚简老子辨析——楚简与帛书〈老子〉的比较研究》，北京：中华书局，2001。

于省吾：《双剑誃诸子新证》，北京：中华书局，1962。

詹剑峰：《老子其人其书及其道论》，武汉：湖北人民出版社，1982。

张光裕主编、袁国华合编：《郭店楚墓竹简研究·文字编》，台北：艺文印书馆，1999。

张恒寿：《庄子新探》，武汉：湖北人民出版社，1983。

张吉良：《老聃〈老子〉、太史儋〈道德经〉》，济南：齐鲁书社，2001。

张舜徽：《汉书艺文志通释》，武汉：湖北教育出版社，1990。

张扬明：《老子考证》，台北：黎明文化事业股份有限公司，1985。

张心澂编著：《伪书通考》，上海：商务印书馆，1954（据1939年版重印）。

张以仁先生七秩寿庆论文集编辑委员会编：《张以仁先生七秩寿庆论文集》，台北：台湾学生书局，1999。

周生春：《吴越春秋辑校汇考》，上海：上海古籍出版社，1997。

章太炎：《章太炎全集》，上海：上海人民出版社，1982。

哲学研究编辑部编：《老子哲学讨论集》，北京：中华书局，1959。

中国古文字研究会、吉林大学古文字研究室编：《古文字研究》，第1辑，北京：中华书局，1979。

三、学术论文

艾兰召集：《"郭店老子国际学术研讨会"论文》，美国达慕思大学，1998年5月。

陈鼓应：《初读简本〈老子〉》，《文物》1998年第10期。

陈广忠：《为张湛辨诬——〈列子〉非伪书考之一》，载陈鼓应主编：《道家文化研究》，第10辑，上海：上海古籍出版社，1996。

陈广忠：《〈列子〉三辨——〈列子〉非伪书考之二》，载陈鼓应主编：《道家文化研究》，第10辑，上海：上海古籍出版社，1996。

陈广忠：《从古词语看〈列子〉非伪——〈列子〉非伪书考之三》，载陈鼓应主编：《道家文化研究》，第10辑，上海：

上海古籍出版社，1996。

陈来：《郭店楚简之〈性自命出〉篇初探》，《孔子研究》1998 年第 3 期。

陈来：《郭店楚简与儒学的人性论》，载庞朴主编：《儒林》，第 1 辑，济南：山东大学出版社，2005。

陈宁：《〈郭店楚墓竹简〉中的儒家人性言论初探》，《中国哲学史》1998 年第 4 期。

陈伟：《郭店楚简别释》，《江汉考古》1998 年第 4 期。

陈伟：《郭店楚简〈六德〉诸篇零释》，《武汉大学学报(哲学社会科学版)》1999 年第 5 期。

程一凡：《从郭店本看〈老子〉一书的形成》，《管子学刊》2004 年第 2 期。

（日）池田知久：《郭店楚简〈五行〉研究》，1998 年 8 月 22 日稿本。

（比）戴卡琳：《"墨子和杨朱的血液在儒家的筋肉里"——〈唐虞之道〉的"中道观"》，载《中华文史论丛》，总第 84 辑，上海：上海古籍出版社，2006。

崔仁义：《荆门楚墓出土的竹简〈老子〉初探》，《荆门社会科学》1997 年第 5 期。

丁四新：《楚简〈太一生水〉第二部分简文思想分析及其宇宙论来源考察》，《学术界》2002 年第 3 期。

丁四新：《楚简〈太一生水〉研究——兼对当前〈太一生水〉研究的总体批评》，载丁四新主编：《楚地出土简帛文献思想研究（一）》，武汉：湖北教育出版社，2002。

丁四新：《从简、帛、通行本比较的角度论〈老子〉文本演变的观念、过程和规律》，载丁四新主编：《楚地出土简帛文献思想研究（一）》，武汉：湖北教育出版社，2002。

丁四新：《德政与德教——论郭店竹简〈尊德义〉篇的政治哲学》，《社会科学战线》2020 年第 2 期。

丁四新：《郭店简〈尊德义〉篇是孔子本人著作》，《孔子研究》2020 年第 5 期。

丁四新：《汉简本〈老子〉总章数及上下经章数的组织原理和数理法则——一种可能性的研究》，载陈鼓应主编：《道家文化研究》，第 30 辑，北京：中华书局，2016。

丁四新：《〈老子〉的分章观念及其检讨》，《学术月刊》2016 年第 9 期。

丁四新：《老子思想研究的文本依据：观念及其原则》，《社会科学战线》2022 年第 6 期。

丁四新：《略论郭店简本〈老子〉甲乙丙三组的历时性差异》，《湖北大学学报（哲学社会科学版）》1999 年第 2 期。

丁四新：《论郭店楚简"情"的内涵》，《现代哲学》2003 年第 4 期。

丁四新：《论刘向本（通行本）〈老子〉篇章数的裁划依据》，《哲学研究》2014 年第 12 期。

丁四新：《〈孟子〉"天下之言性也"章研究与检讨——从朱陆异解到〈性自命出〉"实性者故也"》，《现代哲学》2020 年第 3 期。

丁四新：《三纲说的来源、形成与异化》，《衡水学院学报》2021 年第 3 期。

丁四新：《申论〈老子〉文本变化的核心观念、法则及其意义》，《哲学动态》2002 年第 11 期。

丁四新：《〈性自命出〉与公孙尼子的关系》，《武汉大学学报（哲学社会科学版）》1999 年第 5 期。

丁四新：《早期〈老子〉文本的演变、成型与定型——以出土简帛本为依据》，《中州学刊》2014 年第 10 期。

丁四新：《〈庄子·大宗师〉札记三则——"在太极之先而不为高""朝彻"和"彼方且与造物者为人"》，《暨南学报（哲学社会科学版）》2019 年第 6 期。

丁四新：《作为中国哲学关键词的"性"概念的生成及其早期论域的开展》，《中央民族大学学报（哲学社会科学版）》2021 年第 3 期。

丁四新、赵乾男：《郭店简开辟出土文献新纪元》，《中国社会科学报》2023 年 9 月 25 日第 2742 期第 A04 版。

杜维明等：《"郭店竹简与思孟学派"座谈会》，载梁涛主编：《中国思想史研究通讯》2005 年总第 8 辑。

杜维明等：《郭店竹简与思孟学派研究座谈会纪要》，载庞朴主编：《儒林》第 2 辑，济南：山东大学出版社，2006。

冯时：《"太一生水"思想的数术基础》，载艾兰、邢文编：《新出简帛研究》，北京：文物出版社，2004。

郭齐勇：《郭店楚简〈性自命出〉的心术观》，《安徽大学学报（哲学社会科学版）》2000 年第 5 期。

郭齐勇：《郭店儒家简与孟子心性论》，《武汉大学学报（哲学社会科学版）》1999 年第 5 期。

郭齐勇：《再论"五行"与"圣智"》，《中国哲学史》2001 年第 3 期。

郭齐勇召集：《"郭店楚简国际学术研讨会"论文汇编》（一）（二）（三），武汉，1999 年 10 月。

郭沂：《从郭店楚简〈老子〉看老子其人其书》，《哲学研究》1998 年第 7 期。

郭沂：《郭店楚简〈天降大常〉（〈成之闻之〉）篇疏证》，《孔子研究》1998 年第 3 期。

郭振香：《〈性自命出〉性情论辨析——兼论其学派归属问题》，《孔子研究》2005 年第 2 期。

国际儒学联合会编：《国际儒学联合会简报》1998 年第 2 期。

高正：《郭店竹书在中国思想史上的定位——兼论屈原与郭店楚墓竹书的关系》，《中国哲学史》2000 年第 2 期。

顾颉刚：《禅让传说起于墨家考》，载吕思勉、童书业编著：《古史辨》，第 7 册下编，上海：上海古籍出版社，1982。

韩东育：《〈郭店楚墓竹简·太一生水〉与〈老子〉的几个问题》，《社会科学》1999 年第 2 期。

何琳仪：《郭店简古文二考》，《古籍整理研究学刊》2002 年第 5 期。

河北省文物研究所定州汉简整理小组：《定州西汉中山怀王竹简〈文子〉释文》，《文物》1995 年第 12 期。

胡家聪：《从刘向的叙录看〈列子〉并非伪书》，载陈鼓应主编：《道家文化研究》，第 6 辑，上海：上海古籍出版社，1995。

湖北省荆门市博物馆：《荆门郭店一号楚墓》，《文物》1997 年第 7 期。

黄德宽、徐在国：《郭店楚简文字续考》，《江汉考古》1999 年第 2 期。

黄君良：《〈忠信之道〉与战国时期的忠信思潮》，《管子学刊》2003 年第 3 期。

黄俊杰：《荀子非孟的思想史背景——论〈思孟五行说〉的思想内涵》，《台湾大学历史学系学报》1990年总第15期。

黄钊：《竹简〈老子〉应为稷下道家传本的摘抄本》，《中州学刊》2000年第1期。

李定生：《韩非读过〈文子〉——谈〈文子〉的年代与原始道家的关系》，《哲学与文化》1996年第23卷第9期。

李家浩：《论〈太一避兵图〉》，载袁行沛主编：《国学研究》，第1辑，北京：北京大学出版社，1993。

李建民：《太一新证——以郭店楚简为线索》，载日本中国出土资料学会编：《中国出土资料研究》，第3号，1999年3月发行。

李景林：《帛书〈五行〉慎独说小议》，《人文杂志》2003年第6期。

李景林：《关于郭店简〈唐虞之道〉的学派归属问题》，《社会科学战线》2000年第3期。

李零：《包山楚简研究（占卜类）》，载《中国典籍与文化论丛》，第1辑，北京：中华书局，1993。

李锐：《郭店简〈性自命出〉"实性"说》，载丁四新主编：《楚地简帛思想研究（三）》，武汉：湖北教育出版社，2007。

李天虹：《〈性自命出〉与传世先秦文献"情"字解诂》，《中国哲学史》2001年第3期。

李学勤：《"兵避太岁"戈新证》，《江汉考古》1991年第2期。

李学勤：《帛书〈五行〉与〈尚书·洪范〉》，《学术月刊》1986年第11期。

李学勤：《从简帛佚籍〈五行〉谈到〈大学〉》，《孔子研究》1998 年第 3 期。

李学勤：《郭店简与〈乐记〉》，载北京大学哲学系编：《中国哲学的诠释与发展——张岱年先生 90 寿庆纪念文集》，北京：北京大学出版社，1999。

李学勤：《荆门郭店楚简中的〈子思子〉》，《文物天地》1998 年第 2 期。

李学勤：《〈老子〉与八角廊简〈文子〉》，载李学勤：《古文献论丛》，1996。

李学勤：《论上海博物馆所藏的一支〈缁衣〉简》，《齐鲁学刊》1999 年第 2 期。

李学勤：《试说郭店简〈成之闻之〉两章》，《烟台大学学报》2000 年第 4 期。

李学勤：《太一生水的数术解释》，载陈福滨主编：《本世纪出土思想文献与中国古典哲学研究论文集》，上册，台北：台湾辅仁大学出版社，1999。

李学勤：《天人之分》，载东方国际易学研究院编：《中国传统哲学新论——朱伯崑教授七十五寿辰纪念文集》，1998 年秋印制。

李学勤：《走出"疑古时代"》，《中国文化》1992 年第 2 期。

李耀仙：《子思孟子五行说考辨》，《抖擞》1981 年第 45 期。

梁涛：《简帛〈五行〉新探——兼论〈五行〉在思想史中的地位》，《孔子研究》2002 年第 5 期。

梁涛：《竹简〈性自命出〉的人性论问题》，《管子学刊》2002 年第 1 期。

廖名春：《楚简〈老子〉校释（五)》，载东方国际易学研究院编：《中国传统哲学新论——朱伯崑教授七十五寿辰纪念文集》，1998 年秋印制。

廖名春：《郭店楚简儒家著作考》，《孔子研究》1998 年第 3 期。

廖名春：《"慎独"本义新证》，《文史知识》2005 年第 1 期。

刘彬徽：《关于郭店楚简年代及相关问题的讨论》，载李学勤、谢桂华主编：《简帛研究二〇〇一》，上册，桂林：广西师范大学出版社，2001。

刘弘：《汉画像石上所见太一神考》，《民间文学论坛》1989 年第 4 期。

刘乐贤：《〈性自命出〉与〈淮南子·缪称〉论"情"》，《中国哲学史》2000 年第 4 期。

刘信芳：《包山楚简神名与〈九歌〉神祇》，《文学遗产》1993 年第 5 期。

刘信芳：《简帛〈五行〉述略》，《江汉考古》2001 年第 1 期。

罗炽：《〈太一生水〉辨》，《湖北大学学报（哲学社会科学版）》2004 年第 6 期。

罗新慧：《郭店楚简与儒家的仁义之辨》，《齐鲁学刊》1999 年第 5 期。

罗运环：《论郭店一号楚墓所出漆耳杯文及墓主和竹简的年代》，《考古》2000 年第 1 期。

吕绍纲：《〈郭店楚墓竹简〉辨疑两题》，《史学集刊》2000 年第 1 期。

欧阳桢人：《〈性自命出〉的性情思想研究》，载丁四新主编：《楚地简帛思想研究（二）》，武汉：湖北教育出版社，2005。

庞朴：《帛书〈五行篇〉校注》，载《中华文史论丛》，总第 12 辑，上海：上海古籍出版社，1979。

庞朴：《初读郭店楚简》，《历史研究》1998 年第 4 期。

庞朴：《古墓新知——漫读郭店楚简》，《读书》1998 年第 9 期。

庞朴：《孔孟之间——郭店楚简的思想史地位》，《中国社会科学》1998 年第 5 期。

庞朴：《马王堆帛书解开了思孟五行说之谜》，《文物》1977 年第 10 期。

庞朴：《"太一生水"说》，广东罗浮山道家会议论文提要，1998 年 12 月。

庞朴：《"太一生水"说》，《东方文化》1999 年第 5 期。

庞朴：《宇宙生成新说》，《寻根》1999 年第 2 期。

彭林：《再论郭店简〈六德〉"为父绝君"及相关问题》，《中国哲学史》2001 年第 2 期。

钱宝琮：《太一考》，载中国科学院自然科学史研究所编：《钱宝琮科学史论文选集》，北京：科学出版社，1983。

饶宗颐：《从新资料追溯先代耆老的"重言"——儒道学派试论》，《中原文物》1999 年第 4 期。

饶宗颐：《图诗与辞赋——马王堆新出〈太一出行图月〉私见》，载湖南省博物馆编：《湖南省博物馆四十周年纪念文集》，长沙：湖南教育出版社，1996。

饶宗颐：《缁衣零简》，载王元化主编：《学术集林》，卷 6，上海：上海远东出版社，1996。

任继愈：《郭店竹简与楚文化》，《中国哲学史》2000 年第 1 期。

孙以楷：《也谈郭店竹简〈老子〉与老子公案——与郭沂先生商榷》，《学术界》2004 年第 2 期。

唐钺：《考订古书撰作年代通则补说》，载中华书局编辑部编：《文史》，第 15 辑，北京：中华书局，1982。

王葆玹：《试论郭店楚简的抄写时间与庄子的撰作时代——兼论郭店与包山楚墓的时代问题》，《哲学研究》1999 年第 4 期。

王博：《关于郭店楚墓竹简〈老子〉的结构与性质》，广东罗浮山道家会议论文提要，1998 年 12 月。

王博：《关于〈唐虞之道〉的几个问题》，《中国哲学史》1999 年第 2 期。

王博：《论"仁内义外"》，《中国哲学史》2004 年第 2 期。

魏启鹏：《释〈六德〉"为父继君"》，载艾兰、邢文编：《新出简帛研究》，北京：文物出版社，2004。

魏启鹏：《释〈六德〉"为父继君"——兼答彭林先生》，《中国哲学史》2001 年第 2 期。

魏启鹏：《思孟五行说的再思考》，《四川大学学报（哲学社会科学版）》1988 年第 4 期。

吴福相：《帛书本老子校释》，台湾中国文化大学中国文学研究所硕士论文，1979。

夏世华、丁四新：《中国大陆郭店楚简思想及其相关问题研究综述》，载丁四新主编：《楚地简帛思想研究（三）》，武汉：湖北教育出版社，2007。

向世陵：《郭店竹简"性""情"说》，《孔子研究》1999 年第 1 期。

萧汉明：《〈太一生水〉的宇宙论与学派属性》，《学术月刊》2001 年第 12 期。

萧汉明：《〈太一生水〉的宇宙论及其学派归属》，载丁四新主编：《楚地出土简帛文献思想研究（一）》，武汉：湖北教育出版社，2002。

晓菡：《长沙马王堆汉墓帛书概述》，《文物》1974 年第 9 期。

邢文：《楚简〈五行〉试论》，《文物》1998 年第 10 期。

邢文、李缙云：《郭店〈老子〉国际研讨会综述》，《文物》1998 年第 9 期。

徐少华：《郭店一号楚墓年代析论》，《江汉考古》2005 年第 1 期。

许抗生：《〈列子〉考辨》，载陈鼓应主编：《道家文化研究》，第 1 辑，上海：上海古籍出版社，1992。

许抗生：《再读郭店竹简〈老子〉》，《中州学刊》2000 年第 5 期。

余瑾：《清华大学简帛讲读班第七次研讨会综述》，载廖名春编：《清华简帛研究》，第 1 辑，清华大学思想文化研究所 2000 年自印本。

袁国华：《郭店楚简文字考释十一则》，载中国文字编辑委员会编：《中国文字》，新 24 期，台北：艺文印书馆，1998。

严灵峰：《定州竹简〈文子〉残本试探》，《哲学与文化》1997 年第 24 卷第 2 期。

张昌平：《也论郭店 M1 年代问题》，《江汉考古》2012 年第 1 期。

赵光贤：《新五行说商榷》，载中华书局编辑部编：《文史》，第 14 辑，北京：中华书局，1982。

赵建伟：《郭店竹简〈忠信之道〉〈性自命出〉校释》，

《中国哲学史》1999 年第 2 期。

赵建伟：《〈文子〉断代研究》，《哲学与文化》1996 年第 23 卷第 9 期。

周凤五：《郭店楚简〈天成篇〉疏证》，未刊稿。

周凤五：《郭店楚简〈忠信之道〉考释》，载中国文字编辑委员会编：《中国文字》，新 24 期，台北：艺文印书馆，1998。

周凤五：《郭店楚墓竹简〈唐虞之道〉新释》，《"中央研究院"历史语言研究所集刊》第七十本第三分册，1999 年 9 月。

（日）佐藤将之：《无"忠信"的国家不能生存：春秋战国时代早期"忠"和"忠信"概念的意义》，"出土简帛文献与古代学术国际研讨会"论文，台湾政治大学主办，2005 年 12 月。

附录一　关于作者博士学位论文的评审报告

评审报告（一）

李学勤

（清华大学文科资深教授，时任中国社会科学院历史研究所研究员）

丁四新同志的博士学位论文《郭店楚墓竹简思想研究》，以 1998 年 5 月才公开发表的湖北荆门郭店楚简为研究对象。这批楚简内容涉及先秦儒道两家，对哲学史研究极关重要，论文及时予以研究，选题是非常好的。

我认为这篇论文有以下优点：

（一）对郭店简的学术内涵做了全面系统的考察，不同于多数学者作品只限于其个别篇章，或一个方面。

（二）把郭店简定位为"战国中期偏晚以前制作或传抄的儒道著作"，从而将之放在该时代哲学思想史的大背景中去研究。

（三）指出心性论是这批竹书内容的根本，揭示出当时哲学论说的中心问题。

（四）重点研究《五行》《性自命出》等篇，提到子思子、世硕为其作者的可能性最大，而后者更为可信。

由此看来，丁四新同志的这篇论文是严谨的，有严密的论证、创新的见解，同时也充分吸取了其他学者的研究成果，是一篇很好的博士学位论文；说明作者在中国哲学领域中已有深厚基础，能独立从事重要科研课题。建议提交答辩。

1999 年 5 月 17 日

评审报告（二）

庞 朴

（山东大学终身教授，时任中国社会科学院历史研究所研究员）

自郭店楚墓竹简于 1998 年 5 月公布于世以来，各种报刊及各种学术会议所发表的论文和研究成果，当有五六十篇；海外甚至已有巨幅专著出现。据我粗浅涉猎所及，在内容的深度与广度上、研究的态度与方法上，能达到和超过丁四新同学这篇博士学位论文的作品，好像尚未问世。

首先，本论文选出如此五种文本作为郭店楚简的代表，已足以反映出作者的广博知识和学术见识。其次，对每一文本都能从思想观念、学派归属、写作时代、历史地位诸方面爬梳析理，举证定位，并往往得出令人叹止的结论（如《老子》诸版本的流变，如《语丛》三篇内容的论定，如《五行》作者的推断等）。最后，态度冷静客观，正面反面资料、有利有害结论，都能一视同仁，不倚不偏；不立异以登垄，能措心于平常。对于青年，尤为难能。

据此，我认为，丁四新同学的论文，完全达到了获取博士学位的水平，建议评委会给予通过，并结合其他成绩，授予学位。

又论文中也有个别惶惑处和可商榷处，宜一并指出者。如：对"太一生水"与"太一藏于水"两句，像许多人一样，作者也颇感迷惘。关键在于对"生"字未作"化生"理解，而局限在"派生"一解所致。

对"君子身以为主心"的理解（见 92、96 页——今按，此页码为作者原学位论文页码），可能正好反了，此句也许正是"心以体废"、心以体兴的意思，请细拣《性自命出》末段。

后生可畏，后生可佩；

后生可爱，后生可赖。

1999 年 5 月 11 日

评审报告（三）

萧萐父

（武汉大学哲学学院教授）

面对郭店楚墓新出土大批竹书，作者慨然兴起，俛俛投入，知难而进，不过一年，成此专论。对出土竹简中道书二种、儒书三种，进行了绵密考订文本与疏通学脉义理相结合的系统研究，扬榷诸家，自主权衡，提出不少独得之见，详人所略，发人未发。对当前楚简的深入研究，起到了可贵的推动作用。

首先，对简书《老子》三种之间及其与帛本《老子》甲乙种、通行本《老子》之间的异同、流变等，做了详细比勘。更从诸书引《老子》的大量考索，论定简本《老子》三种乃历时性原因造成，而在战国中期《老子》一书总体上远较郭店简本完全。对简本、帛本、通行本《老子》的编辑过程做全面清理，注意到简、帛本上墨点符号的内涵和通行本增减字句的修辞原则等，表明作者用心深细，不苟盲从。

其次，对《太一生水》诸范畴的多维考释；对简书《五行》与帛书《五行》经说及《德圣》等的贯通考察，并论定其可能为世硕及其门人所作；对《性自命出》的思想范畴、学派归属及其与《中庸》《乐记》等的微细差别，做了详密分析而归结到子思与世子可能是其作者；此外，对《语丛》三篇内容、性质的论定，以及在剖析中涉及原始儒道关系、儒家各派心性论的异同参差、经学源流、楚文化构成等问题；

以上均表明作者深造有得，立言有据。

作者考文析理，力戒浮明，衡论诸家，中立不倚；在许多问题上，宁为无定之言，不执一以害道，这在学风上尤为可贵，博学慎思，"谦尊而光"！丁四新此文，以其深、广、密度，达到较高学术水平，完全符合博士学位论文要求，建议通过。

1999 年 5 月 18 日

附录二 原　序

郭齐勇

（武汉大学哲学学院教授）

丁四新同志的博士学位论文《郭店楚墓竹简思想研究》，以全优成绩顺利获得通过，并得到海内外专家的好评，修订之后由东方出版社出版，实在是一件值得庆贺的事情。据我所知，这是海内外第一部关于郭店楚简的博士论文。诚如李学勤先生、庞朴先生在评审报告中所说，就对郭店楚简之学术内涵做全面系统的研究而言，就研究所涉及的深度与广度而言，当时尚未有出其右者。

1993 年 10 月，湖北荆门郭店楚墓竹简出土。1998 年 5 月，这批战国中晚期以前的儒家与道家佚籍及其释文由国家文物出版社正式出版，是世纪之交我国人文学界和国际汉学界最为振奋人心的重大事件！学术乃天下之公器。这批佚籍的公布，立即引起国际汉学界的高度重视，并且迅速成为海内外人文学界的研究热点、焦点和前沿课题。这是因为老子、孔子及其后学之佚籍的问世，在一定意义上为学术界重新思考先秦学术思想史和楚国文化史提供了契机和新的资料，可以帮助我们解决诸多的学术疑难问题，改变我们的视域，修订某些成见。值得庆幸的是，由于主要是北京学者们的努力，我国学界在郭简研究中始终占据主导和主流地位，而没有如20世纪70年代长沙马王堆帛书出土后那样，国内学者的研究曾经落在后面。

四新同志的这部学位论文，可以说是在境内外学术界对郭简研究的热潮中应运而生的产物。这部论文的选题很好：既是鄂省的地方特色，又是国际学术前沿课题；既具有根源性、民族性和地域性，又具有前瞻性、世界性和现代性；可以推进传统哲学的创造转化。这部论文的成功，获益于我国内地、台湾、香港地区许多学者和北美、欧洲、东亚不少汉学家的诸多研究成果及海内外学界的交流互动。当然，毫无疑问，首先和主要应归功于作者本人冷静、独立地苦学苦研的精神与功夫。作者好学深思、沉潜读书、甘坐冷板凳、心无旁骛的精神、心态和毅力，以及一定的学养、学识、做学问的基本训练及创造能力，在本书中得到充分的展现。我以为，这是一部具有颇多创新见解并恪守学术规范的博士论文，表明作者已具备了一定的学术功力和哲学修养。

作者曾经下苦功夫一部一部地精读先秦主要的经、子之书，打下了坚实宽厚的基础，因而能够对郭店简本《老子》《太一生水》《五行》《性自命出》《语丛》及其他各篇之思想源流、学派归属、撰著作者、写作年代、哲学意蕴、学术史上的地位等做出相当深入的考订、探究、定位与阐释。他的研究确有发时贤所未发之处。例如，对于《老子》，作者不仅比较了简、帛、通行本，重视简帛本上的墨点、墨丁的作用，而且遍查《庄子》、《文子》竹简本、《韩非子》、《吕氏春秋》等诸子百家引老之说，重新定位老子其人其书及其学说这一学术界聚讼不已的问题，推断战国早期就流传有远较郭店简本三组文字之总和还多的《老子》原本，又推断甲、乙、丙三组简本是三个不同时期产生的不同抄本。作者据郭店《老子》对原始《老子》的思想和早期儒道关系做出了细致的讨论。又如，关于从未问世的妙不可言的《太一生水》，李学勤先生与海外汉学家如达慕思大学的艾兰、海德堡大学的瓦格纳、芝加哥大学的夏德安等都有不少卓见，而四新的看法则与他们不同。他认为此篇之贡献主要在完整的宇宙生成论系统的创造上，推测它可能出于战国中期南方楚道家之手。作者的慧识在于，肯定《太一生水》鲜明地表示出中国人具有太一的形上宇宙观与天地万物的形下宇宙观，且二者是上下贯通、和谐并存的。此篇亦表明中国古代自然科学与自然哲学的深邃、发达。

作者对郭店儒家简的研究，下了特别大的功夫。关于《五行》，自长沙马王堆汉墓帛书以降，我国学者庞朴、魏启鹏和东京大学池田知久教授等专家都有不少宏论，且见仁见智。此次《五行》之经在楚故地再次出土，又轰动了学界。荀子所批评的"思孟五行学说"究竟是什么，两千多年以来隐而不彰，然而 20 世纪后三十年的考古发现终于将其显豁于世。作者与时贤不同，选择了讨论简书、帛书《五行》经说到帛书《德圣》思想之变化的维度，认为竹简《五行》之"经"比较突出"圣智"全体的作用，帛书《五行》之"经"与之相近，但"说"的部分却有较大发展，系围绕"心"而展开，并涉及"性"与"气"，开了心性论之先河，为孟子之先导。作者认为，继《五行》之"说"，直传《五行》思想统绪的乃是帛书《德圣》篇。此篇之变化，在于比较"圣""智"，重圣轻智，强调了天道与德圣之内容。作者考订郭简

《五行》颇有可能是世硕之作，说解部分则出于其门人之手。

《性自命出》是迄今我们所见到的最早最完整的先秦心性论的篇章，它的出土实在是我国乃至世界哲学史上的幸事。我国少壮派学人陈来、杨儒宾、廖名春等对此都有深论，关于此篇作者的推测也是众说纷纭。本书作者通过缜密的考证，认为《性自命出》的作者不太可能是子游，也没有充分证据坐实为曾子，接近子思子的思想但仍有不少差别，又很难说是公孙尼子，极有可能是思孟学派中的学者或世硕诸儒。作者认为，《性自命出》是颇为重要的先秦儒家佚籍，是《中庸》的先导，该篇的出土对于先秦心性论的重新肯定和时间上的前推具有重要的意义。

关于《语丛》，作者认为前三篇是当时流行的儒家文献的摘抄，每一篇各有自己的主题，但又可以连为一体，其重心仍是心性论。《语丛》中关于"天生百物，人为贵"的思想，关于人之喜、怒、悲、乐、虑、欲、智皆源于"性"的思想，颇为深刻。《语丛》前三篇有许多思想能与思孟学派的作品相沟通，而第四篇是有关格言（或重言）的记录或摘抄。作者认为，郭简诸篇论性，从情、欲、理、力、能五条脉络做出了比较系统、全面的阐述，由此可以推测春秋末至战国早中期诸子所持的人性论，极为丰富多样。

作者认为，郭简的心性论中，心性上通天命、天道，外接人伦、人道。作者以末三章的较大篇幅，通论早期儒道思想，尤其是天命与天道、人性与人心、治道与伦理的问题，亦对《穷达以时》《成之闻之》《尊德义》《六德》《唐虞之道》等加以讨论。作者指出，中国哲学与文化关于人性论本原的思考，大约经过了由帝命观到天命观，由天命论到天道论的转移，但同时这三种观念又保存下来，构成某种程度的张力。天命、天道与人伦、人道的关系，实质就是天人关系。郭简承老子、孔子而来，既有天人相通、相入的思想，又以心性或德性为本位加深了对天人关系的理解，还有天人相分的思想，后者与前者构成内在的辩证互补关系。作者指出，自殷周以来，中国哲学与文化始终以人和宇宙的生命为基本的关切点，人性论就是对生命本身的根源性与本质性的思考。作者细致分疏了郭简诸篇论心、性、情、身的关系及其与先秦诸子百家的联系和区别。作者讨论了道家道治与儒家德治的关系、尊德与明伦的关系、爱亲与尊贤的关系等。所有这些，都能做到持之有故，言之成理。作者的卓见还有很多，兹不一一罗列。

作者对郭简诸篇做了较为全面系统的哲学解释，其前提一是对世传文献的把握，二是对竹简文字考释、文本复原等成果的吸收。郭店简的研究是一个综合的研究，包括简书的断代、文字的考释、简文的连缀、文本的复原、与世传文献的对勘比较等，是一个复杂的系统工程。这需要文字学、考古学、简牍学、文献学、经学史、子学史、哲学思想史、楚国文化史等诸多学者通力合作才能完成。我与作者十分珍视、尊重各学科学者的工作，尤其是原整理者裘锡圭先生、彭浩先生等的贡献以及李家浩、李零、陈伟、刘信芳、台湾大学周凤五、辅仁大学丁原植、香港中文大学张光裕等先生的工作。作者并不囿于一隅，吸收了各方面学者的优长，又能断以己意。这部论文在一定意义上是多学科交叉的产物。

20世纪我国人文学研究的进步深获考古发现之赐。陈寅恪先生论王静安先生的治学方法和贡献，认为是"取地下实物与纸上之遗文互相释证"，特别是以殷墟甲骨卜辞资料来证古史。世纪初的学人，获益于殷墟甲骨、敦煌卷子、汉晋木简等，王静安先生认为这些瑰宝的出土，其意义超过了孔壁中书和汲冢竹书。他提出了著名的"二重证据法"，纸上学问有赖于地下之新材料。近年来饶宗颐先生提出"三重证据法"，即把考古发现的材料又分为两部分，一种是有文字的，一种是没有文字的，以之与世传文献相互参证。有文字的简帛携带了更大的信息量。20 世纪出土的简帛真是令人叹为观止！仅就与思想文化史相关的简帛而论，至少就有 20 世纪 50 年代信阳长台关楚简、武威汉简，20 世纪 60 年代望山楚简，20 世纪 70 年代临沂银雀山的汉简、定县汉简、长沙马王堆汉墓帛书与竹简、云梦睡虎地秦简、阜阳双古堆汉简，20 世纪 80 年代江陵张家山的汉简和荆门包山的楚简，20 世纪 90 年代荆门郭店楚简及上海博物馆购藏的流失到香港文物市场上的一大批据云是江陵一带的楚简。以上简帛中的资料涉及科学史（医学史、天文史）、哲学史、法律史、民俗史、宗教史等，就哲学史而论，涉及经部和子部的方方面面。这些宝藏，极大地丰富了世传文献，补充、修正了我们对于古代学术的一些看法。

宋代以来，特别是清世和近世以来，疑古辨伪的工作对于古代学术史的研究甚有补益，但"疑古过勇"与"信古过笃"一样不符合历史的真实。今天，我们到了可以超越"疑古"和"信古"的时代，即冯友兰先生所说的平心静气地"释古"的时代。过去我们做哲学史研究，受疑古思潮的影响，把先秦的许多思想史料都压到汉代之后使用，现在看来这确实有不少弊病。产生于轴心时代的礼乐文明和六经诸子的传统，源远流长，而且确乎是中华文明对世界文明的最大贡献，至今仍有其现代意义和价值。可以预期，21 世纪前半期，我国学术界借助于考古发现可以对礼乐文明、六经诸子的系统研究做出前所未有的突破。我们民族宝贵的思想资源，可以转化为陶养现代心灵的源头活水。

四新同学刚满三十岁。比起生长在学问与思想饥荒年代的我们这一代人，他实在是太幸福了。他出身于农家，生活简朴，刻苦攻读，是一颗很好的读书种子。在我们这个和谐的学术群体和良好的学术氛围中，他与我一样，不断得到我的老师萧萐父先生、李德永先生、唐明邦先生等前辈师长们的教诲和我的学长萧汉明教授等师友的扶掖。我个人在学术界尚属小字辈，学问根底很浅，学力不逮，自 1993 年忝为所谓"博士生指导教师"以来，甚为惶恐，如履薄冰。好在我的背后有我们这个学科群体的师友们作为后盾，且不断得到本系本校的师友们、全国哲学史界的师友们、全国人文学界的师友们的批评与指点，甚至得到境外学者的启迪与帮助，因而可以勉力为之。我常常对四新等同学说，我们这一代人只是过渡环节，希望他们踩在我们的肩膀上，摘取学术研究的桂冠。

四新于 1996 年初秋进入博士生阶段的研习时，我在培养方案上就请他进一步加强先秦文献特别是经学的钻研和西方解释学的训练，后来确定让他研究《尚书》。我很早就关注郭店楚简的整理，1995 年秋天还陪杜维明教授实地考察了荆门博物馆。1998 年上半年我在哈佛大学做访问与研究，曾与杜维明教授协商，计划在我校与哈佛燕京学社等单位合办一次大型的、全面的郭店楚简国际学术研讨会。7 月回国后，我就把郭简的有关资料送给四新看，建议他考虑是否变更论文选题，改做郭简研究。他经过认真思考，欣然同意。此后，他经过了异常艰苦的独立研读和写作过程。他搜集了很多资料，我也随时给他提供境内外最新研究成果，又请萧萐父老师和历史系徐少华、陈伟、罗运环等专家予以帮助和指点，他们也慷慨提供了建议与资料。四新终于于 1999 年 3—4 月间拿出了论文初稿，经过我的审阅，提出诸多修改意见和建议，并经过他的修改后提交给答辩会。5 月中下旬之交，他通过了答辩。评审专家和答辩委员会专家李学勤、庞朴、萧萐父、刘纲纪、牟钟鉴、熊铁基、周桂钿、萧汉明、陈伟等教授都对他的论文给予了很高的评价，又提出了中肯的批评意见。他的论文在答辩前还寄送陈来教授等指正。7 月我在台湾"中央研究院"和政治大学出席会议并做研究，回来后又给他带回一些资料。之后，四新同志集中精力对论文做了两次大的修改。第一次是 10 月中旬在我校举行的规模空前的"郭店楚简国际学术研讨会"之前。我们资助他把修订好的论文重新印制了 100 册提交给大会。他还给大会提交了另两篇论文和我委托他做的、相当详备的海内外关于郭简研究的论著目录。由于任继愈、饶宗颐、李学勤、裘锡圭等海内外著名专家学者躬逢盛会，由于讨论的问题都特别专门、具体、细致，与会学者都感到收获颇大。这次成功的大会也给四新提供了与海内外不同学科的老中青学者切磋郭简的机会和展示自己科研成果的舞台。在会上，杜维明、庞朴、李学勤等专家再次肯定了他的研究，并提出了宝贵的意见和建议。会后，他借鉴会议成果和我们在会后获得的新资料第二次修订论文，并把此前已写成初稿的本书后三章的内容纳入进来。作者经过严肃的删修和统稿，反复斟酌、推敲自己的学术考订和若干结论，核对引文资料，润色文字，终于形成了今天与读者见面的这部著作。

我有幸作为本书的第一位读者，郑重地向学界推荐这位年轻人相当扎实厚重、充满独到见解的学术成果。当然，郭店简的研究仍在发展之中，从文本复原到文字考释到哲学诠释，将会不断涌出新的研究成果，尚需作者关注并予以充分重视，丰富和提升自己。在今天浮躁的世风面前，有这么一位珞珈山下的年轻人，矢志向学，孜孜不倦献身国学，且有掘井及泉的功夫，令我非常感动。作为朋友，衷心希望我们以前辈程千帆先生提出的八字箴言"敬业、乐群、勤奋、谦虚"共勉，放开胸量，尽心公益，关爱他人，虚己容物，积极参与国际国内的学术活动，到世界哲坛上与国际学者对话，勇攀中国哲学研究的高峰。我们这个学科点的传统是："中西对比，古今贯通；学思并进，史论结合；德业双修，言行相掩；做人与做学问一致，文风与人风淳朴；统合考据、辞章、义理，统合思想与历史的双重进路。"相信他能把这一传统发扬光大，是所望焉。

是为序。

己卯年冬月，西历 2000 年 1 月于武昌珞珈山

附录三　郭店楚简思想及其相关问题研究综述 *

第一节　郭店楚简概说

长期以来，湖北省荆门市沙洋县纪山镇郭店村（发掘时称沙洋区四方铺乡），对于学术界而言是一个掩盖在"纪山墓群"盛名下的默默无闻的村落而已，但是自 1993 年 10 月以后，它很快成为中国学术界和国际汉学界高度关注的焦点，而蜚声中外了。这个小村庄在学者心目中地位的凸显，完全是由于在其中一座被盗古墓中，通过抢救性发掘，人们意外地发现了大量属于儒道典籍的竹简。1998 年 5 月，这批竹简经过整理后由文物出版社出版，很快在中国内地和香港、台湾地区，以及日本和欧美等国家掀起了研究热潮。不仅如此，

---

　　* 这篇综述的原题为《中国大陆郭店楚简思想及其相关问题研究综述》，撰于 2006 年，发表在笔者主编的《楚地简帛思想研究（三）》（湖北教育出版社 2007 年版）上。综述的基本框架是由笔者和夏世华一起商讨的。初稿和再稿均由夏君执笔，笔者在此基础上做了一些修改，但一般仍尊重他的意见。本次，我们又对这篇稿子做了一定的文字润色，但不改变当时的看法。——丁四新识于 2022 年 7 月 31 日

它还与几乎同时出土并被盗卖到香港文物市场，后由上海博物馆购藏的两批楚竹书一起①，迅速取代了马王堆汉墓帛书的地位，成为国际汉学界热烈追踪研究的重要对象。自此之后，各种楚简学术会议和研究机构相继创办、成立。② 特别值得一提的是，学界也因此先后建立了"简帛研究"和"简帛"两个专门的网站。③

　　出土这批竹简的郭店一号楚墓，位于纪山墓群的郭店墓群中，它南距东周时期的楚国都城——纪南城约九公里。该墓的下葬年代，对于郭店竹简制作年代（包括创作和抄写年代）的判定十分重要。荆门市博物馆在相关发掘报告中指出：从墓葬形制和器物特征判断，郭店一号楚墓具有战国中期偏

---

　　① 　上海博物馆收藏的楚竹书，也在一定程度上加强了包括"郭店"在内的"纪山墓群"这一概念对于战国思想、文化研究的重要性。这批竹书"当时传闻约来自湖北"，马承源并有将其与郭店墓关联起来的不确定的联想。马承源：《前言：战国楚竹书的发现、保护和整理》，载马承源主编：《上海博物馆藏战国楚竹书（一）》，上海：上海古籍出版社，2001，第 2 页。

　　② 　举例来说，与郭店楚简、上博楚简比较相关的大型学术会议有：1998 年 5 月在美国达慕思大学召开的"郭店《老子》国际学术讨论会"，1999 年 10 月在武汉大学召开的"郭店楚简国际学术研讨会"，2000 年 8 月在北京召开的"新出简帛国际学术研讨会"，2001 年 8 月在湖南长沙召开的"长沙三国吴简暨百年来简帛发现与研究国际学术研讨会"，2003 年 12 月在荆门召开的"郭店楚简国际学术研讨会"，2005 年 12 月在台湾政治大学召开的"出土简帛文献与古代学术国际研讨会"，2006 年 6 月在武汉大学召开的"新出楚简国际学术研讨会"。在中国，着力推动郭店楚简研究的团体有清华大学的中国思想文化研究所、北京大学的中文系和哲学系、武汉大学的哲学系和历史系、中国社会科学院的历史所和哲学所等。就领导人物而言，庞朴、艾兰、李学勤、杜维明、裘锡圭、姜广辉、郭齐勇、陈伟、廖名春等都非常有力地推动了郭店简在文字、文献和思想研究上的进程。

　　③ 　"简帛研究"网站成立于 2000 年春，由庞朴主持、哈佛燕京学社资助；"简帛"网站成立于 2005 年年底，由陈伟主持、武汉大学提供资助。目前，"简帛研究"网已关闭。除此之外，"复旦大学出土文献与古文字研究中心"网和"清华大学出土文献研究与保护中心"网也发布研究郭店楚简的信息。

晚的特点，其下葬年代在公元前 4 世纪中期至公元前 3 世纪初。① 发掘者认为，该墓及其他同类型楚墓的绝对下限年代不应晚于秦将白起拔郢（即纪南城）之岁，即公元前 278 年。而且，考古学界关于楚墓排队的细密工作已经显示，郭店一号楚墓的诸种特征都与公元前 4 世纪末期的那些楚墓类似。绝大部分研究郭店楚简的学者接受了这一观点。毫无疑问，竹简的创作和抄写时间在墓葬之前。②

个别学者不同意发掘者的推断，比如王葆玹认为郭店楚墓的下葬年代较晚，他认为"公元前 278 年为其上限，公元前 227 年为其下限"，又认为战国晚期至末期，楚郢地区所受秦文化影响的程度不如学人所设想的那么严重，白起拔郢后楚人仍然坚持使用楚文字和楚历，维护楚文化传统，故该地区墓葬绝大多数应具有楚文化特征。③ 长期从事楚文化和楚地考古的刘彬徽先生并不同意王氏的意见，他对王氏的主要论点和假设逐条进行批评和商榷，他说："看郭店楚墓及其竹简的年代，必须首先看到白起拔郢之后所引起的重大变化，不能以为公元前 278 年之后仍有楚墓，就去断定郭店一号墓这样的楚贵族墓'极有可能是下葬于这一时期的'。"④ 刘彬徽重新肯定了郭店一号楚墓下葬于公元前 300 年左右的观点，认

---

① 荆门市博物馆：《荆门郭店一号楚墓》，《文物》1997 年 7 期；荆门市博物馆编：《郭店楚墓竹简》，"前言"。相关论断，又见刘祖信的撰稿，载《简帛书法选》编辑组编：《郭店楚墓竹简·老子甲本》，北京：文物出版社，2002，第 45 页。

② 李学勤、裘锡圭、李伯谦、彭浩和刘祖信等，在美国达慕思大学召开的会议上还进一步推定该墓约下葬于公元前 4 世纪末期。王博：《美国达慕思大学郭店〈老子〉国际学术讨论会纪要》，载陈鼓应主编：《道家文化研究》，第 17 辑，第 1-12 页。

③ 王葆玹：《试论郭店简各篇的撰作时代及背景——兼论郭店及包山楚墓的时代问题》，载姜广辉主编：《中国哲学》，第 20 辑，第 367、384 页。

④ 刘彬徽：《关于郭店楚简年代及相关问题的讨论》，载刘彬徽：《早期文明与楚文化研究》，第 232-238 页。

为该墓绝不会晚于白起拔郢之后。

谁是郭店一号楚墓的墓主？这也是学界争论较多的一个问题。发掘者根据郭店一号墓的墓葬形制、器物特征及郭店墓群的位置，判断墓主人的身份属于上士一级的贵族。不过，由于该墓出土了一件底部刻有四字铭文的漆耳杯，而此四字铭文到底应该释读为"东宫之帀（师）"还是"东宫之不（杯）"①，学者产生了较大争论。罗运环首先将第四字释读为"帀（师）"②，后来还进一步认为所谓"东宫之师"也就是墓主和楚太子横的老师，并认为："该墓的下葬时间在公元前302年之后（下限在白起拔郢之前），而竹简的书写时间应在公元前303年以前。"③ 1998年5月，在美国达慕思大学召开的郭店《老子》国际学术讨论会上，李学勤先生将此耳杯的刻铭释读为"东宫之帀（师）"，并将其与墓主的身份关联起来，认为他是太子的老师。④ 这一观点，在当时引起了震动，并使相关学界变得兴奋起来。裘锡圭同样将第四字释读为"帀（师）"，但他将"师"解释为"工师"，这一点与李学勤的说法不同。德国的瓦格纳和法国的马克则认为此件漆耳杯可能不过是一件礼品，无助于说明墓主人的身份。⑤ 作为郭店简的整理者和文字释读者之一，彭浩也认为该杯非墓主所有，

---

　　① 这件漆耳杯底部的刻铭照片，参见《文物》1997年第7期发表的荆门市博物馆的发掘报告及2002年文物出版社出版的《郭店楚墓竹简·老子甲本》第51页图。

　　② 《简帛书法选》编辑组编：《郭店楚墓竹简·老子甲本》，第49页。

　　③ 早在1995年，罗运环已经释耳杯铭文为"东宫之师"。见罗运环：《郭店楚简的年代、用途及意义》，《湖北大学学报（哲学社会科学版）》1999年第2期；又见罗运环：《论郭店一号楚墓所出漆耳杯文及墓主和竹简的年代》，《考古》2000年第1期。

　　④ 李学勤的观点，最先以《荆门郭店楚简中的〈子思子〉》一文，发表在《文物天地》1998年第2期上。后来在达慕思会议上，他重复了此一观点。

　　⑤ 以上三种观点，参见王博：《美国达慕思大学郭店〈老子〉国际学术讨论会纪要》，载陈鼓应主编：《道家文化研究》，第17辑，第3页。

可能为赠品或生前所得，刻铭所反映的不过是当时的"物勒工名"制度，说明该杯出自东宫工师之手。① 李零不同意第四字释读为"帀（师）"，认为楚文字的"不"与"帀"虽然在字形上很相近，但是单纯从此件耳杯的刻铭来看，第四字释读为"不"的可能性更大，"因此实与'太子的老师'或'东宫的工师'并没有关系，它们对判断墓主人的身份或墓中出土书籍与墓主的关系都没有太大帮助"②。在发掘报告中，发掘方荆门市博物馆将此字释读为"不（杯）"，在看到李学勤、裘锡圭等的不同意见后，博物馆方面又撰述长文来回应此一问题，不过仍然认为该字应当释读为"不（杯）"字。③ 顺便指出，有学者认为郭店一号墓的墓主是楚儒陈良，还有学者提出此墓是屈原墓的观点。④ 目前看来，这两种观点缺乏根据，纯属臆度。而我们看到，学界几乎无人信从此两说。

郭店一号楚墓之所以引起了学界的巨大震动，主要是因为该墓出土了大量战国中期抄写的儒道典籍。整理者根据形制对 730 余枚有字竹简做了整理和释读，并分别出 16 篇种竹书，它们包括《老子》甲、乙、丙三组，又包括《太一生水》《缁衣》《五行》《性自命出》《六德》《尊德义》《成之闻之》《唐虞之道》《忠信之道》《穷达以时》《鲁穆公问子思》和

① 彭浩：《郭店一号墓的年代与简本〈老子〉的结构》，载陈鼓应主编：《道家文化研究》，第 17 辑，第 16 页。
② 李零：《郭店楚简研究中的两个问题——美国达慕思学院郭店楚简〈老子〉国际学术讨论会感想》，载武汉大学中国文化研究院编：《郭店楚简国际学术研讨会论文集》，第 49 页。
③ 《简帛书法选》编辑组编：《郭店楚墓竹简·老子甲本》，第 49 - 55 页。
④ 前一说，参见姜广辉：《郭店一号墓墓主是谁？》，载姜广辉主编：《中国哲学》，第 20 辑；后一说，参见高正：《郭店竹书在中国思想史上的定位——兼论屈原与郭店楚墓竹书的关系》，《中国哲学史》2000 年第 2 期。

《语丛》四篇等。毫无疑问，这些竹书的出土具有重大价值和
意义。比如《老子》是迄今发现的最古的《老子》本子，它
对于考察和研究老子其人其书及其思想，以及早期《老子》
文本的构成和演变问题都具有重要价值。又比如《太一生水》
是一篇关于中国古代宇宙论思想的重要文章，价值巨大。而
包括《性自命出》《五行》《六德》《唐虞之道》等在内的多种
儒家佚籍的发现，则极大地弥补了孔孟之间儒学资料的长期
匮乏，从而为我们重建这段儒家思想发展的历程提供了真实
依据。同时，郭店楚简的发现也在一定程度上推进了今天的
学术反省运动，对于先秦故书，我们应当以更适当的心态来
对待。

第二节　老子其人其书及郭店《老子》研究

一、老子其人其书的问题

郭店《老子》甲、乙、丙三组竹简的出土，对于 20 世纪
的中国学术来说，意义非常重大。学者曾就《老子》其人其
书的问题展开了长期争论，提出了一系列疑问：老子是否长
于孔子，甚至老子作为一个历史人物是否真正存在过？老子
是否就是《史记·老子韩非列传》中所说的老聃？老聃与太
史儋是否为同一人？这些提问的矛头指向了对《史记·老子
韩非列传》的怀疑和否定，疑古派并由此对《老子》一书作
者的传统看法进行了质疑，甚至做了大胆否定。20 世纪二三
十年代，受新文化运动和疑古思潮的影响，人们就老子其人

其书的问题进行了一次大规模的讨论，问题的焦点即集中在
《老子》的成书年代上，梳理诸种见解，大致可以分为"早出
说"和"晚出说"两类。"早出说"认为《老子》是由春秋末
期的老子所作，或是由其后学编纂而成的老子遗言和语录。
"晚出说"则认为《老子》为战国时人所作，不过有战国前
期、中期或末期所作的不同，个别学者甚至将其成书时间定
在《庄子》之后，乃至秦汉之际。① 20 世纪五六十年代，学
界又爆发了一次关于老子其人其书及其哲学的大讨论。多数
学者认为，在春秋末期，比孔子稍早或同时，老子其人是存
在的，但是老子和《老子》一书应当分开。至于二者间的关
系，则众说纷纭，莫衷一是。② 总而言之，在马王堆帛书《老
子》出土之前，从整体上看，20 世纪中国老学运动的一个基本
趋向是：学界一直在"蓄意"否定老子其人的存在、老子与孔
子的关系、老子与《老子》书的联系，以及《老子》一书早出
的史料记载。概言之，就是全面否定和搅乱《史记·老子韩非
列传》的相关叙述，以求迎合彼时所谓自我否定的文化思潮。

---

① 详参罗根泽编著：《古史辨》，第四、六册。罗根泽在第六册"自序"中列举
了历代学者考证老子其人其书的 29 种成果，其中持"早出说"的有张怡荪、唐兰、
黄方刚、张岱年、胡适、马叙伦、郭沫若等，持"晚出说"的有梁启超、刘泽民、张
仁父、钱穆、张西堂、顾颉刚、罗根泽等。将《老子》成书时间定在《庄子》之后，
乃钱穆的主张；将《老子》成书时间定在秦汉之际，乃疑古派领袖顾颉刚的意见。

② 参加这次大讨论的学者很多，其中比较有代表性的有冯友兰、高亨、任继
愈、汤一介、詹剑峰、杨向奎、关峰、杨荣国等，讨论的问题主要是老子其人其书、
《老子》一书代表哪个阶级的利益及老子思想属唯物主义还是唯心主义等。其中关于
老子和《老子》书的关系，任继愈、冯憬远认为《老子》虽非老子所写，但其中的思
想属老子本人固有，《老子》成书有一个过程；冯友兰仍坚持《老子》是战国时的作
品；郭沫若则肯定《道德经》晚出，以其为战国时环渊所作。任氏、冯氏观点，参见
哲学研究编辑部编：《老子哲学讨论集》，北京：中华书局，1959，第 6 页；郭氏观
点，见郭沫若：《十批判书》，载《民国丛书》，第 4 编第 1 册，上海：上海书店，
1992，第 135 页。关于本次大讨论可参见熊铁基等：《二十世纪中国老学》，福州：福
建人民出版社，2002，第 223 - 261 页。

1973 年年底，长沙马王堆汉墓帛书《老子》的出土，开始从根本上遏止人们对老子其人其书之相关史料的恶性否定，不过彼时仍然有人宣称帛书《老子》不能解决先秦《老子》的存在状况问题，依然坚信疑古思潮下产生的诸种极端观点。1993 年 10 月，在荆门市郭店村出土了比帛书《老子》抄写年代约早 130 年的楚简《老子》①，这再次激起人们对《老子》其人其书的大讨论。需要注意，此次《老子》大讨论是在现有考古成果的背景下展开的，这与在疑古思潮笼罩下的前两次大讨论很不同。本次大讨论受到郭店一号楚墓之墓葬年代的制约，学者已经不可能像民国时期一样做出"一气化三清"，乃至将《老子》成书时间置于《庄子》之后或秦汉之间的任性操弄了。

郭店简本《老子》的出土不但让整个学界基本上直接承认了老子与《老子》其书具有真实联系，老子即《老子》的作者，而且深化了人们对于《老子》成书过程的理解。郭店简本《老子》三组共 1 741 字，约相当于今本的三分之一。②由此，人们产生了分歧：郭店简本《老子》究竟是《老子》的原本全貌还是其摘抄本，抑或只是《老子》文本形成过程

---

①　这里设定郭店一号楚墓的下葬时间为公元前 300 年，而埋藏帛书两本《老子》的马王堆汉墓下葬于公元前 168 年。两者相去约 130 年。

②　根据竹简形制的不同，简本《老子》分别被整理者称为甲、乙、丙三组。甲组竹简共 39 支，其内容相当于通行本第十九章、第六十六章、第四十六章后半段、第三十章、第十五章、第六十四章后半段、第三十七章、第六十三章首尾两段、第二章、第三十二章、第二十五章、第五章中段、第十六章首段、第六十四章前半段、第五十六章、第五十七章、第五十五章、第四十四章、第四十章、第九章；乙组竹简共 18 支，其内容相当于通行本第五十九章、第四十八章前半段、第二十章首段、第十三章、第四十一章、第五十二章中段、第四十五章、第五十四章；丙组竹简共 14 支，其内容相当于通行本第十七章、第十八章、第三十五章、第三十一章、第六十四章后半段。三组竹简上书 1 741 字，约相当于通行本的三分之一。除去重复字数，裘锡圭统计为 1 666 字。参见陈鼓应主编：《道家文化研究》，第 17 辑，第 26 页。

中的一个阶段？郭沂认为，郭店《老子》是一个原始的、完整的传本，它不含有传世本中的高远玄虚之论、非儒之语和南面权谋之术，它有完全区别于通行本的独特思想体系，其作者是春秋时期略早于孔子的老聃，而通行本则是战国中期的太史儋对郭店简本《老子》加以改造、重编和增订而成的。郭店简本和通行本《老子》可以分别称为《老聃》和《太史儋》，以示区别。由于太史儋将老聃书纳入自己的著作中，久而久之，人们便把两书误为一书、两人误为一人了。此后，他对其观点又略有修正，认为郭店《老子》可能并非当时《老子》的全部，而当时《老子》的全部应该保存在今本《老子》里。[1] 信其说者，有尹振环、张吉良和程一凡等。[2]

王博认为楚简《老子》是摘抄本。他认为，首先，楚简《老子》甲、乙、丙三组有自己相对统一的主题，丙组是治国，乙组是修道，甲组则有两个，其一为治国，其二为道及修道。其次，甲组与丙组有重复段落（相当于通行本第六十四章后半段的文字）。另外，与通行本最大的差异在甲组，如没有"绝仁弃义""绝圣弃智"等提法。据此，王博认为甲、乙、丙三组应该是当时存在的三个不同的《老子》传本（俱为某种形式的摘抄本），且甲组所据底本年代可能稍早于乙组和丙组，而且各组所据底本在整体结构与面貌上当与通行本

① 郭沂：《楚简〈老子〉与老子公案》，载姜广辉主编：《中国哲学》，第20辑，第119、141页；《郭店楚简与先秦学术思想》，上海：上海教育出版社，2001，第514-517页。
② 尹振环：《楚简老子辨析——楚简与帛书〈老子〉的比较研究》，北京：中华书局，2001，第4页；张吉良：《老聃〈老子〉、太史儋〈道德经〉》，济南：齐鲁书社，2001，第1-3页；程一凡：《从郭店本看〈老子〉一书的形成》，《管子学刊》2004年第2期。

差别不大。《老子》书从出现到定型经历了一个流动而漫长的过程。支持这种观点的另一依据是，有些与郭店一号楚墓年代相当的传世古籍所引《老子》文句却不见于郭店《老子》文本。① 陈鼓应先生同意此说，他说："简本《老子》之所以为节抄本，究其原因不外乎有二：一是由于竹简繁重，抄写不易，书写工具不便，流传受到影响，全本不易流传；二是抄写者根据自己的构思和意图来进行抄写。"② 另外，张岱年和裘锡圭也赞同此种观点。③

丁四新的态度更为谨慎，他说："不能毫无保留地同意把郭店简书《老子》完全看作一个底本的摘抄本的看法，更不能轻易同意把它们看作最原始、完整的《老子》本的观点。"他认为，《老子》一书从总体上看应当遵从《史记》的说法，为老子著作，是老子思想的集中反映。但是，他不反对今传本《老子》一书的形成有一个发展的过程，不尽是老子一人一时之作，其中有上古与时贤的格言警句作为思想来源，亦有后来者的局部补充与修改。不过，从思想实质上来看，它们都可以归属于老子的创造。他又说，《老子》一书的大体规模当在战国中期已基本完成，在分量上离五千言的本子相差不远；虽然在结构上它可能仍然是松散的，或可称为《老子》丛书，但是在内容上它们已是相互补充和相互依赖的一个思

---

① 王博：《关于郭店楚墓竹简〈老子〉的结构与性质——兼论其与通行本〈老子〉的关系》，载陈鼓应主编：《道家文化研究》，第 17 辑，第 149－166 页。

② 陈鼓应：《从郭店简本看〈老子〉尚仁及守中思想》，载陈鼓应主编：《道家文化研究》，第 17 辑，第 68 页。

③ 王博：《张岱年谈荆门郭店楚简〈老子〉》，载陈鼓应主编：《道家文化研究》，第 17 辑，第 24 页；裘锡圭：《郭店〈老子〉简初探》，载陈鼓应主编：《道家文化研究》，第 17 辑，第 28 页。

想整体了。他认为早期《老子》文本是在不断变化的，从其原始形态向郭店楚简本、马王堆帛书本及各通行本的发展，编者似乎都是在有意地重新编辑《老子》而使之更合理，成为名副其实的一部书或上下篇；帛书《老子》甲本是一个关键性（"革命性"）的文本，它奠定了此后诸本的基础；早期《老子》诸本各有优劣，其优劣情况需要具体分析。①

李存山将美国布朗大学罗浩教授关于传世本与郭店《老子》关系的三种模型发展为五种，其模型五试图说明，马王堆帛书本和河上公本、王弼本等本既可能源于郭店《老子》，又可能源于战国时代的其他《老子》本，而在郭店本和同时代的其他本子之前，老子思想以某种原始的文本形态而存在。要而言之，"就现有三类《老子》版本而言，它们各有所长，我们若只根据其中某一类来探讨老子思想的原始形态（或'祖本'），条件并不成熟……也许，关于老子其人其书问题的最终解决，还有待于'推测性的其他简本《老子》'的出土"②。

综观以上争论，问题最终落实在《老子》文本的形成过程上，如何充分运用楚简本、帛书本和各通行本的异同来探讨《老子》文本演变的观念、过程和规律，这不仅对于解决老子其人其书问题有关键作用，而且对于理解先秦古籍的历史流变也有重要参考价值。丁四新对此做了深入探讨。他分别从楚简本《老子》三组的历时性差异探讨了《老子》原始文本的演变问题，从分章的不同探讨了《老子》文本的演变过程，从文本分合的角度探讨了《老子》文本的演变观念，

---

① 丁四新：《简本〈老子〉考及其与帛书本、通行本的比较》，载丁四新：《郭店楚墓竹简思想研究》，北京：东方出版社，2000，第39-40页。

② 李存山：《智慧之门——老子》，郑州：中州古籍出版社，2006，第21-25页。

从语句的补充和完善探讨了《老子》文本构造的两个法则，最后申论了《老子》文本变化的核心观念、法则和意义，并提出了"活页文本"的概念。丁四新认为，从楚简本到帛书本，从帛书本到各通行本，有其内在的不得已的合理性；相对于帛书本及各通行本的稳定框架来说，先秦《老子》诸本处于流动变化的过程中，它们可以简称为活页文本。这个文本中的每一个活页单位都可能而且应该得到重新组织，以从属于帛书编者使《老子》成书成篇的理想。而使用"活页文本"的概念，是为了把握《老子》文本的可变性与不可变性界限的基本单位，同时也是为了更好地阐明《老子》文本变化的必然性和合理性。从本质上来说，"活页文本"的构成必须具备相互对立和相互依赖的两个要素：其一，它作为一个基本单位，自身具有内在的统一性和不可再分性；其二，在这个不可分割的基本单位的基础上，它又是可以流动变化并被重新组合的。但《老子》文本的拼合不是随意的，而是通过整理者在思想同一性原则下有意识的学术工作完成的。某一单位性的思想被固定在一个活页文本单位中，即可称为"思想单位"。"思想单位"是"活页文本单位"建构的内核，它在语义单位上是自我环绕而有明确的思想界限的。在"思想单位"的作用下，一些"活页文本"拒斥另一些"活页文本"，而有些文本则在思想同一性原则的作用下消融了自身的界限，从而可以连缀、拼合。依此，《老子》文本演变的第一条法则（首要法则）是思想的同一性，而思想的同一性是文本变化的主因和基本动力，并产生出分离和重合文本的两种相对力量；第二条法则是文本的可移动性和可重组性；第三条法则是汉语语言在自我表现上的内在特性和它所要求的修辞方法的运用；第四条法则是时代精神以及传承、解说《老子》文本的思想家，支配或有意识地修正《老子》文本，或者他们的思想成果影响到《老子》文本的变化；第五条法则是文字本身的通假法则。①

二、楚简本《老子》思想研究

郭店三组竹简《老子》，以甲本最近古，内容也最丰富。其中有几处文本和通行本、帛书本的差别较大，引起了学界对老子思想的原貌和早期儒道关系的思考。

通行本第十九章云"绝圣弃智""绝仁弃义"，简甲作"绝智弃辩""绝伪弃诈"②，陈鼓应据此认为，通行本使老学失去了广大的伦理空间，而楚简本则使我们认识到《老子》祖本的原貌，为我们重建老子伦理学提供了珍贵的文献依据。在他看来，通行本的说法导致了如下两种解释的流行：一是老子借此对儒家仁义学说进行了强烈的批判和否定，二是针对孔墨或孔孟的仁义思想提出了反命题。而后者成为一些学者主张老子晚出的主要依据。但事实上，儒道同中有异，异中有同。就其异者视之，学派间观点对立的极端化，要在战国中期以后。老子和孔子本人及其学说并未产生强烈的对立。老子也崇尚仁慈，儒道同源，孔、墨、老、庄都力图重建人

① 丁四新：《从简、帛、通行本比较的角度论〈老子〉文本演变的观念、过程和规律》，载丁四新主编：《楚地出土简帛文献思想研究（一）》，第 144－146 页。又见丁四新：《申论〈老子〉文本变化的核心观念、法则及其意义》，《哲学动态》2002年第 11 期。

② "诈"字许抗生、裘锡圭、高明等均读为"虑"，季旭升、庞朴读为"作"。裘锡圭：《纠正我在郭店〈老子〉简释读中的一个错误——关于"绝伪弃诈"》，载武汉大学中国文化研究院编：《郭店楚简国际学术研讨会论文集》，第 27 页。

文道德世界，只是人伦教化方式有所不同而已。① 张立文先生认为，甲组竹简所说"绝智弃辩""绝巧弃利""绝伪弃诈"不是对儒家思想的批判和否定，而是从负面的方面对儒家思想的补充。这不是一种儒家正面的"应该这样"的思维路向，而是一种"不应该这样"才能"这样"的思维路向。儒道并不强烈冲突，而是互补互济的。② 发端于陈鼓应、张立文先生的这一观点，很快风行于国内学界。郭沂即将这一观点进一步放大，而云："老子不但不反对传统，而且恰恰相反，他完全认同传统。""在对待传统的态度问题上，老子同后来的道家学者立场对立，反而与孔子无异，他们都主张重振业已败坏的仁、义、孝、慈、礼等传统道德。"③

虽然楚简本《老子》的出土有助于我们改变早期关于儒道关系水火不容的看法，但是也有学者提醒我们情况可能未必如此乐观。张岱年先生说："竹简中也有'大道废，有仁义'这句话，说明老子对仁义还是反对的。"④ 许抗生说："简本《老子》的整个思想体系与以孔子为代表的儒家思想体系，是根本不同的两种思想路数。我们也可以清楚地看到，简本《老子》有贬抑儒家仁义，甚至否定儒家思想的倾向，庄子的反儒思想是老子思想的进一步发挥而已……简本中不仅有贬

---

① 陈鼓应：《从郭店简本看〈老子〉尚仁及守中思想》，载陈鼓应主编：《道家文化研究》，第 17 辑，第 69 - 70 页。

② 张立文：《论简本〈老子〉与儒家思想的互补互济》，载陈鼓应主编：《道家文化研究》，第 17 辑，第 134 - 142 页。另外还有学者持类似观点，参见庞朴：《古墓新知——漫读郭店楚简》，载姜广辉主编：《中国哲学》，第 20 辑，第 188 页；任继愈：《郭店竹简与楚文化》，《中国哲学史》2000 年第 1 期。

③ 郭沂：《郭店竹简与先秦学术思想》，第 703、706 页。

④ 王博：《张岱年谈荆门郭店楚简〈老子〉》，载陈鼓应主编：《道家文化研究》，第 17 辑，第 23 页。

抑仁义的思想，而且有与孔子儒家思想相对立的思想。如简本中有'绝学无忧''绝智'……"① 吕绍刚说："其实《老子》讲'绝伪弃诈'的伪诈，指的是儒家鼓吹的仁义。"② 李存山说："由于楚简抄本是否为当时流传《老子》的摘抄本或改编本的问题尚难以确定，所以这种探讨也只具有假说的性质。"③ 孙以楷则专门撰文批驳了陈鼓应、张立文、郭沂的观点，认为他们的观点不但是对楚简本《老子》，而且是对道家根本观点的误解；他认为，楚简本《老子》根本不是在"重振传统道德"。④

楚简本影响了学者对《老子》的解释，下面略举几例以见之。通行本第十六章曰："致虚极，守静笃。"楚简本甲组作："致虚，极也；守中，笃也。"陈鼓应据此认为，此处出现"守中"概念，凸显了老子的守中思想。道家的"中"不同于儒家的"中"，多指醇和心境。⑤ 郭沂进一步认为："所谓'中'，说的就是'自然'。看来'中'本来是老子的重要范畴，盖后世道家学者因其为儒家所倡导，遂改为'静'。"⑥ 孙以楷不同意郭沂的说法，他说："不是有人把'守中'改成了'守静'，而恰恰相反，是东宫之师把'守静'改成了'守中'。"⑦

通行本第四十章曰："天下万物生于有，有生于无。"楚

---

① 许抗生：《再读郭店竹简〈老子〉》，《中州学刊》2000年第5期。
② 吕绍纲：《〈郭店楚墓竹简〉辨疑两题》，《史学集刊》2000年第1期。
③ 李存山：《从郭店楚简看早期儒道关系》，载姜广辉主编：《中国哲学》，第20辑，第188页。
④ 孙以楷：《老子通论》，合肥：安徽大学出版社，2004，第166－179页。
⑤ 陈鼓应：《从郭店简看〈老子〉尚仁及守中思想》，载陈鼓应主编：《道家文化研究》，第17辑，第75页。
⑥ 郭沂：《郭店竹简与先秦学术思想》，第688页。
⑦ 孙以楷：《也谈郭店竹简〈老子〉与老子公案——与郭沂先生商榷》，《学术界》2004年第2期。

简本作："天下之物生于有，生于无。"竹书整理者认为："简文此句句首脱'有'字，即上句句末'又'字脱重文号，可据帛书乙本补。"李零、魏启鹏等人赞同此说。① 陈鼓应则据此发挥有、无之辩，他认为通行本衍为"有生于无"，从而导致了魏晋玄学（王弼）以"无"比"有"更为根本，也从而引起哲学史上"有""无"关系的长期争论。在他看来，"有""无"本是道体的两面，共同指称道体（"同出而异名"），二者原本并无本末先后的问题。他说："虽一字之差，但在哲学解释上具有重大的差别意义。因为前者属于万物生成论问题，而后者则属于本体论范畴。"②

第三节　《太一生水》研究

《太一生水》是一篇关于宇宙论的重要楚简佚籍，学界主要围绕其文字释读、思想内涵、学派属性等方面展开研究。

一、关于《太一生水》第 1—8 号简的研究

竹简《太一生水》与《老子》丙组合抄，在竹简形制、编绳、字迹和行款等方面都与《老子》丙组完全一致，不过其内容不见于帛书本、通行本《老子》。大多数学者认为《太一生水》是一篇单独的文献，应该与《老子》丙组区分开来；

---

① 荆门市博物馆编：《郭店楚墓竹简》，第 117 页；李零：《郭店楚简校读记》，载陈鼓应主编：《道家文化研究》，第 17 辑，第 463 页；魏启鹏：《楚简〈老子〉柬释》，载陈鼓应主编：《道家文化研究》，第 17 辑，第 235 页。
② 陈鼓应：《从郭店简本看〈老子〉尚仁及守中思想》，载陈鼓应主编：《道家文化研究》，第 17 辑，第 78 - 79 页。

个别学者则认为《太一生水》和《老子》丙组应当归为同一篇文章，如崔仁义以为《太一生水》是《老子》的一部分，邢文以为二者"不是合抄的两篇文献，而是内容连贯的一篇文献"。① 此外，部分学者把《太一生水》看作对《老子》相关内容的解释和发挥。如李学勤认为《太一生水》第1—8号简文"显然是对《老子》第四十二章的引申解说"；陈伟认为《太一生水》是《老子》的传，其三部分内容分别对应通行本《老子》第四十二章、第二十五章、第七十七章；周凤五认为"郭店楚简有经典与传注之分，简策长者为经，短者为传"。②

对于《太一生水》第1—8号简，学者的研究侧重于对一些重要观念如太一、神明、水等的考察，同时探讨其核心命题"太一生水"的意义及其与"太一藏于水"之间的关系，最终在整体上阐释《太一生水》独特的宇宙论模式及其与几种世传的流行宇宙论模式之间的异同。

许抗生把"太一"理解为老子的"道"，把"神明"释为"无形莫测的精气（神）和精气显现出来的作用和现象（明）"，认为该篇竹书是对老子"尚水"思想的发挥。③ 庞朴认为"'太一'就是开始的开始"，"太一生水"的"生"不是

---

① 崔仁义：《荆门郭店楚简〈老子〉研究》，北京：科学出版社，1998，第36-37页；邢文：《论郭店〈老子〉与今本〈老子〉不属一系——楚简〈太一生水〉及其意义》，载姜广辉主编：《中国哲学》，第20辑，第182页。崔氏看法，又见崔仁义：《荆门楚墓出土的竹简〈老子〉初探》，《荆门社会科学》1997年第5期。

② 李学勤：《荆门郭店楚简所见关尹遗说》，载姜广辉主编：《中国哲学》，第20辑，第161页；陈伟：《〈太一生水〉校读并论与〈老子〉的关系》，载安徽大学古文字研究室编：《古文字研究》，第22辑，北京：中华书局，2000，第228-229页；周凤五：《郭店楚简的形式特征及其分类意义》，载武汉大学中国文化研究院编：《郭店楚简国际学术研讨会论文集》，第59页。

③ 许抗生：《初读〈太一生水〉》，载陈鼓应主编：《道家文化研究》，第17辑，第305、312页。

派生而是化生；该篇宇宙论的特色在于反辅之说，而这种反辅之说不见于老子和《易》的宇宙生成模式中。他又认为"太一藏于水"是"抽象藏于具体之中，无藏于有中"，"太一所生所藏的水，其实只是太一的具体形态，是具象的太一"，或者说"是无形的太一化生成了有形的太一"。[①] 李泽厚认为："很可能，上古先民将巫术仪典中所可感受却不可测度难以言说的巨大神秘力量谓之'太一'。'太一生水'很可能是先民对巫舞致雨的客观理性化的提升理解。"[②] 李零认为"太一"有三义：一是作为哲学终极概念之道，二是作为天文学星官的天极，三是作为神灵崇拜物件的天神中的至尊。"神明"是与天、地或阴、阳相对应的两种神灵。在此基础上，他进而图示了《太一生水》的宇宙生成模式。[③]

王博认为"神明"应指日、月，邢文则不同意他的意见，邢文认为"神明"不可能指日、月，而只能是神祇。[④] 熊铁基从众多文献例证中归结出"神明"的三种含义：一为神祇；二为无所不知，如神之明；三为与物质对立的精神，首先是人的精神。[⑤] 萧汉明则认为熊氏所引文献中，"神明"一词还

---

① 庞朴：《一种有机的宇宙生成模式——介绍楚简〈太一生水〉》，载陈鼓应主编：《道家文化研究》，第 17 辑，第 302 - 303 页；庞朴：《宇宙生成新说》，《寻根》1999 年第 2 期。

② 李泽厚：《初读郭店竹简印象记要》，载姜广辉主编：《中国哲学》，第 21 辑，第 6 页。

③ 李零：《读郭店楚简〈太一生水〉》，载陈鼓应主编：《道家文化研究》，第 17 辑，第 320 - 325 页。

④ 王博：《美国达慕思大学郭店〈老子〉国际学术讨论会纪要》，载陈鼓应主编：《道家文化研究》，第 17 辑，第 10 页；邢文：《论郭店〈老子〉与今本〈老子〉不属一系——楚简〈太一生水〉及其意义》，载姜广辉主编：《中国哲学》，第 20 辑，第 168 - 169 页。

⑤ 熊铁基：《对"神明"的历史考察》，载武汉大学中国文化研究院编：《郭店楚简国际学术研讨会论文集》，第 533 页。

有一层更为重要的含义，即"推动万物发生、发展、变化的作用力"。①

另外，冯时认为"太一"是"天一"名号的演变。"天"为天地之天，"一"为数之本，"天一"的本义应该是天数一，"天一"所强调的是"一"而不是"天"。简文"太一生水"实际是"天一生水"，本质是"一生水"。"天一生水"反映了天数思想与五行思想的结合。数字"一"相当于物质的水是抽象的，"太一生水"反映的正是无先于有。而竹书"太一藏于水，行于时"则着重于"天一"作为主气之神的引申意义。②

二、关于《太一生水》第9—14号简的争论

关于《太一生水》第9—14号简，首先是它与第1—8号简的文本关系问题。绝大部分学者把两者看作同篇，默认"太一"就是"道"的观点。其次是第9号简的文本位置问题，有的学者将其放在第10号简之前③，有的学者将其放在第13号简之前④，有的学者则将其置于第13号简之后⑤。其实，本章最令人费解之处在于"道亦其字也，青昏其名"和"天地名字并立"

① 萧汉明：《〈太一生水〉的宇宙论与学派属性》，《学术月刊》2001年第12期。
② 冯时：《"太一生水"思想的数术基础》，载艾兰、邢文编：《新出简帛研究》，北京：文物出版社，2004，第251-253页。
③ 李零：《郭店楚简校读记（增订本）》，第32页；又见陈鼓应主编：《道家文化研究》，第17辑，第476页。
④ 崔仁义：《荆门郭店楚简〈老子〉研究》，第37页；刘信芳：《荆门郭店竹简老子解诂》，第76页；陈伟：《〈太一生水〉考释》，载楚文化研究会主编：《古文字与古文献》试刊号，台北，1999年10月，第69-72页；廖名春：《试论郭店简〈太一生水〉篇的缀补》，载艾兰、邢文编：《新出简帛研究》，第276-277页。
⑤ 裘锡圭：《〈太一生水〉"名字"章——兼论〈太一生水〉的分章问题》，载安徽大学古文字研究院编：《古文字研究》，第22辑，第220页。

等文字。不少研究者认为"其"字指代天地。①"青昏"，郭店简整理者读为"请问"，李零吸收了夏德安的意见，认为当读如字，"青昏"是天地之名，"可能是指天地未生时的混沌状态或天地所由生的清、浊二气"，后文所说"托其名"则指"托'道'的名"，"天地名字并立"可能指"天地的名、字都已具备，或天地的名、字彼此相当"。②邢文认为"道亦其字"的"其"字与"天、地"相关，并认为《太一生水》与通行本《老子》在名、字问题上的思想是一样的。③裘锡圭则赞成将"青昏"释读为"请问"的意见，认为李零之所以说"下文没有答案，比较可疑"，主要是因为他没有正确理解后文"托其名"的文义。而对于"托其名"，裘先生认为："不能理解为依托或依靠道之名，而只能理解为寄托道之名于非其本名的假名。"关于"天地名字并立"，他说："天名'气'字'天'，地名'土'字'地'，所以说'天地名字并立'。"最后，他认为本章表达的"主要是道超越万物而天地则属于物的范畴的思想"。④丁四新重新解释了"道亦其字"的"道"字，认为此处"道"不是从本根论上而是从物事的角度上来说的，他认为："'青昏'当是指天地之本然、浑而未分的状态；'道'则是指天地已分辟开来、发育成熟的状态，此时的

---

① 郭沂、魏启鹏和彭浩均持此说，参见裘锡圭：《〈太一生水〉"名字"章解释——兼论〈太一生水〉的分章问题》注19，载安徽大学古文字研究室编：《古文字研究》，第22辑，第226页。

② 李零：《读郭店楚简〈太一生水〉》，载陈鼓应主编：《道家文化研究》，第17辑，第319-320页。

③ 邢文：《论郭店〈老子〉与今本〈老子〉不属一系——楚简〈太一生水〉及其意义》，载姜广辉主编：《中国哲学》，第20辑，第175页。

④ 裘锡圭：《〈太一生水〉"名字"章解释——兼论〈太一生水〉的分章问题》，载安徽大学古文字研究室编：《古文字研究》，第22辑，第222页。

天地条分缕析，有条有理，所以名'道'。但不管是'道'还是'青昏'，都不过是天地的'字'或'名'，是用来刻画天地已分、未分的两种存在状态的。"据此，他认为《太一生水》第二部分文本的中心词实际上是"天地"，它陈述了天地的构成质料，追问天地的生成原因，进而解释了天地之所以失均的天形地势现象。第二部分文本与《太一生水》第1—8号简所反映的思想颇不一致，是当时流行于楚地的两种有区别的宇宙论思想，因而应当把《太一生水》第一、二两个部分的文本分别开来，各自成篇，前八支简仍名为《太一生水》，后六支简应更名为《天地名字》。进而，他认为，那种把《太一生水》前后两个部分关联起来并合二为一的做法是不正确的。[1]

三、《太一生水》的作者和学派问题

作为楚简佚籍，《太一生水》篇的作者、学派问题受到了学者的一定关注。多数学者跟从整理者的意见，认为此篇属道家著作[2]，个别学者甚至直接以之为老聃遗著[3]。李学勤认为它可能是关尹遗说。[4] 在思想上，李学勤认为该篇竹书"深受数术家的影响，同天文数术有直接密切的关系"；又认为

---

[1] 丁四新：《楚简〈太一生水〉第二部分简文思想分析及其宇宙论来源考察》，《学术界》2002 年第 3 期。

[2] 比如许抗生、陈鼓应、裘锡圭等均以为是道家著作，参见此节前引诸人文章。罗炽以为是楚国黄老道家的作品，见罗炽：《〈太一生水〉辨》，《湖北大学学报（哲学社会科学版）》2004 年第 6 期。黄钊以为是稷下道家作品，见黄钊：《竹简〈老子〉应为稷下道家传本的摘抄本》，《中州学刊》2000 年第 1 期。

[3] 韩东育：《〈郭店楚墓竹简·太一生水〉与〈老子〉的几个问题》，《社会科学》1999 年第 2 期。

[4] 李学勤：《荆门郭店楚简所见关尹遗说》，载姜广辉主编：《中国哲学》，第 20 辑，第 160 - 164 页。

"太一藏于水，行于时"，是"后世所谓太一行九宫数术的雏形"。① 彭浩对李先生的观点有所吸收，他认为简文中的"太一"不同于其他学说中的"太一"，是"被阴阳家用数术理论重新做了解释，简文中的'神明''阴阳''四时''湿燥''沧热'以及'太一藏于水，行于时，周而或始'等无不与阴阳家理论相合"，因此，他认为，"从整体上看，《太一生水》应是经数术和阴阳家对道家学说充分改造过的理论"。② 周凤五同样不认为此篇竹书为道家作品，他说："《太一生水》则明确反映儒家学者借用楚国原始的'太一'信仰，糅合'稷下学派'的道家与阴阳数术之学对《老子》一书的改造。"③ 萧汉明、丁四新进一步否认《太一生水》第1—8号简为道家著作，认为它应当属于阴阳家作品。萧汉明指出"判定一篇有关宇宙论方面的著作是否为道家著作，首要的依据是看其是否言道德之意"，据此，他认为："《太一生水》的宇宙生成图式与老子的宇宙生成图式之比较，在形式与层次上有局部类同，但在语意与内容上存在明显差异，且丝毫不涉及道德之意，因此不能仅仅根据'天道贵弱'四个字定《太一生水》为道家之作。"进而认为《太一生水》篇恰恰"说明阴阳家力图从宇宙的发生与演化过程为'四时之大顺'奠定理论基石，以提升该学派的理论深度"。④ 在李学勤、彭浩、萧汉明说的

---

① 李学勤：《〈太一生水〉的数术解释》，载陈鼓应主编：《道家文化研究》，第17辑，第297–300页。

② 彭浩：《一种新的宇宙生成理论——读〈太一生水〉》，载武汉大学中国文化研究院编：《郭店楚简国际学术研讨会论文集》，第538–541页。

③ 周凤五：《郭店楚简的形式特征及其分类意义》，载武汉大学中国文化研究院编：《郭店楚简国际学术研讨会论文集》，第54页。

④ 萧汉明：《〈太一生水〉的宇宙论及其学派归属》，载丁四新主编：《楚地出土简帛文献思想研究（一）》，第182、179–180页。

基础上，丁四新认为该篇竹简应分为两篇，前八支简可命名为《太一生水》，后六支简可命名为《天地名字》。他认为《太一生水》篇"是由多种思想与文化相融合的成果，但衡量诸种因素把它判定为阴阳家的作品乃最为可能"；认为《天地名字》篇可能属于南方道家的作品。①

第四节 《性自命出》《语丛二》研究

《性自命出》是一篇重要的先秦儒家佚籍，它的出土对于先秦心性论的肯定及出现时间的确定具有重要意义。学界对本篇竹书思想的研究主要集中在性论、心论、情论、乐论以及学派归属等问题上。由于此篇竹书的思想与竹书《语丛二》的关系密切，故我们一并综述如下。

一、《性自命出》的心性论

关于本篇的人性说，学者比较关注的是它与孟子性善论的关系。陈宁认为《性自命出》与《孟子》人性论有同有异，他说："其同者，人性包括了道德内容，有仁之端倪；人性全同，圣人与常人无别。其异者，喜怒哀乐被视为性；性兼有善恶；性可更易；心与性相对对立。"② 向世陵认为"性在竹简尚不具备一般的不变本体的地位"，而是"一种自然的质

---

① 丁四新：《楚简〈太一生水〉研究——兼对当前〈太一生水〉研究的总体批评》，载丁四新主编：《楚地出土简帛文献思想研究（一）》，第 246、248 页。
② 陈宁：《〈郭店楚墓竹简〉中的儒家人性言论初探》，《中国哲学史》1998 年第 4 期。

朴"；竹简这种以"质朴善良的本性或'美情'"为根据的"性善"论要早于孟子。① 李泽厚认为："'性自命出，命自天降'的'性'，便是与物性相区别的自然人性……这里毫无'人性善'的说法。"② 陈来也认为该篇"不是性善论"，他说："《性自命出》的人性说，可以说正是孔子与孟、荀之间的发展形态，它所提出的性自命出的思想发展了孔子的人性论，从天—命—性—情—道的逻辑结构来讨论了人性的本质和作用……这种看法还是接近于自然人性论，以生之自然者为性……而这种看法其实是先秦思想的主流，也是先秦儒家的主流。"③ 郭齐勇认为："将楚简心性论视作孟子心性论的前史，其间存有内在联系。"④ 陈来后来改进了他自己的观点，他把"性自命出，命自天降"的"命"理解为生命，并说："《性自命出》的思想以及先秦儒家人性说的主流，看起来是近于'以气论性'，而不是'以理论性'，即近于'七情气之发'的进路。这种进路也可以说就是所谓'生之谓性'的进路。"⑤ 梁涛似乎持折中的观点，他认为："其上篇主要是'性可以为善，可以为不善'论，而下篇则又提出'性善'论，这样由竹简的上篇到下篇，实际呈现出从自然人性论到道德人性论的过渡。"⑥

① 向世陵：《郭店竹简"性""情"说》，《孔子研究》1999 年第 1 期。
② 李泽厚：《初读郭店竹简印象记要》，载姜广辉主编：《中国哲学》，第 21 辑，第 3 页。
③ 陈来：《荆门竹简之〈性自命出〉篇初探》，载姜广辉主编：《中国哲学》，第 20 辑，第 304 页。
④ 郭齐勇：《郭店儒家简与孟子心性论》，《武汉大学学报（哲学社会科学版）》1999 年第 5 期。
⑤ 陈来：《郭店楚简与儒学的人性论》，载庞朴主编：《儒林》，第 1 辑，济南：山东大学出版社，2005。
⑥ 梁涛：《竹简〈性自命出〉的人性论问题》，《管子学刊》2002 年第 1 期。

《性自命出》的心说也很重要,得到了学者的关注。比如郭齐勇认为:"《性自命出》是以儒家身心观为内容,以探讨'心术'为中心的一篇论文。它区分了'无定志'的血气情感之'心'、有定志的道德意志之'心'和介乎二者之间的思虑之'心',认定'心有志也,无与不可',即意志之心对人的身体活动的参与、指向,对人之身、形、状、貌、情、气的主导作用⋯⋯该篇反复探讨声音、容色、仪表、情气、身形、心思、德性之有张力的统一,由内而外,由外而内,浑然一体。此即《性自命出》的'心术观'。"① 不过,从总体上看,学界对于《性自命出》的"心"问题的论述不足,尚待进一步发掘和研究。

二、《性自命出》"情"的内涵

自先秦以来"情"便是一个颇为重要的文化、心理和哲学概念,它不仅是中国古代思想的重要概念,而且因为其与西方"情感"概念相纠缠,20 世纪 60 年代以来它也受到了西方汉学家的高度重视。《性自命出》一经发表,庞朴、陈鼓应、李泽厚、刘乐贤等学者就注意到其重"情"的特点②,廖名春甚至认为该篇应该命名为"性情"③。陈鼓应发表了颇有争议的观点,他认为:"考察先秦典籍,原始儒家对'情'并无所涉,其所言'情'乃'实'之义,与感情无关。"又认为

---

① 郭齐勇:《郭店楚简〈性自命出〉的心术观》,《安徽大学学报(哲学社会科学版)》2000 年第 5 期。

② 庞朴和李泽厚的看法分别见庞朴:《孔孟之间——郭店楚简中的儒家心性说》,载姜广辉主编:《中国哲学》,第 20 辑,第 31 页;李泽厚:《初读郭店竹简印象记要》,载姜广辉主编:《中国哲学》,第 21 辑,第 4 页。陈鼓应和刘乐贤参后注。

③ 廖名春:《荆门郭店楚简与先秦儒学》,载姜广辉主编:《中国哲学》,第 20 辑,第 58 页。

《性自命出》"通篇以论情性为主，文中常将情与性对举，主题在于阐扬性情，与庄子学派'任性命之情'相通"，故其创作年代应在"庄子本人和后学之间"，"《性自命出》与邹鲁文化风格迥异，更近于楚文化作品"。① 刘乐贤不同意陈氏的看法，通过比较《淮南子·缪称》和《性自命出》的论"情"文字，他认为二者对"真情"都颇为强调，"在论'情'观点上的一致是显而易见的"；并说，前人的研究表明《缪称》与《子思子》的关系密切，因此"《性自命出》下篇的论'情'诸简，应和《缪称》一样，很可能与《子思子》一书有密切关系"。② 李天虹对传世文献和《性自命出》的"情"也做了详细分析。她认为《性自命出》上篇所言之"情"，"均是情性之情，由人之本性生发，以真、诚为主要特征，以情感为主要内涵"；下篇论"情"的重心有所转移，"情的情感因素下降到了次要地位，突出强调了情的诚、实、真的本质，在此基础上，情的地位、价值都得到了高度弘扬"。她又认为："二戴《礼记》与《性自命出》论情观点最为接近。"③ 丁四新更进一步，结合《性自命出》和《语丛二》两篇，他从整体上反思了"情"与"性"的关系，并考察了郭店简的全部"情"字用例，最后他认为："包括整部郭店简的'情'字义，基本上是统一的。而所有的'情'在不同的语境中所侧重出

---

① 陈鼓应：《〈太一生水〉与〈性自命出〉发微》，载陈鼓应主编：《道家文化研究》，第 17 辑，第 405－411 页。关于《性自命出》与楚文化的关系，陈昭瑛有专文论述，见陈昭瑛：《性情中人：试从楚文化论〈郭店楚简·性情篇〉》，载武汉大学中国文化研究院编：《郭店楚简国际学术研讨会论文集》，第 314－320 页。

② 刘乐贤：《〈性自命出〉与〈淮南子·缪称〉论"情"》，《中国哲学史》2000 年第 4 期。

③ 李天虹：《〈性自命出〉与传世先秦文献"情"字解诂》，《中国哲学史》2001 年第 3 期；又见李天虹：《郭店竹简〈性自命出〉研究》，武汉：湖北教育出版社，2002，第 31－59 页。

来的意义，都应该在性情论的思想系统中得到说明，同时也是性情之情的内涵向不同语境中的'情'字义贯注的结果。"并说"情"概念不同于"情感"，"情感"是人们用"心"对"情"反应的结果。他说："(情) 不仅仅是通过对'实在'的反应，而更主要的是通过心对事物（如'声''乐'）内涵的真实之'情'的反应，并且这种反应程度与事物所含'情'（真实）的程度成正比。可见感情是通过心的作用开显出来的，不过它的真实力量和存在的根据却是以'情'为基础的。"另外，他还注意到《性自命出》和《语丛二》的"欲"概念内涵的不同：在前者那里，"欲"的内涵是"想要"和"应该"之义，而"真""信"是节文"欲"的标准，这一点符合竹书"情"概念尚真信的特点；而在后者那里，"欲"已与大量具有贬义、否定意味的观念相连，与荀子之后的思想家对"欲"的态度如出一辙，这点颇为值得注意。[①] 丁原植认为："'情'意涵的哲学指向可分为两类，在思辨观念的结构中，'情'指人本质之'性'的展现，同时也是'人道'与'礼制'的肇端。在人存身的行为中，它是人情感的本源，同时也指内心的真实。"[②] 欧阳桢人从三个方面总结了"情"的内涵：第一，"情"是实、是真，是情实、质实义，它既言天又言人，而从中可以看到两个方面的互动，"一方面是宇宙精神的真诚，它是性命之源、性情之基；另一方面是人之所以为人的自强不息之磨砺、奋斗精神"。第二，简书的"美情论"与孟子的性善论一样，最终成为现实政治的基础。第三，

---

① 丁四新：《论郭店楚简"情"的内涵》，《现代哲学》2003 年第 4 期。
② 丁原植：《楚简儒家性情说研究》，台北：万卷楼图书有限公司，2002，第285 页。

《性自命出》的一个重大主题是"节情"，即"调节、调和情的'出之、内之'，既不使之闭塞血气之情，又不纵其放荡，径行失礼"。① 郭振香认为"情"主要包括两种含义：其一为人的自然感情；其二与伪相对，相当于真、诚。②

三、《性自命出》的礼乐论

《性自命出》的礼乐思想也很丰富，李天虹对竹书的乐论做了专门探讨。她认为，从本源上说，乐始于情，深层为心，而最根本的源头则在于人之天性，她说："乐因情变，情缘乐异。"简文中的乐，她认为："与礼相对，又与哀相生，显然涵盖了音乐与快乐两个不同的概念。"从社会功能来说，《性自命出》具有礼统外、乐治内的思想，但是，她认为："《乐记》把乐之治内的功用最后落实到了治国之道上，《性自命出》却似乎偏重于修身养性，文字很少政治色彩。"她又说："作者所云以诗、书、礼、乐为教的重点，乃在于乐。""乐教所以能'生德'，自然与乐本身涵具'德'的特质有关。"从礼乐关系来说，《性自命出》的出土提醒我们有必要重新审视传统观念中礼为主、乐为辅以及乐为礼所用的说法，她认为："在儒家思想里，很可能存在过乐重于礼的倾向。"在对古乐和郑卫之音的态度上，"《性自命出》虽然肯定古乐，也指明了时人对郑卫之乐的否定态度，但其通篇不见作者本人明确指斥淫乐的言论"。李天虹推测其原因有二：其一，"简书重

① 欧阳桢人：《〈性自命出〉的性情思想研究》，载丁四新主编：《楚地简帛思想研究（二）》，武汉：湖北教育出版社，2005，第 201 - 207 页。

② 郭振香：《〈性自命出〉性情论辨析——兼论其学派归属问题》，《孔子研究》2005 年第 2 期。

在点明凡乐都对心性有所影响";其二,由于简书重"情",作者可能不会全盘否定以纵情为特色的郑卫之乐。①

龚建平对《性自命出》的礼乐说也有所论述,他认为:"礼乐皆与情相关。一方面,乐(音乐)是情的表达方式,又是情感本身(快乐),因而,可以将情视为乐的基本内容。另一方面,礼因情而作,具体表现为一系列规范。"他又认为礼乐不可分,但在层次上不是平列的,"乐更具根源性"。②

四、《性自命出》的学派归属问题

作为重要的楚简佚籍,《性自命出》的作者及学派归属问题自然受到了学者的高度重视,绝大部分人肯定了该篇为七十子或其后学的作品,是孔孟之间的儒家佚籍,但是对于此一问题更进一步的判断,则众说纷纭,莫衷一是。

廖名春根据简文与《礼记·檀弓下》子游所说一段基本相同的文本推定该篇竹书为子游之作③;李学勤和姜广辉根据该篇竹书与《中庸》思想的关联性而认为《性自命出》为子思子所作④。陈来开始认为该篇有可能为子游、公孙尼子或子思子之作,且认为三子颇有关联,并倾向于认为该篇出自

① 李天虹:《郭店楚简〈性自命出〉研究》,第五章"《性自命出》中的乐论",第82-106页。
② 龚建平:《郭店楚简中的儒家礼乐思想述略》,载武汉大学中国文化研究院编:《郭店楚简国际学术研讨会论文集》,第152页。
③ 廖名春:《荆门郭店楚简与先秦儒学》,载姜广辉主编:《中国哲学》,第20辑,第60-61页。
④ 李学勤:《先秦儒家著作的重大发现》,载姜广辉主编:《中国哲学》,第20辑,第13-17页;姜广辉:《郭店楚简与子思子——兼谈郭店楚简的思想史意义》,载姜广辉主编:《中国哲学》,第20辑,第81-92页。

《公孙尼子》①，但后来他对自己的观点有所修正，认为"'子游氏之儒'的提法较妥"②。丁四新认为世硕的观点是"人性有善有恶"，与竹书《性自命出》"四海之内其性一也"的观点是冲突的，因此他认为《性自命出》不可能为世子诸儒所作，对他以前的观点做了修正。③

李天虹则认为很难断定《性自命出》的作者一定为如上任何一位诸子，她甚至说，我们也不能排除该篇竹书为一我们所没有注意到或为一不知名儒者著作的可能。④

第五节　《五行》研究

1973 年出土的马王堆帛书本《五行》篇有"经"有"说"，二十年后郭店一号楚墓出土的竹简《五行》有"经"而无"说"。在竹书《五行》出版后，简帛《五行》又一次成为学者争论的焦点之一。

一、"五行""德之行""心"的问题

帛书《五行》出土后，庞朴认为："这篇佚书的发现，解

---

① 陈来：《荆门竹简之〈性自命出〉篇初探》，载姜广辉主编：《中国哲学》，第 20 辑，第 293－314 页。

② 陈来：《儒家系谱之重建与史料困境之突破——郭店楚简儒书与先秦儒学研究》，载武汉大学中国文化研究院编：《郭店楚简国际学术研讨会论文集》，第 562－570 页。

③ 丁四新：《"人性有善有恶"辩——王充、世硕的人性论思想研究》，载丁四新：《玄圃畜艾——丁四新学术论文选集》，北京：中华书局，2009，第 31 页。今按，本综述写作于 2006 年，当时引用的是山东孟子学国际会议论文，本次据《玄圃畜艾》修订。

④ 李天虹：《郭店楚简〈性自命出〉研究》，第 125 页。

开了思孟五行说的古谜。"并据此把该篇佚籍定名为《五行》。① 魏启鹏以为该篇佚书应该命名为《德行》。② 竹简《五行》的出土证明了庞朴的说法是正确的。但是，简帛"五行"是否就是荀子所非责的思孟"五行"呢？且思孟五行、简帛五行，与水、火、木、金、土的"五行"又是什么关系呢？对于前一问题，以庞朴为代表的一批学者给予了肯定回答③，但反对者亦不乏其人④。池田知久认为辩论双方实际上形成了一种"以'思孟五行说'为中心的《五行》研究史"，他批评了这种现象，要求在更宽更广的视野中来研究《五行》的思想内容。⑤ 对于后一个问题，学界也存在两种观点。一种观点是，《五行》的"德之五行"与水、火、木、金、土的"五行"绝无关联，如庞朴就说："思孟五行说，恰好不是水火木金土之类，而不过是关于五种德行的学说罢了。"⑥ 魏启鹏也认为："思孟以'仁义礼智圣'五者为德行，借鉴和改造了原始数术中的'五声昭德'说……思孟以五声说'五行'，与原

① 庞朴：《马王堆帛书解开了思孟五行说之谜》，《文物》1977 年第 10 期。

② 魏启鹏：《马王堆帛书〈德行〉校释》，载魏启鹏：《简帛文献〈五行〉笺证》，北京：中华书局，2005，第 51 页。

③ 庞朴：《马王堆帛书解开了思孟五行说之谜》，《文物》1977 年第 10 期；国家文物局古文献研究室编：《马王堆汉墓帛书（壹）》，"出版说明"；李耀仙：《子思、孟子五行说考辨》，《抖擞》1981 年第 45 期；李学勤：《帛书〈五行〉与〈尚书·洪范〉》，《学术月刊》1986 年第 11 期；魏启鹏：《思孟五行说的再思考》，《四川大学学报（哲学社会科学版）》1988 年第 4 期；黄俊杰：《荀子非孟的思想史背景——论〈思孟五行说〉的思想内涵》，《台湾大学历史学系学报》1990 年总第 15 期。而最早持此观点的文章，见晓菡：《长沙马王堆汉墓帛书概述》，《文物》1974 年第 9 期。

④ 赵光贤：《新五行说商榷》，载中华书局编辑部编：《文史》，第 14 辑，北京：中华书局，1982，第 341－346 页。另见任继愈主编：《中国哲学发展史（先秦）》，北京：人民出版社，1983，第 296－299 页。

⑤ （日）池田知久：《马王堆汉墓帛书五行研究》，王启发译，北京：线装书局，中国社会科学出版社，2005，第 24－37 页。

⑥ 庞朴：《思孟五行新考》，载庞朴：《竹帛〈五行〉篇校注及研究》，台北：万卷楼图书有限公司，2000，第 137 页。

始观念中的阴阳五行不无瓜葛。"魏氏还从"乐"论的角度解释了荀子非思孟的原因。①

多数学者认为，把握"德之行"和"行"的区分是理解《五行》思想的一个关键。而对"德之行"的理解，与其他一些重要概念如"心""思""忧"等密切相关。郭齐勇从身心观的角度把《五行》的主题归结为"德之行"，认为："帛书《五行》的'德之行'是德气流行的理论，仍然是以'形于内'与'流于外'、'心'与'身'的合一为基础。"同时，他指出楚简《五行》没有发展出帛书本的德气说。② 郭梨华指出："《五行》中很重要而且一开始要处理及说明的问题，就是'德之行'与'行'的差别和共融。这个问题之所以迫切，从思想史的角度而言，就是处理自夏商以来的'五行'与'德'在'君子'而言当如何面对与安置的问题。"③ 梁涛认为"《五行》的'德之行'与'行'实际是一种双重道德律，前者是内在道德律，是主体自觉，后者是外在道德律，是客观规范"，并认为竹书《五行》与郭店简其他篇目中的"仁内义外"说表达了一个意思。④

有些学者比较重视《五行》的"圣智"论，比如邢文对简本《五行》做了层次分析之后认为，楚简《五行》的两个

---

① 魏启鹏：《帛书〈德行〉研究札记》，载魏启鹏：《简帛文献〈五行〉笺证》，第159-160页。郭梨华的说法相近，见郭梨华：《竹简〈五行〉的"五行"研究》，载武汉大学中国文化研究院编：《郭店楚简国际学术研讨会论文集》，第258页。

② 郭齐勇：《郭店楚简身心观发微》，载武汉大学中国文化研究院编：《郭店楚简国际学术研讨会论文集》，第206页。

③ 郭梨华：《竹简〈五行〉的"五行"研究》，载武汉大学中国文化研究院编：《郭店楚简国际学术研讨会论文集》，第253页。

④ 梁涛：《简帛〈五行〉新探——兼论〈五行〉在思想史中的地位》，《孔子研究》2002年第5期。

部分"正是其'圣''智'之论的两个阶段"。参照"圣""智"的线索,我们不仅可以发现《五行》的主题,即善与德,而且可以看出简书和帛书《五行》的关系。① 李存山也顺着这一线索认为:"是在孟子思想的影响下,帛书《五行》篇出现了对简本的种种改编情况。"② 郭齐勇认为:"从郭店简书到马王堆帛书,儒家道德形上学的圣智观处于旁落、下移过程中。"③

另外,还有学者探讨了从简本《五行》经过帛书《五行》经说,再到帛书《德圣》篇的思想发展过程。魏启鹏说:"战国时代儒家伦理学—哲学的发展演变,显现出公孙尼子和子思、《德行》篇作者、孟子所分别代表的三个发展阶段。"④ 丁四新从哲学的角度予以推进,他总结了从简帛《五行》经说到帛书《德圣》思想上的变化,认为:"简帛《五行》经的思想几乎可以说是完全相同,无甚变化;说的部分则突出地以心、性、气来疏释五行的思想系统了,其中'圣'一行似有被拔出抬高的迹象。到了《德圣》篇,其思想旨趣、学派性质可能有较多的变化,它抽出《五行》经说中论天道与圣德的这条线索加以突出论说,且对圣智二者进行了比较,已显露出重圣轻智的论调。"他又说:"从郭店楚简《五行》、帛书《五行》到帛书《德圣》篇,其中自觉地呈现出一种文本传递

① 邢文:《〈孟子·万章〉与楚简〈五行〉》,载姜广辉主编:《中国哲学》,第20辑,第229-233页。

② 李存山:《从简本〈五行〉到帛书〈五行〉》,载武汉大学中国文化研究院编:《郭店楚简国际学术研讨会论文集》,第245页。

③ 郭齐勇:《再论"五行"与"圣智"》,《中国哲学史》2001年第3期。

④ 魏启鹏:《帛书〈德行〉研究札记》,载魏启鹏:《简帛文献〈五行〉笺证》,第150页。

与思想发展的轨迹来。"①

二、"慎独"辨义

"慎独"在中国哲学史上是一个较为重要的概念。帛书《五行》的出土，引起了学者的关注，许多人将其与《礼记》之《中庸》《大学》《礼器》及《荀子·不苟》篇中的同一概念做了比较。"慎独"，帛书《五行·说》解释为"舍其体而独其心"和"舍夫五而慎其心之谓"②，这是很清楚的。

庞朴曾指出，《五行》篇所说的"慎独"，特指"慎其心"，谨慎地运用心官去透过杂多而悟其为一。③ 魏启鹏则据《荀子·不苟》文本解"慎"为"顺"，认为"慎独"就是说："'耳目鼻口手足六者，心之役也'，当尊心之'贵'，从心'君'之命，而同'好仁义'也。"④

郭齐勇认为所谓"独"，指舍弃形体，他说："帛书对'独'的解释，指心思、情感的内在性。"又说："内在性的体验达到一定的程度，则消解了耳目鼻口手足的牵累，进于精神性的玄冥之境。""道德修养的境界由人道进至天道，则要舍弃形体。"⑤

李景林认为帛书《五行·说》所言"舍体"之"体"，不是指形体或身体性，而是指"礼的仪文形式方面"，他说：

---

① 丁四新：《郭店楚墓竹简思想研究》，第三章"楚简《五行》经说研究"，第126-172页。

② 国家文物局古文字研究室编：《马王堆汉墓帛书（壹）》，第19页。

③ 庞朴：《帛书〈五行〉篇评述》，载庞朴：《竹帛〈五行〉篇校注及研究》，第164页。

④ 魏启鹏：《马王堆帛书〈德行〉校释》，载魏启鹏：《简帛文献〈五行〉笺证》，第71页。

⑤ 郭齐勇：《郭店楚简身心观发微》，第206页。

"'舍体',乃君子教化所实现的一种身心整合和创造性转换。"又说:"'舍其体而独其心',就是要通过这种教养的工夫,消解礼的外在形式意义而归于心灵的内在和独特性。"因此,与《大学》《中庸》《荀子》侧重于"慎"的工夫义不同,帛书《五行·说》的"慎独"说在于:"注重从心性的角度对'独'做本体的揭示,这便使之能够由'独'的心性本原处,对慎独工夫及其德化之效,做一种立体、通贯性的说明。它可以使我们对儒家的慎独说有一个全面系统的了解。"①

廖名春认为"慎"字从"真"声,且"真"为"珍"之初文,再结合以"心"为意符而成"慎",故"慎"字并不是历代注疏家所说的"谨慎"或"诚",而应该当"珍重"讲,"慎独"即"心里的珍重"。②

三、《五行》的学派归属问题

帛书《五行》出土时,多数学者认为《五行》属于思孟学派的作品,或视为子思子所作,或视为思孟门徒所作。③ 楚简《五行》出土后,出现了一些新的看法。

李学勤发现帛书《五行》的经传结构和《大学》的体例非常相似,其传文两引世子之说与《大学》两引曾子之说相似,由此他认为:"《五行》之经文为子思之说,传文为世子之意。"④ 庞朴比较了《墨经》和《语丛三》的经说结构,认为帛书《五行》说解部分,"不是原定计划的一个必要部分,

---

① 李景林:《帛书〈五行〉慎独说小议》,《人文杂志》2003 年第 6 期。
② 廖名春:《"慎独"本义新证》,《文史知识》2005 年第 1 期。
③ (日)池田知久:《马王堆汉墓帛书五行研究》,王启发译,第 26 - 28 页。
④ 李学勤:《从简帛佚籍〈五行〉谈到〈大学〉》,《孔子研究》1998 年第 3 期。

而是后来缀上去的"，它们的完成大概是由于荀子的批评，"思孟学派的弟子们觉得应该将他们的经典《五行》篇施以解说，以杜讨伐，以广流传"。① 邢文认为简本《五行》有经无传，帛书《五行》经传俱存，这种区别反映了不同的子思学派的传流，他说："简本《五行》较帛书本更近子思之说。"又说："帛书《五行》经传失落'圣智'大义，或也是世子之学的一个特征。"② 丁四新认为："郭店楚简《五行》的学派归属可能有二，一是属思孟学派，为《子思子》之一篇，已为多数学者认同。另一个意见，我以为从郭店楚简《五行》、帛书《五行》到帛书《德圣》篇，其中自觉地呈现出一种文本传递与思想发展的一贯轨迹来，是学派传承的正宗；单就楚简《五行》来看，很可能是世子之作，而帛书《五行》说解部分属其门人之作。"③ 李存山认为："如果说简本《五行》是子思的作品，那么帛书《五行》似可谓'孟氏之儒'之别派的改编解说本。"④

刘信芳认为简本《五行》已自有其"说"，他把简本分为33章，其中第23章是第16章的"说"，第24、25章是第17章的"说"，第26章是第18章的"说"。故简、帛本《五行》实际是一个经、说、传的结构，其形成经历了漫长的时期。他认为，简本《五行》自有其说解，即《荀子》所谓"案往旧造说"。至于《五行》的思想根源，他认为："可以追溯到

① 庞朴：《竹帛〈五行〉篇比较》，载姜广辉主编：《中国哲学》，第20辑，第221-227页。

② 邢文：《〈孟子·万章〉与楚简〈五行〉》，载姜广辉主编：《中国哲学》，第20辑，第237-239页。

③ 丁四新：《郭店楚墓竹简思想研究》，第167页。

④ 李存山：《从简本〈五行〉到帛书〈五行〉》，载武汉大学中国文化研究院编：《郭店楚简国际学术研讨会论文集》，第245-246页。

孔子与子游。其成文上限可以推至战国早期，其作者未明。"
他还认为"经子思传承而编辑整理有关言论，随文作说解，
这就是我们今天见到的简本《五行》"，而帛书《五行》传的
形成年代"不晚于孟子，乃世子门人所作"。①

此外，学者关于简帛《五行》制作时代及其作者的观点，
还可以参见"'郭店竹简与思孟学派'座谈会"的意见。②

第六节　《六德》《唐虞之道》及其他竹简研究

一、《六德》篇的伦理思想及其在先秦哲学中的地位

《六德》也是一篇重要的出土儒家佚籍，其所蕴含的伦理
系统和内涵较为丰富、复杂。研究者从不同角度对其做了分
析和研究。

《六德》最受重视的是其以六位（夫、妇、父、子、君、
臣）、六职、六德（圣、智、仁、义、忠、信）相配而构成的
伦理系统。丁四新仔细分析了这个系统，认为六位是"人的
家庭或社会性存在的六种格位"，六职是"由六位产生出来的
六种职分或职能"，六德则"直接地成为六位行使六职时的伦
理（道德）内核"，这个伦理系统的目的着重于"解决伦理人
的存在性诸问题"。从礼学或伦理实践的角度来看，六位和六
德有亲疏内外之分，丁四新认为，我们必须把关于伦理之位

---

① 刘信芳：《简帛〈五行〉述略》，《江汉考古》2001 年第 1 期。
② 杜维明等：《"郭店竹简与思孟学派"座谈会》，载梁涛主编：《中国思想史研究通讯》，2005 年总第 8 辑，第 13－29 页；又见《郭店竹简与思孟学派研究座谈会纪要》，载庞朴主编：《儒林》，第 2 辑，济南：山东大学出版社，2006，第 313－320 页。

的内外与关于伦理之德的内外分别开来。①

《六德》的"为父绝君，不为君绝父"两句不见于古书，姜广辉据此认为早期儒家主张"君权不是绝对的，父的观念高于君的观念"，并认为这种思想"前无古人，后无来者"。②李存山也有类似看法，他说："'为父绝君，不为君绝父'，这是以前未曾发现的先秦儒家文献明确讲父子关系高于君臣关系、反对将君臣关系绝对化（所谓'君臣之义无所逃于天地之间'）的思想。"③刘乐贤则指出这里的"绝"是"丧服用词，是减杀之意"，这句话的意思是："当服父丧与服君丧冲突时，可以将君服减省，而不是为服君丧而减省父丧。"由此可以引申出父重于君的观念。④魏启鹏认为此"绝"字当隶定为"继"。彭林反对他的看法，认为"绝"是"绝服"之义，其意是："当父丧同时发生时，应服父丧而绝君之丧服，不得服君丧而绝父之丧服。"⑤魏启鹏也坚持己见，对彭林的"绝服"说做了反驳，认为该句的意思是："父、君之丧并见，应使为君亚次于为父，不能使为父亚次于为君。"⑥

"仁内义外"是战国时期思想家讨论的一个重要问题，如

---

① 丁四新：《郭店楚墓竹简思想研究》，第 342－359 页。

② 姜广辉：《郭店楚简与〈子思子〉——兼谈郭店楚简的思想史意义》，载姜广辉主编：《中国哲学》，第 20 辑，第 88 页。

③ 李存山：《读楚简〈忠信之道〉及其他》，载姜广辉主编：《中国哲学》，第 20 辑，第 269 页。

④ 刘乐贤：《郭店楚简〈六德〉初探》，载武汉大学中国文化研究院编：《郭店楚简国际学术研讨会论文集》，第 386 页。

⑤ 彭林：《再论郭店简〈六德〉"为父绝君"及相关问题》，《中国哲学史》2001年第 2 期。此外，彭林在清华大学简帛讲读班第七次研讨会上还对《六德》发表了更多的意见。见余瑾：《清华大学简帛讲读班第七次研讨会综述》，载廖名春编：《清华简帛研究》，第 1 辑，清华大学思想文化研究所 2000 年自印本，第 12－13 页。

⑥ 前引文，见魏启鹏：《释〈六德〉"为父继君"》，载艾兰、邢文编：《新出简帛研究》，第 307－309 页。后引文，见魏启鹏：《释〈六德〉"为父继君"——兼答彭林先生》，《中国哲学史》2001年第 2 期。

《孟子·告子上》载告子曰:"食色,性也。仁,内也,非外也;义,外也,非内也。"《管子·戒篇》曰:"仁从中出,义从外作。"《墨子·经说》曰:"仁,仁爱也;义,利也。爱、利,此也;所爱、所利,彼也。爱、利不相为内、外,所爱、利亦不相为外内。其为仁内也,义外也。举爱与所利也,是狂举也。"孟子强烈批判了告子的仁内义外说,但仁内义外的意思在历史上却一直比较模糊。郭店楚简有许多关于"仁内义外"的材料,如《六德》篇云:"仁,内也;义,外也。礼乐,共也。内位父、子、夫也,外位君、臣、妇也……门内之治,恩掩义;门外之治,义斩恩。"《尊德义》篇云:"故为政者,或论之,或议之,或由中出,或设之外,论列其类。"《语丛一》云:"仁生于人,义生于道。或生于内,或生于外。"这些材料为学者们重新探讨此一问题提供了条件。罗新慧认为:"简文提出了'仁内义外'的划分,对仁与义进行了本体论的区别,这是儒家仁义思想的一个重大发展……然而简文并未以此为基础进行仁义关系的深入辨析,而是由此转入具体操作领域。"又认为:"孔、孟的仁义之说多着重于个体修养的普遍伦理,而简文的'仁内义外'说则侧重于政治伦理。"① 在系统分析了传世文献和新出楚简资料之后,王博归结出三种不同角度的"仁内义外"的说法。而围绕"仁内义外"的讨论主要体现在孔子之后"儒家为道德原则寻找根据的努力",而这种寻找根据的努力是在内外两个方向上进行的。他说:"向内的寻找导致对人本身的关注,从而发展出人性、人情以及人心等论题,并着力探讨从人性、人情以及人心

---

① 罗新慧:《郭店楚简与儒家的仁义之辨》,《齐鲁学刊》1999 年第 5 期。

中引申出道德原则的可能性……向外的寻找最后一定会归结到天道……建立在天道基础上的道德原则最初主要是'义'……然后，其他的德目也渐渐地和天道发生了关系。"①

关于《六德》篇的价值，学者有所论述。如廖名春认为后世的"三纲五常"说，"在简文里都可找到其源头"，并认为此篇竹书在思想史上的意义很大。徐少华也认为："《六德》的有关论述上承孔门，下启汉儒，具有明显的中间桥梁作用。"②

二、《唐虞之道》篇的政治思想及学派问题

20 世纪 20 年代以胡适、顾颉刚为代表的古史辨派，对古史、古书、古人都进行了大胆的怀疑和考辨。关于禅让说的问题，顾颉刚没有采用禅让说造自孔子的说法，在讨论古史的时候他先是认为"禅让之说乃是战国学者受了时势的刺戟，在想象中构成的乌托邦"，"是儒家本了尊贤的主义鼓吹出来的"。后来，他认为禅让说是墨子所创，是由墨家传入儒家的。1936 年，他发表《禅让传说起于墨家考》，详细阐述了此一观点。郭店简《唐虞之道》是一篇专论古代禅让说的佚籍，它和上博简的《容成氏》《子羔》篇一起，为我们继"古史辨"派后更深入探讨禅让说的问题提供了珍贵资料。③

---

① 王博：《论"仁内义外"》，《中国哲学史》2004 年第 2 期。他所说的第一种说法指《六德》篇相关内容，第二种指《语丛一》，第三种指《孟子·告子上》中告子之说。

② 廖名春：《荆门郭店楚简与先秦儒学》，载姜广辉主编：《中国哲学》，第 20 辑，第 63 页；徐少华：《郭店楚简〈六德〉篇思想源流探析》，载武汉大学中国文化研究院编：《郭店楚简国际学术研讨会论文集》，第 382 页。

③ 顾颉刚：《顾颉刚古史论文集》，第 1 册，北京：中华书局，1988，第 157、106、295 - 369 页。

　　"禅让"与"世袭",是中国古代最高政治权位转移的两种主要方式。对《唐虞之道》"禅让"说的内容,陈明认为:"禅让虽只是一种选举制度,但这个制度却是当时整个权力规则系统之一环,集中体现了该系统的公共性质。"① 丁四新认为"《唐虞之道》宣扬和主张的是爱亲与尊贤相统一的禅让之说",爱亲与尊贤相统一的基础在于"德性的沟通与相融,在于'尊贤'首先是尊重其德性,并通过其德性的尊重而把爱亲的原则及这一原则所包含的德性精神融入其中"。② 李景林持类似观点。③

　　关于《唐虞之道》的学派归属,大部分学者认为是儒家作品。④ 李学勤先生则认为"或许应划归纵横家",李存山批评此说,认为:"《唐虞之道》当写于公元前 318 年之前,以其讲'禅让'而疑其出于纵横家,非出于儒家,是根据不足的。"⑤

　　海外学者也比较关注《唐虞之道》等篇,如艾兰、戴卡

---

　　① 陈明:《〈唐虞之道〉与早期儒家的社会理念》,载姜广辉主编:《中国哲学》,第 20 辑,第 245 页。

　　② 丁四新:《郭店楚墓竹简思想研究》,第 359 - 382 页。

　　③ 李景林:《关于郭店简〈唐虞之道〉的学派归属问题》,《社会科学战线》2000 年第 3 期。

　　④ 裘锡圭:《读〈郭店楚墓竹简〉札记三则》,载裘锡圭:《中国出土古文献十讲》,上海:复旦大学出版社,2004,第 284 页;廖名春:《荆门郭店楚简与先秦儒学》,载姜广辉主编:《中国哲学》,第 20 辑,第 47 页;李存山:《读楚简〈忠信之道〉及其他》,载姜广辉主编:《中国哲学》,第 20 辑,第 246 页;王博:《关于〈唐虞之道〉的几个问题》,《中国哲学史》1999 年第 2 期;丁四新:《郭店楚墓竹简思想研究》,第 379 页;彭邦本:《楚简〈唐虞之道〉初探》,载武汉大学中国文化研究院编:《郭店楚简国际学术研讨会论文集》,第 266 页;李景林:《关于郭店简〈唐虞之道〉的学派归属问题》,《社会科学战线》2000 年第 3 期。

　　⑤ 李学勤:《先秦儒家著作的重大发现》,载姜广辉主编:《中国哲学》,第 20 辑,第 14 页;李存山:《读楚简〈忠信之道〉及其他》,载姜广辉主编:《中国哲学》,第 20 辑,第 271 页。

琳教授等即有大作问世，在此不再赘述。

三、有关其他竹简的讨论

陈伟、廖名春、李学勤、周凤五、林素清等学者曾设想将《性自命出》分为两篇。① 陈伟并将其与《成之闻之》《尊德义》《六德》的竹简打乱，重新排列。在上博简《性情论》篇出版后，陈氏仍主张应将后三篇竹简混合重编。②

在《缁衣》《鲁穆公问子思》《五行》的基础上，曾有部分学者试图将全部郭店儒家竹简判定为《子思子》著作，但李零对此不能同意，他说："它们反映的主要是'七十子'的东西，或'七十子'时期的东西，其中也包含子思一派的东西。"③

从思想上来说，与《鲁穆公问子思》同简制的《穷达以时》篇及与其同观念的《忠信之道》篇受到了研究者的较多关注。庞朴认为《穷达以时》属于天人有分、天人为二的思想进路的代表。张立文说若就忠臣遇暴君而言，显示了一种天人相分的意蕴。丁四新特别分析了天、时、命、德等概念。李零认为该篇关注"天道"对"人事"的影响，特别是"它对人性教化的作用"。④ 李中华认为该篇的天人之分与荀子接近，与孟子不相近。梁涛不同意李中华的看法，认为这篇文

---

① 李天虹：《〈性自命出〉研究》，第 8-9 页；余瑾：《清华大学简帛讲读班第一次研讨会综述》，载廖名春编：《清华简帛研究》，第 1 辑，第 3 页。

② 陈伟：《郭店竹书别释》，第 83-108 页。

③ 李零：《郭店楚简校读记（增订本）》，"前言"第 4 页。

④ 庞朴：《天人三式——郭店楚简所见天人关系试说》，载武汉大学中国文化研究院编：《郭店楚简国际学术研讨会论文集》，第 31 页；张立文：《〈穷达以时〉的时与遇》，载姜广辉主编：《中国哲学》，第 20 辑，第 219 页；丁四新：《郭店楚墓竹简思想研究》，第 258-260 页；李零：《郭店楚简校读记（增订本）》，第 91 页。

献的思想"恰恰和孟子的思想是非常接近的"。①

　　对于"忠"的观念，日本和中国学者都颇为关切。就《忠信之道》，李存山指出："此篇所讲的'忠信'，其旨意不在于教化民众，亦不是讲普遍的道德伦理，而是教导、要求当权者做到'忠信'。"黄君良认为该篇的"忠信观"与《左传》的"上思利民"的"忠"相似，只是到了战国时期"忠""信"的概念变成具有服从、被支配的意义。海外有关此篇竹书的讨论，可参见佐藤将之相关文章的概述部分。②

　　① 杜维明等:《"郭店竹简与思孟学派"座谈会》，载梁涛主编:《中国思想史研究通讯》，2005 年总第 8 辑，第 20 - 21 页。
　　② 李存山:《读楚简〈忠信之道〉及其他》，第 263 页;黄君良:《〈忠信之道〉与战国时期的忠信思潮》，《管子学刊》2003 年第 3 期;佐藤将之:《无"忠信"的国家不能生存:春秋战国时代早期"忠"和"忠信"概念的意义》，"出土简帛文献与古代学术国际研讨会"论文，台湾政治大学主办，2005 年 12 月。

后　记

　　本书初稿，写于 1998 年 10 月至次年 2 月。本书第一章至第五章经过简单修改即作为博士学位论文提交答辩。答辩会于 1999 年 5 月 21 日上午举行，答辩在比较欢乐、兴奋的气氛中进行，并顺利通过。同年 8 月、11 月和 12 月，笔者又据新见资料对拙稿略做修改，交由东方出版社出版。

　　2020 年上半年，博士生马兵根据《郭店楚墓竹简思想研究》（东方出版社 2000 年版）一书帮笔者校对了手头的 word 文档，并补录了部分文字。2021 年 2 月至 5 月，笔者对马兵校对的稿子做了一定程度的修改和较大幅度的文字润色，同时编次了更详细的章节标题。本书的修改，一般尊重原出版物的观点，但是对一些次要意见或看法，以及对经典文本的理解，笔者酌情做了修订。2022 年 7 月至 8 月，笔者又补写了"绪章"。"绪章"是笔者对郭店竹书文献和思想问题发表的新观点和新看法。这些新观点和新看法同时是对学界有关观点、看法的批评和推陈出新，其目的在于推进对于郭店竹书之思想内涵和价值的理解。综合起来看，本书的修改幅度较大，是《郭店楚墓竹简思想研究》一书的提高版，故笔者将书名更改为《郭店楚竹书哲学思想研究》，以示区别。

　　本书所引郭店简释文，一般据《楚地出土战国简册合集

(一)·郭店楚墓竹书》(文物出版社 2011 年版)做了校订。所引帛书《老子》《五行》等篇的释文,据《长沙马王堆汉墓简帛集成》(中华书局 2014 年版)做了一定校订。

2023 年是郭店楚墓竹简出土三十周年。多位学界朋友、同人曾私下对笔者说,笔者是郭店楚墓竹简发现的最大受益人。现在看来,似乎确实如此。当然笔者也不曾否认,自忖应当感谢这批竹简,感谢整理者,以及感谢那位至今不知姓甚名谁的墓主。与时下绝大多数青年学者不同,笔者走的路不是一条寻常路,笔者是先成名后成家的,是"自天祐之"、近乎一夜间"暴得大名"的。

在附录部分,本书保留了李学勤、庞朴、萧萐父三位先生的评审报告,并将业师郭齐勇教授的大序移置于他们的评审报告之后。此外,笔者又将与夏世华合写的一篇关于郭店简研究的综述列入附录。这篇综述写于 2006 年下半年,大体上反映了 1998 年 5 月至 2006 年上半年中国的相关研究情况。而这段时间也是郭店简研究的高峰时期。

顺便指出,笔者的学位论文是简帛学界、中国哲学界和国际汉学界第一篇研究郭店简的博士学位论文。拙文曾获 2001 年度全国优秀博士学位论文奖。值此机会,衷心感谢相关推荐人及论文的各级评审人和终评人!

感谢中国人民大学出版社将拙著列入"当代中国人文大系"出版!感谢博士生季磊、赵乾男、王政杰、赵卓凡、胡晓晓参与本书的校对!

是为记。

丁四新
癸卯年中伏于北京学清苑

图书在版编目（CIP）数据

郭店楚竹书哲学思想研究/丁四新著．－－北京：
中国人民大学出版社，2024.1
（当代中国人文大系）
ISBN 978-7-300-32241-4

Ⅰ.①郭… Ⅱ.①丁… Ⅲ.①竹简文-研究-中国-
楚国（?-前 223）②儒家-哲学思想-研究-先秦时代
Ⅳ.①K877.54②B222.05

中国国家版本馆 CIP 数据核字（2023）第 193412 号

当代中国人文大系
郭店楚竹书哲学思想研究
丁四新　著
Guo Dian Chu Zhushu Zhexue Sixiang Yanjiu

出版发行	中国人民大学出版社			
社　　址	北京中关村大街 31 号		**邮政编码**	100080
电　　话	010 - 62511242（总编室）		010 - 62511770（质管部）	
	010 - 82501766（邮购部）		010 - 62514148（门市部）	
	010 - 62515195（发行公司）		010 - 62515275（盗版举报）	
网　　址	http://www.crup.com.cn			
经　　销	新华书店			
印　　刷	北京联兴盛业印刷股份有限公司			
开　　本	720 mm×1000 mm　1/16		**版　　次**	2024 年 1 月第 1 版
印　　张	40 插页 3		**印　　次**	2024 年 1 月第 1 次印刷
字　　数	431 000		**定　　价**	129.00 元